シルクロード研究論集

第2巻

仏教東漸の道
西域・中国・極東篇

公益財団法人
東洋哲学研究所　編

1　キジル第一七一窟主室天井　第二インド・イラン様式
（一九九八年八月二十三日　大村次郷氏撮影）

2　ショルチュク A3a 寺院の「弥勒堂」（オルデンブルク探検隊撮影）
The State Hermitage Museum, St. Petersburg 提供
Photograph ©The State Hermitage Museum

3　塔梁子三号墓「胡人舞踏図」

4　死者の審判図　納骨器　ユマラカテパ出土
7世紀　シャフリサブズ保護博物館所蔵

5　閻魔大王　十王図（陸信忠筆）13世紀　永源寺蔵　滋賀県

北倉 13 紅牙撥鏤尺　甲（第１号）オモテ

北倉 13 紅牙撥鏤尺　甲（第１号）ウラ

紅牙撥鏤尺　甲（上より表・裏）（北倉一三）

6　紅牙撥鏤尺　乙（上より表・裏）（北倉一三）

※正倉院宝物

※正倉院宝物

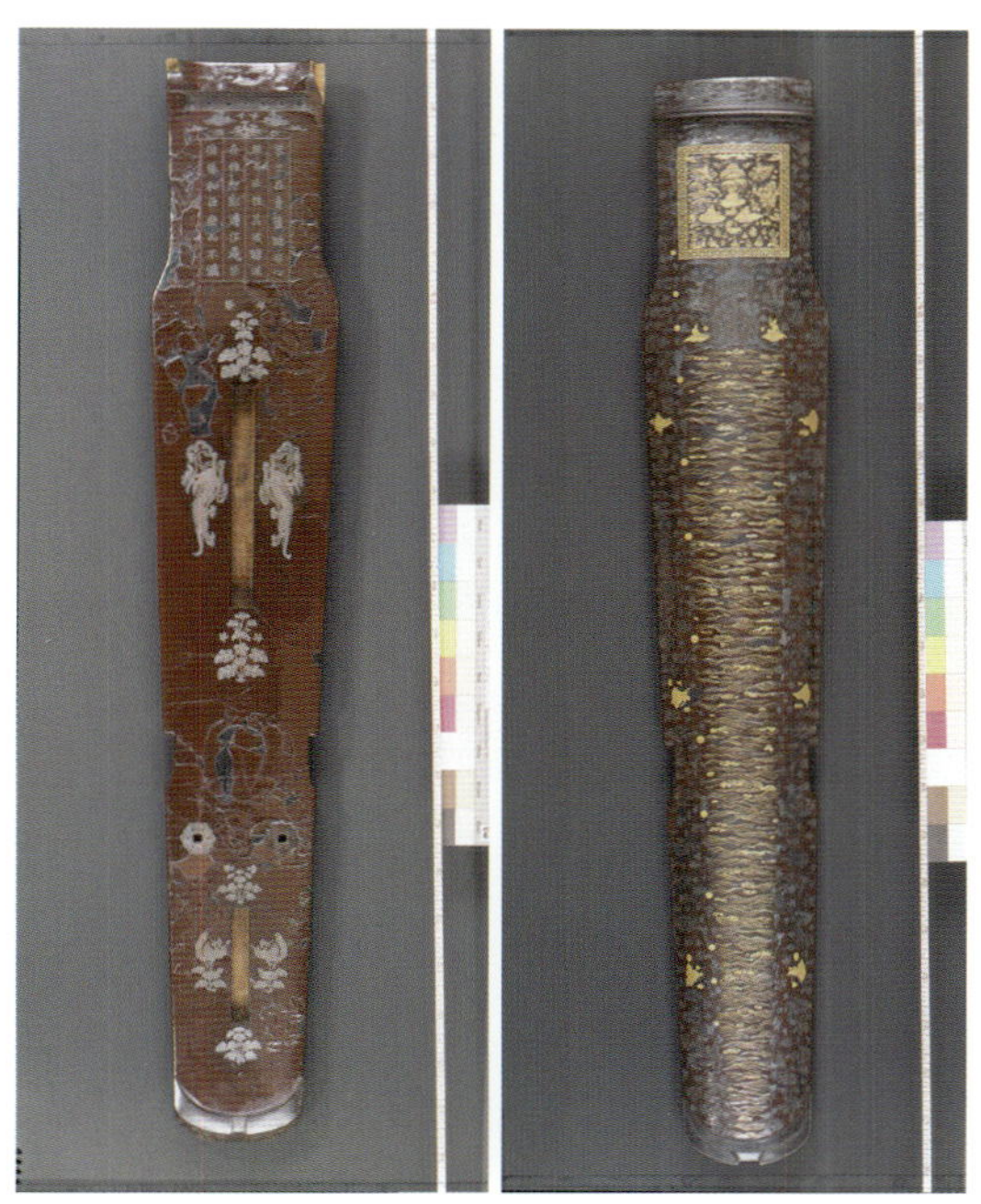

7　金銀平文琴（右より表・裏）（北倉二六）

8　螺鈿紫檀五絃琵琶 表（北倉二九）

9　螺鈿紫檀阮咸（裏）（北倉三〇）

10
八角鏡　漆背金銀平脱（背）（北倉四二⑫）

※正倉院宝物

12　鳥毛立女屛風　第一扇（北倉四四）

11　赤漆葛胡簶（北倉）

13　七条褐色紬袈裟（北倉一②）

※正倉院宝物

14　法隆寺　金堂

15　雲岡石窟　第２窟柱塔

凡　例

一、本書は『仏教東漸の道　インド・中央アジア篇』（シルクロード研究論集第①巻）の続巻である。
二、本書は『東洋学術研究』の特集「シルクロード——仏教東漸の道」に掲載の一部の論文を執筆者により改稿した親修論文と書き下ろしの初出論文から成る。
三、親修論文および外国語論文に関しては各論文の最後に、その種別および外国語論文の原題目を付記した。
四、編集に際して、可能の限り、体裁や用語の表記の統一を図ったが、地名、遺跡名、王朝名、民族名等は、執筆者の学術上の意向に沿って、表記を統一しなかった用語がある。頻出する用語を例示する。
（例）地名：コータン＝ホータン、バーミヤーン＝バーミヤン、メルブ＝メルヴ
　河川名：アムダリア＝アムダリヤ
　遺跡名：マトゥラー＝マトラー、雲崗＝雲岡、イシク＝イッシク
　王朝名：クシャン朝＝クシャーン朝＝クシャーナ朝、ササン朝＝サーサーン朝、ペルシャ＝ペルシア
　民族名：クシャン＝クシャーン、ギリシャ＝ギリシア
五、キリル文字のローマ字への翻字は各執筆者の表記法を採用した。
六、引用文献、参考文献は各論文の註に記した。
七、引用部分は論文毎に新字・旧字のいずれかで統一した。
八、表３に「シルクロード遺跡地図」を添付した。

シルクロード研究論集　第②巻

仏教東漸の道　西域・中国・極東篇　目次

第Ⅴ部　極東篇

シルクロード研究論集　第①巻

仏教東漸の道　インド・中央アジア篇　目次

第Ⅲ部　西域篇

法華経の旅
——コータンから敦煌へ

ロケッシュ・チャンドラ
山岸伸夫　訳

一　コータンと玉

中国文明では、玉は人間の極致を象徴し、ひとり最高の美徳をそなえるといわれた。玉には守護する力も宿っており、それを身につけていれば〔乗馬の途中で〕馬に投げ飛ばされることはないと信じられた。さらに、玉は皇帝の祭祀にきわめて重要なものだった。孔子は、「昔の君子は己の徳を玉に譬えたものだ」と言った。〔儒教に伝わるとされる〕すぐれた徳とは、仁、智、義、礼、楽、忠、信、天、地、徳、道を指す。[1] 宮廷にとって、玉の主要産地といえばコータンであった。中国の〔産業技術に関する〕事典『天工開物』には、玉はコータンの河でとれたと記録されている。コータンの古都は、カラカシュ〔黒玉河〕とユルンカシュ〔白玉河〕の二つの河の間に位置していた。コータンに暮らすイラン系の美しい女性たちは「玉の女性」という名で知られた。穆王〔在位 前九五六―前九一八年〕が崑崙山の瑤池にいる西王母のもとを訪れた際、西王母から玉の品物を贈られたとされている。西王母は漢王朝〔前二〇六―後二二〇年〕で最も人気の高い神の一つになり、王族や貴族、知識階級、一般大衆に崇拝された。[2]

玄奘は、ブッダが瞿室陵伽（ゴーシュリンガ）山〔唐では牛角山〕でコータンの建国について予言したと述べている。チベット語のリユル〔コータンのこと〕の予言書では、それを「ゴーシルシャ〔牛頭〕山」と呼んでいる。[3] この山には、ゴーマサーラガンダ（Gomasālagandha）というチャイティヤ〔小さな仏塔を安置する支提〕があった。チベット語で「ゴー（go）」は牛と訳されてきた〔牛角は、ランル（Glaṅ.ru）〕。ゴーシルシャは、じつはジェータヴァナ（Jetavana、祇園精舎）の守護神ヤクシャ（yakṣa、薬叉・夜叉）のことだった。日本では、牛頭（ごず）天王（Gośīrṣa Devarāja）が〔同じく〕祇園精舎の守護神として知られている。牛頭天王は、京都の〔八坂神社の〕祇園社に祀られており、薬師如来（Bhaiṣajyaguru Tathāgata）を本地仏とする。今日まで、それを崇めるための大祭（祇園会）が京都で行われており、日本全国から五十万人が参集する。牛頭天王信仰は六五〇年にダルマボーディ（Dharmabodhi、法道）が日本に伝え、法華山に牛頭天王を祀った。八六七年には円如が牛頭天王を京都の寺院に勧請し、それを祀るための社が九三四年に建てられた。当時、疫病が〔社会に〕壊滅的な打撃を与えたが、九七〇年七月十四日の特別な儀式をもってそれを乗り越えたといわれている。以来、京都では例大祭が行われている。祇園精舎の守護神である牛頭天王は、疫病を撃退する聖なる力をもっていると信じられている。〔このように〕ゴーシルシャの祭礼は、コータンから中国へ、そして日本へ伝わったと考えられる。

〔先述の〕リユルの予言書には、ブッダがゴーシュリンガの丘に座って、祈りの場とコータンの土地を護るよう守護者に託したとある。その丘には、ゴーマサーラガンダの仏塔と釈迦牟尼の巨像が建てられた。ゴーシュリンガの丘は現在「コホマーリー（Kohmārī）」と呼ばれているが、これは山を意味する「コホ（koh）」と、蛇を意味する「マール（mār）」という語源で知られる。これは、『大乗荘厳宝王経（Kāraṇḍavyūha-sūtra）』（2.12）で龍王として描かれるゴーシルシャにうまく重なる。〔『大集経』の〕「日蔵分（Sūryagarbha）」では、龍居士（Gṛhapati Nāga）がその場所〔丘〕に暮らしているとある。[4] 一八九二年にデュトルイユ・ド・ランとグレナールが入手したガンダーラ語のダルマパダは、ゴーシュリンガの丘で発見された。カーダリクでは、五六・一八センチの大きさの梵文『法華経（Saddharma-puṇḍarīka-sūtra）』（八-九世紀）が出土し、現在のところコータンで見つかった写本のうち最大のものとされている。コータン語の奥書には、供養人の名前が書かれている。

カラカシュの旧名は、「ゴーマティー（Gomatī）」といった。法顕は、瞿摩帝寺（ゴーマティー）について記している。コータン国を守護する存在として建てられたのがゴーマサーラガンダであり、その歴史的な記録として『ゴーシュリンガ・ヴィヤーカラナ（Gośṛṅga-vyākaraṇa、牛角授記）』がある。コータンは「ゴースタナ（Gostana）」と呼ばれ、コータン語の文書には「ガウスタナ（Gaustana）」、「ガームスタナ（Gāṁstana）」、「ガームスタン（Gāṁstaṁ）」、「ガームスタマ（Gāṁstama）」という名前が見られ、中国語のテキストにも「瞿薩旦那（Ja sa dan na）」とある。P・O・シェルヴォは、「国名を構成するゴー（go）の起源や意味は分からないままだ」という。[5]「ゴー（go）」は硬玉のことであり、「スタナ（stana）」は地名に関係する接尾辞「スタン」とあるように「土地」を指す（たとえば「ヒンドゥスタン」）。したがって、ゴースタナは「玉の土地」を意味する。中国語の「玉（yü）」は古くは go（giou）と発音し、日本語でも gyoku と読む。コータンのチベット語名は「リユル（Li yul）」といい「リの国」を意味するが、ここでいう「リ」とはベルメタル〔銅合金〕のことである。コータンのサンスクリット名には、玉〔宝石〕を意味する「ratna」が含まれている。コータン語テキスト（5.64–67）には「ラトナヴィーパ（Ratnadvīpa）」とあり、ヴィシャ・サングラーマ（Viśa Saṁgrāma）〔王〕を讃える文書（P 2787）には「ラトナ・ジャナパダ（Ratna-janapada）」とある。サンスクリットの「ゴースタニー（gostanī）」は、『バーヴァプラカーシャ（Bhāvaprakāśa）』（5.6.105）では赤ブドウの一種として、「ニガントゥ（Nighaṇṭu）」ではワインの一種として登場する。ゴースタニーは、ゴースタナあるいはコータン〔について検討する際〕の参考になる。

法顕は、コータンに四つ（あるいは十四）の偉大な寺があると述べている。そのうち最も偉大とされたのが〔先述した〕瞿摩帝寺であり、そこから城門まで巨大な仏像の巡行が行われた。巡行の到着にあたって、コータン国王とその側近が花をまき散らし、線香を薫いて参詣を行った。その寺には三千人の僧侶が生活していた。瞿摩帝寺は玉（ゴー、go）の主要な交易拠点であったはずであり、そのために寺に「ゴーマティー」という名前がついたのではないか。寺の存在は王国の〔精神的〕繁栄を決定づけ、その一方で、玉の交易を盛んに行ってきた中国との接触を通じて〔経済的〕繁栄と安全も確かなものになった。

二　コータンの建国

コータン王国の建国は、インドと中国に関係している。アショーカ王の一番上の愛息クナーラが、輔佐の臣ヤシャスによって失明させられたとして、アショーカ王がその重罪を犯したヤシャスを荒涼としたコータンに追放したという言い伝えがある。ヤシャスがそこに到着したときには、中国〔東方の国〕の者がすでに住みついていた。〔両者の間で〕争いは絶えず続き、ヤシャスに勝ち目はなかった。両者は和解の道を探り、コータンの初代国王はその土地の子〔人〕とする旨の合意にいたった。中国の君主は、自分の千人の子どもたち〔人々〕をまとめあげてくれる人が現れるようにと、ヴァイシュラヴァナ（Vaiśravaṇa、毘沙門天）に祈願した。そこに、さまよえる男子「サヌ（Sa nu、地乳）」が現れた。ヴァイシュラヴァナは、中国の君主のもとにこの男子を土地の人として届けた。男子は成長したが、「お前は中国の君主の子ではない」と口にする中国の兄弟たちといさかいを起こした。君主も男子をなだめようとしたが、こちらも争いとなり、〔「サヌ」は〕一万の軍を組織しコータンへ向かった。〔こうして〕彼がコータンの初代国王になった。コータンの人々は、初代国王を生み出し、彼に「クスタナ（Kustana）」という名を与えたヴァイシュラヴァナに、自分たちの国の起源を求めた。クスタナは、「ク（ku、大地）」と「スタナ（stana、乳）」というサンスクリットの単語として説明されてきた。これはチベット語の「サヌ（Sa nu）」すなわち「サ（sa、大地）」と「ヌ（nu、乳）」に対応する。玄奘の旅行記では、クスタナは地元で呼ばれていた王国の名とされているが、慧立著の『大唐大慈恩寺三蔵法師伝』には、クスタナと呼ばれたのは男子だと述べられている。チベット語版の『ゴーシュリンガ・ヴィヤーカラナ』にあたる『リランル・ルンテンパ（Ri glang ru lung bstan pa）』のなかでは、王は「サレヌマヌ（Sa las nu ma nu）」と呼ばれ、P・O・シェルヴォはこれを「母の乳房が大地からの乳房である人」と訳した。[6] ここでは、複合語のうちの二つ目の言葉を「マヌ（ma nu、母の乳房）」としているが、誤訳である。実際には、「ヌマ（nu ma）」が「乳」という意味であり、最後の「ヌ（nu）」は動詞「ヌワ（nu ba）」つまり「吸う」にあたる。[7] そのため、「大地（sa）から（las）出た乳（nu ma）を吸った（nu）人」という名になる。その言葉は、原語であるサンスクリットの文脈で理解しなければならない。チベット語の「ヌマヌ（nu ma nu）」は、〔サンスクリットの〕カーヴィヤのテキストや『マントラブラーフマナ（Mantrabrāhmaṇa）』の「スタナムダヤ（stanaṁdhaya 乳児、赤子）」、あるいは『ジャータカマーラー（Jātakamālā）』の「スタナパ（stanapa 乳を吸う者）」にあたる。「サレヌマヌ」は、「ブーミプトラ（bhūmiputra）」（sa las = bhūmi, nu ma nu = putra）あるいは「その地の子〔人〕による統治」という政治理念を示している。ブーミプトラはかつて、韓国（朝鮮）や日本において統治の重要な要素となり、その歴史的展開に影響を与えた。その理念はマレーシア憲法にも正式に記され、華人を市民とし、マレー系や土着民族の人々を市民そして「ブミプトラ」としている。コータンの初代国王はブーミプトラつまりその地の人であり、ヴィジャヤという王家の名祖であった。彼はその土地に生まれ、その地の言葉を話し、その地の慣習を継承した。〔このように〕人々の間で広まった言葉の語源を根拠にした言い伝えから、歴史上の出来事が映し出されるのである。

三　王国と大乗経典

リユルの予言書には、このように記されている。「リの国〔コータン〕で疫病や外敵〔による攻撃〕などの災いが起きた時には、『大集経（Mahāsaṃnipāta-sūtra）』や『法華経』の大乗経典を読誦すれば、争い〔や混乱の世の中〕は平穏になる」と。[8]『大集経』には二つの重要な経典部分、すなわち「月蔵分（Candagarbha）」と「日蔵分」がある。ブッダは涅槃に入る前に「月蔵分」を説き、守護者たちに様々な土地を託す。コータンの守護については、ヴァイシュラヴァナ、ヤクシャの大将サムジュニャーヤ（Saṃjñāya）、ヴィマラプラバー（Vimalaprabhā）王女、ヴァジュラセーナ（Vajrasena）王子、デーヴァカンニャー・ススティラマティ（Devakanyā Susthiramati）、デーヴィー・ハーリティー（Devī Hārītī）に託された[9]。「月蔵分」と「日蔵分」の経典は、五六六年にナレーンドラヤシャス（Narendrayaśas、那連提黎耶舎）が漢文に翻訳した。エメリックによると、キヒドロン（Skihi broṅ）僧院は虚空蔵菩薩（Throns 1.310n.21）のために創建された[10]。『大集経』には、虚空蔵菩薩（Ākāśagarbha）に関する四つの部分〔まとめて「虚空蔵菩薩品」〕（K 61, 62, 63, 64 = T 408, 405, 407, 409）がある。コータンの王妃は、完全な〔精神〕集中を行いながら仏随念（buddhānusmṛti-samādhi）を実践した[11]。この仏随念は『菩薩念仏三昧経（Bodhisattva-buddhānusmṛti-samādhi-sūtra）』（Nj 71, K 60.T414）という経典に由来しており、四六二年にグナシーラ（Guṇaśīla）が漢文に翻訳している。

『金光明経（Suvarṇabhāsottama-sūtra）』は、コータンの僧院に対する守護者の付託に大きな影響を与えた。筆者は別に、『金光明経』がコータンを護る役割を担ったことを詳述した[12]。この経典には、いくつかの僧院の守護者たちが記載されている。マニバドラ（Maṇibhadra）というヤクシャは、グシャンタ（Hgu zhan ta）[13]、バーバナ（Bhabaña）[14]、チシャドレマ（Byi zha gre rma）[15]の僧院を守護した。『金光明経』では、マニバドラについて三回ふれられている（Tib. 63.29, 68.23, 126.3）。

ヴァイシュラヴァナとシュリー・デーヴィー（Śrī Devī）は国の守護者として崇敬された[16]。シュリー・マハーデーヴィー（Śrī Mahādevī）に関して述べられた『金光明経』第八章には、すぐれた『金光明経』〔の偈頌〕を口にすれば、女神がその人の住処を見渡し、あらゆる恩恵を与えてくれるとある。

プリトヴィー・デーヴァター（Pṛthvī Devatā）は、『金光明経』第十章で、国土の守護者として登場する（Dṛḍhā mahāpṛthvī-devatā）[17]。

サムジュニャーヤ大将の名は『金光明経』に登場し、その第十一章はサムジュニャーヤ大将をテーマにしている。大将について言及されているリユルの予言書の箇所はすべて、コータン国王の『金光明経』への深い信念に基づいたものとなっている。彼は釈迦牟尼にコータンの守護者を任ぜられた[18]。そして、シャーセンドレマ（Bzhah seṅ gre re ma）[19]、マナーディ（Ma na hdi）[20]、タケーチョ（Tra ke hjo）、ポロナジョ（Po lo na jo）[21]、グデレマ（Gus sde re ma）[22]の僧院を護った。アータヴァカ（Āṭavaka）は、シャーセルマ（Bzhah ser ma）[23]の僧院を護った。彼は『金光明経』に列挙されたヤクシャの守護者のなかに登場するが（161.15）、それは『金光明経』の読誦を聞いた者を守護する者たちを指す（teṣāṁ rakṣāṁ kariṣyanti yebhiḥ sūtraṁ idaṁ śrutam, 161.15）。カピラ（Kapila）とアータヴァカは『金光明経』（161.3）に守護者として登場する。カピラは、サムニャ（Sam ña）[24]、ダルマキールティ（Dharmakīrti）[25]、ドロモザ（Dro mo mdzah）[26]、エアモノ（Her mo no）[27]、キェショノ（Khye śo no）[28]の僧院を守護した。〔先述のとおり〕デーヴィー・ハーリティーは、コータンの守護を釈迦牟尼に付託され[29]、バガヴァーン（Bhagavān）立ち合いのもと、随行者とともにコータンを守護する約束を行った[30]。ハーリティーは、法を護る五大女神のうちの一つである[31]。〔コータンの都市だった〕ダンダン・ウィリクはかつて中国大将の要塞であり、仏教寺院址D.IIにあるハーリティーの壁画は異彩を放っている。

〔『大集経』〕「月蔵分」第九章では、十六の偉大な守護者が列挙されている。すなわち、ヴィシュヴァカルマー（Viśvakarmā）、カピラ、ダルマパーラ（Dharmapāla）、アムサローチャナ（Aṁsalocana）、ヴィルーパークシャ（Virūpākṣa）、グプタセーナ（Guptasena）、マニバドラ、プールナバドラ（Pūrṇabhadra）、ヴィッディヤーダラ（Vidyādhara）、アータヴァカ、ヴァースキ（Vāsuki）、スマナ（Sumana）、プーシャヴィマ（Pūṣavima）、ハーリティー、エラヴァーシャ（Elavāśa）、ローチャナー（Locanā）である。

『金光明経』の最初の漢訳は、罽賓（バクトリア）[32]あるいはクチャに暮らし、コータンを訪れたダルマクシェーマ（Dharmakṣema、曇無讖 三八五-四三三、あるいは四三六年）が行った。コータンの人々がその翻訳を薦めたに違いない。

コータンの人々は、馬を駆使して漢民族の国を中心的に支えた月氏のようなイラン系〔の民族〕であった。さらに、コータンの玉女についても、漢訳された大乗経典のなかに記述が見られる。〔たとえば〕二八六年九月十五日にダルマラクシャ（Dharmarakṣa、竺法護）が完成させた『法華経』の漢訳にも見ることができる。そこでは、信徒が兜率天に再び生まれ、八万四千の玉女の衆が伎楽を奏で信徒の徳を歌で讃えながら、その信徒のもとにやって来ると約束される。[33] クマーラジーヴァ（Kumārajīva、鳩摩羅什）版には、「百千万億の天女の眷属有って、中に於いて生ぜん」とある。[34] ダルマラクシャは敦煌に暮らす月氏族の出身で、「敦煌三蔵」として知られ、自然とサンスクリット・テキストの「apsara（天女）」を「玉女」（玉はコータンから来る）と表現した。『金光明経』と『法華経』はコータンを経由して中国に渡った。コータンでは、それらの経典が国を守護する存在だった。

リの国の予言書には、毎年、春、夏、秋に『大集経』と『法華経』を読み、信仰心を奮い立たせ、恩恵を広く行き渡らせたとある。[35] 国王は、疫病が鎮まり、外敵〔の侵入〕が落ち着くように、四季の最初の月に絶えず礼拝を行った。多宝（Prabhūtaratna）は、唯一宝（ratna）に関係する如来であり、コータンの文脈でいえば宝とは玉を指す。ヴィジャヤ・ダルマ（Vijaya Dharma）王は、インドの（ārya）師（kalyāṇa-mitra）[36] であったダルマーナンダ（Dharmānanda）のために、パリタ（Pa ri tha）仏塔を創建し、聖遺物とともに奉献した。「彼（ダルマーナンダ）は多宝仏の原物の聖遺物を完全なかたちで自ら入手した」とある。[37] ゴーシュリンガの丘に立つゴーマサーラガンダの仏塔には、「亡きブッダの四世代」の聖遺物があった。すでに指摘したとおり、その仏塔は、「玉（go）」と七つの宝石の一つである「マサラガンダ（masalagandha）」の経済を確かにしたとされている。〔ただ〕後者の二つ目の構成語の読みは、gandha ではなく galva が正しい。『阿弥陀経（Smaller Sukhāvatī-vyūha）』に、極楽浄土には次の宝石でできた七色に輝く池があるという。すなわち、金、銀、緑柱石（vaiḍūrya）、水晶（sphaṭika）、赤真珠（lohita-muktā）、瑪瑙（aśmagarbha）、車渠（musāragalva）である。[38] 薬王菩薩（Bhaiṣajyarāja Bodhisattva）は、ブッダの立ち合いのもと、コータンを守護する誓い（samaya）をたてた者のうちの一人である。[39] 彼は、『法華経』第十に登場する法師である。ブッダは薬王菩薩に法の保持と弘通を託した。

薬王よ今汝に告ぐ　我が説く所の諸経
而も此の経の中に於いて　法華は最も第一なり[40]

先述のとおり、月氏族のダルマラクシャは、西晋（二六五―三一七年）を建国した司馬炎（武帝）の治世期であった、二八六年九月十五日に『法華経』の最初の漢訳を完成させた。後漢の皇帝だった献帝が二二〇年に退位したことをもって、もともとこの国の武将だった三人の統一によって中国は三国に分かれた。二六五年に、司馬炎は魏の最後の皇帝の位を奪い〔晋の皇帝として〕即位した。二八〇年には、三国の最後の国・呉を併合し、新たに中国南部を統一した。分裂して六十年後、〔こうして〕中国は、かつての漢の輝かしい時代に戻ったかのように統一されることになった。[41] しかしすぐに、皇太子や宮廷一族の関係者によるいさかいや内紛が起こった。司馬炎は「この争いによる利益の間でどこに落ち着くこともなく翻弄され、彼自身は〔実際には〕無能であった[42]」。彼は狡猾な対抗策を講じ、うまく一方が他方に対して屈辱を与えることにして、皇帝の座を保持しようとした。それは暗黒の時代であった。王朝を確かな基盤のうえに築くために、祭祀によって国力をつけるうえで『法華経』の訳経が役割を果たした。『法華経』のなかで、普賢菩薩が『法華経』の教えに従う者たちの安穏を引き受け、そういう人々のために攻撃を防ぎ、毒を断つとあるが、人々に向けて罠を置くような者は誰も、魔羅もしくは魔子であっても、普賢菩薩が守護するため人々を襲うことはできない、と確認されている。[43]

すべてを見通すとされる観（世）音菩薩について記した〔『法華経』〕第二十五では、十の苦難が明らかにされ、観音菩薩の名号を口にした人々をそれらの苦難から救済するとされている。観音菩薩は、そういった人々を泥棒や盗賊の襲撃から救出する。コータンの人々は中国と玉の交易を活発にし、五台山への長旅を続け、サンスクリットのテキストを持ち運んでいた。長く荒涼とした路を行く玉女たちを強盗から守らねばならなかった。この十の危難から救済されるには、観音菩薩〔の名号〕を口にすることが必須だった。

唐代の睿宗皇帝（在位 六八四-六九〇年、七一〇-七一三年）はコータンから十六人の羅漢を招待するために、僧を遣いに出した。羅漢には、安全に旅ができるように、熱心な在家信徒であり戦士であったダルマターラ（Dharmatāla）が随行者として送られた。伝説では、ダルマターラが寺を見渡し、彼の右膝から一頭の虎が現れたため、羅漢はダルマターラに対し〔観音菩薩について〕明らかにしたとある。(44) 旅の道中に襲いかかる危険への恐怖心は、「観音経」の読誦によって消すことができた。

『法華経』の訳僧だったダルマラクシャは敦煌に暮らす月氏の家系の出身であり、中央アジアの諸王国からサンスクリットのテキストを収集していた。僧祐の目録では、一五四のテキストの翻訳をダルマラクシャのものとし、そのうち『法華経』と『方広大荘厳経』が最も重要だった。

先述のとおり、ダルマラクシャは『法華経』を漢訳したが、それにより西晋の武帝（在位 二六五-二八九年）〔の統治〕を強化したに違いない。それはつまり、『法華経』がコータンで外敵を阻止する役割を担ったということである。コータンは、中国の政治形態や西王母の時代から見られた漢訳の『法華経』への深い信仰という一翼を積極的に担った。

虚空蔵菩薩は『大乗荘厳宝王経（〔Avalokiteśvara-guṇa〕Kāraṇḍavyūha-sūtra）』（1.10）で登場するが、地蔵菩薩もまた記述されているのかどうか〔も〕検証しなければならない。龍王フロール（Hu lor）はポイエンド（Po yen do）の僧院(45)とホロンジョ（Ho ron hjo）の僧院(46)を守護する。この名前は、『大乗荘厳宝王経』（2.11）にのみ登場する（変化形：Hullura、Hulura、Hulluda、Huluda）。『大乗荘厳宝王経』はコータンで広まったはずである。これは、九八〇年から一〇〇〇年に漢訳された。(47)

『華厳経（Avataṁsaka-sūtra）』のサンスクリット版テキストは、コータンで入手されたものを四二二年にブッダバドラ（Buddhabhadra、仏陀跋陀羅）が漢訳した。皇后・武則天は、サンスクリットのテキストのためにコータンへ特使を派遣し、それからシクシャーナンダ（Śikṣānanda、実叉難陀）を呼びつけた。武則天自ら翻訳に関わり、『華厳経』によって彼女の統治は強化されることになった。

月氏の人々は、匈奴との度重なる衝突があった中国を支援するために、紀元前三世紀から騎馬隊の馬を提供しつづけてきた。彼らが馬の交易をやめ王国を樹立すると、とくに宮廷の玉〔翡翠の玉〕の地であるコータンを守護するために経典を提供し始めた。コータンは次の四つの供給源となった。すなわち、①宮廷の祭祀に必要な玉、②外敵を阻止するために必要な経典、③王国を守護するための経典、④漢訳された『法華経』である。蛮族に対抗するための中国領地として敦煌が建てられたが、『法華経』は最勝の経典としてそこに保管された。『法華経』には、シルクロードの略奪者による襲撃から人々を護る観音菩薩を讃える偈頌や、〔先述のとおり〕兜率天にいる玉女〔天女〕の衆が信徒に約束をする偈頌がある。玉女とは、金色の足をして、腰に重心をおき、雪のように白い顔をして、雲のなかを回転するコータンの美女をいう。これは、クルアーンのなかの聖なるフーリー（天女）や、唐代の玄宗皇帝の治世に見られた「チャーチュ〔現在のタシュケント州一帯〕の踊り」をする少女たちを思い出させる。「二つの手作りの蓮の花びらが開かれると」踊り子が現れ、「太鼓の速いリズムに合わせて踊った。それは妖艶な踊りであった。女たちは観衆に対し色目を使い、しまいには上着を下に引き、肩を露わにした」(48)。漢文の『法華経』は贈り物のごとく敦煌から東アジアへ渡り、〔そこは〕『法華経』によって驚くような世界となった。南海から来た「黒い眉の女」は、並外れた技量をそなえた少女であり、職人が作った片足ほどの長さの織物に、完璧な字体で小さく『法華経』七巻〔の偈頌〕を刺しゅうする才能があった(49)。長安の寺には、仏塔に千部もの『法華経』があったとされる。

〔　〕内は邦訳に際しての補注

註

1　James Legge, trans. *The Li Ki, Books I-XLVI*, Delhi: Motilal Banarsidass, 1964, p. 464 (Oxford: Clarendon Press, 1885).

2　Stephen Little and Shawn Eichman, *Taoism and the Arts of China*, Chicago: The Art Institute of Chicago, 2000 には、西王母の宮廷の様子が描かれた清王朝（十七世紀）の掛け軸（三八頁）と後漢王朝（二世紀）の墓の塼および同時代の金のなる木（一五四頁）の図を見ることができる。

3　訳注：チベット語のカタカナ表記については、東洋哲学研究所海外研究員のジェームズ・B・アップル氏、同委嘱研究員のアップル荒井しのぶ氏にご教示いただきました。記して感謝申し上げます。

4　Sylvain Lévi, 'Notes chinoises sur l'Inde', *Bulletin de l'Ecole française d'Extrême-Orient* 5, 1905, p. 256.

5　P. O. Skjærvø, 'Aśoka'. In *Encyclopaedia Iranica*. Vol. II, edited by Ehsan Yarshater, London and New York: Routledge and Kegan Paul, 1987, p. 784; P. Pelliot, *Notes on Marco Polo*, Paris: Imprimerie Nationale, Librarie Adrien-Maisonneuve, 1959, 412f.

6　Skjærvø, *op. cit.*, 1987, p. 783.

7　H. A. Jäschke, *A Tibetan-English Dictionary with Special Reference to the Prevailing Dialects: To Which Is Added an English-Tibetan Vocabulary*, London: Routledge and Kegan Paul, 1949, p. 305.

8　Ronald E. Emmerick, *Tibetan Texts Concerning Khotan*, London: Oxford University Press, 1967, p. 5.

9　Ibid., p. 9.

10　Ibid., p. 94.

11　Ibid., p. 65.

12　Lokesh Chandra, *Buddhism: Art and Values*, New Delhi: Aditya Prakashan, 2007, pp. 175–85.

13　Emmerick, *op. cit.*, 1967, p. 53.

14　Ibid., pp. 59, 98, and 102.

15　Ibid., p. 61.

16　Ibid., pp. 21 and 98.

17　Ibid., p. 105.

18　Ibid., pp. 9, 13, 29, and 33.

19　Ibid., p. 57.

20　Ibid., p. 59.

21　Ibid., p. 69.

22　Ibid., p. 71.

23　Ibid., p. 55.

24　Ibid., p. 47.

25　Ibid., p. 51.

26　Ibid., p. 67.

27　Ibid., p. 69.

28 Ibid., p. 71.

29 Ibid., p. 9.

30 Ibid., p. 15.

31 Ibid. (Suv., 1).

32 Charles Willemen, 'Remarks about the History of Sarvāstivāda in Northwestern India'. In *Buddhism in Kashmir*, edited by Nirmala Sharma, New Delhi: Indian Council for Cultural Relations and Aditya Prakashan, 2012, p. 162 は、北西インドにおける説一切有部（Sarvāstivāda）の歴史について語っている。

33 『大正蔵』第九巻、一三三頁中〜下。

34 『大正蔵』第九巻、六一頁下一一〜一二行。；W. E. Soothill, trans. *The Lotus of the Wonderful Law*, Oxford: Clarendon Press, 1930, p. 262; H. Kern, *Saddharma-pundarīka or, The Lotus Sutra of the True Law*, Oxford: Clarendon Press, 1884, p. 436; H. Kern and B. Nanjio, eds. *Saddharmapuṇḍarīka*, Tokyo: Sankibo Buddhist Book Store, 1955, p. 478: *trayastriṁśatāṁ devānāṁ sabhāgatāy-opapatsyante/ sahopapannānāṁ caiṣāṁ caturaśītir-apsarasāṁ sahasrāṇy-upasaṁkramiṣyanti/ te'ḍhimātreṇa mukuṭena devaputrās tāsāṁ apsarasāṁ madhye sthāsyanti/*（訳注：創価学会教学部編『妙法蓮華経並開結』創価学会、二〇一五年、六七三頁）

35 Emmerick, *op. cit.*, 1967, p. 5.

36 カーリャーナ・ミトラ（Kalyāṇa-mitra）とは、弟子あるいは信徒に対し、恩恵を慈悲深くあるいは惜しみなく（kalyāṇa）与える者を意味する。古代インドの北西地域では、ミトラ（mitra）はイラン語系のミヒル（mihir）すなわち「神あるいは精神的恩恵」という意味で用いられた（ミヒル mihir →ミスラ mithra →ミトラ mitra）。

37 Emmerick, *op. cit.*, 1967, p. 41.

38 F. Max Müller and Bunyiu Nanjio, eds. 'Sukhavativyuha, Description of Sukhavati, The Land of Bliss', *Anecdota Oxoniensia*, Aryan Series, Vol. I, Part II, Oxford: Clarendon Press, 1883, p. 93.

39 Emmerick, *op. cit.*, 1967, p. 13.

40 Burton Watson, *The Lotus Sutra*, New York: Columbia University Press, 1993, p. 164.（訳注：『妙法蓮華経並開結』三六二頁）

41 René Grousset, *The Rise and Splendour of the Chinese Empire*, Berkeley: University of California Press, 1953, p. 103.

42 Wolfram Eberhard, *A History of China*, Berkeley and Los Angeles: University of California Press, 1977, p. 117.

43 H. Kern, *The Saddharmapuṇḍarīka* (SBE XXI-), Oxford: Clarendon Press, 1909, p. 433.

44 Giuseppe Tucci, *Tibetan Pained Scrolls*, Bangkok: SDI Publications, 1949, p. 558.

45 Emmerick, *op. cit.*, 1967, p. 67.

46　Ibid., p. 69.

47　『大正蔵』巻第二十、四七頁上。

48　Edward H. Shafer, *The Golden Peaches of Samarkand: A Study of T'ang Exotics*, Berkeley: University of California Press, 1963, p. 55; Hsiang Ta, *T'ang tai Ch'ang-an yü Hsiyü wen-ming*, Peking, 1933, pp. 61–62をもとにしている。

49　Ibid., p. 139.

付記

本稿は、『東洋学術研究』五九–二に掲載された旧稿の改訂版である。著者名と原題は次の通りである。Lokesh Chandra, Journey of the Lotus Sutra: Khotan to Tunhuang.

西域の仏典伝播における紙の貢献

榮　新江
田　衛衛　訳

中国と西方の連絡経路は、漢の武帝の時代に張騫が西域へ出使したことをもって正式に開通した。今日我々は、その経路を「シルクロード」と呼んでいる。これによって、中国と外国の関係は、商品の貿易から政治・外交、文化交流といった各分野にまで拡大した。そして、前漢から後漢への交代期にいたると、仏教に関係する典籍や彫像、思想が中国に伝わり始める。

文明が伝播するうえで、書物は極めて重要な〔伝達〕方式であった。故に、書物の広がりを観察することで、仏教文明の伝播を探るための重要な視角が見えてくる。本論文では、物質的な側面から、中国で発明された紙が、シルクロードにおける仏教典籍（仏典）の文化的伝播にいかに重要な役割を果したのか、またその意義は何なのかを検討していきたい。

一　古代の東洋と西洋の書物の形態

古代における書物の材料は、洋の東西を問わず、かさばって重いものが多かった。エジプトのパピルス、西アジアの羊皮紙、インドの樺（シラカバ）の樹皮、中国の簡牘（かんとく）などは、いずれも運搬に不便で、とくに長距離を運ぶには難しかった。河西回廊から西域地域にいたる地域では、シルクロード初期の書物が出土している。たとえば、一九五六年に甘粛省武威で、合計四六九枚、二七二九八字にわたる『儀礼』の木簡が、後漢の墓から出土した。これらは、長さ五四–五八センチ、幅〇・八センチ、厚さ〇・二八センチの、松の木で作られた木簡である。(1) これらの木簡は細長いために、古代の車で運搬すると容易に折れてしまったと考えられる。

河西回廊で発見されたシルクロードで最も古い書物の一つとして、敦煌西北にある長城の烽燧（ほうすい）の下でスタイン（A. Stein）が発掘した漢簡がある。その中には「倉頡篇〔漢字学習書〕」・「急就篇〔史游作の漢字学習書〕」・「力牧〔英雄の伝説〕」・「算術」・「陰陽」・「占書」・「相馬経」・「獣医方」および暦譜が見られ、前漢武帝の天漢三（前九八）年から後漢順帝の永和二（一三七）年の間の年代とされる。(2) そのほか、一九七二年には武威の旱灘坡後漢墓から木簡七十八枚、木牘十四枚が出土し、その内容は医療に関するものであり、これも一種の典籍といえる。(3) 二〇〇八年には、甘粛省永昌県水泉子五号漢墓から前漢の木簡が出土した。比較的保存状態がよいものが七百枚以上あり、その内容は一つめが「倉頡篇」で、二つめが日書〔数術関係資料〕である。(4) さらに西方の新疆のニヤ遺跡では、一九九三年に考古学者が「倉頡篇」の漢簡二点を採集している。(5) これらの出土事例から、漢代の典籍の形態が簡牘であったために運搬に不便であったこと、そして、現在残っている遺物の多くが、字書・医療・方術類の小さい典籍であることがわかる。

漢代は、たとえば馬王堆出土の帛書『周易』や『老子』などのように、絹帛（けんぱく）に書写した典籍の事例はあるものの、西北地域ではそういったものが発見されていない。現在までに、敦煌の懸泉置遺跡で帛書がいくつか発見され、それが漢武帝の元鼎六（前一一一）年から後漢安帝の永初元（一〇七）年の間の年代のものといわれている。ただ、その内容は基本的に手簡にとどまっており、(6) この地域では絹帛を用いて典籍が書写されなかったことがわかっている。おそらく、絹帛が高価であったため、相対的に貧しい地域では典籍の書写にそれを大量に用いることができなかったのだろう。ただ、絹帛が軽くて携帯に便利だったために、時折手簡に使っていたと考えられる。

ここで、シルクロードのもう一つの文明の中心地であるインドを見てみたい。初期のインド（北西インドを含む）や中央アジアなどの地域では、仏典の書写には樺の樹皮が主要な材料として用いられた。

現在目にすることができる最古の仏典は、一世紀前半にガンダーラ語（Gāndhārī）で書かれた仏典と偈頌類の経典（アフガニスタン出土、大英図書館所蔵）であり、これらはすべて樺の樹皮に書かれている。これらの経典は五つの陶器の壺の中に保管されていたものの、極めて壊れやすい状態だった。大英図書館はこれら樺の樹皮の写経を修復したが、その図版は、R・サロモン著『ガンダーラから伝来した古代の仏教経巻――大英図書館所蔵佉盧文残巻』で見ることができる。(7)

このような樺の樹皮に書かれた初期の写経は、その後、仏教の布教に力をいれたクシャーナ朝によって外へ広まった。〔実際に〕西はトルクメニスタンのメルブ（Merv）から、東は新疆ウイグル自治区のホータンまで、カローシュティー文字（Kharoṣṭhī）のガンダーラ語で書かれた樺樹皮の経巻が出土している。

一般的に二世紀の写本といわれているホータン出土の『法句経』は、ガンダーラ語の中にサカ語の言葉もあるため、現地で書かれたものと考えられている。(8)つまり、樺の樹皮の形態の書物は新疆のシルクロード南道に入ってきたものの、数量がそれほど多くなかったと考えられるのである。

ホータンの東側には、鄯善国が支配した精絶の遺跡であるニヤがあり、そこから三～四世紀の公文書および私文書が大量に出土している。これらは基本的に木簡や木牘であり、仏典関係では、ガンダーラ語の『解脱戒本』や『温室洗浴衆僧経』などが、いずれも木牘に書かれている。(9)

二　初期仏典の伝達方式

初期の仏教伝播は、実際には伝法の僧の口頭による翻訳を通して進められた。そのため、かさばって重い樺の樹皮の経典を持ち運ばなくとも、伝法の目的を達成することができた。湯用彤氏の見方によると、中国への仏教伝来に関する最も信用できる記録は、『三國志』に附された裴注所引の『魏略』西戎伝の次の記載である。

昔漢哀帝元壽元（前二）年、博士弟子景盧受大月支王使伊存口授「浮屠経」。

（昔、漢哀帝の元壽元（前二）年、博士弟子の景盧、大月支王使伊存より「浮屠経」の口授を受く。）

この「口授」は実に適切な言葉である。大月氏の使者が経典を持たず、それを暗唱して口伝えに伝授し、後漢の博士弟子の景盧という人物が、その口授を受けて経文を記録していったのである。

中国の伝統では、書物を通じて伝承していく文化がある。このような方法は春秋戦国時代に既に確立し、それが次第に伝統となり、秦漢の時代以降、書物は装幀された書籍の形態をとった。しかしインドにおいては、初期の書物は主に諳誦され、口頭で伝えられ、仏典も諳誦によって伝えられた。さらに、仏典の翻訳もまた主に口誦で行われた。それについては多くの例を挙げることができる。

たとえば『高僧伝』巻一の「安清伝」には、「於是宣譯衆経、改胡為漢。出『安般守意』・『陰持入』・『大小十二門』及『百六十品』」（ここに於いて衆経を宣譯し、胡を改めて漢と為す。『安般守意』・『陰持入』・『大小十二門』及び『百六十品』を出す）とある。[10] 安清とは、後漢末に洛陽にやって来て、初めて仏典の翻訳事業を組織した安息（パルティア）人の安世高を指す。彼は、「宣譯」つまり仏典を「口宣（口で誦し）」して、胡語を転じて漢語に翻訳したものと理解できる。

また『高僧伝』巻一所収の「支婁迦讖伝」には、「諷誦群経、志存宣法。漢靈帝時游於雒陽、以光和、中平之間（一七八−一八九年）、傳譯梵文、出『般若道行』・『般舟』・『首楞嚴』等三経」（群経を諷誦し、志は法を宣ぶるに存す。漢靈帝の時雒陽に游び、光和・中平之間（一七八−一八九年）を以て、梵文を傳譯し、『般若道行』・『般舟』・『首楞嚴』等三経を出す）とある。(11)

同じく『高僧伝』巻一所収の「安玄伝」には、「時又有優婆塞安玄、安息國人、性貞白、深沈有理致、博誦群経、多所通習、亦以漢靈之末、遊賈雒陽、以功號曰騎都尉、性虚靖温恭、常以法事為己任」（時に又た優婆塞の安玄有り。安息国の人なり。性は貞白にして、深沈して理致有り。群経を博誦して、多く通習す。亦た漢霊の末、雒陽に遊賈し、功を以て號して騎都尉と曰う。性は虚靖温恭にして、常に法事を以て己の任と為す）とある。(12)

さらに『高僧伝』巻一「帛尸梨蜜伝」には、「俄而顗遇害、密往省其孤、對坐作胡唄三契、梵響凌雲。次誦呪數千言、聲音高暢、顔容不變」（俄に顗、害に遇う。密かに往きて其の孤を省せしむるに、對坐して胡唄三契を作し、梵響凌雲たり。次いで呪數千言を誦し、聲音高暢として、顔容變ぜず）とある。(13)

このように、月氏・安息・亀茲から来た僧侶たちは、明らかに「諷誦」の伝統を受け継ぎ、この方法で仏典の内容を広めていったのである。

諳誦によって経典を伝える方法は、インドや西域出身の僧侶の得意とするところであり、東晋や十六国の時期まで続いた。たとえば『高僧伝』巻二の「鳩摩羅什伝」には、「什既至止、仍請入西明閣及逍遙園、譯出眾經。什既率多諳誦、無不究盡、轉能漢言、音譯流便」（（鳩摩羅）什、既に止に至るや、仍お請いて西明閣及び逍遙園に入らしめ、衆経を譯出せしむ。什、既に率多に諳誦し、究め盡くさざる無く、轉じて漢の言を能くし、音譯は流便たり）とある。(14)

ここに見られるように、訳経大師として著名な鳩摩羅什もまた、「諳誦」することを主としていたのであり、口で諳誦し、声で漢文に訳していた。

また、『高僧伝』巻二の「弗若多羅伝」には、「以偽秦弘始六（四〇四）年十月十七日集義學僧數百余人、於長安中寺、延請多羅誦出『十誦』梵本、羅什譯為晉文、三分獲二」（偽秦の弘始六（四〇四）年十月十七日を以て、義學僧數百余人を集め、長安中の寺に於いて、（弗若）多羅に延請して『十誦』梵本を誦出せしめ、（鳩摩）羅什は譯して晉文と為し、三分して二を獲る）と述べられている。[15]

これによれば、「十誦律」もまた、弗若多羅が口で誦したものを鳩摩羅什が（サンスクリット語から）漢文に翻訳したものだった。これについては、『出三藏記集』巻三「新集律来漢地四部記録」の記録から、より具体的に説明（補足）できる。

初、〔罽賓三藏法師仏陀〕耶舍於罽賓誦『四分律』、不齎胡本而來游長安。秦司隷校尉姚爽欲請耶舍於中寺安居、仍令出之。姚主以無胡本、難可證信、衆僧多有不同、故未之許也。羅什法師勸曰、『「耶舍甚有記功」、數聞誦習、未曾脱誤』。於是姚主即以藥方一卷・民籍一卷、並可四十許紙、令其誦之三日、便集僧執文請試之。乃至銖兩・人數・年紀、不謬一字。於是咸信伏、遂令出焉。

（初め、〔罽賓の三藏法師、仏陀〕耶舍、罽賓に於いて『四分律』を誦し、胡本を齎らさずして來りて長安に游ぶ。秦の司隷校尉姚爽、耶舍に請いて中寺に於いて安居せしめ、仍ち令してこれを出しめんと欲す。姚主、胡本無きを以て、證信す可きは難し、衆僧多く同じからずとし、故に未だこれを許さざるなり。（鳩摩）羅什法師、勸めて曰く、『耶舍は甚だ記功有り、數ばしば誦習を聞くも、未だ曾て脱誤せず』と。ここに於いて、姚主即ち藥方一卷・民籍一卷を以てし、並に四十許の紙を可とし、其れをしてこれを誦せしむること三日、便ち僧を集め、文を執りてこれを試せんことを請う。乃ち銖兩・人數・年紀に至るも、一字として謬せず。ここに於いて咸な信伏し、遂に焉を出さしむ。[16]）

中国の伝統は書写にあることを明示してきたが、ここでは、罽賓三蔵法師の仏陀耶舎がインドの伝統にのっとって、胡本をもたらさず、ただ諳誦によっていたと述べられる。最終的には、鳩摩羅什による尊敬と推薦、そして姚主の試験を経て、仏陀耶舎が諳誦する形で『四分律』を翻訳することに同意した。

『出三蔵記集』巻三は、「法顕記」を引用している。

> 顯本求戒律、而北天竺諸國皆師師口傳、無本可寫。是以遠渉、乃至中天竺、於摩訶乗僧伽藍得一部律、是『摩訶僧祇』。復得一部抄律、可七千偈、是『薩婆多衆律』。又得『雜阿毘曇心』、可六千偈。又得一部『綖経』、二千五百偈。又得一部『方等泥洹経』、可五千偈。又得『摩訶僧祇阿毗曇』。法顯住三年、學梵書梵語、悉寫之、於是還。又至師子國二年、更求得『彌沙塞律』梵本。
>
> （法）顯は本と戒律を求むるも、北天竺諸國は皆な師師口傳にして、本の寫すべき無し。是を以て遠渉なるも、乃ち中天竺に至り、摩訶乗僧伽藍に於いて一部律を得、是れ『摩訶僧祇』なり。復た一部抄律、七千偈可りなるを得、是れ『薩婆多衆律』なり。又た『雜阿毘曇心』、六千偈ばかりなるを得る。又た一部『綖経』、二千五百偈を得る。又た一部『方等泥洹経』、五千偈ばかりなるを得る。又た『摩訶僧祇阿毗曇』を得る。法顯の住むこと三年、梵書梵語を學び、悉ごとく之を寫し、ここに於いて還る。又た師子國に至ること二年、更に求めて『彌沙塞律』の梵本を得る。(17)

ここにあるとおり、法顕にとって西天取経は、中国の習慣に基づいて、書き記したテキストを探し求めることであった。しかしインドの伝統では、仏典は口承するものであったため、インド北部には写すべきテキストがなかった。そして、インド中部まで遠路はるばる出向き、ようやく律本およびその他の仏典を探し当て、抄写して帰国したのである。

もちろん、初期において梵文や胡語の仏典を持って中国に来る僧がいたことも否定できない。たとえば、『高僧伝』巻一所収の「支婁迦讖伝」には、「時有天竺沙門竺仏朔、亦以漢靈之時、齎『道行経』來適雒陽、即轉梵為漢」（時に天竺沙門の竺仏朔有り、亦た漢靈の時を以て、『道行経』を齎して來りて雒陽に適き、即ち梵を轉じて漢と為す）とあり、[18]支婁迦讖（Lokakṣema）が『道行経』を携えて洛陽に来たことが明記されている。

また、『高僧伝』巻一「維祇難伝」には、「以呉黄武三（二二四）年、與同伴竺律炎來至武昌、齎『曇鉢経』梵本」（呉の黄武三（二二四）年を以て、同伴の竺律炎と與に來りて武昌に至り、『曇鉢経』の梵本を齎す）とあり、[19]維祇難（Vighna）が梵本を携えて三国時代の孫呉に来たと述べられている。

西晋時代には、『高僧伝』巻一の「竺法護伝」に、「遂隨師至西域、遊歴諸國、外國異言三十六種、書亦如之、護皆遍學、貫綜詁訓、音義字體、無不備識。遂大齎梵経、還歸中夏」（遂に師に隨いて西域に至り、諸國を遊歴し、外國の異言三十六種、書も亦た之の如く、護は皆な遍く學び、詁訓を貫綜し、音義字體、備識せざる無し。遂に大いに梵経を齎し、還りて中夏に歸す）とあり、[20]竺法護が大量のサンスクリット語経典を持って中原に帰還したことがわかる。これら持ち帰られた経典を総括すると、その大部分が短い経典なのだが、これは樺の樹皮の写経が携帯に不便であったことが理由と考えられる。一方で、竺法護の時代には、実は中原の紙がすでに西域に伝わっていた。そのため、竺法護（Dharmarakṣa）が「大いに梵経を齎」して帰還できたのは、彼が中原で製造された紙を持って西域に向かい経典を書写したからかもしれない。

このように、西域ないし中原における初期の仏教は、主に諳誦に基づいて伝播した。重くてかさばる樺の樹皮の写経を携えて来る必要はなく、翻訳は口訳で行われ、それを筆記して記録したのである。

三　紙の仏典伝播への貢献

中国では、早くも前漢時代には製紙法が発明され、シルクロードに沿って河西回廊の西端にまで伝播していた。(21) 懸泉置遺跡では紙が出土しているが、文字が書かれた書信だけで、典籍は見つかっていない。後漢の和帝時代には、元興元(一〇五)年に、蔡倫がより幅広い材料で紙を作る方法を発明し「蔡侯紙」を進呈したことから、紙が大量に生産され、これが次第に詩賦や典籍の書写材料となった。西晋の時代には、左思が『三都賦』を著し、「於是豪貴之家競相傳寫、洛陽為之紙貴」(ここに於いて豪貴の家は競いて相い傳寫し、洛陽これが為に紙貴し)と述べている。(22) ここから、西晋の時代には、紙が文学作品を書写する材料としてすでに一般的に使用されていたが、それだけでなく、紙の生産量がまだ限られていたこともわかる。一篇の賦文を抄写するのに、首都・洛陽の紙の供給が厳しかったほどだったのである。

紙の発明により、魏晋時代には書物の伝播が促進され、中国本土の典籍が西方に伝わった。楼蘭では紙に書かれた『倉頡篇』や『戦国策』が発見され、(23) トルファンでは紙に書かれた『春秋左氏伝』・『前漢紀』・『三國志』などが発見されている。(24) これらはいずれも、東晋・十六国時代の写本であり、中国の経書や歴史書といった伝統的な典籍のうちの代表的なものが西域に伝わった。

紙が典籍の書写材料になった後、西域では漢文の仏典も速やかに紙を使って書写され始めた。現在知られている最古の写経(紀元から数えて)は、日本の大谷探検隊がトルファンのトユクで発見した元康六(二九六)年の『諸仏要集経』である。(25) 近年、同じ写本に属する他の断片も旅順博物館所蔵文書の中から発見され、(26) 写経がすでに一定の規模をもって〔広がって〕いたことが明らかになった。トルファンの初期の仏典に属する写経は、他にもいくつか存在する。たとえば、安徽省博物館所蔵のトルファン出土『賢劫千仏品経』巻第十の写本には、「北涼神璽三(三九九)年正月二十日僧宝賢写経」の題記が見られる。[27]また、ドイツ国立図書館所蔵の高昌城出土『正法華経』巻十には、「神璽三年七月十七日張施写」という題記がある。[28]日本の京都国立博物館所蔵の大谷探検隊将来の『優婆塞戒』巻七には、「丁卯歳（四二七年）河西王世子且渠興国請訳経記」と記されている。[29]日本にある台東区立書道博物館所蔵の（王樹枏旧蔵）『妙法蓮華経方便品』には、「己巳（四二九）年六月十二日令狐岌写」という題記が見られる。[30]新疆博物館蔵『金光明経』巻二は、庚午歳（四三〇年）四月十三日に索将軍一家のために書かれたものである。[31]ロシア所蔵Ф.320『大方等無想大雲経』巻六には、「縁和三（四三四）年九月五日に比丘法融写経」という題記が見られる。[32]中国国家博物館所蔵のトルファンから出土した『仏説首楞嚴三昧経』巻下には、太縁二（四三六）年に史良奴が書いたことが明記されている。[33]書道博物館所蔵のトルファン鄯善出土の大涼承平七（四四九）年涼王大且渠安周供養『持世』第一には、「用紙廿六枚」と表記されている。[34]また、承平十五（四五七）年且渠安周供養『仏説菩薩藏経』巻一では、「廿六紙半」と題されている。[35]且渠安周供養『十住論』巻七には「用紙廿三枚」と、[36]安周供養『華厳経』巻二十八には「廿紙」と題されている。[37]とくに紙の枚数が示されているのは、紙が高価であったことを意味する。

トルファンより西の亀茲国の地域でも、初期の漢文写経が出土している。それは、大谷探検隊将来の『妙法蓮華経』巻一で、「西涼建初七（四一一）年七月二十一日比丘弘施・恵度・興達」等の題記がある。[38]紙を用いた仏典の書写はすぐに西域に伝わり、それが習慣として定着していくと、簡牘は歴史の表舞台から姿を消した。敦煌・トルファンには高級の絹本写経も存在するが、一般の人は使えなかったため、紙と同じように語ることはできない。このように、紙は前漢で発明されたとはいえ、三世紀になってようやく簡牘に取って代わり、書写の主な材料になったのである。

魏晋から唐初にかけて、中国の僧たちは一斉に西天取経を行い、中央アジアやインドに行って仏典を写した。中国で発明された軽くて便利な紙は、こうした求法写経の動きに絶大な貢献をなした。

甘露五（二六〇）年には、朱士行が出塞し、西方の于闐にいたり、『放光経』正品の梵書と胡本九十章六十万余語を書写した。[39] 隆安五（四〇一）年には、法顕が長安を出発し、流沙をわたり、西天取経のために西方に赴いた。四〇四年、智猛は長安から出発して西天取経を行ったが、その著『遊外国伝』に次のように記している。「此『大涅槃経』、初十巻有五品。其梵本是東方道人智猛従天竺將來、暫憩高昌。」（此れ『大涅槃経』、初十巻にして五品有り。其の梵本は是れ東方の道人智猛、天竺より将來し、暫し高昌に憩う。[40]）

また、『出三蔵記集』巻九「華厳経記」には次のようにある。「『華嚴経』胡本凡十萬偈。昔道人支法領従于闐得此三萬六千偈、以晉義熙十四（四一八）年歳次鶉火三月十日、於揚州司空謝石所立道場寺、請天竺禪師仏度跋陀羅手執梵文、譯胡為晉、沙門釋法業親從筆受。至元熙二（四二〇）年六月十日出訖。」（『華嚴経』胡本は凡そ十萬偈たり。昔、道人支法領、于闐より此の三萬六千偈を得、晉の義熙十四〈四一八〉年歳次鶉火三月十日を以て、揚州司空謝石の立つる所の道場寺に於いて、天竺禪師仏度跋陀羅に請いて手ずから梵文を執らしめ、胡を譯して晉と為し、沙門釋法業、親しく從いて筆受す。元熙二（四二〇）年六月十日に至りて出し訖る。[41]）

彼らはすべて中原から西域に赴いた僧侶で、おそらく中原で製造された紙を用いて経典を写したために、比較的大部の経書を写し取ることができるようになった。西域では、口伝の伝統がこの方法にある程度取って代わり、広まっていったのである。

以上の議論は、すべて漢文の史料と文献記録についてである。では、胡語の文献の状況はどうなっているのだろうか。近代以来の考古学的発見により、胡人もまた紙を書写材料に使っていた様子が垣間見える。

一九〇七年スタインは、敦煌西北にある長城の烽燧の下でソグド語の古い手紙を発見した。これは、三一二年からそれほど離れていない時期に、ソグドの商人が河西回廊東端にある武威などの城鎮から送った手紙で、何らかの理由で運ばれた包みが長城の烽火台の下に落とされたのではないかと考えられている。[42] これらの手紙の紙質はよく、中にはこれを六世紀の遺物と見なす紙の専門家もいるほどである。実際にソグド商人が当時最も質の高い紙を自分たちの通信媒体として使えたのは、彼らが良質の紙を買えるほど裕福だったからである。これらソグド語の手紙のうちの二号は、武威からソグド本土のサマルカンドに送られた一通である。[43] この手紙は、目的地には届かなかったものの、この時期に中国に渡ったソグド人が書いた手紙は、ソグド地域に届けられていたと推断してよいだろう。言い換えれば、中原で生産された良い紙が、ソグド地域つまりアム＝ダリヤとシル＝ダリヤの間のトランスオクシアナ地域に、書写材料としてすでに到達していたということである。

とはいっても、手紙は大きくはなく、使う枚数も少なかったが、紙で典籍を書写するまでにはもう一段階必要であった。〔というのも〕ここには、紙の供給問題と、伝統の改変や宗教・信仰の受け入れの問題があったからである。西域北道（新疆ウイグル自治区のタリム盆地北側）で発見された初期の仏典の写本は、北西インドから伝わった樹皮をまだ書写の材料にしていた。五世紀以降、おそらくエフタル（嚈達）の南下に伴って北西インドとタリム盆地のオアシス都市との関係が断ち切られたと考えられる。それによってインドの書写材料の輸入が困難になり、サンスクリット語仏典は紙に書かれるようになったが、その形態は依然としてインドの貝葉形であった。これとともに、西域北道のクチャ語（Kuchean）・アグニ語（Agnean）、南道のホータン語の仏典は、すべて紙で書かれるようになった。[44] 焉耆のショルチュクで出土したクチャ語の「頭陀行」写本（THT 558-562）は、この地における紙の使用に関する具体的な時期を示している。この写本は、鳩摩羅什が弘始六（四〇五）年前後に長安で翻訳した『十誦律』の漢文写本を貝葉形に切り取り、漢字の面を二枚向き合わせて糊で貼り合わせ、外側の両面を白い「貝葉」で作り、そこにクチャ語の仏典を書写したものである。[45] 漢文仏典が訳出された時期に基づき、胡語仏典の書写された時期の範囲を定めることができるが、それによれば、西域では五世紀初め以降に中原の紙を使って胡語経典が書写されるようになったといえる。[46] 西域南道の于闐王国で使用されていたホータン語の仏教文献のなかで、『僧伽吒経』が最も早い訳本であり、[47] その時期は五世紀と推定される。[48]

その後、この方法は新たな伝統となり、以後一貫して保持されていった。西域では大量の仏典を書写できるようになり、紙の功績は大きなものがあった。一つの例を挙げよう。唐人祥公の『法華伝記』巻一所引の「西域志」に、次のような記述がある。「昔于闐王宮有『法華』梵本、六千五百偈。東南二千餘里有遮拘槃國、彼王累世敬重大乘。王宮亦有『華嚴』・『大集』・『摩訶般若』・『法華』・『涅槃』等五部大経、並十萬偈。又東南二十餘里、有山甚嶮難、峰上有石窟、口狹內寛、其內『華嚴』・『大集』・『方等』・『寶積』・『楞伽』・『方廣』・『舍利弗陀羅尼』・『華聚陀羅尼』・『都薩羅藏』・『摩訶般若』・『大雲経』等、凡一十二部、皆十萬偈、國法相傳、防護守掌。」（昔、于闐の王宮、『法華』梵本、六千五百偈有り。東南二千餘里に遮拘槃國有り、彼の王は累世大乗を敬び重んず。王宮に亦た『華嚴』・『大集』・『摩訶般若』・『法華』・『涅槃』等五部大経、並に十萬偈有り。又た東南二十餘里、山の甚だ嶮難なる有り、峰上に石窟有り、口は狹く內は寛なり、其の內に『華嚴』・『大集』・『方等』・『寶積』・『楞伽』・『方廣』・『舍利弗陀羅尼』・『華聚陀羅尼』・『都薩羅藏』・『摩訶般若』・『大雲経』等、凡一十二部あり、皆十萬偈たり。國法相い傳え、防護して守掌す。）(49)

ここから、タリム盆地南西の于闐や遮拘槃（葉城）などの大乗仏教の国では、大量の経典が存在していたことがわかる。おそらくここでも、紙が書写の便利な材料となったと考えられる。

四　結語

総じて、テキストは様々な形態の書写媒体に記載されてきたが、媒体によって分量・構造・内容は様々に異なる。媒体によって記載しうるテキストの分量は、その知識がどの程度の広がりや距離でシルクロード上を伝播するのかということに決定的な影響を及ぼす。伝播するテキストの分量が多く、そのスピードが速ければ、〔その分〕文明が絶え間なく発展し、他の文明との交流を促進する結果を生む。

初期の書写の材料は、その多くが樹皮（樺、松）であり、書写する範囲が狭く壊れやすかったため、必然的に最も洗練された箇所だけがそこに書かれた。たとえば、西域で発見された初期仏典の多くが『法文経』や『法集要頌』などであるのはこのためである。記載するモノが変わり、紙が使用されるようになると、書写する範囲が広くなり、分量も増え、記載内容はますます幅広くなる。紙が中央アジアにも伝わり、仏教徒が紙を使用するようになると、より大きな仏典を書写し、それを広めることが可能になった。たとえば、『華厳』・『大集』・『般若』・『法華』・『涅槃』のような大部の仏典も伝わっていった。文字数がさらに多い論部経典も流伝し、紙面を効率よく使うために、小さな文字で書写する方法もとられた。

紙の書物は樹皮の書物に比べはるかに軽いため、運搬する量も自然と増加した。仏典の例からも分かるように、初期の樺の樹皮の写経では、ごくわずかな経典しか持ち運ぶことができなかった。紙の使用により、大部の仏典を馬に積んで長距離を踏破できるようになり、それらをインドや中央アジアから中国へ運搬していったのだ。

書物の運搬量が増えるにつれ、より多くの知識がより遠くに伝播し、〔その方法も〕より体系化されていった。従来は書面が狭く、テキストが書けなかったり、表や図像も扱いにくかったりしたが、紙によって書面が大幅に増えたことで、異なった方式でもともとの思想をすべて表現できるようになった。

仏典の書写に紙が用いられたことで、仏教は、インドから西域に、さらに中国・中原にまで伝播するような絶大な推進力を得た。もし紙による媒介がなければ、仏教は西域や中国にこのように広く伝わることはなかったであろう。

〔　〕は邦訳に際しての補注

註

1 甘肅省博物館・中國科學院考古研究所『武威漢簡』（中華書局、二〇〇五年）所収。

2 Ed. Chavannes, *Les documents chinois découverts par Aurel Stein dans les sables du Turkestan oriental* (Oxford: Imprimerie de l'Université, 1913); 羅振玉・王國維『流沙墜簡』（上虞羅氏宸翰樓、一九一四年）の関連部分を参照。

3 これについての簡報は、甘肅省博物館・甘肅省武威縣文化館「武威漢灘坡漢墓發掘簡報——出土大批醫藥簡牘」『文物』一九七三年第十二期、一八—二三頁。完成版は甘肅省博物館・武威縣文化館『武威漢代醫簡』（文物出版社、一九七五年）所収。

4 これについての簡報は、甘肅省文物考古研究所「甘肅永昌水泉子漢墓發掘簡報」『文物』二〇〇九年第十期、五二—六一頁。張存良・吳葒「水泉子漢簡初識」『文物』二〇〇九年第十期、八八—九一頁。張存良「水泉子漢簡七言本〈倉頡篇〉蠡測」中國文化遺產研究院編『出土文獻研究』第九輯中華書局、二〇〇九年、六〇—七五頁も参照。

5 王樾「略説尼雅發現的「倉頡篇」漢簡」『西域研究』一九九八年第四期、五五—五八頁。林梅村「尼雅漢簡與漢文化在西域的初傳——兼論懸泉漢簡中的相關資料」劉東主編『中國學術』二〇〇一年第二輯、商務印書館、二四〇—二五八頁。

6 甘肅省文物考古研究所「甘肅敦煌漢代懸泉置遺址發掘簡報」『文物』二〇〇〇年第五期、四—二〇頁。王冠英「漢懸泉置遺址出土元與子方帛書信札考釋」『中國歷史博物館館刊』一九九八年第一期、五八—六一頁。

7 R. Salomon, *Ancient Buddhist Scrolls from Gandhāra. The British Library Kharoṣṭhī Fragments*, with contribution by Raymond Allchin and Mark Barnard (Seattle: University Washington Press, 1999).

8 J. Brough, *The Gāndhāran Dharmapada* (London: Oxford University Press, 1962). Cf. T. Lenz, B. Dharmamitra and A. Glass. *A New Version of the Gāndhārī Dharmapada and a Collection of Previous-Birth Stories: British Library Kharoṣṭhī Fragments 16 and 25* (Seattle-London: University of Washington Press, 2002).

9 林梅村「新疆尼雅遺址所出犍陀羅語〈解脱戒本〉殘卷」『西域研究』一九九五年第四期、四四—四八頁。のちに林梅村『漢唐西域與中國文明』文物出版社、一九九八年、一四二—一五〇頁に所収。林梅村「尼雅出土佉盧文〈溫室洗浴眾僧経〉殘巻考」華林編輯委員會編『華林』第三卷、中華書局、二〇〇三年、一〇七—一二六頁。のちに林梅村『松漠之間——考古新發現所見中外文化交流』三聯書店、二〇〇七年、一一〇—一三六頁に所収。

10　CBETA, T50, no. 2059: 323b6-7; 慧皎『高僧傳』巻一、湯用彤校注、中華書局、一九九二年、四-五頁。
11　CBETA, T50, no. 2059: 324b14-17; 註10慧皎前掲書、巻一、一〇頁。
12　CBETA, T50, no. 2059: 324b25-29; 註10慧皎前掲書、巻一、一〇頁。
13　CBETA, T50, no. 2059: 328a3-5; 註10慧皎前掲書、巻一、三〇頁。
14　CBETA, T50, no. 2059: 332a29-b7; 註10慧皎前掲書、巻二、五二頁。
15　CBETA, T50, no. 2059: 333a20-22; 註10慧皎前掲書、巻二、六一頁。
16　CBETA, T55, no. 2145: 20b23-c5; 僧祐『出三藏記集』巻三、中華書局、一九九五年、一一七-一一八頁。
17　CBETA, T55, no. 2145: 21a15-24; 註16僧祐前掲書、巻三、一一九-一二〇頁。
18　CBETA, T50, no. 2059: 324b21-23; 註10慧皎前掲書、巻一、一〇頁。
19　CBETA, T50, no. 2059: 326b23-25; 註10慧皎前掲書、巻一、二二頁。
20　CBETA, T50, no. 2059: 326c8-12; 註10慧皎前掲書、巻一、二三頁。
21　紙の発明と初期の考古学的証拠については、以下を参照。王元林「考古學視野下的簡紙並用時代――兼談古紙的起源與使用」張德芳編『甘肅省第二屆簡牘學國際學術研討會論文集』上海古籍出版社、二〇一二年、三六〇-三七四頁。
22　『晉書』巻九十二、中華書局、一九七四年、二三七七頁。
23　冨谷至「3世紀から4世紀にかけての書写材料の変遷――楼蘭出土文字資料を中心に」冨谷至編『流沙出土の文字資料　楼蘭・尼雅出土文書を中心に』京都大学学術出版会、二〇〇一年、四七七-五二六頁。
24　白石將人「書道博物館藏吐魯番出土『左傳』服虔注殘卷について」高田時雄編『敦煌寫本研究年報』第七號、京都大學人文科學研究所、二〇一三年、三四七-三六〇頁。また「西陲出土日藏〈左傳〉昭公殘卷兩種」劉玉才主編『國際漢學研究通訊』第十二輯、北京大學出版社、二〇一六年、一〇五-一二〇頁。余欣「寫本時代知識社會史研究――以出土文獻所見〈漢書〉之傳播與影響為例」榮新江主編『唐研究』第十三卷、北京大學出版社、二〇〇七年、四六九頁（余欣『中古異相：寫本時代的學術信仰與社會』上海古籍出版社、二〇一一年、三六頁に所収）。片山章雄「吐魯番・敦煌発見の『三国志』写本残巻」『東海史学』第二十六号、一九九一年、三三-四二頁。
25　香川默識編『西域考古圖譜』下巻、國華社、一九一五年、圖一。池田温『中國古代寫本識語集録』東京大学東洋文化研究所、一九九〇年、七四頁。

26 三谷真澄「旅順博物館所蔵『諸仏要集経』写本について」旅順博物館・龍谷大学共編『旅順博物館蔵トルファン出土漢文佛典研究論文集』龍谷大學、二〇〇六年、六四-七三頁。

27 林世田・劉波「國家珍貴古籍展：跨越千年的對話」『中華讀書報』二〇〇九年六月二十四日。王丁「仏教東傳早期的仏名経——北涼神璽三年寶賢寫千仏名號與漢譯賢劫経」『敦煌學輯刊』二〇一五年第四期、三一-三七頁。

28 『現代書道二十人展 第35回記念トゥルファン古写本展』朝日新聞社、一九九一年、No. 3。饒宗頤「柏林印度藝術博物館藏経巻小記」『九州學刊』四-四、一九九二年、一六一-一六二頁。註25池田前掲書、七八頁。

29 註25香川前掲書、圖一八。註25池田前掲書、八三頁。

30 王樹枏『新疆訪古録』巻一、葉九-一〇。註25池田前掲書、八三-八四頁。

31 『新疆維吾爾自治區博物館』（『中國博物館叢書』九、文物出版社、一九九一年）の圖版八四、および注25池田、八四頁を参照。

32 孟列夫・錢伯城主編『俄羅斯科學院東方研究所聖彼德堡分所藏敦煌文獻』第五冊（上海古籍出版社、俄羅斯科學出版社東方文學部、一九九四年）の一六八頁、および註25池田前掲書、八四頁を参照。

33 黄文弼『吐魯番考古記』科學出版社、一九五八年、圖九。註25池田前掲書、八五頁。

34 註30王樹枏前掲書、巻一、葉二〇-二二。註25池田前掲書、八六頁。

35 註30王樹枏前掲書、巻一、葉二二-二三。註25池田前掲書、八七頁。

36 同、八七-八八頁。

37 同、八八頁。

38 註25香川前掲書、圖五。註25池田前掲書、八一頁。

39 CBETA, T55, no. 2145: 48a1-7; 註16僧祐前掲書、巻七、二六四-二六五頁。

40 CBETA, T55, no. 2145: 60a11-12; 註16僧祐前掲書、巻八、三一五頁。

41 CBETA, T55, no. 2145: 61a1-5; 註16僧祐前掲書、巻九、三二六頁。

42 W.B. Henning, "The Date of the Sogdian Ancient Letters", *Bulletin of the School of Oriental and African Studies*, XII (1948), 601-615; F. Grenet and N. Sims-Williams, "The Historical Context of the Sogdian Ancient Letters", *Transition Periods in Iranian History, Studia Iranica 5* (1987), 101-122.

43 N. Sims-Williams, "The Sogdian Ancient Letter II", *Philologica*

et Linguistica: Historia, Pluralitas, Universitas. Festschrift für Helmut Humbach zum 80. Geburtstag am 4. Dezember 2001, Hrsg. von Maria Gabriela Schmidt und Walter Bisang unter Mitarbeit von Marion Grein und Bernhard Hiegl (Trier: Wissenschaftlicher Verlag Trier, 2001), 267-280.

44　Lore Sander, "Brāhmī scripts on the Eastern Silk Roads", *Studien zur Indologie und Iranistik* 11/12 (1986), 162; idem., "Remarks on the Formal Brahmi script from the Southern Silk Route", *Bulletin of the Asia Institute*, New Series 19 (2005 [2009]), 133-143.

45　L. Sander, "Was kann die Paläographie zur Datierung tocharischer Handschriften beitragen?", in Y. Kasai et al., eds, *Die Erforschung des Tocharischen und die alttürkische Maitrisimit: Symposium anlässlich des 100. Jahrestages der Entzifferung des Tocharischen Berlin, 3. und 4. April 2008* (Turnhout: Brepol, 2013), 277-305.

46　慶昭蓉、江南和幸「唐代安西大都護府時期之龜茲當地用紙」朱玉麒主編『西域文史』第十二輯、科學出版社、二〇一八年、一六二-一六四頁。

47　G. Canevascini, *The Khotanese Saṅghāṭasūtra. A Critical Edition* (Wiesbaden: L. Reichert Verlag, 1993); idem., "New Readings and New Words in the Khotanese *Saṅghāṭasūtra*", *Studia Iranica* 19, no. 1 (1990), 13-20; M. Maggi, "Notes on *The Khotanese Saṅghāṭasūtra*", *Bulletin of the School of Oriental and African Studies* LIX, no. 1 (1995), 119-124.

48　P.O. Skjærvø, *Khotanese Manuscripts from Chinese Turkestan in the British Library. A Complete Catalogue with Texts and Translations* (London: British Library Publishing, lxix). しかし、ホータン語である『金光明経』を最初の写本とするのはややおかしい。というのも、一部の段落は義浄訳の『金光明勝王経』によりふさわしいと考えられるからである。これについては、以下を参照。段晴「新發現的于闐語〈金光明最勝王経〉」『敦煌吐魯番研究』第九巻、中華書局、二〇〇六年、七-二二頁。Duan Qing, "Two New Folios of Khotanese *Suvarṇabhāsottamasūtra*", *Annual Report of the International Research Institute for Advanced Buddhology, Soka University* 10 (2007), 325-336, pl.

49　CBETA, T51, no. 2068: 50b4-15.

付記

本稿は、『東洋学術研究』五八-二に掲載された旧稿の改訂版である。執筆者と原題は次の通りである。榮新江「紙對佛典在西域傳播的貢獻」

クチャと焉耆の仏教遺跡とその美術

檜山智美

はじめに

二十世紀初頭に行われた各国探検隊によるタリム盆地の踏査により、何世紀もの間、この地で砂に埋もれて眠っていた数多くの仏教遺跡の存在が明らかになった。中でも西域北道のクチャと焉耆の仏教遺跡では、印欧語族の中でもユーラシア大陸の最も東方で発見された言語であるトカラ語A・B（焉耆語・亀茲語）の写本をはじめ、大量の文献や彫刻・絵画資料、銘文、その他の考古学的遺物が発見された。これらの出土資料は、西域北道において独自に発展した仏教文化の様相を明らかにするための重要な手掛かりとなる（図1）(1)。

タクラマカン砂漠の北縁沿いに栄えたオアシス国家の中でも、最大規模の人口及び経済活動を誇った亀茲国の故地であるクチャ（現在の中国新疆ウイグル自治区阿克蘇地区庫車市の周辺地域）は、タリム盆地の中でも最も多くの仏教遺跡が集中している地域である（図2）。『出三藏記集』に収録された『比丘尼戒本所出本末序』によれば、四世紀後半の亀茲国には多くの仏教寺院が存在し、絢爛豪華に装飾されていたほか、亀茲王宮の内部にさえも、寺院と同様に多くの仏像が立ち並んでいたという。(2) クチャの美術伝統は早期の敦煌莫高窟をはじめ、西域北道のカシュガル、トゥムシュク、トルファンの仏教美術にも多くの影響を与えたことが指摘されており、(3)亀茲国が西域北道においていちはやく仏教文化及び仏教芸術制作の中心地として興隆した状況を示している。現在もクチャの周辺に残る十カ所以上の仏教僧院址は、亀茲国時代の五世紀から十世紀頃にかけて造営されたものであり、この地でかつて大いに繁栄した仏教僧団の営みとその信仰文化を知るための一次資料である。

一方、亀茲の隣国であった焉耆国（現在の中国新疆ウイグル自治区巴音郭楞蒙古自治州の焉耆回族自治県）は、外部勢力からの激しい侵略が相次

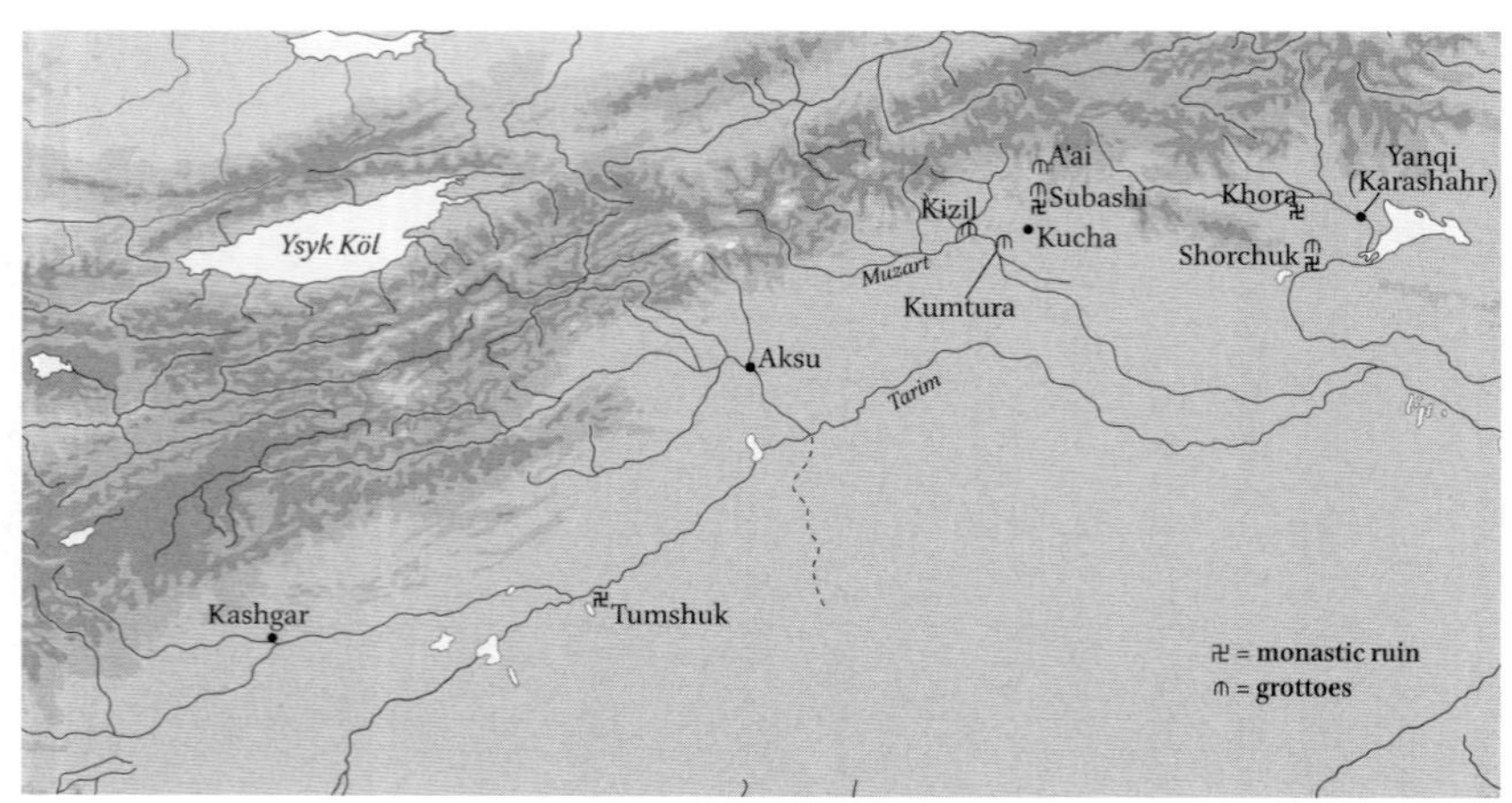

図１　クチャと焉耆の仏教遺跡の広域分布地図

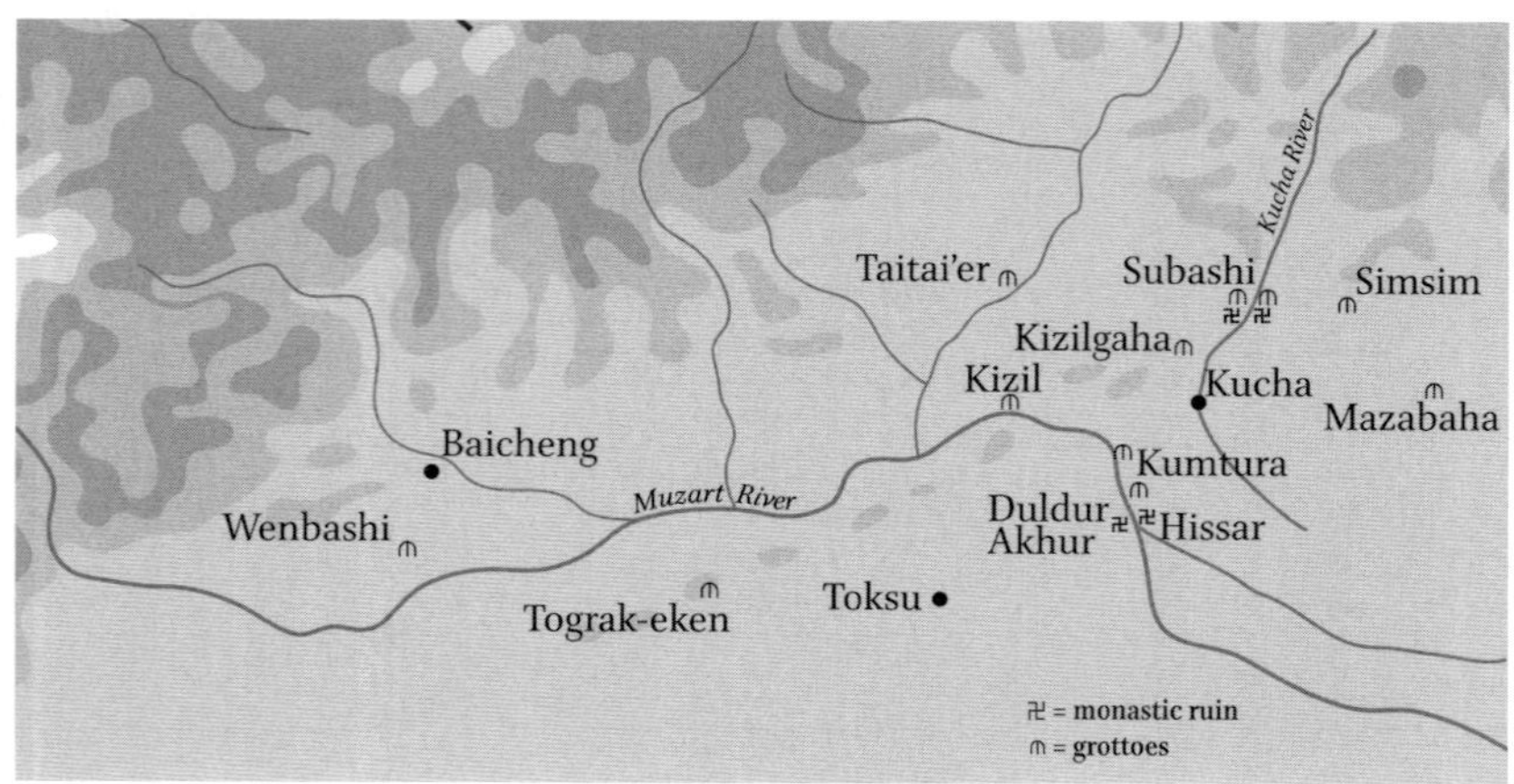

図２　クチャの仏教遺跡の分布地図

ぎ、特に五～六世紀には焉耆王統が一端断絶した程の壊滅的な被害を被った。このような歴史的動乱を経て、焉耆におけるウイグル期以前の仏教遺構は殆ど失われてしまった。しかし、この地から断片的な形で出土した絵画・彫刻資料は、かつて焉耆においてもクチャと同様、早期から極めて洗練された仏教芸術の伝統が息づいていたことを示している。

現在、クチャと焉耆の仏教遺跡に由来する美術作品と考古学的文物の多くは、各国探検隊による収集活動を経て、世界の博物館・美術館や学術機関に分散している。[4] これらの出土遺物と各国探検隊による調査記録、そして遺跡の現状を総合的に分析することにより、二十世紀初頭時点での遺跡の状態を復元的に再構築し、ひいては創建当初の伽藍の状況を推定することも可能となる。

本稿ではクチャと焉耆の仏教僧院及びその美術の発展の大きな流れを、出土遺物に対する近年の研究成果を参照しつつ辿ってみたい。

一　クチャの仏教遺跡

クチャで発見された仏教遺跡は、日干し煉瓦により構築された地上建築僧院と、山の断崖に開鑿された石窟僧院の二種類から成る。

地上建築僧院の中でも特筆すべき規模を持つ遺構として、スバシ僧院址が挙げられる。スバシはチャール・タグ山脈南麓に広がるクチャ川の東西両岸の沖積平野に建設された巨大な僧院都市であり、その敷地はクチャ川両岸の一八万平方メートルにも及ぶ。[5] 本遺構は玄奘が『大唐西域記』において壮麗な伽藍の様子を詳細に記録した「昭怙釐大寺」に比定されているほか、[6]『梁高僧傳』に記された、四世紀初頭に鳩摩羅什を身籠った母の耆婆が、王侯の貴婦人や尼僧たちと共に何日間にもわたって供養を行い、高僧たちから説法を聴聞したという「雀梨大寺」も、同じくスバシ僧院址に該当するとされる。(7) 今や歳月による風化が進み廃墟と化した本遺跡に、昔日の繁栄の面影を見出すことは困難であるが、これらの記録は、スバシ僧院がかつて亀茲王家とも密接な関わりを持つ権威ある僧院であったことを伝えている。

スバシ僧院の長い歴史を端的に物語るのが、スバシ西岸寺院の北方に造営された大型ストゥーパである。ペリオ隊により「北のストゥーパA」として記録されたこの仏塔は、創建当初はガンダーラ様式の方形基壇に円筒形の本体を頂く構造であったが、唐代の亀茲に安西都護府が設置された後、中国の多層式仏塔に改築された。(8) 仏教僧院の礼拝活動の中心となるストゥーパの形状の根本的な変化は、スバシ僧院において実践された仏教信仰の変化を反映している。また、スバシ僧院址において三世紀頃から九世紀頃にかけて様々な言語で書かれた写本が出土していることも、本遺構が亀茲仏教の黎明期から衰退期まで通時的に用いられた僧院であったことを示している。

河川の東西両岸に広がる沖積平野に一対の地上建築僧院を建造するという伝統は、クチャ及び焉耆においてしばしば観察されるものであり、クムトラ石窟群の南方に位置するムザルト川東西両岸の沖積平野でも、やはり大型の僧院遺構が発見された。西岸の遺構はフランス探検隊によればドゥルドゥル・アクール（大谷探検隊の記録ではヅルヅル・オコル）、中国では夏合吐爾（シャハトル）と呼ばれており、東岸の遺構はフランス隊によればヒッサール、中国では烏什吐爾（ウシュトル）と呼ばれている。(9) いずれも現在ではダム建設により水底に沈んでしまったが、二十世紀初頭の段階では比較的保存状態の良かったドゥルドゥル・アクール遺跡は、かつてストゥーパを伴う広い中庭や二階建ての僧房、仏像を安置した複数の礼拝堂などを備えた大型の僧院であった。(10) 中でも僧房に、インドやガンダーラの仏教僧院にしばしば見られる「香室（ガンダクティー）」、すなわち僧院最奥部に設けられる仏坐像を安置した空間が設えられていたことは注目すべきであり、本僧院が古いインドの仏教僧院建築の伝統を踏襲していたことが分かる（図3）。(11)

スバシ僧院址及びドゥルドゥル・アクール／ヒッサール僧院址では、いずれも主要な建築群の北方において、禅定用の小房を複数備えたトンネル型の禅定窟が発見された（図4）[12]。これらの石窟群は本来、地上建築僧院を補う存在として開鑿されたものであり、僧が日常生活の喧騒から隔離された静謐な場所で禅定修行に励むことが出来る場所として機能していたものと推測される[13]。

一方、クチャに現存する八〇〇ほどの石窟僧院では、前室は崖の倒壊などによって殆ど失われてしまったが、主室は山体に護られていたため、当初の構造や荘厳が比較的よく保存されてきた。クチャの石窟僧院址の中でも特に創建が古く規模の大きい遺跡として、キジル石窟（三〇〇窟以上）とクムトラ石窟（一〇〇窟以上）が挙げられる[14]。いずれの石窟においても、全体の約三分の一の窟には塑像や壁画による華やかな荘厳が施されており、礼拝活動などの場として機能していた一方で、大多数の石窟は無装飾の僧房窟や倉庫窟、禅定窟などであった。これらの無装飾の石窟も、クチャの僧侶たちが実際にどのような空間にて居住し、修行し、物品を保管していたかといった、僧院生活の実態を知る上で欠かせない考古資料である。

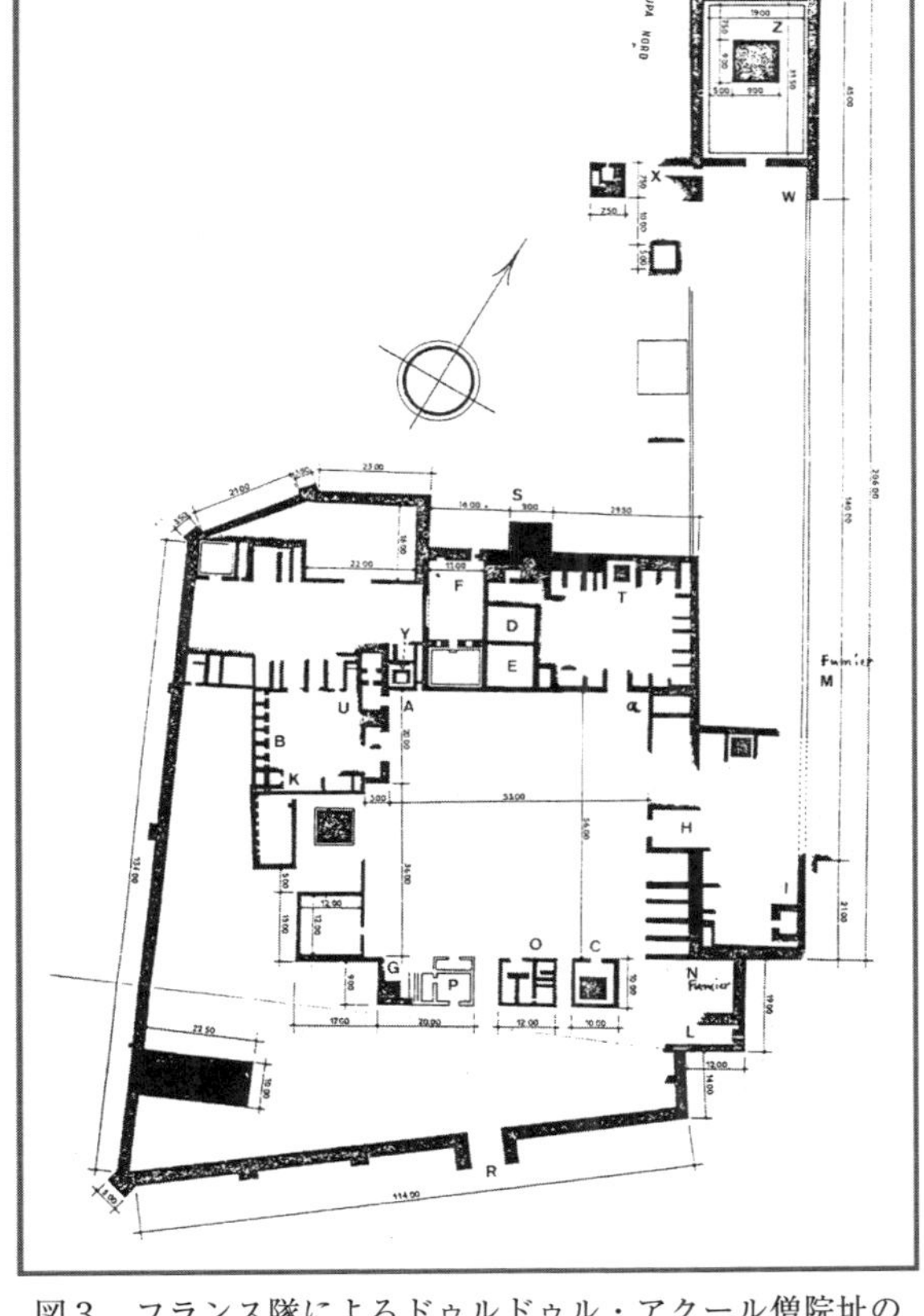

図3　フランス隊によるドゥルドゥル・アクール僧院址の測量図（図中のTが「香室」に該当する）

クチャの石窟僧院の大半は唐代以前に開鑿されたものであるが、これまでクチャの石窟において、唐代を遡る絶対年代を示す銘文等の資料は発見されていないことから、クチャの石窟及び石窟を飾る塑像・壁画の年代観については諸説あり、未だ学界の一致を見ていない。(15)しかし上述の通り、クチャの仏教僧院とその美術が、およそ四世紀から十世紀頃までの期間に繁栄したことには間違いがなく、中でもクチャの地域的特徴を持つ説一切有部系の僧院が集中的に発展して最盛期を迎えたのは、五世紀から七世紀の間であると考えられる。クチャの説一切有部系の石窟は、その構造や壁画のモチーフなどから、大きく分けて早期と後期の二段階に分類することが出来る。(16)一方、六五八年前後にクチャに安西都護府が設置されると、唐王朝の仏教文化がクチャへと輸入されるようになり、大乗仏教の教義を反映した石窟群も造営されるように

図4　スバシ石窟第１窟（トンネル型の禅定窟；写真と線図はGiuseppe Vignato氏による）

なった。クチャの仏教文化の最終段階を飾るウイグル期の石窟寺院は、クチャの僧たちによって根強く信仰された説一切有部系の教義と、唐代の美術伝統の融合に加え、チベット仏教との関連も指摘されており、複雑な状況を呈している。

以下に、主に二〇二二年に刊行された拙著の研究成果に基づいて、クチャの仏教僧院の発展段階の概要を述べたい。[17]

二　クチャの説一切有部系の石窟寺院

クチャ及び焉耆への仏教の伝来において、西北インドで隆盛した部派のひとつである説一切有部による伝道活動が大きな役割を果たしたことが知られている。[18] 両地域から出土した初期の梵語写本には、クシャーン朝期に活躍した仏教詩人アシュヴァゴーシャ（馬鳴）や論師クマーララータ（鳩摩羅駄）が著した仏教文学作品の写本が少なからず含まれており、クチャ及び焉耆で西北インドからもたらされた仏教文化が受容された際、インドの梵語古典文学の伝統も同時に伝来していた状況を示している。[19] クチャ及び焉耆におけるインド古典文化の根強い継承は、クチャ語（トカラ語B）ないし焉耆語（トカラ語A）の仏教写本にも反映されているほか、[20] クチャの壁画に描かれた仏教説話図に、梵語の戯曲文学の典型的な登場人物がしばしば描き込まれていることからも窺い知

図５　宮廷道化師ヴィドゥーシャカと侍従官カンチュキン（キジル石窟第114窟〈回転経窟〉主室側壁、第４次ドイツ探検隊将来、現在はエルミタージュ美術館蔵、BD630）

ることが出来る（図5）[21]。さらにはクチャの石窟壁画の図像表現に、梵語の語源に対する深い素養が反映されている事例も観察されており（図6）[22]、本地域の学僧たちの梵語文学に対する知識は、相当高度な言語学的理解と教養に裏打ちされたものであったことを物語っている。

クチャの説一切有部系の仏教美術の主な特徴として、説話美術の愛好が挙げられる。一つの石窟寺院内において、石窟の側壁や天井を彩る壁画に、仏伝の主要エピソードや釈尊の事績を題材とした説話図のみならず、何十ものジャータカ・アヴァダーナ説話図が所狭しと並ぶ光景がしばしば観察される（特にクチャの後期の説一切有部系石窟に顕著に見られる特徴である。図13ｂ及び口絵1を参照）。この状況は、クチャ語と焉耆語の写本において、仏教説話と戯曲文学が突出して多く出土している状況とも合致するものである[23]。

また、石窟壁画の図像に、クチャ出土の『梵文瑜伽書（*Yogalehrbuch*）』[24]や、漢訳の禅観経典の中で説かれる、禅定の実践者が得られるとされる視覚的イメージが反映されていることも指摘されている[25]。

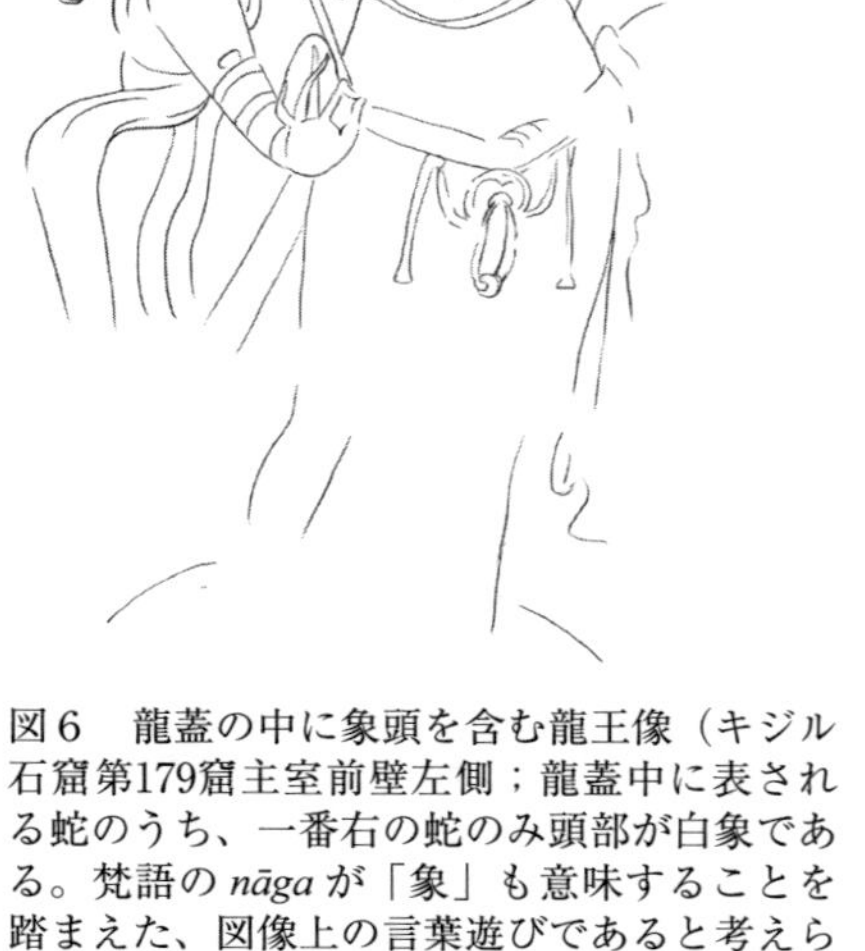

図6　龍蓋の中に象頭を含む龍王像（キジル石窟第179窟主室前壁左側；龍蓋中に表される蛇のうち、一番右の蛇のみ頭部が白象である。梵語の *nāga* が「象」も意味することを踏まえた、図像上の言葉遊びであると考えられる）（Monika Zin 氏による線図）

初期段階

クチャの説一切有部系僧院の黎明期において、僧団の主な活動は、地上建築僧院において実践されていたようである。これらの地上建築僧院を補う形で、近郊にU字型トンネル状の構造を持つ無装飾の禅定窟が開鑿され、禅定修行の場所として使用されていた（図4）[26]。

この時期の僧院は、後代の修復・改築等により完全な形を留めている遺構が少なく、また石窟が無装飾であることとも相まって、その正確な年代を決定付けるのは難しい。但し、上述の通り四世紀後半には既にクチャにおいて多くの仏教寺院が存在していたという記録を踏まえれば、これらの初期の僧院遺構が既に四世紀頃に使用されていた可能性も十分にあると言えるだろう。

なお、『梁高僧傳』によれば、四世紀後半のクチャにおいて、罽賓への留学から戻った鳩摩羅什が亀茲王に大乗の教えを説いたという[27]。しかし、安西都護府の設立以前に造営されたクチャの仏教僧院遺構において、明確に大乗仏教と関連する美術表現はこれまで見出されていないことは注記しておきたい[28]。

早期の説一切有部系の石窟寺院

五世紀から六世紀前半頃にかけて、クチャの石窟はより幅広い用途で用いられるようになり、塑像と壁画による華麗な荘厳を伴う石窟寺院の造営も開始された。このような石窟寺院の発展は、クチャにおける梵語及びクチャ語の仏教写本制作が活発化する時期と軌を一にしており、クチャ地域独自の仏教文化の本格的な発展期が到来したことを示している[29]。この時期のクチャの仏教僧院は、地上建築僧院・石窟僧院を問わず、第一インド・イラン様式の壁画で荘厳された方形祠堂と、無装飾のシンプルな僧房により構成される[30]。方形祠堂は、ドーム天井を頂く部屋の中心に設置された石造りの台座の上に丈六の坐仏の本尊像を安置するか（図7）、もしくはアヴァダーナ説話を題材とした大型説話図を後壁一面に描き出すという（図8）、二種類のレイアウトが主流である。[31] 前者が仏像の礼拝空間として用いられていたのは明らかである一方で、後者は在家信者のための説話図の絵解きなどの用途に用いられた可能性がある。[32]

　クチャの第一インド・イラン様式の壁画は、人物像の肉体の立体感を繊細な陰影表現によって表現しようとする傾向があり、立体の塑像を模写しているような印象を与える（本書カバー写真を参照）。様式的にも図像学的にも、概してクシャーン朝期のガンダーラの仏教美術の系譜を継ぐものであると考えられるが、同時にクチャの画家たちは、ガンダーラに先行する図像作例が存在しない説話主題を表現する上で、新たな図像表現や絵画言語を創出することを躊躇わなかった。[33] 第一インド・イラン様式の壁画作例の一部には、中央アジアのエフタル占領期に東部ユーラシアにて流行していたモチーフを含むものがある（図9）。[34] このことは、本拠地であるアフガニスタンから徐々に勢力を拡大したエフタルが、グプタ朝インドの北部、ササン朝ペルシアの東部、そしてクチャを含めたタリム盆地の西部をも含む最大領土に達し、ユーラシアの交通・物流の加速化を推進した「エフタルの平和」とも呼ばれる一時代を築いていた六世紀前半と、第一インド・イラン様式の壁画の制作時期が少なくとも部分的に重なることを示しており、唐代以前のクチャの石窟の制作年代を判断するための一つの糸口となる。[35] また、第一インド・イラン

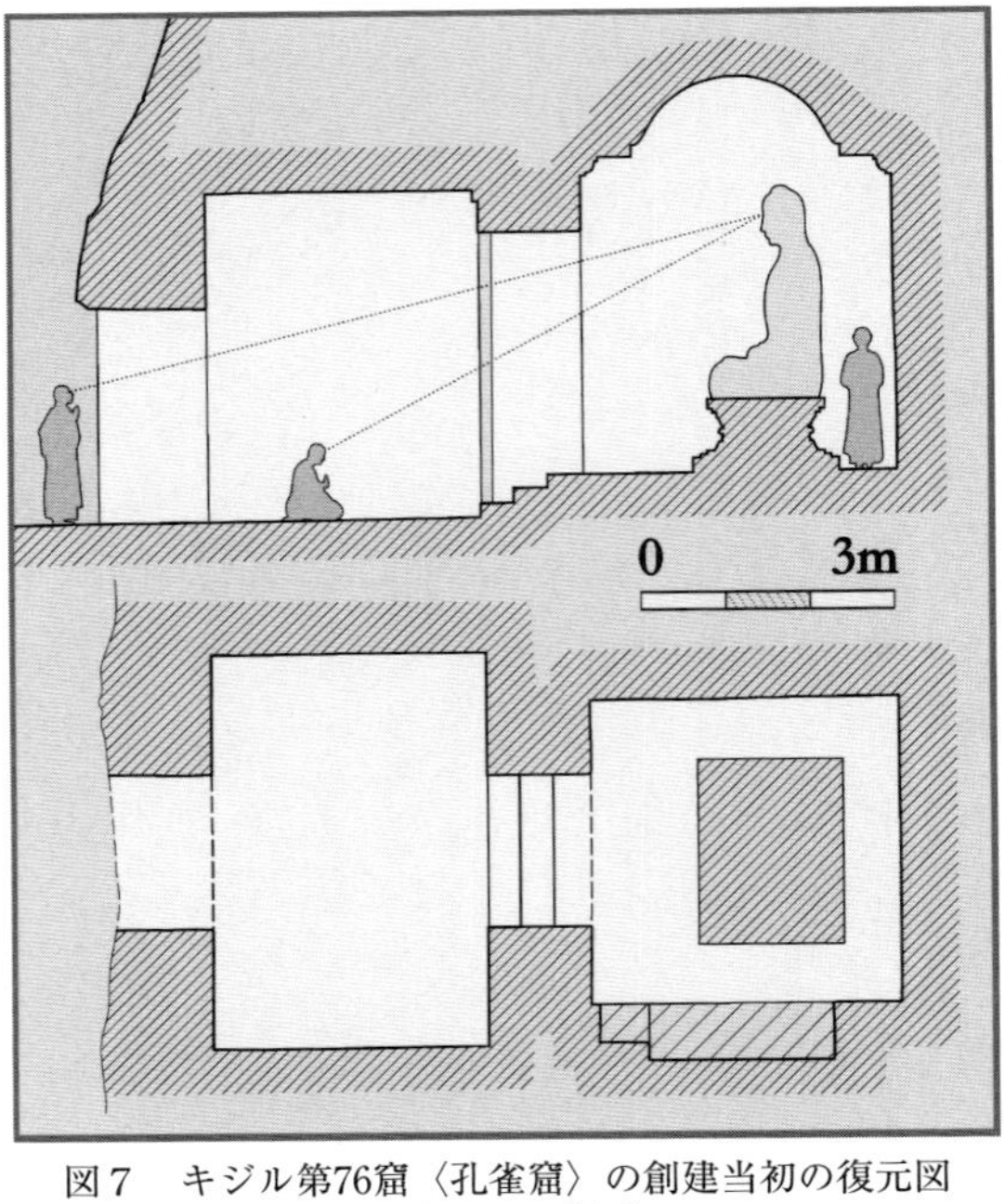

図7　キジル第76窟〈孔雀窟〉の創建当初の復元図（Giuseppe Vignato 氏による作図）

図8　フランス隊によるスバシ西岸寺院址の「壁画の間」の一九〇七年の記録写真（シュッドーダナ王の帰仏場面、ギメ美術館蔵、AP7184）

図13ｂ　キジル石窟一七一窟主室左後部（大村次郷氏提供）

図19　クムトラ石窟出土壁画漢字銘文断簡（土壁彩色墨書、8～9世紀。東京国立博物館蔵。Image: TNM Image Archives）

図17 a　シュローナコーティカルナの率いる隊商の難破場面（キジル石窟212窟〈航海者窟〉主室右側壁、第一インド・イラン様式）

図22　コーラ僧院址出土の彩色木製板（大英博物館蔵、MAS.983）

様式壁画に、五世紀から六世紀頃に開鑿された北朝期の敦煌の石窟や、六世紀中期から後期頃のバーミヤーン石窟の壁画にも共通して見られるモチーフが多々含まれていることも、年代観の指標となるだろう（図10a、b）[36]。

この時期の石窟壁画の題材は、仏伝や仏説法譚、本生譚、もしくはアヴァダーナ説話を主題としたものであるが、図像の細部表現にはアシュヴァゴーシャの『ブッダ・チャリタ』やアールヤシューラの『ジャータカ・マーラー』といった早期の梵語仏教文学、あるいは『十誦律』所収の説話伝承との関連が見られる[37]。後者に関しては、クチャ出土の波羅提木叉写本のうち、早期の写本が『十誦律』と内容的に近いこととも関連するだろう[38]。これらの壁画は、クチャの早期の説一切有部僧団における説話伝承を反映した貴重な資料であると言える。

図９　鳥翼冠（エフタル期に東部ユーラシアで流行したモチーフのひとつ）を被った天人（キジル石窟第76窟〈孔雀窟〉天井）

クチャの早期の説一切有部系寺院の独自の特徴として、同じレイアウト・内容の装飾を一度も繰り返さないことが挙げられる。基本的なレイアウトの類型や、説話主題の選択の傾向は存在する（具体的には、王族もしくは商人を主人公に据えた物語が特に好まれたようである。図８・17a参照[39]）が、荘厳を有する一つ一つの寺院が、それぞれ少しずつ異なるレイアウトの内部装飾を持ち、異なる装飾文様によって彩られた壁画で、異なる説話主題を表現している[40]。まるで、クチャの僧団の中枢部に監督者が存在し、どの寺院にどの説話主題を取り上げてどう描くべきであるかを注意深く選定し、熟練の仏師・画工集団がその創造的な仕事を請け負っていたかのようである[41]。このような状況は、四世紀後半のクチャにおいて、「阿含学者」佛図舌弥が亀茲国の四つの僧院と三つの尼僧院を全て統括していたという『比丘尼戒本所出本末序』の記録を想起させるものであり[42]、クチャの僧団内に、国中の伽藍の造営と荘厳内容の選定を管理する何らかの中心的機構が存在した可能性を示唆している。

後期の説一切有部系の石窟寺院

六世紀後半から七世紀頃にかけて、クチャ地域における石窟僧院の造営活動が最も興隆した時代が到来する。この時期、以前から存在していた僧院は更に規模を拡大したほか、亀茲国内の各地に新たな僧院も建立された。

この時期のクチャの石窟寺院を代表するのが、第二インド・イラン様式の壁画によって荘厳された中心柱窟である（図11、13ａ、ｂ）。中心柱窟と共に一連の石窟グループを形成

図10ａ　ロゼッタ紋と幾何学紋が交互に織り出された染織品を用いた袈裟を纏った僧侶（キジル石窟第207窟〈画家窟〉主室右壁、仏説法図部分；グリュンヴェーデルによる線図、ベルリン国立アジア美術館蔵、TA 6560）

図10ｂ　ロゼッタ紋と幾何学紋が交互に織り出された染織品が背凭れに掛けられた椅子に坐す阿羅漢像（敦煌莫高窟第285窟主室西壁南龕（西魏、530年代後半））

している僧房窟にも、石造りの寝台が予め設えられていたり、僧房への入り口を形成する通路の奥壁に、物品保管用のスペースと思われる小龕が穿たれていたりといった新たな特徴が見られる。さらに、早期の石窟ではU字状のトンネル型石窟の側壁に複数の小房室が設けられた構造を特徴としていた禅定窟が、崖面に直接穿たれた個人用の小型禅定龕へと変化した（図12）[43]。なお、創建当初は方形祠堂を中心として構成されていた石窟群が、中心柱窟を含む石窟群に改修された例は数多く観察されるが（図11を参照）、その逆は一例も見出されないため、クチャにおける石窟造営の流行が、方形祠堂を含む前期石窟群から、中心柱窟を含む後期石窟群へと不可逆的に変化したことを示している[44]。

中心柱窟を彩る壁画に表現された説話主題も、早期の方形祠堂の図像伝統から著しい変化を見せている。中心柱窟の大半は、主室にブッダの在世時もしくは前世の事績を主題とした説話を表す一方で、一般に「中心柱」と呼ばれる、石

図11　キジル石窟第33～35窟（線図上部の第33窟と34［1］窟は当初の状態、線図下部の第33～35窟は元々僧房窟であった第34窟［1］が中心柱窟（第34窟［2］）に改修された後の状態。写真と線図はGiuseppe Vignato氏による）

窟深部の岩体を掘り残し、周囲に右繞礼拝用の回廊を設けることによって出現した後廊部は、仏涅槃前後のエピソードに焦点を当てた壁画や塑像によって荘厳されるという、原則として統一的なレイアウト・図像プログラムによって構成されている（図13ａ、ｂ）。早期の方形祠堂では、本尊となる像は丈六の如来坐像のみであったが、中心柱窟の場合、主室後壁の仏龕には如来（もしくは菩薩）の坐像、後廊後壁には等身大を越える涅槃仏像（図14）という二つの礼拝対象が設けられている。なお、主室前壁上部の半円部区画に繰り返し描かれる、華やかな宮殿の中で天人たちに囲まれて坐す菩薩像が、兜率天の弥勒菩薩であるのか、それとも兜率天から地上を観察している一生補処の菩薩なのかについては未だに議論が尽きない[45]。このような図像構成は、早期の石窟寺院とは全く異なるものであり、特に早期には殆ど取り上げられることのなかった仏涅槃が石窟装飾の焦点のひとつとなったことは、クチャの説一切有部僧団内における石窟

図12　トクラクアイカン石窟第18窟の上方に四列にわたって開鑿された禅定龕（写真は Giuseppe Vignato 氏による）

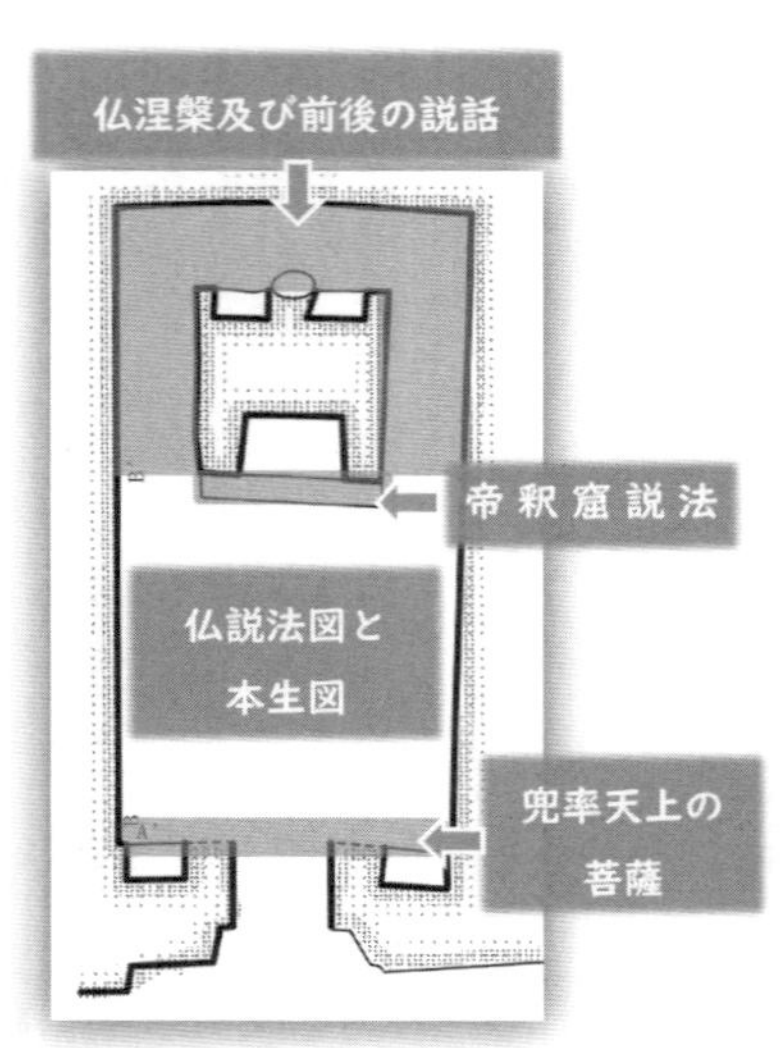

図13ａ　中心柱窟の主室の典型的な図像プログラム（筆者作図）

図14　キジル石窟第171窟後室の涅槃図壁画の復元模写（左廊外壁の「涅槃を要請する魔王マーラとその娘」、後廊後壁の「涅槃」、右廊外壁の「哀悼する阿難」を含む；Monika Zin 氏による線図）

寺院のコンセプトが明確に変化したことを示している。また、早期の石窟では、王族や富裕な商人が主役となるアヴァダーナ説話図が好んで表現される傾向が見られた一方、後期の石窟壁画に描かれた説話図は、貧者や鬼神など、より幅広い登場人物に焦点を当てた主題が描かれるようになるほか、菩薩による血腥い自己犠牲を伴う本生譚や地獄図など、早期の石窟には見られなかった新たな主題も多く登場する。(46)

中心柱窟の壁画に描かれた説話主題及びその図像表現の多くは、これまで比定されている限り、『根本説一切有部律』所収の因縁譚と密接に関連している。早期の説一切有部系の石窟寺院の壁画に描かれた説話図の大半は、『根本有部律』には出典が見られない、もしくは同じ説話主題であっても『根本有部律』とは異なる系統の伝承が図像に反映されていたことを踏まえると、この時期、クチャの説一切有部教団において、説話伝承に何らかの大きな変化が生じたことは明らかである。実際に、クチャ出土の比較的年代の遅れる梵語・クチャ語の律文献の写本は、『根本有部律』からの影響を少なからず受容していることが指摘されているほか、[47]キジル石窟出土のクチャ語文献の中でも比較的後期となる七〜八世紀頃の写本である「アヴァダーナ写本」においても『根本有部律』の影響が色濃く見られることから、[48]クチャの後期の説一切有部系の仏教文化と『根本有部律』が深く関連していることが分かる。

　後期の説一切有部系の石窟寺院を彩る第二インド・イラン様式の壁画は、より様式化が進んでおり、人物像の肉体表現もより平面的な印象を与える。この時期の壁画にしばしば装飾文様として描き込まれている円形連珠紋は、壁画の年代を推定する手掛かりを与えてくれる（図15）。円形連珠紋は、六世紀半ばからシルクロード各地にて大いに流行したモチーフであり、敦煌莫高窟においては、隋代から唐初期に造営された石窟の壁画に集中的に描かれている。[49]敦煌の事例を参照すれば、クチャの第二インド・イラン様式壁画の主な制作年代は、六世紀後期から七世紀初期頃に位置付けられるだろう。また、絵画の表面に金属的な輝きを与える金箔・銀箔・錫箔の薄片の使用や、アフガニスタンのバダフシャン地方から輸入されるラピスラズリ鉱石を原料とした青色顔料の多用（口絵1）も、第二インド・イラン様式壁画の重要

図15　クチャ人の寄進者群像（キジル石窟第198窟〈悪魔窟C〉左廊下部、ベルリン国立アジア美術館蔵、III 8428b）

な特徴の一つである。[50] これらの高価な絵画材料の存在は、この時期のクチャの石窟寺院のパトロンが莫大な富を有していたことを示している。なお、これらの絵画材料は、クチャ地方で産出される材料（例えばアタカマイトなど）を使用して制作された第一インド・イラン様式の壁画では用いられていなかった。

後期の説一切有部系の石窟寺院の制作背景を知る上で鍵となるのが、キジル石窟第二二四窟（第三区マーヤー窟）の釈尊の荼毘場面に描き込まれた、テュルク系の哀悼者の姿である（図16a、b）。この人物は、長

図16 a　キジル石窟第224窟〈第三区マーヤー窟〉後廊の荼毘図中に見られる突厥人の哀悼者（左、ベルリン国立アジア美術館蔵、III 8861）

図16 b　キジル石窟第224窟〈第三区マーヤー窟〉後廊の荼毘図中の哀悼者たち（グリュンヴェーデルによる線図）

く編み込んだ髪を垂らし、中央アジア製のカフタンを着用した姿で、自らの顔をナイフで切りつけることにより、激しい哀悼の仕草を示している。(51) 葬礼時に自らの髪を引き抜いたり、服を割いたり、耳、顔、胸部などをナイフで切りつけることにより激しい慟哭の身振りを示して死者への哀悼を表す慣習は、もともと北方ユーラシアの遊牧民の間で行われていた非仏教的な葬送儀礼であったが、特に突厥民族が盛んに行っていたことが歴史史料に伝えられており、実際に六世紀頃のペンジケント第二址の「哀悼図」壁画においても、ソグド人と突厥人の半裸の男女たちが顔や耳を切りつけて激しい哀悼を示す様子が表現されている。(52) また、第二インド・イラン様式壁画に描かれた説話図中に登場する商人が、一様に白い三角帽子を被り、カフタンを着用してキャラバンを率いるソグド商人の姿で表されることも注目に値する。(53) なぜなら、第一インド・イラン様式に登場する商人は、原則的にインドの貴人男性の姿で表現されているためである(図17a、b)。

これらの観察は、後期の説一切有部系の石窟僧院の造営が、クチャが西突厥の支配下に統合されていた六世紀後半～七世紀前半と重なることを示唆している。七世紀前半には西突厥の本拠地が亀茲国の北方の三弥山に置かれていたため、クチャは西突厥が構築していたユーラシア大陸の東西を繋ぐ交易ネットワークの中心部に一躍躍り出ることとなった。当時の亀茲国が、仏教僧院の荘厳に高価な顔料・絵画材料をふんだんに用いることが出来たのは、このような地政学的条件下で、シルクロード交易によってもたらされる莫大な富がクチャに集積される状況が出現していたた

図17b　釈尊へ宝珠を寄進する商人の図（キジル石窟第80窟（地獄の釜窟）主室ヴォールト天井、第二インド・イラン様式；筆者による線図）

めであろう。そしてこの時期、シルクロードの商業活動を実質的に独占していたのは、西突厥の庇護を受けたソグド商人たちであった。実際に、第二インド・イラン様式壁画には、ソグド人が制作及び売買に関与していたとされる、円形連珠紋を織り上げた錦を用いて仕立てられたカフタンを身に纏うクチャ人の寄進者が多数描かれており、ソグド人による盛んな交易活動が、クチャの仏教徒たちの日常の生活風景に直接的な影響を及ぼしていたことが見て取れる（図17 b）。[54]

また、第二インド・イラン様式壁画には、第一様式壁画では僅かな作例しか見出されないヒンドゥー教の神々の図像が頻出することも注目に値する。これらのインド由来の神々の図像には、しばしば六世紀以降のカシミールの仏教彫刻と密接に関連する図像的特徴が観察されることが指摘されている（図18）。[55] 六世紀中葉、中央アジアの覇者がエフタルから突厥へと交替した頃、タリム盆地とインドをガンダーラ経由で繋いでいた伝統的なシルクロードの交通路が治安の悪化や気候変動により急激に遮断されたという歴史的状況を考慮すると、[56] 交通路の変化により、この時期のクチャが、新たな図像要素をガンダーラからではなく、説一切有部のもう一つの本拠地であったカシミールから受容するようになったという可能性も検討すべきであろう。実際に、クチャの第二インド・イラン様式壁画に描かれた説話主題は、しばしばガンダーラの仏教美術には見られない一方で、むしろ後代のチベット絵画に表現されている説話主題が少なからず観察されるのである。[57]

図18　ウマー・マヘーシュヴァラ像（キジル第178窟（峡谷窟）主室右側壁の仏説法図部分、ベルリン国立アジア美術館蔵、III 8725）

三　クチャにおける唐様式の石窟寺院

唐王朝によりクチャに安西都護府が設置されると、唐様式の寺院がこの地に新たに建立されるようになった。唐様式の石窟は、クムトラ石窟の窟群区に集中的に開鑿された。また阿艾（アアイ）石窟は、クチャ北方の国境を守るための唐の城塞の近傍に新たに開鑿された石窟寺院であり、クチャでも唯一の唐様式の石窟のみによって構成された仏教遺跡である。当時のクチャに建てられた大雲寺と龍興寺という二つの官営寺院の場所は明らかになっていないものの、クムトラ石窟で発見された多数の漢文による銘文の中には「大宝寺」や「金沙寺」といった複数の漢語の寺院名が言及されているほか、クチャでは様々な大乗の漢訳経典断片も出土しており、この地において唐からもたらされた大乗仏教が一定の繁栄を見たことは明らかである。[58] 当時のクチャが、唐の西域経営の中心地であったと共に、西域における中国仏教の中心でもあったという状況は、大谷探検隊によりクムトラ石窟にて発見された、「大唐□厳寺上座四鎮都統律師□道」という漢語銘記を伴う銘文帯の壁画断片によって窺い知ることが出来る（図19）。[59] 本題記は元々、その隣に描かれていた僧形の供養者像に添えられていたものだと考えられるが、四鎮とは西域における唐の四カ所の駐屯地（安西四鎮、すなわち亀茲・于闐・疏勒・焉耆）のことを指しており、この題記を伴う僧侶がクチャのみならずカシュガル、ホータン、焉耆の唐代寺院をも総括し監督する役割を果たしていたことを示している。[60] クチャの仏教石窟では、漢人巡礼僧によって書かれた数百に及ぶ銘記が発見されているが、これらの大半はクチャに安西都護府が設置されていた時代に記されたものであり、当時のクチャが漢人僧にとっての仏教巡礼地として機能していたことの証左である。

クチャの唐様式の石窟寺院は、構造としてはヴォールト天井や中心柱窟などといった、この地で培われた伝統的な石窟寺院の造営技法を踏襲しているが、その内部は大乗仏教の教義を反映した盛唐期の美術によって荘厳されている。この時期の典型的な美術モチーフとして、大乗仏教の尊格、浄土変相図、雲に乗った千仏の図像、そして優美な蓮華唐草文などが挙げられる（図20）。これらの石窟の造営において、クチャへと移住した熟練の唐の工人たちと、クチャ現地の工人たちが共同作業を行ったことは明らかである。(61) 七九〇年から九世紀初期にかけてクチャが吐蕃に占領されていた際にも、敦煌と同様、唐様式の石窟の造営が連綿と続けられていたと考えられている。(62)

一方で、クチャにおける唐代仏教の繁栄は、インド文化の名残を色濃く残した説一切有部の僧院生活に終止符を打ったわけでは決してなかった。新羅の巡礼僧である慧超（七〇四―七八七）の『往五天竺國傳』によれば、八世紀のクチャにクチャ人の僧団と漢人の僧団が存在し、それぞれが別途に運営されていたことが記録されている。(63) 実際にクムトラ石窟窟群区では、第二インド・イラン様式によって荘厳された中心柱窟と、唐様式の荘厳が施された中心柱窟が共存しており、また互いに様式的影響を与え合っている状況が観察され、安西都護府時代のクチャにおいて、伝統的な説一切有部系僧団と漢人僧による大乗仏教の僧団が共存していた歴史的状況を反映している。

図20　クムトラ石窟第12窟出土の浄土変相図部分（ベルリン国立アジア美術館蔵、III 8914）

四　クチャにおけるウイグル様式の石窟寺院

クチャの仏教美術史の最後期を飾るのは、ウイグル様式の石窟である。クチャは九世紀半ばに西ウイグル王国の統治下に入ったが、この時期に新たに造営された石窟寺院は、クムトラ石窟窟群区とシムシム石窟に集中している。クチャにおけるウイグル期の石窟は、ウイグル期以前に石窟が造営されていなかった地区に開鑿されることが多いため、これらの遺跡内でも周縁部に位置する石窟が多い。さらにはキジル石窟やキジルガハ石窟において、ウイグル期以前の石窟寺院の壁画の塗り替えや、部分的な改築などが行われた痕跡が見出される。

クチャのウイグル期の石窟寺院は、本地域の説一切有部系石窟と唐様式の石窟の建築、美術様式、そして図像の伝統を融合・折衷した特徴を持つ。その代表として、クムトラ石窟第七五窟が挙げられる(図21)。この小型の方形窟の後壁には、六道輪廻図の中心に禅定僧の姿が描かれた、漢文銘記を伴う独特の構図の壁画が見られる。本壁画は様式的には唐の美術伝統を踏襲しているが、その図像及び銘文の内容には、『梵文瑜伽書』に指南される説一切有部

図21　クムトラ石窟第75窟の六道輪廻図を禅観する禅定僧像(Monika Zin 氏による線図)

系の禅観と、『阿毘達磨倶舎論』に説かれる宇宙論、更には密教の観想法の要素が見出されるという。また、同窟の左側壁に描かれた生死輪図は、西域や中国の生死輪図よりも、十一～十二世紀のチベットの作例と図像的により近似することが指摘されている。このことから、ウイグル時代のクチャ仏教は、唐の美術伝統とクチャの説一切有部系仏教の伝統の融合に加え、チベットの仏教文化とも何らかの交流があった可能性があるが、今後の研究が俟たれる。(64)

五　焉耆の仏教遺跡とその美術

焉耆の仏教文化に関する考古学的・美術史的資料の大半は、ボステン湖西部の山脈地帯に位置するショルチュクの街と、シクチン村の間から出土したものである（図1）。焉耆最大の仏教僧院遺構はショルチュク遺跡であるが、本遺跡はボステン湖から流れ込む河川の東西両岸の土塁に建立された地上建築僧院群と、その北西五〇〇メートルほど離れた場所に位置する十二の石窟によって構成されている。(65) ショルチュク遺跡から出土した梵語及び焉耆語の仏教写本や、彩色木板や塑像などの美術作品の断片は、この地において、クチャと同様に古い時代から、非常に洗練された文学的・美術的伝統が花開いていたことを示している。(66) しかし、焉耆は五世紀から六世紀にかけて外部諸勢力の激しい侵略を受けたことにより、国全体が甚大な破壊を被ったため、焉耆における早期の僧院文化を反映した考古学的遺構や文物はほぼ失われてしまい、現存する遺構の大半はウイグル期を遡らない。但し、ショルチュク石窟の第一窟は、無装飾でヴォールト天井を持つトンネル型の窟であり、禅定用の小房を多数備えたその構造は、クチャの初期の禅定窟と共通しているため、この地における古い禅定窟の構造を保持している可能性がある。(67)

また、ショルチュク遺跡の北西に位置し、起伏が激しい崖の高台の上に建てられた小規模な僧院址であるコーラ遺跡からは、洗練された壁画と彫刻の施された彩色木製板の断片が出土した（図22）。(68) この彩色木製板の装飾は、様式や技法においてクチャのインド・イラン様式の壁画や塑像との明確な共通点が観察され、六世紀前後にこの地で高度に発展していた美術伝統の片鱗を伝えている。

ショルチュク遺跡に残るウイグル期の僧院遺構は、クチャの伝統的な建築・図像伝統を少なからず引き継いでいるが、四方をぐるりと囲む回廊構造を備えた方形寺院や、星宿（ナクシャトラ）の擬人化表現といった、クチャでは見られなかった新たな特徴も見出される。これらの新たな要素は、むしろウイグル期のトルファンにおける美術・建築伝統との関連が深いものである。(69)

ウイグル期の焉耆において弥勒信仰が人気を博していたことは、ショルチュク僧院の東南部に位置する三つの方形寺院において観察される。(70)これらの寺院はそれぞれ、本尊である大型の交脚弥勒菩薩坐像を、後壁を背にして安置している。左右側壁には、ベンチに腰掛けて、弥勒菩薩像の説法を聴聞する小型の天人坐像が複数安置されている（図23(71)、口絵2）。これらの遺構は、ショルチュク遺跡出土の『弥勒との邂逅（弥勒会見記、*Maitreyasamitināṭaka*）』の焉耆語写本とも併せて、ウイグル期の焉耆仏教における弥勒信仰の隆盛を示している。

ショルチュク僧院の荘厳の主な特徴として、洗練された

図23　ショルチュク A3a 寺院の「弥勒堂」（オルデンブルク探検隊撮影）
The State Hermitage Museum, St. Petersburg 提供
Photograph ©The State Hermitage Museum

様式の塑像を多用することが挙げられる。各国探検隊によって記録されたショルチュクの地上建築寺院及び石窟寺院は、いずれも夥しい数の塑像によって壁面が所狭しと飾られていた。塑像は石窟の外壁の装飾にも用いられたほか、塑像のみで説話場面を再現した例も知られている。[72] このことは、石窟寺院の装飾における壁画の比重が大きいクチャとは対照的である。[73] ドイツ及び中国の探検隊は、ショルチュクの地上建築僧院址において多くの塑像の石膏型を発掘しているが（図24）[74]、これらは本僧院に、かつて焉耆の工人たちによる塑像制作工房が存在していたことを示している。焉耆及び周辺地域から出土した仏教塑像は近年研究者の注目を集めており、西域北道ないし中央アジア地域における仏教塑像の制作状況及び地域間の影響関係について、近い将来、新たな知見が齎されることであろう。[75]

図24　如来立像の身体部分の石膏型（ベルリン国立アジア美術館蔵、III 7981）

註

1　クチャにおける各国探検隊の調査についての概要は M. M. Rhie, *Early Buddhist Art of China and Central Asia. Vol. II: The Eastern Chin and Sixteen Kingdoms Period in China and Tumshuk, Kucha and Karashahr in Central Asia*, Leiden: Brill, 2002, p. 578 を参照。クチャにおいて最も詳細な調査を行ったドイツ隊の動向については C. Dreyer, *Abenteuer Seidenstraße: die Berliner Turfan-Expeditionen 1902-1914*, Leipzig: E. A. Seemann / Berlin: Museum für Asiatische Kunst, Staatliche Museen Berlin, 2015, pp. 134-169 に詳しい。また、クチャを代表する仏教遺跡であるキジル石窟における各国探検隊の調査と、各探検隊の将来品のその後の状況については趙莉『克孜尔石窟壁画復原研

究』第一巻、上海書画出版社、二〇二〇年、一〇-二一頁を参照されたい。焉耆における各国探検隊の探査については俄羅斯国立艾爾米塔什博物館・西北民族大學・上海古籍出版社（編）『俄羅斯國立艾爾米塔什博物館藏錫克沁藝術品』上海古籍出版社、二〇一一年、三五-三八頁を参照。

2 「拘夷國寺甚多，修飾至麗。王宮彫鏤立佛形像，與寺無異。」（『大正蔵』第五五巻、七九頁下）。

3 余太山（主編）『西域通史』中州古籍出版社、一九九六年、二四〇頁。

4 各国所蔵のクチャ出土の美術作品についてはRhi, *op. cit.*, pp. 600–717にて詳しく取り上げられているほか、キジル石窟の壁画断片の各国所蔵状況については註1趙前掲書、一四-二一頁に詳しい。焉耆出土の美術作品の概要はRhi, *op. cit.*, pp. 730–837及び註1前掲書『俄羅斯國立艾爾米塔什博物館藏錫克沁藝術品』を参照されたい。

5 スバシ僧院址における各国探検隊の調査の歴史についてはRhi, *op. cit.*, pp. 627–644; 林立『西域古仏寺：新疆古代地面仏寺研究』科学出版社、二〇一八年、四七-六七頁を参照。また、近年のスバシ僧院址及びその壁画に対する研究として、G. Vignato & S. Hiyama, with Appendices by P. Kieffer-Pülz & Y. Taniguchi, *Traces of the Sarvāstivādins in the Buddhist Monasteries of Kucha*, New Delhi: DEV Publisher, Saxon Academy of Sciences and Humanities, Leipzig Kucha Studies 3, 2022, pp. 104–110; 檜山智美・橘堂晃一「クチャ・スバシ東岸寺院址の「地獄絵」壁画の分析——第一次大谷探検隊の記録を手掛かりに——」『国際仏教学大学院大学研究紀要』第二八巻、二〇二四年、九三-一三二頁を参照されたい。

6 『大正蔵』第五一巻、八七〇頁中。以下に該当箇所の水谷訳を引用する。「荒城の北四十余里のところ、山の入りこみに接し一つの河をへだてて二つの伽藍がある。同じく昭怙釐と名づけ、東［昭怙釐］・西［昭怙釐］と位置に従って称している。仏像の荘厳はほとんど人工とは思えないほどである。僧徒は持戒甚だ清く、まことによく精励している。東昭怙釐の仏堂中に玉の面の広さ二尺余、色は黄白をおび、蛤のような形をしたものがある。その上には仏陀の足うらの跡があり、長さ一尺八寸、広さ六寸に余るものである。斎日に光明を照らし輝かすことがある。」（水谷真成（訳）『中国古典文学大系二十二大唐西域記』平凡社、一九七一年、一五頁）。

7 『大正蔵』第五〇巻、三三〇頁上を参照。以下に該当箇所の吉川・船山訳を引用する。「羅什がおなかに宿った時、母親は普段にも数倍して不思議な理解力が備わったことに気づいた。雀梨大寺に高徳の僧がたくさんおり、また得道の僧がいると聞くと、さっそく王族の貴婦人や徳行すぐれた尼僧たちと何日間にもわたって供養を設け、斎会をお願いし仏法を聴聞した。羅什の母親は突如として自然に天竺の言語に通じ、質問する言葉はきまって奥深い趣きを窮め、みなの者はそろって感嘆した。羅漢の達摩瞿沙なる者が「これはきっと智慧のある子を懐妊したのだ」と言い、彼女のために舎利弗がおなかに宿った時の証しを説いた。」（吉川忠夫・船山徹『高僧伝（一）』、岩波書店、二〇〇九年、一四二頁）。

なお、スバシ僧院の名称については慶昭蓉「重議柘厥地望――以早期探検隊記録与庫車出土文書為中心」『西域文史』第六巻、二〇一一年、一六七―一八九頁；慶昭蓉『吐火羅語世俗文献与古代亀兹歴史』北京大学出版社、二〇一七年、七一―七四頁及び註5檜山・橘堂前掲論文、九六―九七頁も参照されたい。

8 L. Hambis *et al.*, (eds.) *Douldour-Âqour et Soubachi, Tome 2: Texte*, Paris: Adrien-Maisonneuve, 1982, pp. 52–53; Vignato & Hiyama, *op. cit.*, p. 105.

9 本遺構の探検調査の概要は Rhie, *op. cit.*, 2002, pp. 600–627; 註5林前掲書、三一―四六頁を参照。

10 Vignato & Hiyama, *op. cit.*, pp. 111–115.

11 Vignato & Hiyama, *op. cit.*, p. 112, 239.

12 それぞれスバシ石窟群とクムトラ谷口区の石窟群に該当する。Vignato & Hiyama, *op. cit.*, pp. 87–89, 106. スバシ石窟群の近年の調査報告については冉万里『新疆库车苏巴什佛寺遗址石窟調査報告』上海古籍出版、二〇二〇年を参照されたい。

13 Vignato & Hiyama, *op. cit.*, pp. 245–246.

14 これらの石窟の現状については、新疆ウイグル自治区文物管理委員会／拝城県キジル千仏洞文物保管所（編）『中国石窟・キジル石窟』全三巻、平凡社、一九八三年―一九八五年；新疆ウイグル自治区文物管理委員会／庫車県文物保管所（編）『中国石窟・クムトラ石窟』平凡社、一九八五年；中国新疆壁画芸術編集委員会（編）『中国新疆壁画芸術』第一～五巻、新疆美術撮影出版社、二〇〇九年；註1趙前掲書などを参照。

15 キジル石窟の年代観を巡る研究史については廖暘『克孜尔石窟壁画年代学研究』社会科学文献出版社、二〇一二年、六―二〇頁に詳しい。

16 檜山智美「クチャ（亀兹）国の早期の説一切有部系仏教寺院の復元的考察」『密教図像』第四〇巻、二〇二一年、三一―五三頁；Vignato & Hiyama, *op. cit.*; 檜山智美「（講演録）中央アジアの仏教寺院を復元する――石窟構造、美術、そして説一切有部の二分派」『對法雜誌』第四号、二〇二三年、八九―一二一頁。

17 Vignato & Hiyama, *op. cit.* 本著の中国語版は魏正中／桧山智美『亀兹早期寺院中的説一切有部遺跡探真』上海古籍出版社、二〇二四年。

18　L. Sander, *"The Earliest Manuscripts from Central Asia and the Sarvastivada Mission"*, in: R.E. Emmerick & D. Weber, (eds.), *Corolla Iranica: Papers in Honour of Prof. Dr. David Neil MacKenzie on the Occasion of his 65th Birthday on April 8th, 1991*, Frankfurt am Main: Peter Lang, 1991, pp. 133–150.

19　H. Lüders, *"Bruchstücke buddhistischer Dramen"*, Berlin: Reimer, 1911; H. Lüders, *"Bruchstücke der Kalpanāmaṇḍitikā des Kumaralāta"*, Leipzig: Brockhaus, 1926; H. Lüders, *"Das Śāriputraprakaraṇa: ein Drama des Aśvaghoṣ"*, Munich: Verlag der Bayerischen Akademie der Wissenschaften (SPAW), 1911, pp. 388–411.

20　G. J. Pinault, *Chrestomathie tokharienne. Textes et Grammaire*, Leuven/Paris: Peeters, 2008, pp. 405–407; 幅田裕美「Kumāralāta作 *Jātaka/Avadāna* 集のトカラ語Ａ訳の構成と特徴」『国際仏教学大学院大学研究紀要』第二七号、二〇二三年、四五–六二頁。

21　R. Arlt & S. Hiyama, *"Theatrical Figures in the Mural Paintings of Kucha"*, *Journal of International Association for Buddhist Studies* 38, 2015, pp. 313–348; 檜山智美・ロベルトアールト「クチャの壁画にみられる宮廷道化師ヴィドゥーシャカの図像」『佛教藝術』第三四九号、二〇一六年、七六–九九頁。

22　図６の例については M. Zin, *Gods, Deities, and Demons in the Paintings of Kucha*, New Delhi: DEV Publisher, Saxon Academy of Sciences and Humanities, 2023, pp. 200–201 を参照。他の例として、キジル石窟第一一八窟（海馬窟）のマーンダータル王説話図において、王の名前の由来となった、出生時に後宮の全ての女性の乳房から乳が溢れ出して「私の（乳房）を吸って（*mām dhātu*）」と言ったというエピソードの描写が見られることなどが挙げられる（檜山智美「キジル石窟第一一八窟（海馬窟）の壁画主題―マーンダートリ王説話を手掛かりに」『美術史』第五九（二）号、三五八–三七二頁、二〇一〇年、三六三頁；Vignato & Hiyama, *op. cit.*, pp. 202–203; 225）。

23　M. Malzahn, "A Contrastive Survey of Genres of Sanskrit and Tocharian Buddhist Texts", *Written Monuments of the Orient*, 2018, pp. 19–21.

24　D. Schlingloff, *Ein buddhistisches Yogalehrbuch*, Iudicium Verlag, 2006; D. Schlingloff, , *Ein buddhistisches Yogalehrbuch: Unveränderter Nachdruck der Ausgabe von 1964 unter Beigabe aller seither bekannt gewordenen Fragmente*, Düsseldorf: Haus der Japanischen Kultur (EKO), 1964.

25　宮治昭『涅槃と弥勒の図像学』吉川弘文館、一九九二年、四一一–四七四頁；D. Schlingloff, *"Das Mahāprātihārya in der zentralasiatischen Hīnayāna-Kunst," Indologica Taurinensia*

23–24, 1997, pp. 175–194; N. Yamabe, "The Significance of the "Yogalehrbuch" for the Investigation into the Origin of Chinese Meditation Texts,"『佛教文化』第九号、一九九九年、一四–六〇頁；山部能宜「禅観と禅窟」『新アジア仏教史5 中央アジア：文明・文化の交差点』佼成出版社、二〇一〇年、二八七–三一六頁を参照されたい。

26 註13を参照。

27 『大正蔵』第五十巻、三三二頁上–中。

28 この考古学的状況は、クチャにおいて大乗仏教の教えが愛好された時期があったことを否定するものではない。単に大乗仏教の教義を反映した美術作品が制作されなかったか、もしくはかつて存在したが、後に反大乗的な傾向を深めていったクチャの後期の説一切有部教団によって破棄されてしまったなどといった状況が考え得る。なお、クチャの早期の説一切有部僧団における大乗仏教の教義の受容については、Vignato & Hiyama, *op. cit.*, p. 4, fn. 15及び前掲書への田中裕成氏によるコメント（註16前掲檜山論文、二〇二三年、一一七頁）を参照されたい。

29 Sander, *op. cit.*, p. 142, fn. 37; L. Sander, "Early Prakrit and Sanskrit manuscripts from Xinjiang (second to fifth/sixth centuries C.E.): Paleography, literary evidence, and their relation to Buddhist schools," In: E. Zürcher & L. Sander (eds.), *Collection of essays 1993: Buddhism across boundaries: hinese Buddhism and the western regions*, Taipei: Foguang Cultural Enterprise Co., Ltd., 1999, p. 83; L. Sander, "Mahāyāna and Śrāvakayāna reflected by manuscripts from Kučā and Khotan," *Hōrin: Vergleichende Studien zur japanischen Kultur* 20, 2019, pp. 46–50.

30 クチャの壁画の様式分類についてはE. Waldschmidt, "Über den Stil der Wandgemälde," in: A. v. Le Coq & E. Waldschmidt, *Die buddhistische Spätantike in Mittelasien VII, Neue Bildwerke 3*, Berlin: Reimer und Vohsen, 1933, pp. 24–31に従った。

31 註16前掲檜山論文（二〇二一年、二〇二三年）及びVignato & Hiyama, *op. cit.*, Chapter II 以降の議論を参照。

32 註16前掲檜山論文、二〇二一年、四三–四四頁；二〇二三年、一〇九頁。

33 例えば、キジル第二〇七窟（画家窟）や第一六一窟に描かれている「アッガンニャ経」及び「七日経」に基づく須弥山世界の劫初と劫末を題材とした場面は、インド・ガンダーラの仏教美術では作例が知られていない。S. Hiyama, *The Wall Paintings of "The Painters' Cave" (Kizil Cave 207)*, PhD Dissertation at the Freie Universität, Berlin in 2014, microfiche publication, Ketsch: Mikroform, 2016, Chapter IV; 檜山智美「キジル第二〇七窟（画家窟）の仏説法図の新解釈」宮治昭（編）『アジア仏教美術論集 中央アジアⅠ ガンダーラ～東西トルキスタン』中央公論美術出版、二〇一七年、三七七–三八六頁。

34 影山悦子「中国新出ソグド人葬具に見られる鳥翼冠と三面三日月冠――エフタルの中央アジア支配の影響」『オリエント』第五〇巻二号、二〇〇七年、一二〇–一四〇頁；檜山智美「クチャの第一様式壁画に見られるエフタル期のモチーフについて」宮治昭（編）『ガンダーラ・クチャの仏教と美術：シルクロードの仏教文化――ガンダーラ・クチャ・トルファン――第1部』龍谷大学、二〇一三年、一二五–一四一頁及び一四三–一六三頁；Hiyama, *Ibid*, Chapter III.

35 「エフタルの平和」期については吉田豊「ソグド人とソグドの歴史」曽布川寛・吉田豊（編）『ソグド人の美術と言語』臨川書店、二〇一一年、二五頁を参照されたい。

36 中野照男「石窟壁画の年代」『歴史公論』一〇五、一九八四年、九九–一〇七頁；宮治昭「壁画および塑造の装飾美術に関する比較考察」樋口隆康（編）『バーミヤーン 第3巻 本文篇：京都大学中央アジア学術調査報告』同朋舎出版、一九八四年、一七六–二一〇頁；S. Hiyama, *"Untangling the Textiles in the Murals: A Study on the Monks' Robes depicted in the First Indo-Iranian Style Paintings of Kucha", Journal of World Buddhist Cultures* 1, 2018, pp. 59–94.

37 E. Waldschmidt, *Zur Śroṇakoṭikarṇa-Legende*, Göttingen: Vandenhoeck & Ruprecht, Nachrichten der Akademie der Wissenschaft in Göttingen I. Philologisch-historische Klasse, Jahrgang 1952, Nr. 6; Vignato & Hiyama, *op. cit.*, Chapter IV, Table 25; 註16前掲檜山論文、二〇一三年、一一〇–一一三頁を参照。

38 Kieffer-Pülz, P., "Notes on the Introductions to the Sanskrit Sarvāstivāda and Mūlasarvāstivāda Prātimokṣasūtras", *Annual Report of the International Research Institute for Advanced Buddhology at Soka University* 24, 2021, pp. 39–51; Vignato & Hiyama, *op. cit.*, Appendix I.

39 筆者は本壁画が「シュッドーダナ王の帰仏」説話を表している可能性を指摘した（Vignato & Hiyama, *op. cit.*, pp. 198–202）。

40 この時期の石窟寺院の荘厳内容の分析についてはVignato & Hiyama, *op. cit.*, Chapter IVを参照されたい。

41 Vignato & Hiyama, *op. cit.*, pp. 227–228; 註16前掲檜山論文、二〇一三年、一〇三頁。

42 『大正蔵』第五五巻、七九頁下。Vignato & Hiyama, *op. cit.*, pp. 227–228も参照。

43 Vignato & Hiyama, *op. cit.*, Chapter III; 註16前掲檜山論文、二〇一三年、一〇一–一〇七頁。

44 A. F. Howard & G. Vignato, *Archaeological and Visual Sources of*

Meditation in the Ancient Monasteries of Kuča, Leiden / Boston: Brill, pp. 63–65; Vignato & Hiyama, *op. cit.*, p. 163.

45 本図像に関する近年の研究については Zin, *op. cit.*, pp. 494–598 を参照されたい。

46 Vignato & Hiyama, *op. cit.*, p. 254; 注5前掲檜山・橘堂論文、二一〇頁；註16前掲檜山論文、二〇二三年、一〇七頁。

47 H. Ogihara, The Transmission of Buddhist Texts to Tocharian Buddhism", . *Journal of the International Association of Buddhist Studies* 38, 2015, pp. 295–312.; Kieffer-Pülz, *op. cit.*, 2021, pp. 39–51; Vignato & Hiyama, *op. cit.*, Appendix I.

48 Ogihara, *op. cit.*, pp. 301–307

49 M. Compareti, "The role of the Sogdian Colonies in the diffusion of the pearl roundels pattern," M. Compareti, et al., (ed.), *Ērān ud Anērān: Studies presented to Boris Ilich Marshak on the Occasion of His 70th Birthday* (Transoxiana Webfestschrift Series I, Webfestschrift Marshak 2003), online publication, 2023 (http://www.transoxiana.org/Eran/Articles/compareti.html; last access on May 19, 2024); 梁銀景「莫高窟隋代連珠紋與隋王朝的西域経営」『唐研究』第九巻、二〇〇三年、四五七–四七六頁；S. Hiyama, "Reflection on the Geopolitical Context of the Silk Road in the First and Second Indo-Iranian Style Wall Paintings in Kucha", 王贇・徐永明（編）『絲路・思路——二〇一五年克孜爾石窟壁画国際討論会論文集』河北美術出版社、二〇一五年、八〇–八五頁。

50 Vignato & Hiyama, *op. cit.*, Appendix II.

51 A. Grünwedel, *Altbuddhistische Kultstätten in Chinesisch-Turkestan: Bericht über archäologische Arbeiten von 1906 bis 1907 bei Kuča, Qarašahr und in der Oase Turfan*, Berlin: Reimer, 1912, fig. 415; 註34前掲檜山論文、一五二頁。

52 A. Ju. Jakubovskij & M. M. D'jakonov, *Zhivopis' Drevnego Pjandzhikenta*, Moskva, 1954, p. 34, 111; 註25宮治前掲書、五三五–五四六頁。なお、A.M. ベレニツキー及びM.M. ディヤコノフによる先行研究については川崎建三氏からご教示を頂き、貴重な日本語訳もご提供頂きましたことを記して御礼申し上げます。

53 E. Kageyama, "Sogdians in Kucha: a study from archaeological and iconographical material", É. de la Vaissière & É. Trombert (eds.), *Les Sogdiens en Chine*, Paris: École française d'Extrême-Orient, 2005, pp. 363–375; 栄新江「薩保与薩薄：佛教石窟壁画中的粟特商隊首領」『粟特人在中国——歴史・考古・語言的新探索』中華書局、二〇〇五年、四九–七一頁。

54 円形連珠紋とソグド人の関連については Compareti, *op. cit.* を参照。

55 I. Konczak, "Hindu Deities in a Buddhist Wall Painting from Cave

178 in Kizil", *Journal of the International Association of Buddhist Studies* 38, 2015, pp. 349–372; Zin, *op. cit.*, pp. 424–461.

56 六世紀中葉のシルクロードの交通路の変化については桑山正進『カーピシー・ガンダーラ史研究』京都大学人文科学研究所、一九九〇年、九一–一六二頁；S. Kuwayama, "Pilgrimage route changes and the decline of Gandhara", P. Brancaccio & K. Behrendt, (eds.) *Gandharan Buddhism: Archaeology, Art, Texts*, Vancouver: University of British Columbia Press, 2006, pp.107–134を参照。また近年、自然科学分野において、五三六年から六六〇年頃の中央アジアにおいて「古代後期小氷期」と呼ばれる気候の寒冷化が観察され、ユーラシアにおいて民族の大移動や交通路の変化を齎したことが指摘されている（U. Büntgen et al., "Cooling and Societal Change during the Late Antique Little Ice Age from 536 to around 660 AD," *Nature Geoscience* 9, 2016, pp. 231–236）。古来、新疆とガンダーラを結んでいたカラコルム山脈を越えるルートは、寒冷期には凍結により通行が困難となるため、ガンダーラ方面への交通に支障が出たことが想定される。

57 註16前掲檜山論文、二〇二三年、一一二頁；註5檜山・橘堂前掲論文を参照されたい。

58 馬世長「クムトラにおける漢民族様式の石窟」『中國石窟・クムトラ石窟』（註14前掲書）、二四四–二四五頁；栄新江「唐代西域的漢化仏寺系統」『亀茲文化研究』第一巻、二〇〇五年、一三〇–一三七頁。栄新江著・西村陽子訳「唐朝時期における漢籍の西域流布」『内陸アジア言語の研究』第三〇号、二〇一五年、一一三–一三〇頁；李瑞哲『亀茲石窟寺』中国社会科学出版社、二〇一五年、三四二–三五一頁。

59 香川黙識『西域考古図譜』国華社、一九一五年、図九；東京国立博物館『東京国立博物館図版目録・大谷探検隊将来品篇』一九七一年、図一七八。

60 註58馬前掲論文、註58栄前掲論文（二〇〇五年）を参照。

61 註58馬前掲論文、二三六–二四五頁；劉韜『唐与回鶻時期亀茲石窟壁画研究』文物出版社、二〇一七年、二一八–二一九頁。

62 註58馬前掲論文、二四七頁；楊銘・李鋒『絲綢之路与吐蕃文明』商務印書館、二〇一七年、一六一–一七四頁；馬徳「吐蕃治理対敦煌石窟芸術的影響」王旭初、湯姆・普利兹克（編）『絲綢之路上的文化交流：吐蕃時期芸術珍品』中国蔵学出版社、二〇二〇年、四一–四七頁。

63 桑山正進『慧超往五天竺國傳研究』臨川書房、一九九八年、二一五（二一三–二一五）、四六、一九四頁を参照。

64 Teiser, S. F., *Reinventing the Wheel: Paintings of Rebirth in Medieval Buddhist Temples*, Seattle: Washington University Press, 2007, pp. 146-162; 森美智代「クムトラ石窟第七五窟の壁画

主題について――ウイグル期亀茲仏教の一側面――」『美術史研究』五〇、二〇一二、一二五―一四六頁；山部能宜・趙莉・謝倩倩「庫木吐喇第七五窟数碼復原及相関壁画題材及題記研究」『絲綢之路研究』第一辑、二〇一七年、二二五―二五〇頁。

65 ショルチュク僧院と石窟群の調査記録については Grünwedel, *op. cit.*, pp.191–211; S. F. Ol'denburg, *Russkaia Turkestanskaia Ekspeditsiia, 1909-1910 goda: snariazhennaia po Vysochaishemu poveleniiu sostoiashchim pod Vysochaishim Ego Imperatorskago Velichestva pokrovitelstvom Russkim Komitetom dlia izucheniia Srednei i Vostochnoi Azii : kratkii predvaritelnyi otchet*, St. Peterburg: Izdanī e i mperatorskoj akadademii nauk, 1914, pp. 37–40; A. Stein, Serindia, vol. III, Oxford: Clarendon, 1921, pp. 1177–1223; 黄文弼『塔里木盆地考古記』科學出版社、一九五八年、一―七頁；註1前掲書『俄羅斯國立艾爾米塔什博物館藏錫克沁藝術品』；註5林前掲書、六九―八八頁；森美智代「ベルリン・アジア美術館所蔵ショルチュク「星宿洞」塑像のアーカイブ資料調査：石窟の復元的研究に向けて」『奈良美術研究』第一九号、二〇一八年、一―二〇頁を参照。

66 ショルチュク遺跡の出土遺物については Rhie, *op. cit.*, Chapter V; 註1前掲書『俄羅斯國立艾爾米塔什博物館藏錫克沁藝術品』を参照。焉耆語の写本については註20前掲幅田論文、註23前掲 Malzahn 論文を参照。

67 Rhie, *op. cit.*, pp. 811–813.

68 Stein, *op. cit.*, p. 1229, pl. XLVII (British Museum, Inv.-no. MAS. 983). コーラ遺跡については Stein, *op. cit.*, pp. 1224–1229; Rhie, *op. cit.*, pp. 843–846 を参照されたい。

69 註65前掲森論文、註八；L. Russell-Smith, "Traces of Indian Astrology in the Nakṣatra Cave in Sengim and in the Turfan Region: First Considerations," I. Konczak-Nagel, *et al.* (eds.), *Connecting the Art, Literature, and Religion of South and Central Asia: Studies in Honour of Monika Zin*, New Delhi: DEV Publisher, 2022, pp. 309–323.

70 ショルチュク僧院址の東南区画は、ロシア及びドイツの探検隊によればグループA、Stein の報告書ではグループ1と呼ばれている。

71 註1前掲書『俄羅斯國立艾爾米塔什博物館藏錫克沁藝術品』、図九・一〜九・四、一三・一〜一四・三を参照。

72 後者については、トゥムシュク遺跡においても類似の作例が記録されている。L. Hambis et al. (eds.), *Toumchouq, Tome I: Planches*, Paris: Adrien-Maisonneuve, 1961, pls. X, LXVII-LXXVII；ジャック・ジエス（編）『西域美術：ギメ美術館ペリオ・コレクション』第二巻、講談社、一九九五年、三五九―三六四頁；篠原典生『図木舒克遺蹟研究』河北教育出版社、二〇二三年、一一四–一二二頁を参照。

73　但し、Vignato & Hiyama (*op. cit.*, p. 168) は、クチャの早期の説一切有部系のラテルネンデッケ天井を持つ方形祠堂の中に、四壁を全面的に塑像で荘厳したタイプの石窟も存在したことを指摘している（タイプⅡａ）。

74　Grünwedel, *op. cit.*, p. 192; 黃文弼『塔里木盆地考古記』科學出版社、一九五八年、一–七頁。

75　近年の研究の例として、Schmidt 氏によるショルチュク出土の塑像の材質・技法に対する分析を挙げる。B. A. Schmidt, A Technical Analysis on Modular Systems in the Production of Buddhist Clay-based Sculptures from Karashahr: Connecting Silk Road collections in Berlin and London, *Silk Roads Archaeology and Heritage*, 2024, pp. 29–51.

図版出典

図1、2　Ching Chao-jung & Satomi Hiyama, "Kucha and Yungi", J. Silk, R. Bowring, and J. Wilkens (eds.), *Brill's Encyclopedia of Buddhism. Volume Four, History: Part One: South Asia*, Leiden: Brill, forthcoming より転載。

図3　L. Hambis *et al.* (eds.), *Douldour-Aquour et Soubachi, Tome 2: Texte*, Paris: Adrien-Maisonneuve, 1982, A 2.

図4、11、12　A. F. Howard & G. Vignato, *Archaeological and Visual Sources of Meditation in the Ancient Monasteries of Kuča*, Leiden / Boston: Brill, Studies in Asian Art and Archaeology 28, 2015, figs. 32, 49, 102.（画像提供 © Giuseppe Vignato）

図5　A. v. Le Coq & E. Waldschmidt, *Die buddhistische Spätantike in Mittelasien VII, Neue Bildwerke 3*, Berlin: Reimer und Vohsen, 1933, Tafel 10a.

図6　M. Zin, *Gods, Deities, and Demons in the Paintings of Kucha*, New Delhi: DEV Publisher, Saxon Academy of Sciences and Humanities, 2023, Drawing 139.（線図提供 © Monika Zin）

図7　G. Vignato & S. Hiyama, *Traces of the Sarvāstivādins in the Buddhist Monasteries of Kucha*, New Delhi: DEV Publisher, Saxon Academy of Sciences and Humanities, Leipzig Kucha Studies 3, 2022, fig.105（画像提供 © Giuseppe Vignato）

図8　Paris, musée Guimet - musée national des Arts asiatiques, inv-no. 18-500519/AP7184（画像提供 © MNAAG, Paris, Dist. RMN-Grand Palais / image musée Guimet / distributed by AMF）

図9、17ａ　A. Grünwedel, *Alt-Kutscha*, Berlin: Elsner, 1920, Tafel 11-12, fig. 1; Tafel 15-16, fig. 1.

図10ａ、15、16ａ、18、20、24 © Museum für Asiatische Kunst, Staatliche Museen zu Berlin, CC BY-NC-SA.

図10ｂ　段文傑（監修）『敦煌石窟・莫高窟第二八五窟』文化学園・文化出版局、二〇〇一年、図四二。

図13ａ　筆者作図。

図13ｂ　大村次郷氏提供。

図14　M. Zin, *Representations of the Parinirvāṇa Story Cycle in Kucha*, New Delhi: Dev Publishers, Saxon Academy of Sciences and Humanites, Leipzig Kucha Studies 2, 2020, Drawing 64（線図提供 © Monika Zin）.

図16ｂ　A. Grünwedel, *Altbuddhistische Kultstätten in Chinesisch-Turkestan*, Berlin: Reimer, 1912, fig. 415.

図17ｂ　筆者作成の線図（中国新疆壁画芸術編集委員会（編）『中国新疆壁画芸術』新疆美術撮影出版社、二〇〇九年、第二巻、図二三六に基づく）。

図19　東京国立博物館蔵、列品番号 TC-476' Image: TNM Image Archives.

図21　M. Zin, "Cosmological Aspects: Representations of Deities Holding Sun and Moon in Kucha and Beyond," *Rivista degli Studi Orientali* 42.1–2, 2019, fig. 17（線図提供 © Monika Zin）.

図22　The British Museum 提供。

図23　The State Hermitage Museum, St. Petersburg 提供。

付　記

本稿は *Brill's Encyclopedia of Buddhism. Volume Four, History: Part One: South Asia* (J. Silk, R. Bowring, and J. Wilkens (eds.), Leiden: Brill, forthcoming) のために二〇二三年に執筆された Ching Chao-jung & Satomi Hiyama, "Kucha and Yanqi" のうち、筆者が担当した後半部分を和訳し、かつ増補改訂したものである。本稿で詳しく扱うことの出来なかった、クチャと焉耆の仏教文化の歴史的背景については、原著論文の慶昭蓉氏担当の前半部分を参照されたい。なお、原著論文の筆者担当箇所は、共著者の慶昭蓉氏と議論を重ね、また多くの助言を頂いたことにより初めて執筆出来たものである。また、*Brill's Encyclopedia of Buddhism* の編集委員の先生方からも、原著論文に対して多くの貴重なご教示を頂いた。慶昭蓉氏、原著論文の編集委員の先生方、そして原著論文が未刊行の時点での日本語の増補改訂版の刊行に対するご快諾を頂いた Brill 社に、記して深く御礼申し上げます。

また、日本語版の執筆に当たり、国際仏教学大学院大学の川崎叶太氏から論文翻訳において多くの御助力を頂いたほか、川崎建三先生、森美智代先生から多くの貴重なご教示を頂戴致しました。また、Giuseppe Vignato 教授、Monika Zin 教授及び Richard Bowring 教授からは貴重な写真・線図・地図等の図版のご提供を頂きました。記して厚く御礼申し上げます。

カラテパからミーランへ

小山　満

はじめに

ウズベキスタンで、最も重要な仏教遺跡はテルメズ近郊、テルメズ市の北西八キロメートルにあるカラテパ遺跡である。(1)カラテパのテパは一般にテぺと表記されるが、ここでは現地音を尊重しテパと表記する。このカラテパは一九九八年から二〇一六年まで故加藤九祚氏が毎年発掘し報告もされていた。(2)直近では、立正大学の調査報告書があり、そのほかピダエフ氏の単著が出されている。(3)また現地で指揮したピダエフ氏とムクルティチェフ氏それぞれの論考が川崎建三氏の翻訳で東洋哲学研究所の研究論集に掲載され、その詳細を知ることができる。(4)

ピダエフ氏は当遺跡の年代を遺跡出土のコインからみて、クシャーン時代とし、最古が二代ソーテルメガス（ヴィマタクト）で、次が三代ヴィマカドフィセス、次の四代カニシュカ、五代フヴィシュカ、六代ヴァースデーヴァとあるが、数の多い四代カニシュカ、五代フヴィシュカ、六代ヴァースデーヴァの二―三世紀がカラテパ寺院の最盛期で、三世紀末―四世紀に廃棄されて、五―六世紀に僧院がまた使われていたとする研究動向を紹介している。(5)それはともかく、このカラテパの最盛期に仏教の東漸が始まるということになる。

一　カラテパ突然の破壊

カラテパは一九九八年以前には一九六一—一九九四年にＢ・スタヴィスキー、Ｔ・ゼイマリにより調査が行われていた。[6] ここではカラテパからおよそ一〇〇キロメートル北にある私共が発掘したダルヴェルジンテパにおける突然の破壊状況について、それがカラテパでもあった可能性について、改めて述べておきたい。[7]

すなわち、ササーン朝シャープール一世（在位二四一—二七三）によるペシャワールの攻略と当地域の征服でクシャーン朝が打倒され、ササーン朝の宗主権のもとクシャノササーン、あるいはササニドクシャーンの時代となる。そしてシャープール一世没後の国教ゾロアスター教の神官キルディール（カルディール）によるマニ教教祖マニの処刑（二七六年）に始まる仏教を含む他宗教の激しい撲滅運動が行われた。[8] その様相は、当カラテパにおいてもあてはまる。「四世紀（または三世紀ないし四世紀）にその大部分が放棄されたか、または破壊された」と報告されている。[9] この事象をもとにして、その結果仏教徒が東方へ移動し、仏教の東漸が進んだとみるので、その流れを確認していきたいと思う。

まず、カラテパ南丘コンプレックス（遺構）Ａ聖堂の一室から二十体ほどの人骨が出土し、ここが専用の墓でなく一括して葬られていること、そして人骨に損傷がないこと、一個体ごと暗文が施され、これが伝染病による死亡の一括埋葬であったと判断して、出土したコイン二十六枚のうち十枚がクシャンシャーのヴァフラム一世のコインで、時代は四世紀半ばとしている。[10]

しかしササーン朝にはヴァフラム王が何人もいて四世紀半ばに限るとはいえない。とくにクシャノササーンはササーン朝の王子たちが派遣されて支配したとされ、クシャノササーン王の実態は、ササーン王が兼務した時もあり、コインも各所説に違いがあり、ヴァフラムをワラフランと一括して呼称するなど、あまりはっきりしていない。[11] したがって、ここではササーン朝のヴァフラム一世、二世も視野に入れて考える必要がある。

すると、人骨とともに出土したコインが、ササーン朝のヴァフラム一世とすれば、神官キルディールによる他宗教の撲滅運動との関係が浮かびあがってくる。遺体に傷を見出せないといっても火災による死であれば相当する可能性もある。個々に暗文を記しているというのも伝染病以外の何か事情を考慮する必要があるであろう。[12]

私共創価大学が行ったダルヴェルジンテパは、カラテパから北へおよそ一〇〇キロメートルのスルハンダリア右岸の高台にあり、西側に堀が巡り全域（五五〇×六五〇メートル）が城塞の土塁に囲まれた中にある。調査したルームの土器の散乱した状況や多量の灰層、仏菩薩像の置かれた本堂床面出土のコインなどから、突然生活が絶たれた様子を十分想像できるものであった。[13]

これをシャープール一世による征服時の進軍によるとし、その進軍自体宗教伽藍まで破壊するものでなかったとする見解もある。[14] しかしキルディールによる撲滅はシャープール一世没後のことであり、シャープール一世による征服時に限ることはない。

二　金色の仏陀と蓮華文

東洋哲学研究所発刊の『シルクロード研究論集』第一巻のカバーに大きく掲載された金色の仏陀像頭部についてみてみよう。[15] 金色に彩色されたこの像は何時に溯るものか。溯っていくと、前二世紀半ばのインド・グリーク朝のミリンダ王が僧ナーガセーナと対論した『ミリンダ王の問い』に行き着く。

「王は問う、『尊者ナーガセーナよ、ブッダは三十二の偉人の特徴をそなえ、八十の小さな特徴によって彩られ、金色にして、皮膚は黄金のごとく、身の周り一尋の光がありますか』『大王よ、そうです。尊き師は三十二の偉人の特徴をそなえ、八十の小さな特徴によって彩られ、金色にして、皮膚は黄金のごとく、身の周り一尋の光があります』」とある。(16)

これは『大智度論』では、仏陀の優れた身体的特徴、白毫、頂髻、丈光などのうち十四番目の金色相にあたる。(17) 金箔の仏頭は、ほかにカラテパの東南アムダリア河岸のチンギステパからも出土している。(18)

仏像の造立は二世紀クシャーン朝のカニシュカ王が刻ませたコイン（金貨）が確実な段階なので、ここからおよそ三百年溯るミリンダ王の時代にあるとみることは、当初仏陀を有限としない仏陀不表現の時代があるので難しく、諸説ある論争も続いていて、あまりはっきりしていない。(19) 後で述べる仏陀を表現したビーマラン舎利容器の伴出したアゼス貨幣からみて、早くて紀元一世紀前後となる。

三十二相については、大乗の語、摩訶衍のある「道行般若経」（二—三世紀）に初出し、他の般若経にも数多くあり、具体的には二—三世紀とされる龍樹の『大智度論』に記されている。(20) したがって、カラテパの金彩色の仏陀像はこの時代で、龍樹『大智度論』の中に記すことを通して、それが即カラテパの活動年代ということでもある。

さて、晩年カラテパの発掘に人生をかけた加藤九祚氏は、カラテパは蓮華文の多さが目立つと言っている。(21) 調べてみると、これもやはり『ミリンダ王の問い』の金色の仏陀の次にナーガセーナによる問いかけの中で「百葉の蓮華」の存在を王と確認し合っている。(22)

蓮華について龍樹の『大智度論』では「諸仏は世俗に随うが故に、宝華の上に結跏趺坐し、六波羅蜜を説く」とあり、仏教がインドの土俗信仰と結びついて変容する様子を示している。(23) したがって、蓮華文様は紀元二世紀には主役にあって、それを溯る可能性があることを知ることができる。

大英博物館にあるアフガニスタン・ジャララバードの金製ビーマラン舎利容器は、これまで初期の仏像とされ、釈尊と脇士が二組と二人の供養者の合計八人が表されている。(24) 容器の中から四枚のアゼス銅貨が出土し「ダルマに従う偉大な王、王の中のアゼスの王」とガンダーラ語のカローシュティー文字で刻している。これはインド・スキタイ王国のサカ族アゼス二世のコインで、後継のカラオステスにより前一〇-後一〇年頃に鋳造されたと考証されている。[25]そして、この容器の底裏に八葉の見事な蓮華が刻まれている。そのため、蓮華文が紀元前一世紀に溯ることは確実で、カラテパで多くの蓮華文を見ることは珍しいことでないことがわかる。

シャー・ジー・キー・デーリー大塔祉出土のカニシュカ王の名を刻む舎利容器の蓋は、蓮華の上に本尊が脇士を従えて坐していて、そこに蓮華と仏陀の深い関係が読み取れる。[26]

三　ズルマラの仏塔、ファヤズテパ、アイルタム

カラテパの東南四・五キロメートルに、高さ一三メートル、復元すると一六メートルに達する巨大なストゥーパが建立されている。ここは立正大学のチームが修復と保存について調査と研究を進めているズルマラの仏塔である。[27]検出された日干レンガの大きさなどから、これが二世紀カニシュカ王時代に溯ると考えられている。[28]立正大学の二〇二〇年の報告では、仏塔東の第四トレンチから多くの出土品があり、中にカニシュカの像とわかるコインが二枚出土し、仏塔がカニシュカ時代に着手されたことを裏づけている。[29]

カニシュカ王はガンダーラのシャー・ジー・キー・デーリー（ペシャワールの東南）のカニシュカ大塔（塔址から銅製カニシュカ銘の舎利容器が出土している）がよく知られ、[30]これと相応する塔とも考えられる。

仏塔の建立は、釈尊の涅槃以後、仏典に記される基本事項であり、仏教史上何時の時代にも存在すると言ってよく、かつ修復や増設が行われているものが多い。

ファヤズテパは、カラテパから北東一キロメートルの目に見える至近の位置にある。L・I・アリバウムにより

一九六八年から発掘が始められ、二〇〇六年ユネスコと日本の支援で遺跡の復元が行われた。[31]ストゥーパとともに石灰岩製の僧形の脇士を伴う本尊があり、仏塔に描かれた法輪は、後に述べる中国西域ローランの地下墳墓で発見された柱に描かれた法輪にその類似性が認められる。[32]

アイルタムは、カラテパの東二〇キロメートルにある寺院を含む遺跡で、昔アムダリアの渡河地点であった。すでに道路と鉄道の敷設で遺跡は消滅したが、生き生きとした数体の楽人像レリーフが発見されている。[33]ここで出土した彫像の銘文（バクトリア語）で二世紀後半クシャーンのフヴィシュカ王治世四年にショディアなる人物が寺院等を修復したとあり、[34]アカンサス葉を背景とした楽人の様子からも初期大乗仏教時代に溯ることがわかる。

発掘に携わったプガチェンコワ女史は、この楽人像について『ブッダチャリタ（仏所行讃）』を通して『大般涅槃経』にみえる仏陀の入涅槃時の天奏と解釈し、これをピダエフ氏も紹介している。[35]しかし、楽人の演奏は仏教とくに大乗仏教の経典には数多く記されているので、必ずしも『涅槃経』に限る必要はなく『無量寿経』、『弥勒成仏経』や『正法華経』等に描写されている。例えば大乗仏教の先駆で『無量寿経』の元とされる『阿閦仏国経』では「大目如来が阿閦菩薩摩訶薩に無上の正覚道を授ける時、諸の欲界の諸天が鼓を打ち天伎の楽を供養した」と記し、[36]梵文和訳の『無量寿経』では「幸あるところ（無量寿国）という世界には、…天上の諸々の楽器が奏でられ、天上の天女たちが舞う」とある。[37]漢訳の『無量寿経』では「無量寿国（仏国土）に自然の万種の伎楽あり。またその楽の声、法音にあらざるはなし」とある。[38]『正法華経』では、「大通仏が師子座に坐し、諸天が天華を雨らし、四天王や諸天子が衆の伎楽をなし、大通仏が無上正覚に達した」とあり、[39]同『正法華経』如来現壽品では、「霊鷲山の床座に坐した釈尊が、此の土は柔軟安雅で歌舞戯笑があり、薬草樹木の果実がよく茂り仏陀と弟子の上に注いでいる」と述べている。[40]したがって、ここでは梵文と漢文の『無量寿経』の記述がシンプルでレリーフの様子によく合うけれども、広く大乗仏教の興起に結びついて各仏国土において示されたものと理解していいと思う。

四　ダルヴェルジンテパ

カラテパから北へおよそ一〇〇キロメートルに私共が発掘したダルヴェルジンテパがある。私共より前の発掘で仏像五体、菩薩像七体が発見されている。[41] そこに残高が二メートルを超える大型の像が含まれている。そこで、この仏陀の大型化が何時から始まるかをみてみよう。

これも上に述べた『ミリンダ王の問い』の三十二相の二十番目、身体が広大端正で比類ないという大直身相に行き着く。[42] ただミリンダ王時代の前二世紀に大型仏像が作られたとは考えられず遺物もない。したがって恐らく対話の中で語られた観想の段階に留まっていたということであろう。

しかし上記ビーマラン舎利容器やカニシュカ王のコインで形象化して以降、仏陀の三十二相が見える形で表されるのにあまり時間はかからなかったと思われる。したがって、ダルヴェルジンテパ出土の仏菩薩像はすでに造像が盛んになった時期を示していることになる。

美術史の中でその系譜をみると、アフガニスタンのハッダにある仏頭に三三・五と三一・五センチメートル（年代二―七世紀とある）があり、[43] マトラーではチャウバーラー出土の仏頭が五七センチメートルあり（二世紀前半以降）[44]、いずれも等身大以上になる。またサルナートのカニシュカ三年銘バラ比丘菩薩像が高さ二・七メートルである。[45] したがって、カニシュカ王時代にすでに大型の仏菩薩像が造立され始めていることを知る必要がある。

かつて拙稿でダルヴェルジンテパの仏菩薩の螺髪について言及し、これがグプタ朝（三二〇―）以降とすべきと述べたが、[46] マトラーにおけるクシャーン様式からグプタ様式への過程は、明瞭でないとされており、ゴーヴィンドナガル出土のマトラー仏坐像がポストクシャーン（三―四世紀）時代であることを通して再認識する結果となった。[47] 二〇一二年の調査報告では、(48)三角帽子の変遷を通して二―四世紀と訂正したが、ダルヴェルジンテパの大型仏菩薩像は、恐らくこの三世紀前後に溯るとみるのがいいと思う。

また菩薩像では多種の装身具を身につけている。これはマトラーのガネーシュラー出土の坐像に同様の特色があるので、(49)この銘のヴァーシシカ（カニシュカ紀元）二八年をふまえると、この時代の二世紀半ば以降にダルヴェルジンテパにも影響が及んだと考えられる。

五　仏教伽藍の破壊

はじめに触れたササーン朝におけるゾロアスター教の国教化を推し進め、仏教を含む他宗教の撲滅を指揮したキルディールの動きを確認してみよう。シャープール一世没後、神官キルディールは、即位したヴァフラム一世（在位二七三―二七六）が彼の要求を容れてマニ教の教祖マニを処刑（二七六年）し、次のヴァフラム二世（在位二七六―二九三）時代、ナクシェロスタムのカアバの壁面に刻文し、ユダヤ教はじめ仏教、ヒンドゥー教、キリスト教、マニ教ほかゾロアスター教以外の全ての寺院・偶像の破壊を行い、そこをゾロアスター教の礼拝所に変えたと記している。(50)また自己の肖像をシャープール一世らの戦勝摩崖浮彫に追刻して残し、ナルセフ帝（在位二九三―三〇二）バイリク碑文（二九三年）の記録以降、消息が途絶えている。(51)

したがって、以上のように碑文には仏教を含む寺院の破壊が書かれていて、調査したダルヴェルジンテパの土器の散乱状況（炭素年代の測定で三世紀前半―四世紀後半）、火災と思われる灰層の検出（同二世紀中頃―四世紀前半）、あるいは本堂床面のコイン調査（シャープール一世後のヴァースデーヴァ模倣コインおよびクシャノササーンコインの出土）からみても、尋常でない突然の様子が窺え、かつ、測定年代や出土コインの範囲内であることで、事件の裏づけを示していると

言える。(52)

また、カラテパにおいても一九九八年のスタヴィスキー氏の報告で上記の通り、その大部分が放棄されたか、または破壊されたとあり、(53)南丘コンプレックス（遺構）から二〇体の人骨が出土したことも恐らく無関係ではないと思われる。(54)

ムクルティチェフ氏はファヤズテパにおいて破壊の様子が見られないので、上記のような事件は考えられないと言っているが、果たしてそうであろうか。(55)証拠が一つでもあれば、全くないという主張は崩れることになる。したがって、ファヤズテパについてアリバウム氏が書き残したサーサーン朝の軍隊の襲撃と、アンナエフ姉妹が遺跡の部屋一連に火災の痕跡があると報告した内容を無視してはならないし、(56)ルトヴェラーゼ氏が的を射て、紀元三世紀後半に北部トハリスタンがサーサーン朝に征服され、考古学的調査では多くの仏教的建造物が破壊されたことを示していて、この時期にアイルタム・カラテパ・ファヤズテパそしてダルヴェルジンテパの仏教寺院も破壊されたと述べているので、これも付け加えておきたい。(57)

六　西方文化の東漸

このころ、西域シルクロードにおいても人々の動きは活況を呈していたようで、(58)西方の文化を示す品が数多く出土している。一つは西域南道のホータンの古墓から出土した壁掛け（その後ズボンに仕立てられている）で、王族と思われる鉢巻きをし、長槍を持つ西方の顔つきをした武人と上に長い竪笛を吹く半人半馬（ケンタウロス）の像が織り出されている。(59)またホータンの東、ニヤ遺跡でも棉布の上半身裸で豊穣の角（コルヌピア）を持つ女神像が出土している。これはクシャーンのフヴィシュカ王（二世紀後半）のコインに見える女神（アルドクショー）との類似性が指摘されている。(60)

いずれも現在（二〇二四年九月～二〇二五年二月）日本の展覧会（「世界遺産大シルクロード展」）で展示されている。[61]またローランではＬＣ遺跡（孤台墓地）で発掘されたギリシアの神ヘルメスとされる毛織の壁掛け（ニューデリー博物館蔵）があり、[62]それぞれクシャーンを含む西方の人々の移動してきた様子が窺える。なお、カラテパからミーランへかけての壁画を中心にした考察は、安田治樹氏が行っている。[63]

ところで、ローラン古城ヤルダン台地にある洞窟墓の前室中央に円柱があり、そこにいくつか輪宝が描かれている。三度にわたり現地を訪ねた山田勝久氏は、この輪宝がウズベキスタンのファヤズテパのストゥーパに描かれた輪宝に類似していると指摘している。[64]円柱は後に敦煌や北魏雲岡石窟内中央に支柱を兼ねて造立された宝塔に近く、インドの円形ストゥーパが中国の方形宝塔に変わっていく兆しと言うべきものである。初期の仏教では、釈尊を敬い仏像でなくストゥーパや輪宝で仏陀を象徴的に表現していたので、ファヤズテパからローランへの伝播は、その早い時期とみられる。

七　ミーラン遺跡

西域南道ミーラン古城祉の仏塔を中心とした伽藍の回廊の腰張りに描かれた壁画がインドデリー博物館にある。[65]それは口ひげをつけた仏陀が僧衣をまとい右手を上げ施無畏の相で、西方系の目の大きい僧形の弟子六人の前で説法している場面である（図1）。

画面両脇に樹木があり花をつけている様子で、右手の華を持つ人物は散華する仕草であろう。このテーマを仏伝の一つとするか、経典の描写とみるか分かれるところである。

梵文『無量寿経』では「この法門を書物に書きとめておいて、良く書き写して持っていなければならない。そこに師の想いを起さなければならない……この経巻がわが師であるという想いをおこさなければならない」とあり[66]、経典を重視する意向を示しているので、その流れであれば、経典による描写とみていいと思う。

そこで、両脇の樹木に注目すると、カラテパ南丘出土の壁画では、樹木とともに仏陀と三人のやはり剃髪した僧が描かれている（図2）。こちらは並んだ樹木に一人ずつ出家者がいる。樹木と仏陀の僧衣と剃髪した僧の姿が近似している[67]。

初期の大乗経典とすると、ダルヴェルジンテパで妊婦のテラコッタが出土し、関係経典を探したところ『阿閦仏国経』で見出したので[68]、今回も関係する可能性がないかみてみたところ、阿閦如来の仏刹には七宝の樹木に囲まれた如来がいて悟りを得て、楽人が音楽を演奏する如く樹木が互いに風を受けて音を出し、そこに三悪道はないと記している[69]。この場面と両壁画が重なる。

『阿閦仏国経』を発展させたとされる『無量寿経』の梵文和訳をみると、アミターバ（無量光）如来の仏国土（幸あるところ）は、七種の宝石で出来た木々に覆われ、風に吹き動かされて快い音が流れ、芭蕉の葉とターラ樹（多羅葉、ヤシ）の並木に囲まれ、金の網と七宝の蓮華で覆われ、そして巨大な蓮華もあると記している[70]。これは『阿閦仏国経』の記述と重なり細説する形である。双方、仏陀の後ろに大きな

図１　ミーラン壁画　Ｍ３古城址

樹木があり、そしてカラテパ壁画の後方に並ぶ樹木が、ターラ樹の並木に囲まれるという表現が当たっているので、カラテパからミーランへ『阿閦仏国経』、『無量寿経』の浄土経典が伝えられて、壁画にその内容が描かれていったということになる。

また、『阿閦仏国経』の阿閦仏刹全快品では、阿閦如来が昔菩薩であった時に付けていた華蓋について、それは無数の天人が虚空で香を散じ、合して一つの円い華蓋になったと記し[71]、梵文の『無量寿経』でも無量寿仏に投げられた花束が巨大な柄のついた傘の形となり、美しく仏の身体を覆うと記している[72]。**図2**でも仏陀と僧の後ろに立つ樹木は繋がりをもつように描かれている。したがって、以前、河北省石家庄出土の禅定仏について、これが華蓋をつけた例に相当するとしたが、河北省石家庄出土と伝えるフォッグ美術館の焔肩仏坐像や東京国立博物館のホータン仏頭も、いずれも西方の面貌で頭上に穴があいているので、それは華蓋をつけるための穴ではないかと推察した[73]。

八　カローシュティー文字とガンダーラ語

ともかく、カラテパと中国西域諸国との結びつきで最も注目

図２　カラテパ壁画　南丘Ｂ遺構

されるのは、当時共にカローシュティー文字を用いてガンダーラ語を使っていたということである。故辛嶋静志氏が研究し最後に提示したのは、クシャーン朝支配下、西北インドで伝えた仏教（主に大乗仏教）が、はじめ口頭のガンダーラ語でなされ、大衆部の人々によって作成されていたと主張したことである。[74] また、初期大乗経典の『正法華経』の精査では、これがガンダーラ語からの逐語訳であることも明らかにされている。[75] 仏教原典の研究は、これまで主にサンスクリット語でなされていたので、それに対する衝撃的見解となっている。

『阿閦仏国経』については、インゴ・ストラウス氏がバジョールコレクションに阿閦仏に言及するテキストがあると報告している。[76]

リチャード・ソロモン氏も、カローシュティー文字で書かれた『六波羅蜜経』（大乗仏教の教え・シャトハーラミター）が見出されたことで、当時クシャーン朝のフヴィシュカ王が大乗仏教に帰依していたとある文書（こちらはブラーフミー文字）を紹介して、当時の様子を明らかにしている。[77]

したがって、口語（俗語）のガンダーラ語で西域と繋がっていること、すなわち、ガンダーラ語を話す人々が東方の中国西域へ移動してシルクロードの仏教文化が実っていくという、これが仏教の東漸の姿でもあったということである。

ところで、スタインはミーラン第五寺址のストゥーパの周囲に回廊があり、その外に方形基壇の歩廊がつき、その壁面に「スダーナ太子本生譚」があると報告している。[78]「スダーナ太子本生譚」は、釈尊が前世において太子時代に持てるもの（白象・妻子・馬車・衣服）全てを布施して隠棲したと説く話で、これは引き継がれて布施を語る仏典、例えば『正法華経』梵志（提婆達多）品等に語られていく。[79]

小泉恵英氏は『ガンダーラ美術とバーミヤン遺跡展』図録で次のように述べている。[80] すなわち、聖蹟は釈尊自らその地にあった出来事を反映している。これが仏伝であるが、本生説話では、舞台の設定は自由で、実在の釈迦と関わりのない場所でも前生の釈迦と結びつけることで、その地に意味を付与することができる、と。

つまり、釈尊の過去世の物語としての本生説話は、舞台設定が自由である故、制限なく続々と生み出されていったということであり、ここがポイントである。そしてその基盤の上に、釈尊および諸仏に関わる、口移しで語られる初期大乗経典の数々が誕生していったということになる。

初期大乗経典の『道行般若経』も『阿閦仏国経』も『無量寿経』、『正法華経』もガンダーラ語で語られ言語化され書き上げられて経典として成立していったということなので、[81]ガンダーラ語を用いていた地域が、サカ（インド・スキタイ王国）からクシャーン朝時代にあったことが注目される。また、アゼス王、クジューラ・カドフィセスからカニシュカ王、そしてヴァースデーヴァ王に至る、サカからクシャーンの王たちにおいて、強い崇仏の念があった故に、造寺造仏と大乗仏典の成立において大きく寄与したということになるであろう。[82]

註

1　川崎建三「北バクトリアにおける仏教の伝播と様相」公益財団法人東洋哲学研究所編『仏教東漸の道　インド・中央アジア篇』（シルクロード研究論集　第一巻）公益財団法人東洋哲学研究所、二〇二三年、四五一−四五四頁。

2　Sh. R. Pidaev, K. Kato, "Arkheologicheskie issledovaniya na buddiyskom tsentre Karatepa v Starom Termeze", *Arkheologicheskie issledovaniya v Uzbekistane – 2000 god*, Samarqand, 2001, pp. 114-122; Sh. R. Pidaev, K. Kato, "Arkheologicheskie raboty na karatepa v Starom Termeze", *Arkheologicheskie issledovaniya v Uzbekistane 2003 god*, Toshkent, 2004, pp. 147-158; Sh. R. Pidaev, K. Kato, "Arkheologicheskie issledovaniya v buddhiyskom kul' tovom tsentre Karatepa", *Arkheologicheskie issledovaniya v Uzbekistane2004-2005 gody*, Tashkent, 2006, pp. 183-191; 加藤九祚・Sh・ピダエフ編著『ウズベキスタン考古学新発見』東方出版、二〇〇二年、同「カラテパ北丘・西（中）丘の発掘（1998-2007）」『アイハヌム　加藤九祚一人雑誌』東海大学出版会、二〇〇七年、五九−一三一頁。参照：滝川広美「加藤九祚著作リスト」『アイハヌム　加藤九祚一人雑誌追悼号』平凡社、二〇二二年、一八一

‐二〇六頁。

3 立正大学ウズベキスタン学術調査隊『ウズベキスタン共和国スルハンダリア州所在カラテペ遺跡——2014年度調査概要報告書——』二〇一五年、同『ウズベキスタン共和国スルハンダリア州所在カラテペ遺跡 —2015年度調査概要報告書——』二〇一六年、同『ウズベキスタン共和国スルハンダリア州所在カラテペ遺跡——2016年度調査概要報告書——』二〇一七年、同『ウズベキスタン共和国スルハンダリア州所在カラテペ遺跡——2017年度調査概要報告書——』二〇一八年、同『カラ・テペ　テルメズの仏教遺跡』（立正大学ウズベキスタン学術交流プロジェクトシリーズ二）六一書房、二〇二〇年、岩本篤志「南ウズベキスタンの仏教遺跡に関する諸問題」『文学部論集』一四一、立正大学、二〇一七年、二九‐五六頁。

4 Sh・R・ピダエフ「タルミタ＝テルメズの仏教建築の歴史に関して」註1前掲書『仏教東漸の道インド・中央アジア篇』二七九‐三〇五頁。ティグラン・ムクルティチェフ「カラテパにおける仏教教団の生活と儀式（復元の試み）」同書、三〇七‐三二一頁。ショキルジョン・ピダエフ著／加藤九祚、今村栄一訳『ウズベキスタンの仏教文化遺産』（立正大学ウズベキスタン学術交流プロジェクトシリーズ一）六一書房、二〇一九年。

5 註4ピダエフ前掲論文、二八〇、二八六‐二八七、二九一‐二九三頁。

6 T. V. Grek, E. G. Pchelina and V. Ya. Staviskiy, *Kara-Tepe: buddiyskiy peshchernyy monastyr' v starom Termeze: osnovnye itogi rabot 1937, 1961-1962 gg. i Indiyskie nadpisi na keramike*, Moskva, 1964; B. Ya. Staviskiy (ed.), *Buddhiyskiy kul'tovyy tsentr Kara-Tepe v Starom Termeze. Osnovnye itogi rabot 1965-1971 gg.*, Moskva, 1972; B. Ya. Staviskiy (ed.), *Novye nakhodki na Kara-tepe v starom Termeze; osnovye rabot 1972-1973 gg.*, Moskva, 1975; B. Ya. Staviskiy (ed.), *Buddiyskie pamyatniki Kara-tepe v starom Termeze; osnovnye itogi rabot 1974-1977 gg.*, Moskva, 1982; B. Ya. Staviskiy (ed.), *Buddiyskie kompleksy Kara-tepe v starom Termeze: osnovnye itogi rabot 1978-1989 gg.*, Moskva, 1996; E.V. Zejmal', Monety iz raskopok Kara-tepe v Starom Termeze (1961–1984gg.), in: Stavisskiy (ed.), *op. cit.*, 1996, pp. 185-209; 註4ピダエフ前掲論文、三〇四頁、註40。

7 拙稿「王侯帽子塑像の出土をめぐって——相当年代の修正——」創価大学シルクロード研究センター編『ダルヴェルジンテパ仏教寺院址』ウズベキスタン共和国科学アカデミー芸術学研究所、創価大学シルクロード研究センター、二〇一二年、一六四‐一六五頁。

8 伊藤義教「カルデールのゾロアスターのカアバ刻文につい

て」『ゾロアスター教論集』平河出版社、二〇〇一年、一二八頁。註7拙稿、一六四頁。

9 B. Ya. Staviskiy, *Sud'by buddizma v Sredney Azii*, Moskva, 1998, pp. 41- 42; B・Ya・スタヴィスキー／加藤九祚訳「カラテパ南丘の発掘」『アイハヌム加藤九祚一人雑誌』二〇〇七年、五〇頁。

10 岩井俊平「ポスト・クシャン期バクトリアの土器編年」『西アジア考古学』四、日本西アジア考古学会、二〇〇三年、五〇-五一頁、N. S. Sycheva, "Keramika Kara-tepe", in: Stavisskiy (ed.), *op. cit.*, 1975, p. 121.

11 A・ゴーリン著・川崎建三訳「ダルヴェルジンテパ第二仏教寺院址出土のコイン」註7前掲書『ダルヴェルジンテパ仏教寺院址』一九三-一九四、一九六頁。

12 註10岩井前掲論文、五〇頁。

13 註7前掲書『ダルヴェルジンテパ仏教寺院址』七六-七、九四、一四二-一四八頁、22AAグリッド、ルーム1, 2、同二二九、二三二頁、20ABグリッド灰層資料。註1川崎前掲論文、四六三頁。

14 註4ピダエフ前掲論文、二九八頁。

15 註4ムクルティィチェフ前掲論文、口絵13、三一九頁、註4ピダエフ前掲書、五〇-五一頁（カラー写真）。

16 中村元・早島鏡正訳『ミリンダ王の問い1：インドとギリシアの対決』（一、平凡社、一九六三年、二一六-二一七頁）。

17 『大正新脩大蔵経』（以下『大正蔵』）大蔵出版、一九六九年、第二五巻、九〇頁中-下。参照 https://21dzk.l.u-tokyo.ac.jp/SAT/

18 註4ピダエフ前掲論文、二九一頁。

19 高田修『仏像の誕生』岩波新書、一九八七年、五六-六九頁。

20 「道行般若経」（『大正蔵』第八巻、四四六頁上）、『仏教辞典』岩波書店、一九八九年、六七〇頁、般若経の項。「大智度論」（『大正蔵』第二五巻、九〇頁上中下-九一頁上）。

21 加藤九祚「立正大学ウズベキスタン学術調査隊のカラテペ仏教遺跡発掘調査に参加して」註3前掲『ウズベキスタン共和国スルハンダリア州所在カラテペ遺跡――2014年度調査概要報告書――』、五二頁。

22 註16中村・早島前掲訳書、二一七頁。

23 『大正蔵』第二五巻、一一六頁上。塚本啓祥「蓮華生と蓮華座」『印度学仏教学研究』二八-一、一九七九年、三頁。

24 宮治昭『インド美術史』吉川弘文館、一九八一年、七六頁、図二一。

25 https://academic-accelerator.com/encyclopedia/jp/bimaran-casket（二〇二四年一月八日参照）

26 註24宮治前掲書、七三頁、図一六。

27 立正大学ウズベキスタン学術調査隊『ズルマラ仏塔発掘概報

報告書2018』二〇一九年。

28 G. A. Pugachenkova, Dve stupy na yuge Uzbekistana, *Sovetskaya arkheologiya*, No. 3 (1967), G・A・プガチェンコヴァ／今村栄一訳「南ウズベキスタンの2つの仏塔」立正大学ウズベキスタン学術調査隊『ズルマラ：テルメズの仏塔――基礎調査報告書――』二〇一七年、一三–二二頁。同『ズルマラ仏塔発掘概要報告書2018』六–七頁。

29 紺野英二、岩本篤志、池上悟、シャプラト・シャイドラエフ、アクマル・ウルマソフ「アムダリア流域におけるクシャン期仏教遺跡の探査――ウズベキスタン共和国テルメズ市南部のズルマラ仏塔の調査2020――」第28回西アジア発掘調査報告会レジュメ二〇二〇年、七八–七九頁。

30 註24宮治前掲書、七三頁。

31 L. I. Al'baum, "Raskopki buddiyskogo kompleksa Fayaz-tepe (po materialam 1968–1972)", Drevnyaya Baktriya, Leningrad, 1974, pp. 53–58; L. I. Al'baum, "Issledovanie Fayaz-tepe v 1973 "Baktriyskie drevnosti, Leningrad, 1976, pp. 43–46; L. I. Al'baum, "Zhivopis' svyatilishcha Fayaztepa", Izobrazitel'noe i prikladnoe iskusstvo, Tashkent, 1990, pp. 18–26. 註1川崎前掲論文、四五四–四五六頁。

32 山田勝久「敦煌の二仏並坐の淵源について」『東洋学術研究』第五八巻第一号、二〇一九年、六九頁。

33 註4ピダエフ前掲書、五–九、三四–三五頁。

34 註1川崎前掲論文、四五〇頁。

35 G. A. Pugachenkova, Iskusstvo Baktrii epokhi Kushan, M., 1979, 註1川崎前掲論文、四四八頁。註4ピダエフ前掲書、九頁。

36 『大正蔵』第一一巻、七五四頁中。

37 中村元・早島鏡正・紀野一義訳註『浄土三部経』（上）、岩波文庫、一九九四年（初版一九六三年）、七五頁。

38 同前一七七頁、『大正蔵』第一二巻、二七一頁上。

39 『大正蔵』第九巻、八九頁上。

40 同前一一四頁下–一一五頁上。

41 B・A・トゥルグノフ／滝川広美・川崎建三訳「ダルヴェルジンテパ仏教寺院址初期調査1983–1988年の出土塑像と壁画」註7前掲書『ダルヴェルジンテパ仏教寺院址』一二–一八頁。同／今村栄一訳「古代都市ダルヴェルジンテパのユニークな出土品」『立正大学公開講演会予稿集』二〇一八年、一一頁。

42 『大正蔵』第二五巻、九〇頁上中下。

43 宮治昭・モタメディ遙子編『シルクロード博物館』講談社、一九七九年、図二一八、二二〇。

44 註24宮治前掲書九二頁、図五四。

45 同前九二頁、図五五。

46 拙稿「相当年代」『ダルヴェルジンテパ DT25, 1989～1993発掘調査報告』ウズベク共和国文化省ハムザ記念芸術学研究

所・創価大学、一九九六年、一二八–一二九頁。

47 註24宮治前掲書、一二三頁、図一九。

48 註7拙稿一六四–一六五頁。

49 註24宮治前掲書、九四–九五頁、図五九。

50 註7拙稿一六四–一六五頁。註8伊藤前掲論文。

51 深井晋司・田辺勝美『ペルシア美術史』吉川弘文館、一九八三年、一二六、一二七頁、図一六。註7拙稿一六五頁、図一二。青木健『ゾロアスター教の興亡』刀水書房、二〇〇六年、二七頁。

52 註7前掲書、22AAグリッド、七七、一四二–一四八頁、資料2、二三一、二三六。20ABグリッド二二九頁、資料3、二三二、二三六。註1川崎前掲論文、四六三頁。

53 Staviskiy, *op. cit.*, 1998. 註46拙稿、一六五頁。

54 註10岩井前掲論文。

55 T・K・ムクルティチェフ／川崎建三訳「最近の調査研究による北バクトリアの仏教僧院址ファヤズテパ」『シルクロード研究』九、創価大学シルクロード研究センター、二〇一六年、一七、一九、二〇頁。註4ピダエフ前掲論文、二九四頁。

56 L. I. Al'baum, "Zhivopis' svyatilishcha Fayaztepa", *Izobrazhitnoe I prikladnoe iskusstvo*, Tashkent, Fan, 1990, p. 26; Dj. Annaev, T. Annaev, "Arkhitekturno-planirovochnaya struktura i datirovka buddiyskogo monastyrya Fayaz-tepa", in: K. Abdullaev (ed.), *Traditsii Vostoka i Zapada v antichnoy kul'ture Sredney Azii*, Tashkent, 2010, pp. 60, 61.

57 エドヴァルド・ルトヴェラゼ著／加藤九祚訳『考古学が語るシルクロード史――中央アジアの文明・国家・文化』平凡社、二〇一一年、一五八頁。

58 長澤和俊『楼蘭王国史の研究』雄山閣出版、一九九六年、九五–一六一、二九七–三四二、四四九–四八二頁。赤松明彦『楼蘭王国』中公新書、二〇〇五年。

59 ホータン出土壁掛、新疆ウイグル自治区ホータンロプ県サンプラ古墓1号墓出土、新疆ウイグル自治区博物館蔵、下記註61展示№15。

60 ニヤ出土角を持つ女神、新疆ウイグル自治区民豊県ニヤ遺跡1号墓出土、新疆ウイグル自治区博物館蔵、下記註61展示№16。

61 『世界遺産大シルクロード展』図録、東京富士美術館、二〇一三年。

62 ローラン出土毛織ヘルメス神、一九一四年A・スタインによる楼蘭LC古墓出土、インドニューデリー博物館蔵。

63 安田治樹「カラ・テペ新出の壁画―東トルキスタン遺存作例との比較から―」註3前掲書『カラ・テペ　テルメズの仏教遺跡』、一四三–一五〇頁。

64　註32山田論文。

65　A.Stein "The Ancient Buddhist Shrines of Mirani", *SERINDIA V.1.* 1921, p. 522, Chap. 13, Figs. 134-137.

66　註37『浄土三部経』一三二―一三三頁。

67　註4ピダエフ前掲書、一七、五八頁。

68　拙稿「ササーン朝ゾロアスター教の強化による大乗仏教の東漸」『シルクロード研究』八、創価大学シルクロード研究センター、二〇一四年、五頁。

69　『大正蔵』第一一巻、七五五頁下。

70　『無量寿経』梵文和訳、註37前掲書、六五―六六頁。経典の発展経緯については、同書（下）文献（無量寿経、阿弥陀経）解説二〇一、二二七頁にある。

71　『大正蔵』第一一巻、七五五頁中。

72　註37前掲書、八二頁。流伝の経緯については同書（下）文献（阿弥陀経）解説二二七頁にある。

73　註68拙稿、五頁。

74　辛嶋静志「ガンダーラからバクトリアを経て中国へ伝わった大乗仏教」註1前掲書『仏教東漸の道　インド・中央アジア篇』二六四―二六六頁。

75　辛嶋静志『正法華経詞典』創価大学国際仏教学高等研究所、一九九八年、序文。

76　Ingo Strauch, *The Bajaur collection: A new collection of Kharoṣṭhī manuscripts – A preliminary catalogue and survey –*, 2007, pp. 47-60.

77　Richard G. Salomon. "A Fragment of a Collection of Buddhist Legends, with a Reference to King Huviṣka as a Follower of the Mahāyāna" In: Braarvig 2002, pp. 255–267. 参照：岡和子「仏教飛翔の謎、解明最前線を訪ねて」『文明の道』②日本放送出版協会、二〇〇三年、一三七頁。

78　Stein, *op. cit.*, 1921, p. 522, Chap. 13.

79　『大正蔵』第九巻、一〇五頁上―一〇六頁上。

80　小泉恵英「ガンダーラの仏伝美術と転輪聖王」『ガンダーラ美術とバーミヤン遺跡展』静岡新聞社、二〇〇七年、一七頁。

81　註74、75辛嶋前掲論文。中村元「無量寿経文献」『浄土三部経』下、岩波文庫、一九九〇年、一九五頁。

82　小谷仲男「クシャン族とガンダーラ仏教」『文明の道②ヘレニズムと仏教』、日本放送出版協会、二〇〇三年、二一七頁。

図版出典

図1　ミーラン壁画　M3古城址　Stein, *op. cit.*, 1921, v.4. Painting in Tempera (M. 3, 003).

図2　カラテパ壁画　南丘B遺構　註1前掲書、口絵14。T. Mkrtychev 氏提供。

コラム ③

仏教東漸の中継地、新疆に立つ

山田勝久

中央アジアは緑豊かなオアシスが多く、そこには永い歴史と文化がある。『三国志』に「志在千里」とあるが、今まで西域を中心に二六カ国、六七回のシルクロード踏査を重ねている。

強く印象に残っているところとして、仏教西端のトルクメニスタンのメルヴ遺跡、ウズベキスタンのマゴキ・アッタリ・モスクの地下仏教寺院、大石に刻まれた菩薩図があるキルギスのイシク・アタ渓谷。新疆では、カシュガルの三仙洞、カルガリクのキバン千仏洞、ホータンのラワク仏教寺院、楼蘭のソグド人の地下墓、トムシュクのトクズサライ仏教寺院、クチャのアアイ石窟、トルファンの勝金口石窟とヤール湖千仏洞、交脚菩薩像がある北庭高昌回鶻仏寺などがある。

ガンダーラで栄えた仏教は、一世紀から二世紀にかけて、一〇七〇メートルのハイバル峠を越えてカーブルへ、そこから西北に向きを変えてヒンドゥークシュ山脈の中腹をわたり、クンドゥズからアジナ・テペに進んだ。次いで東に向かい、パミール高原の北麓の現在のイスモイル・ソモニ峰（七四九五メートル）の北側のサルイ・タシからオシュを経て新疆のカシュガルに至る。

ウズベキスタン南部からカシュガルへのルートの開通より約一五〇年後、ガンダーラからインダス川を遡り、チラス、ギルギット、フンザ、そして、標高四六九三メートルのクンジェラブ峠を経て、ヤルカンドやカシュガルに

破壊されたトルファンの
勝金口石窟の仏像

トムシュク（古代・尉頭国）の
トクズサライ仏教寺院跡

向かう勇気ある先駆者が出はじめた。

私はカシュガルからタシュクルガンへの烏弋山離道（うよくさんりどう）を何度も車で往復したが、さすがに標高四五〇〇メートルを超えるあたりから頭痛に悩まされた。ましてや二〇〇〇年前、重い荷物を担ぎ徒歩でのパミール高原越えは、想像を絶するものであったことであろう。パミール越えの道が本格的に開通したのは、訳経僧の鳩摩羅什の父、鳩摩羅炎が西北インドから亀茲国に向かう少し前、すなわち三世紀に入ってからと推測される。

ところで、ウズベキスタンからカシュガルに東漸した仏教は、まずカシュガル川の北方にモル仏塔と三仙洞を誕生させた。現在のカシュガル市の北東三〇キロ、疏勒国の王都だったハノイ故城の北数キロに、モル仏塔は二基ある。二世紀末のもので、方形の基壇の上に卵円形の塔を積み上げるなど、ガンダーラの仏塔と類似している。

三仙洞は、カシュガル市の北一〇キロの恰克瑪克河（チャクマック）の河畔の断崖に穿たれた石窟である。二世紀末のこうした造営型式は東南に伝わり、西域南道のカルガリク（葉城）から西南へ約八〇キロ、キバン（棋盤）村のさらに西一二キロ、キバン千仏洞に受け継がれている。現在、キバン千仏洞で見ることのできる窟は十窟、奥行きは約七メートル、幅は約四メートル、高さの平均は約五メートルであった。破損がひどく、顔料の一部は確認できたものの、壁画の内容は分からない。一窟に一体の仏像が安置してあったことが台座から分かる。

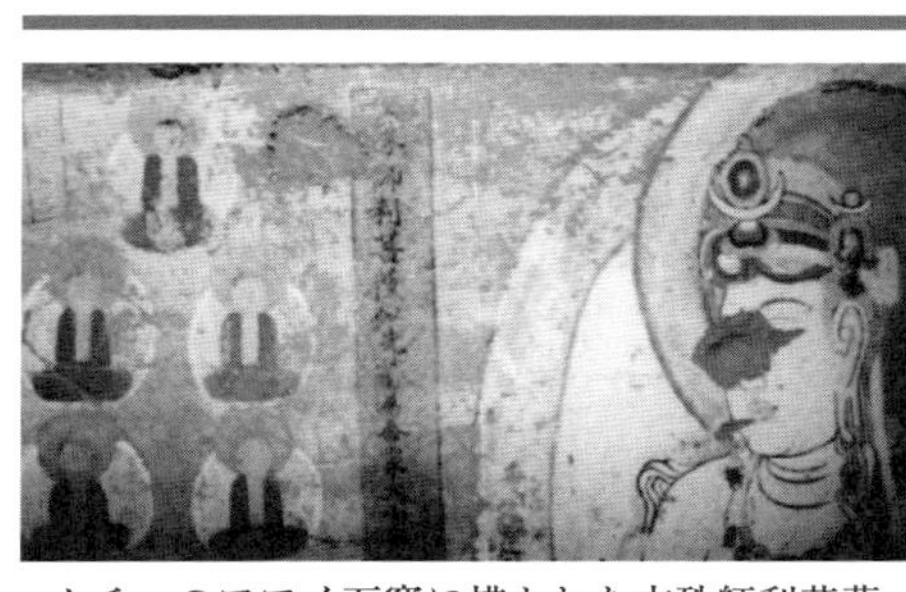
クチャのアアイ石窟に描かれた文殊師利菩薩

南新疆の葉城県にあるキバン千仏洞

一〇〇〇年にわたって流れ落ちるタクラマカンの流沙の下には、まだ十数窟あることが推測される。

キバン千仏洞を案内してくれた地元の文物局長は、「このキバン村の西、ラクダで三日ほど進むと渓谷があり、その断崖から過日、石窟が発見されました。仏像や壁画は美しくまだそのまま残っていますので、一緒に調査隊を編成し研究しませんか」と。私は定年間際だったこともあり、魅力的な提案であったが丁重に断った。楼蘭郊外八キロの地点から、多くの交脚菩薩が壁画に散見できる埋没した仏教寺院が発見されるなど、新疆にはまだまだ重要な遺跡が多く眠っている。

クチャのアアイ石窟は、クズリア大峡谷の標高一三八〇メートル、地表から約二八メートルの断崖にあった。第一発見者はウィグル族の二人の青年である。一九九九年五月、薬草を採取するため峡谷の入り口から一四〇〇メートルほど入った左側、断崖の中腹に洞穴があるのに気付いた。崖上から身体にロープを巻き付け、窟内を覗いたところ、絢爛たる仏教壁画で埋め尽くされていたという。

七世紀末に開鑿されたアアイ石窟は、大乗仏教の世界で彩られていた。仏の衣に宇宙を表現し、壁面には仏や菩薩が描かれ、それぞれに縦書きの墨書の題記も付けられている。その書法や風格、ラピスラズリをふんだんに使った法界諸法の特殊な図像は、五世紀から八世紀に西域や漢土で流行した画法である。

アアイ石窟内の正壁には、中央に結跏趺坐した仏を蓮華台座上に描き、周りに二十余人の光明を放つ菩薩を、さらに飛天の近辺には、琵琶・箏・鼓などの楽器を配置している。

左壁には薬師如来と文殊師利菩薩と盧遮那仏が描かれ、ここにも漢文題記が大きく書かれている。とくに盧遮那仏の左肩には鐘、右肩には鼓を描き、胸部にも一仏四菩薩を描いているが、これは梵網経の一場面を絵画化したものである。

また、文殊師利菩薩はきらびやかな宝冠を身につけ、耳にも美しい耳朶環をつけるなど極彩美にあふれ、臂釧や腕釧は精妙で豪華を極めている。頭頂に戴いた宝冠に三日月形の宝玉をもって飾る様式は、トルファン（吐魯番）の吐峪溝石窟から出土した、唐代の絹画の菩薩像の頭部にも見られる。この、文殊師利菩薩の題記には「文殊師利菩薩似光蘭為合家大小敬造」とあり、純真な信心を続ける一族が共同で石窟を造営したことが分かる。

天山南路すなわち西域北道のオアシスでは、その出土経典の分類調査から、法華経が広く信奉され、崇重されていることはすでに知られている。とくに、南北朝から隋・唐にかけて盛行し、近年、トルファンのベゼクリク千仏洞の陶瓶の中から、五五九年書写の鳩摩羅什訳の法華経普門品が出土し、長安で四〇六年に漢訳されたものであることから、仏法西還の先駆けとして注目を集めている。

クチャの北方を守るアゲ故城

それにしても、クチャのキジル、クムトラ、クズルガハ、シムシムなどの仏教石窟は、河川の近くや郊外の風光明媚なところに造営されている。どうしてアアイ石窟のみ深山幽谷にあるのかを調べてみると、天山山脈を越えて侵入してくる遊牧民族を撃破するため、唐と亀茲の混成軍が防備に当たっていたアゲ故城と深い関係のあることが分かった。駐留軍は城郭の規模からいって、数千人にのぼっている。長安の都を遠く離れ辺境の防備にあたっていた兵士たちの礼拝所、それ

ホータン（古代・于闐国）のラワク遺跡の仏塔

がアアイ石窟であった。

残念なことは、イスラムの破壊から免れたアアイ石窟も、近年、地元の農民が仏像を田畑まで運び出し、砕いて肥料にしてしまったことである。仏や菩薩や千仏を描いた壁画群のみが、天山山脈の奥深き峡谷に悄然として今も残っている。

私は二〇一七年、ホータン市北方六三キロ、白玉河の東、洛浦県吉亜郷北西の流沙の中のラワク（熱瓦克）仏教寺院を調査した。ガンダーラ式の仏塔は三世紀前後に建造され、九世紀まで存在していたことが分かった。西域南道は、今は莎車、葉城、和田、于田、民豊、且末、若羌、米蘭へと続いているが、古代のシルクロードはそれよりも約六五キロ北のタクラマカン砂漠の中にあった。ホータン地区の大小一四の仏教遺跡は、みな砂漠化によって八世紀から九世紀にかけて放棄され、町は南方の崑崙北麓に移り今日に至っている。

一九〇一年四月、イギリスの探検家スタインがラワク仏教寺院を発掘した。巨大な釈迦像、仏弟子像や、さらに色鮮やかな千手千眼観音像、泥塑の飛天が出土、九層の仏塔は地下に一層、地上に二層残っており、四層より上は倒壊し土に還っている。

一八九二年、ホータンのヨートカン遺跡の南南西六六キロの仏教石窟から、一世紀から二世紀に書写されたカローシュティー文字による法句経が発見された。現存する世界最古の写本仏典と考えられている。

于闐国の住民は大乗仏教を信仰し、七世紀には伽藍は百余カ所、僧徒は五千人余、伏闍信と称する王は、深く仏の教えを信じ、自らを毘沙門天の後裔であると信じていた。この大乗仏教の王国も一〇〇九年、カラハン王朝によって滅ぼされた。その時の悲惨なようすは『突厥語大詞典』に詳述されている。

楼蘭の地下墓のソグド人の酒宴図

ホータン仏教はその後、東伝してニヤを経て、有翼天使像の壁画で有名な米蘭へと伝わる。三世紀後半から造営された米蘭の仏塔群も、方形基壇の上に卵形の塔を乗せていた。私は六基の塔の中に入ったが、仏像も壁画もすべて破壊されて何も残っていなかった。

楼蘭遺跡は、二〇〇三年、二〇〇四年、二〇〇六年と三回にわたって踏査、高さ約一二メートルの仏舎利塔や、ソグド人の地下墓室を調査した。墓室の中心柱に大きく法輪が描かれており、ソグド人が楼蘭に住むうちに次第に仏教に改宗したようすが推察される。

なお、出土古文書に記された書写年代によって、王国が繁栄したのは一世紀から四世紀中頃であることが分かる。四九二年、丁零（高車）の攻撃を受け、住民はことごとく離散、以後、楼蘭は幻の王国として、ただその名を残すのみとなってしまった。

新疆の仏教は、五世紀前後まではクチャ、楼蘭、米蘭をつなぐ一本の線の西側はガンダーラ仏教が、北庭からトルファンにかけての縦軸から東は、中国仏教の影響が強く出ていることが分かる。また、仏教東漸のコースの主流は、漢・魏・晋は西域南道、六朝・隋・唐は西域北道であったと推察される。

ともあれ新疆では民族興亡の変転にかかわらず、約一〇〇〇年にわたって仏教が信奉され、異民族が雑居しつつも共に仏道修行に精励し、塞外の江南、流沙の彼方の桃源郷を築いたのである。今はイスラム世界に組み込まれているが、将来、仏法が西還して再び人間讃歌の歴史舞台となり、仏教芸術の花を咲かせる日が来るかもしれない。

（本文中の写真は、すべて筆者撮影）

第IV部　中国篇

莫高窟第二四九窟天井壁画に見られるペルシア風要素に関する論考

張　元林
東家友子　訳

はじめに

莫高窟二四九窟は代表的な初期石窟の一つで、北魏孝昌元年～西魏大統十一年（五二五-五四五）に開かれたと考えられている。当時、敦煌を統治していたのは、北魏王朝の氏族である東陽王元栄であった。第二四九窟は、平面が正方形で伏斗形の天井を具え、正壁の大龕には倚坐像が配置されている。天井と壁面に描かれた壁画のテーマや内容は、長年、学術界の一大関心テーマとして注目を集めてきた。個別の問題については様々な意見があるものの、壁画のテーマや内容に対する見解は、二つに大別することができよう。即ち、中国の伝統的な道教の不滅の思想と仏教の思想が結合したという考え方と、中国の伝統的な神話に登場する神々が、仏教思想に吸収され、仏教上の神々として現れたのであり、仏教のテーマと捉えるものである。(1) これらに対して筆者は、従来注目されなかった天井のいくつかの描画に着目し、比較分析することで、これらの描画には、西アジアとペルシアの芸術との関連性を見出すことができると考える。本稿は、天井壁画とペルシア文化の関係について、これまでの研究を踏まえ、新たな知見を交えて総合的に考察したものである。

一　天井東斜面の「摩尼宝珠を守護する翼神像」について

第二四九窟天井東斜面の上部中央には、大ぶりの摩尼宝珠が大きな蓮の円盤から伸びている。宝珠は縦長の長方形の六面柱の形をなし、その上下左右には蓮華が描かれ、それぞれの脇には宝珠を守る飛天が描かれている。大きな蓮の台座の下部両側には、翼を持った恐ろしい顔の人物が描かれている（図1）。従来、この画面には明確な名称がなかったが、力士、神、精霊が蓮華の上の摩尼宝珠を「持ち上げている」様子を描いたものと考えられている。また、翼の生えた二体の人物像は、これまで「力士」または「天人」と呼ばれ、摩尼宝珠を持ち上げているとされてきた。しかし注意深く観察した結果、筆者は、二体の人物と蓮華摩尼宝珠との関係を再解釈する必要があり、描画についてその名称を新たに定める必要があると考える。

第二四九窟天井東斜面の、翼のある二体の人物像について、詳しく検討したい。第一に、当窟に描かれている他の獣像は、獣の顔と爪、人間の体、火焔状の翼を肩上に具えているのに対し、この二体の像は、人間の顔の特徴と手足を有する点で、他の獣像とは異なる。とりわけ、肩の翼は炎の形ではなく、完整した翼の形をしている。また、体全体のプロポーションからすると、翼が意図的に誇張されているようである。次に、両手と蓮華との距離をよく観察してみると、両者の間には「持ち上げる」と「持ち上げられる」という関係がないことが分かる。右側の人物は、右腕を前に伸ばし、右掌を広げている。しかし、手のひらは上を向いておらず、ほぼ前を向いており、通常の「持ち上げる」際の向きとは異なる。さらに右掌は、上方にある黒い蓮弁の先端の前面に描かれ、その真下ではなく、下方前面にあることを示している。この人物はまた、左腕を上げ、左手のひらを縦に上げ、五本の指を自然に曲げている。黒ずんだ人差し指

図１　第249窟天井東斜面壁画

図３ 莫高窟第285窟天井東斜面

図８　第249窟天井西斜面の天宮に見られる凸型胸壁

図９　凸型胸壁が彫り込まれている境界石
(C) Musée du Louvre, Dist. GrandPalaisRmn / Philippe Fuzeau / distributed by AMF

図12　アッシリアの鍍金された銀杯
（MIHO MUSEUM 収蔵）

と中指の先端が、上の黒い蓮弁の先端とわずかに重なっているが、その動作は明らかに力を入れて「持ち上げる」のではなく、「トンボが水面に触れる」のに似た動作である。さらに左手の親指はその上にある緑の蓮弁の先端の前面に描かれており、左手が二枚の蓮弁の真下ではなく、その下方前面にあることを示している。以上より、右側の人物は蓮華摩尼珠の真下ではなく、少し手前に位置しており、手には蓮華摩尼宝珠を持っていないことが判断できる。続いて左側の人物に着目すると、その両腕は前方上方に上がっているのが分かる。右腕は軽く曲げられ、右手の掌は上向きの状態で、人差し指は上を指し、他の四本の指は自然に曲がっており、上方の黒い蓮弁の先端より手前に描かれている。左腕は真っ直ぐに伸び、左手の位置が蓮華盤の高さを超えている。左手の手のひらは上を向き、指は自然に曲がり、左手首はその前にある黒い蓮弁で部分的に隠れている。明らかに、左側の天人も摩尼宝珠の真下ではなく、その少し前にいるのであって、両手で摩尼宝珠を支えているわけではない。いわゆる「持ち上げ」の外観は、実際には描画の誤解だといえる。勿論、この誤読は主に壁画の変色によるものである。これら二体の人物も、上空を飛ぶ飛天と同様、摩尼宝珠を守る役割を果たしていると考えられることから、この天井東斜面壁画の名称は、「摩尼宝珠を守護する翼神像」（図２）とするのが妥当であろう。

西魏の大統五年（五三九）に開かれた第二八五窟の上部には、第二四九窟と同様に、蓮と摩尼宝珠が描かれている。図３に示されたように、中央には、伏斗式天井東斜面の頂上に達する大ぶりの蓮華摩尼宝珠がある。宝珠は縦長の直方体の形をしており、複雑なスイカズラの葉で囲まれている。摩尼宝珠は第二四九窟のように蓮の円盤からではなく、花托から突き出ている。蓮華摩尼宝珠正面の下方に、長い

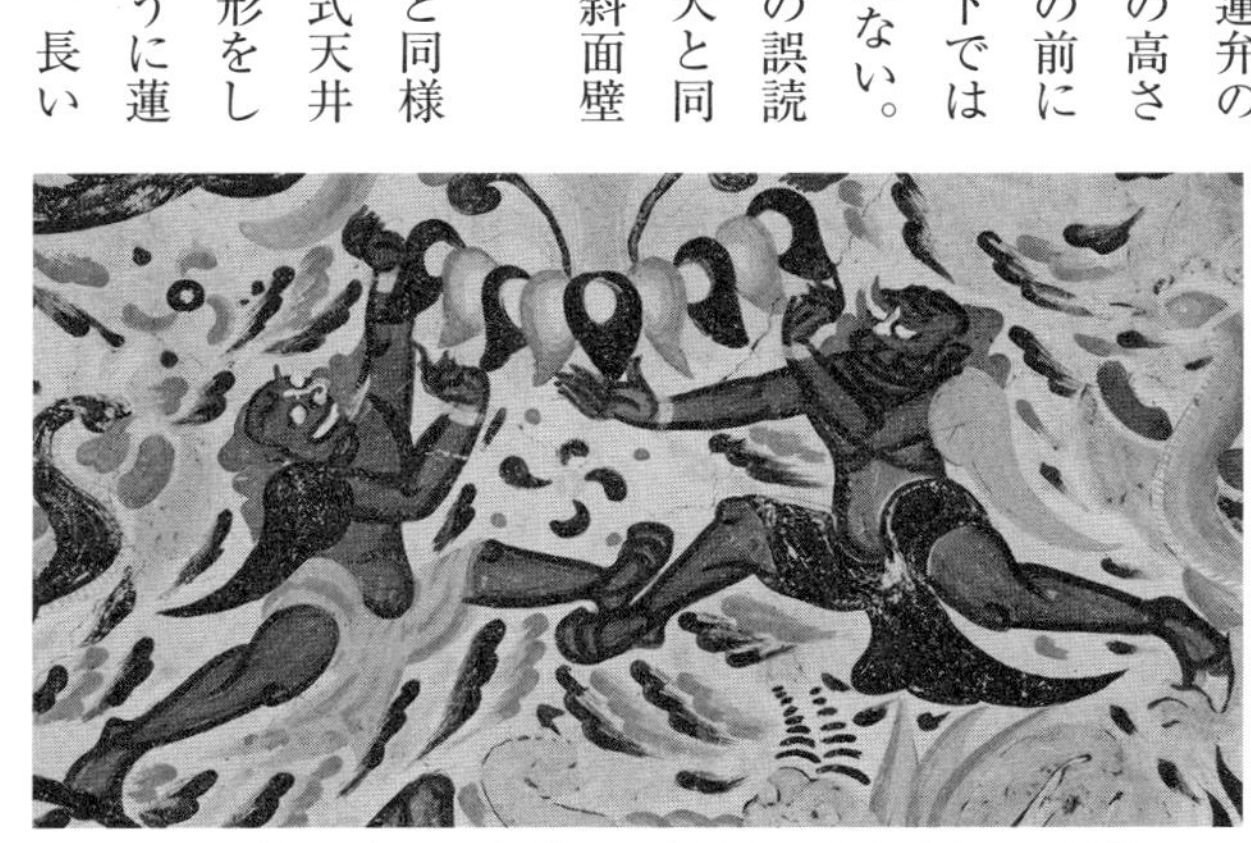

図２　第249窟天井東斜面の摩尼宝珠を守護する翼神像

蓮茎からスイカズラの葉が生い茂り、蓮華摩尼宝珠を扇形に取り囲んでいる。この蓮茎の左右には、頭光を頂く屈強な身体の人物が足を開いて立っている。右側の一体は、手を上下に絡めて蓮茎を握り、左側の一体は、右腕を胸前で曲げ、左腕を伸ばして手に蓮茎を持つ（図3）。これらの画像と、西アジアや中央アジアに見られる類似の像を比較すると、第二四九窟の天井東斜面に描かれた「摩尼宝珠を守護する翼神像」の像が表現する主題は確かに仏教ではあるが、モチーフの起源は仏教ではなく、古代エジプト、古代バビロン、西アジアから中央アジアに至るまでの「神木の上の太陽を守る神々」の影響を受けている可能性が高い、ということが分かる。古代エジプトの神話では、世界に光をもたらす太陽神が蓮から生まれたとされていた。古代西アジア、古代エジプト、中央アジアにおける太陽神信仰を反映した作品には、第二四九窟の東斜面の像と構図や表現がよく似た場面が見られる。

ここで、第二八五窟東斜面に描かれている頭光を頂く二体の人物像について考察する。まず、前述の第二四九天井東斜面に見られる二天人のような翼は生えていないが、頭光を頂く。周知の通り、頭光は天部の特徴の一つである。したがって、二体の人物像も神か天人であるといえよう。また前述の通り、この二体の天人は蓮華摩尼宝珠の真下に位置するのではなく、蓮華摩尼珠の前面下方にある蓮茎の左右に、手で支えるように立っている。蓮茎の両側に立ち手で蓮茎を持っている点や、その力強い体と両足の姿勢から判断すると、第二八五窟東斜面の二体の天人も、第二四九窟の東天井東斜面の二体と同様に、摩尼宝珠を守るという重役を担っているものと思われる（図4）。

さて、この二つの「摩尼宝珠の守護神」の図像には、どのような宗教的な意味合いがあるのだろうか。摩尼がサンスクリット語の Mani であることは周知の通りであり、摩尼宝珠は様々な仏教経典に記されているが、中でも摩尼宝珠が持つ「光明を増幅する」「一切を照らす」という点を強調するものが多い。前述した二つの石窟の天井東斜面に描かれた摩尼宝珠像の独特の構図も、それらが「光明の増幅」を強調しながらも、太陽崇拝を暗示しているものと思われる。中国撰述の経典で、すでに失われたとされる『須弥四域経』によると、伏羲と女媧は、阿弥陀如来が人間界に遣わした阿弥陀仏の二脇侍である宝応声菩薩と宝吉祥菩薩であり、太陽と月を創造し、光をもたらした。「阿弥陀仏」を意訳すると「無量光」、「無量義」となる。阿弥陀信仰はペルシアでゾロアスター教が普及していた中央アジアで生まれたという学説もあり、それに基づけば、第二八五窟の伏羲と女媧が守る摩尼宝珠の光明は阿弥陀の光明である、といえる。第二八五窟の天井東斜面に「摩尼宝珠を守護する頭光を頂く神像」が描かれ、同時に伏羲と女媧の像が描かれているのは、仏教文化と中国文化における、光明・太陽信仰の見事な融合であるともいえよう。即ち、仏教の光明と共に、伝統的な中国神話における太陽信仰及びその方位をも表す意図が窺える。上記二窟の天井東斜面壁画の独特の構図も、それらが「光明の増幅」を強調しながらも、太陽崇拝を暗示しているのではないだろうか。

注目すべき点は、上記二窟の天井東斜面に描かれた「摩尼宝珠の守護神」の図柄が、古代西アジアやエジプトの彫刻にも見られる同様のテーマを持っている点である。例えば、現在シリア国立博物館に所蔵されている前九～前八世紀の古代エジプト風の象牙彫刻パネルには、太陽神オシリスの誕生を祝う場面が描かれている。太陽神オシリスは背の高い蓮の上に座り、両側には巨大な翼を具える神が守護している（図5）。また、本尊は両手に蓮の花を持っている。大英博物館が所蔵するアッシリア時代のレリーフにも、同じテーマが描かれている。画面中央には翼の生えた円盤状の太陽神があり、その下には背の高い神木（生命の樹）が立っている。神木の両側に描かれているのは二体の同一人物であり、内側にはアッシリアの王、外側には翼を具えた守護神が描かれている（図6）。

図4　第285窟天井東斜面の摩尼宝珠の守護神

興味深いことに、この伝統的なイメージが、現在ウズベキスタンのサマルカンド文化芸術博物館に収蔵されているソグド人の納骨器にも見られ、その影響力の大きさを物語っている。納骨器は六～七世紀に作られたもので、三角形の蓋のレリーフには、日冠と月冠をかぶった二人の女神が向かい合って立つ姿が描かれている。二人の女神は片手に蓮の枝を持ち、もう片手を頭上に高く挙げている。頭上にはスイカズラの葉で作った半円形の台座があり、台座の上には三日月があり、その上には円形の太陽がある。太陽と月を守り支える二人の女神が、この作品のテーマだ（図7）。この作品は、死後に魂が浄土に生まれ変わるというペルシア・ゾロアスター教の古代信仰、さらにその図像の伝統がペルシア文化圏内のソグド人に大きな影響を及ぼしたことを示している。

図7　ソグド人納骨器の蓋（サマルカンド文化芸術博物館収蔵）〈全体は図19〉

図5　蓮華上の太陽神を守護する翼神

図6　生命の樹の上の太陽神を守護する翼神

二　天井西斜面に描かれた天空の城の壁に見られる凸型胸壁のイメージについて

第二四九窟の天井西斜面に描かれた、須弥山の頂上にある忉利天の「凸型」胸壁は、この窟とペルシア文化要素との関係を反映するもう一つのイメージ例である。太陽と月を掲げた四目四腕の人物と、重なり合う山々、そしてその上に凸状の胸壁を具えた高い城壁の建物が、壁画全体の中心に描かれている。忉利天の宮殿は正面だけが示されている。中央には城門があり、門の扉は半開きである。屋根は中国風の入母屋造りである。古代中国の城壁建築の胸壁は四角形や鋸歯状が多く、凸形は珍しいが、第二四九窟のように上下に三段階の高さをなして続く凸形の胸壁はさらに珍しい。また、城は下方から仰ぎ見るような視点で描かれており、正面の高い壁の先は見ることができない。凸型胸壁は壁全体の高さに比べて高く、ややアンバランスであるが、これは恐らく画工が意識的に胸壁を強調したのであろう。胸壁の間にはほとんど隙間がなく、非常に密集しているように見える。凸型胸壁を強調するこの描写法は、西アジアの初期の神廟や宮殿などの前述の「神聖な」建物や、後のササン朝時代の王冠の縁飾りにも広く用いられた。天井西斜面上方に描かれた忉利天宮殿が凸型胸壁を有することの宗教的意義については、様々な意見があるものの、城壁の建築は人間界ではなく「天上界」を表したもの（図8）であるという点では、基本的に見解が一致している。

一、西アジア地域の神廟及び宮殿建築に見られる凸型胸壁：「神聖さ」の象徴として

初期の西アジア美術において、「神聖な」建物を表現する際の共通の図像的特徴が、建物の上部に現れる密集した「三段式連続」の凸型胸壁であることは、すでに研究の成果として認められている。この現象はバビロニア帝国とペルシア帝国では一般的であった。ササン朝時代（二二六～六五一）になると、凸型胸壁は、「王権神授」の正当性と「神聖

さ」を象徴するために、王や王子の王冠の装飾デザインとしても定着するようになる。これらの事実に鑑みれば、莫高窟二四九窟の壁画に関しても、上述の通り密に配置された凸型胸壁の持つ特別な意味に対し、十分な注意が払われるべきであろう。西アジア初期の寺院建築や宮殿建築において「神聖さ」を表現した例としては、現在ルーヴル美術館に収蔵されているカッシート朝時代（前十六～前十二世紀）の前十二世紀頃に作られた筒形の境界石を挙げることができる。境界石には蛇のような神々とその宮殿のレリーフがほどこされている。境界石の肩に相当する、中央やや上部に宮殿の屋根が描かれているが、そこには三段式凸型胸壁が刻まれている。加えて、宮殿の高い柱の頭にも同様に三段式凸型胸壁が刻まれているのが分かる。この凸型胸壁の意図的な表現は、明らかに蛇のような神の住居の「神聖さ」と「不可侵性」を示すためであると思われる（図9）。

また、第二四九窟の天宮城壁のように、城壁を装飾する馬面や胸壁を強調する方法は、アッシリア時代のイラクに建てられたニネヴェ宮殿の高い北門（冥界の門―注）の建築方法に類似する。創建時より残る城壁門両側の馬面と凸型胸壁から判断すると、両者が全体の構造だけでなく、凸型胸壁も類似していることが分かる（図10）。アッシュルバニパル王（在位前六六八～前六二七）の時代に作られたニネヴェ宮

図10　現在のイラク・ニネヴェ宮殿北門（ネルガル門）

殿北門のレリーフには、国王の祭りと狩猟旅行を表しているが、そこにも三段式胸壁を確認できる。レリーフ最上部に、高く聳える四角い記念碑的な建物があり、建物の正面にはドーム状の扉が彫られている。扉には、アッシュルバニパル王が馬車の上に立ち、弓矢を引き、後ろから突進してくるライオンを射る場面を表している。ファサード中央上部には、三段式凸型胸壁が並んでいる（図11）。この凸型胸壁の列が目立っており、下方の王のライオン狩りシーンと相まって、この記念碑的な建物の「神聖さ」を強調しているものと思われる。

「神聖さ」を表現しながら凸型胸壁の連なりを装飾帯として使用するこの手法は、アッシリア時代の建築以外の芸術作品にも見られる。MIHO MUSEUMコレクションの中に、アッシュルバニパル王が使用したとされる鍍金された銀杯（前七世紀作）がある。銀杯の口縁には二段式凸型胸壁が見られる（図12）。[2]それは一種の装飾であると同時に、銀杯の持ち主たるアッシュルバニパルの、王としての「神聖さ」を示すものである。

アケメネス朝ペルシア時代（前五五〇～前三三〇）に入ると、三段式凸型胸壁のデザインは、宮殿の建設において最も重要な建築要素及びシンボルの一つとなった。アケメネス朝の神殿建築や宮殿建築も、その「神聖さ」を強調するために、古代バビロニアやアッシリア時代に一般的であった三段式凸型胸壁を多数使用した。アケメネス朝の首都スーサ

図11　イラク・ニネヴェ宮殿から出土したアッシリア時代のレリーフ

にある宮殿のレンガ造りの外壁に見られる三段式凸型胸壁デザイン（図13）や、もう一つの首都であるペルセポリス遺跡の階段側面の壁に見られる多数の三段式凸型胸壁（図14）から、胸壁そのものが、実際の軍事防衛施設から「神聖さ」の代表的なシンボルへと変貌したことが、明らかに看取できる。

凸型胸壁を用いて「神聖さ」を強調するアケメネス朝の手法は、建築にとどまらず、イスタンブールの考古学博物館が所蔵する三枚の黄金の装飾品のデザインにも応用されている。装飾品には、王冠をかぶり、ライオンの身体、人の顔、翼を備えた一対のスフィンクスと、太陽の円盤を守るスフィンクスのデザインがほどこされている。それぞれの装飾品の上端は、凸型胸壁で縁取られている。驚くことに、この凸型胸壁は通常の三段式構造ではなく、四段式の凸型胸壁デザインである（図15）。[3]

図13　イラン・ササン朝の宮殿外壁に見られる凸型胸壁装飾のデザイン

図14　イラン・ペルセポリス宮殿の凸型胸壁

図15　凸型胸壁のほどこされた黄金アクセサリー片
（アケメネス朝時代　イスタンブール考古学博物館収蔵）

二、ササン朝王冠に見られる「王権神授」の象徴としての凸型胸壁

ササン朝の寺院や宮殿の建物では、「神聖さ」の代表として凸型胸壁が引き続き流行し、さらに「王権」と「神権」の組み合わせの象徴となった。イランのターク・イ・ブスタン石窟の中で最大のレリーフには、ホスロー二世（在位五九一〜六二八）の戴冠式の場面が刻まれている。石窟外側の高い壁の両側には花輪を持った天使の彫刻があり、その上に刻まれた三段式凸型胸壁が「王権神授」を示唆している。ササン朝時代に入ると、凸型胸壁模様が王冠の特別な模様となり、「王権神授」の象徴的なシンボルとなっていった。当時のレリーフ、コイン、金銀製品に描かれた国王像を見ると、ササン朝創始者であるアルダシール一世（在位二二四〜二四一）以降、歴代の王の冠には、ほとんどの場合、凸型胸壁デザインがほどこされていたことが分かる。(4) 一般に、この種の凸型胸壁で装飾された王冠を「胸壁冠」と呼ぶ。イランのナクシェ・ロスタムにあるペルシア人の墓のレリーフには、胸壁冠をかぶったササン朝の皇帝の像が数多く見られる。例えば、シャープール一世（在位二四一〜二七二）がローマ皇帝ウァレリアヌスを倒す様子を描いたレリーフでは、馬に乗り、ローマ皇帝の降伏を受け入れたシャープール一世が胸壁冠を頂く（図16）。(5) しかし、二四〇年に王位継承する以前の摂政時代には、父アルダシール一世の鳥冠を使用し、即位後に胸壁冠を使用したとされている。シャープール一世が、胸壁冠こそ「王権神授」を表現するのにふさわしいと考えていたことが分かる。当時のコインには、レリーフに加えて、胸壁冠を頂くササン朝の皇帝の頭像が頻繁に描かれていた。例えば、アルダシール一世がゾロアスター教の善神アフラ・マズダより王権を授与される式典を記念して作られた銀貨には、正面に胸壁冠を頂く王の顔が描かれており、その周りに刻まれた文字は、「マズダの崇拝者、イランの諸王の王、天より降臨したる神聖なアルダシール」を意味する（図17）。銀貨の裏には火の祭壇があり、「アルダシールの火」と刻まれている。(6) マズダ、即ちアフラ・マズダはゾロアスター教で信仰されている最高神である。表面の碑文にある「天より降臨したる神聖な」という言葉は、アルダシールが「イランの王の中の王」として、「啓示」と「神授」により権威を継承した者であり、「挑戦不

可能」であることを示している。王冠の凸型胸壁模様は、このメッセージを視覚的に表現している。「王権神授」を表現するコインの銘文と凸型胸壁王冠の組み合わせは、ササン朝時代のコインのほぼ固定的なパターンといえよう。もう一つの例は、シャープール二世（在位三〇九～三七九）の時代のコインで、表側には球形の頭飾と凸型胸壁王冠をかぶった王の顔が、裏側には火の祭壇と二人の祭司が描かれている。コインの表側の銘文も「マズダ崇拝者、主シャープール、イランの諸王の王、神の子孫」とあり、これは「マズダの崇拝者、イランの諸王の王、天から降臨した聖なるシャープール」を意味する(7)。発見されたペルシアのコインから判断すると、ササン朝のほぼすべての王は、凸型胸壁王冠を頂く。むろん、ササン朝の胸壁王冠の装飾は胸壁のみではなく、他の装飾と組み合わせられていた。中でも一つある いは二つの球体頭飾と胸壁王冠の組み合わせが一般的であった。上述のシャープール二世の銀貨に加えて、球体頭飾と胸壁王冠を有する王の最も典型的な例の一つが、現在米国のメトロポリタン美術館に所蔵されているササン朝時代の王の胸像（何代目かは不明、図18）である。ササン朝最後の皇帝であるヤズデギルド三世（在位六三二～六五一）も、翼と胸壁王冠で飾られている(8)。

以上より、莫高窟第二四九窟天井西斜面に描かれた宮殿の城壁に見られる凸型胸壁は、西アジア地域の神殿や宮殿を完全に模倣したものであり、宮殿建築上特殊な三段式凸型胸壁構造及びそのイメージの源流は、西アジア・ペルシア地域にあると考えられる。また、この種の凸型胸壁は、様式化された表現形式を持つものではないが、西アジアにおい

図16　ナクシェ・ロスタムの摩崖浮彫。シャープールⅠ世像

図17　アルダシールⅠ世銀貨

図24　ササン朝時代の銀盤に見られる狩猟図

図18　ササン朝ペルシア王の胸像（メトロポリタン美術館収蔵）

図19　ソクド人納骨器　（サマルカンド文化芸術博物館収蔵）
a Terracotta assuarri from Mullakurgan (item n A-436)
© The Samarkand State Museum-Reserve

図20　第249窟天井北斜面の狩猟風景画面

図22-1　イラン　ターク・イ・ブスタンのレリーフ　王族の狩猟風景（康馬泰　撮影）

て、宮殿建築が「神聖さ」を表現する、という神学的な意味合いを継承している。

三、ソグド人の納骨器に見られる凸型胸壁

考古学的見地からみると、凸型胸壁を用いて「神の世界」を体現する西アジア地域の「神聖さ」の概念は、ペルシア文化が深く浸透した中央アジア・ソグド地域にも影響を与えた。この影響の痕跡は、現在ウズベキスタンのサマルカンド文化芸術博物館に所蔵されているソグド人の納骨器にも見られる。納骨器は六~七世紀に作られたもので、三角形の蓋と四角い骨壺本体の二つの部分に分かれている。蓋に彫られたレリーフには、太陽と月の冠を頭に被り、蓮の枝を手に持った二人の女神が、太陽と月を守護する様子が表現されている。その下の四角い壺のレリーフの中央はゾロアスター教の聖なる火の祭壇であり、火の祭壇の両側にはそれぞれ仮面を被る神官と道具を手にする神官が描かれている。納骨器の縁には、凸型胸壁模様があしらわれている（図19）。同じ例は、タジキスタンのパンジケントにあるソグド人の遺跡（七~八世紀）より出土した納骨器（ロシア・エルミタージュ美術館所蔵）にも見られる。ゾロアスター教を信仰するソグド人にとって、死後に極楽浄土に生まれ変わることが最高の目的地である。納骨器に刻まれた「神の世界」の「神聖さ」を表すこの凸型胸壁の役割は、単なる装飾ではなく、「神の世界」を象徴していると考えたのではないだろうか。あるいは、死者の魂ができるだけ早く清らかな天国に生まれ変われるように助けることもできると考えたのだろうか。

以上に述べた通り、第二四九窟の天井壁面にある凸型胸壁は、通常の様式化された表現ではなく、天上の宮殿建築に体現された天上の世界の「神聖さ」を反映するために意図的に選択されたものであると筆者は考える。このイメージの源流は紛れもなく西アジア地域にあり、西アジア文化における、神々の世界の「神聖さ」と人間界の王への「王権神授」の象徴的なシンボルとしての凸型胸壁の意義を直接反映しているといえよう。如前所述、簫默は、第二四九窟の天

上宮殿にある馬の顔と同様のものが古代西アジアの建築に見られる点に着目し、両者の間に交流があった可能性を指摘した。本稿はさらに、天井西斜面に描かれた馬面と凸型胸壁を持つ天上宮殿建築は、形状のみならずその意義からも、西アジア地域と直接的な関係があり、西アジアから直接敦煌へ伝播したであろうとみる。

三　天井北斜面の狩猟情景について

第二四九窟の天井北斜面には狩猟の場面を描いた大きな絵がある（図20）。これまで学界ではこの狩猟場面を、主に中国の漢・晋時代の墓壁画や、文学作品に描かれた皇帝及び貴族の狩猟場面と結び付けてきた。その中に、この狩猟場面を先秦及び漢王朝の中国文学作品の中で描かれた、中国の御苑での皇帝の狩猟場面との関連を指摘した卜蘇珊（Susan Bush）の研究がある。卜は、天上界における中心的存在の栄光を、当時の人間の皇帝の栄光になぞらえて具体的に表現したものと論じた。(9) また、壁画中央の弓矢を持った騎手が身を翻して矢を虎に射撃する場面と、西アジア・ペルシア芸術の中でも典型ともいえる騎手が反り身でライオンを射撃する「パルティアンショット」との関連性についてはすでに注目されている。しかし、騎手がイノシシやシカを刺している場面に関する指摘は見られない。筆者は、この場面がペルシア文化要素とのつながりを明確に伝えていると考える（図21）。

図21　槍を手にイノシシを仕留める狩人 第249窟天井北斜面

実際、西アジア・ペルシアの文化では、王族がライオンやイノシシ、その他の猛獣を狩る場面を丹念かつ緻密に描くことによって、王族の「無敵の力」と民衆の保護者としての存在を示し、王室の統治力と神聖性を高めるという、一種の公式プロパガンダ手法が用いられてきた。中でも、イランのターク・イ・ブスタン石彫刻の最大のアーチ型石窟のササン朝王家の狩猟の壮大なレリーフは、その代表的な作品といえる（図22-1、22-2）。このレリーフが他の狩猟場面と異なる点は、狩猟の対象となるのがライオンではなくイノシシやシカであることだ。絵の中の王や貴族たちは船首に立っているか、象の背中に乗って弓矢を引き、イノシシやシカの群れを狩っている。(10) 田辺勝美は、王室の狩猟画を分析し、この狩猟画はイノシシ狩りとシカ狩りの二つの主要な場面に分けられると結論付けた。事実、この場面はゾロアスター教の二つの重要な祭りである春のファヴァルディン祭と秋のミトラ祭を象徴している。どちらの祭りも豊穣と子孫繁栄に関わるものである。イノシシやシカは農民や牧畜民にとって、農作物や野菜を破壊し、家畜を殺す敵であると考えられていたようだ。ササン朝の皇帝がこれらの動物を狩る場面を描くことで、諸王の王であるササン朝の皇帝はすべての民族の保護者であり、「選ばれた」人々の代表という概念が浸透した。王は民衆に代わってこの儀式化された狩猟を行ったのである。(11)

第二四九窟と同様の場面は、ベルリンのペルガモン博物館にあるササン朝時代の銀盤にも見ることができる。鉄盤の画面には、太陽と月の頭飾りに胸壁王冠をかぶったペルシア王が馬に乗り、右手に槍を持ち、目の前の

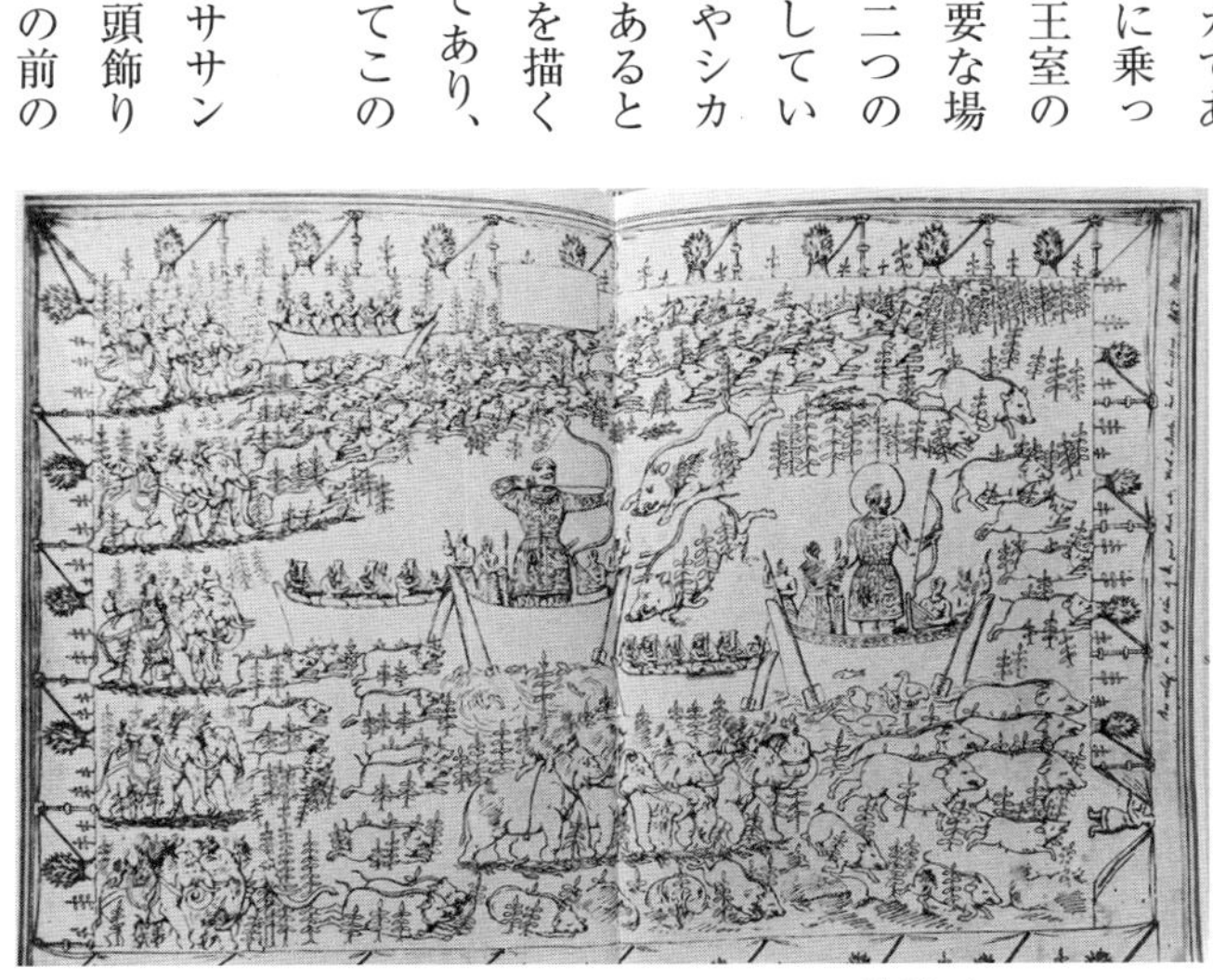

図22-2　ターク・イ・ブスタン　線描画

イノシシを刺そうとしている姿が表されている。イノシシの下には、狩られたライオンが地面に横たわっている（図23）。同じように槍でイノシシを刺す場面は、平山郁夫が収集したササン朝時代の金銀盤にも見られる。同作品では、王の手の槍の先端がイノシシの頭に突き刺さっているのが分かる（図24）。敦煌第二四九窟壁画に描かれている周囲の山の風景は中国風であり、絵の中のライオンは中国人によく知られている虎の像に置き換えられているが、画工が西アジアとペルシア皇帝の狩猟場面の記憶を中国風に描き出したと考えられる。

図23　ササン朝時代の銀盤に見られる狩猟図

結び

敦煌莫高窟の天井壁画をめぐる学術的議論は、仏教のテーマと伝統的な中国の道教のテーマである「統」と「合」に長い間、焦点が当てられてきたが、他文化、特に西アジア・ペルシア文化の影響に関してはあまり注目されてこなかった[(12)]。しかし、本稿では第二四九窟天井に描かれた多くの神々の像と豊富な内容から、西アジア・ペルシア地域の文化的影響を反映するいくつかの図像的要素を特定した。筆者は本稿に先行する自身の研究において、天井西斜面に描かれた執風巾風神像と、天井東斜面に描かれた「摩尼宝珠の守護神」の図像についてそれぞれ分析を進め、これらの画像には、西アジア・ペルシアの文化、さらには遠く離れた地中海文明の文化的要素が残っている点を指摘した。また、執風巾風神と摩尼宝珠の守護神の起源を分析し、第二八五窟の造営に、ソグド人が関与した可能性を指摘した。本稿では、天井西斜面に描かれた凸型胸壁の起源を分析し、さらに西アジア・ペルシア地域から直接伝播したと思われる狩猟場面の新たな画像を検討対象に加えた。なお、第二四九窟の天井北斜面に描かれた狩猟場面と、漢・晋時代の墓壁画や同時代の文学作品に表現された皇帝や王族の狩猟場面との関係性について考察する際には、西アジア・ペルシア風のレリーフや金属製品に描かれた、同様の狩猟場面や、それらの場面で繰り返し登場する、胸壁王冠をかぶった王がトラやライオンを撃つパルティアンショットの図像も看過すべきではないだろう。さらにいえば、第二四九窟に現れた西アジア文化の要素を反映したこれらのイメージから、第二四九窟の造営者を考える際、多視角に、多くの可能性を探る必要がある、ということを読み取れるのではないだろうか。

註

1 第二四九窟の天井壁画に描かれたテーマに関する研究に関しては，李国「従敦煌莫高窟第249窟研究総論看中西文化的交滙与融合」、『絲路文化研究』第四輯，商務印書館、二〇一九年九月を参照。

2 『桃源郷はここ—I.M. ペイとMIHO MUSEUM の軌跡 SOUTH WING』、MIHO MUSEUM、二〇一七年、七四頁。

3 （財）中近東文化センター編集『トルコ文明展』、平凡社、一九八五年、図版第二一七。

4 一部の学者は、ササン朝ペルシア期の王冠を基本的に四つのカテゴリー、即ち丸帽冠、城鋸冠（胸壁冠）、鷹翅冠、寛沿冠、に分類している。そのうち、城鋸冠（胸壁冠）が、本稿でとりあげる凸型胸壁を具える王冠のデザインスタイルに当たる。李鉄生編著、『古波斯幣』、北京出版社、二〇〇六年、一七八及び一八九頁参照。しかし、西洋では、このタイプの王冠を、ギリシャ・ローマ神話に登場する都市国家の守護女神キュベレーが頂く王冠と同一視し、総称して「壁王冠（Mural Crown）」と呼ぶ学者もいる。Dieter Metzler: Mural Crowns in the Ancient Near East and Greece, *Yale Art Gallary, Yale University Art Gallery Bulletin* , 1994, An Obsession with Fortune: Tyche in Greek and Roman Art (1994), pp. 76-85,1994参照。

5 A. Shapur Shahbazi: *The authoritative Guide to Naqsh-e Rostan,* Safiran Co. 2015, p.201.

6 李鉄生前掲書、二〇五頁参照。

7 李鉄生前掲書、二二九頁参照。

8 Andre Godard: *The Art of Iran*, George Allen & Unwin Ltd, London, 2015.

9 卜蘇珊著、張元林訳「中国六世紀和元氏墓志上的雷公、風神図」、『敦煌研究』、一九九一年第三期

10 図版22-2 はAndre Godard 前掲書、図130 を使用。

11　K.Tanabe, Iconography of the Royal-hunt Bas-reliefs at Taq-I Bustan, *Orient*, Vol.XIX 1983, pp. 103-116.

12　拙稿「風従西方来——関於莫高窟第二四九窟、第二八五窟風神図像的再思考」、『設計東方学的観念与輪郭』、中国美術学院出版社、二〇一七年、及び「〝太陽崇拜〟図像伝統的延続——莫高窟第二四九窟、第二八五窟〝天人守佑蓮華摩尼宝珠〟図像〟探源」、『敦煌研究』二〇二二年第五期を参照。

図版出典

図1～8、10、11、13～17、20～24　著者提供
図9　Musée du Louvre 提供
図19　The Samarkand State Museum-Reserve 提供
図12　MIHO MUSEUM 提供
図18　Head of a king (https://www.metmuseum.org/art/collection/search/325717)

付記

本稿は本書のために著者が書き下ろした論文の日本語訳で、著者名と原題は次の通りである。張元林「莫高窟249窟頂壁画中的派斯風元素論考」

蜀漢・費禕・姜維政権における北伐戦略と非漢族について

満田　剛

はじめに

延熙九（西暦二四六）年十一月、諸葛亮の後継者であった大司馬録尚書事・蔣琬が卒した。これを受けて、費禕が名実共に政権首班となったが、実際には延熙六（二四三）年に費禕の大将軍録尚書事昇進を以て、事実上費禕政権が始まっており、翌延熙七（二四四）年の曹爽を中心とした曹魏による漢中攻撃を防いだ後、費禕は蔣琬から譲られて領益州刺史となって蜀漢の地方行政も握ることとなっていた。

ただ、『三國志』蜀書（これ以降、『三國志』からの引用は書名・巻数を省く）姜維傳に

> 延熙……十年、衞将軍に遷り、大将軍費禕と共に録尚書事となった（延熙……十年，遷衞將軍，與大將軍費禕共錄尚書事(1)）。

とあるように、費禕だけでなく姜維が延熙十（二四七）年に録尚書事に就任していることから、蔣琬没後の蜀漢は費

禕・姜維政権によって担われていたことになる。後主傳裴松之注（以下、「裴注」と略す）『魏略』に

蔣琬が亡くなり、劉禅は自ら国事を摂るようになった（琬卒，禪乃自攝國事）。

とあり、これ以降、劉禅が親政を行ったとされるが、これは蔣琬没後、蜀漢には諸葛亮や蔣琬のように絶対的な権力を掌握した単独首班はおらず、独裁的な権力を掌握した人物がいなかったということを示しているのではないかと考えられる。諸葛亮・蔣琬のように費禕が開府するのが、ようやく延熙十五（二五二）年になってからであることもその傍証となるであろう。(2)

このような費禕・姜維政権の北伐について、筆者は『三國志』の記述に基づき、費禕は外征を控えることで、また姜維も結果として「軍の軍による軍のための戦争」と言われても仕方がないような北伐を頻繁に行ったことで、ともに魏に勝つ可能性を絶ってしまったとして、蜀漢国存在の意義である〝漢朝復興〟という国是を本気で行動に移そうとしていなかったとの見解を述べたことがあるが、(3)それに加えて、陳壽の蜀漢国史観では諸葛亮政権の「正統な」後継政権である蔣琬政権と諸葛亮の定めた国是である〝漢朝復興〟を実質的には受け継いでいない費禕・姜維政権として描かれているこ(4)とを踏まえると、費禕・姜維政権期に関する記載についてはさらなる史料批判的な研究を必要とすると思われる。

本論攷では、ここまで述べたことを踏まえたうえで、費禕・姜維政権期の実際の北伐戦略とその目標について、関連する曹魏・孫呉の動向も網羅的に整理して再考察しつつ、シルクロードの交通路の一部である河西回廊や川西民族走廊（岷江上流走廊）、河南道（羌中道）(5)における非漢族との連携も含む蜀漢の外交戦略、そして費禕・姜維政権の実像の一端についても考えてみたい。

一　費禕・姜維政権期の軍事行動や戦略と非漢族

柴田聡子氏は姜維の「北伐」について、大将軍・録尚書事の費禕が暗殺されるまでの二四七～二五二年、姜維単独政権となってから段谷での敗北までの二五三～二五六年、そして段谷で敗れてから姜維への批判が高まった頃から滅亡に至る二五七～二六三年の三期に大別しているが、妥当な見解であると思われるので、この時期区分を参考にしながら考察してみたい。

一、費禕・姜維政権期の北伐と非漢族（二四七～二五二年）

費禕・姜維政権期の北伐については、柴田氏も指摘しているように非漢族との連携が大きく関わっているのが特徴であり、延熙十（二四七）年に姜維が汶山郡平康県の蛮族が起こした反乱を鎮圧し、さらに隴西・南安・金城に出陣して、郭淮・夏侯覇らと洮水の西で戦い、降伏してきた「涼州胡王」の白虎文・治無戴らを慰撫して繁県に定住させていることが後主傳(6)・姜維傳(7)の記述からわかる。

この戦いについては郭淮傳に詳細な記事があり、それによると曹魏の正始八（二四七）年に隴西・南安・金城・西平の諸羌が叛乱を起こしているが、重要な点として、彼らが蜀漢軍を招き、共同戦線によって戦いを進めたこと(8)と（姜維傳にも登場する）「涼州名胡」の治無戴も曹魏に叛いてこれに応じたとされることが挙げられる。

治無戴については、同族と考えられる治元多に関連して張既傳に

〔地図１〕三国地図

〔地図２〕蜀漢・姜維による北伐関連地図

涼州盧水胡の伊健妓妾・治元多等が反し、河西は大いにみだれた（涼州盧水胡伊健妓妾，治元多等反，河西大擾）。

とあることから、同じ涼州盧水胡と思われる。この涼州盧水胡の族源として先行研究では月氏、匈奴、義渠などが想定されているが、[9] 西方に移住してから東遷してきたイラン系の月氏胡である可能性が指摘されており、[10] 少なくとも涼州の「胡」とされる人々であるということになる。

また、後主傳に登場する白虎文の「白」姓については、後の北魏の頃の記述になるが、『魏書』巻四下世祖紀下に

太平真君……六（四四五）年……九月、盧水胡の蓋呉は衆を聚めて杏城にて叛いた。……蓋呉は其の部落の帥であった白廣平に西方の新平を攻撃して掠奪させ、安定の諸夷酋は皆衆を聚めてこれに応じ、汧城の守将を殺害した（太平真君……六年……九月，盧水胡蓋呉聚衆反於杏城。……蓋呉遣其部落帥白廣平西掠新平，安定諸夷酋皆聚衆應之，殺汧城守將）。

とあることから、盧水胡である可能性がある。[11] さらに、「涼州胡王」とされることや先述のように盧水胡が西方から東遷してきた人々であるとする見解もあることに加えて、亀茲国の出身者、少なくとも西域出身者である可能性も否定できないことから、[12] 白虎文についても（亀茲国などの西域からやってきた人、もしくはその子孫である可能性のある）盧水胡の可能性を考えておくこととする。

なお、白虎文については、『宋書』巻三十三五行志に

一に曰く、昨年及び今年に、薬蘭泥と白虎文は秦州・涼州において秦州刺史・胡烈と涼州刺史・牽弘を殺害し、

（西晋は）田璋を派遣して薬蘭泥を討った（一曰，昔歳及此年，藥蘭泥、白虎文秦涼殺刺史胡烈，牽弘，遣田璋討泥）。

とあることから、少なくとも二十三年後には涼州に戻っている可能性が高い。(13)

ここまで述べたことと後主傳裴注所引『諸葛亮集』に

涼州にいる諸国の王はそれぞれ月支・康居の胡侯支富・康植ら二十余人を派遣して節度（指図）を受けさせ、大軍が北方へ出撃した際には、兵馬を率い、戈を奮って先駆しようと望んでいる（涼州諸國王各遣月支、康居胡侯支富、康植等二十餘人詣受節度，大軍北出，便欲率將兵馬，奮戈先驅）。

とあり、「涼州諸國王」が遣わした胡侯が月支・康居の人々とされることを踏まえると、白虎文や治無戴が「涼州諸國王」が遣わした胡侯、もしくはその一族である蓋然性が高い。(14)

加えて、郭淮傳に

正始……九（二四八）年、（蛾）遮塞らは河関・白土の故城に駐屯し、河に拠って軍を拒んだ。郭淮は上流地域で行動する形勢を見せておき、密かに下流で兵を渡し、白土城に拠り、攻撃して大いにこれを打ち破った。治無戴は武威を囲んだが、家族は西海に留まっていた。郭淮は軍を進めて西海に赴き、ふいに襲ってその累重（妻子）を奪取しようとした。たまたま治無戴が敗れて帰還し、彼と龍夷の北で戦い、破ってこれを敗走させた。令居の悪虜が石頭山の西に居住し、大道において足止めしようとし、王使を断絶していた。郭淮は帰還途中に通り過ぎたところで討ち、大いにこれを破った。姜維は石営に出て、彊川より西に向かって治無戴を迎え、陰平太守・廖化を成重山に

留めて城を築かせ、破られた羌から人質を確保して収容した（正始……九年，遮塞等屯河關、白土故城，據河拒軍。淮見形上流，密於下渡兵據白土城，擊大破之。治無戴圍武威，家屬留在西海。淮進軍趨西海，欲掩取其累重，會無戴折還，與戰於龍夷之北，破走之。令居惡虜在石頭山之西，當大道止，斷絶王使。淮還過討，大破之。姜維出石營，從彊川，乃西迎治無戴，留陰平太守廖化於成重山築城，斂破羌保質）。

とあるように、治無戴は武威を包囲していたが、家族は西海に残しており、雍州の羌族が敗れ、郭淮が西海を襲撃し、治無戴も龍夷で敗れて逃走して、姜維が石営に出陣して彊川から西に向かい、迎え入れたとされるが、呉焯氏はこの西海を青海、龍夷を青海東岸の海晏であるとして、治無戴を迎え入れた交通路であり、この時期の蜀漢が西域と連携できた唯一の交通路は羌中道（河南道・青海道）であるとする[15]。

彊川（強川）については、『水経注』巻二十漾水に

闞駰曰く、強水は陰平の西北の強山から出て、一名は強川という。姜維が帰還する際、鄧艾が天水太守・王頎を派遣して強川でこれを破ったとあるが、すなわちこの水（強水）のことである。この水（強水）は東北に武都・陰平・梓潼・南安へと流れ、漢水に入る（闞駰曰：強水出陰平西北強山，一曰強川。姜維之還也，鄧艾遣天水太守王頎敗之于強川，即是水也。其水東北逕武都、陰平、梓潼、南安入漢水）。

とあり、『資治通鑑』巻七十八胡三省注には

強川口は、嵹台山の南にある。嵹台山は即ち臨洮の西傾山である（強川口，在嵹臺山南。嵹臺山即臨洮之西傾山）。

とあることから、強水とも称される陰平西北の強山から流れてくる川であるとされる。加えて、鄭炳林は『水経注』巻三十二羌水に

地理志にいう。隴西の羌道より出る。東南に流れて宕昌城の東に至り、西北に天池から五百余里を隔てている。羌水はまた東南に流れ宕昌の婆川城の東を経て東南に注ぐ。昔姜維が隴右に侵攻した際、鍾会が漢中に入ったと聞いて引き返し、雍州刺史・諸葛緒が橋頭に駐屯したと知り、孔函谷より北道に出ようとしたところ、諸葛緒はこの道で姜維を待ち構えており、姜維はさらに北道より橋頭を渡って剣閣に入り、緒は追撃したが及ばなかった（地理志曰：出隴西羌道。東南流逕宕昌城東，西北去天池五百餘里。羌水又東南逕宕（昌）婆川城東而東南注。昔姜維之寇隴右也，聞鍾會入漢中，引還，知雍州刺史諸葛緒屯橋頭，從孔函谷將出北道，緒邀之此路，維更從北道。渡橋頭入劒閣，緒追之不及）。

とあることから、強川口は婆川城付近であり、『資治通鑑』巻一百十四胡三省注にも

洮水は彊台山の東北から出て、吐谷渾中を流れる。洮、彊より南北三百里中、地の草は皆龍鬚のようであり、樵や柴はないので、彊川という（洮水出彊臺山東北，逕吐谷渾中。自洮、彊南北三百里中，地草皆是龍鬚，而無樵柴，謂之彊川）。

と記されていることから、この強川の地が洮河上流の甘粛省甘南チベット族自治州碌曲県境の晒銀灘・果芒灘・尕海灘の草灘を指しており、同自治州の迭部県一帯だとして、洮河上流の強川口以西の（岷江上流域にも近い）白龍江流域も

包含しているとし、[16]宋傑は強川を白龍江であるとする。[17]

さらに、『華陽国志』蜀志汶山郡条に

汶山郡……西は涼州酒泉に接し、……（汶山郡……西接涼州酒泉，……）。

とあることや張既傳裴注所引『典略』に

韓遂が湟中にいた時、彼の壻の閻行は韓遂を殺害して曹操に降伏しようとし、夜、韓遂を攻めたが、下せなかった。韓遂は歎息して言った。「男が苦難にあっている時に、禍が姻戚から起こるとは！」成公英にむかって言った。「今親戚が離叛し、周囲の人々は一転して少なくなった。羌中から西南に向かって蜀にいくしかなくなるぞ。」（後略）（韓遂在湟中，其壻閻行欲殺遂以降，夜攻遂，不下。遂歎息曰：「丈夫困〔危〕厄，禍起婚姻乎！」謂英曰：「今親戚離叛，人衆轉少，當從羌中西南詣蜀耳。」（後略））

とあるように、韓遂が婿の閻行の攻撃を受けた際に、羌中（湟中）から西南に向かって蜀に赴くことを考えた際のルートであると考えられることから、[18]治無戴が通ってきた交通路として羌中道（河南道・青海道）から「岷江上流走廊」につながる交通路と関係する道を想定する必要があり、姜維は石営から彊川を経て西に向かい、途中で治無戴らを迎え、陰平へと撤退したと考えられるだろう。[19]

ここまで述べたことを踏まえて考えると、姜維の北伐戦略の特徴の一つが、諸葛亮の第一次北伐の際の長安奪取に向けた戦略に関連して、諸葛亮が「平坦で軍が通りやすい道を経由し、隴右を奪取する」ことを優先したとする魏延傳裴注所引『魏略』[20]の記述や魏の正元二年・蜀漢の延熙一八（二五五）年に姜維が狄道に攻め込んだことに関する陳羣傳附陳泰傳の

陳泰は言った。「姜維は軽装の兵をひっさげ深く侵入し、正に我々と原野で鋒先を争い、一戦の勝利を求めようとしている。王経は城壁を高くし、防塁を深くして、鋭気を挫くべきであった。しかし今戦ってしまったので、賊は計略通りにいき、王経を敗走させ、王経は狄道に封じ込められてしまった。もし姜維が戦勝による武威をしめして兵を東に向けて進め、櫟陽に蓄積された充分な穀物をよりどころとし、兵を放って降伏者を配下に収め、羌や胡を招いて味方につけ、東方で関・隴を争い、（隴西・南安・天水・略陽の）四郡に檄文を飛ばすことになれば、それこそ我が軍にとって厄介なこととなる。（後略）」（泰曰：「姜維提輕兵深入，正欲與我爭鋒原野，求一戰之利。王經當高壁深壘，挫其鋭氣。今乃與戰，使賊得計，走破王經，封之狄道。若維以戰克之威，進兵東向，據櫟陽積穀之實，放兵收降，招納羌、胡，東爭關、隴，傳檄四郡，此我之所惡也。（後略）」）

や同傳の

多くの人々の意見では、王経は逃走して北に奔り、城は守りを固める力はない。もし姜維が涼州への道を遮断し、（隴西・南安・天水・略陽の）四郡の民や夷をあわせ、関中や隴の要害に拠れば、王経の軍を全滅させ、隴右を屠ることもできる。……大将軍の司馬文王（司馬昭）は言った。「昔諸葛亮が常々これと同じ志を抱いていたが、ついにできなかった。事は大きく謀は遠大であり、姜維が担えるところではない。（後略）」（衆議以經奔北，城不足自固，維若斷涼州之道，兼四郡民夷，據關、隴之險，敢能沒經軍而屠隴右。……大將軍司馬文王曰：「昔諸葛亮常有此志，卒亦不能。事大謀遠，非維所任也。(後略)」)

との記述を踏まえた諸葛亮の北伐戦略を踏襲していることにある。すなわち、「一旦西北方面に出撃し、シルクロードへとつながる涼州(河西回廊)への交通路を遮断(「断涼州之道」)[21]し、四郡(隴西・南安・天水・略陽)の人民・蛮族をあわせ、(東方の)関・隴の要害を占拠して隴西(そして河西回廊)を攻略し、(出身地であるクシャーナ朝やソグディアナなどとの結びつきを維持していたとみられる)「月氏胡侯」や「康居(ソグド人)胡侯」、そして彼らの上位にいたと思われる「涼州諸国王」が派遣するなど[22]と連携しながら、河西回廊(涼州)から狭義のシルクロードを、さらには西南シルクロードや天空のシルクロードを掌握して、隴や河西回廊などで北方の草原の民と南の羌をも結びつけつつ、西域との商業活動も重視して経済的な交流を確保しながら長安を窺う」という「隆中対」に修正を加えた諸葛亮の北伐の頃と同様の戦略[23]を実行するのが姜維の北伐戦略の基盤であったことがわかる。また、この方針は法正傳に

上は仇敵を覆して，王室を尊崇することができ、中は雍州・涼州を侵食し、領土を広げ拓くことができ、下は要害を固守して、持久の計をとることができる(上可以傾覆寇敵，尊奬王室，中可以蠶食雍、涼，廣拓境土，下可以固守要害，爲持久之計)。

とあるような、法正のいわゆる「漢中三策」が具体的な戦術となっており、矛盾しない。[24]

また、先に引用した陳羣傳附陳泰傳での陳泰の発言を見ると、いったん姜維が狄道などの西方を支配下におさめた後、東方の関・隴を争い、(隴西・南安・天水・略陽の)四郡に進出してくることを警戒しており、少なくとも陳泰はこれを姜維の戦略と見ていたということになる。これについては、姜維傳に

姜維は西方の風俗に習熟している上に、その才能・武勇に負うところがあるという自負があったため、諸の羌や胡を誘って羽翼にしようとし、隴から西を魏から断ち切って領有できると考えた。大軍を動かそうとするたびに、費禕は常に制約を加えて従わず、与えた兵は一万人未満であった（維自以練西方風俗，兼負其才武，欲誘諸羌、胡以爲羽翼，謂自隴以西可斷而有也。毎欲興軍大擧，費禕常裁制不從，與其兵不過萬人）。

とあるように、陳寿の視点からの記述によれば、姜維の戦術として「諸羌や胡を誘い、羽翼として、隴以西を遮断して領有する」との指摘があることに注意が必要である。この戦術は先に述べた諸葛亮の北伐戦略や法正の「漢中三策」を継承しており、特に「（諸羌や）胡を羽翼とする」との指摘は「涼州諸國王」とその胡侯との関係をこの時点でも重視しているものと考えることができる。この姜維傳の記述のみを見ると、姜維の北伐戦略の最終目標は隴以西や涼州の領有ということになる。しかし、先に引用した陳羣傳附陳泰傳を踏まえれば、姜維の北伐が諸葛亮の北伐より西方に進出していることが多いのは確かであるが、延熙一〇（二四七）年の出撃先が諸葛亮の第一次北伐の時とそれほど変わらないことや後述するように延熙二〇（二五七）年～景耀元（二五八）年の駱谷からの出撃もあることから、本来の姜維の戦略目標は諸葛亮の戦略と同様に関・隴をおさえて長安を目指すものであり、現実としてはそれがかなわなかっただけで、隴以西や涼州を最終目標とした北伐というわけではなかったと思われる。

なお、この時期の費禕の動向については、費禕傳に

延熙……十一年、出でて漢中に駐屯した。蔣琬から費禕に至るまで、自身は外地にあっても、国の恩賞・刑罰は皆遥かに彼らに諮問してから決断させ、然る後に実行しており、その信任ぶりはこれほどのものであった。その後延

熙十四年夏、成都に帰還した（延熙……十一年，出住漢中。自琬及禕，雖自身在外，慶賞刑威，皆遙先諮斷，然後乃行，其推任如此。後十四年夏，還成都）。

とあるように、延熙一一（二四八）年五月以降延熙一四（二五一）年夏まで、費禕が漢中に駐屯するが、内政・外交は依然として漢中の費禕に諮問していたとされ、蜀漢では諸葛亮から蔣琬・費禕にいたるまで、宰相格の人物が漢中や涪、漢寿から首都・成都の内政・外交をリモート・コントロールしていたことがわかる。

この点について、費禕は一応北伐を行うフリは見せておいて、むしろ北伐を行おうという姜維をはじめとする勢力に対して睨みを利かせて実行させないようにしたと筆者は考えているが[25]、野中敬氏は費禕に涼州への北伐を反対する意図はなく、延熙七（二四四）年（曹魏・正始五年）の曹爽の漢中侵攻の影響を受けて、その後の漢中の防衛体制を整備しながらの北伐となったため、姜維の兵力を制限したとしており[26]、大変興味深い見解であると考えている。

延熙十二（二四九）年秋には姜維が節を与えられて雍州から西平に軍を進め、麹山に二城を築いて句安・李歆に守備させ、羌胡の人質を集めて、諸郡に侵攻させたが[27][28]、陳泰の策に従った郭淮がこれを打ち破っている[29]。

この出撃に関する重要な点として、まず先に引用した羌胡に関する陳羣傳附陳泰傳や姜維傳の記述にあるように、諸羌や胡を羽翼としようとしたことが挙げられる。

この西平への出撃について、関尾史郎氏は

西平を含む湟水流域が，維が「羽翼」と恃んだ羌・胡の居住域であるとともに，祁連山を越えて河西四郡に至る最短ルート上に位置しているからではないか．漢魏交替期に西平の在地勢力が張掖や酒泉の在地勢力と緊密に連絡を取り合って叛旗を翻したのも，祁連越えのこの最短ルートがあったからこそであろう．

と述べ、さらに

だからこそ「涼州諸国王」が諸葛亮の「北伐」への協力を申し出たのだろうが，姜維の西平侵寇はそれへの蜀漢側の意思表示という意味があったのではないか．

と延べられているが、[30]筆者も関尾氏の見解と同様に考えている。

加えて、陳羣傳附陳泰傳に

征西将軍・郭淮は陳泰とこれを防御する手立てについて謀議を行った。陳泰はいった。「麴城は堅固といえども、蜀を去ること遠くまた険しく、当然食糧を運搬すべきだと考えられております。羌夷は姜維の労役を煩わしく思っており、まだ姜維に付くことをよしとしていないに違いありません。今囲んでこれを取れば、刃を血でぬらさずにその城を陥落させることができるでしょう。それに救援があると雖も山道は険阻で、兵が行軍できる土地ではありません」（征西將軍郭淮與泰謀所以禦之，泰曰：「麴城雖固，去蜀險遠，當須運糧。羌夷患維勞役，必未肯附。今圍而取之，可不血刃而拔其城。雖其有救，山道阻險，非行兵之地也」）。

とあるように、雍州西南部の羌が姜維から労役を課せられており、蜀漢の支配が雍州に及び始めていたことが挙げられる。[31]実際に、この戦役で姜維が撤退した後、郭淮・鄧艾がすぐに羌の征伐に向かったが、姜維は撤退から三日後に引き返してきた[32]とされることを踏まえると、郭淮・鄧艾も姜維も羌胡を非常に重視していたことが窺える。

ここまで述べたことに加え、諸葛亮が武都・陰平を奪取し、羌中に兵を進めたことも踏まえると、ここまでの蜀漢は羌・胡とその居住域の人々を靡かせることに成功していたと見ることができるだろう。[33]

その後、先述のように、延熙十四（二五一）年夏に費禕は漢中から成都に帰還していたが、冬には漢寿へ駐屯している。[34] 蜀漢の宰相は北伐の大義名分を果たすためには常に臨戦態勢をとらねばならなかったことが影響していると思われる。

延熙十三（二五〇）年から延熙十六（二五三）年一月の費禕の暗殺[35]まで、曹魏・孫呉間の戦闘や司馬懿に対する王淩の挙兵といった魏内部での闘争、孫呉における二宮の変の決着などがあった中でも、蜀漢は北伐の動きを見せていない。これについては、費禕が蜀漢・孫呉の共同戦線に熱心ではなかったためだとする指摘がある[36]が、そもそも費禕が姜維に一万人程度での出撃しか認めておらず、共同戦線はおろか、（河西回廊方面への「進出」ではなく）長安を目指す北伐に積極的ではなかったと見られることに加えて、費禕や姜維によって「諸葛亮の「隆中対」で示された「変」に値するほどの動きではない」という判断がなされた可能性を考えておかなければならないだろう。

二、姜維単独政権成立から段谷での敗戦まで（二五三〜二五六年）

二五一年[37]十一月に孫権が病に倒れ、十二月に諸葛恪を召して孫亮の後見を遺嘱し、翌二五二年四月に孫権が崩御する。この後、孫呉では諸葛恪が蜀漢における諸葛亮を参考にして「北伐を主導することを通じて、軍事力を自己の規制下に[38]」置こうとしたことに加えて、時間が経つほど広がる魏との国力差を踏まえてあくまで「魏との対決姿勢を貫き統一を目指す」という呉国存立の大義名分の早期実現や自己の権力強化のために北伐を行ったと考えられる。[39] この孫亮のもとでの諸葛恪の政権掌握の背景には、「（〝北伐〟の象徴でもあった）死せる諸葛亮の名声」を活用しようとしたことが考えられる。[40]

同年十月、諸葛恪は東興大堤とそれに付属する二つの城を築いたが、十二月に魏は諸葛誕・胡遵らの率いる歩騎七万に東興を包囲させ、王昶を南郡に、毌丘倹を武昌にそれぞれ進軍させた。(41) 諸葛恪は東興で魏軍を破り、丁奉らは魏軍に打撃を与えた。

そのような中で、二五三年一月、前年に開府したばかりの費禕が酒宴の席で刺殺される。これ以降、孫呉で同時期に政権を担当することになった諸葛恪の「北伐」と時を同じくして、単独首班となった姜維が北伐を敢行していくこととなる。(42)

この後、姜維傳に

延熙……十六年春、費禕が亡くなった。夏、姜維は数万人を率いて石営に出て、董亭を経て、南安を囲んだ。魏の雍州刺史・陳泰が囲みを解こうとして洛門に至ると、姜維は兵糧が尽きて撤退し、帰還した。明年、督中外軍事を加えられた。また隴西に出ると、狄道の長・李簡が城を挙げて降伏した。進軍して襄武を囲むと、魏の将・徐質と鋒を交え、首を斬って敵を破り、魏軍は敗退した。姜維は勝ちに乗じて多くの所を下して降伏させ、〔河間〕〔河關〕、狄道、臨洮の三県の民を抜いて移住させて帰還した。後〔延熙〕十八年、また車騎将軍・夏侯霸等とともに狄道に出て、魏の雍州刺史・王経を洮西において大いに破り、王経の軍の死者は数万人にのぼった。王経は退いて狄道城を確保すると、姜維はこれを囲んだ。魏の征西将軍・陳泰は兵を進めて囲みを解き、姜維は退いて鍾題に駐屯した（十六年春，禕卒。夏，維率數萬人出石營，經董亭，圍南安，魏雍州刺史陳泰解圍至洛門，維糧盡退還。明年，加督中外軍事。復出隴西，守狄道〔，狄道〕長李簡舉城降。進圍襄武，與魏將徐質交鋒，斬首破敵，魏軍敗退。維乘勝多所降下，拔〔河間〕〔河關〕、狄道、臨洮三縣民還，後十八年，復與車騎將軍夏侯霸等俱出狄道，大破魏雍州刺史王經於洮西，經衆死者數萬人。經退保狄道城，維圍之。魏征西將軍陳泰進兵解圍，維卻住鍾題）。

とあるように、延熙十六（二五三）年に始まり、同十七（二五四）年、同十八（二五五）年と連年にわたって姜維の北伐が続くことになる。

二五三年二月、東興から凱旋した諸葛恪が荊揚州牧・都督中外諸軍事を加官される。三月、早速諸葛恪は北伐に向かい、四月に合肥新城を攻撃する。魏は太尉・司馬孚に詔勅を降して防御させる。同じ月に、蜀漢の姜維も出陣して南安を包囲したが、陳泰・郭淮が救援にやってきたことや兵糧が尽きたこともあって撤退している。

一方、諸葛恪も疫病が流行して兵の大半を失い、八月に撤退。十月、北伐に失敗した諸葛恪が孫峻らによって暗殺されてしまう。

二五四年二月、司馬師は皇帝・曹芳が司馬師の代わりに政権首班にしようとした夏侯玄らを捕らえて誅殺。続いて九月、司馬師はクーデターを起こして彼を排除しようとした曹芳を廃し、曹髦を帝位につける。(43)

その影響もあってか、六月には姜維は狄道の長の李簡が降伏を願い出てきたのを受けて隴西に出撃し、襄武を攻撃した。魏将の徐質を破り、冬には狄道・河関・臨洮の三県を陥落させてその住民を緜竹県・繁県に移住させたが、(44)この戦いで張嶷が戦死している。(45)

なお、この時の姜維の北伐について、野中敬氏は『晉書』巻二文帝紀に

蜀漢の将軍・姜維がまた隴右に侵攻して、狄道を攻めようとしていると言いふらした。帝（司馬昭）を行征西将軍とし、長安に駐屯させた。雍州刺史・陳泰は賊に先んじて狄道に拠ろうとしたところ、帝（司馬昭）は「姜維が羌を攻め、人質を取り、穀を集めて邸閣を作らせたうえで、また転じてここにやってきた。まさに塞外の諸羌に了承させ、後年のための元手にしようとしているだけである。もし本当に狄道に向かうならば、どうして行き先を外の人に知らせるかのようなことをするものか。今出撃すると言いふらしているのは、帰還しようとしてるからだ」

と言った。姜維は果たして陣営を焼いて去った。たまたま新平の羌胡が叛き、帝（司馬昭）がこれを撃破して遂に軍兵の威厳を霊州に輝かせ、北虜は震え怖れ、叛いた者は悉く降伏し、この功によってまた新城郷侯に封じられた（蜀将姜維又寇隴右，揚聲欲攻狄道。以帝行征西將軍，次長安。雍州刺史陳泰欲先賊據狄道，帝曰：「姜維攻羌，收其質任，聚穀作邸閣訖，而復轉行至此，正欲了塞外諸羌，爲後年之資耳。若實向狄道，安肯宣露，令外人知。今揚聲言出，此欲歸也。」維果燒營而去。會新平羌胡叛，帝擊破之，遂耀兵靈州，北虜震讋，叛者悉降。以功復封新城鄉侯）。

とあることや『文選』巻四十「爲鄭沖勸晉王牋」李善注に

王隠『晉書』文紀には「姜維が隴右に出撃し、上（司馬昭）は軽兵を率いて霊州に到り、これを大破し、諸虜は震えあがって服属した」とある。漢の北地郡に霊州県があり，金城郡には楡中県がある（王隱晉書文紀曰：姜維出隴右，上帥輕兵到靈州，大破之，諸虜震服。」漢北地郡有靈州縣，金城郡有楡中縣）。

とあることから、姜維が霊州に進出しており、司馬昭が前漢北地郡の霊州（現在の寧夏回族自治区永寧県）において姜維を破ったとする。[46]『晉書』巻二文帝紀を見ると、司馬昭が霊州で破ったのは新平の羌胡ということになるだろうが、司馬昭が破った相手が「新平の羌胡」であっても、また野中氏の述べる通り、姜維の軍であっても、姜維が河西回廊の北方の非漢族（幷州南匈奴）と連携しながらの西北方面からの長安への侵攻ルートの確保を目指したと見ることができるが、これは西暦一〇七年にはじまる羌の叛乱と共通していた諸葛亮の北伐戦略を姜維も引き継いで考えていたのではないかと考えている。[47][48]

二五三年、二五四年の姜維の北伐での重要な点としては、姜維が隴西に向かっており、斉王紀裴注所引『漢晉春秋』

に

この時姜維はまた出撃して狄道を包囲した。司馬景王（司馬師）は虞松に問うて「今東西に事件が起こり、二つとも急を要するにもかかわらず、諸将は意気阻喪している。これをどうしたらよいだろうか」と言った。虞松は「昔、周亜夫は昌邑を固く守り通したため、〔叛乱していた〕呉楚は自ら敗れた。事には弱きに似て強いものもあれば、あるいは強気に似て弱いものもありますので、観察しないわけにはいかないのです。いま諸葛恪はその精鋭の軍勢を悉く率いてきており、思うがままに暴れまわることができますのに、新城に居座って守っているのは、一戦しようと目論んでいるからです。もし城を攻めても陥落させられず、戦を請うてもなし得なければ、軍隊は疲弊し、兵士は疲労して、軍勢は自ずから敗走するはめになりましょう。諸将がただちに進発しないのは、かえって公の利益であります。姜維は重装備の兵を有し、軍を率いて諸葛恪に呼応していますが、我らの麦を食糧としてあてにしており、深く根を下ろす侵入ではありません。かつ我々が力を東に集中させていて、西方が必ず空虚になっていると考え、それによってためらわずに進んできました。今もし関中の諸軍を昼夜兼行で急いで赴かせれば、その不意をついて出ることができ、ほぼ敗走するでしょう」と述べた。景王は「よろしい！」と言って、郭淮、陳泰に関中の軍勢を悉くして狄道の囲みを解かせ、毌丘倹らに勅して兵をおさえて自らを守らせ、新城を呉に委ねることとした。姜維は郭淮が兵を進めたのを聞き、軍の食糧が少ないこともあって、退いて隴西の界に駐屯した（是時姜維亦出圍狄道。司馬景王問虞松曰：「今東西有事，二方皆急，而諸將意沮，若之何？」松曰：「昔周亞夫堅壁昌邑，而呉楚自敗，事有似弱而彊，或似彊而弱，不可不察也。今恪悉其鋭衆，足以肆暴，而坐守新城，欲以致一戰耳。若攻城不拔，請戰不得，師老衆疲，勢將自走，諸將之不徑進，乃公之利也。姜維有重兵而縣軍應恪，投食我麥，非深根之寇也。且謂我并力於東，西方必虛，是以徑進。今若使關中諸軍倍道急赴，出其不意，殆將走矣。」景王曰：「善！」乃使郭淮、陳泰悉關中之衆，

解狄道之圍，敕毌丘儉等案兵自守，以新城委吳。姜維聞淮進兵，軍食少，乃退屯隴西界）。

とあるように、二五三年の北伐の際に姜維が隴西に駐屯していたことに加えて、先に引用した『晉書』文帝紀にあるように、司馬昭の発言によると、姜維が狄道攻撃の際に邸閣を設置していたこと、塞外の諸羌の協力を得ようとしていたこと、そして姜維傳にあるように狄道・河関・臨洮の三県の住民を緜竹県・繁県に移住させたことが挙げられる。

このような動きを見ると、姜維単独政権期の北伐では蔣琬政権期はおろか、諸葛亮政権期よりもさらに西に寄った経路をとっていることがわかる。関尾史郎氏は涼州確保に重点を置いた姜維の軍事行動を北伐と呼べないと述べておられるが[49]、先に引用した陳羣傳陳泰傳での司馬昭の発言を考慮すると、やはり「涼州諸国王」との連携を重視して河西回廊から隴西を確保した上で長安を目指す北伐だったと考えられる。

さらに、二五五年には、一月に毌丘儉・文欽が寿春で司馬師討伐の軍を起こすが鎮圧され、文欽は呉に投降し、毌丘儉は士民に殺されたが、司馬師も病死する。この時十五歳の曹髦は司馬昭に許昌に留まるように指示し、尚書の傅嘏に中外の諸軍を率いて洛陽に帰還するように命じて、司馬昭と軍を切り離そうとしたものと考えられるが[50]、司馬昭は傅嘏や鍾会の策略を用いて曹髦の命令を無視して洛水の南に布陣し、最終的に司馬昭が政権首班となる。二月、呉の孫峻が魏の混乱に乗じて寿春を攻撃するが、諸葛誕に追い返されている[51]。また、同年七月、呉では孫儀らが孫峻の誅殺を計画するが、発覚して失敗するといった状況で、曹魏・孫呉ともに「激動の年」を迎えている。

そのような状況の中、八月には姜維が狄道に侵入し、王経を破った。その後、鄧艾・陳泰が姜維を防ぎ、司馬孚が後続部隊となって守備に努めたので、九月に姜維は撤退し、鍾題（鍾提）に留まることになるが[52]、先述のように、「一旦西北方面に出撃し、シルクロードへとつながる涼州（河西回廊）への交通路を遮断し、四郡（隴西・南安・天水・略陽）の人民・蛮族をあわせ、関・隴の要害に拠る」という曹魏の「衆議」の分析による姜維の「戦略」が諸葛亮の「志」と同じであったとする司馬昭の見解が示されているのはこの時である。
二五六年一月に蜀漢では外地にいる姜維が大将軍となり祁山へ出撃するが、胡済と上邽で落ち合うはずが、胡済は約束を破ってこなかった。その後、七月に上邽（段谷）で鄧艾に大敗北を喫して成都に帰還し、責めを負って後将軍・行大将軍事に降格する。[53]これ以降、毎年のように行われる姜維の北伐に対する反対論が強くなり、立場が危うくなってくるのである。

この二五五〜二五六年にかけての北伐での注目すべき点として、高貴郷公紀に

正元……二（二五五）年……十一月甲午（十六日）、隴右の四郡（隴西・南安・天水・広魏）と金城は連年敵の侵攻にあったため、或いは逃亡したり叛いたりして賊に投じた者もおり、その親戚で留まって本土にいた者は不安であったが、皆特別にこれを赦した（正元……二年……十一月甲午，以隴右四郡及金城，連年受敵，或亡叛投賊，其親戚留在本土者不安，皆特赦之）。

とあり、曹魏が隴右四郡（隴西・南安・天水・広魏）及び金城郡の人々に特赦して懐柔しなければならないような状態であったことに加えて姜維傳に

延熙……十八（二五五）年、また車騎将軍・夏侯霸らと倶に狄道に出て、洮水の西において魏の雍州刺史・王経を大いに破り、王経の軍勢の死者は数万人に及んだ。王経は退いて狄道城を保つと、姜維はこれを囲んだ。魏の征西将軍・陳泰は兵を進めて包囲を解いたので、姜維は退却して鐘題（鍾提）に駐屯した（延熙……十八年，復與車騎将

軍夏侯霸等倶出狄道，大破魏雍州刺史王經於洮西，經衆死者數萬人。經退保狄道城，維圍之。魏征西將軍陳泰進兵解圍，維卻住鐘題）。

とあるように、二五五年に陳泰が軍を進めてきたことを受けて撤退した姜維が鍾題（鍾堤）に「住」することができるような状態であったことから、雍州の羌などの非漢族が不安定になっており、段谷で敗れるまでは「二五六年までに姜維は隴以西における基盤をほぼ獲得していた[54]」とまでは断言しかねるが、少なくとも一定の勢力を有していたことは確かであると思われる。

ここまで述べたように、姜維が二五六年までに隴以西に一定の勢力を有し、時には長城外の羌とも協力しようとしただけでなく、狄道・河関・臨洮の三県の住民を緜竹県・繁県に移住させていることに加えて、先述のように「涼州諸国王」が遣わした胡侯、もしくはその一族と見られる白虎文・治無戴を迎えて蜀漢の成都付近の繁県に居住させたことも踏まえると、二五六年までの蜀漢の北伐において、姜維は隴以西から河西回廊までに強い影響力を有していたことから、移住してきた白虎文・治無戴と河西回廊にいる「涼州諸国王」やその配下の胡侯との政治的・経済的連携をも可能としていたと考えることができる。

そして、二五六年の段谷での敗戦以降、関中から河西回廊、河南道（羌中道）の非漢族との連携が少なくなったことから、蜀漢が隴以西での勢力を失っただけでなく、蜀漢に呼応してきた関中から河西回廊、河南道（羌中道）の非漢族との協力関係にも問題が生じたと推測される。

三、段谷での敗戦後の北伐（二五七～二六三年）

そのような中、二五七年四月、呉では始めて自ら政治を執った孫亮と孫綝との関係が悪化した[55]。朱然傳附朱績（施

績）傳を見ると、

太平二（二五七）年、驃騎将軍を拝した。孫綝が政治を牛耳るようになると、大臣に動揺が起こった。朱績は呉が必ず混乱し、中国（魏）がそれに乗じることを恐れ、密かに書簡を送って蜀と結び、幷兼の慮をなさしめん（蜀漢に呉を併合させせよう）とした。蜀は右将軍の閻宇を派遣して兵五千を率いさせ、白帝城の守備を増強し、朱績のこの後の指示を待たせた。永安の初年、上大将軍・都護督に昇進し、巴丘から上は西陵までの地域の守備にあたった

（太平二年，拜驃騎將軍。孫綝秉政，大臣疑貳，績恐吳必擾亂，而中國乘釁，乃密書結蜀，使爲幷兼之慮。蜀遣右將軍閻宇將兵五千，增白帝守，以須績之後命。永安初，遷上大將軍、都護督，自巴丘上迄西陵）。

とあり、施績が蜀漢に対して孫綝政権によって混乱した呉を併呑するように密書を送り、結局は未遂に終わったが、蜀漢は閻宇を白帝城に派遣して備えていたことになる。(56) このような中で、姜維は鍾題（鍾提）に駐屯して動かず、情勢を見定めていたものと思われる。

そのような中、同年五月、魏では諸葛誕が寿春で挙兵し、司馬昭は皇帝・曹髦と郭太后を奉じて出撃した。諸葛誕は呉に援助を求め、呉は六月に文欽・唐咨・全端らに諸葛誕を救援させ、彼らは囲みを突破して寿春城に入った。しかし、夏口方面からやってきた朱異は兵糧の欠乏から撤退すると、孫綝は激怒して九月に朱異を殺し建業に帰還した。その後、十一月から十二月にかけて全氏の一族が魏に逃げ込んだ。八月には会稽や鄱陽・新都で反乱がおこっている。

この年、蜀漢の姜維は諸葛誕の反乱を受けて出陣し、駱谷から沈嶺に至り、司馬望や隴右から駆け付けた鄧艾が守備についていて長城に駐屯したことから、姜維は芒水へ至って陣営を築き、しばしば戦いを挑んだが、司馬望や鄧艾が応じなかったとある。翌二五八年二月に寿春が陥落し、諸葛誕が戦死したことを聞いた姜維は撤退し、成都に帰還したとされ

る。[57]

この二五七年から二五八年にかけての北伐は、隴西から武威、さらに河南道（羌中道）まで活用したそれまでの姜維自身の北伐とは異なり、長安に非常に近い経路を通っている。この時に姜維が出撃した芒水から渭水に合流する地点は武功より東の小槐里付近であり、むしろ諸葛亮の北伐の経路よりもさらに長安に近い経路を通っているのが特徴で、「渭水の北側の長安から隴西への道（すなわち河西回廊への道）を遮断し、その地方の人民・蛮族をあわせると同時に、雍州・長安をおさえることができる要衝をとる」という五丈原の戦いの時の戦略思想に近いことがわかる。[58]

この時の出撃先に近い小槐里については、楊阜傳に

劉備が漢中を取り下弁に逼るに及び、太祖（曹操）は武都が遠く孤立していることから、移動しようとしたが、吏民が土地に執着することを恐れた。楊阜は威信が素より著しく、前後にわたって民や氏族を移し、京兆・扶風・天水の区域に一万余戸を住まわせ、郡を小槐里に移し、百姓は子どもを背負ってこれに従った（及劉備取漢中以逼下辯，太祖以武都孤遠，欲移之，恐吏民戀土。阜威信素著，前後徙民，氐，使居京兆、扶風、天水界者萬餘戸，徙郡小槐里，百姓襁負而隨之）。

とあり、劉備が漢中を奪取し、下弁に逼っていた時に、曹操が武都の民や氐族の一万余戸を京兆、扶風、天水に遷した際に郡庁が移された地であることがわかる。この小槐里付近を姜維が目指した目的については、先述の諸葛亮の五丈原の戦いの際の戦略にも合致することや、それまで武都・陰平方面から隴西や河西回廊に出撃して非漢族とも協力してきた「実績」があることから、もともと武都付近にいて芒水付近に強制移住させられた氐を含む民の協力を得ようとしたこと、さらにそれまでの姜維の北伐への批判を受けて、西方へと寄った北伐の印象を利用して意表を突いた形で諸葛亮

の北伐戦略へと回帰しつつ、北伐継続を目指したこと、そして消極的な理由としては諸葛誕の反抗とそれに伴う孫呉の出撃に同調したことが考えられるだろう。

同年、侍中守尚書令・陳祇が死去し、董厥が尚書令に、樊建が侍中に、諸葛瞻が尚書僕射となったが、諸葛亮傳附董厥傳裴注所引孫盛『異同記』によると、董厥と諸葛瞻は姜維が戦を好むも功無く、国を疲弊させているとして、益州刺史にして兵権を奪おうと画策していたとされ[59]、姜維とは対立関係にあったと考えられている。

許靖の兄の外孫である陳祇については、これまで陳寿が「帝に諂い、宦官におもねっていた」[60]と記し、国を滅亡に導いた佞臣とされてきた[61]。しかし、近年では譙周が『仇國論』のもととなる論争をした相手が陳祇であることも踏まえ、姜維と陳祇の協力体制が築かれ、北伐を推進していたと考えられている[62]。

加えて、陳壽『三國志』の記述は陳祇を貶めるものではなく、劉禅の過ちを記すことを憚って黄皓の行いを述べることで覆い隠し、蜀漢の衰退の原因を直接的には明らかにしなかったことが不合理な董允傳附陳祇傳の配置そのものに表れているとし、その陳祇に関する記載が『華陽國志』や『資治通鑑』で改竄されたことと黄皓が権力を握って国家を危機に陥れた責任が陳祇の生前の事績に転嫁されてきたことが陳祇の低評価の原因であるとの指摘がある[63]が、傾聴すべきものだと考える。

ただ、陳壽『三國志』での姜維と陳祇への評価は肯定的とも言い切れない[64]ことを踏まえると、陳壽の師である譙周が姜維の北伐をめぐって陳祇と論争を繰り広げたことが、上記のような陳壽『三國志』における姜維と陳祇の微妙な扱いに影響を与えている可能性も考えておかなければならないだろう。

二五八年、呉では孫綝を誅殺しようとした孫亮が廃位され、その後皇帝となった孫休が張布、丁奉と計って十二月に孫綝を斬るという「逆クーデター」を成功させた。孫休の時代は堅実な政治が行われ、魏も呉に対する軍事行動を起こそうとはしていない。また、二六〇年五月、曹髦が司馬昭に対して「逆クーデター」を敢行したが、返り討ちにあい、六月、曹奐が皇帝となるといった混乱が続いた。

二六一年十月、蜀漢では董厥が輔国大将軍に、諸葛瞻が都護・衛将軍となり、尚書の事をつかさどるようになるが、実際は宦官の黄皓が内政を牛耳る。蜀漢へ使者として行った呉の薛珝は帰国してこうした蜀漢の政治不振を報告している。

二六二年十月、姜維は洮陽に出撃したが、益州にも近い侯和で鄧艾に敗れ、その後は成都に帰らず、沓中に駐屯している。[65]この後、黄皓が姜維を排除して閻宇に軍権を委ねようとしたが、それを察知したと思われる。

この戦いの出撃先の洮陽や侯和がこれ以前の出撃先である鍾題（鍾提）や臨洮にも近いことを考慮すると、姜維は二五六年以前の彼自身の北伐での一旦の目的地を目指したものと思われるが、すでに羌族や他の非漢族の協力を得ることが難しかったためか、雍州や河西回廊に深く侵入することもできなかったものと思われる。[66]

このように見ると、蔣琬没後の姜維の出撃先が、二五七〜二五八年の駱谷からの沈嶺や芒水を除けば、石営や西平、南安、襄武、狄道、（霊州）、河関、臨洮、鍾題（鍾提）、祁山、上邽（段谷）であることから、野中氏も指摘しているように、羌中道（河南道・青海道）や岷江上流走廊も経由して隴西（隴右）や河西回廊方面に至る経路が採られているのが特徴的であり、確かに諸葛亮の北伐よりもさらに西方を意識的に対象としていることがわかる。[67]

このような姜維による隴西（隴右）以西を中心とした「北伐」の狙いとして、これらの地域に代々居住してきた氐・羌・月氏などの非漢族に加えて、西方から移住してきたソグド人などの人々を含む「涼州諸国王」、さらには幷州南匈奴のような河西回廊の北方の非漢族との連携を諸葛亮の北伐期よりも強化して隴西から河西回廊をおさえることにあり、段谷の戦いまではある程度は成果があったものと思われる。

とはいえ、「断隴道」と「断涼州之道」は共通点も多く、姜維の北伐戦略の基本思想は諸葛亮の北伐戦略を基盤としたものであることはおさえておく必要があるだろう。

そもそも隴西から河西回廊の地域については、後漢期全体を通してみても、政策として一部を放棄し、住民を強制的に撤退せしめ、その後再度の移住入植を行うなど、政治情勢は非常に不安定であり、末期は郡を越えた〝殺し合い〟の連鎖が続いていた。さらに、ここから他地域への漢族の移住が規制されたにもかかわらず、外部からは流入してくる人口があるという状況の中で、後漢の統治を受け入れてきた当時の漢族の人々は羌や涼州盧水胡、湟中義従胡などに加えて、さらには恐らくは康居や月支などの西方からの人々も非漢族集団とも雑居してきた。(68) 諸葛亮の北伐戦略も、姜維の戦略共々、このことが大前提となっていたことは疑いない。

加えて、「適切な「主」をたてることができなければ、内部での対立抗争に陥(69)」ってしまい、「単独の首領によるリーダーシップが確立しがたく、王朝の権威を求める傾向があ(70)」った韓遂・馬騰らの隴右集団群が果たしていた漢族王朝とソグド人などの西方からやってきた人々を含む異民族集団の間の軍事力の利用・提供という目的において必要とされた統率者・仲介者の役割を姜維自身が果たし、(71) 隴右から河西回廊を蜀漢の勢力範囲とすることによって、先述のような諸葛亮の北伐戦略の実現を目指していたと考えられる。

このような蜀漢と隴右から河西回廊の（漢族・非漢族ともに含む）勢力の連携については、もちろん姜維自身が天水出身であったことが要因として考えられるが、それだけではなく、劉焉・劉璋政権期以降の動向も背景としておさえておく必要があるだろう。

すなわち、劉焉政権期には、馬騰・韓遂らの隴右集団群が長安の李傕らを襲撃しようとした際に、劉焉が援軍（『後漢書』劉焉傳によれば、叟兵五千）を送っており、蜀漢が隴右や河西回廊の非漢族と協力して長安を狙った戦略と類似した動きを見せていたことに加え、羌や青羌兵、叟兵、そして（張魯を通している場合も含めて）板楯蛮などの非漢族を軍事力として用いた劉焉・劉璋政権と馬騰・韓遂らの隴右集団群の軍事力の基盤が類似していたとみられる。(72)また、武帝紀裴注所引『獻帝傳』に引用された曹操を魏王に任命する詔勅において、韓遂や河首平漢王と自称し枹罕を拠点に三十年以上割拠した宋建が「巴蜀」と結んでいたとされることや張既傳裴注所引『典略』にあるように、韓遂が婿の閻行の攻撃を受けた際、おそらく「岷江上流走廊」を経由して羌中から西南に向かって蜀に赴くことを考えていたことも踏まえておく必要がある。(73)

蜀漢政権期でも、羌と関係が深い馬超・馬岱らを配下とし、青羌兵である飛軍や板楯蛮などを軍事力として用いていたと見られることから関中・河西回廊にいる非漢族などの勢力とも基盤が共通している可能性があることが重要な点であると思われる。(74)

ここまでの内容を踏まえると、少なくとも費禕・姜維政権期の北伐戦略における諸葛亮の北伐戦略との連続性を見ることができ、必ずしも戦略的には無謀な北伐であったわけではなく、姜維傳にあるように「隴以西」を勢力下に置くことを目指したような記述や

評にいう。……姜維はほぼ文武の才能があり、功名を立てることを志したが、軍勢を翫び、むやみに外征を繰り返し、明断な判断を充分にめぐらすことができず、終に身の破滅を招くこととなった（評曰：……姜維粗有文武，志立功名，而翫衆黷旅，明斷不周，終致隕斃）。

との評価には注意が必要であり、陳壽『三國志』の「蜀漢國史観」における費禕・姜維政権は、蜀漢の滅亡に向かっていった時期として貶められてきたのではないかと思われる。

おわりに

費禕・姜維政権期の北伐戦略を確認すると、諸葛亮の北伐の時よりも河南道、岷江上流走廊を通る西に寄った経路を使用し、「断涼州之道」と強調されるように臨洮から狄道などの雍州・涼州境界以西を重点的に攻めて、まずは隴西から河西回廊を確保しようとしているように見受けられる。

これは諸葛亮の北伐において隴西から関中への攻撃が不首尾に終わったことから、氐・羌・月氏などの当地居住の非漢族に加えて、そして西方から移住してきた「涼州諸国王」の勢力との連携を強化して、シルクロード（河西回廊、羌中道、河南道）をおさえて現地の物資や商業路を確保し、非漢族の軍事力を制御しつつ、加えて并州南匈奴のような河西回廊の北方の非漢族とも協力して（西暦一〇七年にはじまる羌の叛乱と同じような戦略で）長安を狙おうとしていたと考えられる。これを踏まえれば、姜維の北伐戦略は諸葛亮の北伐戦略と共通した思想を有しており、隴以西や涼州を最終目標としていたわけではないと思われる。

費禕が首班となっていた時期の北伐は積極的なものではなく、非漢族の動向を受けて連携したものであり、費禕が（漢中防衛体制を整備するためか、）北伐に積極的でなかったことに加え、費禕や姜維によって「諸葛亮の「隆中対」で示された「変」に値するほどの動きではない」という判断がなされた可能性があるが、その際に協力した非漢族は西域から移住してきた「涼州諸国王」の関係する人々も含まれている可能性が高い。

姜維単独政権期の北伐は、孫呉の出兵や曹魏の政情不安を受けて積極的に出撃しており、特に孫呉が諸葛恪政権であった時はほぼ同時期に北伐が行われている。このような姜維の北伐は、非漢族の協力を取り付けながら、段谷の戦いに至るまではそれなりに成果を挙げつつあったと思われるが、段谷での敗戦後は非漢族からの協力を得ることが難しくなったことに加え、姜維と協力関係にあった侍中守尚書令・陳祗の死去によって政権基盤が揺らぎ、北伐への批判が高まっていくことになる。

陳祗の死去と同年に行われた姜維の北伐で唯一関中を目指した駱谷からの出撃は、もともと武都付近にいて芒水付近に強制移住させられた氐を含む民の協力を得ようとしたことに加えて、姜維の北伐への批判を受けて、これまでの姜維の西方へと寄った北伐の印象を利用して意表を突いた形で諸葛亮の北伐戦略へと回帰しつつ、北伐継続を目指したのではないかと考えられる。

加えて、姜維の軍事行動は、韓遂・馬騰らの隴右集団群が果たしていた漢族王朝とソグド人などの西方からやってきた人々を含む非漢民族集団の間の軍事力の利用・提供という目的において必要とされた統率者・仲介者の役割を姜維自身が果たして、関中から河西回廊をおさえようとしたものと見ることができる。

諸葛亮と姜維の北伐戦略の類似性も含め、ここまで述べた内容を踏まえると、陳壽『三國志』の「蜀漢國史観」における費禕・姜維政権は、蜀漢の滅亡に向かっていった時期として貶められてきたのではないかと思われる。

今後は街亭で敗れた後の蜀漢の北伐戦略、特に五丈原の戦いでの戦略と姜維政権期も含む蜀漢政権での北伐戦略全体を見直しながら、蜀漢政権のあり方についても考察していきたいと考えている。

註

1　翻訳にあたり、原文の表記や用字をできるだけ活かすようにつとめており、硬い表現となっている場合があることをご容赦いただきたい。また、『三國志』の翻訳については、今鷹真・井波律子・小南一郎〔訳〕『三国志』全三冊（筑摩書房・世界古典文学全集、一九七七—一九八九年）・改版：『正史三国志』全八冊（筑摩書房・ちくま学芸文庫、一九九二—一九九三年）も必要に応じて参照している。

2　ここまで述べたことは拙著『三国志　正史と小説の狭間』（白帝社　二〇〇六年初版・二〇〇九年第二版、二〇一七年電子書籍ペーパーバック版〔以下、「電子書籍版」と略す〕（パンダ・パブリッシング株式会社））、拙稿「蜀漢・蔣琬政権の北伐計画について」（『創価大学人文論集』一八、二〇〇六年、一三一－一五四頁）一四一－一四二頁でも指摘している。

3 拙著二八八－二八九頁・電子書籍版一七四頁下段、註2拙稿一四二－一四三頁。なお、柴田聡子「姜維の北伐と蜀漢後期の政権構造」（『三國志研究』四、二〇〇九年、一二〇－一三七頁）一三三頁・註4では、姜維の北伐が註2拙稿が述べるような「軍による軍のための戦争」ではない」としているが、拙著二八八－二八九頁・電子書籍版一七四頁下段－一七五頁上段や註2拙稿一四二－一四三頁では「少なくとも結果として」そのように「言われても仕方ないような北伐」と述べており、実際の姜維の北伐が「軍による軍のための戦争」であったとしているわけではないため、その点では柴田前掲論文での指摘に異論があるわけではない。

4 註2拙稿一四三－一四四頁。

5 川西民族走廊（岷江上流走廊）や河南道（羌中道）と蜀漢の北伐については、ここでは拙稿「蜀漢・諸葛亮の北伐戦略と隴西・河西回廊の非漢族について――後漢・三国期の羌・「涼州諸國王」」（『東洋哲学研究所紀要』三三、二〇一七年、一五一－一七一頁）一六一－一六二頁、註2拙著電子書籍版七一頁下段－七二頁上段・一一一頁上段－一一二頁上段、野中敬「蜀漢・姜維の北伐をめぐって――主として蔣琬・費禕輔政期を中心に――」（二〇一八年度早稲田大学史学会大会にて発表、二〇一八年一〇月六日、のち『史観』一八〇、二〇一九年、一二四－一二六頁）一二四頁を挙げておくこととする。

6 延熙……十（二四七）年、涼州の胡王白虎文・治無戴らが衆を率いて降伏してきたので、衛将軍姜維は迎えに出て慰撫し、彼らを繁県に居住させた。この年、汶山郡平康県の夷が反乱したので、姜維が討伐に赴き、破ってこれを平定した（延熙……十年，涼州胡王白虎文、治無戴等率衆降，衛將軍姜維迎逆安撫，居之于繁縣。是歲，汶山平康夷反，維往討，破平之）。

7 延熙……十（二四七）年……この年、汶山郡平康県の夷が反乱を起こし、姜維は軍勢を率いてこれを討ち平定した。また隴西・南安・金城の諸郡に出陣し、魏の大将軍郭淮・夏侯霸らと洮水の西で戦った。胡王の治無戴らが部落を挙げて降ってきたので、姜維は彼らをつれて帰還し安住させた（延熙……十年……是歲，汶山平康夷反，維率衆討定之。又出隴西、南安、金城界，與魏大將軍郭淮、夏侯霸等戰於洮西。胡王治無戴等舉部落降，維將還安處之）。

8 註3柴田前掲論文一二〇頁参照。また、崔永紅『絲綢之路青海道史』（青海人民出版社、二〇二一年）五五頁ではこの二四七年から二四八年の北伐だけでなく、二三〇年の魏延の羌中出兵、二四〇年の姜維の隴西出撃から郭淮が姜維を羌中への追撃、二五四年の北伐においても羌中道（河南道・青海道）が使用されているとする。

9　例えば、唐長孺「魏晋雑胡考」（唐長孺『魏晋南北朝史論叢』（生活・讀書・新知三聯書店、一九五五年）三八二–四五〇頁）四〇三–四一四頁では後漢においては小月氏、魏晋においては雑胡とし、沈騫「河西小月氏、盧水胡与河東羯胡関係探源」（『敦煌学輯刊』二〇一五年第四期、一三二–一四二頁）では小月氏との関係を、王青「也論盧水胡以及月氏胡的居処和族源」（『西北史地』一九九七年第二期、二五–三〇頁）では西方から移動してきた月氏との関係を、馬長寿『北狄与匈奴』（生活・讀書・新知三聯書店、一九六二年）一〇三–一〇四頁では匈奴との関係を措定している。王宗維「盧水胡和小月氏」（『西北民族研究』一九九五年第二期、八五–一〇八頁）一〇四頁では、『三國志』では「治」と「支」が混同されており、治無戴は「治」姓ではなく「支」姓であって、盧水胡ではなく小月氏だとしており、白雪「魏晋時期河西的民族結構研究」（『社会科学家』二〇一一年第五期、三一–三四頁）三二頁では小月氏、匈奴、義渠の三説を列挙している。

10　註9王青前掲論文。薛啓明「盧水胡源出西域塞種考」（『南開史学』二〇二三年第一期、三–四二頁）四〇–四一頁では、大月氏の西遷やクシャーナ朝の台頭の影響を受けた中央アジアのサカ人などが移動し、その影響をうけたパミールやカラコルム地区の早期サカ人が移動してきて盧水胡になったとする。

11　張沢洪「魏晋巴蜀移民述論」（『許昌師専学報』（社会科学版）一九九一年第四期、一四–一九頁）一七頁。

12　註9白雪前掲論文三四頁では、『北朝胡姓考』の記載から亀茲族などの西域人の後裔である可能性を指摘している。斉藤達也「漢文史料に見える古代亀茲出身者の白・帛姓の再検討（一）――前漢から隋代まで――」（『国際仏教学大学院大学研究紀要』二一、二〇一七年、三三–九三頁）三九–四〇頁では、姓氏なのか個名の一部なのか確定できないとしつつも、後主傳裴注所引『諸葛亮集』の「月支・康居胡侯支富・康植等」から

当時の涼州では胡侯（おそらく現地の胡人集団の有力者）が康や支といった胡姓を称していたことが確実である。そこから類推すると、似た身分の白虎文も白姓を称していた可能性がある。

としている。ただし、白虎文の具体的な出身地や先祖は確定できず、亀茲人が白姓を称していた確証とはならないとも述べている。

13　『晉書』巻三武帝紀には

泰始……六（二七〇）年……六月戊午、秦州刺史・胡烈が叛虜を萬斛堆において攻撃し、力戦したが、戦死した。詔

して尚書・石鑒を派遣して行安西将軍・都督秦州諸軍事とし、奮威護軍・田章と共にこれを討伐させた。……七（二七一）年……夏四月……北地の胡が金城に侵攻し、涼州刺史・牽弘がこれを討伐した。羣虜（胡族）が内部で離反し、牽弘を青山で包囲し、牽弘の軍が敗れ、戦死した（泰始……六年……六月戊午，秦州刺史胡烈撃叛虜於萬斛堆，力戰，死之。詔遣尚書石鑒行安西將軍、都督秦州諸軍事，與奮威護軍田章討之。……七年……夏四月……北地胡寇金城，涼州刺史牽弘討之。羣虜內叛，圍弘於青山，弘軍敗，死之）。

とあり、胡烈の戦死が泰始六（二七〇）年、牽弘の戦死が泰始七（二七一）年であることが分かる。

14　呉焯「四川早期佛教遺物及其年代与伝播途径的考察」（『文物』一九九二年一一期、四〇－五〇頁・六七頁）四七頁では、白虎文は亀茲の白姓の人物で、治無戴と併せて諸葛亮傳の「涼州諸国王」や「胡侯」即ち「西域胡王」であるとしている。

15　註14呉焯前掲論文参照。また、羅世平「早期佛教進入巴蜀的途径——以揺銭樹佛像為中心」（『湖南美術学院学報』二〇一一年第二期、四－一三頁）九－一〇頁、一二頁では、河南道（河南道・青海道）が、蜀漢時期に胡人や僧が道を通って四川に仏教を伝える補助的な役割を果たしたとする。

16　鄭炳林「西秦赤水、強川、甘鬆地望考」（『西北民族学院学報』（哲学社会科学版）一九九四年第三期、七〇－七五頁）七二－七四頁。

17　宋傑「三国時期陰平的戦略価値及対蜀漢政権生存的影響」（『孫子兵法研究』二〇二三年第五期、二三－五〇頁・九一頁）三五頁。また、野中敬「鄧艾伐蜀の背景をめぐって——西晋王朝成立史の一側面」（『史滴』三六、二〇一四年、一一－三六頁）三二－三三頁注（三〇）によると、白龍江は白水（羌水）のことであると見られる。

18　拙稿「劉璋政権について——漢魏交替期の益州と関中・河西回廊」（『東洋哲学研究所紀要』三二、二〇一六年、一〇七－一二七頁）一一五頁。

19　蜀と涼州が「接し」、胡人の出入りが多かったと見られることについては、黄盼「中国における揺銭樹仏像とその意義——後漢・蜀漢時代の仏像受容をめぐって——」（『洛北史学』二〇　二〇一八年、七一－九四頁）九〇頁にも記載がある。

20　夏侯楙が安西将軍となって、長安の鎮守にあたっていた。諸葛亮は南鄭において部下たちと戦略を議論していた際に、魏延は「聞けば夏侯楙は若く、曹操の婿であって、臆病で謀略がないとのこと。今、延に精兵五千と携帯する兵糧五千をお貸しいただき、直ちに褒中から出て、秦嶺山脈にそって東にむかい、子午道にぶつかったところで北上すれば、十日を過ぎることなく長安に到達できるでしょう。夏侯楙は延が突然至ったと聞けば、必ずや船に乗って逃走することでしょう。長安の中にはただ御史と京兆太守がいるのみとなり、横門の邸閣（食糧貯蔵庫）と逃散した民の穀物で軍の食糧は足ります。東方（魏）が軍勢を集めるまでにはまだ二十日ほどかかりますので、公が斜谷からやって来るにあたっては、必ず到達するに足りる（時間がある）でしょう。このようになれば、一たび挙兵すれば咸陽以西を定めることができるでしょう」と言った。諸葛亮はこれが危険な策であるとし、安全で平坦な道をとり、無理をせず隴右を取るべきで、その方が十全にして必ず克つことになり、虞れがないとして魏延の経略を用いなかった（夏侯楙爲安西將軍，鎭長安，亮于南鄭與羣下計議，延曰：「聞夏侯楙少，主壻也，怯而無謀。今假延精兵五千，負糧五千，直從褒中出，循秦嶺而東，當子午而北，不過十日可到長安。楙聞延奄至，必乘船逃走。長安中惟有御史、京兆太守耳，横門邸閣與散民之穀，足周食也。比東方相合聚，尚二十許日，而公從斜谷來，必足以達。如此，則一擧而咸陽以西可定矣。」亮以爲此縣危，不如安從坦道，可以平取隴右，十全必克而無虞，故不用延計）。

21 宋傑「蜀漢用兵祁山与曹魏隴右戦局之演変」（『軍事歴史研究』三一、二〇一七年、一五-四〇頁、のち蘇海洋・王宏謀（編著）『隴蜀古道歴史地理研究』（科学出版社、二〇一九年、二四五-二八九頁）所収）二三-二六頁（二五九-二六四頁）、『三国兵争要地与攻守戦略研究』（中華書局、二〇一九年第一版、二〇二〇年第二版）五〇七～五一六頁・第七章　曹魏的祁山与隴右戦局之演変・（一）断隴以拒関中來敵・（二）断涼州之道以呑幷河西」、『三国軍事地理与攻防戦略』（中華書局、二〇二二年）九六-一三七頁「三国蜀魏戦争中的武都」・一一八-一二四頁「七、姜維統兵期間的武都与〝断涼州之道〟戦略規劃」では、諸葛亮の北伐での「断隴道」から姜維の北伐での「断涼州之道」への戦略の変化が指摘されているが、筆者は註20の文を踏まえ、姜維の「銜持河右」、「断涼州之道」の戦略が諸葛亮の「志」と同じであったと考えている。註5拙稿一五一-一七一頁。なお、『晉書』巻十三天文志下には

正始……二（二四一）年六月、鮮卑の阿妙児等が西方に侵攻したが、敦煌太守王延がこれを破り、二万人余りの首級を斬った。三（二四三）年、また鮮卑の大帥及び千人余りの首級を斬った（正始……二年六月，鮮卑阿妙兒等寇西方，敦煌太守王延破之，斬二萬餘級。三年，又斬鮮卑大帥及千餘級）。

とあるが、鮮卑が敦煌に侵入してきたことも諸葛亮や姜維の戦略を考える上で留意しておく必要があるだろう。

22 関尾史郎『周縁の三国志　非漢族にとっての三国時代』（以

下、「関尾『周縁の三国志』」と略す）（東方書店、二〇二三年）第四章二四四－二四五頁、関尾史郎『三国志の考古学　出土資料からみた三国志と三国時代』（以下、「関尾『三国志の考古学』」と略す）（東方書店、二〇一九年）第五章二四〇－二五〇頁。ちなみに、関尾『周縁の三国志』第四章二三一－二三二頁でも指摘されているように、筆者も「「西域諸国からの助兵」が「蜀軍に」加わることはなかった」と考えている。また、関尾『周縁の三国志』第四章二四七頁では、涼州刺史・徐邈が蜀漢につこうとしていた「涼州諸国王」を翻意させた可能性も指摘されている。

23　註5拙稿一五七－一六三頁。

24　胡以存・楊賓元「《隆中対》与蜀漢国家戦略」（『黄石理工学院学報』〔人文社会科学版〕二九－三、二〇一二年、四四－四七頁）四六頁。

25　註2拙著二九四－二九五頁・電子書籍版一七七頁。なお、この見解について、現時点では「蜀漢を生み出した諸葛亮とその正統な後継者・蔣琬に対して、費禕・姜維政権期に蜀漢が衰退した」とする陳壽の「蜀漢國史観」に基づいて記された『三國志』に依拠したものであるが、一定の蓋然性はあると考えている。

26　註5野中前掲論文一二五頁。

27　註17野中前掲論文一四頁では、麴城を臨洮周辺の洮水流域と推定している。

28　この北伐については、同年一月の司馬懿による正始の政変とそれに伴う夏侯覇の来降の影響も考慮する必要があるだろう。

29　蜀大将軍姜維率衆依麴山築二城，使牙門将句安、李歆等守之，聚羌胡質任等寇偪諸郡（陳羣傳附陳泰傳）。

30　引用はいずれも『関尾史郎のブログ』・「北伐」（二〇二一年一二月一日、二〇二三年一一月二七日閲覧）。https://sekio516.exblog.jp/29765859/。

31　註3柴田前掲論文一二三頁上段でも、このことから曹魏による雍州西南部の統治が不安定であったと指摘している。

32　鄧艾傳。

33　『関尾史郎のブログ』・「諸葛亮と姜維」（二〇二一年十二月七日、二〇二三年十一月二六日閲覧）。https://sekio516.exblog.jp/29771627/。なお、楊戲傳附『季漢輔臣贊』裴注所引『益部耆舊雜記』には、

王嗣、字は承宗、犍爲郡資中県の人である。以前、延熙年間（二三八－二五七年）に、功績・徳行が顕著ということで孝廉に推挙された。ややあって昇進して西安囲督・汶山太守に遷り、安遠将軍を加えられた。羌や胡を安んじ親睦させ、みなことごとく帰服した。また、平素荒々しく悪行を働く諸部族もみなやってきて降ったため、北方の国境地

帯は静かで安らかになった。後に大将軍・姜維が北征する度に羌・胡は馬・牛・羊や毛織物、さらに穀物を供出して軍糧の助けとし、国はその物資を頼みとした。その後、鎮軍〔将軍?〕に昇進し、もとどおり郡太守を兼任した。姜維の北伐に従った際、流れ矢に当たって負傷し、数ヶ月後に死去した。葬儀に参列し、野辺の送りをする蛮人は数千人に上り、みな声を上げて涙を流して泣いた。王嗣は人情に厚く篤実な人柄で、人々から愛され信頼された。王嗣の子や孫たちは羌・胡と肉親のように接し、あるいは義兄弟の契りを結ぶなど、恩愛はこれほどのものだった（王嗣字承宗，犍爲資中人也。其先，延熙世以功德顯著。舉孝廉，稍遷西安圍督、汶山太守，加安遠將軍。綏集羌、胡，咸悉歸服，諸種素桀惡者皆來首降，嗣待以恩信，時北境得以寧靜。大將軍姜維每出北征，羌、胡出馬、牛、羊、氈毦及義穀裨軍糧，國賴其資。遷鎮軍，故領郡。後從維北征，爲流矢所傷，數月卒。戎夷會葬，贈送數千人，號呼涕泣。嗣爲人美厚篤至，衆所愛信。嗣子及孫，羌、胡見之如骨肉，或結兄弟，恩至於此）。

とあり、姜維のもとで羌・胡を帰服させ、彼らから軍糧や馬・牛・羊などを供出させた人物として王嗣が挙げられており、時期は判然としないが、姜維の北伐に従軍して流れ矢に当たって傷を負い、没したとされるので、王嗣の死が姜維の北伐における羌・胡との連携に影響を与えた蓋然性がある。

34　費禕傳。

35　費禕傳。

36　一例として註3柴田前掲論文一二四頁下段を挙げておく。

37　この後、本論文では後漢末から三国時代の年代については便宜的に西暦で記すこととする。

38　渡邉義浩「孫呉政権の展開」（『大東文化大学漢学会誌』三九、二〇〇〇年、四九頁、三二―六〇頁、『三國政権の構造と「名士」』汲古書院、二〇〇四年　第三章第二節　君主権の強化と孫呉政権の崩壊所収、二四九―二八〇頁）二六五―二六六頁。ちなみに、魏の側から見た諸葛恪政権については、鄧艾傳に記載があり、これを見ても北伐による軍事力の掌握の傍証となるであろう。

39　村田哲也「孫呉政権後期政治史の一考察――孫権死後の北伐論の展開から」（『東洋史苑』五二・五三、一九九九年、四七―八一頁）五二―五六頁、拙稿「韋昭『呉書』について」（『創価大学人文論集』一六、二〇〇四年、二三五―二八五頁）二六五頁も参照。

40　註39拙稿二六七頁、註2拙著三〇〇―三〇二頁、電子書籍版一八〇頁下段―一八一頁上段でも指摘している。

41　孫亮傳。

42　註2拙著三〇三頁・電子書籍版一八一頁上段―下段。なお、

姜維の北伐戦略については、註21宋傑論文、註3柴田前掲論文、白亮「論甘粛地区在蜀漢北伐戦略中的地位」（『甘粛社会科学』二〇一三年六期、八三–八七頁）などで指摘されている。また、最近では註17野中前掲論文一三–一七頁において、姜維の北伐では武都・陰平から北上する新ルートから臨洮を経由した上で狄道や襄武・南安を占領し、秦州路を遮断して隴右西部・涼州を切り取り、氐・羌から兵員・軍糧を徴用しながら曹魏に対抗し、西平・河西回廊・霊州に至る経路もおさえようとしたとする興味深い見解を示しておられる。筆者は野中氏の示された武都・陰平から北上する経路に重心を移したことが姜維の北伐の特徴である点には同意するものであるが、武都から北上する経路は祁山への進出でも用いられていると思われる（註17野中前掲論文一八頁でも姜維による祁山ルートからの北伐に鄧艾が対応せざるを得なかったと述べられている）上に、二三〇年の魏延による羌中への出撃でも武都（・陰平）経由の道が用いられている可能性があることや姜維の基本的な戦略思想は関中・河西回廊への出撃に関する諸葛亮の以来の戦略に依拠していると考えており、姜維の独創と評するのは躊躇するところがある。

43 斉王紀・高貴郷公紀。

44 姜維傳。魏晴晴「三国時期隴蜀古道研究」（『隴東学院学報』二〇一六年第二期、二八–三三頁、のち註21蘇海洋・王宏謀（編著）、一七–三〇頁所収）三一頁（二六頁）では、この移住などを取り上げて、隴蜀古道が南遷の重要な経路だったとしている。

45 張嶷傳参照。

46 註17野中前掲論文一九–二三頁。

47 註5拙稿一六二頁では、「隴や河西回廊などで北方の草原の民と南の羌を結合」しようとしていたと指摘しており、註17野中前掲論文二三–二七頁では幷州の南匈奴との連携を模索していたとの指摘がある。

48 註5拙稿一五八–一五九頁では諸葛亮の北伐戦略が隴に至る道を遮断し、「天子」を北地で自称して，武都・参狼・上郡・西河の諸雑種を招集して東は趙、魏を侵略しつつ、三輔にも侵攻するという西暦一〇七年にはじまる羌の叛乱を念頭に置いている面があると述べている。

49 註22関尾『周縁の三国志』第三章一五八–一五九頁。

50 福原啓郎『西晉の武帝　司馬炎』（白帝社、一九九五年）一〇三頁。

51 高貴郷公紀、孫亮傳。

52 姜維傳。なお、鄧艾傳では「鍾題」を「鍾提」とする。

53 姜維傳。

54 註3柴田前掲論文一二九頁上段参照。ただ、関尾史郎氏は同柴田前掲論文一三二頁の「おわりに」で姜維が「段谷で敗戦するまで，雍州において魏に対して優勢に立っていた」とすることは誇大だとしており（『関尾史郎のブログ』・「柴田聡子「姜維の北伐と蜀漢後期の政権構造」」（二〇二三年一月十九日、二〇二三年十一月二十六日閲覧）https://sekio516.exblog.jp/30227093)、筆者も関尾氏と同様に考えている。

55 孫亮傳、孫綝傳。

56 この件を考える際に、呉主傳にある所謂「分天下文」の

黄龍元（二二九）年……六月、蜀は衞尉・陳震を遣わして孫權が帝位についたことを慶祝してきた。孫權はそこで蜀との協議のもとに天下の土地を分かち、豫州・青州・徐州、幽州は呉に属し、兗州・冀州・并州・涼州は蜀に属することとし、司州の土地は函谷関を境界として区分した。盟約の辞を定めていった。「……もし漢を害するものがあれば、呉はこれを伐つこととし、もし呉を害するものがあれば、漢はこれを伐つこととする。おのおの定められた土地を守り、互いに侵犯することはするまい。（後略）」（黄龍元年……六月，蜀遣衞尉陳震慶權踐位。權乃參分天下，豫、青、徐、幽屬吳，兗、冀、并、涼屬蜀。其司州之土，以函谷關爲界，造爲盟曰：「……若有害漢，則吳伐之；若有害吳，則漢伐之。各守分土，無相侵犯。（後略）」）

とあるが、黄龍元（二二九）年以降、この文章の傍線部を「呉及び蜀漢のいずれかの内部で混乱が発生し危機的状況となった場合、もう一方の国が併合することがあり得る」と解釈がなされていたと見られる。この「分天下文」については、註39拙稿二七三頁注三〇、註3拙著三〇七-三〇八頁・電子書籍版一八三-一八四頁参照。また、註17野中前掲論文二九-三〇頁では司馬昭の晋国すなわち并州への受封が（この「分天下文」の規定に基づいた）蜀漢による并州西河や雍州安定への虚封に対する牽制という対抗措置であることを論じている。

57 後主傳、姜維傳。

58 註2拙著二四七-二五三頁・電子書籍版一五六-一五九頁参照。

59 諸葛瞻、董厥らは姜維が戦いを好むも功が無く、国内は疲弊していることから、（姜維を）召還して益州刺史とし、その兵權を奪うように後主に上表するべきだと考えた。蜀の長老はなお諸葛瞻の上表には閻宇をもって姜維と交替させるとの見解があったとする。（後略）（瞻、厥等以維好戰無功，國內疲弊，宜表後主，召還益州刺史，奪其兵權。蜀長老猶有瞻表以閻宇代維故事。（後略））

60 董允傳附陳祗傳。

61 沈伯俊「大奸似忠説陳祗」（『文史知識』二〇〇八年七期、八四-八七頁）など。

62 註3柴田前掲論文一三〇頁上段-一三一頁上段、李梓豪・王

海「蜀漢尚書令陳祇〝踣国〟辨正——兼論《三国志・董允伝附陳祇伝》編次思想」(『湖北文理学院学報』四四-三、二〇二三年、一一-一七頁)など参照。

63 註62李梓豪・王海前掲論文では、後主傳裴注所引『魏略』に

蔣琬が亡くなり、劉禅は自ら国事を摂るようになった(琬卒，禪乃自攝國事)。

とあり、延熙九年に劉禅が自ら国事を摂ったとするが、董允傳附陳祇傳には

陳祇は董允に代わって侍中となり、宦官の黄皓と相互に表裏で助け合うようになると、黄皓は始めて政事に預かるようになった(陳祇代允爲侍中，與黄皓互相表裏，皓始預政事)。

とあって、黄皓が始めて政事に預かったのと同時期であることから、陳壽が劉禅の過ちを記すことを憚りつつ、黄皓が力を握った責任は劉禅にあることを暗に示したとする。

64 姜維傳には

姜維はほぼ文武の才能があり、功名を立てることを志したが、軍勢を翫び、むやみに外征を繰り返し、明断な判断を充分にめぐらすことができず、終に身の破滅を招くこととなった。『老子』に、「大きな国を治めるのは、小さな魚を煮るのに似る」と述べている。ましてせせこましい小国において、たびたび民の生活を乱すような行動をおこしてよいものだろうか(姜維粗有文武，志立功名，而翫衆黷旅，明斷不周，終致隕斃。老子有云：「治大國者，猶烹小鮮。」況于區區蕞爾，而可屢擾乎哉)。

とあり、董允傳附陳祇傳には

陳祇は、上は帝の意向を承り、下は宦官とつながっていたので、深く信愛され、実権は姜維より大きかった。……陳祇が寵愛を受けるようになってから、後主は死んだ董允に対する怨みが日に日に深くなり、自分を軽んじたと思うようになったが、それは陳祇が天子に媚びへつらい、黄皓の告げ口がしみ込み広がっていったためである(祇上承主指，下接閹豎，深見信愛，權重於維。……自祇之有寵，後主追怨允日深，謂爲自輕，由祇媚茲一人，皓構閒浸潤故耳)。

とある。

65 陳留王紀、鄧艾傳、後主傳、姜維傳。

66 註3柴田前掲論文一三二頁。

67 註5野中前掲発表一二五-一二六頁、註17野中前掲論文一三-一七頁。

68 飯田祥子「後漢後期・末期の西北辺境漢族社会——韓遂の生涯をてがかりとして」(以下、「飯田前掲論文」と略す)(高村武幸・廣瀬薫雄・渡邉英幸〔編〕『周縁領域からみた秦漢帝国』2(六一書房、二〇一九年、九一-一一六頁)一一〇

頁、註22関尾『三国志の考古学』二六五–二七三頁。飯田祥子「後漢辺郡支配に関する一考察——放棄と再建を手がかりとして——」（『名古屋大学東洋史研究報告』三〇、二〇〇六年、四九–七七頁）も参照。

69　註68飯田前掲論文一一一頁。

70　註68飯田前掲論文一一〇頁。

71　諸葛亮の生前には、馬超（・馬岱）が果たすべき役割であったと思われる。張東「馬超与蜀漢政権」（『襄樊学院学報』二九–六、二〇〇八年）八〇頁など参照。

72　拙稿「劉焉政権について——後漢末期の益州と関中・河西回廊」（『創価大学人文論集』二九、二〇一七年、六一–七四頁）六八頁、註18拙稿一一五–一一六頁。

73　註18拙稿一一五頁。

74　註71張東前掲論文七八–八〇頁、註5拙稿一五七–一六三頁、註2拙著一六九–一七〇頁・一八六頁・電子書籍版一一五頁・一二四頁参照。

図版出典

地図1、2は以下の文献を参考に編集者にて作図した。

譚其驤〔主编〕『中國歴史地圖集』第二冊　秦・西漢・東漢時期、第三冊　三国・西晋時期（ともに中国地図出版社、一九八二年）

野中敬「鄧艾伐蜀の背景をめぐって——西晋王朝成立史の一側面」『史滴』三六、二〇一四年、一一–三六頁）一六頁　姜維北伐・司馬昭霊州遠征関連略図

宋傑『三国兵争要地与攻守戦略研究』（中華書局、二〇一九年第一版、二〇二〇年第二版）五五四–五五五頁　図二八　三国地区交通示意図・図二九　魏蜀隴右対峙形勢図

宋傑『三国軍事地理与攻防戦略』（中華書局、二〇二二年）一三四–一三六頁　図八　姜維狄道、襄武之役（公元二五四年）・図九　姜維洮西之駅（公元二五五年）・図一〇　姜維段谷之役（公元二五五年）

「涼州諸国王」と蜀地方

関尾史郎

はじめに

秦の始皇帝によって初めて政治的な統一が成し遂げられてから約四五〇年後、中国世界は分裂の時代を迎えることになった。曹魏、孫呉、および蜀漢からなる三国時代の幕開けである。それは単に中国世界の政治的な分裂を意味しただけではなく、その周縁を居住域としていた非漢族の動向にも深刻な影響を及ぼすものであった。その具体的な様相については別途論じる機会をもったが、(1) この非漢族のなかには、中央アジア一帯から中国世界に移動ないしは移住した西方系の非漢族も含まれていた。本稿では三国時代における彼らの動向を追いながら、その文化的な影響の一端について考えてみたい。(2)

一 「涼州諸国王」の正体

蜀漢の丞相諸葛亮の第一次「北伐」にあたり、その皇帝劉禅（後主）の発した詔勅が、『諸葛亮集』に収められている。亮自身が起草したためと思われるが、そのなかに左のような一節がある（『三国志』巻三三後主伝建興五（二二七）年春条注引）。

……呉王孫権は同に災患を恤い、軍を潜め謀を合わせ、其の背後を掎角しようとしている。涼州の諸国王は、各々月支・康居胡侯の支富・康植ら二十人余をして（蜀に）詣って指令（節度）を受けさせ、大軍が北方に出撃する際には、直ちに兵馬を率い、先駆として奮戦致したい（と告げてきた）。天命は既に集（至）り、人事もまた至（成）った。師貞しく勢幷わされば、必ず敵するところは無いだろう……（……呉王孫権同恤災患、潜軍合謀、掎角其後。涼州諸国王各遣月支・康居胡侯支富・康植等二十余人詣受節度、大軍北出、便欲率将兵馬、奮戈先駆。天命既集、人事又至、師貞勢幷、必無敵矣……）。

ここにある「涼州」とはほぼ現在の中国・甘粛省に相当し、当時は中国世界西端の州として曹魏の支配下にあった。しかしその州には「諸国王」がおり、彼らが月支胡侯の支富や康居胡侯の康植らを、曹魏と敵対していた蜀漢に派遣して「北伐」への協力を申し出たというのである。「月支（氏）」も「康居」も、中央アジアの遊牧国家である。

ただ当時は大月氏の支配から貴霜翕侯が独立して中央アジアから北インドにまたがるクシャン朝をうちたてていた。また康居の支配下でもアム川とシル川にはさまれたソグディアナの都市国家がそれぞれ自立を遂げていた。したがって「月支」も「康居」もそのまま国名ととるのは危険である。森安孝夫氏によると[3]、月支胡侯の支富とはバクトリア人、康居胡侯の康植とはサマルカンド（康国）のソグド人で、彼らは「西域商人集団のリーダー」であると同時に「軍団の長」でもあった。では彼らを蜀漢に派遣した「涼州諸国王」とはいかなる存在だったのであろうか。

この詔勅（以下、「劉禅詔」）は諸葛亮の「北伐」開始に際して出されたものなので注目度も高いのだが、この「涼州諸国王」の部分は解釈があまり深められていない。当時の涼州にいくつもの「王国」が並立していたとは考えがたいからである。しかしこれはあくまでも詔勅のなかの一文なのだから、歴史的な事実がそのまま書かれたわけではないだろう。誇張や矮小、さらには歪曲が仕組まれていてもおかしくはないのである。ここでは「呉王孫権」と同格にする必要から「涼州諸国王」という呼称が用いられたと考えるのが妥当だろう。(4) つまり実際には涼州に王を自称もしくは他称する人びとなど存在していなかったということである。もちろん王より下位の称号である「侯」を称する人びとについても同じである。ただ当時の涼州では中央アジアやクシャン朝治下の北インドから来住した人びとが各地で集団生活を営んでいた可能性は充分に考えられるので、そういった集団のリーダーたちが申し合わせて自分たちの配下を蜀漢に派遣したということだろう。

曹魏末期から西晋と、時代はやや降るが、その涼州では多くの塼画墓や壁画墓が築造された。墓の入口にあたる墓門上の門楼や、墓室の壁面（一部には天井も）にはめ込まれた塼（土を焼成した小さなレンガ）ごとに画像を描刻したのが塼画墓で、壁面全体をキャンバスにして図像を描いたのが壁画墓である。(5) 図像のモチーフは多種多様なのだが、そこに描かれた人物のなかには、高い鼻をして豊かなヒゲをたくわえ

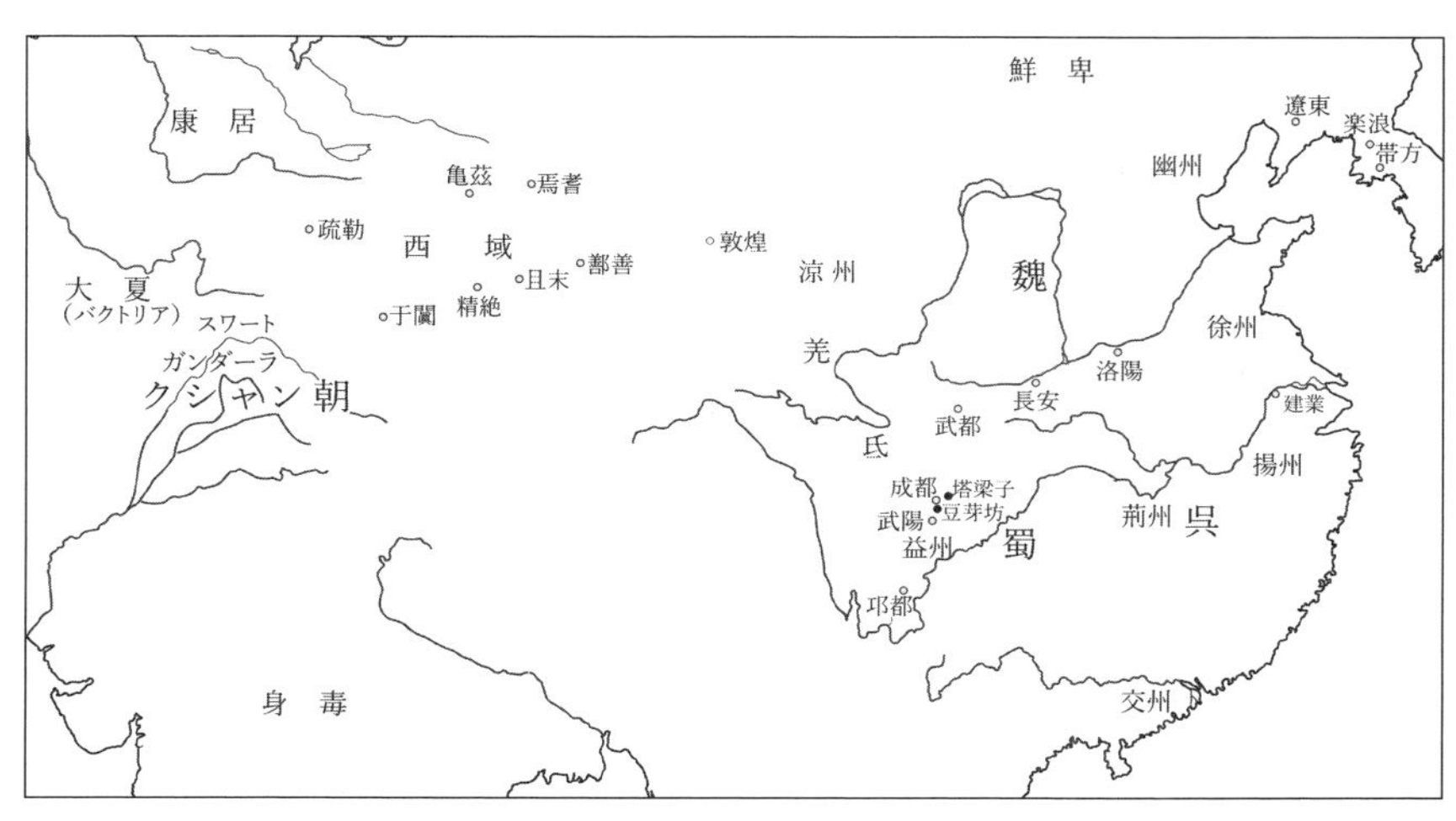

三世紀の東ユーラシア

た男性像が頻見される。彼らがかぶっている独特な三角形の帽子も含め、これが西方系の非漢族を図像化したものであることは疑いなく、当時、すでに西方系の非漢族がこの一帯で漢族と共生関係にあったことを示していると解釈できる。(6) もちろん塼画や壁画に描刻された人びとをただちに「涼州諸国王」やその配下にあった「胡侯」と無媒介に結びつけることは控えるべきだが、少なくない西方系の非漢族が曹魏末期から西晋にかけて、涼州に居住していたことは明らかなのである。そのようななかで、集団として組織化ないしは階層化されたのが「涼州諸国王」以下の人びとだったと考えることができよう。

では彼らはなぜ、このような行動に出たのであろうか。諸葛亮の「北伐」と彼らとの間にはどのような関係があるのだろうか。そもそも彼らが中国世界西端の涼州に来住したのは交易のためであったと思われる。その彼らにとって後漢という統一国家の消滅と曹魏、孫呉、そして蜀漢の鼎立という政治状況の激変は、自由な往来を妨げられかねない深刻な事態であったろう。とくに涼州は曹魏の支配下にはあったが、後漢末期から曹魏初期すなわち漢魏交替期には、管下の酒泉、張掖など複数の郡で中央政府から任命された太守を地域の有力者たちが殺害したり捕縛したりする事件が頻発していた。(7) そんななかにあって、「北伐」事業に象徴されるように、蜀漢は中国世界再統一の志向を鮮明にしていた。それればかりでなく、蜀漢にとっては涼州への進出も重要な国家目標であった。それは、益州（当時の益州は四川省と重慶市を中心として、貴州、雲南両省を含む広い一帯）を手中に収めた劉備に対して孫権が荊州（現在の湖北、湖南両省で、北部は曹魏領）の返還を求めた際、備が「涼州を獲得することができたら、荊州は直ちに差しあげたい（須得涼州、当以荊州相与）」（『三国志』巻三二先主伝建安二十（二一五）年条）と応じたため、権が激怒したというエピソードからも知ることができる。たしかにこれは荒唐無稽のようにも思えるが（であるからこそ孫権も激怒したのかもしれない）、全く真剣に考えてもいなかった思いつきや、実現可能性がゼロに近いような構想を返答としただろうか。外交上のやり取りである以上はそれも考えがたい。涼州の全域とは言えないまでも、その南端で益州とも接している武都郡（甘粛省成県周辺）

一帯への進出を劉備や諸葛亮が企図していた可能性は充分に考えられよう。「(建興)七年春、(諸葛)亮は陳式をして武都、陰平(両郡)を攻めさせ、遂に克って(この)二郡を平定した(七年春、亮遣陳式攻武都・陰平、遂克定二郡)」(『三国志』巻三三後主伝建興七(二二九)年条)とある第三次「北伐」こそは、まさにそれを実行したものだったのである。この一帯(陰平郡は甘粛省文県周辺)は、涼州から東に向けて長安が位置する渭河流域に達するためのみならず、漢水流域や南の蜀地方に達するためには是が非でも確保しなければならない交通の要衝だった。[8] したがって蜀漢が曹魏の支配下にあった涼州への進出を企図するのであれば、間違いなく獲得目標の首位にあげられる地域であった。いっぽう、交易のため涼州に来住した西方系の非漢族を代表するソグド人やバクトリア人にとっても、当地域の政情の安定は強く望まれたところだったであろう。かくして両者の利害が一致したのではないだろうか。

二　中江県塔梁子三号崖墓壁画の胡人像

蜀漢と「涼州諸国王」の利害が一致したと書いたが、蜀漢が支配した益州自体も、西方系の非漢族から重視されていたのではないだろうか。四川省中江県の塔梁子三号崖墓から出土した画像石刻がそう考えうる根拠である。[9] 省都の成都市東方に位置する中江県は後漢時代、広漢郡迴県の管下にあったが、同墓はその後漢晩期の築造と推定されている。[10] 随所に画像石刻が用いられているのが特徴だが、そのうちの一つに(図1、口絵3)のような「胡人舞踏図」がある。[11] 縦三〇・横七五センチの表面に、横を向いた五人の男性の全身が浮き彫りで描かれている。丸みを帯びた台形状の帽子は紅の、また帽子からはみ出した頭髪・眉毛・頬髯は黒の着色が施されており(衣服の襟や履き物も同じか)、なかでも帽子と頬髯、そして横向きで強調された高い鼻が目を引く。手を繋いで舞っている様子を描いたものという解釈には疑問も残るが、ここに描かれたのが西方系の人びとであることは明らかである。右のような身体的な特徴から判断して、ソグド人もしくは北インド系と考えてよいだろう。ただソグド人の場合、頭頂が尖った三角形の帽子を着用した姿で描かれることが多いので、帽子の形状からすると、北インドにルーツをもつ人びとであろうか。この図像の直上には「褁人」という榜題（タイトル）が墨書されており、彼らが「褁人」と呼ばれていたことがわかるのだが、これが種族の名称なのか否かは定かではない。[12]

後漢時代には墓やその関連施設に画像石刻が多用され、石刻の画題に「胡人」と総称された西方系の人びとが選ばれることも少なくなかったようで、朱滸氏がそのような図像を集めているが、[13]その大半は個人単位で描かれたもので（本墓でも門吏の一人が「胡人」と解釈されている）、この「胡人舞踏図」のように集団で描かれた例は稀少である。では、この図像をどう解釈すればよいのだろうか。

塔梁子三号崖墓は五つの墓室とこれに側室が加わった広大で複雑な構造を有する墓で、墓主は、大鴻臚（中央の九卿の一つで、諸侯や周辺の非漢族の管理を担当した）だった文子賓の子で、罪を得たためこの地に移り住んだ文真の後裔にあたる文安で、生前は無位無官だったようだ。[14]ただ祖先にはこの地方の官府に出仕した人物もいたので、一定の社会的な勢力を有していたことは確実で

図１　「胡人舞踏図」四川省中江県塔梁子三号崖墓出土画像石刻

ある。祖先の文子賓が非漢族に関わる官職にあったことから、本墓の石刻にも西方系の人びとが描かれたとする向きもあるが、[15]そうではないだろう。本墓には墓主とその家族が賓客を招いて催したと思われる宴会を描いた図像（宴飲図）が八幅ほどあるが、その図像に対応して、宴会でパフォーマンスを演じるさまを描いたのがこの「胡人舞踏図」だったと思われるのである。もちろん、この地方にも西方系の人びとが集団で来住していたこと、そういった集団と地域社会との間に何らかの関係が構築されていたこと、この二点が前提として欠かせない。西方系の人びとの来住目的は交易以外にはありえないだろうから、[16]遅くとも後漢晩期には、涼州から南下して益州にも拠点を立ちあげていたのであろう。「涼州諸国王」たちが、蜀漢に使者を派遣して協力を申し出た背景には、このような事情があったのである。武都郡は涼州と蜀漢の都である成都を結ぶ最短ルート上に位置しているが、ここが曹魏の支配下にある以上は、このルートを利用するのはリスクが大きすぎるだろう。満田剛氏は、「涼州諸国王」たちが派遣した使者たちもこのルートを迂回して甘粛、四川両省にまたがる四千メートルクラスの山岳越えをせざるをえなかったと推測している。[17]

三　眉山市後漢墓出土文物の西方系要素

ところで蜀地方では、この塔梁子三号崖墓のように画像石刻を多用した後漢時代の墓が随所で見つかっている。[18]また画像石刻に限らず興味深い副葬品も少なくない。銅銭に見立てた小枝を数段配した樹木を台座にさし込んだ「揺銭樹」もその一つである。四川省を中心とした中国世界の西北、西南両地方の後漢墓での出土例が報告されているもので、特異な副葬品である。墓に葬られた死者が死後の世界でも財富に恵まれることを祈願して墓中に埋納されたものと考えられているが、金子典正氏が、この揺銭樹やその台座に仏像が彫刻されている例を紹介している。[19]たとえば、成都市の南方に位置する眉山市彭山区（後漢時代には犍為(けんい)郡治の武陽県）の豆芽坊一六六号墓から出土した揺銭樹の陶製の台座には仏坐像が刻されていた（図２）。金子氏は、先行研究の成果をうけて、その姿形は「ガンダーラ仏の造形をうけたもの」[20]としている。

揺銭樹の樹頂や台座には、西王母に代表される伝統的な神格や神仙などを配するのが一般的だったようだが、それに混じって仏像を配するこのような事例が見られるのであり、後漢時代の蜀地方における仏教信仰の広がりや特質を示すものと言うことができよう。

さらに金子氏は、同じ彭山区の砦子山五五〇号墓などに見えている男女が抱擁する浮彫（図３）が、パキスタンのスワート（ウディヤーナ）地方で出土した仏塔の装飾浮彫に酷似していることも指摘しており、「仏像と共に北西インドの世俗的な死後の世界観[21]」も蜀地方に伝えられたことを推測している。[22]言うまでもなく、後漢時代、南のガンダーラと共にスワートもクシャン朝の統治下にあった。

豆芽坊墓群や砦子山墓群も、塔梁子墓群と同じように、各墓の被葬者は地域の漢族だったと思われるが、西方系の人びと（とくに北インドにルーツをもつ人びと）との交流なくしてこのような造形表現が生まれることはなかった、そのことは疑いない。ただ、

図３　男女抱擁図浮彫
彭山区砦子山五五〇号墓出土

図２　揺銭樹の陶製台座仏坐像
四川省眉山市彭山区豆芽坊一六六号墓出土

塔梁子三号崖墓に描かれた西方系の人びとが涼州から南下してこの地に至ったと断定することはできないし、その西方系の人びとと、豆芽坊一六六号墓出土の揺銭樹の仏坐像や砦子山五五〇号墓出土の浮彫に象徴される文化をもたらした人びとが重なり合うことが実証できたわけでもない。とくに前者の問題については、『史記』巻一一六西南夷伝が伝える逸話がある。前漢の武帝によって中央アジアに派遣された張騫が、大月氏に隣接する大夏（バクトリア）で「蜀布」と「邛竹杖」を見かけたので、その由来を尋ねたところ、身毒国で蜀の賈人（商人）から入手したということだった。「身毒国」はインド、邛は越巂郡邛都県のことで、四川省南部、西昌市にあたる。すなわち紀元前の早い時期から東南アジアや南アジアが媒介となって蜀地方と中央アジアとの間では交易が行なわれており、蜀地方の商人（漢族とは限らない）が南アジアすなわちインドまで達していたことがわかるのである。このような交易がどの程度活発に行なわれていたのかは知る由もないが、諸葛亮が「北伐」に先んじて二二五（建興三）年に敢行した「南征」は叛乱の平定を表向きの目的としているが、じつは東南アジアに通じる交易路の確保が目ざされていたと考えられる。[23] したがって本節で紹介した二種類の造形が、西方系の人びとによって東南アジアを経由して蜀地方にもたらされた可能性も考慮に入れなければならない。ただこのうち、揺銭樹の出土例は、四川省を中心に、西北の甘粛、陝西、および青海の三省、西南の雲南、貴州両省と重慶市に集中しており、そのなかでも台座に仏像が彫刻された例は四川省と重慶市を中心に、陝西、貴州両省に限られている。[24] 少なくともこのことは、東南アジア方面から伝えられたと判断するのを躊躇させるものである。

おわりに

本稿では、劉禅詔に見えている「涼州諸国王」を手がかりとして、西方系の人びとと蜀地方の繋がりについて見てきた。では蜀漢は、「涼州諸国王」との連携を実現させることができたのだろうか。

蜀漢がまさに第一次「北伐」を開始せんとしたのと時を同じくして、曹魏は徐邈を涼州刺史に任じた（『三国志』巻二七徐邈伝）。

（魏の）明帝は、涼州は絶遠（の地で）、南は侵寇（してくる）蜀に接しているので、邈を以て涼州刺史・使持節領護羌校尉とした。（邈が任地の涼州に）至ると、（ちょうど）諸葛亮が祁山に（軍を）出してきて、隴右の（南安・天水・安定）三郡が（それに呼応して魏に）反くという事態に直面した。邈は（そこで）輙ち参軍や金城太守らをして南安の賊を撃たせ、これを破ることができた（明帝以涼州絶遠、南接蜀寇、以邈為涼州刺史・使持節領護羌校尉。至、値諸葛亮出祁山、隴右三郡反。邈輙遣参軍及金城太守等撃南安賊、破之）。

曹魏の側では、蜀漢による「北伐」が近々始まること、それが長安を中心とした関中地域ではなく、それよりも西方の隴右（隴山以西）地域をターゲットとしているという情報をすでにつかんでおり、それに対処するために徐邈を涼州刺史に任命したのだと解釈できる。非漢族である烏桓の居住域にも近い燕国の薊県（現・北京市西城区）を本籍とし、後漢の最末期には隴西、南安両郡の太守を歴任した徐邈は典型的な「辺境官僚」（辺境の出身で、かつ辺境の地方長官を歴任した官人）であった。結果的には徐邈を涼州刺史に起用したことが第一次「北伐」を失敗に終わらせた一因になったと評することができるが、それもあってか、彼は一〇年以上の長期にわたって涼州刺史を勤めあげ、数々の事績を残すことになった。先掲の徐邈伝に掲げられた事績のなかに、「西域（諸国）との間でモノが行き交い、荒服（中国を中心とした世界の最も外側に位置する地）の戎夷たちが貢物を携えて入朝して来たのは、いずれも邈の勲功である（西域流通、荒戎入貢、皆邈勲也）」というのがある。[25] 彼が中央アジアのオアシス都市国家との交易を活性化させたということであろう。

このなかに、「涼州諸国王」や「胡侯」たちの出身地である国や地域が含まれていたことは想像に難くない。さらに二二九（太和三）年には、劉禅詔に出てくる「月支胡侯」にとっては本国にあたるクシャン朝の王ヴァースデーヴァ（波調）が曹魏から「親魏大月氏王」に冊封されてもいる。(26) 徐邈の「荒戎入貢」の成功例とも言えようが、これによって「涼州諸国王」や「胡侯」らの方針にも転換が生じたのではあるまいか。

ところで、徐邈が涼州刺史だった時期に、涼州の最西端である敦煌の太守だったのが、次のような事績を残した倉慈である。長くなるが、引いておく（『三国志』巻一六倉慈伝）。

太和年間（二二七〜二三三年）、（倉慈は長安令から）燉煌太守に遷った。（燉煌）郡は西端に位置していたため、喪乱によって（中央との交通が）隔絶してしまい、太守が（赴任できず）いない時期が曠しく二十年にも及んでいた。（その間、在地の）大姓が雄張んで、遂にそれが俗いになってしまった。前任の太守である尹奉らは故に循うだけで、匡したり革めたりすることはなかった。（しかし）慈は着任すると、権右を抑え挫き、貧しい弱者を撫恤したが、（これは）甚だ道理を得たものであった。……また常日頃から西域の雑胡（様々な非漢族）がやって来て貢献することを欲したが、豪族たちがこれを待ち受けて（行く手を）さえぎってしまうことが多く、（そのため燉煌の豪族たちと）取引をするようになったが、欺かれたり詐られたりして侮易られ、はっきりと明らかにならないことが多かった。

胡は（このことを）常々怨めしく思っていたが、慈は彼ら全員を労った。（そして）洛陽まで詣ることを欲する者にはそのために（通行証である）過所をしたためた。（また燉煌）郡から（西方に向けて）還ることを欲する者には、官が（彼らの）ために公平な取引をし、そのたびに郡府にある現物を以て（彼らと）交易させ、吏・民をして（その）

道中を護送させた。これにより、民（漢族）と夷（非漢族）はその徳と恩恵を翕まりあって称えた（太和中、遷燉煌太守。郡在西陲、以喪乱隔絶、曠無太守二十歳。大姓雄張、遂以為俗。前太守尹奉等、循故而已、無所匡革。慈到、抑挫権右、撫恤貧羸、甚得其理。……又常日西域雑胡欲来貢献、而諸豪族多逆断絶、既与貿遷、欺詐侮易、多不得分明。胡常怨望、慈皆労之。欲詣洛者、為封過所。欲従郡還者、官為平取、輒以府見物与共交市、使吏民護送道路。由是民夷翕然称其徳恵。数年卒官）。

倉慈が敦煌太守となったのは明帝の太和年間で、当時の涼州刺史は徐邈であった。かつて敦煌には二十年間にわたって太守が赴任できず、その間、地域社会の有力者（大姓）たちが勢力を振るっていて、慈の前任者はこのような状況を改善することができなかったというのである。(27)

倉慈伝からは、大姓・権右・豪族と様々に呼ばれた地域社会の有力者たちが、農耕に従事する一般民戸（小民）や、交易に従事する西方系の非漢族（西域雑胡）を圧迫していた様子がうかがえるが、長らく続いていたそのような状況を是正したのが、ほかならぬ倉慈だったのである。そしてこのような倉慈の事績は敦煌郡を管下に置いていた涼州刺史徐邈の方針に沿ったものだったと考えられよう。(28) 慈が西方から交易のためにやってきた非漢族のために様々な施策を講じたことがわかる。敦煌をはじめ涼州各地に分住していたと思われる「涼州諸国王」や「胡侯」たちがこのような施策を歓迎しないはずはなく、結果的に蜀漢との連携という方針も擲棄されたのではないだろうか。

諸葛亮没後も蜀漢では、姜維が隴右方面への「北伐」をくり返したが、(29) もはや涼州やそこにあった西方系の非漢族勢力との連携などのぞむべくもなかったのである。

註

1 関尾『周縁の三国志 非漢族にとっての三国時代』東方書店・東方選書、二〇二三年。

2 本稿は、関尾「〝涼州諸国王〟と蜀地方」『東洋学術研究』五九-二、二〇二〇年を、関尾「塔梁子崖墓の胡人画像について」同『三国志拾遺 続――文献と文物の間』Nakazato Labo（https://note.com/nakazato211/n/n81806e6228d4）、二〇二二年などの成果をふまえて改訂・増補したものである。

3 森安孝夫『シルクロードと唐帝国』講談社・学術文庫、二〇一六年（原版は講談社・興亡の世界史、二〇〇七年）。森安説以外の主だった解釈については、関尾『三国志の考古学 出土資料からみた三国志と三国時代』東方書店・東方選書、二〇一九年、二四〇頁以下を参照。

4 津田資久「書評：関尾史郎著『三国志の考古学』」『日本秦漢史研究』二三、二〇二二年は、この涼州は曹魏の雍州（後漢時代の涼州東部）のことで、「諸国王」とは、「侯王」などの称号を授けられた、その地にあった羌、胡、氐などの非漢族の「渠帥」と解釈する。この津田説に対する疑問は、関尾「文物と文献の間――津田資久「書評：関尾史郎著『三国志の考古学』」に接して」同『三国志拾遺 補――東アジア・石刻ほか』Nakazato Labo（https://note.com/nakazato211/n/n97b89caeb34c）、二〇二三年で提起しておいた。

5 墫画墓・壁画墓の詳細については、関尾『墫画墓・壁画墓と河西地域社会』汲古書院・汲古選書、二〇二四年、参照。また関尾編『河西魏晋・〈五胡〉墓出土図像資料（墫画・壁画）目録』汲古書院、二〇一九年は、その総覧である。

6 墫画や壁画に描刻された非漢族の詳細については、関尾「胡と漢――画像墫・続」註2関尾前掲書を参照されたい。

7 詳細については、関尾「漢魏交替期の河西」同『三国志拾遺 正――史料・地域・対外関係』Nakazato Labo（https://note.com/nakazato211/n/n335dd5fc10ae）、二〇二一年（二〇〇三年初出）を参照されたい。

8 註3関尾前掲書、第五章「諸葛亮の「北伐」と涼州」、参照。

9 籾山明「もうひとつの三国志」『東方』四六四、二〇一九年。

10 四川省文物考古研究院・徳陽市文物考古研究所・中江県文物保護管理所編『中江塔梁子崖墓』文物出版社、二〇〇八年、九二頁以下。

11 「胡人舞踏図」以外の画像石刻については、関尾「中江塔梁子三号崖墓壁画題銘試釈」註4関尾前掲書を参照されたい。

12 王子今『秦漢称謂研究』中国社会科学出版社、二〇一四年は「襄人」について、「髯人」や「獽人」に引きつけて解釈する。この王著については、籾山明氏の教示により知りえた。

13 朱滸『漢画像胡人図像研究』生活・読書・新知三聯書店・漢学大系、二〇一七年。

14 文安とその一族の詳細については、註11関尾前掲論文、参照。

15 たとえば、宋治民「四川中江県塔梁子M3部分壁画考釈」、註10四川省文物考古研究院他前掲編著（二〇〇五年初出）など。

16 佐藤武敏『中国古代絹織物史研究』上巻、風間書房、一九七七年によると、蜀地方は後漢時代には「蜀錦」の生産地として知られるようになっていた。

17 満田剛「劉璋政権について――漢魏交替期の益州と関中・河西回廊――」『東洋哲学研究所紀要』三二、二〇一六年、同「蜀漢・諸葛亮の北伐戦略と隴西・河西回廊の非漢族について――後漢・三国期の羌・「涼州諸國王」――」『東洋哲学研究所紀要』三三、二〇一七年。

18 詳細については、菅野恵美「四川漢代画像磚の特徴と分布――特に同笵画像磚を中心として」同『中国漢代墓葬装飾の地域的研究』勉誠出版、二〇一二年（二〇〇二年初出）、参照。

19 金子典正「四川地域出土の揺銭樹にみられる初期仏像――後漢時代の仏像の意義」早稲田大学奈良美術研究所編『仏教美術からみた四川地域』、雄山閣・アジア地域文化学叢書、二〇〇七年。

20 註19金子前掲論文、六五頁。

21 註19金子前掲論文、八〇頁。

22 柿沼陽平『古代中国の二四時間 秦漢時代の衣食住から性愛まで』中央公論新社・中公新書、二〇二一年は、この浮彫の写真に「接吻から愛撫へ」というキャプションを附して、古代中国の「男女の性愛」を示す具体例として掲げるが（二四六頁）、本稿ではこのような解釈に与さない。

23 満田剛『三国志 正史と小説の狭間』白帝社、二〇〇六年、第六章「「丞相」・諸葛亮の時代」、註1関尾前掲書、第三章「諸葛亮の「隆中対」」。

24 註19金子前掲論文、六六頁の表1「仏像付揺銭樹一覧表」、参照。

25 徐邈のその他の事績については、関尾『塼画墓・壁画墓と河西地域社会』汲古書院・汲古選書、二〇二四年、終章「塼画墓・壁画墓と河西地域社会」を参照されたい。

26 『三国志』巻三明帝紀太和三（二二九）年十二月条。なおこの冊封の意味については、註1関尾前掲書、第四章「クシャン朝と倭」を参照されたい。

27 後漢末から曹魏にかけての敦煌の状況については、註7関尾前掲論文を参照されたい。

28 徐邈の事績の一つに「又広開水田、募貧民佃之、家家豊足、倉庫盈溢」（『三国志』巻二七徐邈伝）というのがあるが、本文に掲げた倉慈伝の「抑挫権右、撫恤貧羸、甚得其理」はこれに対応する施策だったと言えよう。

29 詳細については、柴田聡子「姜維の北伐と蜀漢後期の政権構造」『三国志研究』第四号、二〇〇九年、参照。

図版出典

図1 塔梁子三号墓「胡人舞踏図」：註9四川省文物考古研究院他前掲編著、図版六一。

図2 豆芽坊一六六号墓出土揺銭樹台座：南京博物院編『四川彭山漢代崖墓』文物出版社・南京博物院専刊乙種、一九九一年、彩色図版一。

図3 砦子山五五〇号墓門楣浮彫：南京博物院前掲編著、図版一二。

地図 三国時代関係要図：編集部作図。

中国における『法華経』信仰
――『弘賛法華伝』所収の功徳譚・応験譚を中心に――

松森秀幸

はじめに

中国には一世紀頃までには仏教が伝わったと考えられているが、『法華経』の初伝がいつであるのかは明確ではない。仏教経典の翻訳は二世紀半ば頃から始まると考えられるが、『法華経』が確実に中国に伝わったといえるのは、太康七（二八六）年の竺法護による『正法華経』十巻の訳出を待たねばならない。

竺法護によって『法華経』が訳出されると、それが契機となり中国において『法華経』に対する信仰が芽生えていったと考えられる。『高僧伝』の義解篇には竺潜、于法開、竺法崇、竺法義、竺法曠、釈慧遠、釈曇影、誦経篇には釈曇邃といった僧たちが『正法華経』を用いていたという記録が収録されている。[1]また、後に詳しく取りあげる『弘賛法華伝』には、興寧二（三六四）年に慧力という沙門が瓦官寺に石の多宝塔を作ったという記録が伝えられている。[2]さらに、光世音菩薩（観音菩薩）に関する応験譚である傅亮（三七四〜四二六）の『光世音応験記』[3]が存在していたことも伝えられている。これらにより、初期の中国仏教においては、『正法華経』を通して『法華経』（ならびに『法華経』で活躍する観音菩薩）に対する信仰が一定の広がりを見せていたことがわかる。

しかし、後代への影響という点からみれば、『正法華経』が与えた影響はささやかなものと評さざるをえない。中国における『法華経』信仰に決定的な影響を与えたのは、弘始八（四〇六）年に訳出された鳩摩羅什の『妙法蓮華経』七巻（あるいは八巻）であり、『妙法蓮華経』の訳出以降は、『法華経』の受持・読・誦・解説・書写といった修行実践は『妙法蓮華経』を用いて行われることになった。(4) なお、その後、仁寿元年六〇一）年に『妙法蓮華経』を補訂した『添品妙法蓮華経』七巻を、闍那崛多（五二三〜六〇五）と達摩笈多（?〜六一九）が共訳している。(5)

さて、『妙法蓮華経』の訳出以降、中国では『法華経』に対する思想的な研究が本格化する。南北朝時代から隋唐時代までに撰述された現存する主な『法華経』注釈書には、竺道生（三三五頃〜四三四）の『妙法蓮花経疏』、光宅寺法雲（四六七〜五二九）の『法華義記』、天台大師智顗（五三八〜五九七）の『法華玄義』・『法華文句』、嘉祥大師吉蔵（五四九〜六二三）の『法華玄論』・『法華義疏』・『法華遊意』・『法華統略』、慈恩大師基（六三二〜六八二）の『法華玄賛』などがあるが、これらの注釈書はいずれも『妙法蓮華経』を注釈対象とした著作である。この点からみれば、中国の仏教徒たちは、『妙法蓮華経』に基づいて『法華経』の思想を解明していったといえるだろう。このような『法華経』に対する思想的解明の取り組みによってなされた成果は、その後の東アジアの仏教文化圏における『法華経』理解の基盤となっていった。

ただし、中国における『法華経』信仰という視点からみれば、上記の『法華経』注釈書を中心とした『法華経』の思想的・学問的研究は、中国における『法華経』信仰の一つの側面を示しているに過ぎない。また、それらの注釈書の成果を充分に享受できたのは、高度な専門的教育を受けた一部の仏教徒に限られていたことだろう。それでは、そうした一部の仏教徒以外（おそらくは大半の一般的な仏教徒）にとっての『法華経』信仰とはどのようなものであったのだろうか。本稿では、この問題を考えるための手がかりとして、唐代に編纂された『弘賛法華伝』という文献に収録される『法華経』信仰者の功徳譚・応験譚を取りあげてみたい。

一　中国における功徳譚・応験譚の形成

まず『弘賛法華伝』が登場してくる背景として、中国における功徳譚・応験譚の形成について確認したい。

中国の六朝時代（主に梁代）には、すでに著名な僧侶の伝記を収録する、様々な伝記集が編纂されるようになっていた。[6] その中でも慧皎の『高僧伝』は訳経・義解・神異・習禅・明律・亡身・誦経・興福・経師・唱導という十科の枠組みに基づいて伝記を整理しており、この十科の枠組みは、後の僧伝の規範となっていった。[7]

慧皎は『高僧伝』巻十四の序録において、『高僧伝』を編纂した経緯について述べている。それによれば、慧皎が『高僧伝』を編纂する以前にも、中国において活躍した仏教僧の記録を収録した文献は多く存在していたようであり、『高僧伝』の序録では、具体的な書名を挙げてそれらの文献を概観している。しかし、慧皎にとって、それらの記録はけっして十分なものとはいえなかったようであり、彼は自ら歴史書や地理書をはじめとする様々な文献を調べ、さらに口承された情報も調査することで、『高僧伝』を編纂したと述べている。この『高僧伝』の序録の中で言及される文献の中には、劉義慶の『宣験記』や『幽明録』、王琰の『冥祥記』、劉悛の『益部寺記』、曇宗の『京師寺記』、王延秀の『感応伝』、朱君台の『徴応伝』、陶淵明の『捜神録』といった文献が列挙されている。[8] これらの文献は、慧皎が『高僧伝』の編纂において参照したと考えられるが、その多くは『隋書』経籍志・史部・雑伝類のなかにその名を見出すことができる。[9]『隋書』経籍志が提示するこれらの文献は、いわゆる「志怪」（志怪小説）と呼ばれる文献である。志怪とは「怪を志（シル）す」という意味で、日常的にはありえない不可思議な話（怪異）を記録した文献のことである。

「小説」という言葉に関して、『漢書』芸文志は、十五人の「小説家」を取りあげ、この「小説家」の起源は古代中国の「稗官」という役人であるという説を示している。[10] これによれば、「稗官」という役人は「街談巷語」を収集する役割を担っていたとされる。このことから、「小説」とは、もともとそうした巷のちょっとした小話を集めた文献を意味していたものと考えられる。そうした巷の話の中には不可思議な現象についての話も含まれていたようで、六朝時代にはそれらが収集され、志怪小説と呼ばれている文献群が形成されていったようである。

そして、同じく六朝時代に仏教経典の翻訳が盛んになると、志怪の中の一部に、仏教的要素を含むものが現れるようになる。佐野誠子によれば、この時代の仏教と志怪の関係は次のように整理することができる。まず仏教的要素を含む初期の志怪において、仏教僧は「神異の僧」として描かれ、彼らがもたらす中国とは異なる伝統の知識や技術が怪異として記録される。次に、仏教僧が仏教の信仰によって生じた不可思議な現象（応験）や仏教を蔑ろにしたため生じた罰（応報）といったことを説くようになり、これが非仏教徒に怪異として理解され、仏教に関する志怪として記録されるようになる。そして、さらに仏教徒の側も、中国固有の怪異の物語を仏教の物語として再解釈し、仏教徒が自ら仏教の怪異をしるすようになっていった(11)。

先に挙げた『高僧伝』が参照した文献群は、そうした仏教的要素を含んだ志怪であるが、これらの文献について『高僧伝』は「亟しば多く疎闕あり」と評価している。つまり、慧皎は志怪の内容を、歴史的資料として認めつつも、歴史的事象を完全に伝えるものとして全面的に信頼して参照していたわけではなく、あくまでも補足的な資料として用いていたと考えられる。

ただし、志怪が『隋書』経籍志において史部のなかの雑伝類という歴史的文献の一部に分類されている点には注意が必要だろう。慧皎は『高僧伝』の中に、有名な鳩摩羅什の舌が焼け残った話(12)をはじめ、虚空から声が聞こえたり、餓鬼や諸天童子が姿を現したりするなどといった多くの不可思議な話を収録している。このことは、志怪として伝わる一部の伝承についても、慧皎がこれを歴史的事象として理解することができると認識していたことを示しているといえるだろう。そして、このような高僧たちの怪異を、ある種の歴史的事象として理解する『高僧伝』の傾向は、後に編纂される僧伝においてはより強化されて継承されていったようである。

『高僧伝』の多大な影響を受け、初唐に『続高僧伝』を編纂した道宣（五九六〜六六七）は、『集神州三宝感通録』三巻を撰述しているが、その中には多くの志怪的な伝承が収録されている。また『続高僧伝』自体にも様々な奇跡譚・応験譚を見出すことができる。このように南北朝時代から唐代にかけては、仏教的要素を含んだ志怪を内包しつつ高僧たちの伝記集が編纂されていったと考えられる。

さて、『高僧伝』や『続高僧伝』などの僧伝は、訳経や講解といったジャンルごとに高僧たちの記録を収録する文献であり、その人物の記録を収録するかどうかを判断する際に、特定の地域や特定の思想などを基準としているようには思われない。しかし、唐代になるとそうした僧伝だけではなく、特定の経典に関する記録だけを収集した文献が登場するようになる。こうした傾向の先駆けとなったのは、『観音経』（観世音菩薩普門品）に関する功徳譚・応験譚集である(13)が、唐代には『法華経』や『金剛般若経』、『華厳経』などに関する功徳譚・応験譚集が相次いで作成された。主なものとしては、以下のような著作がある。

慧祥（生没年未詳）『弘賛法華伝』十巻
法蔵（六四四〜七一二）『華厳経伝記』五巻
静法寺慧苑（生没年未詳）『華厳経纂霊記』五巻
胡幽貞（生没年未詳）『華厳経感応伝』一巻（六九〇年撰）
孟献忠（生没年未詳）『金剛般若経集験記』三巻（七一八年撰）
僧詳（生没年未詳）『法華伝記』十巻。

『弘賛法華伝』とは、こうした唐代に編纂された特定の経典に関する記録だけを収集した功徳譚・応験譚集の一つである。

『弘賛法華伝』は、東晋から初唐までの『法華経』の信仰に関する記録を収集した文献である。撰者の慧祥については、僧伝などに記録がなくあまり詳しいことはわかっていないが、彼には『古清涼伝』二巻や『釈門自鏡録』二巻などといった著作があるとされ、七世紀中葉から八世紀初頭にかけて五台山、長安、藍谷などの地域で活躍したと推定されている。[14]『弘賛法華伝』は彼の晩年の神龍二（七〇六）年以降に、『高僧伝』や『続高僧伝』などの先行する文献に収録される『法華経』の実践者に関する伝記を参照にしつつ、自身が見聞した内容を整理して編纂されたと考えられている。[15]

二　『弘賛法華伝』の構成

『弘賛法華伝』は全十巻からなるが、本書は、①図像、②翻訳、③講解、④修観、⑤遺身、⑥誦持、⑦転読、⑧書写の八つの項目によって構成されている。この八つの項目の中で、⑥誦持の一項目だけが例外的に三巻分の文量となっているが、それ以外の各項目は、それぞれ一巻が当てられている。

「図像」には、多宝仏や霊鷲山図など『法華経』に関連する像や絵に関する十六件の記録を収集している。『高僧伝』や『続高僧伝』は第一章が「訳経」から始まるのに対して、『弘賛法華伝』では「図像」から始まるという点は本書の大きな特徴といえる。[16]なお、本項目の名称は「図像」となっているが、収録される記録には図像だけはなく、法華堂や多宝塔などを建立した人物の記録も含まれている。また「図像」に収録される十六件の中の最初の三件の記録は、道宣の『中天竺舎衛国祇洹寺図経』や玄奘の『大唐西域記』などの唐代の文献に基づいた「西域」（実際にはインド）の情報[17]であり、残りの十三件の記録は、すべて中国に関する記録である（南北朝時代の東晋・北魏・劉宋・南斉の記録は十一件、唐代の記録は二件ある）。

「翻訳」は、『法華経』に関連する経論を翻訳した十六人の人物の記録を収録している。これは『高僧伝』や『続高僧伝』の「訳経」に相当する内容といえる。本項目では、まず『法華経』の翻訳に関する十四件の記録を収録している。これらは竺法護の『正法華経』や鳩摩羅什の『妙法蓮華経』をはじめ、『高僧伝』、『歴代三宝紀』、『続高僧伝』などの記録に基づいて、『法花三昧経』、『妙法蓮華経』薬草喩品・提婆達多品・観世音菩薩普門品の偈頌などの訳出に関する記事を収録し、さらに『妙法蓮花度量天地経』・『妙法蓮花天地変異経』が疑経であることを指摘している。[18] 次に『法華経』に関する論として、『続高僧伝』の記録に基づき『法華論』を翻訳した菩提留支と勒那摩提の記録を収録している。

「講解」は、『法華経』の講義を行った十三人の人物の記録を収録している。これは『高僧伝』や『続高僧伝』の「義解」に相当する内容といえる。本項目の最後には、東晋から初唐までの三十三人の出家者の名前だけが列挙されており、この三十三人について「いずれも専業ではなく、あわせて異なる経典を弘通した」というコメントがなされている。[19] このことから、『弘賛法華伝』は、「講解」に収録する十三人を『法華経』の講義を専業とした人物として評価していることがわかる。

「修観」は、『法華経』を信奉する瞑想実践者として、『続高僧伝』の記録に基づき「南岳禅慧思」、「天台山智顗」、「天台山智璪」という三人の記録を比較的長く収録している。これは『高僧伝』や『続高僧伝』の「習禅」に相当すると考えられ、実際に『弘賛法華伝』に収録される慧思、智顗、智璪の記録はいずれも『続高僧伝』の「習禅篇」に収録される記録の一部を要約的に抜粋した内容である。これら三人の関係についていえば、慧思は智顗の師に当たり、智璪は智顗の弟子であることから、『弘賛法華伝』は、いわゆる中国天台宗の系統に所属する人物のみを「修観」として収録していることになる。このことは、慧思から智顗に伝えられ、その後、天台山を中心に継承されていったと考えられる瞑想実践について、『弘賛法華伝』がそれを『法華経』に基づく瞑想であると認識していたことを示しているといえるだろう。

「遺身」は、劉宋から初唐までの焼身供養の実践をした十五人の記録を収録している。「遺身」は『高僧伝』の「亡身」、『続高僧伝』の「遺身篇」に相当するものと考えられる。遺身は捨身と同義であり、『法華経』薬王菩薩本事品には、薬王菩薩の過去世の姿である一切衆生喜見菩薩が自分の体を灯火として燃やし、その光を仏に供養して、諸仏から讃歎されることが説かれており、中国ではこれに倣った焼身供養の実践が行われるようになった。[20]「遺身」に収録される十五人の記録のうち、十人の記録は先行する文献に収録されるものである。[21]

「誦持」には、東晋から初唐までの九十一人の人物の記録が収録されており、『弘賛法華伝』の他の七つの項目に比べて、「誦持」に関する人物の記録は突出して多い。この「誦持」は『高僧伝』の「誦経」、『続高僧伝』の「読誦篇」に相当する内容であると考えられる。『高僧伝』の各項目の最後には「論曰」という言葉から始まる著者の慧皎による論評が附されており、「誦経」について、慧皎は「諷誦の利益は大きいが、その功徳を成就する者は希有である。本当に総持（記憶）することは実現しがたく、ぼうっとして忘れることは生じやすいからである」と述べている。[22]つまり、『高僧伝』において「誦経」とは経典を諷誦することを意味していると理解することができる。「諷」と「誦」は同義語であり、[23]基本的な意味は声に出して読むことといえる。また誦持の「持」には憶持、すなわち記憶して留めるという意味がある。したがって、これらを踏まえれば、『弘賛法華伝』の「誦持」はひとまず『法華経』を声に出して暗誦する読誦の実践を意味していると理解することができるだろう。[24]

前述の通り「誦持」には『弘賛法華伝』十巻のうちの巻六、巻七、巻八の三巻分が費やされている。巻六は東晋から梁まで、巻七は北斉から隋代まで、巻八は唐代の人物の記録が収録されており、そこには『高僧伝』や『続高僧伝』などの僧伝に基づく記録もあるが、先行する文献に収録されていない僧俗の記録も多数収録されている。

「転読」は、最初に『大智度論』に紹介される「阿蘭若比丘」、次に『弘賛法華伝』が初出となる南斉の明帝、梁の元帝に関する記録があり、その後、宋から初唐までの九人の僧俗の記録が収録されている。「転読」は項目としては『高僧伝』の「経師」に相当すると考えられるが、『弘賛法華伝』の「転読」には『高僧伝』に収録される人物の記録は収録されていない。また『続高僧伝』には「転読」に該当する項目はなく、『弘賛法華伝』の「転読」には『続高僧伝』に収録される人物の記録もない。『高僧伝』では「経師」を転読あるいは梵唄の実践者と規定しており、その「転読」という行為とは、歌を歌うように経典を読む実践であると考えられる。(25)

しかし、『弘賛法華伝』の「転読」が『高僧伝』で用いられる「転読」を踏襲したものであるのかは検討を要する。実際に「転読」として『弘賛法華伝』に収録される記録を見てみると、それらは基本的に自己の修行として『法華経』の経文を読むという内容しか描かれておらず、そこに『高僧伝』の「経師」のような描写を確認することはできない。ここでは詳細な検討は略するが、「誦持」と「転読」の相違については、たとえば次の「読」と「誦」の違いに関する『大智度論』の解釈が参考になるだろう。(26)

〔般若波羅蜜に〕親近してから、ある場合は〔般若波羅蜜の〕文を見て、ある場合は〔般若波羅蜜の教えを〕口頭で受けるので、「読」という。常に〔般若波羅蜜の教えを〕忘れることがないようになるので、「誦」〔というの〕である。(27)

ここでは、「読」が経文や口承に基づき『般若経』を読誦する行為、「誦」が『般若経』を暗記して読誦する行為と解釈されている。『大智度論』のこの解釈に基づくならば、『弘賛法華伝』の「誦持」と「転読」は、同じく『法華経』を読誦する行為であるが、経文を暗誦して読誦する行為が「誦持」であり、経文を見たり、口頭での指導を受けたりしながら読誦する行為が「転読」であると理解することができるだろう。

「書写」は、南斉から初唐までの『法華経』の書写の実践、あるいは写経を専門とする書生に経典の書写を依頼して写経を作成させたことによって生じた功徳や奇跡に関する十九人の記録が収録されている。『高僧伝』や『続高僧伝』

にも経典を書写した人物の記録が収録されているがその数は少なく、書写を独立した項目としてはいない。現存する文献で、『弘賛法華伝』以外に「書写」を項目として取りあげ、それによる功徳譚・応験譚を収集している文献は、『華厳経伝記』と『法華伝記』しか確認することができない。慧祥が『弘賛法華伝』を撰述したのは、神龍二（七〇六）年以降とされるが、『華厳経伝記』は六九〇年前後に一応の完成がなされ、その後、法蔵が示寂する七一二年まで加筆がなされたと推定されており、(28)『法華伝記』は八四五年以降の成立と考えられる。(29)したがって、「書写」を項目として取りあげることについて、『法華伝記』は先行する『弘賛法華伝』や『華厳経伝記』を参考にしたという可能性はあるが、『弘賛法華伝』と『華厳経伝記』はほぼ同時期の成立であるため、両者に影響関係があったのかは明らかでない。ただし、書写の実践による功徳は『法華経』、『華厳経』をはじめ多くの大乗経典において説かれるものであり、唐初期のほぼ同時期に『弘賛法華伝』と『華厳経伝記』において「書写」の実践による功徳が独立の項目として確立されたことは、中国における写経の実践の定着が影響を与えているのかもしれない。(30)

以上、『弘賛法華伝』の構成にそって、その内容を概観したが、「図像」から「遺身」までに収録される内容は、『弘賛法華伝』が初出となる記録もあるものの、『高僧伝』や『続高僧伝』などの先行する他の文献に収録される記録が多い。一方で、「誦持」から「書写」までに収録される内容は、『高僧伝』や『続高僧伝』などに収録される人物の記録もあるものの、それらの文献に収録されない人物の記録の数が一気に増えている。そして、このような『弘賛法華伝』が初出となる記録は、『弘賛法華伝』が編纂された時期に比較的近い、隋から初唐にかけてものが多い。こうした状況を踏まえれば、『弘賛法華伝』は、この時期に仏教徒たちの間で伝承されていた情報を独自に収集した可能性が高いと考えることができる。(31)

なお、「誦持」は『弘賛法華伝』でも最も多くの記録を収集している項目である。このような点からみれば、「誦持」は慧祥が『弘賛法華伝』の編纂に際して、最も強調した実践項目であるといえる。ただし、誦持という実践は、一般的には図像・翻訳・講解・修観・遺身という実践より難易度が低い実践であるといえる。実践としての難易度が低いのであれば、歴史上、中国各地に誦持に長けた人物が数多く登場していたであろうことも想像に難くない。また出家者であれ在家者であれ、『弘賛法華伝』を目にしたであろう仏教徒からすれば、図像、翻訳、講解、修観、遺身という行為は容易に実践することができるものではなかったであろうが、それらに比べれば、誦持、転読、書写という行為は自らの宗教実践として取り組むことが可能であったといえるだろう。したがって、「誦持」から「書写」までに収録される内容、そして特に『弘賛法華伝』が初出となるような記録には、隋から初唐にかけての仏教徒たちの『法華経』信仰の実態が反映されているのではないかと考えることができる。そこで以下に、『弘賛法華伝』が収集するいくつかの功徳譚・応験譚を取りあげ、当時の仏教徒たちの『法華経』信仰の様子を確認してみたい。

三　『弘賛法華伝』にみる『法華経』信仰の功徳譚・応験譚

一、志怪的要素の大きい物語

最初に志怪的要素の大きい物語に関する記録を取りあげたい。前述の通り『高僧伝』をはじめとした僧伝は、六朝時代に発展した志怪を、ある種の歴史的事象として受容しており、『弘賛法華伝』にもそのような不可思議な現象を多く確認することができる。ここではそうした志怪的要素の大きい物語の典型の一つである地獄巡りに注目したい。地獄巡りとは、一度死んでしまい、閻羅（閻魔王）のもとでの裁判を経て、地獄を巡り、生き返るという筋書きの物語をいうが、『弘賛法華伝』にはこうした地獄巡りを経験したという記録がたびたび登場する。ここでは、数ある地獄巡りの物語の中から「転読」に収録される唐の洛陽・白馬寺の釈法眼（高立敬）という人物の記録を紹介したい。この物語では、前半に主人公が長安の実在する場所を走り回りながら、鬼（幽霊）と戦う様子がドラマティックに描かれ、後半では、主人公が閻羅王のもとに連れて行かれ、生前の罪に対する罰を言い渡されて、その罰を受けるという様子が描かれている。まず前半の内容から見てみよう。

釈法眼は、世俗の姓は高である。隋の斉国公、高穎の曾孫である。世俗の呼び名は立敬といい、また別の名は元懌といった。出家する以前の貞観年間（六二七〜六四九）に、兄の立覧と共に、化度寺の僧・明蔵のもとで、『法華経』と『般若経』を学んだり読んだりして、しだいに精通したようである。しかし、立敬は後にそこで習ったことを捨てて、龍朔元（六六一）年に、遼に遠征に行った後、長安に戻ってきた。

龍朔三（六六三）年の正月、禁中（皇城）に行き、用事を済ませてから順義門（皇城の西門）を出たところ、二人の馬に乗った者が追いかけて来て、「今、［おまえを］捕まえる」といった。「あなた方は何者か」と立敬が質問すると、二人は「私たちは閻羅王（閻魔王）の使者である。おまえを追ってきたのだ」と答えた。

立敬は慌てて、馬を走らせて、普光寺に入ろうとした。閻羅王の使いの者は「早くしろ。寺門に入ってしまう。入らせてはならない。逃げられてしまう」といった。

立敬がその寺門まで来ると、一人の馬に乗った者が寺門の前で待ち構えているのを見た。そこで、立敬は西に走って開善寺に入ろうとしたが、馬に乗った者はぴったりと追ってきて、その寺門に止まった。このように立敬は追われながらも、自宅に戻ろうとした。立敬の自宅は化度寺の東にあった。立敬は自宅までの道が遠かったので、醴泉坊に入ろうとしたが、一人の馬に乗った者が醴泉坊の前にいた。

立敬は拳でこの者（馬に乗った者）を殴ると、その鬼（幽霊＝馬に乗った者）は馬から落ちてしまった。後にいた鬼（幽霊）が「こいつはたいそう荒っぽい」というと、立敬は急いでその鬼（幽霊）を馬から引き下ろし、頭髪を引き抜いた。髪を引っぱられた鬼（幽霊）は、頭が刀で切り裂かれたようであった。

そこに高貴な朱色の衣を着た白馬に乗った人がいた。今度はその者が手で立敬の胸を押すと、立敬はすぐに馬から落ちて死んでしまった。(32)

以上が釈法眼（高立敬）に関する記録の前半部分の内容である。『弘賛法華伝』の項目上は釈法眼の記録ということになっているが、実際には彼が在家の時の話であるため、主人公は在家の時の「高立敬」という人物として描かれている。具体的な年齢が明示されているわけではないが、冒頭には、彼が貞観年間に兄と共に化度寺の僧である明蔵のもとで、『法華経』と『般若経』を学び、それらを読んでいたことを伝えている。しかし、その後、彼はそこでの教えを捨てて従軍し、再び長安に戻ってくると、閻羅王の使者を名乗る者が彼を捕らえようとやって来る。高立敬は馬に乗ってその使者から逃げまわり、一度は使者を撃退することに成功するが、最終的には殺されてしまう。

この物語において閻羅王の使者として登場した存在は、物語の途中からは「鬼」という表現で言い換えられている。「鬼」は幽霊、亡霊のことであり、ここでは閻羅王が死後の世界の王であるため、その世界の住人である「鬼」が閻羅王の使者と同義的に用いられていると考えられる。閻羅王とは、いわゆる閻魔王のことであり、もともとヤマという古代インドの死を司る神であったが、仏教の中には、六欲天の夜摩天と地獄の王である閻羅王という異なる存在として取り入れられ、さらに中国においては、閻羅王が死後の世界である冥界において死者の罪を裁定する役人のような存在として受容されるようになったと考えられる。

この物語の舞台は、長安の実在する場所がモデルとなっている（図1）。順義門は、長安の皇城の西側の門である。高立敬の自宅は化度寺の東にあるとされるが、化度寺は義寧坊に実在した寺院である。順義門からは西に伸びる道があり、この道沿いには頒政坊、金城坊、義寧坊という区画が並んでおり、頒政坊には普光寺、金城坊には開善尼寺（物語中には「開善寺」とある）、金城坊の向かいには醴泉坊が実在した。順義門から義寧坊の入り口までは、二つの坊と三本の大通りがある。一坊の幅は六五〇歩、義寧坊の門から坊の端までの幅は三二五歩、大通りの幅は一〇〇歩であるので、その距離は合計一九二五歩となる。唐代の一歩＝五尺を約一・五メートルとして計算すれば、この物語は、皇城の西側にある順義門から義寧坊までのおよそ三キロ程度の道で起こった出来事として描かれていることがわかる。(33)

さて、物語の前半では、『法華経』信仰の実践として、高立敬に『法華経』と『般若経』を読むという経験があったことを示したうえで、彼がその後の世俗的生活のなかで、突然来訪した閻羅王の使者から逃げたり、それと戦ったりするドラマティックな様子が描かれるが、物語の後半では、高立敬が犯した罪や閻羅王による裁判、彼が受ける罰の様子が描かれていく。以下に後半の物語を紹介しよう。

〔高立敬が閻羅王の使者によって死を迎えた後、〕彼の遺体は家族によって自宅に運ばれた。しかし、夜が明けると、高立敬は息を吹き返し、次のように語った。

「〔私は〕実際に閻羅王に謁見した。〔その時、冥界の者が〕『おまえはどうして僧の果物を盗んだのか。どうして三宝の過失を

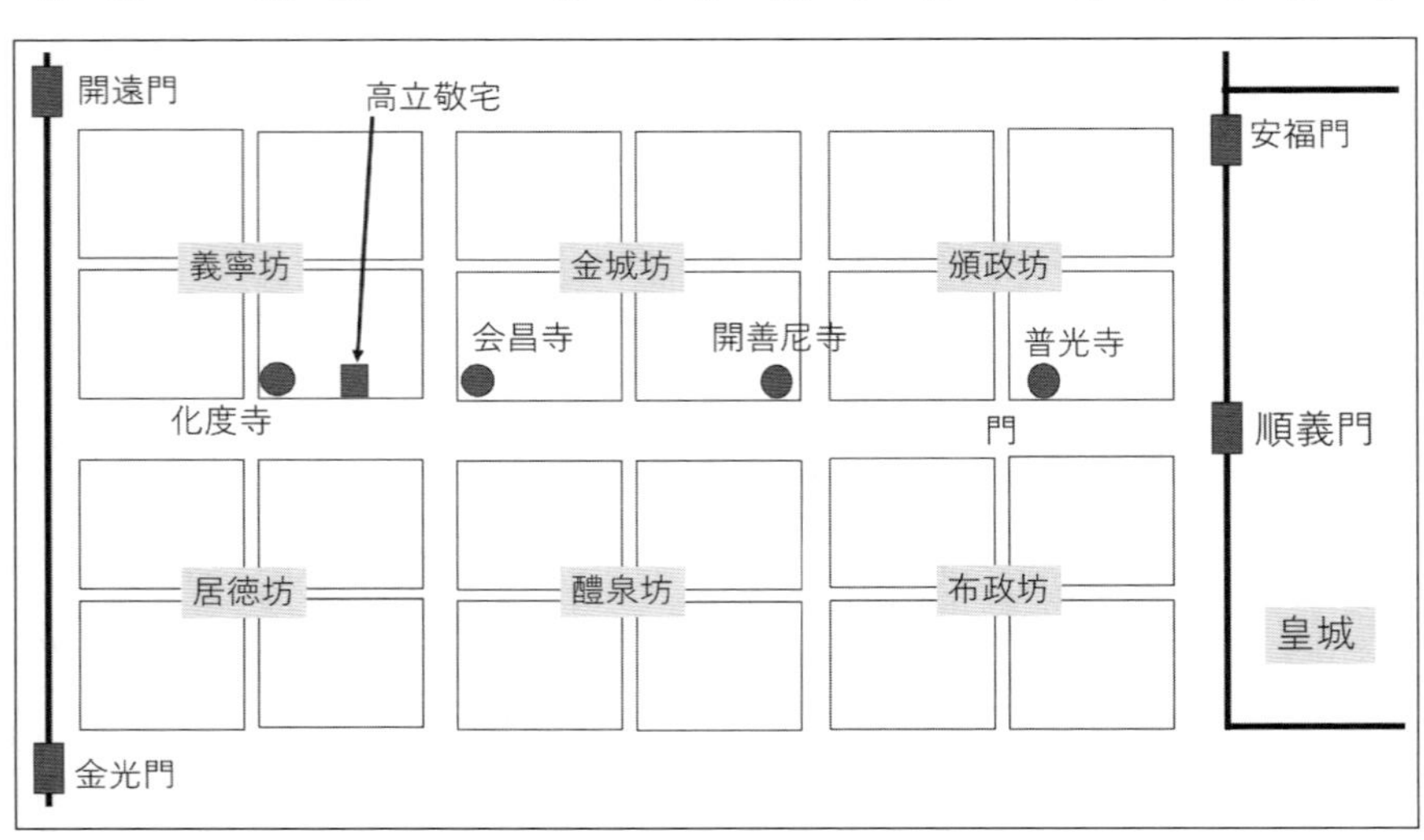

図１　長安街西第三・第四・第五街（筆者作成）

説いたのか。かくして［死後に受ける報いは］記録にある罪による。あえて進言するまでもない』といった。［閻羅］王は『果物を盗んだ罪は、鉄球を四百五十個飲まなければならない。四年間、これ（鉄球を飲み込む刑）を受けて、はじめて［四百五十個を飲み込むことが］終わる。［三宝の］過失を説いた罪は、その舌を耕さなければならない』といった。そこで［王は自分を］解放した。こうして［私は］蘇ったのだ」

このように高立敬が語り終わると、高立敬の目の前に、頭には二本の角があり、一振りの棒と鉄球を手に持った人が現れ、高立敬の手足を縛って、彼に鉄球を食べさせはじめた。ただし、周囲の人にその様子は見えておらず、彼らが見たのは、ただ高立敬が目を見開き口を大きく開けて、全身を赤くして喉から熱気を立ち上らせている様子だけであり、実際に熱気で彼に近づくことができなかった。一日経って、立敬が目覚めると、彼は「一年間で、百数個の鉄球を飲み込んだ。その苦しさは比べるものがない」といった。四日間、立敬は同じように鉄球を飲み続け、最後に「［すべての鉄球を飲み］終わった」といった。立敬はすぐに会昌寺と化度寺の二つの寺に行き、真心から懺悔した。

［この年の］三月三日には、また前の閻羅王の使いの者に追いかけられ、彼らに引き連れられて閻羅王にあった。閻羅王は、「おまえは三宝を誹謗した。罪として舌を耕さなければならない」といった。

二人の閻羅王の配下が金ばさみで立敬の舌を引き抜くと、引き抜かれた舌は長さが百尺にまで伸びていた。さらに、この二人はそれぞれ一本の鋤を手に取って、立敬の舌の上を耕した。立敬は我が身に起こったその様子を目にした［後に、再び蘇った］。

そこで、立敬は、ようやく「私はかつて『法華経』と『金剛般若経』を読んだ。そのため、このように蘇ることができたのだ」と思い至った。親たちが彼の舌の上を見ると、刀で断ち切ったような跡があった。彼は二つの経典を読んだために、舌が断ち切られなかったのである。

立敬は後に［この経験を］思い出したり、話したりすると、恐ろしく不安になり涙を流した。そのため出家することにした。法眼と名乗り、一生懸命で真面目であることは普通の［僧の］倍であった。東都（洛陽）の白馬寺に住した。［その後の］行方は明らかではない。(34)

閻羅王の前に連れて行かれた高立敬に告げられた罪は、第一に僧の果物を盗んだ罪であり、第二に三宝の過失を説いた罪であった。そして、閻羅王は、第一の罪に対する罰として鉄球を飲むという刑、第二の罪に対する罰として舌を耕すという刑を科すと告げている。その後、高立敬は一度、蘇るが、彼のもとに他人には見えない幽霊がやって来て、すぐに第一の罰である四五〇個の熱した鉄球を飲み込むという刑が執行されている。物語上では説明がなされていないが、高立敬は一日経った時点で「一年間に百数個の鉄球を飲み込んだ」と発言していることから、現世と地獄とでは経過する時間が異なり、現世の一日が地獄の一年に相当していることが示されている。高立敬は最初の罰を現世における四日間、すなわち彼自身の体感としては地獄における四年間をかけて受け終わることになっている。

高立敬はこの経験を経て、近所の会昌寺と化度寺において懺悔を行ったが、この年の三月には、彼は再び閻羅王の使者に追い立てられた後、閻羅王に謁見することになり、第二の罰が執行される。二回目の閻羅王への謁見は、高立敬が再び死んだことを意味しており、第二の罰の執行は死んだ状態、すなわち地獄においてなされたものとして描かれている。

高立敬の第二の罰の描写の後には、『法華経』と『金剛般若経』を読んだという過去の経験のおかげで蘇ることができたという高立敬の発言が紹介され、彼に第二の罰によって本来は断ち切られるはずであった舌が断ち切れなかったという功徳があったことが示されている。ここでも物語上の説明はないが、罰を受け終わった高立敬は過去の読経の功徳によって、再び現世に蘇生することができたようであり、その後は出家して真面目な出家生活を過ごしたことが記されている。

以上が、「転読」に収録される釈法眼（高立敬）に関する記録である。転読の功徳という点からみれば、かつて『法華経』と『金剛般若経』を読んだという経験が要因になり、それによって現世に蘇ることができたということと、罰として本来断ち切られるはずの舌が断ち切られなかったということの二点を挙げることができる。ただし、この物語で描かれるのは、『法華経』と『金剛般若経』を読むという行為であり、『法華経』だけの功徳を描いているわけではない。つまり、厳密にいえば『法華経』固有の功徳ではなく、より一般的な仏教信仰の功徳を記すものであり、『法華経』の功徳譚としてみれば非常に弱い内容ともいえるだろう。

なお、『弘賛法華伝』に収録される釈法眼の物語に極めて類似する物語が、先行する『法苑珠林』に、高法眼という在家の人物の記録として収録される。[35]両者は基本的には同一の物語といえるが、そこにはいくつかの相違点があり、その最も大きな相違点は、『法苑珠林』の高法眼の物語では最終的に主人公が蘇ったことを『法華経』一部を読んだ功徳であるとしている点にある。[36]また『法苑珠林』の最後には「その人は健在である（其人見在）」（『大正蔵』五三、六四一上七～八）とあるように、主人公の高法眼が編纂当時に実在している人物として記録されていることも注目に値する。『弘賛法華伝』が収録する釈法眼の記録が『法苑珠林』に基づいたものであるのか、あるいは独自に収集したものであるのかは現段階では明らかではなく、今後、『弘賛法華伝』と『法苑珠林』に共通する情報についてより検討が必要であるが、もし慧祥が『法苑珠林』の高法眼の物語を知っていたとすると、『法苑珠林』では『法華経』だけの功徳とされていた物語が、『弘賛法華伝』においてわざわざ『法華経』と『金剛般若経』の功徳として改変された物語として収録されたということになる。『弘賛法華伝』はそのタイトルからも『法華経』を弘通・讃歎するということが編纂の目的となっていると考えられるが、こうした仮定が正しいのであれば、『弘賛法華伝』は編纂方針とは反対の方向に改訂された物語をあえて収集したことになる。つまり、慧祥は釈法眼の物語にそれだけの根拠を見出していたということになる。『法苑珠林』の高法眼の物語は、『法苑珠林』の編纂当時はかなり有名な物語であったようであるが、慧祥が類似する釈法眼の物語を「誦持」ではなく、「転読」に収録していることは、有名な『法華経』に関する功徳譚が実は『法華経』だけの功徳譚ではなかったということを知った慧祥の配慮が働いているのかもしれない。

二、『法華経』の物語を反映した応験譚

次に『法華経』の物語を反映した応験譚について見てみたい。『法華経』を一つの物語として見た場合、特徴的な場面の一つとして多宝如来の宝塔の出現を挙げることができるだろう。見宝塔品の冒頭では、大地から多宝如来の巨大な宝塔が虚空に出現する。多宝如来について、見宝塔品の冒頭には、この仏が過去の仏であり、まだこの仏が菩薩であった時に、もし『法華経』が説かれることがあれば、それを聞くために自身の仏塔と共にその場に出現し、その『法華経』の説法が真実であることを証明するという誓願を立てていたことが説かれている。そして、見宝塔品では、釈尊が多宝如来の宝塔を開くために、娑婆世界を三度にわたって浄化して、十方の世界から自分の分身の仏たちを集めた後、宝塔を開いて多宝如来と共に座り、それまで霊鷲山にいた『法華経』の聴衆を虚空に上昇させて説法を行う様子が描かれている。

『弘賛法華伝』には、数は多くないものの、『法華経』を読誦した際に宝塔が出現したという現象を伝える記録がある。ここでは、「誦持」に収録される唐代の釈法智という僧に関する記録を紹介したい(37)。

釈法智は、［本籍は］宣城の人である。幼年より出家し、大変熱心に戒を守って修行した。世俗の事柄に交わらず、山林に隠居して、清らかに志を守り、『法華［経］』一部を暗誦した。［『法華経』の暗誦は］怠けたり辞めてしまったりしたことはなく、あわせてまた［彼の］声の響きは清らかで透き通っており、音の区切りははっきりと

していた。［法智は］常に歌うように暗誦して、人はみな楽しんで［法智の詠唱の声を］聞いた。当時の人は、［法智を］「智法華」と呼んだ。

貞観年間の初めに、［法智は］蔣山（鍾山）の上定林寺にいた。かつてある夜に、［『法華経』を］暗誦して［見］宝塔品まで唱えた。その時、風雨で暗くなり、雷鳴のとどろきが大いに鳴り渡った。師（法智）は［『法華経』を］暗誦して唱えることを止めなかった。様々な房に多くの僧がいて、みな［房の］外に出て雷雨を見ていたが、電光が［天を］流れて［空を］照らすたびに、すぐに一つの宝塔を見た。［その宝塔は］空中にあり、［その塔を］つつしみ敬って［その周囲を］取り囲む多くの人たちがいた。寺の僧は驚き不思議に思って、みな一緒にこれ（宝塔）を見た。雲と雨がおさまり晴れてくると、意外なことに［宝塔は］もう現れなかった。人々は共に［法智を］たたえた。持経者が感得するものであると知る。(38)

上記の記録では、法智は戒を遵守し、山林で修行して、常に真面目に『法華経』一部を暗誦していた人物であったと記されている。特にその『法華経』を読誦する声の響きが良く、発音も明瞭であったことが強調され、周囲の人たちから「智法華」と呼ばれるほどであったことを伝えている。

この法智の応験譚として記されるのが宝塔の出現である。ある嵐の晩に、法智が上定林寺で『法華経』を暗誦し、その読誦が見宝塔品に至ったとき、嵐の夜空に宝塔とそれを取り囲む人々の姿が現れ、嵐と共に去っていったというのである。

この釈法智に関する記録に示される応験譚は、明らかに『法華経』に説かれる内容に基づいた特殊な現象といえる。ただし、ここで注意を要するのは、宝塔が出現するという不可思議な現象は、法智による卓越した『法華経』の読誦という行為の結果であるが、実際にこの宝塔の出現を目撃したのは上定林寺の僧たちであり、実践者である法智本人はその現象を見ていないということである。この物語では、『法華経』を読誦する実践によって実践者が宝塔を感得するという単純な構造ではなく、宝塔の出現という現象が、法智の『法華経』の読誦の実践のすばらしさを演出する一方で、そうした神秘的な現象に関わることなく、純粋に読誦の実践を継続する彼の姿を示すことで、かえって法智がより偉大な『法華経』の持経者として強調されているといえるだろう。

三、『法華経』への信仰の強調

次に、特に『法華経』への信仰を強調する物語として、「誦持」に収録される、隋代の浄道寺の釈法朗に関する記録を見てみたい。これは最初に紹介した釈法眼と同じように地獄巡りに関する物語であるが、ここで特徴的なことは、釈法朗が死後に受けた閻羅王の裁判に、ある種の教判的要素が含まれており、『法華経』を暗誦するという読誦の実践が極めて高く評価されている点にある。


釈法朗は、世俗の姓は張であり、［本籍は］河北の武城［県］の人である。幼くして出家し、ただ修行だけを実践した。彭城郡南山の浄道寺に住した。

［法朗は］沙弥であった時に、『法華経』を暗誦してより、若い頃から年老いるまで、暗誦し学ぶことを怠らなかった。［彼は］五十三歳となった、開皇十三（五九三）年に死んだ。

［法朗は死後］七日たって、閻羅王に会った。［閻羅］王の前には六人の僧侶がいた。

［閻羅］王は最初の僧に、「［生前に］どんな徳のある行いがあったか」と質問した。最初の人は「『維摩経』を暗誦しました」と答えた。［閻羅］王は「移動して南側に立ちなさい」といった。

［閻羅］王は第二の僧に、「［生前に］どんな徳のある修行を行ったか」と質問した。［第二の僧は］、「『涅槃経』十

巻を暗誦しました」と答えた。〔閻羅〕王は「〔お前も〕また南側に立ちなさい」といった。〔閻羅王は〕第三の僧に、「〔生前に〕どんな徳のある行いがあったか」と質問した。〔第三の僧は〕「『金光明経』を暗誦しました」と答えた。〔閻羅〕王は「〔お前も〕また南側に立ちなさい」といった。〔閻羅王は〕第四の僧に、「〔生前に〕どんな修行を行ったか」と質問した。〔第四の僧は〕「『涅槃経』を講義しました」と答えた。〔閻羅〕王は、「移動して西側に立ちなさい」といった。〔閻羅王は〕第五の僧に、「どんな徳のある修行があったか」と質問した。〔第五の僧は〕「『十地論』を講義しました」と答えた。〔閻羅〕王は眉をしかめて、「移動して北側に立ちなさい」といった。〔閻羅王は〕第六の〔僧である〕法朗に、「どんな修行を行ったか」と質問した。〔法朗は〕「『法華経』を暗誦しました」と答えた。〔閻羅〕王は「移動して東側に立ちなさい」といった。〔閻羅王は〕六人の僧に質問し終えると、人を使わして、北側に立つ者を率いて地獄道に向かわせ、西側に立つ者を率いて畜生道に向かわせ、南側の三人の僧を率いて人道に向かわせ、〔地獄道・畜生道・人道の〕三道に向かった者に対して「行きなさい。〔現世に〕帰ることはできない」と語った。次に法朗に、「〔あなたを〕率いて天道に行かせ、〔次に〕あなたの生れる場所を見せましょう。〔その後に、〕解き放たれて家に戻ることができます」と語り、〔法朗に〕八十五歳までの寿命を与えた。〔法〕朗はその後、天界の宮殿から戻り、突然生き返った。左臂の上を見ると、不鮮明だが赤い字があり、「八十五歳」という字が書かれていた。[39]

以上のように、釈法朗に関するこの物語では、釈法朗という僧が、沙弥の頃から開皇十三年に五十三歳で亡くなるまで、『法華経』の暗誦を実践しつづけた功徳として、死後の閻羅王の裁判において、次の生では天道に生まれると裁定され、さらに次の生で生まれる天界の宮殿を見学してから、現世に生き返り、八十五歳まで寿命が延長されたことが描

表1　五人の僧と法朗の裁判結果

	生前の実践	次に生まれる場所	現世への蘇生
第一の僧	『維摩経』の暗誦	人道	不可
第二の僧	『涅槃経』の暗誦	人道	不可
第三の僧	『金光明経』の暗誦	人道	不可
第四の僧	『涅槃経』の講義	畜生道	不可
第五の僧	『十地経論』の講義	地獄道	不可
法朗	『法華経』の暗誦	天道	可（＋寿命延長）

かれている。

この釈法朗に関する記録で注目すべきことは、死後の世界における閻羅王の裁判の内容である。そこでは、法朗と五人の僧たちが登場し、それぞれの生前の信仰実践に基づいて、閻羅王によって次の生の裁定を受けている（表1）。

第一から第三の僧は、それぞれ異なる大乗経典（『維摩経』・『涅槃経』・『金光明経』）の暗誦を実践した者であり、彼らは次の生が人道と裁定されている。第四の僧は、『涅槃経』の講義を行った者であり、次の生は畜生道と裁定され、第五の僧は、『十地経論』を講義した者であり、次の生は地獄道と裁定されている。

この物語には、明らかに諸経論とその実践の優劣が判定されており、ある種の教判的思想を見出すことができる。その判定基準は、実践において何を拠り所としたか、またどのような実践を行ったかということであり、前者については、論を拠り所とするよりも、経を拠り所とすることの方が高く評価され、後者については、経論を講義することよりも、経典を暗誦することの方がより高い実践として位置づけられている。『涅槃経』を講義したという僧と、『十地経論』を講義したという僧は、それぞれ南北朝時代の涅槃学派と地論学派の僧を指していると考えられる。一般的にいえば、この両者の実践に落ち度はなく、評価されることはあっても、決して悪業をなす行為とされるものではない。しかし、この物語では、この二人の僧は、それぞれ畜生道と地獄道に生まれるという、かなり否定的な扱いを受けている。この二人に共通するのは、いずれも仏の教えを解釈するという行為といえるだろう。彼らが仏の教えについて解釈を行った結果、地獄道や畜生道に堕ちてしまうということは、仏の教えを解釈するという行為、つまり仏の言葉に改変を加えるという行為そのものが極めて悪い行為として否定されているものと考えられる。また『十地経論』を講義した者についていえば、『十地経論』はそもそも仏の言葉（『十地経』）に対する注釈書であり、仏の言葉そのものではない。したがって、『十地経論』の講義は、仏の言葉への解釈に対してさらに解釈を行う行為となるため、解釈を重ねることによってその罪が増し、より低い扱いとなっているものと考えられる。そして、これに対して、仏の言葉に対して自分の解釈を差し挟むことなく、仏の言葉をそのまま純粋に暗誦するという行為は、反対により高く評価されることになり、大乗経典の暗誦を実践した僧たちが人道や天道という高い評価を受けることになっていると考えられる。

ただし、同じ大乗経典の暗誦という実践でも、『法華経』を暗誦した法朗は、次の生が天界であり、さらに現世に生き返って、寿命が延長するという別格の扱いを受けている。このことから、この釈法朗の物語において、『法華経』が他の大乗経典より上位の教えとして位置づけられていることは明らかである。ただし、この物語ではその根拠については明示されていない。そもそも『法華経』は声聞・縁覚・菩薩の三乗が方便であり、一仏乗を説くことが仏の真意であると説いているので、その教えを純粋に受け入れれば、自ずと他の大乗経典に対する『法華経』の優位が理解できるといえるのかもしれない。しかし、この物語は、読者にそうした経典に対する理論的な思考を捨て、純粋な暗誦の実践を行うべきことを説いているのであるから、そもそも理論的な説明を行う必要はないともいえる。そして、この物語の読者からしてみれば、この物語は法朗という中国に実在した人物が、『法華経』を暗誦するという実践によって受けた功徳を示しているのであるから、この物語そのものが、現実に起こった歴史的事象という何より説得力のある『法華経』の優位性の証明となっているともいえるだろう。

おわりに

以上、『弘賛法華伝』に収録される隋唐時代に記録された『法華経』の功徳譚・応験譚を中心に、そこに説かれる『法華経』信仰の様子を確認した。本稿において取りあげることができたのは、『弘賛法華伝』の中の僅かな事例に過ぎないが、『弘賛法華伝』が伝える記録からは、中国における『法華経』注釈の伝統に見られるような『法華経』の思想的、学問的展開とは性格を異にする信仰のあり方を確認することができるだろう。

中国における『法華経』に対する学問的研究は、中国をはじめ、日本や朝鮮半島などの東アジア仏教全体において継承され、『法華経』に関する思想の発展に大きく寄与するものであった。一方で『弘賛法華伝』に収録される記録は、現実には起こりえないような不可思議な事象が収集されており、現代に生きる我々にとっては、それをそのまま歴史的事実であると認識することは難しいものといえる。

しかし、もともと『法華経』を含め多くの大乗仏教経典の中には、仏や菩薩によってもたらされる不可思議な事象に関する様々な物語が説かれている。そのため、それを信仰する者の立場からすれば、そうした不可思議な事象が起こること自体は、疑問に思うことはあったとしても、そもそも信じるべき対象であったはずである。したがって、歴史的にみれば、中国においても経典に説かれる不可思議な現象を、仏教徒として素直に受け入れていた者も存在していたであろう。ただし、物語の中の不可思議な現象以前に、経典の中に説かれる物語は、中国の仏教徒にとって遠い異国を舞台としたものである。そのため、そうした物語を現実的な出来事として受け止めることができない者も一定数は存在していたであろう。それに対して『弘賛法華伝』が収録する記録には、中国に実在する地名や建物が具体的に示されており、そうした実在の場所を舞台として物語が展開されている。したがって、中国の仏教徒たちにとって『弘賛法華伝』

に説かれる物語は、経典の中に説かれるような、時間的にも空間的にも遠い世界の物語ではなく、同じ中国という地で、中国の仏教者が経験した物語であったのである。彼らの目には、『弘賛法華伝』に説かれる物語がより現実的な物語として映っていたことであろう。こうした物語が、中国の仏教徒たちの『法華経』に対する信仰をより強固なものにしたであろうことは想像に難くない。

また、本稿では釈法朗の物語に、『法華経』を暗誦するという読誦の実践を強調し、『法華経』の功徳を他の大乗経典より上位に位置づけ、さらに宗教実践として経論の講義を否定し、経典の読誦の実践を勧めるという思想があることを確認した。実は『弘賛法華伝』には、他にも経典を講義する者を不浄とし、読誦の実践者を浄とする、比丘尼の練行の事例や、懺悔の実践を否定し、読誦の実践を勧めることを説いた釈霊侃の事例を確認することができる。(40) こうした事例と、『弘賛法華伝』が他の実践項目に比べて、「誦持」に関する記録を突出して多く収録しているという事実を踏まえるならば、『弘賛法華伝』の編纂方針の一つには、『法華経』の読誦の実践を強調することがあったということがいえるだろう。これは『弘賛法華伝』の編者である慧祥の思想に起因するものであるのかもしれないし、あるいは『弘賛法華伝』の編纂時期に、『法華経』の読誦の実践を重視する一定の風潮があったということを示しているのかもしれないが、この問題については今後の課題としたい。

註

1　王晴薇「中国早期的法華禅観」『慧思法華禅観之研究』(新文豊出版公司、二〇一一年)を参照。ただし、王氏の研究には鳩摩羅什訳を用いていたと考えられる僧についても『正法華経』を用いていたと判定している箇所もある。

2　『弘賛法華伝』巻第一、「晋興寧二年、沙門慧力於瓦官寺造石多宝塔一所」(『大正蔵』五一、一三中一七~一八)。

3　『光世音応験記』とその研究史については、山﨑順平「六朝初期における観音信仰の一側面——青蓮院抄本・傅亮『光世音応験記』を中心として——」『集刊東洋学』九五巻、二〇〇六年、二一~四〇頁、ならびに菅野博史「法華経の中国的展開」『シリーズ 大乗仏教4・智慧/世界/ことば』、春秋

社、二〇一三年、三〇五～三二九頁を参照。

4　『正法華経』が中国において流行しなかった理由について、菅野博史は『正法華経』の訳語が難解であったことに加え、当時の中国仏教の関心の中心が、玄学と類似性のある『般若経』に向いていたことを挙げている（菅野前掲論文、三〇七頁）。また、たとえば『高僧伝』巻第六、僧叡伝には、鳩摩羅什が『妙法蓮華経』の翻訳の際に、『正法華経』受決品の「天見人、人見天（天は人を見、人は天を見る）」という訳文について、西域の言葉と意味は同じであるが文章として飾り気がなさ過ぎると指摘し、僧叡が「人天交接、両得相見（人と天と交わり接し、両つながら相い見ることを得）」という訳文を提案したことが記されているように（『大正蔵』五〇、三六四中二～六）、竺法護の訳文は必ずしも中国人にとって熟れた文章とはいえなかったようである。

5　『添品妙法蓮華経』については、佐々木孝憲「添品妙法蓮華経考」『大崎学報』一二〇号、一九六五年、ならびに佐々木孝憲「添品妙法蓮華経の訳出」金倉圓照篇『法華経の成立と展開：法華経研究Ⅲ』、平楽寺書店、一九七〇年、二二一～二五〇頁を参照。

6　『隋書』経籍志・史・雑伝には、「名僧伝三十巻、釈宝唱撰。高僧伝十四巻、釈慧皎撰。江東名徳伝三巻、釈法進撰。法師伝十巻、王巾撰。衆僧伝二十巻、裴子野撰。薩婆多部伝五巻、釈僧祐撰。梁故草堂法師伝一巻。尼伝二巻、釈宝唱撰」などといった文献名が挙げられている。

7　道宣の『続高僧伝』は、『高僧伝』の十科を倣って、訳経篇・義解篇・習禅篇・明律篇・護法篇・感通篇・遺身篇・読誦篇・興福篇・雑科声徳篇の十篇を設け、賛寧の『宋高僧伝』は、『続高僧伝』の構成を継承して、訳経篇・義解篇・習禅篇・明律篇・護法篇・感通篇・遺身篇・読誦篇・興福篇・雑科声徳篇の十篇を設けて僧伝を整理している。

8　『高僧伝』巻十四、序録、「宋臨川康王義慶『宣験記』及『幽明録』、太（「大」を宋本により改める）原王琰『冥祥記』、彭城劉悛（「俊」を宋本により改める）『益部寺記』、沙門曇宗『京師寺記』、太原王延秀『感応伝』、朱君台『徴応伝』、陶淵明『捜神録』、並傍出諸僧、叙其風素、而皆是附見、亟多疎闕」（『大正蔵』五〇、四一八中二八～下四）

9　『隋書』経籍志・史・雑伝、「『宣験記』十三巻、劉義慶撰。『応験記』一巻、宋光禄大夫傅亮撰。『冥祥記』十巻、王琰撰。『列異伝』三巻、魏文帝撰。『感応伝』八巻、王延秀撰。『古異伝』三巻、宋永嘉太守袁王寿撰。『甄異伝』三巻、晋西戎主簿戴祚撰。『述異記』十巻、祖沖之撰。『異苑』十巻、宋給事劉敬叔撰。『続異苑』十巻。『捜神記』三十巻、干宝撰。『捜神後記』十巻、陶潜撰。『霊鬼志』三巻、荀氏撰。『志怪』二巻、祖台之撰。『志怪』四巻、孔氏撰。『神録』五巻、劉之遜撰。『斉諧記』七巻、宋散騎侍郎東陽无疑撰。『続斉諧記』一巻、呉均撰。『幽明録』二十巻、劉義慶撰。『補続冥祥記』一巻、王曼穎撰。『漢武洞冥記』一巻、郭氏撰。『嘉瑞記』三巻、陵瓊撰。『祥瑞記』三巻。『符瑞記』十巻、許善心撰。『霊異録』十巻。『霊異記』十巻。『研神記』十巻、蕭繹撰。『旌異記』十五巻、侯君素撰。『近異録』二巻、劉質撰。『鬼神列伝』一巻、謝氏撰。『志怪記』三巻、殖氏撰。『舎利感応記』三巻、王劭撰。『真応記』十巻。『周氏冥通記』一巻。『集霊記』二十巻、顔之推撰。『冤魂志』三巻、顔之推撰」

10　『漢書』芸文志、「小説家者流、蓋出於稗官。街談巷語、道聴塗説者之所造也」

11　佐野誠子『怪を志す：六朝志怪の誕生と展開』名古屋大学出版会、二〇二〇年、二一〇頁を参照。

12　『高僧伝』巻第二、「願凡所宣釈、伝流後世、咸共弘通。今於衆前発誠実誓、若所伝無謬者、当使焚身之後、舌不燋爛。以偽秦弘始十一年八月二十日卒于長安、是歳晋義熙五年也。即於逍遥園、依外国法、以火焚屍、薪滅形碎、唯舌不灰」（『大正蔵』五〇、三三三上一～六）を参照。

13　現存するものとしては、前述した傅亮（三七四～四二六）の『光世音応験記』と張演の『続光世音応験記』を補う形で作成された陸杲（四五九～五三二）の『繋観世音応験記』や劉義慶（四〇三～四四四）の『宣験記』などを挙げることができる。また、小南一郎は『冥報記』の重要な性格の一つとして『法華経』応験譚の側面があることを指摘している（小南一郎「六朝隋唐小説史の展開と仏教信仰」、福永光司編『中国中世の宗教と文化』京都大学人文科学研究所、一九八二年、四七八頁）。唐臨（六〇一～六六一？）が六五三年に撰述した『冥報記』三巻には五十三条の霊験的記録を収録している。本書が収録するこれらの記事の中で、具体的な経典名に言及がある記事は十五条あるが、そのうち『法華経』に関する記事は十三条を占める（含む観音信仰）。『法華経』以外の経典についていえば、『金剛般若経』と『涅槃経』に関する記事がそれぞれ一条ずつあるだけであるので、『冥報記』が収録する記録は『法華経』に関する内容が突出しており、本書において『法華経』の信仰者が非常に注目されていたことがわかる。なお、『冥報記』の続編的な位置づけとなる著作に、郎余令（?～六九三）の『冥報拾遺』（六六一～六六三撰）がある。本書はすでに散逸しているが、『法苑珠林』などから復元された四十九条の記事中で『金剛般若経』に関する記事は十一条あり、『法華経』に関する記事は二条しかない（佐野誠子「従為己到為他：郎餘令《冥報拾遺》中窺見唐初《金剛般若經》的信仰面貌」『漢學研究』第三十七巻第四期、二〇一九年、九二頁）。『冥報記』（や『冥報拾遺』）は、ここで取りあげる唐代における特定の経典に関する応験譚を収集した著作とはいえないが、そうした著作の先駆けとして注目される。

14　慧祥については、羽溪了諦「法華伝の著者に就て」『六條学報』第一三六号、一九二三年、一～六頁、小笠原宣秀「藍谷沙門慧詳に就いて」『龍谷学報』第三一五号、一九三六年、二三一～二五〇頁、伊吹敦「唐僧慧祥に就いて」『早稲田大学大学院文学研究科紀要別冊』十四号、一九八七年、三三～四五頁、西山進「説話よりみた唐代仏教――『釈門自鏡録』を中心として」『仏教史学研究』第三八巻一号、一九九五年、二一～三七頁を参照。

なお、『釈門自鏡録』の現行本では本書は懐信の著作とされている。これは高麗・義天の『新編諸宗教蔵総録』巻二（一〇九〇年成立）の情報が初出と考えられる。一方で『釈門自鏡録』の書名は円珍の将来目録にあり、円珍は本書を慧祥の著作と伝えている。伊吹敦は、現存する資料では『釈門自鏡録』の著者を懐信とする説は高麗においてはじめて登場することから、中国において『釈門自鏡録』の伝承が一度絶たれて、その後、朝鮮から逆輸入されたことによって明代に『釈門自鏡録』が懐信の著作として入蔵したと指摘している（伊吹前掲論文、三三～四五頁）。ただし、伊吹説に対して、西山進は北宋の従義（一〇四二～一〇九一）の『法華三大部補注』が本書を懐信の著作と見なしている点から、「現行本に見える懐信を後世の付会として片づけるのは早計であろう」（西山前掲論文、二二～二三頁）と指摘し、史料上の制約から結論づけることはできないとしつつ、本書の撰者を懐信として扱っている。しかし、『仏祖統紀』巻第十の「法師諦観」の伝記に「唐末教籍流散海外、今不復存。於是呉越王遣使致書、以五十種宝往高麗求之。其国令諦観来奉教乗、而智論疏、仁王疏、華厳骨目、五百門等、禁不令伝」（大正蔵四九、二〇六上二一～二五）とあるように、唐末には多くの仏教典籍は散逸しており、呉越王の銭弘俶（九二六～九八八）が朝鮮半島や日本から散逸した文献を取り寄せている。このような状況を踏まえれば、『法華三大部補注』に引用があることが、『釈門自鏡録』が中国で伝承され続けていたことを示すわけではないといえるだろう。

15　伊吹前掲論文、三五頁、四〇頁を参照。なお、『高僧伝』や『続高僧伝』以外に、『弘賛法華伝』が参照したと考えられる文献には、『比丘尼伝』、『弁証論』、『南史』、『集神州三宝感通録』、『法苑珠林』、『古清涼伝』、『冥祥記』、『冥報記』などがある。『弘賛法華伝』に収録される記録の参照元や類似する記録に関する調査には、周語彤《〈弘贊法華傳〉持經感應研究》（雲林科技大學漢學資料整理研究所碩士班畢業論文、二〇〇八年）がある。

16　『弘賛法華伝』巻第一「図像」の訳注研究には、村田みお

「慧詳撰『弘賛法華傳』譯注稿 巻一・圖像第一」(『Journal of International Studies』、六号、二〇二一年、一一七〜一六四頁)がある。

17 西域に関する三件の記事のうち、最初の一件は『中天竺舎衛国祇洹寺図経』から『法華経』に関する内容を引用したものであり、次の一件は、『大唐西域記』から『法華経』が説かれたとされる霊鷲山に仏像が安置されていることを述べた箇所の引用である。最後の一件は玄奘の略歴と共に、玄奘がインドの霊鷲山にある仏像のレプリカを持ち帰ったという記録である。ただし、最後の玄奘に関する記述については、村田が「この條は文中に言う「別記」、すなわち『大唐西域記』巻十二の讃を中心に、その他『續高僧傳』等に基づくだろうが、全體に近似する文は他書には見えない」(村田前掲論文、一二七〜一二八頁)と指摘するように典拠が明確ではない。

18 なお、『弘賛法華伝』は、観世音菩薩普門品の偈頌の翻訳に関して闍那崛多の伝記を収録するが、この記述は基本的には『続高僧伝』によるものであり、そこには彼と達摩笈多と共に翻訳したとされる『添品妙法蓮華経』七巻について記述がない。『添品妙法蓮華経』が仁寿元年に訳出されたことは『添品妙法蓮華経』の序文に記されているが、『大唐内典録』巻九によれば、本書は隋の大業年間(六〇五〜六一八)に、達摩笈多が訳したものであり、『妙法蓮華経』からの変更点として、薬草喩品の後半を加えたこと、陀羅尼に相違があること、嘱累品を最後の品に移したことを指摘している(『大正蔵』五五、三一四上一七〜一九)。なお、『開元釈教録』(七三〇年成立)は諸目録・僧伝と『添品妙法蓮華経』の序文の記述とに矛盾があることを指摘している。

19 『弘賛法華伝』巻第三、「並非専業、兼弘異部」(大正蔵五一、二一下一)。

20 中国における捨身については多くの研究があるが、たとえば船山徹「捨身の思想——六朝仏教史の一断面」『東方学報』第七四冊、二〇〇二年、三一一〜三五八頁(船山徹『六朝隋唐仏教展開史』法藏館、二〇一九年に「捨身の思想——極端な仏教行為」として収録)、林鳴宇「焼身供養略攷」『東洋文化研究』第七号、二〇〇五年、三二一〜三四七頁などがある。

21 『高僧伝』の記録に基づくものが三件、『法苑珠林』の記録に基づくものが一件、『続高僧伝』の記録に基づくものが六件ある。ただし、池麗梅は、この中の釈僧岸の伝記について、これが『続高僧伝』の記録に基づくものではなく、『弘賛法華伝』が独自に入手した情報源に基づいてまとめられたことを指摘している。池麗梅「身を遺す僧と名を亡くした僧の遭遇:僧崖と亡名」『鶴見大学仏教文化研究所紀要』一九号、二〇一四年、五一〜一〇五頁を参照

22 『高僧伝』巻第十二、「諷誦之利大矣、而成其功者希焉。良由総持難得、惛忘易生」（『大正蔵』五〇、四〇九上一三～一四）。

23 『説文解字』巻四、言部に「諷は誦なり。言に従う風の声。誦は諷なり。言に従う甬の声」とある。

24 本稿では、以下の翻訳において「誦」を「暗誦する」と訳した。

25 船山徹は、『高僧伝』の「経師」の基本的性格を、「転読は経典読誦の代表的方法であり、経典を朗々と歌うが如くに読み上げることを意味し、節回しや声質が重視された。転読が散文でも韻文でも行われたのに対して、梵唄は一種の仏教歌謡であり、一定のメロディーにのせて経典の韻文（偈頌、偈）を楽器の伴奏付きで歌うことを意味した」と整理している（船山徹「梁代の学術仏教」『六朝隋唐仏教展開史』、法藏館、二〇一九年、一二頁）。また「転読」の「転」の意味について、澤田瑞穂は「転読とは経典の文章にある種の節をつけて念誦することで、転経・読経・誦経・諷経・詠経などともよび、また略して単に転ともいうた。語源は思ふに春鶯囀・莫才人囀（「酉陽雑俎」巻十二「玄宗才人英氏、能為秦声、当時号莫才人囀」）の囀と同じく歌喉声調の意味で声を曳き韻を延ばして変転曲折揺曳するその声調のことであろう」という解釈を提示している（澤田瑞穂「支那佛教 唱導文學の生成」『智山学報』第十三巻、一九三九年、一〇二頁）。船山徹は、澤田の説は「囀」の語義から見れば一定の妥当性があるとしつつも、大蔵経典に「囀読」という用例がないという点から「転読」の「転」の語源を「囀」と解釈することには問題があると指摘し、さらに「「転読」が漢訳でも用いられるが極めて稀であり、とくに「転」に対応するインド語があったと考えるべき積極的理由はない」とし、訳語として「転読」が用いられる唐初に翻訳された『大乗荘厳経論』の用例を挙げ、これが類似する経論の訳語では「自読」と翻訳されていることを確認して、「転読の「転」に明確に対応するサンスクリット語表記がないこと」を指摘している（船山徹「中国仏教の経典読誦法――転読と梵唄はインド伝来か」『宗教実践における声と文字――東南アジア地域からの展望』、二〇一五年、一〇〇頁）。

26 誦持と転読の相違に関しては、別稿において考察する予定である。

27 『大智度論』巻五十六、「親近已、或看文、或口受、故言読。為常得不忘、故誦」（『大正蔵』二五、四六一上一〇～一一）。

28 吉津宜英「華厳経伝記について」『印度学仏教学研究』二七‐一、一九七八年、一六一～一六四頁。

29 松森秀幸「『法華伝記』の成立年代と「釈志遠伝」の位置づけについて」『印度学仏教学研究』六八（一）、二〇一九年、二五〇～二四四頁。

30 中国における写経の実践と功徳に関しては、村田みお「写経と仏画——わが身で表す信仰」（船山徹（編）、村田みお・石井公成（著）『教えを信じ、教えを笑う（シリーズ実践仏教四）』（臨川書店、二〇二〇年、三～一一〇頁）に詳しい。

31 周語形は、『弘賛法華伝』の講解・誦持・転読・書写に収録される伝記の典拠を調査しているが、それによれば、これらの項目において『弘賛法華伝』が初出となる伝記は、講解が三件、誦持が四八件、転読が四件、書写が九件となる（周前掲論文、一九～二三頁）。

32 『弘賛法華伝』巻九、「釈法眼。俗姓高、隋斉国公高頴曾孫也。俗字立敬、一名元懌。未出家時、貞観中、与兄立覧、於化（底本の「他」を甲本によって改める）度寺僧明蔵処、学読法華・波若、稍似精熟。敬後棄其所習、龍朔元年、征遼還。三年正月、往台看動、従順義門出。有両騎追之曰、今捉獲矣。敬問曰、卿是何人。答曰、我是閻羅王使者、故来追卿。其人惶忙。走馬而出、欲投普光寺。使人曰、疾投寺門勿令入、入即得脱。及至寺門、乃見一騎投門。又西走欲入開善寺、又合騎投門。遂爾相従而奔、欲還本宅。宅在化度寺東。恐道遠、乃欲入醴泉坊。一騎在前、其人以拳擊之。鬼遂落馬。後鬼曰、此人大麁。急曳下、挽却頭髪、即被牽髪。如刀割状。又有朱衣白馬人、以手柘敬胸。敬応時落馬顛仆」（大正蔵五一、四二上三～一七）。

33 唐代の長安の地図、ならびに寺院の位置などは、小野勝年「隋唐長安寺院配置図」（『中国隋唐長安・寺院史料集成』〈史料篇〉、法藏館、一九八九年）、また坊や通りの長さなどについては、平岡武夫編『唐代研究のしおり第7 長安と洛陽 地図』、京都大学人文科学研究所、一九五六年を参照。

34 『弘賛法華伝』巻九、「久之稍醒。若坐霧中、家人輿還。至暁穌云、備見閻羅王。云君何盗僧菓子。何事説三宝過、遂依状罪、無敢厝言。王言、盗菓之罪、合呑鉄丸四百五十枚、四年受之方尽。説過之罪、合耕其舌。因放令出。遂穌。俄自見有人頭有双角、棒一鉄丸。縛敬手足、令一一噉之。傍人不見鉄丸、唯見敬張口努目、通身赫赤、喉内熱気上衝、蒸欝難近。経日方醒云、已一年呑百余丸。其若無此経四日如此呑丸云尽。即就会昌化度二寺、投誠懺悔。至三月三日、又被前使追、将見王。王曰、爾誹謗三宝、罪当耕舌。敬又見二人。以鉗抜舌、似長数百尺。又見二人、各執一耜刃、偶耕其上。勘案乃云、嘗読法華・金剛般若。因爾得蘇。親等視其舌上、若刀割処。為読二経、所以不断。敬後若思若説、戦怖流涙。因遂出家、名法眼。精厲倍常。住東都白馬寺。不知所終」（『大正蔵』五一、四二上一七～中五）

35 『法苑珠林』巻第四十六、感応録、唐親衛高法眼（『大正蔵』五三、六四〇中二八～六四一上一〇）を参照。この高法眼に関する記録に関しては、妹尾達彦「生前の空間、死後の世界：隋唐長安の官人住地と埋葬地」『文学部紀要 史学』（中央大学文学部）第六二巻、二〇一七年、六九～一三四頁に詳しい。

36 『法苑珠林』と『弘賛法華伝』の相違点としては、『法苑珠林』が主人公の高法眼を在家者としているのに対して、『弘賛法華伝』が「法眼」を法名として伝えていること、『弘賛法華伝』の冒頭で提示される主人公が若き頃に『法華経』と『般若経』を読んでいたことや兄の存在についての言及が『法苑珠林』にはないこと、また鬼から逃げる際に逃げ込もうとした寺院名が両文献間で相違することことなどを挙げることができる。

37 『弘賛法華伝』における宝塔の出現に関する記録には、釈法智の記録の外に、釈万僧に関する記録と僧道芸に関する記録の二例があるが、これらはいずれも唐代の『法華経』の誦持に関する出来事として記録されている。また「図像」にある唐の高官（国子祭酒）であった蕭璟に関する記録にも、蕭璟が『法華経』の暗誦を実践しており、『法華経』に基づいて木製の多宝塔を建立したところ、その塔の中にぴったりとはまる木製の多宝仏像が現れたという話が収録されている。

38 『弘賛法華伝』巻八、「釈法智。宣城人也。少小出家、戒行勤苦。不交俗務、隠居山林、清浄求志、誦法華一部。曾無懈癈、兼復声韻朗徹、音句分明。毎常唱誦、人皆楽聞。時人、呼為智法華。貞観年初、居蔣山上定林寺、嘗一夜、誦至宝塔品。其時風雨晦冥、震雷大至。師誦念不息。有諸房衆僧、皆出外観雷雨。毎因電光流昭、即見一宝塔。在虚空中、有大衆恭敬囲繞。寺僧驚異、咸共観之。至雲雨晴霽、乃不復出。衆共称讃。知是持経者所感致也」（『大正蔵』五一、三六中一八～二七）

39 『弘賛法華伝』巻七、「釈法朗。俗姓張、河北武城人也。幼而出家、唯修練行、住彭城郡南山浄道寺。為沙弥時、誦法華経。自少至老、誦習無懈。至年五十三、開皇十三年死。得七日、見閻羅王。王前有六道人。王問初一僧、有何徳業。初人答、誦維摩経。王曰、度南辺立。問第二僧、有何徳行。答、誦涅槃経十巻。王曰、亦南辺立。問第三僧、有何徳業。答、誦金光明経。王曰、亦南辺立。問第四僧、有何行業。答、講涅槃経。王曰、度西行立。問第五僧、有何徳行。答、講十地論。王斂眉而言曰、度北行立。第六問法朗云、有何行業。答、誦法華経。王曰、度東行立。問六僧竟、遣人、領北行立者、向地獄道、領西行立者、向畜生道、領南行三僧、向人道。語向三道者云、去不得帰。次語法朗、領往天道、令見其生処、可放還家。賜寿八十五歳。朗後天宮還、忽然而活。看左臂上、隠隠有赤字。作八十五歳字」（『大正蔵』五一、三三中一八～下五）。

40 これらの詳細については、別稿において論じる予定である。

西明寺の歴史——仏教思想の国際的伝播の中心地

エレナ・レペホワ
川崎建三　訳

はじめに

唐帝国の首都にして、中国の大シルクロードを往来する隊商の目的地であった長安は、七世紀初頭までに国際的な文化と宗教生活の中心地となった。こうした環境のもと、中国の仏教僧団は、新儒教や道教〔を擁護した〕宮廷側からの苛烈な反対にもかかわらず、宗教的制度化が形成されるなか新たな段階に達していった。仏教の流布に関心を持っていた皇帝とその一族からの多大の支援を受けて、主要な都市、特に長安において、数百の仏教僧院が盛んに建てられていった。それらのうちの一つが二百年間存続した西明寺であり、中央アジアと東アジアへの仏教思想の国際的伝播のうえで重要な拠点の一つへと昇華していった。一本の論文のなかでは、教義や儀式から建築や地形学に至るまでの、僧院生活のあらゆる側面を捉えることは不可能であるため、筆者は本論文で、中国人（玄奘、道宣、円照、玄暢）や外国人（仏陀波利、善無畏、円測、空海等）、また西明寺のもっとも著名な僧侶たちの、書誌的活動を含む個人資料に注視することにした。本研究の目的は、西明寺に居住し、翻訳や註釈作業に積極的に参加し、寺の蔵書について造詣を深め、仏教に通暁したのも同然の人物たちが、大シルクロードの枠内だけでなく、極東全域における仏教聖典遺産の文化間的普及の過程にいかに直接的な影響を与えたかを示すことにある。

一　西明寺建立の歴史

後の西明寺の地には古来、隋の文帝（在位五八一―六〇四）の親族の一人で、強大な政治家であった楊素（六〇六卒）の私邸が存在していた。隋王朝（五八一―六一八）の樹立の際、楊素は司令官および行政官として才能を発揮し、それによって文帝から最高の官職である尚書令に任ぜられた。後に楊素は煬帝（在位六〇四―六一八）の即位に決定的な役割を果たした。王朝の年代記『隋書』は、彼が五八四年に王国慶の反乱を鎮圧したと伝える。長安に帰京後、楊素は皇帝より豪奢な報奨を下賜されたほか、首都に私邸のための土地を得るという特権も与えられた。[1] Wang Xiang〔王翔〕の推定に拠れば、五八四年から五九九年の間に楊素によって、将来の西明寺の伽藍の基礎となる邸宅が造営された蓋然性がある。[2] 隋の衰退と唐（六一八―九〇七）の建国の後、楊素のかつての邸宅は高祖（在位六一八―六二六）の皇女の一人万春公主に譲渡された。史料は公主がこの場所にどれだけの時間を過ごしたのか伝えていないが、それ（邸宅）について次に言及されるのは、太宗（在位六二六―六四九）が皇帝の座に即位し、この私邸を自身の子である李泰皇子（六一八―六五二）に与えた、六三六年のことである。太宗の愛息である李泰は、長い間、玉座の後継者の権利を主張したが、この政争で李治皇子（後の高宗皇帝、六二八―六八三）に敗れた。彼の追放と六五二年の死去の後、彼の所有であった邸宅は官に没収された。六五二年から六五六年の四年間にわたり、邸宅は無人となり放置され、高宗が統治するうちはこの地に仏教僧院を建立するという決定はなされなかった。彼〔高宗〕は、かつてインドへの旅を完遂し、亡帝太宗の旧師で実質的に長安仏教界の最高指導者であった、著名な仏教の最長老・玄奘（六〇二―六六四）をこの責任者に任命した。玄奘の伝記『大唐大慈恩寺三蔵法師伝』が伝えているように、当初から李泰の旧邸の場所に道教と仏教の寺観を建立する計画が立てられたが、玄奘は、事前の視察を行い、建築のためには土地が狭すぎる旨を言上した。かくして仏教僧院の西明寺を建立する決定が採択され、その造営工事は六五八年六月に完了した。[3] 道宣（五九六-六六七）が編纂した別の資料『集古今仏道論衡』は、僧院の開創の際、高宗自身とその側近の臨席のもと落慶の盛儀が営まれたことを証言している。この年、西明寺で一五〇人の童子の得度式が行われ、一方、玄奘には創建時に上房が与えられた。しかし、玄奘は暫し寺内に居住したが、『大般若波羅蜜多経（*Mahāprajñāpāramitā-sūtra*）』の翻訳の完遂に専心するため、早くも六五九年には玉華宮に隠退した。[4] 西明寺の上座には、偉大な仏教思想家で中国仏教史家の道宣が就いた。彼は南山律宗に属し、僧団の綱規を厳格に遂行維持していた。[5] おそらく、これを理由に彼を最高管理職に就かせるべく西明寺に招いたのであろう。道宣はこの地位に計八年間在職したが、〔西明寺は〕長安における仏教思想の主要な中心地のひとつとして名声を高め、以後三百年間にわたり、中央アジアや東アジアで良く知られるようになったのは、まさに西明寺での彼の活動に因るところである。道宣自身は中国において律と仏教史に関する多くの書物の著者として功績多き名声を得た。とりわけ有名な著作は『広弘明集』と『続高僧伝』である。彼は、『四分律（*dharmaguptaka-vinaya*）』に対する自身の主要な註釈書をまさに西明寺で著述したのである。[6]

また彼の発起により六六四年に西明寺で、唐代最大の仏教目録十一点を収録した一切経目録『大唐内典録』が編纂された。それは二二〇人の翻訳家により中国語に翻訳された二四八七の仏教経典を数える。[7]

道宣自身は玄奘が率いる多数の翻訳集団に属し、まさしくこの関係によって、西明寺は七世紀後半から長安における仏教経典の翻訳の拠点の一つになっていく。このように西明寺で翻訳された最初の経典は『仏頂尊勝陀羅尼経（*Buddhoṣṇīṣa-vijaya-dhāraṇī-sūtra*）』と見なされている。伝承は中国におけるこの経典の出現を、六七八年または六七九年に高宗の宮殿で同経典を提示した、カシュミールの伝道者仏陀波利（Buddhapāla/Buddhapālita）と関連付けている。[8]

明らかに、『仏頂尊勝陀羅尼経』は、私設書庫に保管すべくその移設を指図するほど、皇帝に刺激的な関心を呼び起こしたと考えられる。このことは、奇術的呪文である陀羅尼に関連したタントラ経典に属する本経典の内容によって幾分か説明可能である。その奇跡的な力により、それらを読誦し、保持し、書写する者は、長寿を得、来世に再誕して功徳を積み、悪業を滅することさえできる。しかし、仏陀波利の伝記によれば、その目的は一切衆生の幸福のためにこの経典を流布することにあったので、彼はその後の翻訳のために梵語の原典を賜るように高宗に懇願した。皇帝の勅命で経典は、仏陀波利と、梵語に関して幾分の知識のあった僧の順貞〔の二人〕が翻訳に勤しんでいた西明寺に送られた。彼らの尽力によって、『仏頂尊勝陀羅尼経』の西明寺版は後に最も権威ある翻訳と見なされるようになった(9)。

西明寺における仏陀波利の出現は、七世紀後半の唐仏教の翻訳伝統が隆盛した時期と重なっており、その事業は高宗皇帝と彼の妻で女帝の武則天（六二四—七〇五）が保護していた。これは、少なからず、インドからの多数の仏教伝道者や東アジアの遠国からの留学僧が長安へ押し寄せた状況と結びついていた。後者は、インドへ出立出来ず、中国・唐の都市の寺院と僧院で原典の研究に親しむ機会を得たいと切望していた。かくして、当時西明寺に多くの外国人僧侶が居住し、幾人かは存命中に高名な仏教の祖師となった。そのうちの一人は、新羅仏教界における唯識派の傑出した代表的人物である円測（六一三—六九六）であった。

二　円測と『解深密経疏』

あらゆる資料で、円測が新羅王家の出身で、幼少より仏教への関心が抜きんでていたことを伝えている。彼は、十五歳で新羅を後にして長安へ出発し、そこで無著（Asanga）の『摂大乗論（*Mahāyānasaṃgraha*）』と真諦（Paramārtha、四九九—五六九）の著作に基づいた教えである摂論宗の派祖・法常（五六七—六四五）の弟子となった。円測は、太宗皇帝（在位六二六—六四九）の許可を得て、元法寺を訪れた。玄奘が、他の経典類に加えて、護法（Dharmapāla、五三〇—五六一）の新たな瑜伽行派の論書を携えて、六四五年にインドから戻った時、若い新羅の僧はこれら瑜伽行派の新しい学説に強い関心を抱いた。彼は、『成唯識論（*Vijñapti-mātrāta-siddhi*）』、『瑜伽師地論（*Yogācārabhūmi-Śāstra*）』、『解深密経（*Saṃdhinirmocana-sūtra*）』、『仁王般若経（*Karunika-raja prajnaparamita-sūtra*）』、『般若波羅蜜多心経（*Prajñā-pāramitā-hṛdaya*）』といった多くの経典の注釈書を編纂した。円測は、元法寺滞在時代に梵語を含む六言語を習得した。翻訳家と註釈家としての彼の功績は高宗皇帝自身により高く評価され、それ故、彼は西明寺の訳経館〔*Yijinggunag*〕の館長に任命された。寺院の全史を通じて、彼と道宣だけが西明法師の称号を名乗る権利に浴した。[10]

円測の『成唯識論疏』と『解深密経疏』は東アジアと中央アジアにおいて唯識に関する主要な注釈書と見なされているので、円測の哲学的見解は別個の考察に値する。円測は、真諦の見解に立脚した摂論宗の宗派で仏門に入ったものの、彼自身は唯一の真識としての、いわゆる「九識」（amalavijñāna 阿摩羅識）説に与していなかった。その代わりに、彼は、「三性」（または「三転法輪」）の理論に対する自身の見解に基づき、地論宗の『十地経（*Daśabhūmikā-sūtra*）』の特徴的な概念である「八識」説（ālayavijñāna 阿頼耶識）を支持した。円測は真諦が依他性を完全に否定したことを批判し、それが諸法実相[11]の無理解に繋がると主張した。円測の著作の確かな価値は、初期の瑜伽行派（Yogācāra）と中観派（Mādhyamaka）を対象に、この二大学派を融合しながら、あるいはそれらの存在を完全に否定しながら、仮有と実有の本質を認識しようとする彼らの試みを分析したことである。彼は、一例として、清弁（Bhāviveka、四九〇–五七〇）と護法の見解を挙げている。清弁は諸法は空であると主張して中観派の立場を堅持したが、護法は、諸法は有と無に分別されると考えた。円測の考えによれば、両者の立場は両極端であり、現実は空でも有でもないとする中道を用いて克服される。円測は、中国で玄奘が創始した瑜伽行派の新思潮に共感したにもかかわらず、彼は、己の仏性を失い、それ故悟達の可能性が剝奪された人間としての一闡提の無仏性に関する玄奘の考えには同意しなかった。彼の『解深密経疏』のなかにこのことが最も明確に表れている。相互に関連する現象としての仏教解釈学を独自に分析した結果、円測は、一切衆生が悟りを得られるのは、実は本来具わる仏性によるものであり、決して修行の経験の違いによるものではない、との結論に達している。かくして、瑜伽行派と中観派の伝統を調和させる円測の試みは、瑜伽行派の伝統自体の若干の矛盾を取り除くのと同様に、超教派的性質（エキュメニカル的性質）を帯びている。阿頼耶識の中間的性質〔真妄和合識〕[12]に関する円測の見解は、中国で広まらなかった。彼の弟子である窺基〔基〕（六三二―六八二）が玄奘の瑜伽行派の教義を支持し、自分のかつての師を激しい批判にさらしたからである。しかし、円測の出身地である新羅本国では、彼の哲学的な見解は、現地の瑜伽行派の代表的人物である、勝荘（七世紀）、道証（八世紀）、道倫（七〜八世紀）に影響を与えた。[13]

新羅のほかに、円測の著作は十一世紀前半にチベットでも知られるようになった。これは、先ず何より『解深密経』に対する注釈書〔『解深密経疏』〕に関連している。それは八一五年から八二四年の間に敦煌において僧・呉法成（'Gos Chos grub、ゴ・チェードゥプ）によって『*Ārya-gambhīra-samdhinirmocana-sūtra-tīkā*〔聖解深密経疏〕（*'phags pa dgongs pa zab mo nges par 'grel pa'i mdo rgya cher 'grel pa*）』との名でチベット文に翻訳された。この翻訳は、チベット〔吐蕃〕が敦煌を管轄していた時代の、レルパチェン（Rälpachän）王の統治下に行われ、『デンカルマ目録（*lhan dkar ma*）』の仏教経典集成に含まれている。この原典は十四世紀末から十五世紀初頭にかけてゲルク派の形成に重要な影響を与え、この宗派の開祖でチベット仏教の改革者であるツォンカパ（Tsongkhapa、一三五七―一四一九）自身が彼の代表作『了義未了義判別善説心髄（*Drang nges Legs bshad snying po*）』の中で何度もそれを引用していた。[14]

円測の歩みと彼の著作はそれ自体で、西明寺で生まれたテキスト校訂学の伝統がその後東アジアと中央アジアでいかに広まってきたかを示す唯一無二の例となりうるかも知れない。敦煌における『解深密経』の出現の要因に関する補足は以下に述べていく。

三　八〜十世紀における西明寺——義浄、善無畏、曇曠、円照、玄暢

八世紀初頭、玄奘の西方への大旅行の影響を受けて、インドを旅したもう一人の著名な巡礼僧、義浄（六三五–七一三）の西明寺への出現は特筆すべきものとなった。義浄はインドで二十年以上を過ごし、そのうち十一年を有名な学問寺ナーランダで学んだ。彼はそこで小乗、大乗、論理学、瑜伽、瞑想、そして『倶舎論（*Abhidharmakośa*）』の教義の知識を得た。六九五年、義浄は、五十万頌以上の梵語の三蔵（約四百巻）と舎利三百粒を携えて洛陽に戻った。帰国後、彼は実叉難陀（*Śikṣānanda*、六五二–七一〇）とほかの訳経僧らと共に、『華厳経（*Avataṃsaka-sūtra*）』八十巻の翻訳を行い、続いて七〇〇年から七一一年にかけて単独での訳経行に勤しんだ。彼の伝記に従えば、この間の何年かは長安にあり、彼は西明寺で（少なくとも七〇〇年から七〇三年まで）過ごしたという。義浄は青年期に道宣のもと律の基本を習得しているため、彼の西明寺との関係はこれらの間接的な要因で説明できるかもしれない。西明寺での滞在中に彼によって全体で凡そ九種の経典が翻訳されており、そのうち最も有名なものは、大乗経典の一つで、極東の宗教的かつ文化的伝統に多大の影響を与えた『金光明経（*Suvarṇaprabhasottama-sūtra*）』の翻訳である。[15]

義浄が西明寺に滞在していた時期は、高宗と武則天の息子で、同じく仏教の僧伽を保護していた中宗皇帝（在位七〇五–七一〇）の治世年間に重なっていた。彼のもと西明寺の伽藍は、ほかの都の寺院（例えば、大薦福寺）と共に国から手厚い財政支援を受け続けていた。しかし、その時には、寺院の指導的地位には、博学でもなく宗教的功績もないが、宮廷界や皇帝の親族と繋がりのある聖職者が占めるようになった。一方で、これは宮廷のもと西明寺の権威を高め、他方で、高位聖職者の宮廷内の陰謀への関与は、特に新儒教派の官職の眼には、仏教僧伽の評判に影を落とさずにはいられなかったことを示している。この状況を的確に示す例として、七〇六年から七一三年に西明寺の寺主であった僧慧範

にまつわる事件を挙げることができよう。慧範自身の出自に関しては殆ど何も分かっていない。九八二年編纂の仏教典籍『大宋僧史略』のなかで、彼は「胡僧」とされており、このことは、彼が非漢人の出自であることを物語っている。

中宗皇帝の治世に、慧範は法蔵のような最高位の仏教最長老に並ぶ、いくつもの官職を下賜された。例えば、七〇六年に聖善寺の落慶法要の際、彼は、他の九人の僧と共に（法蔵もその中にいた）、従五品下の散官である宮廷称号の朝散大夫を受けた。しばらくして、この僧院に青銅製如来像を建立した功績で、彼には、より高位の第三等の正義大夫、上庸公爵、聖善寺の寺主の地位が贈られた。[16] 慧範は中宗皇帝の妹太平公主（六六五―七一三）の推薦によってこれらの官職を授かった。

『資治通鑑』によれば、七〇七年までに、慧範は、上庸公爵の称号の他に、西明、聖善、中天の三寺の寺主として姿を現した。もう一つの聖善寺は洛陽に存在した僧院で、その建設工事は慧範の指揮で完了し、その功績で皇帝は彼に寺主の職位を勅命した。資料（『資治通鑑』）によれば、僧院の建設工事には、同じく慧範の指揮下で長楽に巨大な仏陀立像を建立したように、国庫から巨額の費用を必要とした。それ故、観察御史魏伝弓は七〇七年に、聖善寺の建設に割当てた国家資金の横領で僧を訴え、また奇術を使って皇帝の家族を誤解させた上、太平公主と不正な関係にあった慧範を重ねて皇帝に告訴した。しかし慧範は、おそらく自身と高官との関係の恩恵を受けたと思われ、自宅拘留だけで済んだ。睿宗（在位六八四―六九〇、七一〇―七一二）の治世の初年に、彼はまだ自身の特権的地位を維持していたが、しかし七一三年の夏に、彼は、将来の皇帝玄宗（在位七一五―七二六）に対抗して太平公主の陰謀に加担した罪で起訴され、そして処刑された。[17]

どこから見ても、慧範の不面目な悪評、汚職への弾劾、彼の死刑は少なくとも彼の仏教聖職者の側面に否定的な影響を及ぼした。いずれにせよ、西明寺に関する仏教文献で彼について実際には言及されていない。それが何であれ、宣宗皇帝の治世の開元（七一三―七四一）の晩年に寺院は国の支援によって利用され続けており、例えば、西明寺における新たな仏塔二基の設置に関する証言は七一六年の出来事と見なされている。研究者たちもまた一致して、開元時代が唐の文明の最高に開化した時代、すなわちその外交的影響力が他の追随を許さなかった時代であった、と考えている。中国では開元時代にインドからの仏僧の新たな潮流が起こり、中国仏教における新流派――秘密仏教あるいはタントラ仏教――の形成に弾みを付けた。このプロセスは、宣宗皇帝（在位八四六―八五九）が最初は道教の、次に仏教の秘儀的実践（聖典の暗唱、悪魔祓い、占星術）に私的な関心を抱いていたため、少なからず可能になった。ともあれ、タントラ仏教の流派に属する三人の高名な学僧、善無畏（Śubhākarasimha、六三七―七三五）、金剛智（Vajrabodhi、六七一―七四一）、そして不空（Amoghavajra、七〇五―七七四）は、宮廷では温かく迎えられた。彼らのうち善無畏という重要人物は、彼が中国に滞在している時期の数年間を西明寺で過ごしているだけに特に注目に値する。

善無畏自身の伝記から、彼がマガダ（インド中央部）の王家の出身だったが、動乱の故、玉座を放棄し僧にならざるを得なかったことは周知のとおりである。R・デヴィッドソンの考えによれば、この証言は、多くの学僧が北方の中央アジアや中国へ移住せざるを得なくなった、八世紀初頭のインド封建制分裂時代の政治的に不安定な現実の状況を反映しているかもしれない。[18]

善無畏は仏僧としてナーランダ僧院で師の達磨笈多（Dharmagupta）のもとで学んだ。彼は、後に極東における密教聖典の一つとなった『大毘盧遮那成仏神変加持経』または『大日経（*Makhavairochana-sūtra*）』を携えて、七一六年に長安に到着した。『宋高僧伝』に記された伝承によれば、善無畏が長安に到着する少し前に、皇帝は彼と私的に会見し、「国師」の称号を与えた夢を見たという。長安では、彼は最初に興福寺を訪れ、その後、西明寺に移り、菩提院の経蔵のタントラ諸経典を翻訳する訳経僧らを率いた。ここで彼が陀羅尼経典の一つで、虚空蔵（Ākāśagarbha）菩薩に捧げられた『虚空蔵菩薩能満諸願最勝心陀羅尼求聞持法』を翻訳したことは知られている。この経典とそれに関連する求聞持法という修行は後に日本密教の流派である東密の基礎をなすものとなった。[19]

善無畏は西明寺に比較的短期間滞在した後に洛陽に移住したけれども、彼の名は後年、長い間、タントラ仏教と共に西明寺と結びついていた。日本の真言宗において、彼は大日如来に起源をもつ教えを伝道する系統の第五祖と見なされている。彼の寺院での滞在時期が、後年上述の陀羅尼経典の写本を日本に将来した日本の学僧道慈のそこでの修学と一時期重なっていた史実は注目に値する。

玄宗治世の最初の十数年にあたる八世紀前半は、西明寺にとって真に平穏な時代となった。このとき寺院は都市においても、都市を越えても重要な法事を行う場所として、また国際的な仏教研究と教線の中心地として、広く知られるところとなった。しかし八世紀の五〇年代から、内政状況は、長安と西明寺に劇的な様相の変化をもたらす転機となった。七五六年の安禄山の反乱の時、都市は彼の軍に占領され、軍事行動の過程で、その大部分が略奪されたり、焼き払われ、西明寺も損害を受けた。教師愛同の伝記には僧院が焼失した事件について簡潔に報告されている。[20]この時代における僧院とその住人の運命に関する資料のうち、信頼できる証言は存在しないが、敦煌出土の間接的な多くの証拠から、シルクロードが通っていた地区における唐帝国の西の疆域に若干の僧侶らが西明寺から逃亡地を見出したであろうと推察することができる。これは敦煌で発見された、曇曠（七〇〇–七八八）の著作『大乗百法明門論開宗義決』と『大乗二十二問』についての話である。[21]最初の著作の序文において曇曠自身の行歴を述べている伝記的証言から、彼が法相宗の瑜伽行派に属し、七四二年から七五六年に西明寺で学んだことは明らかである。安禄山の反乱の時、彼は都から逃げて、七六三年頃、河西地方（現在の甘粛）に避難先を見つけた。十年後、唐帝国における内乱を利用した、吐蕃の皇帝ティソン・デツェン（Khri srong lde btsan、赤松徳賛、七二〇–七九七）の軍隊が、敦煌地方とそれに隣接するシルクロード沿いの区域を征服して、中国北東のオルドス地方に侵入した。この時代にティソン・デツェン自身はすでに仏教に関心があったことが知られており、彼はナーランダ僧院から仏教哲学者で伝道者の寂護（Śāntarakṣita）を吐蕃に招いた。

彼は同時に、まず何より大乗経典のチベット語への翻訳と注釈のために、敦煌の高僧との協力に関心を持っていたようである。このような理由から皇帝は曇曠に、一乗（ekayāna）の教義に関する問答体の解説書『大乗二十二問』の編纂を要請した。この場合、都市の仏教の主たる中心地の一つであった西明寺で修学した僧としての曇曠の評判もまた一役を担った蓋然性もある。論書自体の内容に関しては、W・パチョウ〔巴宙〕の研究によれば、（1）菩薩の実践、（2）衆生の実践、（3）三業〔身口意〕の相違、（4）仏の功徳、（5）法身（dharmakāya）、（6）阿頼耶識（ālaya-vijñāna）、（7）大智慧（prajñā-jñāna）の七部に区分できる。上述の分類を分析しながら、曇曠は『妙法蓮華経（*Saddharmapuṇḍarika-sūtra*）』と『解深密経』から法理を引いている。後者は瑜伽行派の聖典で、それ故曇曠は唯識の立場から一乗（『法華経』）に関する三つの主要な仏教教義（「〔三〕乗」）を考察している。彼の見解によれば、それらの基本的な差異は、仏陀が『法華経』已前に『解深密経』を説いたことに帰着する。曇曠は最初、『解深密経』と『法華経』に説かれるそれらの差異を強調しながら、三乗と一乗を対比させていたけれども、最終的に彼は、それらはすべて総体として絶対的な真理であるとの結論に達している。[22] 七八一年から七八二年にかけて、インドと中国の僧らによる有名なサムイェー寺（*bSam yas*）での宗論が行われた時、『解深密経』が瑜伽行唯識学派の権威ある聖典として主要な論拠の一つになった点は特筆すべきである。[23] このことから、曇曠の論書は、著名な円測の注釈書と共に、チベットにおける瑜伽行唯識学派を広める役割も果たし、西明寺をチベット仏教の発展史にも結びつけることを可能にしたと結論付けることができる。西明寺に関して言えば、その再建と新たな建立は、徳宗皇帝（在位七七九―八〇五）の治世の時代にあたる。徳宗は、仏教聖典の普及に関心を示した、仏教を最も尊崇した皇帝の一人として歴史に登場した。反乱や国境紛争が相次いだ後、唐帝国の内政はきわめて不安定な状態が続いたため、皇帝に代表される政権は、国家の守護と政敵の打倒を願うべく、密教の奥義に通じた学僧を重用した。このことを理由に、密教の中心地の一つとして、すでに早くからその名を知られていた西明寺において、訳経院（*Yijing yuan*）が再び設置され、かつてナーランダで修学したカシュミール出身のパンディットの般若（Prajñā）が率いた。Wang Xiang の考えによれば、これは西明寺に居住し活動していた、最後のインドの訳経僧であった。七八八年、彼と西明寺所属の他の僧侶集団は皇帝の勅命で『大乗理趣六波羅蜜多経（*Mahāyāna-nāya-sat Paramita-sūtra*）』の翻訳に着手した。その他の翻訳者のなかには、徳宗の特別の好意を受け、最高の寵愛の証として紫衣を贈られた僧の円照（生没年不詳）もいた。円照は後に、唐時代の最も広範な仏典集成の一つである、経録『大唐貞元続開元釈教録』を編纂した一人として名声を得た。(24)

しかし、徳宗の治世以降、九世紀初頭には、諸史料で西明寺に関してほとんど言及されなくなっている。文宗（在位八二六－八四〇）の即位、そして次に彼の弟の武宗（在位八四〇－八四六）の即位と共に、親儒教派の官吏の主導で、道教と仏教への迫害が始まった。長安の仏教僧院の大部分が破壊され、そこに居住していた僧や尼僧は追放され、また破門された。これらの排撃の時にあって西明寺は被害を受けはしなかったが、そこに居住する僧侶らの人数は三〇人まで削減された。こうした状況は、唐仏教の再興を後押しした宣宗皇帝（在位八四六－八五九）の下、ようやく是正された。彼の統治時代、西明寺の伽藍は全面復興され、就中、洗懺戒壇が新たに建立された。伽藍は福寿寺と寺名を改めた。かつて西明寺から逃げた僧侶たちは戻り、彼らの中にはかつての寺主の玄暢（七九七－八五三）がいた。長安における廃仏の粛清の時、八四三年に彼は武宗皇帝に仏教僧伽の庇護を求めて願書を奏上したが、皇帝はその願いを聞き入れず、かえって玄暢は僧位を剥奪された。彼は、八四八年に宣宗から宮廷に呼ばれるまで、他に知られることなく、六年の時を過ごした。仏教の擁護者として知られ、彼は、皇帝の誕生日に宮廷で仏教、道教、儒教の僧侶たちの間で行う公開討論（誕辰談論）というかつて存在した伝統を復活させた。これらの討論への参加を呼び掛ける立場でありながら、玄暢は自らを高めるべくこの機会を利用した。『宋高僧伝』には、その後、経典の説法のために宮廷の部屋にしばしば彼を招き、宣宗は彼に紫衣と「臨檀大徳」の号を下賜した旨が述べられている。玄暢は、宣宗よりもさらに格段に仏教に帰依していた次の懿宗皇帝（在位八五九－八七三）からも保護を受けた。西明寺の寺主の役職のほかに玄暢は総持寺の寺主と

「法宝大師」の号を賜った。彼自身は律宗に所属し、西明寺の寺主として滞在している数年間で、僧院におけるこの宗派を復興させるべくあらゆる手段を講じた。Wang Xiang が報告しているように、彼は律典の講義を催しただけでなく、自ら数千人の僧の得度を受け入れた。玄暢は、唐の皇帝たちが尊崇した西明寺の中で功績多き最後の大寺主と見なされている。(25)

唐王朝の最後の二十年間では、八八〇年から八八八年にかけて黄巣の蜂起の渦中、皇宮の領域を除いて、長安の大部分が破壊された。九〇四年には、後の後梁の建国者、朱温（在位九〇七–九一二）が洛陽に遷都した。この後、十世紀初頭から西明寺の寺名と関連した僧の名前は正史から全く消えてしまった。かくして唐王朝の黎明期に出現した西明寺は、二百年にわたる激しい出来事を王朝と共に経験し、その衰退の目撃者となったのである。

四　西明寺における日本の学問僧

西明寺が存続した歴史において、そこに滞在し学んだ外国人について言えば、八世紀初頭から九世紀末にかけて西明寺で修学した日本の学問僧の集団について言及しないわけにはいかない。この期間に中国・唐の都にあった諸寺院は、新羅と日本の仏教徒にとって、仏教を体系的に学ぶ上で必要なすべてを有し提供する中核に発展していたので、彼らは、中国の巡礼僧が仏教経典の原典を求めてインドへ出発したのと同じような熱意をもって長安や洛陽への渡航を切望していた。西明寺は、すでにこの時期までに、八世紀中半の内戦の結果にもかかわらず、シルクロードに繋がる南アジアや東アジアの全域から仏祖らが滞在し指導していた、権威ある仏教の「大学」の一つとして揺るぎない名声を得ていた。したがって、勉学のために中国へ渡った日本の僧侶にとって、西明寺が待望の最終目的地であったことは十分な理由がある。

我々が知る著名な日本の学問僧の最初の人物は、七〇二年から七一八年にかけて西明寺で修学した僧の道慈（七四四卒）である。道慈は三論宗の一系統である大安寺流の創始者と考えられている。七一八年に修学を終えた後、彼は大量に集めた仏教経典写本を持参して日本に帰国した。その中には『仁王般若経』、『無量寿経（*Sukhāvatīvyūha-sūtra*）』、『金光明経』があった。これらの経典は、いわゆる『護国三部経』に含まれ、八世紀初頭に日本の宗教にも政治にも著しい影響を与えた。それらの保存と普及のため聖武天皇によって全国に国分寺が創建された。このほか、道慈は、善無畏が翻訳し、日本において密教の最初の経典の一つとなる、前述の陀羅尼の経典ももたらした。道慈の渡航の結果、日本の仏教界で西明寺が人気を博し、八〜九世紀にこの寺院での学問僧の修学の伝統が確立されていった[26]。道慈が中国から帰朝して五十年が過ぎた七七七年、三論宗に属する、もう一人の僧の永忠（七四三-八一六）が同地へ出発した。彼は西明寺で六年間修学し、菩提院の経蔵に格別の関心を示した。あらゆることから判断して、永忠は著名な寺院集成目録である『貞元釈教録』（正式名称は『大唐貞元続開元釈教録』）を実見した。この目録は凡そ二百の新修の密教経典を含む西明寺のあらゆる目録を統一するために、七九四年（貞元十年、この元号から目録を命名）に訳経僧である円照によって編纂された。日本の正史編年書である六国史の一書である『続日本後紀』には、永忠がこれらの経典を書写し、八〇五年に日本に帰国した際に、それらを桓武天皇（在位七八一-八〇六）に献上した。まさにこの時、彼は梵釈寺の寺主に任ぜられた。研究者の小野勝年が考えているように、この寺院の経蔵目録である『梵訳寺目録』（現在散佚）は、永忠が書写した『貞元釈教録』の中の諸経典を含んでいた[27]。

西明寺将来の仏教経典の日本での普及における永忠の明確な功績にもかかわらず、貞元目録を完全に書写し送り届ける機会は彼ではなく、著名な空海（弘法大師、七七四-八三五）の手に渡った。空海は彼の先達よりもはるかに短い期間——全体として二年間、西明寺に滞在したけれども、彼は円照本人と出会い、西明寺の経蔵を利用し、貞元目録を書写する機会を得た。阿部龍一の考えによれば、このことが彼に、いかなる仏典が必要で日本に送るべきかについて理解を促すことになった。それらの経典のうち、まず何より、空海が、当時仏典翻訳の訳経館の長を務めていた梵語の師匠であるカシュミールのパンディットの般若から授かった『華厳経』と『大乗理趣六波羅蜜多経』に特に注意を向けなければならない。後者の経典は、阿部龍一が提唱しているように、後に空海が密教を顕教から分離し、真言宗の別派とする根拠となった。[28] 結局のところ、空海は、新訳の伝統的経典や密教経典を除き、曼荼羅（maṇḍala）や悉曇（siddhaṃ）、そして仏教諸神の図像を描いた特別の経典を含んだ、二一六部の経疏を収集し、見大宰大監の高階遠成（七五六‐八一八）を通じて日本に送った。桃井観城は、西明寺での空海の修学時代を特徴付けながら、彼自身が手写した経典として、『仁王般若経』、『華厳経』、『大乗理趣六波羅蜜多経』そして『守護国界主陀羅尼経（*Āryadhāraṇīśvararāja-sūtra*）』を挙げている。[29] 師・恵果（七四六‐八〇五）との運命的な出会いのほかに、空海が西明寺で得た諸経典の意義は、後にそれらが日本における金剛乗の普及にかなりの影響を与えたので、高く評価してもしすぎることはない。

空海に加え、後に天台宗寺門派の宗祖となる円珍が貞元目録を実見する機会を得た第三の日本の僧となった。彼に関しては、彼が八五三年に西明寺に到着した時、この寺院が第二の名称の福寿寺を冠していたことは知られている。円珍は玄暢の著作と貞元目録を学び書写しながら、寺に六年間滞在した。彼が西明寺で書写したなかで八十四部の密教経典が日本の園城寺と実相寺に現存していると考えられている。[30]

西明寺で修学した日本の僧侶に関する次の言及は八六四年のことである。特筆すべきは、彼が、円測と同じく、支配者一族に族していた点である。それは平城天皇（在位八〇六‐八〇九）の第三皇子の高岳親王（あるいは真如親王、七九九‐八六五）である。彼に関しては、彼が空海の十大弟子の一人で、おそらく師から西明寺や同寺の偉大な学僧たち、そして膨大な仏教経典について話を聞いていたであろうと考えられている。これが、八六四年に彼が中国へ渡航する動機になった可能性がある。『入唐五家伝』に収載の彼の伝記で語られているように、彼と彼の従者は五月に長安へ到着し、西明寺に落ち着いた。西明寺に滞在中、真如はしばしば懿宗皇帝の宮廷に呼ばれ、そこで彼は自身の雄弁と学識で有名になった。彼には、青龍寺の著名なタントラの博識家・法全との討論への参加を受け入れるように提案さえなされ、真如はその寺で真言宗の教義の優越点を立証した。真如は西明寺で彼の従者と、仏典写本を暗唱し書写しながらわずか一年だけ滞在した後、自身の密教の知識を深め適切な師を求めるべくインドへ出発した。不幸にして、八六五年に広州を出発したものの、真如はインドには到達できず、現在のラオス領域の場所で落命した。[31]

もう一人の日本人僧の円載（八七七卒）が真如と同時期に西明寺で修学していた。彼は、日本天台宗の創始者、最澄（七六六－八二二）の弟子であった。この宗派は最初から、天台山をその中心とする天台宗と結びついていたが、玄宗皇帝は円載に西明寺での居住を許した。しかし、この時代に彼の生涯に関する証言は史料で僅かに残るのみで、彼が紫衣を下賜されたことだけは知られている。かくして、彼が真如と同じく皇宮において高く評価されていたと推測することができよう。残念ながら、円載は日本への帰路、八七七年に海難事故で死亡し、彼が中国に滞在していた四十年にわたり収集した、膨大な数の仏教や儒教の典籍もこのとき失われた。[32]

真如と円載は西明寺で修学した最後の日本の学問僧であった。彼らの悲劇的な運命は、まるでその後三十年にわたる寺院そのものと唐王朝のさらなる衰退を予見しているかのようであった。

五　西明寺とインドの祇園精舎および日本の大安寺との関係について

上述の西明寺の略史より、この寺院はシルクロード沿いに広まった南アジアの仏教文化と積極的な相互関係をもつ首都の中心地のひとつであった、ということが明らかである。西明寺がインドの有名な祇園精舎（Jetavana-viāra）の様式を模して建立されたという既知の観念が形成されたのは、明らかにこのような状況が影響している。この考えを生み出したのは、有名な律の注釈書の他に、『中天竺舎衛国祇洹寺図経』と『関中創立戒壇図経』の二書を編纂した西明寺の第二期の上座の道宣と見なされている。まさにこの地で仏陀が、後に五部の律蔵と四阿含経に収められる律の原理を説いたので、道宣自身、この場所が仏教教団にとってきわめて重要な地であると考えていた。[33] 彼は、自身の記述のなかで、基本的に宋の僧侶・霊祐（五一八-六〇五）の著作——現存しない——や、有名な巡礼僧である法顕と玄奘の祇園精舎周辺への歴訪の記録を論拠とした。研究者の Ho Puay-Peng と Tan Zhihui は、道宣の注釈書の図面は、祇園精舎の実際の平面図というより、むしろインドを歴訪した義浄の主張に依拠しながら、仏教僧院の理想像が反映されているとし、これらの図面が事実とは異なると考えている。[34] Xiang Wang もまた西明寺の建造物群が、二箇所で行われた二十世紀の考古学的発掘を基に祇園精舎を完全に再現していたという点に疑問を呈しており、いまだこの事実は立証できていない。[35]

それでもなお、道宣の注釈書に描かれた祇園精舎の図は、その真偽にかかわらず、日本で広く普及し、日本の仏教建築に著しい影響を与えた。西明寺自体、十世紀には事実上の機能を終えたけれども、その姿は理想的な中国の僧院の象徴として日本の教養ある仏教徒たちの意識にしっかりと根付いていった。日本の歴史家の木宮泰彦（一八八七-一九六九）は自著『日支交通史』において、中国で学んだ〔日本の〕学門僧の間では、西明寺が中国の仏教寺院の最も重要な拠点であると考えられていたと主張した。[36]

この人気を示す好個の例は、大安寺の歴史に認め得るかもしれず、奈良時代の改築の際には、西明寺の再現とほぼ公認されるようになった。寺院そのものは、早くに百済大寺として知られており、舒明天皇（在位六二九-六四一）の治世の六三九年に建立された。その後、大官大寺と改名され、後世もこの名で呼ばれた。それは、七一六年から七一七年に元興寺と薬師寺と共に新都の平城京に移築され、そこで最終的に大安寺の名が付けられた。大安寺は、祭式的・呪術的レベルで朝廷と国の保護を主たる使命と見なされた南都七大寺に含まれた。[37]

大安寺の編年記『大安寺縁起』には、大安寺と西明寺そして祇園精舎の関係に直接言及した次の興味深い一節がある。すなわち「中インドの舎衛国に弥勒菩薩の宮殿（tuşita-bhavana；兜率天）を模した祇園精舎がある。大唐の西明寺は祇園精舎を規範に建てられた。そして我が国の大安寺は西明寺を模して建てられた」（中天竺舎衛國祇園精舍、以兜率宮為規模焉、大唐西明寺以彼祇園精舎為規模焉）[38]。この過程で、伝統的には、『大安寺縁起』以外の様々な資料によって立証されているように、この過程の功績が、西明寺で修業していた前述の僧道慈にあるとされてきた。『本朝高僧伝』の中で報告されており、そこには、聖武天皇（在位七二四–七四九）の勅命で天平九年（七二七）に大安寺の建設が始まり、新しい仏教寺院のための相応しい建築様式を探すように命じられたことについてさらに詳細に説明している。九年前に中国から帰朝した道慈は、密かに日本に持ち帰った自作の西明寺の見取図を提供した[39]。道慈の大安寺改築の指導に関する略記は『続日本紀』にもあるが、そこには改築が西明寺の見取図を使って行われたことについては何も述べられていない。このことに基づいて、マルクス・ビンゲンハイマー（M. Bingenheimer）は、『本朝高僧伝』の歴史の真実性を疑っている[40]。堀池春峰も、九世紀末から十世紀初頭に比定される僧侶・道慈の仲介によって西明寺と大安寺を結びつける歴史を認めつつも、同様の見解に立っている[41]。

道慈が作成した西明寺の見取図を使って大安寺の改築が行われたか否かに関係なく、この歴史は、日本の僧侶たちが修学した中国から仏教寺院の建築見取図を借用したという現実的事実に立脚している。例えば、九世紀中半に西明寺で、後の寺門派の宗祖となる日本の僧侶、円珍（八一四–八九一）が学んでいた。彼は禅師の湛誉から『中天竺舎衛国祇洹寺図経』の巻物の複製を授けられた[42]。円珍により日本に将来された本書もまた、西明寺が祇園精舎の様式を模して建立されたという伝承を形成する役割を果たした可能性は十分にある。

『西明寺図』と称される文書そのものに関して言えば、より後代の日本の仏教書でそれについての証言が散見される。例えば、十九世紀前半に得仁（一七七一–一八四三）が編纂した『弘法大師年譜』には法隆寺（奈良）と無量寿院（高野山）に所蔵される西明寺見取図の挿絵について言及されている。得仁の言葉によれば、法隆寺伝来の写本から印刷した挿絵の複製が付録されている。彼は、この見取図が最初から天平年間（七二九–七四九）に天皇の勅命で道慈が作成した点を強調している。(43)

この資料を特徴付けると、八世紀に始まり千年の長きにわたって、日本の仏教徒の心のなかに、大安寺が中国の西明寺やインドの祇園精舎を繋ぐ国際的な継承系統と固く結びついていた、と結論を導き出すことができる。祇園精舎自体に関して言えば、その形象は、『平家物語』の冒頭に描かれるように、日本の中世の文化において俗世の無常の象徴として広く普及した。十七世紀、徳川幕府の時代は鎖国状態であったにもかかわらず、国内に西洋科学の考え方や外界の最新の知識が浸透し始めた時、祇園精舎を探すためにインドへの遠征隊を組織する試みがなされたことは特筆に値する。第三代将軍徳川家光（在位一六二三–一六五一）の治下、著名な言語学者でオランダ語通詞の島野兼了は日本を出発し、祇園精舎の簡易図（見取図）を持ち帰った。一七一五年、長崎奉行藤原忠義はこの見取図を模写し、それを『祇園精舎図』と名づけた。しかし後に研究者の伊東忠太（一八六七–一九五四）がつきとめたように、この見取図は本来、カンボジアのアンコール・ワット寺院を示すものであった。(44)

上記のような多くの事実があるにもかかわらず、日本の大安寺は実際にどの程度まで中国の西明寺に、また相対的な範囲で祇園精舎に相似していたのかという問題は不明のままである。考古学研究はこの問題を解明できるかもしれないが、残念ながら、大安寺の元来の建造物群は現在きわめて僅かしか残っていない。京都に遷都した後、奈良時代の末期に大安寺の宗教的政治的意味は急速に弱まり、その衰退を徐々に引き起こしていった。一四五九年の台風と一五八五年及び一五九六年の地震は伽藍の主たる建物を激しく破壊し、一八八九年には二基の仏塔の基礎から石が取り出され、橿原神宮の改築のために使われた。(45) 残存する中世の大安寺の絵（『大安寺伽藍古図』）から判断すれば、その固有の特徴は、主要な伽藍の金堂院の南に東西両塔を配置する形であった。(46) 相似する配置は、伽藍に留まらず、国土全体の守護（鎮護国家）を祈禱するという、これら仏塔の守護的働きを示しているかもしれない。西明寺の二基の仏塔に触れた現存する石碑は、長安の多くの寺における西塔と東塔の存在のみならず、当初からの西明寺と大安寺との関係について想定する可能性をも示唆している。(47) それでもなお、このテーマは今後の研究を必要としている。

以上を総括すると、次のような結論が導き出される。日本の仏教界や関連界隈において、西明寺とそこで修学した僧侶たちの権威は非常に高く、都の諸寺の一つである大安寺とその繋がりは数百年にわたり維持され、培われてきた。西明寺から、仏陀自身と彼の弟子たちのために建てられたインドの祇園精舎に遡る象徴的系譜もこの過程において本質的な役割を果たした。日本の仏教界にとって、その歴史を通じて（とくに鎌倉時代）、常に本来のインドの伝統に由来する継承系統への希求によって特徴付けられ、中世文化における祇園精舎の概念の流行がこのことを示している。この点で中国の西明寺は、文化史上において仏教の原形を異文化に広める中間段階としての役割を果たした。

おわりに

上述した西明寺小史は、国家の守護を祈禱する宗教機関として国家の保護に与り、またその地位を求めて中国本土からも中央アジアや東アジアからも仏教僧伽の最良の代表者たちが集まってきた、唐時代における仏教通史を鮮明に提示できるかもしれない。長安の好立地は大シルクロードの中継地点の一つとして、独特な「キャラバンサライ（隊商宿）」だけではなく、仏教巡礼僧にとっても西明寺を変化させた。著名な高僧の玄奘と道宣の倦むことない働きのおかげで、寺院はすでに七世紀中半までに首都の学問寺のなかの一寺として威厳ある名声を得、それ故、当時の著名なインド出身の仏教文学の翻訳家や注釈家である仏陀波利、善無畏、般若が自身の居住地として西明寺を選んだという事実には何も驚くことはない。唐時代の中国の多くの機関と同じく、西明寺の組織は本来ある種のコスモポリタニズムを帯びていた。そこでは中国人僧だけではなく、自身の能力を積極的に発揮した外国人も主要な役職に就いた。例えば、新羅の円測は、訳経館の館長としてのみならず、瑜伽行派と中観派の両極を克服すべく、両派を統合することを目指した瑜伽行派の独自の流派の祖師としても西明寺の歴史に永遠に留められた。円測の宗派は中国での教線を得られなかったものの、それは新羅の唯識の伝統である瑜伽行派とチベットのゲルク派に多大の影響を与えた。中央アジアの仏教史における西明寺の確かな功績は、そこで修学した僧侶たちのおかげで、主要な仏教経典が唐王朝の周辺国や敦煌で入手可能になり、僧の曇曠の歴史が示しているように、そこからチベットへ伝えられていった。西明寺の栄光は、日本の学問僧を含む、多くの外国人僧侶の注目を集めた、その著作集『大唐貞元続開元釈教録』によるところが大きい。西明寺の存続した期間に、そこでは、日本の六人の僧が学んでおり、最も著名な僧が日本の密教宗派の真言宗を創始した空海であった。彼は、西明寺での滞在中に、善無畏のもとで編纂され、円照が体系化した、主要な密教経典を実見した。空海が西明寺から将来した仏教経典集成は、後に日本における密教の基礎となった。このほか、日本の仏教徒の意識のなかに西明寺の姿と、そのインドの祇園精舎との伝説的系譜は理想的仏教寺院を連想させるようになり、大安寺の建立の原形になった。

かくして西明寺の遺産は大シルクロードの異文化接触の歴史におけるユニークな現証である。この寺院は、南アジアや中央アジアから仏教の高僧や他の僧侶を魅了しただけでなく、寺院内での彼らの育成と原典研究の活動のおかげで、韓国やチベットでは独自の瑜伽行派の宗派が、日本では金剛乗が形成されるのに寄与したのである。最も重要と思われるのは、十世紀初頭に唐の衰退と時を同じくして西明寺がその機能を停止したにもかかわらず、これらの流派が現在でも（日本の真言宗として）存在し続けていることである。この点において、西明寺の文化史的意義は、例えば、パリのソルボンヌ大学あるいはイタリアのボローニャ大学のような中世ヨーロッパの大学と同様のインパクトに匹敵するといえよう。

註

1 Xiang Wang, Reconstructing Ximing monastery: history, imagination and scholarship in medieval Chinese Buddhism (PhD diss., Stanford University, 2012), p. 24.

2 Ibid., p. 25.

3 Ibid., pp. 27-44.

4 Ibid., pp. 47-49.

5 Fujiyoshi Masumi 藤善眞澄, *Dōsen den no kenkyū* 道宣伝の研究 (The Studies of Daoxuan's Tradition) (Kyoto: Kyōto daigakugakujutsu shuppankai, 2002), pp. 150-155.

6 Ibid.

7 Kamata Shigeo 鎌田茂雄 , *Daizōkyō zenkaisetsu daijiten* 大蔵経全解説大事典 (A Dictionary of Full Commentary on the Great Collection of Sutras) (Tokyo: Yūzankaku shuppan, 1998), pp. 630-634.

8 Robert Gimello, 'Changing Shang-Ying on Wu-T'ai Shan,' in *Pilgrims and Sacred Sites in China*, ed. Susan Naquin and Yü Chün-Fang (Berkeley: University of California Press, 1992), pp. 89-102.

9 Paul W. Kroll, *Dharma Bell and Dhāraṇī Pillar: Li Po's Buddhist Inscriptions* (Kyoto: Scuola italiana di studi sull' Asia orientale, 2001), pp. 40-44.

10 Wang, *op. cit.*, 2012, p. 70.

11 （訳註）原文の「истина природы всего сущего」は著者のご教示により「諸法実相」と訳した。

12 （訳註）補訳は菅野博史教授よりご教示を得た。

13 A. Charles Muller, ed., 'Doctrinal Treatises: Selected Works' in *Collected Works of Korean Buddhism*, Vol. 6 (Seoul: Jogye Order of Korean Buddhism, 2012), pp. 23-28.

14 John Powers, 'Lost in China, Found in Tibet: How Wonch'uk Became the Author of the Great Chinese Commentary', *The Journal of the International Association of Buddhist studies*, V. 15, no. 1 (1992), pp. 95-103.

15 Wang, *op. cit.*, 2012, pp. 80-81.

16 Chen Jinhua, 'The Statues and Monks of Shengshan Monastery: Money and Maitreyan Buddhism in Tang China,' *Asia Major* 19, no. 1/2 (2006) p. 147.

17 Ibid., pp. 111-59.

18 Ronald M. Davidson, *Indian Esoteric Buddhism: A Social History of the Tantric Movement* (New York: Columbia University Press, 2002), pp. 166-67.

19 Klaus Pinte, 'Śubhākarasiṃha (637-735)' in *Esoteric Buddhism and the Tantras in East Asia*, eds., Charles Orzech, Henrik Sørensen and Richard Payne (Leiden, the Netherlands; Brill, 2011),

p. 340.

20 Wang, *op. cit.*, 2012, p. 104.

21 Ueyama Daishun 上山大峻 . *Zoho Tonko bukkyo no kenkyu* 増補敦煌佛教の研究 (Study on Buddhism in Dunhuang, An enlarged edition) (Kyoto: Hozokan, 2012) pp. 18-20.

22 W. Pachow, 'A study of The twenty-two dialogues on Mahayana Buddhism,' *Chinese Culture* 20, no. 1, 1979, pp. 35-110.

23 James B Apple, 'The Lotus Sutra in Tibetan Buddhist History and Culture', Part 1, *Bulletin of the Institute of Oriental Philosophy*, No. 32, 2016, pp. 129-143.

24 Wang, *op. cit.*, 2012, p. 134.

25 Ibid., pp. 139-146.

26 Ōkubo Yoshiaki 大久保良峻 , Yamaguchi Kōei 山口耕栄 , and Udaka Ryōtetsu 宇高良哲 , ed., *Nihon bukkyō hennen taikan: hasshū sōran* 日本仏教編年大鑑：八宗総覧 (The Chronology of Japanese Buddhism: An Overview of Eight Schools) (Tokyo: Shikisha, 2009), p. 21.

27 Ono Katsutoshi 小野勝年 , 'Chōanno Saimyōji to nittō guhōsō: 長安の西明寺と入唐求法僧 .' (Shiminsi of Chang'an and Japanese student-monks) In *Chūgoku mikkyō* 中国密教 (Mikkyō taikei 密教大系 , vol. 2), ed. by Matsunaga Yūkei 松長有慶 and Yoritomi Motohiro 頼富本宏 . (Kyoto: Hōzōkan, 1994).

28 Ryuichi Abe, *The Weaving of Mantra: Kūkai and the Construction of Esoteric Buddhist Discourse*. (New York: Columbia University Press, 1999), pp. 117-118.

29 Momoi Kanjō 桃井観城 , *Kyōten denrai no kenkyū: tsuketari · Heianchō shoki kokusho nenpyō* 経典伝来の研究：付・平安朝初期國書年表 . (Study of Sutras: Appendix · Chronology of the Early Heian Period) (Osaka: Tōhō shuppan, 1999), pp. 21-30.

30 *Nihon biku Enchin nittō guhō mokuroku* 日本比丘圓珍入唐求法目錄 (Records on the travel to China of bhikshu Enchin? Looking for Dharma), T55, no. 2172, p. 1097, b21-p. 1098, b19.

31 *Dai Nihon bukkyō zensho* 大日本佛教全書 (Compendium on Japanese Buddhism) 100 vols. ed., by Suzuki gakujutsu zaidan 鈴木学術財団 (Tokyo: Kōdansha ,1970-1973), V. 68, pp. 162-163.

32 *Shin shosha shōrai hōmon tō mokuroku* 新書寫請來法門等目錄 (Catalogue of the Newly Copied Imported Doctrines and Other Goods), V. 55, no. 2174A, p. 1111, c1-6; CBETA 電子版 , 2002.

33 Puay-Peng Ho, 'The Ideal Monastery: Daoxuan's Description of the Central Indian Jetavana Vihara', *East Asian History* 10 (1995), p. 2.

34 Ibid.; Ai-Choo Zhihui Tan, Daoxuan's Vision of Jetavana: Imagining a Utopian Monastery in Early Tang (PhD diss., University of Arizona, 2002), p. 229.

35 Wang, *op. cit.*, 2012, pp. 201-203.

36 Kimiya Yasuhiko 木宮泰彦, *Nisshi kōtsūshi* 日支交通史, (History of transportation in Japan), vol.1 (Tokyo: Kinshi hōryūdō, 1926), p. 266.

37 Ooka, *op. cit.*, 1973, p. 33.

38 Fujita Tsuneyo 藤田經世, *Kōkan bijutsu shiryō. Jiin hen* 校刊美術史料．寺院篇 (Printed Art History. Temple Edition) (Tokyo: Chūō kōron bijutsu shuppan, 1972), p. 84.

39 Honchō Kōsōden 本朝高僧傳 (Biographies of Eminent Monks in Our Country), *Dai Nihon bukkyō zensho* 大日本佛教全書. (Compendium on Japanese Buddhism) 100 vols. ed., by Suzuki gakujutsu zaidan 鈴木学術財団, (Tokyo: Kōdansha ,1970-1973), V. pp. 63, 40.

40 Marcus Bingenheimer, *A Biographical Dictionary of the Japanese Student-Monks of the Seventh and Early Eighth Centuries: Their Travels to China and Their Role in the Transmission of Buddhism.* (München: Iudicium, 2001), p. 93.

41 Horiike Shunpō 堀池春峰, 'Nittō ryūgakusō to Chōan・Saimyōji 入唐留學僧と長安・西明寺.' (Japanese student-monks in Chang'an. Saimyōji) In *Nanto bukkyōshi no kenkyū shoji hen* 南都仏教史の研究・諸寺篇, 245-76. (Kyoto: Hōzōkan, 2003), p. 253.

42 Antonino Forte, *Mingtang and Buddhist Utopias in the History of the Astronomical Clock: The Tower, Statue and Armillary Sphere Constructed by Empress Wu* (Paris: Istituto italiano per il Medio ed Estremo Oriente; Ecole française d' Extrême Orient, 1988), p. 51.

43 Kōbō daishi nenpu 弘法大師年譜. By Takaoka Ryūshin 高岡隆心 (1867-1939). (Chronology of Kōbō daishi) Shingonshū zensho 真言宗全書, Shingonshū zensho kankō kai 真言宗全書刊行会. Wakayama: vol. 3, 1928.

44 Itō Chuta 伊東忠太, 'Gion shoja zu to Ankōru watto 祇園精舎図とアンコールワット.' (Monastery Jetawana and Angkor-Wat) In *Toyo kenchiku no kenkyo* 東洋建築の研究, vol.2, (Tokyo: Hara shobū,1982), pp. 365-406.

45 Minoru Ooka, 'Temples of Nara and their Art' in *Heibonsha Survey of Japanese Art*, Vol. 7 (Weatherhill, 1973), p. 33.

46 Mori Ikuo 森郁夫, *Nihon kodai jiin zōei no kenkyū* 日本古代寺院造営の研究 (Study on the Construction of ancient Japanese temples) (Tokyo: Hōsei daigaku shuppankyoku, 1998), p. 100.

47 Wang, *op. cit.*, 2012, pp. 227-235.

付記

本稿は本書のために著者が書き下ろした論文の日本語訳で、著者名と原題は次の通りである。Елена Лепехова, История храма Симинсы 西明寺, как центра распространения международной буддийской мысли.〔　〕は邦訳に際しての補注。

第Ⅴ部　極東篇

嘘をついたらなぜ閻魔様に舌を抜かれるのか？
——シルクロードと閻魔大王（イマ、ヤマ）の東漸——

田辺勝美

はじめに

かつて日本人の多くは子供の時、「嘘をついたら閻魔様に舌を抜かれるぞ」と両親、祖父母あるいは近所の老人などに脅された。確かに、閻魔様は我が国では、地獄の主と見なされ、地獄では閻魔様が裁判官として、生前に嘘をついた人間の舌を抜くと巷間ではいわれてきた。歴史的に見ても、地獄に墜ちた犯罪人（亡者）が獄卒から虐待される有様を描いた残酷な六道絵（地獄絵）が平安時代ないし鎌倉時代から江戸時代にかけて多数描かれ、近年に至っても出版された。(1) さらに、恐ろしい形相をした冥府（冥界、あの世、冥土）の審判・裁判官を描いた「十王図」が多く描かれ、そこに閻魔様（図1、口絵5）も十人の審判・裁判官の一人として列席している。(2)

このようなわけで、閻魔様は、仏教に詳しい僧侶だけでなく一般の日本人にも極めて馴染み深い存在であった。しかしながら、現代の日本にあっては、閻魔様の影はかなり希薄になっているように思われる。

かくいう閻魔様（以後、閻魔大王と表記する）は、実は仏教が出現する前五世紀以前に既に存在していた「最古の人間で最初に死んだ者」（ゾロアスター教ではYima、バラモン・ヒンドゥー教ではYamaという）であったと伝承されているが、ゾロアスター教では元来、嘘や地獄には全く関係しない、正直で善良な統治者、国王であったのである。しかしながら、ある時、閻魔大王は傲慢になり嘘をつくなど、王として堕落し始めたために、王位を失う羽目に陥り、次いで『アヴェスター』第十九章「ザームヤズド・ヤシュト」や『ブンダヒシュン』第三十五章によれば、閻魔大王の弟スピチュラ（Spityura）によって殺害されたという。(3) その結果、死者の国（冥府）に堕ちた最初の人間と見なされるようになったが、その黄泉の国はあくまでも死者（亡者）の世界で、仏教でいう犯罪人の住む地獄ではなかった。(4) 特にイラン民族は、国王のイマ（Yima）をこの世に楽園をもたらした英雄と見なし、黄泉の国の神とは見なさなかったという見解もあるくらいである。(5) ゾロアスター教の根本聖典『アヴェスター』や後世のパフラヴィー語文献は、地獄にイマがいるとは記していない。(6)

図１　閻魔大王　十王図部分　13世紀　永源寺蔵　滋賀県

いずれにせよ、このように嘘をつき破滅した閻魔大王がやがて仏教に採り入れられると、我が国ではある時以来、嘘つきの舌を抜く恐ろしい存在と見なされるに到ったのである。嘘つきの閻魔大王が、嘘つきの舌を抜くという自家撞着も解せないが、本稿では、閻魔大王による抜舌という俗信が何故に我が国で生まれたのか、その歴史的淵源と経緯を以下において辿ってみたい。

一　フヴィシュカ王金貨の Iamsho 神

では、閻魔大王が人類の尊崇に値する国王であったことを証明する好個の古美術資料（図2a、b）を紹介することから始めよう。これは、イラン系クシャン朝（一〜三世紀）の国王フヴィシュカ（在位一五一―一九〇）がガンダーラ（ペシャーワル）で発行した金貨であるが、表（図2a）にフヴィシュカ王胸像とギリシア文字・バクトリア語銘：Shaonanoshao ooeshki koshano（王中の王フヴィシュカの発行）が刻印され、裏面（図2b）に一人の男子が立ち、右手に鳥を乗せている。その向かって右側にはギリシア文字でIAMPO（Iamsho、イアムショー、以下ヤムショーと表記する）とこの男子の名前が縦に記されている。これが本稿で問題とする国王イマないしヤマのバクトリア（クシャン）語の閻魔大王の名称であり、その立像が現存する最古の閻魔大王像なのである。(7) クシャン朝下のバクトリアではイマの名前を冠した人名（固有名詞、例：Iamshoxdeobandago=イマ王の僕, Iamshobandago=イマの僕）が少なくないことが知られているので、この地でイマに対する信仰が比較的盛んであったことが推測されよう。(8)

図2a　フヴィシュカ王胸像金貨表　径：2cm　2世紀後半　美術史美術館蔵　ウィーン

図2b　猛禽（隼）を手にするヤムショー神立像　図2aの裏面

イマが何故国王であったかといえば、ゾロアスター教の最高神アフラ・マズダー（賢明なる神、人間の目には見えない存在）がイマ（人類や動植物の保護者）に、王権を象徴するアヴェスター語でsuβrā/suwrā/sufrāという黄金製品と黄金に飾られた（あるいは金メッキの）鞭（aštrā）を与えたからである（『アヴェスター』の除魔の書「ウィーデーウ・ダート（ヴェンディーダド）」第二章六節による）。F・ウォルフや岡田明憲は、Ch・バルトロメーが著した古代ペルシア語辞書に従って、このsuβrāなる名詞を矢と訳出している。[9] しかしながら現在では、このsuβrāを「黄金で作られた家畜の突き棒、槍、串」など先が尖っているもの（goad）と解釈する説が有力である。[10] イマは本来、家畜を統御する羊飼のような存在であったから、suβrāの訳語に相応しいのは矢ではなく、槍のような先端が尖った突き棒（goad）が妥当であろう。[11]

この金貨に表現されたヤムショーは鞭を持ってはいないが、左手に槍を持っているのは、それがイマ王にアフラ・マズダー神が授与した王権のシンボルsuβrāであると、クシャン族が見なしていたからであろう。とすれば、右手に乗せている鳥はもう一つの王権のシンボルの鞭に相当する蓋然性が大きいといえよう。

ちなみに鞭を王権のシンボルとしていたのは、クシャン族の前にガンダーラを支配した中央アジア出身のインド・スキタイ朝の王マウエス（在位前七五－六五）、アジリセス（在位前四〇－三〇）（図3）、アゼス二世（在位一六－三〇）、クシャン朝のウィマ・タクトー王（ソーテール・メガス、在位九九－一一三）など、ササン朝ペルシアのシャープール一世（在位二四一－二七二）、

図3　鞭を右手で掲げる国王騎馬像　アジリセス王銀貨表　径：2.8cm　前1世紀前半　ガンダーラ出土　平山郁夫シルクロード美術館蔵

図4　鞭を左手で掲げる国王騎馬像　サウシャファン王銀貨裏　径：2.5cm　7～8世紀　ウズベキスタン　筆者蔵

ウズベキスタン北西部のホレズム王国（七～八世紀）のブラヴィク（Bravik）やサウシャファン（Savshafan）などの国王（図4）である。[12]これに対して弓矢を王権のシンボルとしていたのはインド・アーリア族、スキタイ族、セレウコス朝のギリシア人諸王、アルサケス朝パルティアの諸王（図5）、中央アジアのフン族などである。[13]鞭はヘロドトス（『歴史』、VII.35）がクセルクセス王の所行について述べているように、正当な王権や国王に背く存在に対して刑罰を与えるための責め具でもあった。[14]また、アル・ジャーヒズ（al-Jahiz）著 Kitabal-Mahasin wa al-Addad（美徳と悪徳の書、九世紀）によれば、正月・ノールーズ（Norūz）に際しては、貴族、将軍、武人などが（ペルシアの）国王に弓矢、鷹（隼）、鞭など王位を象徴するものを贈ったという。[15]

図５　合弓を手にするアルサケス座像　ミスラダテス２世銀貨　裏　径：３cm　前100年前後　筆者蔵

また、その鳥を右手に留めている状態は、鷹匠が革手袋をはめた手に鷹（隼）を乗せている方法に一致するので、その仕草は鷹匠をモデルとしていることが判明する。T・ダルヤイーはこの鳥をヒバリ（cakāvak, Karšiptar）とするが、ヒバリにしては鳥が大き過ぎるし、小鳥を手に乗せる仕草ではない。[16]鷹、隼、鷲などの猛禽（raptor）を利用する鷹狩（falconry, hawking）がどこで始まったのかという問題、即ち鷹狩の起源は未だ十分に解明されてはいない。[17]従来有力視されていたメソポタミア起源説はほぼ否定されたが、ヒッタイト時代のアナトリア高原は逆に有力視され、また、中央アジアからモンゴリアにかけても古くから行われていた。[18]筆者は『アヴェスター』の第十九巻「ザムヤード・ヤシュト」の記述（以下、第3章冒頭を参照されたい）やフヴィシュカ王金貨の裏面の図像（図２b）を根拠として、鷹狩は上記クシャン族の故地であった中央アジアないし中央ユーラシアの草原地帯（ヒッタイトなどアーリヤ民族の故地）に起源した蓋然性が大きいと推測している。F・フレリックスは、'the origin of falconry lies in the Eurasian steppe and its mounted nomads'（鷹狩の起源はユーラシアの草原地帯とそこに住した騎馬遊牧民にある）と述べているが極めて妥当な推論であると思う。[19]

これに対して、小アジア（現トルコ）のキリキア総督であったマザイオス（Mazaios, 前三六一–前三三四）やアルメニアの総督ティリバゼス（Tiribazes, 前三九三–前三八四）が発行したコイン、更にアレクサンダー大王のコイン裏面に刻印された「鷲を手にするゼウス神」（図６）を根拠として、地中海沿岸を起源とする見解もかつて存在した。[20] しかし、このような方法で鷲を手に乗せれば、鷲の爪が手の平の皮膚に食い込んで痛いし、また、手の平を損傷する。果たして、このような方法で鷹匠が猛禽を手に乗せていたであろうか？　はなはだ疑問である。ギリシアでは鷲が天空のシンボル、ゼウス神のシンボルであったから、手乗り文鳥のような小さな愛玩用の鳥を手の平に乗せる習慣を参照して、そのような図像を大王のコイン制作者が考案したのではなかろうか。それ故、上記のフヴィシュカ王の金貨裏面の図像（図２b）は、アレクサンダー大王のコイン裏面のゼウス神像（図６）に影響されようとされまいと、図像の意味が全く異なる。因みに地中海世界で鷹狩が確認されるのは、五世紀以降ビザンツ時代である。[21]

ではヤムショーは何故、鳥を手にしているのであろうか。実はこの鳥は普通の鳥ではなく、抽象的な観念フウァルナー（フワルナー, xvarnah, farnah, faro, farn, xwarrah, farah 等と表記される）を視覚化、造形化した猛禽であって、アヴェスター語ではウァールグナ（vāragna）、サンスクリット語でシュエーナ

図６　鷲を手にするゼウス神座像　アレクサンダー大王銀貨裏　径：2.8cm　前４世紀後半　平山郁夫シルクロード美術館蔵

図７　金袋を持つファロー神立像　フヴィシュカ王金貨裏面　径：２cm　２世紀後半　大英博物館蔵

（śyena = raptor, bird of prey）という。[22] すなわち、vārəgna/śyena は鷲、鷹、隼など猛禽全般を意味する。フウァルナーという概念はH・ベイリーによれば人間にとって善なるものの総称であって、具体的には豊穣、富、財産、幸運、栄光、栄達、王位、美貌、幸運、吉祥などを意味する。[23] フウァルナーはクシャン朝（バクトリア語）ではファロー（Faro, Farro）と呼ばれ、金袋を持つ男子の姿（図7）で表現され（毘沙門天の祖型）、さらに牧畜民の財産である牡羊ないし子羊の姿を採る場合もある。[24] 牡羊は中央アジアのサルマート族においては壺の把手、ササン朝では銀製の皿や鉢の装飾文として用いられているが、いずれも、大地に豊穣をもたらす生命の水に関係しているとB・A・リトヴィンスキーは述べている。[25] ササン朝ペルシアのシャープール一世とホルムズド二世（在位三〇三–三〇九）の王冠（図8）には、真珠を銜えた隼（ワールグナ、vārəgna）が装飾されているが、[26] その真珠は「全ての水の息子」といわれる水神アパーム・ナパート（Apām Napāt）がウォウルカシャ海（Vourukaša）の底に隠したフウァルナーを象徴する。[27] また、ササン朝の分家ともいうべきクシャノ・ササン朝（Kushano-Sasanians, Kushanshahs）のアルダシール一世（?）が三世紀前半にトルクメニスタンのメルウ（Merv, Mary）で発行した銅貨表にも同様な鳥冠を戴く国王胸像（図9）が刻印されている。[28]

図8　真珠を銜えた猛禽冠　ホルムズド２世銀貨表
径：2.5cm　４世紀初期
筆者蔵

図9　真珠を銜えた猛禽冠　クシャノ・ササン朝のアルダシール１世（？）銅貨表
径：1.8cm　３世紀前半　個人蔵

　これに対して、ササン朝ペルシアのバフラーム二世（在位二七六–二九三）、バフラーム四世（在位三八九–三九九）あるいはそれ以後のササン朝の国王の王冠を飾る一対の鳥翼は、軍神ウルスラグナ（Varathragna）を象徴する。[29] このゾロアスター教の軍神はクシャン朝のコインでは、隼などの猛禽を冠とするOšlagno神（図10）ないしはギリシア神話の英雄Herakilo（Heracles）として刻印されている。[30]

フヴィシュカ王が発行した他の金貨の表には、鳥（雄鳥）が留まっている錫杖（standard）を手にする国王像が刻印されているという見解もある。[31] しかしながら、フヴィシュカ王発行の金貨の国王胸像を見る限り鳥とは断定し難く、また、たとえ鳥であっても、フウァルナーを意味する蓋然性は極めて小さいと思われる。[32]

なお、クシャン朝のコインでは、グレコ・バクトリア王国のギリシア人国王が発行したコイン裏面の神像の伝統に従って、裏面には通常、神を刻印する。それ故、ヤムショーは神格化されている可能性があるが、しかしながら、ゾロアスター教の文献ではイマを神と表記した例が見あたらない。恐らく、G・ニョリやT・ダルヤイーが推定するように、この金貨のヤムショーは、まだフウァルナーを失ってはいない楽園の王イマを表現したと解釈すべきであろう。[33] それ故、本稿では神とは表記しないことにする。

図10　猛禽冠　ウシュラグノー神　カニシュカ１世金貨裏　径：２cm　２世紀前半　大英博物館蔵

二　イマ王の楽園

イマ（原意は双生児）にはヤマーグ（Yamāg）という姉妹があったが、この二人は双子であった。双子という観念は、恐らく、両性具有に由来するのではなかろうか。人には誰しも魂ルワーン（ruvān, 男性）と守護霊ダエーナー（daēnā, 若い女性）が共に備わっていると見なすゾロアスター教の人間観がそれを裏付ける。中世ペルシア語（パフラヴィー語）で著された『ブンダヒシュン（Bundahišn）』などによれば、イマとヤマーグは近親相姦を行っていたが、近親相姦（近親婚）は古代のイラン民族にあっては伝統的かつ正当な結婚（xvetodas）であった。[34] これは血統の純血を守り財産を分散させないための智慧の産物であったから、例えばササン朝の王家では、父と娘、兄と妹、甥と叔母との結婚が一般的に行われていた。しかしイスラム時代になると、このゾロスター教の風習がイスラム教徒に忌避され、それに代わって「いとこ同士の結婚」が一般的となった。このイランのカップルはインドではヤマ（Yama）とヤミー（Yamī）の兄妹に相当するが、女性は影が薄い。イマは『アヴェスター』ではウィーワフワント（Vīvahvant）の息子というが、『リグ・ヴェーダ』では太陽神ヴィヴァスヴァット（Vivasvat）の息子で、最初に死者の赴くべき道を発見したので、死者（祖霊）の国の王となったという。[35]

前述したように「ウィーデーウ・ダート」第二章によれば、アフラ・マズダー神はイマに王権（黄金の突き棒と鞭）を授け、地上に動物や人間の住む国を創らせ、更にその国土を二倍に拡張せしめた。[36] これは、この国土に多くの人間や動物が溢れ、住む場所が少なくなったからである。さらに、イマはアフラ・マズダー神の依頼で、ウァラ（ワラ，Vara, Var）という避難所（要塞）を造った。[37] ウァラは洞窟、城塞、囲みなどと解釈されているが、地下ないしは空中にあったとされる。これは氷河期の厳寒によって多くの人間や動物が凍え死ぬのを防ぐための装置に由来しよう。この装置は恐らく、インド・アーリア民族の故地が北極に近い地点（ユーラシア北部、ロシア）にあって、冬には大地が積雪と氷に覆われた気候に関係していよう。ウァラでは水路を張り巡らせ、牧草地や、倉庫を造り、様々な植物と食物の種子を蓄え、人間と家畜、動物などを収容して凍死を防いだのであろう（ノアの方舟に匹敵）。その形態は三重の同心円、あるいは方形で三層、などといわれるが明らかではない。[38] いずれにせよ、これが、やがてイマ王の支配する理想的な「楽園、楽土」「Golden Age」の観念へと発展したことは否めないであろう。イマの楽園は寒く（凍てつく寒気）もなく暑く（猛暑）もなく、そこに住むものは歳をとること（老年）も死ぬこともなく、かれらには悪魔の所作である嫉みも、虚言もない

という。(39)

三　イマ王の堕落と嘘

『アヴェスター』のヤシュト第十九巻（ザムヤード・ヤシュト）によれば、イマはフウァルナーを所有していたが、堕落して虚言を弄するようになった。(40) アケメネス朝ペルシアでは「人間の最も恥ずべきこととされているのは嘘をつくことである」とヘロドトスが『歴史』第一巻第一三八章で述べている。(41) また、ペルシア人は五歳から二十歳までの男子に、乗馬、弓術と正直（真実を話す）だけを教えるとも述べている（同一三六章）。ゾロアスター教でも三徳（善思、善語〈嘘をいわない〉、善行）を実行すべしと教えていたので、イマの所行はペルシア人及びゾロアスター教の倫理に背いたのである。その結果、フウァルナーは、イマの許から vārəgna 鳥の姿をとって三回にわたり去っていった。(42) 鳥が三度飛び去る行為は、鷹匠が鷹を手元から放ち、肉片を用いて手元に戻らせる訓練を想起せしめる。この鳥に関しては、カラス、鷲、鷹、隼などと異論があったが、鳥の中で最も早く、長い翼を持っている、上記のウシュラグノー神（図10）の持つ隼を根拠に、現在では隼説が有力である。(43) ソグド語（『善悪因果経』）では隼を ‘wārağne’ (waragn, w’r’yn’y, w’ryn’k, w’ryn’y)、フワーリズム語では ‘wārağnīk’ ということが隼説を裏付けていよう。(44)

三回飛び去ったということは、フウァルナーが三分の一ずつ去ったということであろう。三回はインド・イラン民族の「三職能説」に関係しているとG・デュメジルなどは解釈している。(45) また、「ザムヤード・ヤシュト」によれば、イマの許を去ったフウァルナーは、ミスラ神（Mithra）、英雄のスラエータオナ（Thraētaona）、クルサースパ（Kərəsāspa）が取り戻すので、ここにも三職能説が反映していよう。(46) また、前述した「ウィーデーウ・ダート」によれば、イマはアフラ・マズダー神の要請で、黄金の突き棒（goad）と黄金で飾った鞭によって大地（Ārmaiti）を刺激して国土を三回にわたって拡張している。[47] 更に、ゾロアスター教では善思、善語、善行を三徳としていること、天界は三層より成ると見なしていること、アーブ・ゾーフル（āb-zōhr, 水供養）の儀式では三種類の供物を水中や海中に投げ込むなど、三という数字に関係する事象が少なくない。[48] それ故、三職能説は妥当ではなかろうか。

いずれにせよ、その後フウァルナーは天界にあるウォウルカシャ海の底に身を隠すが、その海底では、水神アパーム・ナパートによって保持（守護）されたという。[49] やがてフウァルナーはウォウルカシャ海から雨と共に地上に落下し、地下水、泉、川、池などに存在すると見なされるに至った。以後、このような地下水、泉、川、池、カーレーズ（カナート）などの全ての水は全てアナーヒター女神が司るところとなった。というのは、全ての水は、世界の中心にあるハラ・ブルザイティ山の山頂から湧き出るアルドウィー・スーラ・アナーヒター源泉から流出してウォウルカシャ海に流入すると考えられたからである。[50] フウァルナーを失ったイマは、前述したように、スピチュラによって切り殺された。

四　ゾロアスター教の地獄における抜舌

イラン系民族が信仰したゾロアスター教が善悪の二元論の宗教であることは周知のことである。それによれば、人間は死ぬと、四日目の朝にチンワト橋に赴き、そこで善人か悪人かの審判を受け、前者は天国に行き、後者は地獄に堕ちるとされている。このような天国と地獄の思想及び死者の審判がいつ頃始まったのか、筆者にはわからないが、遅くとも西暦三世紀、ササン朝のバフラーム二世時代（二七六‐二九三）には定着していたことが、ゾロアスター教の最高指導者キルディール（Kirdīr）がイラン南西部のサル・マシュハド（Sar-Mashhad）（図11）に残したパフラヴィー語・文字碑文によって判明している。[51] この碑文には、チンワト橋、蛇やサソリ、トカゲなどが棲む深淵（地獄）と、パンと葡萄酒

図11　バフラーム２世獅子狩図と神官キルディールの銘文（中央）
３世紀後半　サル・マシュハド　イラン南西部

図12　死者の審判図　納骨器　幅：50cm ユマラカテペ出土　７世紀　ウズベキスタン考古学研究所蔵　サマルカンド（向かって右上の座像はスラオシャないしミスラ、中央の業秤を持つのはラシュヌ、裸の子供は死者の霊魂　左上の座像はウァフマン）

が善人に提供される天国が明記され、審判者のラシュヌ神やスラオシャ神など死者の審判をする裁判官の名前が挙げられているが、地獄にイマがいるとは記されていないし、イマが死者の審判をするとも記されていない。

また、チンワト橋における審判（図12、口絵4）は中央アジアのソグド人の納骨器（七世紀）に描写されているが、ラシュヌ神、スラオシャ神、ミスラ神、ティシュトリヤ神、ウァフマン神、善業悪業の量を計る業秤（tarāzūg）は描写される場合があるが、イマを表現したと確定された作例は極めて少ない。(52) しかしながら、ゾロアスター教ないしはマニ教に関するソグド語文献の断片には、イマに五個の花輪（pasāk=garlands）が捧げられたという文言が含まれているので、ソグド人にイマ（ソグド語では ymyh という）の物語（イラン暦の正月ノウルーズの主人公）が知られていたことは間違いなかろう。(53) 更に、ソグド人の名前には前述したバクトリアの場合と同じく、イマ（Yima）という名を冠したものがあることが知られている。(54)

さらに、ササン朝時代の地獄観については、ゾロアスター教の終末論を記した『アルダー・ウィーラーズ・ナーマグ』（現存する内容は九世紀頃）が参考になる。それによると、地獄では様々な責め苦がなされるが、特に舌に関しては十個所に記載があり、嘘をついた人は男女にかかわらず、舌を引き抜かれたり、切断されると明記してある。しかしながら、本書には、イマが地獄にいるとは書かれていないし、また罪人の舌をイマ自身が抜くとも書かれていない。(55)

以上、ゾロアスター教では本来、イマ・閻魔大王は死者の審判及び地獄には全く関係がないので、罪人の審判や罪人の舌を抜くような行為を行うような存在ではなかったのである。しかしながら、ゾロアスター教の審判思想がやがて中央アジアから北西インド（ガンダーラ）、北インド（マトゥラー）へと浸透して仏教に採り入れられ、さらに中国（唐末五代）において冥界の「十王信仰」の成立に関与し、イマも審判者・裁判官の一人として、十王の中に組み込まれたと推定される。

五　バラモン・ヒンドゥー教の地獄

『リグ・ヴェーダ』ではイマは、天空の最高天にある楽園への道を発見した人として、その楽園（祖霊の住処）を統べる死者の王として崇められていたが、やがてヤマの住処は地下に移り、『アタルヴァ・ヴェーダ』では南方の黄泉の国（ヤマ天）の死神となっている。(56) これはヤマが最初の人間であったから当然、最初に死んで冥府に赴いたという考えに起因しているのであろう。その後、ブラーフマナ文献や『マハーバーラタ』等の神話においてヤマと地獄の性格が明確となったという。(57)『マハーバーラタ』第二巻（集会の巻）には、ヤマの集会堂（王宮）は百ヨージャナ以上の広大なもので、黄金で飾られ太陽のように輝き、悲しみも老衰もなく、飢えや喉の渇きもなく、飢饉や嫌なことは何一つないと、その楽園の有様が描写されている。(58) しかし、同書第十八巻（天界の巻）では、天国と地獄が鮮明に対比され、地獄では死者たちの住む劣悪な環境が示されている。(59) しかし、ヤマの住処と地獄はまだ一体化してはいない。

ヒンドゥー教の聖典『ヴィシュヌ・プラーナ（Viṣṇu-Purāṇa）』によれば、地獄（naraka、奈落）は少なくとも二十九あると記され、責め苦と拷問の道具が挙げられている。(60) しかしながら、嘘をついた罪人が閻魔大王ないし配下の獄卒から舌を抜かれるという記述はない。無論、罪人の抜舌の可能性を示唆する記述はある。それは二番目の地獄の名称saṃdaṃśa（鋏(はさみ)道具）である。このサンスクリット語は「やっとこ」、ペンチ、鍛冶ばさみ、など何かを挟む道具を意味する。(61) それ故、舌や虫歯を抜く道具として使用することができた。この道具から、抜舌という行為が容易に連想されよう。

一方、ヴィシュヌ神と聖鳥ガルダとの問答を記した『ガルダ・プラーナ（Garuḍa-Purāṇa）』にも、同じくsaṃdaṃśaという地獄をはじめ幾つかの地獄や責め苦が挙げられている。そして、嘘をついた兵士はタプタクムバ（Taptakumbha, 熱せられた瓶）という地獄に堕ちて、獄卒から炎で焼かれたり、煮えたぎる油の中に投げ入れられたりするが、「やっとこ」で舌を抜かれるとは記されていない。[62]

また、八世紀にダーモーダラグプタ（Dāmodaragupta）が著した『クッタニー・マタ（Kuṭṭanīmata）』（遊女の手引き）によれば、ヤマはこの世界を守る八人の神（lokapāla）の一人として、南方を守護し死者の王となっている。[63] ただし、いずれの地域にも、地下にある地獄という特色は見られない。アジャンター窟院の出入り口には、Ch・バウツエ・ピクロンによれば、ヤマと妹のヤムナー（ヤミー）のペア像が大地の豊穣や再生復活の象徴として施されているという。[64]

現代のヒンドゥー教寺院には、獄卒が罪人の舌を「やっとこ」で抜く図像が展示され、また、『ガルダ・プラーナ』の地獄の挿絵にもそのような図が見られる。近世の東インドのビハール州や西ベンガル州には、パトゥアー（paṭuā）という民俗絵師・絵解きがおり、『ガルダ・プラーナ』に基づく地獄絵巻（narak citra）を描いているが、その中に獄卒ないし悪鬼が「舌を抜く」刑罰が描かれている。[65] しかしながら、閻魔大王がそれを行っているのではない。

六　仏教の地獄と閻魔大王

インド（バラモン・ヒンドゥー教）では、ヤマ・閻魔大王は楽園の主から死者の国（冥府）の恐ろしい裁判官と変貌し、様々な責め苦で死者を苦しめる存在となり、同時に輪廻転生（六道輪廻）の来世観から二十一種類にも及ぶ地獄が生まれた。[66]『マヌの法典』第十二章によれば、虚言などの悪業を犯した人は死後地獄に堕ちて、ヤマ王の責苦を受けるという。[67] このヤマ王の冥府と地獄の思想が仏教に採り入れられたといわれるが、ヤマ・閻魔大王と地獄や地獄の責め苦との関係は必ずしも明確ではない。

定方晟は、閻魔大王（琰魔王）と琰魔卒の居所は、『阿毘達磨倶舎論』巻第十一（『大正新修大蔵経』第二十九巻五八

頁下—五九頁上、以下『大正蔵』と表記）において天界から地下に移行したという（於此贍部洲下過五百踰繕那有炎魔王國）［此の贍部洲の下に於いて、五百踰繕那を過ぎて琰魔王の國あり（『國譯一切經印度撰述部』毘曇部二十六上、四七九頁、一六八頁）］。ただし、天空にあるヤマ天から地下の地獄への降下について直接降下したのではなく、その中間的世界として餓鬼界を想定して、まず最初に餓鬼界へ、次いで地獄へと降下したと述べている。(68) ただし、餓鬼界の閻魔とヤマ天の閻魔が同一か否か判然としないという。このように、閻魔大王がなぜ地獄の住人になったのか、その原因については仏教学では充分な解明はなされてはいない。

そこで、仏教経典を辿ると、比較的古いパーリ本『スッタニパータ』や『ダンマパダ（法句経）』には、釈尊が「嘘をついたら地獄に堕ちる」、「獄卒が罪人の舌を鉤で引き出して傷みつける」と述べているが、その地獄に閻魔大王がいるとは記されていない。(69) パーリ本『増支部経典』の第三集に、地獄のヤマ王の所行が記されているが、ヤマは地獄に堕ちた罪悪人を詰問、難詰するだけで、自ら悪人の舌を抜くなどの刑罰を与えることはしない。しかしながら、獄卒が「五種の縛」という刑罰を与え、その後、大地獄に投げ入れると記されている。(70) 同じくパーリ本『中部経典』第百三十経「神の使者」でもヤマ王は同上のように死者を尋問し審判するだけで、獄卒たちが罪悪人を五種の縛という残虐な刑罰で攻め、その後大地獄へ送るだけである。その後、罪悪人は大糞地獄、熱拝地獄で更に残虐な責め苦をうける。(71) しかしながら、閻魔大王が直接手を下してかれらを罰することはしない。このようにパーリ語仏典ではヤマ・閻魔大王には「死者の審判者・裁判官」の役割が与えられているに過ぎない。嘘と地獄との因果関係は、パーリ本『ジャータカ』の第四九九話では、両眼をくりぬいてバラモンに与えようとするシビ（鴟尾）王が、「与えると言って与えまいと決心する者はヤマ（閻魔）のすみかに至る」と述べていることからも判明する。(72)

一方、漢訳の『長阿含経』巻第十九の「世記経」の地獄品では「身口意」（善思、善語、善行の三善・徳・戒）が重視され、かつ閻羅王（ヤマ）自身が楽園の享楽と地獄の責め苦を同時に受けている点において前二者の経典とは異なっている（『大正蔵』第一巻、一二一－一二七頁）[73]。即ち、イマは楽園で行った虚言が原因で地獄に堕ち、毎日獄卒から責め苦を受けるが、一方、そこに落とされた罪人の審判を行うという二面性を持っている。後者の職能、すなわち死後審判は本来仏教にはなく、ゾロアスター教のチンワト橋における審判に由来すると考えられ、イマは前述したラシュヌ神、スラオシャ神などの審判者の職能を受け継いで仏教に導入されたと推測される[74]。

この『長阿含経』の原本はガンダーラ語で記されていたから、ヤムショーを刻印したフヴィシュカ王の金貨（図2a、b）が発行されたクシャン朝時代に、クシャン族が信仰していたクシャン・ゾロアスター教（イラン南部のゾロアスター教と相違点が顕著であるので、それと区別するためにKushan Zoroastrianism[75]と表記する）からイマと楽園の伝承が、ガンダーラの小乗部派仏教に採り入れられたと想定するのが最も合理的であろう。

『長阿含経』巻第十九の「世記経」地獄品では最初に八大地獄の有様が、最後に閻魔大王（閻羅王）と地獄との関係が記されている。それによると閻魔大王の宮殿の獄卒の頭が毎日、閻魔大王を捕らえて熱い鉄板に乗せ、鉄製の鉤で口をこじ開けて溶解した銅を流しこみ、唇や舌、喉や体内を焼き尽くす責め苦を与える（『大正蔵』第一巻、一二六頁中）[76]。同様の内容が、「世記経」と同本異訳の『大楼炭経』巻第二、『起世経』巻第四十二にも見られるが、抜舌の刑罰は受けない（『大正蔵』第一巻、二八七頁上中、三三〇頁中）。また、上記の「世記経」地獄品では閻魔大王は毎日その責め苦を受けた後、宮廷の采女（高級娼婦）と享楽に耽ると記す。一方、閻魔大王は、善思、善語、善行の三戒に背いた罪人を尋問し、大地獄へと落とすが、嘘をついた罪人の舌を抜かせることはしない（『大正蔵』第一巻、一二六－一二七頁）[77]。ここでは、閻魔大王が本来住んでいた楽園の王と地獄の審判という二つの相反する役割が併存しているが、いずれにせよ、嘘つきの舌を抜くという罰、責め苦には閻魔大王は関係していない[78]。

しかしながら、中国で唐時代（?）に著された偽経といわれる『地蔵菩薩本願経』巻上の「観衆生業縁品」第三や「閻浮衆生業感品」第四には、多数の様々な地獄の存在も挙げられており、その中に「耕口地獄」、「抜舌地獄」「無舌瘡口の報い」「無舌百舌の報い」という舌に関係する責め苦を行う特別な地獄や刑罰が挙げられているが、閻魔大王は登場しない（『大正蔵』第十三巻、七八〇頁上―七八一頁下）[79]。同じく唐時代に中国で作られた偽経『仏説預修十王生七経』には、十人の王の一人として閻羅王（閻魔大王に同じ）が記載され、敦煌出土品（大英博物館蔵、フランス国立図書館蔵）にはかれらによる審判も描かれているが、抜舌は確認されていない[80]。しかしながら、それが平安から鎌倉時代に我が国にも伝えられると、十王図が盛んに制作され、獄卒（悪鬼）による抜舌図が描かれるに至った[81]。

一方、閻魔大王について述べている『地蔵菩薩本願経』巻下の「閻羅王衆讃歎品」第八には、口の中に手を突っ込んで掻き混ぜるような「耕口」や舌を抜き取る「抜舌」などを閻魔大王が自分でするとは記していないし、また獄卒にそのような行為を命じるとも述べられてはいない（『大正蔵』第十三巻、七八四頁下―七八五頁下）。

更に、後一五〇～四〇〇年頃に編纂された梵本『Saddharmasmṛtyupasthānasūtra』を般若流支が六世紀初期に漢訳した『正法念処経』巻第八～十四の地獄品の四（叫喚大地獄の叫吼）、五（大叫喚大地獄の無辺苦悩地獄）、七（焦熱大地獄）、十（阿鼻地獄）などには、閻魔羅人（閻魔大王の手下）が罪人の舌を抜いたり、他の方法でさんざん舌を傷つけ痛めつける記述が多く見られる[82]。特に妄語の罪を犯した者がこのような刑罰を受けるとされている（「以是妄語悪業因縁。身壊命終。堕於悪處。」「妄語言説者。是地獄因縁」『大正蔵』第十七巻、四五頁下、五三頁上）。［「是の妄語の悪業の因縁を以て、身壊れ命終りて悪処に墜つ。」「妄語を言説する者は、是れ地獄の因縁にして」（『國譯一切經印度撰述部』経集部 八、一四四頁、一六八頁）］

「所謂苦者。以舌妄語還受舌罰。閻魔羅人。以利鐵刀。穿其頷下。挽出其舌。以悪泥水。用塗其舌。口中炎燃。舌根爛臭。炎口黒虫噉食其舌。身受大苦」（同、四七頁上）［「所謂苦とは、舌の妄語を以て、還りて舌の罰を受く。閻魔羅人は利き鐵刀を以て其の頷を穿ちて其の舌を挽き出し、悪泥水を以て用つて其の舌に塗り、口中は炎燃え、舌根に爛臭あり、炎の口の黒虫其の舌を噉食ひ、身に大苦悩を受くること」（経集部 八、一四八頁）］

「所謂彼処閻魔羅人。熱炎鐵鉗抜出其舌。抜已即生。生則軟嫩。而復更抜。復有以鉗抜其眼者」（同、五三頁上）〔「所謂、彼處の閻魔羅人は熱炎の鐵鉗もて其の舌を抜き出し、抜き已らば則ち生じ、生じて則ち軟嫩なるを而も復更に抜き、復鐵鉗を以て其の眼を抜く者有り」（経集部 八、一六七頁）〕

「閻魔羅人。又復更問地獄人曰。汝焼舌耶。彼地獄人。悪業癡人。出舌示之。彼舌極軟。如蓮華葉。廣半由旬。妄語業故閻魔羅人。利耕其舌。無量百倒。傷壊破裂」（同、六五頁上）〔「閻魔羅人は又復更に地獄人に問ひて曰く、『汝は舌を焼く耶』と。彼の地獄人なる悪業の癡人の舌を出して之に示すに、彼の舌の極めて軟かきこと蓮華の葉の如く、廣さ半由旬にして、妄語の業のゆえに閻魔羅人は其の舌を犁耕し、無量百たび倒れ、傷つき壊れて破壊し」（経集部 八、二〇六頁）〕

「彼舌既出。閻魔羅人。即執敷置焔燃鐵地」（同、七九頁下）〔「彼の舌を既に出し、閻魔羅人は即ち執りて焔の燃えたる鐵地に置き」（経集部 八、二五二頁）〕

「妄語言説人　先自口破壊」（同、八〇頁上）〔「妄語を言説する人は、先に自らの口を破壊し」（経集部 八、二五三頁）〕

「閻魔羅人。即擘其口。挽出其舌。手中提之。如是舌量三百由旬……取焔鐵刀。刃利焔燃。割舌一廂」（同、八〇頁中）〔「閻魔羅人は即ち其の口を擘きて其の舌を挽き出し、手中に之を提ぐ。是の如き舌の量は三百由旬にして……焔の鐵刀の、刃利くして焔燃えたるを摂りて舌の一廂を割き」（経集部 八、二五四頁）〕

同経の偈を抜粋した『諸法集要経』巻第七地獄品にも「楽発於悪語　當割裁其舌」とある（『大正蔵』第十七 巻四九六頁中）〔「樂ふて悪語を發せば　當に其舌を割截すべし」（『國譯一切經印度撰述部』経集部 十四、一〇三頁）〕。

このように、閻魔大王は手下の獄卒（閻魔羅人）に命じて、罪人の舌を徹底的に痛めつけたり、引っこ抜いたりして多大の苦痛を与えて罰するのである。ただし、閻魔大王自身が直接そのような抜舌行為を行っているのではない。またほぼ同時代に中国で編纂された『経律異相』巻四十九、五十にも多数の地獄の責め苦が記されているが、閻魔大王による抜舌は言及されてはいない（『大正蔵』第五十三巻二五八頁中―二六八頁下）。

このような仏教経典に述べられている地獄や獄卒による残虐な責苦は、中央アジアのキジル石窟第一九八窟の壁画（六〇〇年頃）に描かれた地獄絵に見られる。死者が臼に入れられて杵でつつかれたり、死者が釜ゆでにされたり、死者が熱湯を胸に浴びせられたり、槍で身体を突っつかれたり、喉を小刀でかき切られたり、熱泉池のなかに放り込まれるなど、鬼人や獄卒によって散々痛めつけられている。[83] 但し、現存する部分には死者が獄卒によって舌を抜かれている光景は見あたらない。

さらに、地獄絵はベゼクリクの石窟第十八窟の壁画（図13）[84] にも見られる。画面の最下段の向かって右には、鎧甲を着た武人が一段と大きく描写されているが、獄卒と対話している奈落の主の閻魔大王ではないかとM・ジンは比定している。[85] しかし、橘堂晃一・荒川慎太郎が、五道転輪王と比定しているように、京都の東寺蔵「預修十王生七経」の図像を参照すれば、五道転輪王と比定すべきであろう。[86] 一方、向かって左の部分には阿鼻叫喚地獄（avīci）が描かれ、獄卒が「やっとこ（Zunge）」のような器具で犯罪人（女性）の舌を抜こうとしている。[87]

前述した『正法念処経』は、源信の『往生要集』とか『今昔物語』に採り入れられたといわれる。[88] 確かに、『往生要集』には『正法念処経』からの引用も多く見られ、八大地獄の責め苦、刑罰も詳しく記されている。[89] 例えば「大叫喚地獄」の中の「受無辺苦処」では、地獄の鬼（獄卒）が熱い鉄の金鋏で、罪人の舌を抜くと『正法念処経』を引用して述べている。[90] また、阿鼻地獄では閻魔大王配下の鬼たちが罪人の口から舌を抜き出すと、『瑜伽師地論』巻第四を引用して述べている。[91] 無論、

図13　抜舌（左）と五道大神（右）観心十法界図部分　11-12世紀　ベゼクリク出土
アジア美術館蔵　ベルリン

図14　罪人の舌を「やっとこ」で抜く獄卒　和字絵入往生要集（嘉永再刻版）、江戸時代

これらの鬼は閻魔大王の手下であるから主人の命令を実行しているともいえるし、また閻魔大王自身も罪人を責め、叱りつけると記されている。しかしながら、閻魔大王が直接自分の手で罪人の舌を抜くとは述べられていない。

中世の六道絵はやがて室町時代に熊野比丘尼が絵解きしたといわれる「熊野歓心十界図」の流行をもたらし、その伝統が江戸時代にまで継承されて多くの曼荼羅が制作されたが、その中の一つ京都の六道珍皇寺の曼荼羅（十七世紀）には、後ろ手で杭に縛り付けられた罪人（悪口両舌）が大焦熱地獄の獄卒によって大きな「やっとこ」で舌を抜かれる光景が描かれている。[92]

更に、寛政二（一七九〇）年や嘉永年間（一八四八-五四年）に著された和字絵入の『往生要集』の「大叫喚地獄」の挿絵（図14）には、獄卒が罪人の舌を「やっとこ」で抜く光景が見られる。[93] しかしながら、閻魔大王が自分の手で直接、罪人の舌を抜いている光景を描いた作例は管見によれば知られてはいない。

なお、参考のために東南アジアの仏教圏における閻魔大王と抜舌の関係を調べてみると、地獄絵や地獄の獄卒を売り物にした近現代に建立された地獄寺があり、そこには「やっとこ」による罪人の抜舌の例が存在し、また文献的根拠(タイ、『三界経』、釣り針地獄)も存在する。[94]しかしながら、これらは全て十八世紀以降のものであり、かつ閻魔大王自身が抜舌を行うものではない。いずれにせよ、インドネシア、ミャンマー、タイ、カンボジア[95]などの東南アジアの閻魔大王像や罪人の舌を抜く獄卒像が、日本の地獄絵や嘘つきの舌を抜く閻魔大王という言説に影響を及ぼしたとは考えられない。

おわりに

以上、イマ、ヤマ、閻魔大王に関する説話の変遷を考察した結果、閻魔大王が嘘つきの舌を抜くという言説は存在しなかったことが判明したと思う。その代わりに、「嘘をついたら閻魔大王の獄卒が罪人の舌を抜く」あるいは「嘘をついたら閻魔大王の獄卒に舌を抜かれる」という言説が遅くとも、インド亜大陸には西暦二～四世紀頃には実在したことが明らかになった。しかしながら、「閻魔大王が嘘つきの舌を抜く」あるいは「嘘をついたら閻魔大王に舌を抜かれる」という言説は遥か後代、しかも我が国だけで成立し流布したと推定される。恐らく、「閻魔大王の獄卒が犯罪人の舌を抜く」という言説から「の獄卒」の文言が除去されて「閻魔大王が嘘つきの舌を抜く」という俗説が、あるいは「嘘をついたら閻魔大王の獄卒に舌を抜かれる」という言説から「の獄卒」の文言が除去されて「嘘をついたら閻魔大王に舌を抜かれる」という脅し文句が、遅くとも江戸時代に出現し、以後巷間に流布するに至ったと推定できよう。舌を抜かれるのは本来嘘つきに限定されてはいなかったが、二枚舌、両舌など、一般的に嘘と舌との関係は深い。仏教では十善戒に「不両舌」(二枚舌を使わない)を含めてそれを戒めている(『大正蔵』第十二巻、三一一頁上、不得両舌)。また、ゾロアスター教の「ザムヤード・ヤシュト」書に記されたようにイマ王（閻魔大王）が嘘をついて最初に死者の国に堕ちた人間であったことも、この俗説の出現に間接的に関係していたように思われる。

いずれにせよ、「嘘をついたら閻魔様に舌を抜かれる」という言説に、クシャン族が建国したクシャン・シャフル（クシャン帝国、Kušanšahr＝バクトリア、カーピシー、ガンダーラなどのインド・イラン混成文化圏）やソグディアナから中国にかけて流布したゾロアスター教（クシャン・ゾロアスター教やササン朝ペルシアのゾロアスター教）ないしはマニ教の影（十王図の業秤）が見え隠れするのは否めない。(96) ただし、文献的証左を挙げるのは至難の業で、筆者の能力を遥かに超える。今後、中央アジアにおける仏教とこれら異宗教との習合に関する調査・研究の進展が切望される。

註

1 宮次男『六道絵』日本の美術一二（no. 271）、至文堂、一九八八年；中野玄三『六道絵の研究』淡交社、一九八九年；竹原直道「地獄見る抜舌図について」『日本歯科医史学会会誌』第二五巻第一号、二〇〇三年、二一-三二頁。仏教の閻魔大王観の展開と変遷については、B. Siklós, "The Evolution of the Buddhist Yama." In *The Buddhist Forum*, Volume IV, ed. by T. Skorpski, London: SOAS, University of London, 1996, pp. 165-189. 中国の地獄については、澤田瑞穂『修訂地獄変　中国の冥界説』平河出版社、一九九一年。

2 中野前掲書。

3 Ch. Levalois, *Royauté et figures mythiques dans l'ancien Iran*. Milano: Archè, 1987, p. 32; H. Humbach and P. R. Ichaporia, *Zamyād Yasht*, Wiesbaden: Harrassowitz Verlag., 1998, p. 42; P. O. Skjærvø, *The Spirit of Zoroastrianism*, New Haven and London: Yale University Press, 2011, p. 23. 野田恵剛『原典完訳アヴェスタ　ゾロアスター教の聖典』国書刊行会、二〇一〇年、五二六頁。B. T. Anklesaria, *Zand-Ākāsīh Iranian or Greater Bundahišn*, Bombay: Rahnumae Mazdayasnan Sabba, 1956, pp. 292-293.

4 J. Kellens, "Yima, magicien entre les dieux et les hommes." In *Orientalia J. Duchesne-Guillemin Emerito Oblata*, ed. by H. Bailey et al., Leiden: E. J. Brill, 1984, p. 280.

5 Gh. Gnoli, "On Kushan and Avestan Yima." In *Archaeologia*

Iranica et Orientalis Miscellanea in Honorem Louis Vanden Berghe, eds. by L. de Meyer and E. Haerinck, Gent: Peeters, 1989, pp. 920-923; T. Daryaee, "King Huviška, Yima, and the Bird: Observations on a Paradisiacal State." *Electrum* 22, 2015, pp. 109-113.

6　P. O. Skjærvø, "Afterlife in Zoroastrianism." In *Jenseitsvorstellungen im Orient*, eds. by P. Bukovec and B. Kolkmann-Klamt, Hamburg: Verlag Dr. Kovač, 2013, pp. 330-340.

7　F. Grenet, "Notes sur le panthéon iranien des Kouchans." *Studia Iranica* 13, 1984, pp. 253-258, figs. A, R, dessin; F. Grenet, "Yima en Bactriane et en Sogdiane: nouveaux documents." In S. Azarnouche and C. Redard, *YAMA/YIMA Variations indo-iraniennes sur la geste mythique*, Paris: Collège de France, 2012, pp. 84-88, p1. I, 2, Yima fauconnier という。T. Daryaee, *op. sit.*, 2015, pp. 110-113, fig. 1; A. Tzatourian, *Yima: Structure de la pensée religieuse en Iran ancien*. Paris: L'Harmattan, 2012, pp. 301-307, fig. 6; アンナ・フィリジェンツィ（上枝いづみ訳）「城壁で囲まれた聖域――アフガニスタンの宗教的造形に現れるイマ神話――」宮治昭（編）『中央アジアI』（アジア仏教美術論集）、中央公論美術出版、二〇一七年、二〇四-二〇六頁、図3-6。

8　J. A. Lerner and N. Sims-Williams, *Seals, Sealings and Tokens from Bactria (4th to 8th century CE)*, Wien: Verlag der Österreichichen Akademie der Wissenschaften, 2011, pp. 58, 184; 註7フィリジェンツィ前掲論文、二〇五-二〇六頁。

9　Ch. Bartholomae, *Altiranisches Wörterbuch*, Strassburg: Trübner, 1904, p. 1583; F. Wolff, *Avesta. Die heiligen Bücher der Parsen*, Strassburg: Verlag von Karl J. Trübner, 1910, p. 320; 岡田明憲『ゾロアスター教の悪魔払い』平河出版社、一九八四年、一三四頁；註3野田前掲書、二〇二〇年、二三三頁では「金の角」と訳している。

10　N. Sims-Williams, "Avestan suβrā-, Turkish süvre." In *De Dunhuang à Istanbul, Hommage à James Russel Hamilton*, Silk Road Studies V, eds. by L. Bazin and P. Zieme, Turnhout: Brepolis Publishers, 2001, p. 330, suβrā=lance, skewer, goad; A. Piras, "Serse e la flagellazione dell' Ellesponto Ideologia avestica e conquista territoriale achemenide." *Studi Iranici Ravennati* I, 2001, p. 125; Skjærvø, op. cit., 2011, p. 71, pick.

11　H. W. Bailey, *Zoroastrian Problems in the Ninth-Century Books*, Oxford: The Clarendon Press, 1971, pp. 219-224; W. M. Malandra, *An Introduction to Ancient Iranian Religion*, Minneapolis: University of Minnesota Press 1983, p. 179.

12　P. O. Harper, "Reflections on the whip in the pre-Islamic Near East: Questions of identification and interpretation." In *Mélanges offerts* à *Raoul Curiel*, *Studia Iranica* 11, 1982, pls. XIX-XXI; W. Hinz, *Altiranische Funde und Forschungen*, Berlin: Walter de Gruyter & Co., 1969, pp. 145-172, pls. 75-77, 97; L. Trümpelmann, *Das Sasanidische Felsrelief von Dārāb*, Berlin: Dietrich Reimer Verlag, 1975, pls. 1, 7, 9; B. I. Vainberg, *Monety Drevnego Khorezma*, Moscow: Nauka, 1977, pp. 43-44, 59, 61-64, 101-102, pl. IX-11-17, XXIII-XXIV, XXVII; L. V. Berghe, *Reliefs Rupestres de l'Iran Ancien*, Bruxelles: Musées Royaux d'Art et d'Histoire, 1984, p. 129, pl. 22; E. Rtveladze, *The ancient coins of Central Asia*, Tashkent: Izdatel'stvo literatury i iskusstva imeni Gafura Guryama, 1987, pp. 152-155, pls. 48-49.

13 J. Harmatta, "The Golden Bow of the Huns." *Acta Archaeologica Academiae Scientiarum Hungaricae 1*, 1951, pp. 112-149, pls. XX-XXIV; D. S. Raevskij, *Ocherki Ideologii Skipho-Sakskikh Plemen*, Moscow: Nauka, 1977, pp. 126-128, 164-170, figs. 1, 10, 11-12; E. Zeimal', "Parphyanskij luchnik i ego proiskhojdenie." *Soobshcheniya Gosudarstvennogo Ermitadja* 47, 1982, pl. 1-5; G. Courtieu, "L'arc des Arsacides en depit du bon sens." *Studia Iranica* 46, 2017, pp. 200, figs. 1, 3, 4.

14 松平千秋（訳）『ヘロドトス　歴史』下、岩波書店、一九七四年、三五頁；T. Daryaee, "Whipping the Sea and the Earth: Xerxes at the Hellespont and Yima at the vara." *Dabir* 1, 2016, pp. 5-6.

15 R. Ehrlich, "The Celebration and Gifts of the Persian New Year (Nawruz) According to an Arabic Source." In *Dr. Modi Memorial Volume, Papers on Indo-Iranian and Other Subjects*, ed. by Dr. Modi Memorial Volume Editorial Board, Bombay: Fort Printing Press, 1930, pp. 100-101; Harper, op. cit., p. 183.

16 Daryaee, *op. cit.*, 2015, pp. 112-113.

17 Th. T. Allen, *The Royal Hunt in Eurasian History*, Philadelphia: University of Pennsylvania Press, 2006, pp. 58-70; T. Soma, "Ethnoarchaeology of Horse-Riding Falconry." In *The Asian Conference on the Social Sciences 2012 –Official Conference Proceedings*, Nagoya: The International Academic Forum, 2012, p. 168; T. Soma, *Human and Raptor Interactions in the Context of a Nomadic Society*, Kassel: Kassel University Press, 2015, pp. 12-13; K.-H. Gersmann and O. Grimm (eds.), *Raptor and human – falconry and bird symbolism throughout the millennia on a global scale*, 4 vols., Kiel/Hamburg: Wachholts Verlag, 2018: vol. 1/1, pp. 579-618, 685-706, vol. 1/4, pp. 1631-1767, 1847-1863.

18 J. Shergalin, "Falconry Heritage Trust: history, structure, goals, current and future work." In Gersmann/Grimm 2018: vol. 1/1, pp. 181-182; U. Erdenebat, "A contribution to the history of Mongolian falconry." In Gersmann/Grimm 2018: vol.1/2, pp. 175-

185.; K. Reiter, “Falconry in the Ancient Orient? II. The Sources.” In Gersmann/Grimm 2018: vol. 1/4, pp. 1643-1658; S. Görke and E. Kozal, “Birds of prey in pre-Hittite and Hittite Anatolia (c.1970-1180 BCE): textual evidence and image representation.” In Gersmann/Grimm 2018: vol. 1/4, pp. 1667-1689; Soma, *op. cit.*, 2012; T. Soma, “Ethnoarchaeology of falconry in nomadic and sedentary society across Central Asia – rethinking the “Beyond the Boundary” phenomenon of ancient falconry culture.” In Gersmann/Grimm 2018: vol. 1/2, pp. 603-618.

19 K. Freriks, “Bird trapping and falconry in Valkenswaard, the Netherlands, from the 17th to the 20th centuries – about wild birds as jewels on the falconer’s hand.” In Gersmann/Grimm 2018: vol. 1/3, p. 1150; Soma, op. cit., 2018, p. 604; Soma, op. cit., 2015, pp. 14-18.

20 Sh. Farridnejad, Die Sprache der Bilder, Eine Studie zur ikonographischen Exegese der anthroponorphen Götterbilder im Zoroastrismus, Wiesbaden: Harrassowitz Verlag, 2018, pp. 258-260, figs. 10, 11.

21 K. Lindner, *Beiträge zu Vogelfang und Falknerei im Altertum*, Berlin/New York: Walter de Gruyter, 1973, pp. 121-148, figs. 52-68.

22 Bailey, *op. cit.*, p. 24; A. Sh. Shahbazi, “On vārəγna, the Royal Falcon.” *Zeitschrift der Deutschen Morgenländischen Gesellschaft* 134, 1984, pp. 314-317. F. Grenet’ “Znanie Yashtov Avesty v Sogde i Baktrii po dannym ikonographii.” *Vestnik Drevnej Istorii* 1993-4, 1993, pp. 152-153, fig. 2; M. Shenkar’, “Ob ikonographij xvarenah i ego roli v ideologii drevnikh irantsev.” In *The Last Encyclopedist in Honor of the 90-Aniversary of Boris Litvinsky*, eds. by G. Yu. Kolganova et al., Moscow: Institut Vostokovedeniya RAN, 2013, p. 438, fig. 4.

23 Bailey, *op. cit.*, pp. xxi-xxix, 1-51; A. Hintze, *Der Zamyād-Yašt*, Wiesbaden: Dr. Ludwig Reichert Verlag, 1994, pp. 15-32.

24 B. A. Litvinskij, *Kangyusko-Sarmatsky Pharn*, Dushanbe: “Donish”, 1968, pp. 46-58, pl.1; B. A. Litvinskij, “Das K’ang-Chu-Sarmatische Farnah. Zweiter Teil.” *Central Asiatic Journal* 20, 1976, pp. 50-56; 伊藤義教『古代ペルシア』岩波書店、一九七四年、二八五–二八六頁；田辺勝美『平山郁夫コレクション　シルクロード・コイン美術展』古代オリエント博物館、一九九二年、三二–三五頁、図六九–八三；田辺勝美「ギリシャから日本へ」東京国立博物館、『アレクサンドロス大王と東西文明の交流展』ＮＨＫプロモーション、二〇〇三年、一六–一七頁；田辺勝美『毘沙門天像の起源』山喜房佛書林、二〇〇六年、一一五–一一七頁；K. Tanabe, *Silk Road Coins The Hirayama Collection*『平山郁夫コレクション　シルクロードのコイン』、鎌倉・London: The Institute of Silk Road Studies, 1993, pp. 32-35, 80-83, figs. 69-83; V. Dmitriev, "Ram's Horn as a Religious Element of Sasanian Kings' Military Equipment (notes to Amm. Marc. XIX.1.3)." In *Crowns, hats, turbans and helmets. The Headgear in Iranian History volume I: Pre-Islamic Period*, eds. by K. Maksymiuk & G. Karamian, Teheran: Publishing House of Siedlce University, 2017, pp. 113-114, 118.

25 Litvinskij, *op. cit.*, 1968, p. 117; E. H. Peck, "A Sasanian Silver Bowl." *Bulletin of The Detroit Institute of Arts* 47, 1968, fig. 1; Xvarnah と水の関係については、K. af Edholm, "Royal Splendour in the Waters." *Indo-Iranian Journal* 60, 2017, pp. 17-73; 田辺勝美「ターキ・ブスターン大洞のアナーヒター女神像の意義――フヴァルナーと王権の関係に関する再考察――」『シルクロード研究』第一一号、二〇一八年、一九一三〇頁。

26 M. Alram and R. Gyselen, *Sylloge Nummorum Sasanidarum Paris-Berlin-Wien*, Band I. Ardashir I – Shapur I, Wien: Verlag der Österreichischen Akademie der Wissenschaften, 2003, pp. 195, 238, 331, pl. 20-A2, A3.

27 A. Soudavar, The Aura of Kings, Costa Mesa: Mazda Publishers, Inc., 2003, p. 59; A. de Jong, "Sub specie maiestatis: Reflections on Sasanian court rituals." In *Zoroastrian Rituals in Context*, ed. by M. Stausberg, Leiden/Boston: Brill, 2004, p. 364.

28 N. Schindel, "Ardashir II Kushanshah and Huvishka the Kushan: Numismatic Evidence for the Date of the Kushan King, Kanishka I." *Journal of the Oriental Numismatic Society* 198, 2009, figs. 1-2; H. Loeschner, "Simurgh, Kushan and Sasanian Crowns on Æ coins of the Kushano-Sasanian, Ardashir." *Journal of the Oriental Numismatic Society* 203, 2010, figs. 1-2; D. Yongeward, J. Cribb and P. Donovan, *Kushan, Kushano-Sasanian, and Kidarite Coins*, New York: The American Numismatic Society, 2015, p. 202, coin no. 2141.

29 註24田辺前掲書、一九九三年、二八－三一頁、図五五－六二; Tanabe, *op. cit.*, 1993, pp. 28-33, 76-79, figs. 55-62.

30 註24田辺前掲書、一九九三年、二八－三一頁、図六六; Tanabe, *op. cit.*, 1993, pp. 28-31, 78, fig. 66; 東京国立博物館『アレクサンドロス大王と東西文明の交流展』ＮＨＫプロモーション、二〇〇三年、一〇〇頁、図九〇。

31 M. Singh, "Kukkutadhvaja on the Gold Coins of Huvishka." *Journal of the Numismatic Society of India* 67, 2006, pp. 65-69. ただし筆者未見。

32 R. Bracey, "Bird Symbolism on the Coinage of the Kushan Kings." *Journal of the Numismatic Society of India* 71, 2009, pp. 39-40,

pls. 1-2.

33 Gnoli, op. cit., p. 923; Daryaee, op. cit., 2015, pp. 110-113.

34 A. Christensen, *Les Types du Premier Homme et du Premier Roi*, t. II. Leiden: E. J. Brill, 1934, pp. 21-22. Zand Akāsīh (Greater Bundahishn) Ch. XIV-B, B. T. Anklesaria, *Zand-Ākāsīh Iranian or Greater Bundahišn*, Bombay: Rahnumae Mazdayasnan Sabha, 1956, p. 137.

35 Christensen, *op. cit.*, 1934, pp. 3-11; 辻直四郎（訳）「リグ・ヴェーダ讃歌」『インド集』世界文学大系四、筑摩書房、一九五九年、二一-二二頁；Levalois, *op. cit.*, p. 19.

36 Malandra, *op. cit.*, pp. 175-182.

37 Christensen, *op. cit.*, 1934, pp. 21-25, 41-43, 55-59, A. Christensen, *Les gestes des rois dans les traditions de l'Iran antique*, Paris: Librairie Orientaliste Paul Geuthner, 1936, p. 16; Malandra, *op. cit.*, pp. 176-177, 180-182; Levalois, *op. cit.*, , pp. 27-29; J. Kellens, Yima et la mort." In *Languages and Cultures: Studies in Honor of Edgar C. Polomé*, eds. by M. A. Jazayery et al., pp. 329-334, Berlin/New York: De Gruyter Mouton, 1988, p. 329; Skjærvø, op. cit., 2011, pp. 71-72. A. Cantera, "Yima, son vara- et la daēnā mazdéenne." In Azarnouche/Redard, 2012, pp. 56-61; A. Panaino, "The Triadic Symbolism of Yima's vara and Related Structures and Patterns." In Azarnouch/Redard, 2012, pp. 114-123; 註7フィリジェンツィ前掲論文、二〇三-二〇四頁；註3野田前掲書、二三五頁。

38 Wolff, *op. cit.*, pp.319-325; 註9岡田前掲書、二二九-二四六頁。

39 Zamyād Yasht XIX. 33; Hintze, *op. cit.*, pp. 185, H. Humbach and P. R. Ichaporia, *Zamyād Yasht*, Wiesbaden: Harrassowitz Verlag, 1998, p. 37.

40 Hintze, *op. cit.*, , pp. 173-195; Humbach/Ichaporia, *op. cit.*, pp. 37-38.

41 松平千秋（訳）『ヘロドトス』世界古典文学全集一〇、筑摩書房、一九七六年、四八頁。

42 Christensen, *op. cit.*, 1936, pp. 15-21; Hintze, *op. cit.*, pp. 191-208; Humbach/Ichaporia, *op. cit.*, pp.38-39.

43 E. Benveniste, "Les noms de l'«oiseau» en iranien." *Paideuma* 7, 1960, p. 194; B. H. Stricker, "Vārəgna, the falcon." *Indo-Iranian Journal* 7, 1964, pp. 310-317; Shahbazi, op. cit.

44 E. Benveniste and L. Renou, *Vṛtra et Vṛθragna*, Étude de mythologie indo-iranienne, Paris: Imprimerie Nationale, 1934, p. 34; D. N. MacKenzie, *The 'Sutra of the Causes and Effects of Actions' in Sogdian*, London: Oxford University Press, 1970, pp. 21, 75, falcon, hawk; Bailey, *op. cit.*, p.24, 鷹鶏=hawk; Stricker, op. cit., p. 317; Shahbaz, op. cit., p. 314; B. Gharib, *Sogdian Dictionary*, Tehran: Farhangan Publications, 1995, p. 398.

45 G. Dumézil, *Mythe et épopée*, t. II, Paris: Gallimard, 2002, p. 284; Tzatourian, *op. cit.*, p.102.

46 Hintze, *op. cit.*, pp.25, 172, 196, 200, 206; Humbach/Ichaporia, *op. cit.*, p. 38.

47 Wolff, *op. cit.*, p. 321; Malandra, *op. cit.*, pp. 179-180; 註9岡田前掲書、一三四–一三七頁。

48 M. Boyce, "Ātaš-zōhr and Āb-zōhr." *Journal of the Royal Asiatic Society of Great Britain and Ireland* 3/4, 1966, p. 112.

49 af Edholm, op. cit., pp. 24-26.

50 『アヴェスター』の Yasht 5 (Āban Yasht, Ardvīsūr Yasht)-3, Wolff, *op. cit.*, p. 167; L. I. Ringbom, *Graltempel und Paradies*, Stockholm: Wahlström & Widstrand, 1951, pp. 291-295; 岡田明憲『ゾロアスター教　神々への讃歌』平河出版社、一九八二年、五三頁；*Encyclopaedia Iranica*, Vol. I, Fasc. 8, pp. 811-813, Alborz ii. 註3野田前掲書、二〇二〇年、三八二頁。

51 Ph. Gignoux, *Les quatre inscriptions du mage Kirdir*, *Studia Iranica*, Cahier 9, Leuven: E. Peeters, 1991, pp. 40-44, 78-99.

52 ウズベキスタンの Sivaz, Yumalakatepe からの出土品：N. I. Kraseninnikova and F. Grenet, "Trois nouveaux documents d'iconographie religieuse sogdienne." *Studia Iranica* 22, 1993, pls. I-IV; F. Grenet, "Zoroastrian Themes on Early Medieval Sogdian Ossuaries." In *A Zoroastrian Tapestry, Art, Religion & Culture*, eds. by Ph. Godrej and F. P. Mistree, Ahmedabad: Mapin Publishing Pvt. Ltd, 2002, figs.1, 7; F. Grenet, "Le rituel funéraire zoroastrien du sedra dans l'imagerie sogdienne." In *Trésors d'Orient Mélanges offerts à Rika Gyselen*, eds. by Ph. Ginoux, Ch. Jullien and F. Jullien, Paris: Association pour l'avancement des études iraniennes, 2009, fig. 2; A. E. Berdimuradov, G. Bogomolov, D. Daeppen and N. Khushvaktov, A New Discovery of Stamped Ossuaries near Shahr-i Sabz (Uzbekistan)." *Bulletin of the Asia Institute* 22, 2008, fig. 1, color pl. 1; 影山悦子「ソグド人の墓と葬具――中国とソグディアナ」森部豊（編）『ソグド人と東ユーラシアの文化交渉』勉誠出版、二〇一四年、七一–七六頁、図一〇、一五。パフラヴィー語の tarāzūg については P. O. Skjærvø, ""Kirdir's Vision": Translation and Analysis." *Achaeologishe Mitteilungen aus Iran* 16, 1983, pp. 282, 296. 業秤は我国の十王図にも見られる。タンティスック・ナムサイ（Namsai Tantisuk）「近世の往生要集絵の図様と構成：冥界のイメージ論」（大阪大学博士論文）二〇一五年、一三二–一五一頁 https://ir.library.osaka-u.ac.jp/repo/ouka/all/55716/28112_Dissertation.pdf（二〇一九年十月三日閲覧）。F・グルネは、ピャンジケントの XXV/12 邸宅の壁画に毘沙門天像と習合した地獄の守護神イマが描写されていると主張し、M・シェンカーが同意している（F. Grenet, "Vaiśravaṇa in Sogdiana. About the Origins of Bishamon-

ten." *Silk Road Art and Archaeology* 4, 1995/1996, pp. 280, 283-284, figs. 5, 6; Grenet, op. cit., 2012, pp. 89-91, Pl. II, fig. 5; M. Shenkar, *Intangible Spirits and Graven Images: The Iconography of Deities in the Pre-Islamic Iranian World*, Leiden-London: Brill, 2014, p. 167)。更にG・A・プガチェンコヴァは、ビヤナイマン出土納骨器の断片に描写された斧と長剣で武装した王侯坐像をイマ王と比定しているが、同調者は見当たらない（G. A. Pugachenkova, "Interpretatiya odnogo iz personajei na Biyanaimanskom ossuarii." *Istoriya Material'noi Kul'tury Uzbekistana* 27, 1966, p. 50, figs. 1, 2.

53　C. E. Sachau, *The Chronology of Ancient Nations*. London: William H. Allen and Co., 1879, pp. 200-202, 220; W. B. Henning, "The Book of the Giants." *Bulletin of the School of Oriental and African Studies* 11, 1943/46, p. 74; Gharib, *op. cit.*, p. 447; 青木健『新ゾロアスター教史』刀水書房、二〇一九年、二二七頁。

54　Tzatourian, *op. cit.*, p. 309; Shenkar, *op. cit.*, 2014, p. 167

55　Ph. Gignoux, *Le Livre d'Ardā Vīrāz, translittération transcription et traduction du texte pehlevi*, Paris: Éditions Recherche sur les Civilisations, 1984, pp. 178-213.

56　註35辻前掲訳、二一-二二頁；辻直四郎（訳）「リグ・ヴェーダの讃歌」『ヴェーダ・アヴェスター』世界古典文学全集三、筑摩書房、一九六七年a、七五-七六、一一〇頁；辻直四郎『インド文明の曙』岩波書店、一九六七年b、一五三-一五四頁。

57　岩本裕『極楽と地獄』三一書房、一九六五年、一六四-一六五頁；註56辻前掲書、一九六七b、一五五頁。

58　P. Ch. Roy, *The Mahabharata of Krishna-Dwaipayana Vyasa*, vol. II, Calcutta: Oriental Publishing Co., 1884, pp. 21-23; Christensen, *op. cit.*, 1934, p. 9.

59　Roy, *op. cit.*, pp. 282-284.

60　H. H. Wilson and N. Sh. Singh, *The Viṣṇu Purāṇa A System of Hindu Mythology and Tradition*, Delhi: Nag Publications, 1980, pp. 299-306.

61　D. C. Bhattacharya, *Pratimālakṣana of the Viṣṇudharmottara*, New Delhi: Harman Publishing House, 1991, p. 146.

62　A Board of Scholars. *The Garuḍa Purāṇa*, Delhi/Varanasi/Patna: Motilal Banarsidass, 1978-80, pp. 730-735.

63　田中於莵彌（訳・著）『遊女の手引き』平河出版社、一九八五年、一三二、一六六頁、注二六六；A. M. Shastri, *Kuṭṭanī-mata of Dāmodaragupta*, Delhi/Varanasi/Patna: Motilal Banarsidass, 1975, p. 77; C. Dezsö and D. Goodall, *Dāmodaraguptaviracitam Kuṭṭanīmatam*, Groningen: Egbert Forsten, 2012, pp. 195, 219, 231.

64　Ch. Bautze-Picron, "Yama et Yamunā, Le vieill homme et la belle.

"Mort et renaissance aux portes des monuments d'Ajanta." In *Les âges de la vie dans le monde indien*, ed.by Ch. Chojnacki, Paris: Diffusion de Boccard, 2001, pp. 293-298, 311-312, figs. 1, 1a-6a.

65　小西正捷「インドの地獄絵——その表徴と世界観」宮次男『六道絵』至文堂、一九八八年、九一-九三頁、図一一；V. H. Mair, *Painting and Performance. Chinese Picture Recitation and Its Indian Genesis*, Honolulu: University of Hawaii Press, 1988, pp. 89-96, 107.

66　田辺繁子（訳）『マヌの法典』」岩波書店、一九六五年、一二二、二一八、三六三-三六四頁。

67　前掲書、三六二-三六四頁。

68　定方晟『須弥山と極楽　仏教の宇宙観』講談社、一九七三年、三九-四〇、四七-四八、一二〇、一五二-一五三頁；定方晟『インド宇宙論大全』春秋社、二〇一一年、三三二-三三六頁；高田修『仏教美術史論考』中央公論美術出版、一九六九年、二八六-二八九頁。

69　中村元（訳）『ブッダのことば——スッタニパータ』、岩波書店、一九八五年、一四六、一四八頁、中村元（訳）『ブッダの真理のことば感興のことば』岩波書店、一九九二年、一六、五三、八二、一二九頁。

70　浪花宣明（訳）『増支部経典』第二巻、春秋社、二〇一七年、五二-五七頁。

71　長尾佳代子（訳）「第一三〇経　神の使者——天使経」『中部経典』Ⅳ、春秋社、二〇〇五年、三三八-三四七頁。

72　高田修『仏教の説話と美術』講談社、二〇〇四年、二五四頁；上村勝彦（訳）「両眼を布施したシヴィ王前生物語」上村勝彦・長崎法潤（訳）『ジャータカ全集』七、春秋社、二〇〇八年、一一六頁。

73　松村巧（訳）「世記経」『現代語訳「阿含経典」』長阿含経六、平河出版社、二〇〇五年、三六-四三、一一九-一六八頁；註57岩本前掲書、一八二頁；山辺習学『地獄の話』講談社、一九八一年、八六頁。

74　モニカ・ジン（檜山智美訳）「南、東南及び中央アジアにおける地獄の表象」野元晋編『地獄を描く——宗教思想の絵画表現：ユーラシアの東と西2』慶応義塾大学言語文化研究所、二〇一四年、一九頁；M. Zin, "Imagery of Hell in South, South East and Central Asia." *Rocznik Orientalistyczny* 67, 2014, p. 273.

75　F. Grenet, "Zoroastrianism among the Kushans." In *Kushan Histories*, ed. by H. Falk, pp. 203-23, Bremen: Hempen Verlag, 2015, pp. 212, 222-225.

76　註73松村前掲訳、一六二頁。

77　註73松村前掲訳、一六二-一六七頁。

78　註73山辺前掲書、八六頁。

79 註73山辺前掲書、一八一頁。

80 松本栄一『敦煌画の研究』図像篇、附図、東方文化学院東京研究所、一九三七年、四〇二-四一六頁、附図一一五-一一八b、敦煌出土; 法國國家圖書館（編）『法國國家圖書館蔵敦煌西域文獻』第一巻、上海古籍出版社、一九九五年、二九-三四頁; 髙井龍「十世紀敦煌文献に見る死後世界と死後審判——その特徴と流布の背景について」白須浄真（編）『シルクロードの来世観』勉誠出版、二〇一五年、一六九-一九〇頁。

81 梶谷亮治「日本における十王図の成立と展開」『佛教藝術』第九七号、一九七四年、八四頁; 真保亨『地獄　極楽の繪』毎日新聞社、一九八四年、一四六-一四八頁、五官王図、ただし抜舌は閻魔大王ではなく、五官王の面前で獄卒が行っている。

82 梵本の編纂年代については、D. M. Stuart, *A Less Traveled Path: Saddharmasmṛtyupasthānasūtra Chapter 2*, vol. 1, Beijing/Vienna: China Tibetology Publishing House/ Austrian Academy of Science Press, 2015, p. 43-45.

83 註68高田前掲書、二九一-二九六頁、図一九三、一九四; 東京国立博物館『ドイツ・トゥルファン探検隊西域美術展』朝日新聞社、一九九一年、六六-六七頁、図一六; 註74ジン前掲論文、二五-二六頁、図四; Zin, *op. cit.*, fig. 4.

84 C14測定によると制作年代は1042-1162年、ベルリンのアジア美術館. A. von Le Coq, *Die Buddhistische Spätantike in Mittelasien*, Band 4, Berlin: Dietrich Reimer Verlag, 1924, pp. 28-29, pl. 19; M. Yaldiz et al., *Magische Götterwelten, Werke aus dem Museum für Indische Kunst, Berlin*, Berlin: Museum für Indische Kunst, 2000, pp. 218-219, pl. 316; 註74ジン前掲論文、二七頁、図五; Zin, op. cit., fig. 5.

85 Zin, op. cit., pp. 283-284; 註74ジン前掲論文、二七頁。

86 註1中野前掲書、三三二、三五八頁、図版四七; 橘堂晃一・荒川慎太郎「『観心十法界図』をめぐる新研究——西夏とウイグルの事例を中心に——」『國華』第一四七七号、二〇一八年、一五-一六頁。

87 'ein Dämon reisst einer Sünderin mit einer Zange die Zunge aus,' von Le Coq, *op. cit.*, p. 28; Zin, op. cit., p. 285; 註74ジン前掲論文、二九頁、無限地獄; 註86橘堂・荒川前掲論文、一五頁、抜舌地獄?

88 石田瑞麿『日本人と地獄』春秋社、一九九八年、七一、一六七、一九四、一九六、二〇七、二一六頁。

89 石田瑞麿（訳）『往生要集』一、平凡社、一九八〇年、二二、二五、二六、二九、三一頁; 註81真保前掲書、一六二-一六四頁、阿鼻地獄大熱鉄山。

90 註57岩本前掲論文、一五六頁; 註89石田前掲訳、二二頁; 註52

タンティスック博士論文、六九‐七二、七五頁。

91 註89石田前掲訳、三一頁。

92 註65宮前掲書、七七頁；東京国立博物館『栄西と建仁寺』読売新聞社、二〇一四年、二五一頁、図版一七八。

93 註65宮前掲書、四七‐五八頁；註89石田前掲訳、一九四頁。西田直樹『「仮名書き絵入り往生要集」の成立と展開』研究篇・資料篇、和泉書院、二〇〇一年、四二三頁、一五ウ。

94 椋橋彩香『タイの地獄寺』青弓社、二〇一八年、二二‐二六頁、八七‐九二頁。

95 P. Mus, *La Lumière sur les Six Voies*, Paris: Institut d'Ethnologie, 1939, p. 310, pl. IV：アンコール・ワット、伊東照司『東南アジア仏教美術入門』雄山閣、一九八五年、六〇頁、図八五；ボロブドゥール、註68高田前掲書、二八九‐二九一頁、図一九二。

96 A・ミルババエフ・加藤九祚訳「シルクロードの宗教と俗信（5‐8世紀）――ソグド・タジクを中心として」『アイハヌム』（Ay Khanum 2006）東海大学出版会、二〇〇六年、一‐六〇頁；Grenet, *op. cit.*, pp. 84-85, 88-92, pl. II, 5-9. 地獄の門の番人として毘沙門天と同一視している。

図版出典

図1　中野照男『閻魔・十王像』日本の美術六（no. 313）至文堂、一九九二年、第2図
図2a、b　故R. Göbl博士（Wien大学教授）提供
図3、6　平山郁夫シルクロード美術館提供
図4、5、8、11　筆者撮影
図7、10　大英博物館提供
図9　Schindel, *op. cit.*, pl. 1.e. Ardašir 2 (Aman ur Rahman)
図12　"SHAHRISABZ" STATE MUSEUM-PRESERVE 提供
図13　橘堂・荒川二〇一八年、図版1
図14　源信［著］『往生要集』（嘉永再刻）巻之上　河内屋茂兵衛、十五頁、奈良女子大学学術情報センター提供

付記

本稿は『東洋学術研究』五八‐二に掲載された旧稿の改訂版である。

正倉院宝物の故郷
――『東大寺献物帳』の分析から――

米田雄介

はじめに

正倉院宝物の成立については、教科書にも詳しく記載されており、日本人の多くはよく知っているが、近年、正倉院宝物についてしばしば誤解を招く情報を耳にすることがある。そこで本稿では、そもそも誤解とは何か、何故、誤解を招くことになっているのか、などについて整理したい。

かつて正倉院宝物の多くは海外の諸国や地域から日本に伝わり、その多くが聖武天皇の遺愛のものとなって、それらが聖武太上天皇の崩御後に、光明皇太后が聖武太上天皇の遺愛の品を東大寺大仏に献上した。(1)就中、これらの遺愛の品の中には、シルクロードを経て伝来した品々が数多く含まれているといわれてきた。(2)そのこと自体は間違いではないが、近年、正倉院宝物がどこで作られたか、一つ一つの宝物を点検して、国産と外国産との比率を調査して九五パーセントは国産といわれている。(3)具体的に宝物に当たっての成果であるから、それ自体を否定するものではないが、すべての問題が前出のような割合で理解できるかどうかである。ただ正倉院のすべての宝物、北・中・南の各倉に収納の宝物を分析し、その宝物の生産国がどこであるかを検討することは容易なことではない。ここでは『東大寺献物帳』に所載の宝物、すなわち北倉に収納の宝物について検討することにしたい。

かつて私自身、『正倉院宝物の故郷』と題する書物を刊行したことがある。[4]その時は正倉院に伝わる代表的なものを中心に考察したため、南倉や中倉の宝物も考察の対象としたが、このたびは『東大寺献物帳』に所載の宝物、北倉の宝物に限って考えることにした。

その前にまず簡単に正倉院宝物の成立の経過を紹介しておこう。その上で、海外の国や地域に正倉院宝物に類似の品が生産され、あるいは類似の品が出土していたことなどを探り、正倉院宝物の故郷を考える。

一　正倉院宝物の成立

一、『東大寺献物帳』について

天平勝宝八歳（七五六）五月二日に、聖武太上天皇が崩御し、それから七七忌に当たる天平勝宝八歳六月二十一日に光明皇太后が夫である聖武太上天皇の遺愛の品を東大寺大仏に献上した。献上品は『東大寺献物帳』と呼ばれる文書に記されているが、『東大寺献物帳』はこのほかに四通知られている。そこで合わせて五通の『東大寺献物帳』について、若干の問題点を指摘しておこう。なお五通の献物帳の特質については、先に発表した拙著『正倉院宝物と東大寺献物帳』第一部第一章で取り上げたが、[5]本稿ではそこで取り上げた問題と重複する箇所もあるが、理解を確かにするために、敢えて重複を恐れることなく検討することにしたい。

㈠天平勝宝八歳六月二十一日『国家珍宝帳』（北倉一五八）

㈡天平勝宝八歳六月二十一日『種々薬帳』（北倉一五八）

㈢天平勝宝八歳七月二十六日『屏風花氈等帳』（北倉一五九）

㈣天平宝字二年六月一日『大小王真跡帳』（北倉一六〇）

㈤天平宝字二年十月一日『藤原公真跡屏風帳』（北倉一六一）

『国家珍宝帳』は本章のはじめに記したように、聖武太上天皇が天平勝宝八歳五月二日に崩御し、七七忌に当たる同年六月二十一日に、聖武太上天皇の遺愛の宝物が東大寺大仏に献上された。その献上文書を『東大寺献物帳』という。

そこには、聖武太上天皇の遺愛の宝物を東大寺大仏に献上した由来を記す願文や六百数十点の献上品目録が掲げられている。それらの宝物については、詳しくは後述する。なお次に掲げる文言の中に「捨国家珍宝等」とあることから、本文書を『国家珍宝帳』と通称している。

さて『国家珍宝帳』（図1）の冒頭に、

太上天皇の奉為（おおんため）に国家の珍宝等を捨（しゃ）して東大寺に入るる

願文　皇太后御製

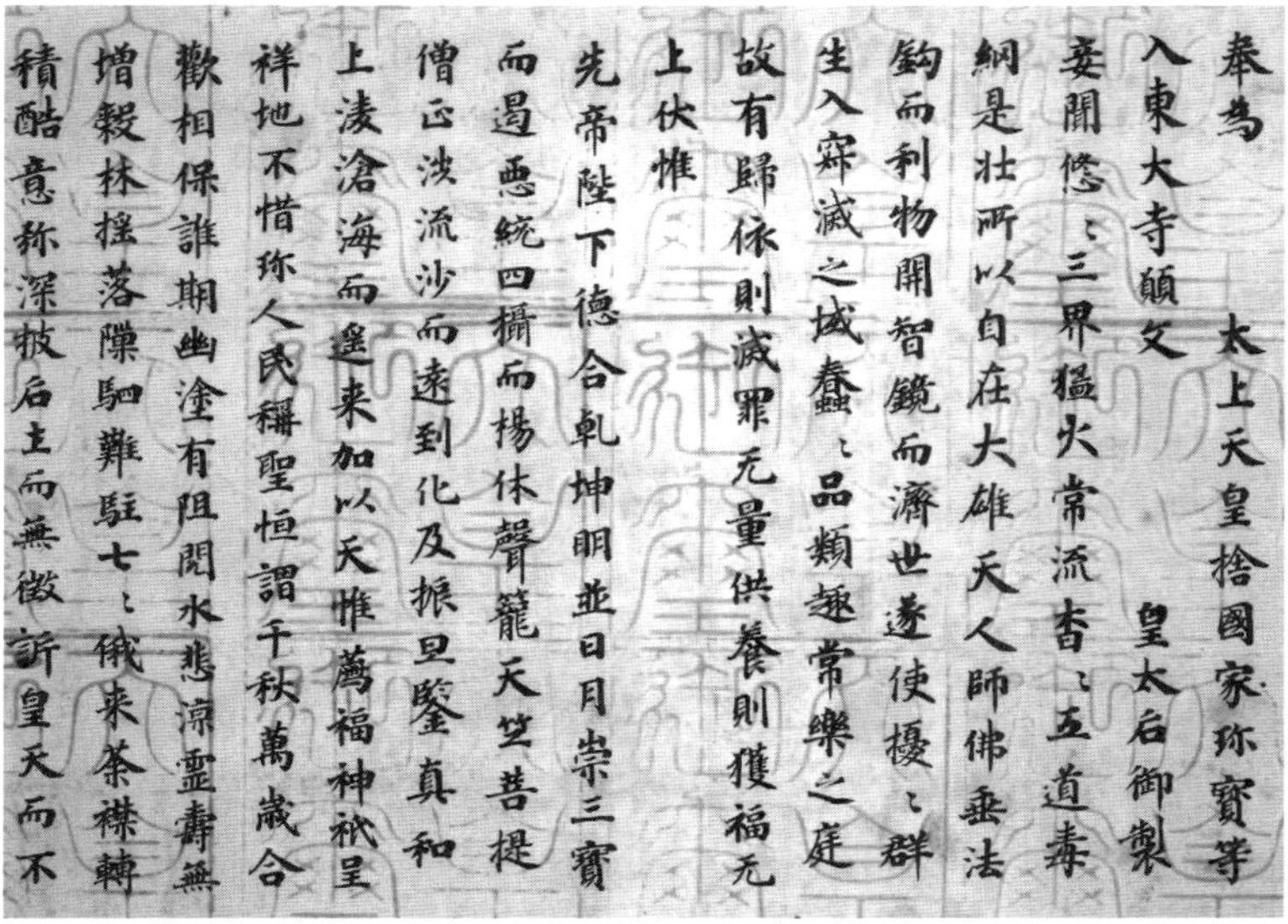

奉為　太上天皇捨國家珎寶等
入東大寺願文　皇太后御製
妾聞悠々三界猛火常流杳々五道毒
網是壯所以自在大雄天人師佛垂法
鈎而利物開智鏡而濟世遂使擾々群
生入寂滅之域蠢々品類趣常樂之庭
故有歸依則滅罪无量供養則獲福无
上伏惟
先帝陛下德合乾坤明並日月崇三寶
而遏惡統四攝而楊休聲籠天竺菩提
僧正涉流沙而遠到化及振旦鑒真和
上凌滄海而遂來加以天惟薦福神祇呈
祥地不惜珎人民稱聖恒謂千秋萬歲合
歡相保誰期幽塗有阻閲水悲涼靈壽無
增穀林摧落隟駟難駐七々俄來茶襟轉
積酷意弥深披后土而無徵訴皇天而不

図1　『国家珍宝帳』（北一五八）

とあり、以下、次のように記している。[6]

妾聞く、悠々たる三界は猛火常に流れ、杳々たる五道は毒網是れ壮んなり。（中略）帝、陛下の奉為に国家の珍宝、種々の翫好、及び御帯、牙笏、弓箭、刀剣、兼ねて書法、楽器等を捨して東大寺に入れ、盧舎那仏及び諸仏菩薩一切賢聖を供養しまつる。伏して願はくは茲の妙福を持ちて仙儀を翼け奉り、永く法輪に馭して速かに花蔵の宝刹に到り、恒に妙薬を受けて終に舎那の法筵に遇ひ、普賢を将ひて宣遊し、文殊と共にして展化し、仁、百億に霑ひ、徳、三千に被らしめん、

右件は、是れ先帝翫弄の珍、内司に供擬物なり。疇昔を追感するに、目に触れると崩れてしまう。謹で以て盧舎那仏に奉献せん、伏願は、此善因を用い、冥助奉資、早く十聖に遊び、普く三途を済り、然後鑾を花蔵之宮に鳴し、涅槃之岸に住躍。

天平勝宝八歳六月廿一日

（藤原仲麻呂等六名の加署者を省略）

本章のはじめに紹介したが、本文書の冒頭に、「捨国家珍宝等、入東大寺願文」とあることから、本文書の正式の文書名は『東大寺献物帳』、通称は『国家珍宝帳』という。

以下、『国家珍宝帳』に所載の宝物、六百数十点がどこで製作され、どこから日本に伝えられたかなどをみるが、具体的には章を改めて検討することにし、[7]先に『種々薬帳』から『藤原公真跡屏風帳』までを検討することにする。

二、『種々薬帳』について

『種々薬帳』（図2）は光明皇太后が、東大寺大仏に六十種の薬物を献上した時の目録である。

盧舎那仏に種々の薬を奉

合六十種　漆櫃廿一合に盛

麝香卌剤　重卌二両幷袋及裹小、已下並同

犀角三箇　一重二斤十二両一分、一重一斤九両二分、一重一斤十四両

犀角一袋　重六斤十三両幷袋

犀角器一口　重九両三分

（中略）

以前、堂内に安置し、盧舎那仏を供養し奉る、若し有縁病苦、用（もち）うべくんば、並に僧綱に知（しら）して後、充て用いることを聴す、伏して願はくは、此の薬を服せん者、万病悉く除き、千苦皆救はれ、諸善成就し、諸悪断却せん、業道に非ざるよりは長く夭折無く、遂に命終の後、花蔵（かぞう）世界に往生し、盧舎那仏に面奉（めんしたてまつ）り、必ず遍法界位を証得せしめんと欲す。

天平勝宝八歳六月廿一日

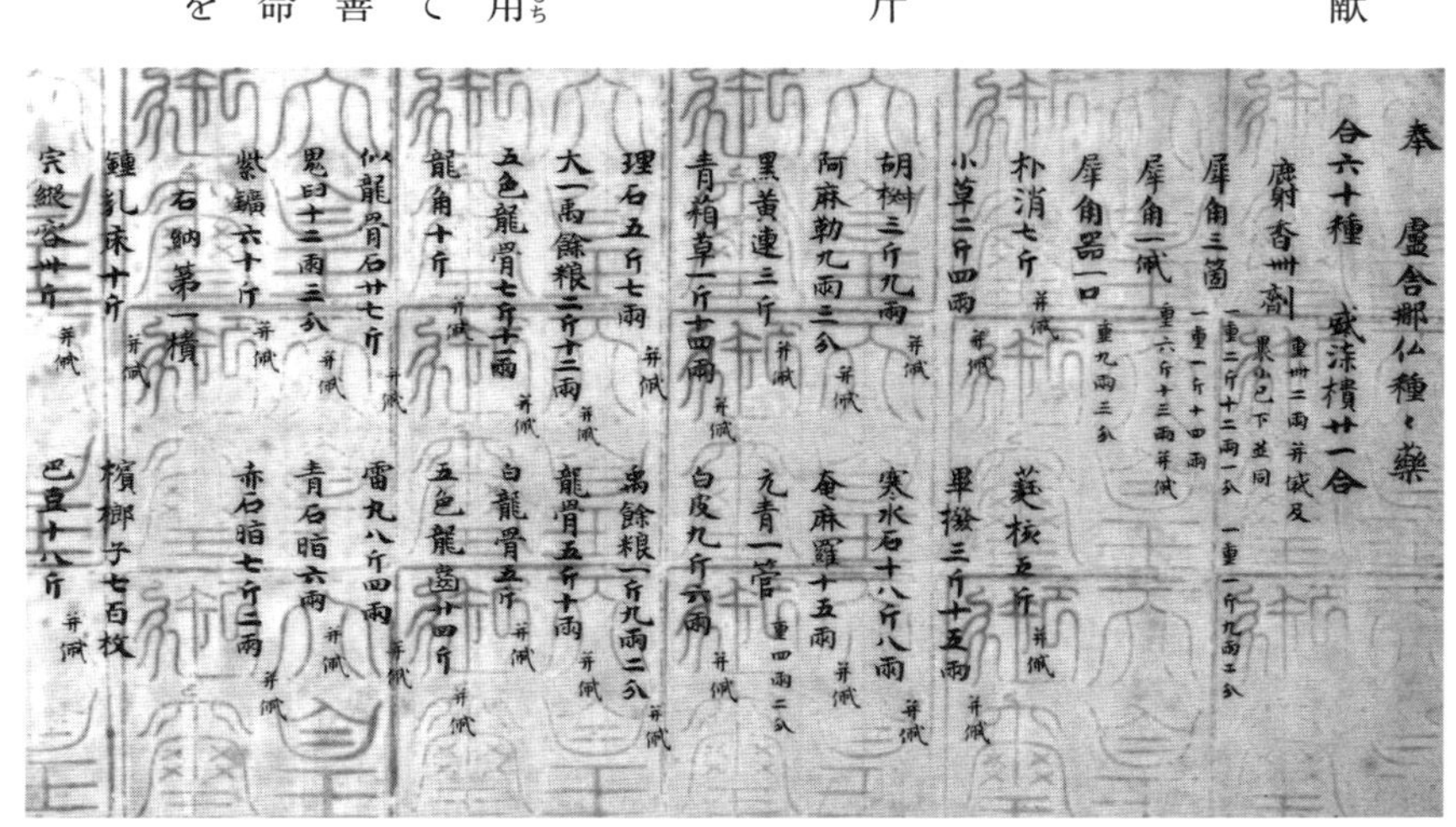
奉盧舎那仏種々薬
合六十種　盛漆櫃廿一合
麝香卌剤　重卌二両幷袋及裹小已下並同
犀角三箇　一重二斤十二両一分　一重一斤九両二分　一重一斤十四両
犀角一袋　重六斤十三両幷袋
犀角器一口　重九両三分
朴消七斤　幷袋　蕤核五斤　幷袋
小草二斤四両　幷袋　畢撥三斤十五両　幷袋
胡椒三斤九両　幷袋　寒水石十八斤八両　幷袋
阿麻勒九両二分　幷袋　奄麻羅十五両　幷袋
黒黄連二斤　幷袋　元青一管　重四両二分
青葙草一斤十四両　幷袋　白皮九斤六両　幷袋
理石五斤七両　幷袋　禹餘粮一斤九両二分　幷袋
大一禹餘粮二斤十二両　幷袋　龍骨五斤十両　幷袋
五色龍骨七斤十両　幷袋　白龍骨五斤　幷袋
龍角十斤　幷袋　五色龍歯十四斤　幷袋
似龍骨石廿七斤　幷袋　雷丸八斤四両　幷袋
鬼臼十二両三分　幷袋　青石脂六両　幷袋
紫鑛六十斤　幷袋　赤石脂七斤二両　幷袋
石納第一櫃
鍾乳床十斤　幷袋　檳榔子七百枚　幷袋
宍縦容廿斤　幷袋　巴豆十八斤　幷袋

図2　『種々薬帳』（巻首）（北一五八）

《関連年表》

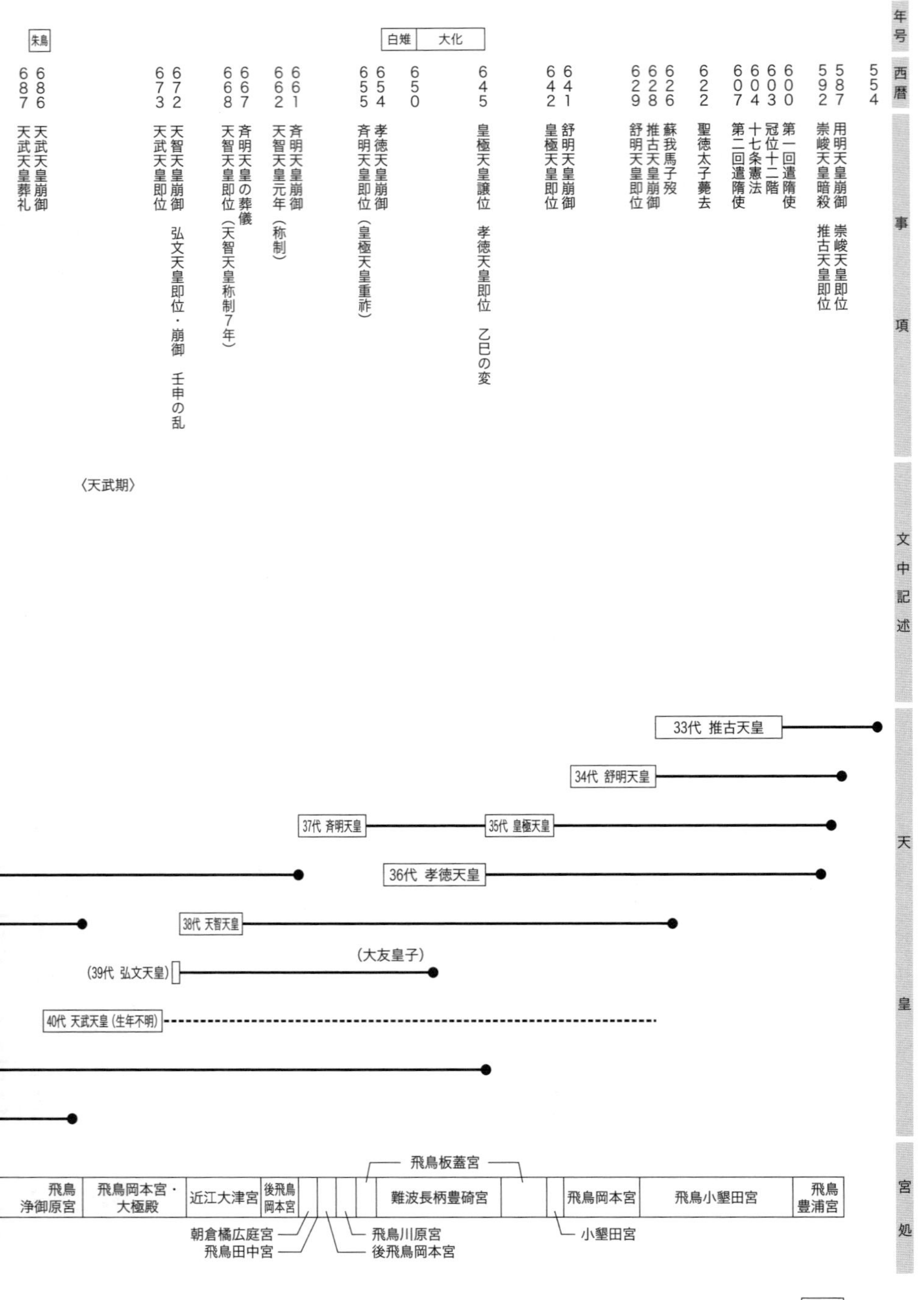

年号	西暦	事項	文中記述
	554		
	587	用明天皇崩御　崇峻天皇即位	
	592	崇峻天皇暗殺　推古天皇即位	
	600	第一回遣隋使	
	603	冠位十二階	
	604	十七条憲法	
	607	第二回遣隋使	
	622	聖徳太子薨去	
	626	蘇我馬子歿	
	628	推古天皇崩御	
	629	舒明天皇即位	
	641	舒明天皇崩御	
	642	皇極天皇即位	
大化	645	皇極天皇譲位　孝徳天皇即位　乙巳の変	
白雉	650		
	654	孝徳天皇崩御	
	655	斉明天皇即位（皇極天皇重祚）	
	661	斉明天皇崩御	
	662	天智天皇元年（称制）	
	667	斉明天皇の葬儀	
	668	天智天皇即位（天智天皇称制7年）	
	672	天智天皇崩御　弘文天皇即位・崩御　壬申の乱	
	673	天武天皇即位	
朱鳥	686	天武天皇崩御	〈天武期〉
	687	天武天皇葬礼	

天皇
- 33代 推古天皇
- 34代 舒明天皇
- 35代 皇極天皇
- 36代 孝徳天皇
- 37代 斉明天皇
- 38代 天智天皇
- （39代 弘文天皇）（大友皇子）
- 40代 天武天皇（生年不明）

宮処
- 飛鳥豊浦宮
- 小墾田宮
- 飛鳥小墾田宮
- 飛鳥岡本宮
- 飛鳥板蓋宮
- 難波長柄豊碕宮
- 飛鳥川原宮
- 後飛鳥岡本宮
- 飛鳥田中宮
- 朝倉橘広庭宮
- 後飛鳥岡本宮
- 近江大津宮
- 飛鳥岡本宮・大極殿
- 飛鳥浄御原宮

生 ●―［天皇 在位］―● 崩御

年	事項	関連事項
690	持統天皇即位（持統天皇称制4年）	
697	文武天皇に譲位　文武天皇即位	
701	大宝律令	
702	持統太上天皇崩御	
704		
707	文武天皇崩御	
708	元明天皇即位	
710	（和銅3年平城遷都の詔）	
715	元明天皇譲位　元正天皇即位	（712『古事記』の成立）
717		
721	元明太上皇崩御	（720『日本書紀』の成立）
724	元正天皇譲位　聖武天皇即位	
740	藤原広嗣の乱	
743	大仏造立の詔	
747		『法隆寺資財帳』・『大安寺資財帳』皇室より献納記載
748	元正太上天皇崩御	
749	聖武天皇譲位　孝謙天皇即位	
754	鑑真来朝	
756	聖武太上天皇崩御	光明皇后『東大寺献物帳』『法隆寺献物帳』
758	孝謙天皇譲位　淳仁天皇即位	
760	光明皇太后崩御	
764	淳仁天皇廃帝　称徳天皇即位（孝謙天皇重祚）	
765		
767		
770	称徳天皇崩御	（797『続日本紀』の成立）

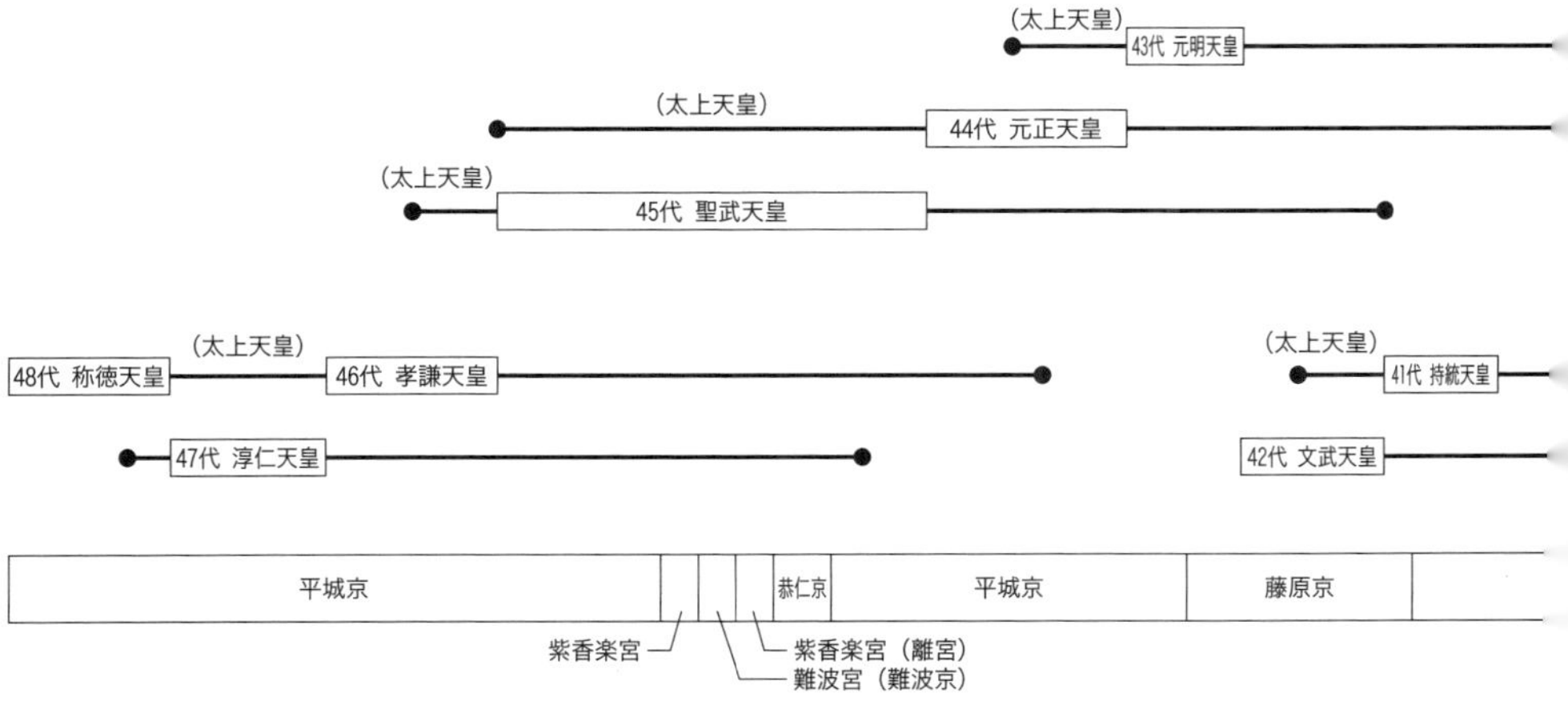

元号：大宝　慶雲　和銅　霊亀　養老　神亀　天平　天平感宝　天平勝宝　天平宝字　天平神護　神護景雲

（太上天皇）41代 持統天皇
42代 文武天皇
（太上天皇）43代 元明天皇
（太上天皇）44代 元正天皇
（太上天皇）45代 聖武天皇
（太上天皇）46代 孝謙天皇
47代 淳仁天皇
48代 称徳天皇

都：藤原京　平城京　恭仁京　難波宮（難波京）　紫香楽宮（離宮）　紫香楽宮　平城京

『種々薬帳』にみえる薬物献上の日付は、『国家珍宝帳』と同日である。『国家珍宝帳』は聖武天皇の遺愛の品を献上されたが、『種々薬帳』に記載の宝物は、皇太后の経営にかかる施薬院の関係品であろう。しかもそれは、病に倒れた聖武天皇の施薬として用いられた施薬院所蔵の薬物と一般に用いられた施薬院所蔵の薬とを併せて献上したものと思われる。因みに、『国家珍宝帳』は聖武天皇の遺愛の宝物である。『種々薬帳』は施薬院関係の薬物を対象としたもので、そこには「若し有縁病苦、用うべくんば、並に僧綱に知して後、充て用いることを聴す」と記しているところが注目される。つまり病のために献上の薬を用いたい場合には、僧綱の許可を得るようにと記している。『国家珍宝帳』にみえる宝物は東大寺大仏に献上したもので、永く大仏に供えられたものであるが、『種々薬帳』に記載の薬物は、必要があれば僧綱の許可によって宝庫からでも持ち出すことができることになっている。

したがって、両文書の性格は違っているから、同日の献上であっても異なった性格のものを一つの文書にまとめることはできなかったのである。

『種々薬帳』によると、東大寺の大仏に六十種の薬物が漆の櫃二十一合に盛って献上されている。以下、それらの薬物がどこから伝来したかを検討する。

なお六十種の薬物の理解を助けるために、『種々薬帳』の記載の順にしたがって、薬―1麝香、薬―2犀角などと表記することにした。また生産国や地域が確定できないものは記載していない。(8)

冒頭の薬―1麝香はジャコウジカの性分泌嚢で、ジャコウジカ類の雄に限られる。すべてヒマラヤから東アジアの山岳地帯に生息している。『種々薬帳』には四十剤あったと記しているが、常温で保存した時、揮発性のものであるため、本体は消失している。ところが現在、麝香皮（実は皮ではなく嚢か）が伝わっている（北倉一一四）。(9)

次に、薬―2犀角三箇、薬―3犀角一袋は現存していない。薬―4犀角器は現在、犀角器として整理されている（北倉五〇）。これが『種々薬帳』の薬―4の犀角器に該当するかどうか疑問もあるが、一応、北倉五〇の犀角器に関連があると考えておく。これらの犀角はインド産の一角犀の角だという。解毒剤という。

薬―5朴消は中国の『神農本草経』にみえる。硫酸ナトリウム10水和塩という。下剤に用いた。

薬―6蕤核はバラ科の種子で、中国では古くから蕤仁、蕤核仁と称してよく知られており、今も中国では使用しているが、日本では殆ど使われていない。奈良時代に輸入され、平安時代には亡失していたが、明治時代以降の調査で、草根木実として整理されている中から、蕤核が発見された。蕤核は中国の本草書に名前がみえるが、山西・陝西・甘粛の各省が自生地として知られている。

薬―7小草は古くから中国の本草書にその名が記されている。かつて類したものに薬―37遠志があるといわれ、ヒメハギ科のイトヒメハギの根を指し、葉の部分を小草というと考えられていたが、正倉院の第二次薬物調査で、中国華北省に自生するケシ科のイヌキケマンと確認されている。

薬―8畢撥はコショウ科のコショウ属の茎と根である。中国より南の国々に産するもので、今もインドではよく使われている。

薬―9胡椒はインド原産の香辛料である。

薬―10寒水石は炭酸カルシウムを主成分とする方解石、鉱物である。しかし中国の古書によると、寒水石は擬水石と同じといい、方解石ではなかったが、形状の類似から方解石が寒水石に間違われたらしい。

薬―11阿麻勒は平安時代の初期までは確認できるが、その後に亡失している。第一次薬物調査で阿麻勒らしきものが発見されたが、確定までに至らない。次の菴麻羅に類似といわれるが、確証はない。

薬―12菴麻羅は果樹として、今もインドなどでは栽培されている。その果実は清涼剤、解熱剤、利尿剤などに、またタイ国でも広く用いられている。中国では雲南省南部を中心に民間薬として使用、チベットでは余甘子といい、ラマ医学で使用。

薬—13黒黄連の実体はよく分からないが、胡黄連に近似している。宋代の本草書によると、波斯国に産し、唐代には中国に伝わったという。しかし胡黄連に近似するとすれば、胡の文字を使用していることから、ペルシャからシルクロードを経て中国甘粛省から唐の都長安を経て、揚州に至り、日本に伝わったと考えられる。一方、パキスタン・インド・東南アジアの海岸線を辿り、中国広州から泉州を経て、日本に到着する海の航路も知られている。

薬—14元菁は昆虫のツチハンミョウ科青ハンミョウ属の有毒昆虫を乾燥させたもの。

薬—15青葙草は『神農本草経』をはじめ、本草書にみえる。ヒユ科のノゲイトウの茎葉である。種子は今も中国では青葙子の名称で漢方薬として利用している。眼や肝臓の薬。

薬—16白皮は白及であろう。『神農本草経』をはじめ、本草書にみえる。ラン科シラン属の球茎を乾燥させたもの。止血剤に使用。西日本をはじめ朝鮮・中国・台湾などに分布。

薬—17理石は早くに亡失したが、第一次薬物調査の時に鉱石の一種の繊維石膏（繊維状の結晶が平行に集合している）がみいだされた。

薬—18禹余粮は褐鉄硬質の皮殻の内部に白あるいは褐色の粘土質物質が取り込まれたもの。収斂剤。

薬—19太一禹余粮は中国の本草書にみえる太一余粮であろう。禹余粮の褐鉄硬質の皮殻の内部が赤から紫色の粘土質物質が取り込まれたものかという。

薬—20龍骨は化石鹿の角。一部に鹿の歯や骨、象歯、象牙。

薬—21五色龍骨は竜骨のうち雑色を有するものの意。

薬—22白龍骨は化石鹿の四肢骨及び歯や角の断片。中国の山西省、河南省にみえる三趾馬赤土層から出土。

薬—23龍角は化石鹿の角。

薬—24五色龍歯はナウマンゾウの第三臼歯といわれていたが、インドのナルバタゾウと伝えられている。

薬―25似龍骨石は珪化木で木目が龍骨のそれに似ていることから命名。しかし龍骨よりも木目の質が充実。

薬―26雷丸はタケ科植物の地下茎に寄生する菌類。中国の長江以南の竹林に多く分布。特に四川省、雲南省、貴州省から良品を産出。

薬―27鬼臼はユリ科のマルバタマノカンザシの根茎。中国の浙江省近辺に大きく甘いものを産出。

薬―28青石脂は青、白、赤、黄、黒の五色石脂の一つ。青みを帯びた含鉄アルカリ性粘土である。中国の華北、東北、中南地方に分布。下痢や瘡腫に効能あり。

薬―29紫鉱は東南アジアに産するラックカイガラムシの雌虫が寄生した樹皮に分泌してできたヤニ様の樹脂。

薬―30赤石脂。薬―28青石脂を参照。

薬―31鍾乳床は鍾乳石。方解石の集合体。

薬―32檳榔子はマレーシア原産のヤシ科の喬木ビンロウの種子。マレーシアとインドを中心にして、北は台湾、東はカロリン諸島、西はパキスタンに至る。

薬―33宍縦容は肉蓯容とも記す。『神農本草経』以下の本草書にみえる。漢方薬として強壮、補精剤に用いる。中国産の寄生植物ハマウツボ科の間質の茎を乾燥させたもの。

薬―34巴豆はトウダイグサ科のハズの種子。東南アジア産の熱帯性の小喬木。

薬―35無食子はトルコから中東・ギリシャ・スペイン等に分布するインクフシバチ科のある種の蜂がカシ属の植物に寄生し、産卵。ふ化すると、植物組織の成長刺激により、幼虫を含んだまま成長。それが薬用に用いられた。

薬―36厚朴は古く『神農本草経』に記されている。紫色を帯びた灰褐色のホウノキ属の樹木の皮を乾燥させたもの。

薬―37遠志はイトヒメハギの根。中国河南省、山西省、内蒙古から朝鮮半島、さらにシベリアに分布。

薬―38呵梨勒は中国南部から東南アジアに産する。現在のミロバランに該当するか。収斂効果あり。

薬―39桂心はアラビア付近に生育するシナモン。クスノキ科ニッケイの樹皮。今も中国・ベトナム・インドネシア・スリランカから輸入。

薬―40芫花は小灌木のフジモドキ。一名チョウジサクラの花蕾、中国で広く分布。

薬―41人参はガガイモ科のイケマ類の根。実は竹節人参といわれるものか。北倉一二二の人参が真正の人参か。俗に高麗人参に相当。東アジア特産。中国の吉林省、黒龍江省、朝鮮半島の山岳部で産出。

薬―42大黄はタデ科の根茎。中国からギリシャ・ローマに伝わったといわれている。甘粛省、青海省、チベット自治区に生育。日本では近代まで存在しない。

薬―43臈蜜は中国から東南アジアに分布するトウヨウミツバチの蜜。日本では蜜蠟といい、金銅仏の鋳造や臈纈染などに用いている。

薬―44甘草はチベット自治区から中国北部の乾燥地に産するマメ科のカンゾウ類の葉根と根茎。中国最古の本草書『神農本草経』にみえる。日本では今も広く用いられている。

薬―45芒消は長柱状の結晶体、化学的にいうと、含水硫酸マグネシウム。下痢や利尿剤。

薬―46蔗糖は『新修本草』にみえる。サトウキビの茎からとれる砂糖。緩和剤、止渇剤。

薬―47紫雪は唐の『千金翼方』に初見。宋代の記録によると、鉱石類・動物類・植物類などを調合して作った。金石薬の中毒を解くもの。

薬―48胡同律は実体がよく分からないが、帳外薬物の薫陸（北倉一二五）に相当するか。インドや東南アジアでは今も用いられている。

薬―49石塩は『新修本草』にみえる岩塩の一種。塩化ナトリウム。消化剤、吐剤として用いる。

薬―50猬皮は古く『神農本草経』にみえる。中国産のハリネズミの皮。収斂剤、整腸剤。

薬―51新羅羊脂は本草書にみえない。文字どおりの新羅産出の羊の脂か。

薬―52防葵は『神農本草経』をはじめ本草書にみえる。中国産の薬物で、日本の本草書には和名ヤマナスビとある。現植物は不明。整腸剤、利尿剤。

薬―53雲母粉はケイ酸塩鉱物、真珠のような光沢をもつ。白雲母のこと。『倭名類聚抄』にはキララの古名を記す。

薬―54密陀僧は『神農本草経』をはじめ本草書にみえる。一酸化鉛で、防腐剤、膏薬として使用。

薬―55戎塩は淡褐色の粉末。石膏、塩化カリウム、食塩、硫酸ナトリウム、ホウ酸マグネシウムなどの混合物。原料は塩湖付近の土壌化。特にカスピ海の塩は有名で、シルクロードを経て東西に輸出されたが、中国では古くから山西省の解州運城市の塩池も知られている。産地を特定できない。

薬―56金石陵は製剤の一種。上朴消、上芒消、石膏、擬水石などを調合。金石薬の解毒に使用。

薬―57石水氷は本草書にみえないため、石英説、七水凌という製剤と考える説があるが、特定できない。

薬―58内薬は実体不明で、内服薬のことかという。

薬―59狼毒は中国産の毒性のある根茎。早くに『神農本草経』にみえる。現代中国では広狼毒、白狼毒、西狼毒などと呼ばれているものがある。これらがサトイモ科のクワズイモの根茎とかジンチョウゲ科の根、トウダイグサ科などの根かといわれている。

薬―60冶葛は明治時代のはじめまで「烏薬之属」の名でまとめられていたが、原植物はフジウツギ科ゲルセリュウム・エレガンスといわれる。古文献では、野葛（実は冶葛）が「胡満蓏」と同一とする。胡の文字から中国北方の異民族を連想する。中国では古くから毒性のある薬物として知られている。

以上煩雑な形になったが、『種々薬帳』に記載の薬物六十種を取り上げてきた。

ところで『種々薬帳』の冒頭に記載があったように、六十種の薬物は二十一の漆の櫃に納められていた。例によって櫃と薬との関係を整理すると、次のようになる。

櫃—1には薬—1麝香から薬—30赤石脂までを収納
櫃—2には薬—31鍾乳床から薬—38呵梨勒までを収納
櫃—3・4・5には薬—39桂心のみを収納
櫃—6・7・8には薬—40芫花のみを収納
櫃—9・10・11には薬—41人参のみを収納
櫃—12・13・14には薬—42大黄のみを収納
櫃—15・16には薬—43臈蜜のみを収納
櫃—17・18・19には薬—44甘草のみを収納
櫃—20には薬—45芒消から薬—58内薬までを収納
櫃—21には薬—59狼毒と薬—60冶葛の二種類を収納

となる。同一薬物で、二、三櫃を占めるものもあれば、一櫃で三十種の薬物を収納するものもある。同一薬物で数櫃を占めるのは、それだけ需要が多く、また比較的入手することが容易であったのであろう。一方、大量の種目の薬物を一櫃に納めているのは、需要が少なく、それだけ貴重であることを示している。

そのことを前提にして、『種々薬帳』の薬—1から薬—60までを通観すると、殆どの薬が海外からもたらされたものであったことが分かる。しかも多くは南方系の薬物であるが、麝香・人参・大黄・甘草などは北方系の薬物である。

ところで、大宝令に薬関係の官司として典薬寮が設けられていたが、唐の制度に倣って設けられたものであろう。ただ当時の日本には漢方薬に対する知識がどの程度であったのか分からないが、『日本書紀』天智天皇十年正月是月条に、大錦下を以て、佐平余自信・沙宅紹明法官大輔なりに授く。小錦下を以て、鬼室集斯学職頭なりに授く。大山下を以て達率谷那晋首兵法を閑う木素貴子兵法を閑う憶礼福留兵法を閑う答㶱春初兵法を閑う㶱日比子賛波羅金羅金須薬を知る鬼室集信薬を知る小山上を以て達率徳頂上薬を知る吉大尚薬を知る許率母五経に明かな角福牟陰陽に閑う小山下を以て、余の達率等、五十余人に授く。

とあり、漢方に関する知識は、中国よりも新羅や百済の朝鮮半島から入手していたらしい。このころ中国では、すでに漢方の教科書が従前の『集注本草』から『新修本草』に変更になっているが、日本ではまだ『集注本草』に依拠していたことは藤原宮跡から『集注本草上巻』と記す木簡が出土していることからも明らかで、それらは朝鮮半島を経て伝えられたのであろう(10)。なおこのほか宝庫には、分量こそ少ないが、『種々薬帳』に記載されていない薬物、帳外薬物と呼ばれるものが伝わっている。ここではそのような薬物が存在しているとの事実だけを指摘しておきたい。

三、『屛風花氈等帳』について

『屛風花氈等帳』（図3）『国家珍宝帳』で聖武天皇にゆかりの宝物を献上したが、ほかにも、まだ宮中に残っていた宝物を追加して東大寺大仏に献上したものである。『国家珍宝帳』の献上から一ヶ月以上経ている。この時、献上されたのは次のとおりである。

献東大寺

屏風一具十二扇　並高四尺八寸半、広一尺七寸半、白碧牋紙、欧陽詢真跡、皂綾縁、白絹背、烏漆銅、葉帖角、其下端八寸半無物、但漆木骨耳、［皂］白綾接扇

屏風一具十二扇　並高四尺八寸、広一尺八寸半、黄白碧緑等絹、臨王羲之緒帖書、碧綾縁、白紙背、烏漆木［帖］金銅釘、葉帖角、紫皮接扇、其下端六寸半、塗胡粉、別録書伝

花氈陸拾床　一床儛莚、方一丈三尺、二床各長九尺三寸、広四尺六寸、卌七床各長八尺、広四尺、七床各方四尺、三床各長四尺、広一尺四寸

繍線鞋捌両

紫糸結鞋壱両

緋糸刺納鞋壱両

銀薫炉壱合

銀平脱梳箱壱合盛　阮咸絃四条、琴絃十四条、箏絃十三条、琵琶絃四条、五絃琵琶絃五条、中絃五条、小絃五条

瑇瑁箸両雙　盛黒柿筒

青斑鎮石拾廷

右件は、今月十七日に勅を奉じて、東大寺に献納すること、具に前件の如し

天平勝宝八歳七月廿六日

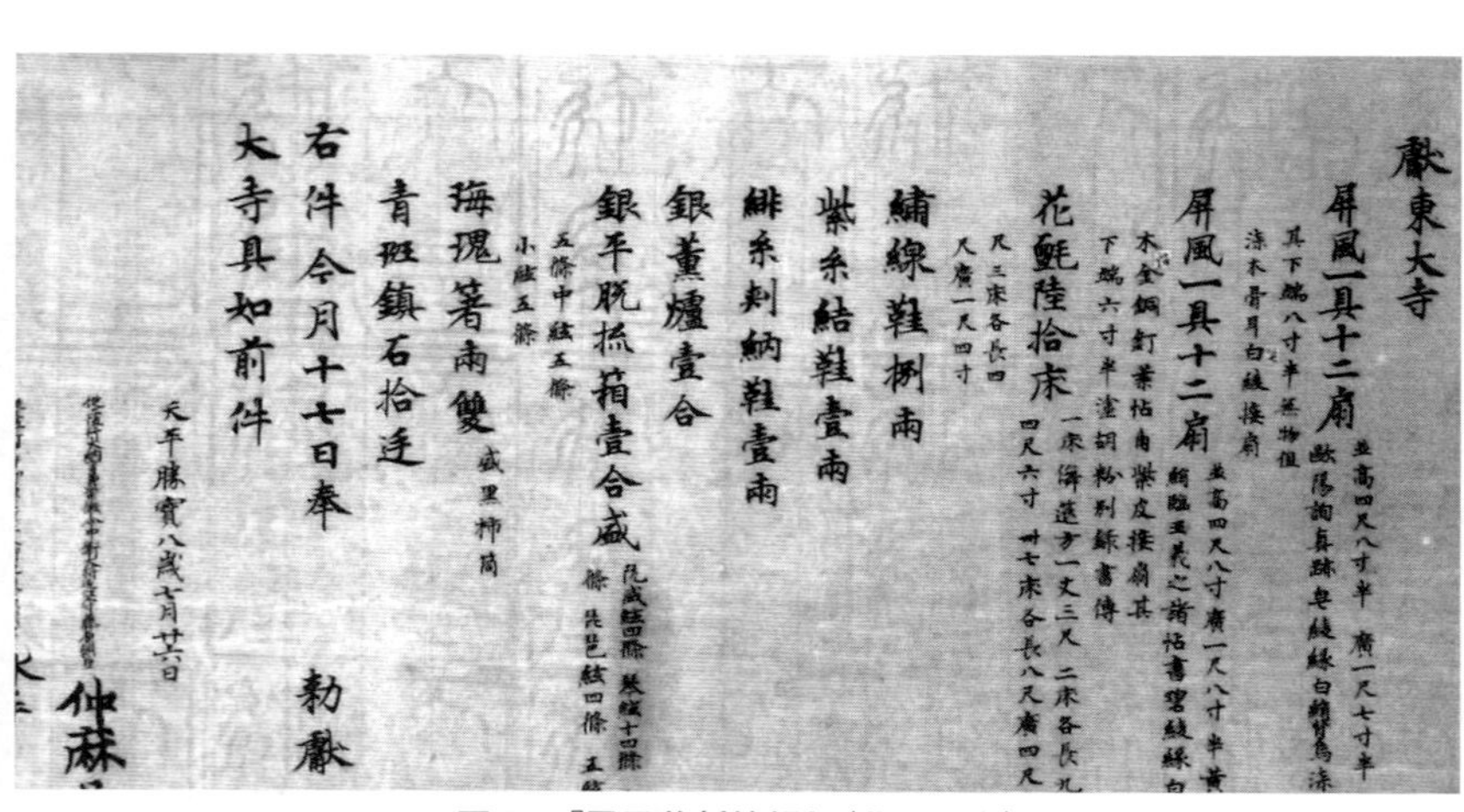
獻東大寺
屏風一具十二扇
屏風一具十二扇
花氈陸拾床
繡線鞋捌兩
紫糸結鞋壹兩
緋糸刺納鞋壹兩
銀薫爐壹合
銀平脱梳箱壹合盛
瑇瑁箸兩雙
青斑鎮石拾廷
右件今月十七日奉　勅獻
大寺具如前件

図３　『屏風花氈等帳』（北一五九）

ここでも先例に倣い、最初の屏風一具十二扇に花—1、次の屏風一具十二扇に花—2の記号を付することにした。最初の花—1屏風一具十二扇の箇所をみると、欧陽詢の真跡の屏風だと記している。次の花—2屏風一具十二扇は王羲之に関する屏風であるが、「臨王羲之諸帖書」と記している。

欧陽詢（五五七—六四一）は唐代の儒家であり、この時代を代表する書家の一人でもある。八世紀には日本国内でも欧陽詢の書に学ぶ人が少なくない。奈良時代の後半に孝謙太上天皇が道鏡にこの屏風を貸し与えている。道鏡は欧陽詢の書を学んでいたのであろう。[11] 一年半後に道鏡は返納しているが、本屏風は実在しない。

王羲之（三〇三—三六一）は東晋の人、四世紀ごろに活躍した書の大家であるが、また武官を経歴して右軍将軍となったことから、王右軍とも呼ばれている。八世紀の日本人の多くは王羲之の書を学んでおり、助詞の「てし」とあるところを「羲之」と書いているほどに王羲之の書は人口に膾炙していた。しかし王羲之の真跡は中国においても早くに紛失しているが、書聖といわれるように重宝されている。真跡が伝わらないにしても、人々は臨書という形で書聖王羲之の書に学んでいる。

王羲之や欧陽詢らの書は重宝されていた。その両名の書を記した屏風のうち、欧陽詢の書を真跡とすると、欧陽詢の書そのものは彼の故国、中国で書かれたものと考えられる。

一方、王羲之関係の屏風は、王羲之の諸帖を臨書したものではあるが、日本国内で臨書されたのではなく、これも早くに中国で臨書され、日本に伝来した。

花—3の花氈とは花柄の毛氈で六十床（六十枚）あった。現在、正倉院には三十七枚の花柄の毛氈、即ち花氈が確認できる。[12] 花氈のほかに、単色の無地のものが北倉に十四枚、中倉に十九枚の合わせて三十三枚ある。毛氈の製作方法や製作地域については、近年の正倉院の材質調査で、中央アジアや中国であることが解明されている。[13] この時の調査報告書は、写真入りで紹介されているから、誰でもが確認できる。

かつて私もトルコ旅行の時に、毛氈の製作地について、中央アジアの草原地帯で、羊毛を筵の上に散らし、熱湯を掛けながら巻きあげ、圧縮（フェルト化）し、その上に草や花の文様を象嵌すると聞いた。そのことから、中国唐代に流行していたゲームに興じる男児の姿、例えばポロのスティックを持った児童の姿を表現したであろうと考えてきた。[14]

それ以上に注目したいのは、第一次の正倉院薬物調査に際し、花柄の毛氈の間から、中央アジア固有の植物の種が発見されていたことである。[15]このことは毛氈の製作が草原に於いて行われていることを証明している。

実際に現在でも、中央アジアでは毛氈の製作が草原のひろびろとしたところで行われており、今も昔も毛氈の製作方法は大きく変化していないようである。恐らく今と同様の方法で製作された毛氈がシルクロードから中国や朝鮮を経て日本に伝えられたと考えられる。

花―4繡線鞋は刺繡を施した美しい女性用の履物である。『屛風花氈等帳』によると、繡線鞋は八両とあるが、平安時代の初めに半数が流出し、現在、四両が伝わっている。[16]四両の線鞋を調査した所、新疆ウイグル自治区トルファンのアスターナの古墓の出土品のなかに、本繡線鞋と構造・使用の裂など共通するものがあることが知られている。

また繡線鞋に用いられている錦の文様は特別な緯錦で、七、八世紀の日本には存在しない裂だといわれているから、[17]これらの繡線鞋は国産とは考えられない。それではアスターナの古墓を含む新疆ウイグル自治区で製作されたのか。しかし新疆ウイグル自治区において、昔も今も、繡線鞋に用いられている高度な裂を製作する技術があったとは考えられない。製作地が日本でも新疆ウイグル自治区でもないとすると、当時、高度な織物を製作する技術を持つ中国で製作されたものがアスターナに伝えられ、また日本にも伝わったと考えるのが自然であろう。

正倉院事務所の研究者によると、正倉院の繡線鞋とアスターナの繡線鞋は同一の工房で作られたのではないかと指摘されている。[18]そうだとすると、繡線鞋の製作地は中国をおいてほかには考えられない。

平安時代初期の文書に、「繍線鞋捌両　唐」とある。[19] 当時の人たちは、すでにこれらの鞋は唐で製作されたものと考えていたのであろう。

なお余談ながら、『国家珍宝帳』は聖武天皇の遺愛の品を献上したが、その延長上の『屏風花氈等帳』に女性が着用するものが含まれていることに注目したい。

繍線鞋が流出したとき、花—5紫糸結鞋や花—6緋糸刺納鞋も同時に流出している。[20] ただその時の記録によると、「男錦鞋壱両」と「紫糸鞋壱両」が流出したと記している。「男錦鞋壱両」は初めての表現であるが、「緋糸刺納鞋壱両」に相当するのであろう。

花—7銀薫炉とは香を薫いて衣服等にその匂いを染み込ませるもの、正倉院には、これとは別に銅の薫炉が一両あり、[21] 銅の薫炉が銀薫炉より大きい。また大きさといえば、中国の西安市郊外の法門寺などに伝わる銀薫炉（中国では薫球という）も正倉院の銀薫炉よりも大きい。

薫炉は上下に分かれるが、下部に軸を異にする三本の鐶が付けられていて、その一つに、香を薫く火皿が付いている。この火皿は、何かの拍子に薫炉が転がったとしても、火皿は常に水平に保たれて火が皿から飛び出すことはない。構造的にはジャイロスコープと同じだという。このような特殊な構造の火皿を持つ薫炉は早くに中国で開発され、奈良時代の日本に伝えられたのであろう。

花—8銀平脱梳箱は現存していないが、この梳箱には阮咸・琴絃・箏絃・琵琶絃・五絃琵琶・中絃・小絃が収められていた。ところが現在、宝庫には「銀平脱合子」と呼ばれる一合が伝わっている。[22] この合子に琴箏等残絃が収まっている。

これだけで『屏風花氈等帳』の文書にみえる花—8銀平脱梳箱と現存の銀平脱合子が同一のものかどうかの判断は難しいが、収納物に共通するものがあり、どちらも材質は銀、加飾に平脱の技法を用いていることからすると、銀平脱梳箱と銀平脱合子は同じもので、中国からもたらされたものと考えて問題はないのではないか。

花—9瑇瑰箸は現存しないし、そもそも実体がよく分からない。そこで瑇瑰について、『大漢和辞典』をみると、瑇は「パイ、メ」と訓むが、同じ訓みに玫がある。この訓みと共通の意味をみると、赤い玉とか赤色の美玉の名で、南方から出る玉となる。赤色の玉で作られた箸のことかも知れない。

最後に花—10青斑鎮石をみてみよう。青斑鎮石とは文字どおり青色の斑点のある石で、鎮石とは几帳や敷物の端を押さえるための重石として作られたものであろう。ところで現在、宝庫に「青斑鎮石拾廷」（北倉一五五）の名称で整理されたものがある。『屛風花氈等帳』の花—10「青斑鎮石拾廷」と同じものかどうか確証はないが、同じものとすると、現存の青斑鎮石の材質は蛇紋岩で、この石は日本国内でも普通に見ることが出来るので、国産と考えても異存はないのではないか。

四、『大小王真跡帳』と『藤原公真跡屛風帳』

『東大寺献物帳』の四番目の献物帳は『大小王真跡帳』（図4）と呼ばれている。例によって、同真跡帳の全文を引用する。

勅

献東大寺

大小王真跡書一巻　黄半紙、面(おもて)に大王の書あり、九行七十七字なり、背に小王の書十行九十九字あり、両端に青褐紙を黏ず、又胡桃褐紙裹、著紫綺帯、水精軸、

右、書法は、是れ弈世之伝珍なり、

先帝之玩好、遺りて在篋笥にあり、追感するに瞿然たり、謹で以て盧舎那仏に献納す。伏して願はくは、此の妙善を以て冥途を翼け奉る。高遊方広之通衢、恒演円伊之妙理、

天平宝字二年六月一日

紫微内相従二位兼行中衛大将近江守藤原「朝臣」

『大小王真跡帳』で献上されたのは、「大小王真跡書」一巻のみである。「大小王真跡書」とは、表に、父の王羲之が九行七十七文字、裏に、王羲之の第四男王献之が十行九十九文字を記したものである。このことから、これを「大小王真跡書」という。

光明皇后は、『国家珍宝帳』に六百数十点の宝物を記録して東大寺に献上した時、「大小王真跡書」を献上のリストから外して宮中に留め置いていたのであろう。しかし『国家珍宝帳』による献上から二年を経て、「先帝之玩好、遺在篋笥」とあり、「追感すると瞿然たるものがある。そこで改めて本書を追加して献上することにした」というものである。

『大小王真跡帳』にみえる「大小王真跡書」について、鑑真和上が渡日の際に聖武天皇に献上したものとの説があるが、『大小王真跡帳』には、「奕世之伝珍、先帝之玩好」と記している。この文言によると、

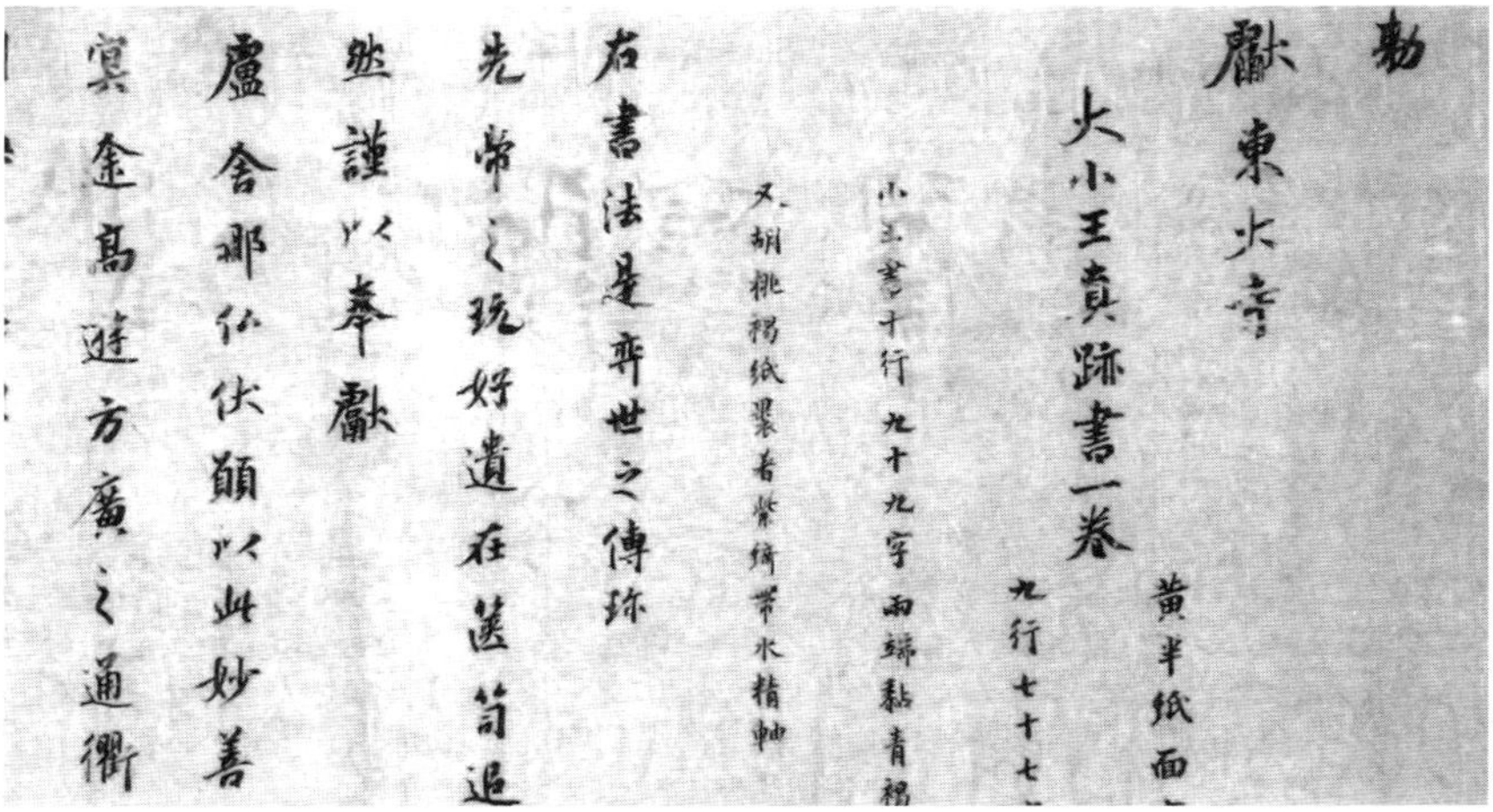
勅
獻東大寺
大小王真跡書一巻　黄半紙面
九行七十七
小王書十行　九十九字　両端黏青褐
又胡桃褐紙裏着紫綺帯水精軸
右書法是奕世之傳珎
先帝之玩好遺在篋笥追
感謹以奉獻
盧舎那仏伏願以此妙善
冥途高遊方廣之通衢

図４　『大小王真跡帳』（北一六〇）

本書は聖武天皇の即位以前から代々宮中に伝えられてきたもので、聖武天皇も大事にしていたものと理解できるであろう。

しかし鑑真和上が聖武天皇に献上したものがあったとすると、皇室に伝来のものと、鑑真和上が献上したものと、少なくとも二系統の本があったことになる。

なぜ「奕世之伝珍」といわれた「大小王真跡書」が『国家珍宝帳』で献上されなかったのか。その理由は明らかでないが、例えば正倉院には光明皇后の書で有名な「楽毅論」が伝わっているが、[23] 王羲之の書に倣ったものといわれている。光明皇后は王羲之の書（実際は王羲之の書を臨書したもの）は聖武天皇にはもとより、ご自身にも大事なものであるので、献上するのに躊躇したのであろう。

光明皇太后は『国家珍宝帳』の献上から二年後に、「大小王真跡書」を見ると、聖武天皇のことを思い浮かべ、涙が止まらないので、東大寺に献上して聖武天皇の冥福を祈念しようとしたのである。なお「大小王真跡書」が、いつごろから宮中に伝わることになったのか、聖武天皇の即位以前にすでに中国から皇室に伝わっていたことしか確認できない。

『東大寺献物帳』の五番目の『藤原公真跡屏風帳』（図5）は藤原不比等の書を屏風に仕立てたものであろう。

献東大寺

書屏風弐帖　十二扇並高四尺六寸五分、広一尺九寸五分、面（おもて）の五色紙に、真草・雑書あり、碧綾の背、緋地花錦の縁、班竹帖、金銅鏁、葉帖角、紫草接扇、赤漆櫃に盛る、鏁（くさり）を著つく、

右、件の屏風の書は、是れ先考正一位太政大臣藤原公之真跡なり、妾の珍財、此に過ぐるは莫し、仰いで以て盧舎那仏に献じ奉る、願はくは妙善に因りて冥資に薫じ奉り、早く花蔵の界に遊びて、恆に芳閣の尊に対はしめた

まへ。

天平宝字二年十月一日

太保従二位兼鎮国太尉藤原恵美「朝臣」

参議従三位行武部卿兼坤宮大弼侍従下総守巨勢朝臣

「関麻呂」

この書屏風に、どのような文言が記されていたのか、今となっては分からないが、誰かの文章か漢詩が記されていたのかも知れない。それを光明皇太后が東大寺の大仏に献上したのであるが、献上の際の文言をみると、聖武天皇とは関係がない。すなわち献上の文言によると、「この屏風は光明皇太后の父藤原不比等の真跡の屏風であるから、皇太后が、妾の珍財これに過ぎるものなし」と述べているのが注目される。

『東大寺献物帳』の『国家珍宝帳』から『大小王真跡帳』は聖武天皇にゆかりの宝物が献上されているが、『藤原公真跡屏風帳』は聖武天皇に関係のない屏風である。なおこの屏風が不比等の存命中に作成されたか、没後に作成されたかは不明であるが、不比等の書自体は不比等の存命中に書かれているから、本屏風が国産であることはいうまでもない。

獻東大寺
書屏風貳帖 十二扇並高四尺六寸五分廣一尺九寸
五分面五色紙有真草雜書
緋地花錦縁 紺綾帖 金銅釘 金銅鐶
葉帖角紫皮接 扇裁赤漆槍着鎖
右件屏風書者是 先考正一位
太政太臣藤原公之真跡也妾之
珍財莫過於此仰以奉獻盧舎
那佛願因妙善奉薫冥資早遊
花蔵之界恒對芳閣之尊
天平寶字二年十月一日
太保從二位兼行鎮國太尉藤原恵美朝臣
參議從三位行武部卿兼坤宮大弼侍從下總守巨勢朝臣關麻呂

図５ 『藤原公真跡屏風帳』（北一六一）

これまで『種々薬帳』から『藤原公真跡屏風帳』に記載の宝物について、国産か外国産かを念頭に検討してきたが、『国家珍宝帳』に所載の宝物についての検討はまだ行っていない。しかも『国家珍宝帳』に記載の宝物数は、『種々薬帳』から『藤原公真跡屏風帳』に至る宝物の合計数よりもはるかに多い。次章では『国家珍宝帳』に記載の宝物の故郷を検討する。

二　『国家珍宝帳』に所載の宝物

『国家珍宝帳』（北倉一五八）に所載の宝物は六百数十点に及ぶが、それらが東大寺大仏に献上されるに当たっての問題点を『国家珍宝帳』から関係箇所を抄出、宝物献上の意図とは何かを明らかにし、そこに記載の宝物の故郷を考える。ただ考察の便宜から、六百数十点を内容ごとにグループに分けて検討する。

例によってグループごとに国―1御袈裟、国―2赤漆文欟木御厨子などの記号を付す。

国―1御袈裟　国―2赤漆文欟木御厨子
国―3赤漆欟木厨子　国―4楽器
国―5遊戯具　国―6武器・武具
国―7香　国―8鏡　国―9漆胡瓶
国―10屏風　国―11枕・御軾・御床

一、国―1御袈裟

『国家珍宝帳』によると、東大寺盧舎那仏に九領の御袈裟が献上されたと記載されているが、これらは今も宝庫に保管されている（北倉一①〜⑨）。

九条刺納樹皮色袈裟一領　碧綾裏皂絹縁
七条褐色紬袈裟一領　金剛智三蔵袈裟
七条織成樹皮色袈裟一領　紺綾裏皂綾縁
七条刺納樹皮色袈裟六領
　二領碧綾裏皂絹縁　二領紺絹裏皂絹縁
　一領紺綾裏皂綾縁　一領紺絁裏皂綾縁

もともと袈裟は襤褸切れを集めて縫い合わせた僧衣で、糞掃衣と呼ばれているが、宝庫の御袈裟はいずれも織物としては見事なもので、宝庫には御袈裟と同等の織物はほかにはなく、当時の日本の織物製作の技術から考えて、このような織物を織り上げることは困難であったのであろう。

九世紀の初めに弘法大師空海が唐から持ち帰った犍陀穀糸袈裟が東寺に、伝教大師最澄が唐で伝領した七条刺納袈裟が延暦寺に伝わっている。これらの袈裟の織組織は宝庫の御袈裟に通じるところがある。その比較においても『国家珍宝帳』の九領の御袈裟が国産とは考えられない。

御袈裟のなかに、金剛智三蔵（六七一―七四一）の袈裟と注記されたものがある（北倉一②、口絵13）。金剛智三蔵は、インドで生まれ、中国に渡り、密教の布教に尽力したことで知られている名僧である。そのような人物の袈裟がなぜ宝庫に収められているのか、入唐中の遣唐使か商人かが入手し、聖武天皇に献じたものを、天皇が着用されたのだろうか。確認できないが、在位中に出家し、自ら「三宝の奴」と述べた聖武天皇は、その他の袈裟と共に、身辺に置かれていたのであろう。九領の御袈裟が『国家珍宝帳』の冒頭に記されているのは、各袈裟に対する聖武天皇の思いを汲んだ光明皇后の配慮であったと考えられよう。

二、国―2「赤漆文欟木御厨子」

国―2「赤漆文欟木御厨子」（北倉二）（図6）は累代の御物に準ずるものであろう。[24]『国家珍宝帳』によると、本厨子は、天武天皇から持統天皇、文武天皇、元正天皇、聖武天皇、孝謙天皇の歴代の天皇に順次伝領されたが、文武天皇や元正天皇の母である元明天皇の名がみえない。元明天皇は天智天皇の皇女である。一方、先の六天皇は天武天皇の系統に連なるとみて、天智天皇系と天武天皇系の二つの系統による皇位継承をめぐる問題があったといわれている。しかし持統天皇は天武天皇の配偶者であるが、天智天皇の皇女である。同じく元明天皇は天武天皇の皇子草壁皇子の配偶者であり、天智天皇の皇女であるから、持統天皇の立場に通じるところがあり、これだけで天智天皇系とか天武天皇系による皇位継承上の問題とはいえない。詳細は別稿で取り上げているから、ここでは省略す

図6　赤漆文欟木御厨子（北倉二）

るが、結論のみをいえば、『国家珍宝帳』によると、本厨子を伝領していたという代々の天皇はどなたも天武天皇系に連なる方であったと考えられる。[25]

問題は、この厨子の製作地を考えることである。

近年、本厨子に関する研究が進んでいる。とりわけ、本厨子の製作方法について、西川明彦氏の研究は参考になる。[26]従来、国産か外国産かの決め手はないままに、中国・唐から伝来したとか、朝鮮半島に固有の技法がある、あるいは次に述べるが、両厨子に収納の宝物との関連から、さらに「赤漆文欟木御厨子」と「赤漆欟木厨子」とは名称の一部が共通することなどをあげて、「赤漆欟木厨子」は百済王からの贈り物であることから、「赤漆文欟木御厨子」も朝鮮半島から伝わったとする見方があった。しかし西川氏は厨子に用いられている木材や従来指摘されている厨子に収納されている宝物の性格から、「赤漆文欟木御厨子」と「赤漆欟木厨子」とは生産国が異なっていることを明らかにしている。[27]

ところで、『国家珍宝帳』によると、「赤漆文欟木御厨子」には貴重な宝物を収納していたと記されている。すなわち宝物とは「御書巻類、御刀子、笏と尺、遊戯具、年中行事関係、尺八」と呼ばれるものである。

ただし本厨子の収納物は、天武天皇や持統天皇の時代のものではなく、聖武天皇の時代まで下る可能性がある。したがってこれらの収納物は古くから厨子に収められたものではなく、時代が下る中で、その都度、大切なものが収められていったのであろう。

例えば、「御書巻類」と一括した中に、聖武天皇の『雑集』、元正天皇の『孝経』、光明皇后の『頭陁寺碑文幷杜家立成』と『楽毅論』、さらに聖武天皇と光明皇后が結婚の時に取り交わした文、おそらく和歌が納められていたと思われるものがある。ただし現存しているのは『雑集』（北倉三①）と『杜家立成』（北倉三②）に『楽毅論』（北倉三③）のみである。和歌らしいものを除くと、いずれも中国の古典を天皇・皇后が書写したものである。

また御書巻類の中に「書法廿巻」が含まれている。『国家珍宝帳』によると、「書法廿巻」と記した後に、「搨晋右将軍王羲之草書巻第一（注略）」以下、「同羲之草書巻第十（注略）」までと、「同羲之草書巻第五十一（注略）」から「同羲之草書巻六十（注略）」までの二十巻が記されている。かつて中国晋の右将軍であった王羲之の草書を揚写したものがあった。これらは中国で書聖と称された王羲之の書で、日本でも貴重なもので、人々は王羲之の書法を含め、中国の代表的な書を書写し、書家の書を学び、書写した人がその手本を通じて中国の歴史や思想を知ることにもなった。聖武天皇の『雑集』は楮遂良の書に見間違うぐらい上手に書写されている。また光明皇后の『楽毅論』は王羲之の書法に学んでいるといわれている。写経生が王羲之の書を参考にしていたともいわれている。なお王羲之の書法二十巻は正倉院に伝わっていないが、王羲之の書法の一部と思われる断簡が三紙伝わっている。(28)

「赤漆文欟木御厨子」に収納の宝物の第二の御刀子に、「金銀作小刀一口、斑犀偃鼠皮御帯一条、御刀子六口、斑貝鞊鞢御帯一条、十合鞘御刀子一口、三合鞘御刀子一口、小三合水角鞘御刀子一口」など多くの名前がみえる。御とあることから、聖武天皇のお手元近辺に置かれていたのであろう。ところで現在宝庫には、「金銀作小刀一口、斑犀偃鼠皮御帯残闕、御刀子二口、斑貝鞊鞢御帯残闕、十合鞘御刀子一口、三合鞘御刀子一口、小三合水角鞘御刀子一口」が納められている。ただ現存の御刀子の中には一部欠失する部分があるが、ほぼ完形で伝存している。

ところでこれらの御帯や御刀子の鞘をみると、偃鼠皮（もぐらもちのかわ）、斑犀や水角（水牛の角）など特殊な材料が用いられており、製作技法などを考えても、到底、国産の刀子とは考えられない。現在のところ具体的な場所を特定できないが、中国の周辺地域から集められた素材をもとに、王宮の近辺で製作されたのであろう。

「赤漆文欟木御厨子」の第三に笏と尺がある。

笏をみると、「牙笏・通天牙笏・大魚骨笏」が各一枚ずつあったという。宝庫にも「牙笏」（北倉一〇）、「通天牙笏」（北倉一一）、「大魚骨笏」（北倉一二）が各一枚あるから、「赤漆文欟木御厨子」の笏は、欠けることなく現在まで伝えられている。

笏の特色の一つに、笏の上辺の幅が下辺の幅よりも狭いことがあげられる。現代社会で笏を用いる人といえば、神社関係者ぐらいで、祭事の時、体の前に笏を両手で捧げるように持って威儀を整えている。その際の笏をみると、笏の上辺の幅が下辺の幅よりも広い。しかしこれは宝庫の笏と天地が反対である。

例えば宝庫の通天牙笏は笏の表面に下から上にと走る模様がみえる。その模様は名称に相応しく、天に向かっており、現代の笏と天地の向きが逆になっている。これが奈良時代ごろの笏の姿だと考えられる。

『続日本紀』養老三（七一九）年二月に五位以上の官人は牙笏、六位以下の官人は木笏と定めている。これまで笏の使用について、特に基準がなかったので、ここで初めて制度化したと考えられる。恐らく大宝令が制定された前後に様々な儀式が中国の儀式に倣って整備されたが、その儀式の中で笏を用いることも中国に倣って取り入れられたと思われる。中国の古典の『礼記』に笏の材質として、玉、牙、竹があったという。いま日本では象牙、木（檜、後には櫟が用いられる）と魚骨が知られている。日本では中国のように玉や竹を素材とすることはなく、特殊な牙笏と容易に入手することの出来る木が笏に用いられていたのであろう。しかし養老三年に従来、曖昧であった笏の使用を、職事の主典以上に笏を取らしめ、その五位以上には牙の笏、六位以下は木笏とし、職事官や位階により、笏に用いる材質に区別を定めたのである。(29)

なお魚骨の笏をどの程度の人たちが使用していたのか分からないが、宝庫の大魚骨笏について専門家の調査によると、マッコウクジラの下顎骨という。このような笏が聖武天皇の手元にあったのは、当時でも特殊なものであったためで、恐らく唐より伝えられたものであろう。なお中倉には木笏（中倉八六）と魚骨笏（中倉八七）が納まっている。

また「赤漆文欟木御厨子」によると、尺が六点あったと記している。すなわち「紅牙撥鏤尺、緑牙撥鏤尺、白牙尺」が二枚ずつあったと記しているが、現在、宝庫に「紅牙撥鏤尺（甲乙）」（北倉一三）（口絵6）、「緑牙撥鏤尺（甲乙）」（北倉一四）、「白牙尺（甲乙）」（北倉一六）と呼ぶ物差しが伝わっている。これらは、表裏とも紅牙と緑牙（実際は紺色）

に特別な染料をもって経験上確立した時間で染色したもので、今なお色鮮やかなままに伝わっている。全体はほぼ三〇センチ（当時の一尺は二九・七センチ）、それらの表面には十等分になるように目盛りが刻まれているが、それぞれの区画内に動植物の絵が描かれている。動植物の中には、当時の日本では見ることの出来ないものがある。例えば花鹿と呼ばれる鹿の絵が描かれている。同様の花鹿を描いた工芸品が北倉のほか中・南倉の宝物にもある。この例からも明らかなように、異国情緒豊かな動物の絵をみると、物差しは日本で製作されたものでないことは明らかである。

「赤漆文欟木御厨子」の第四に、遊戯具関連のものとして「紅牙撥鏤竿子百枚、犀角杯二口、双六頭百十六具、雑玉双子六百六十九具」があげられる。

このうち、「紅牙撥鏤竿子」は宝庫には現存しないから、実体は不明であるが、後述の遊戯の得点を算定するための道具であろうか。

次の「犀角杯二口」は、平安時代の弘仁五（八一四）年六月十七日に宝庫から出蔵、(30)現在、代わりの「犀角杯」（北倉一六）が宝庫に納められているので、「赤漆文欟木御厨子」の「犀角杯二口」は現存しないが、犀はもともと東南アジアに生息する動物で、犀角が外国からの輸入品であったことは明白である。その犀角杯が遊戯具とどのように関わるか不明である。罰酒の杯にでも用いられたものかと妄想するが、特に根拠はない。

「双六頭」は賽・骰とも書くがサイコロのことである。「赤漆文欟木御厨子」に収納の双六の賽は百六十九具であったが、現在、宝庫には象牙製のサイコロが六具（北倉一七）しか伝わっていない。

また「雑玉双子（双六子）六百六十九具」の双六子は駒石とも棋子とも書くが、現在はその半数の八十五枚（具と枚は同義）（北倉一八）が伝わっているのみである。八十五枚の内訳を見ると、水精〈35―12〉、琥珀〈35―12〉、黄瑠璃〈20―15〉、藍色瑠璃〈20―1〉、浅緑瑠璃〈15―15〉、緑瑠璃〈15―15〉、白碁子〈14―14〉、黒碁子〈15―1〉である《なお〈〉内の前の数字は「赤漆文欟木御厨子」に記載のもの、後の数字は現存数を表している》。

このうち水精は水晶のことで、白碁子・黒碁子は石を素材としている。特に黒碁石はいわゆる那智黒であるが、その他の琥珀以下はガラス材である。これらがどこで生産・採取されたのか不明であるが、国内でもガラスの生産が可能であるから、これらの双六子の生産国を決めることはできない。

『赤漆文欟木御厨子』の第五番目にあげられるものに「百索縷一巻　画軸」がある。年中行事関係品と思われるが、現在、宝庫に「百索縷軸一枚」（北倉一九）が伝わっている。御厨子の画軸がどのような画を描いていたか不明であるが、宝庫の縷軸には「両端彩絵」とあり、これは五月五日の端午の節句に五色の縷を巻き付けて悪霊を払う行事に用いたものであろう。(31)

「赤漆文欟木御厨子」の第六番目に、楽器の尺八として、「玉尺八・尺八・樺巻尺八・刻彫尺八」が各一管ずつあったと記している。現在、これらはいずれも紛失することなく、今も宝庫に伝わっているので直接観察できる。例えば材質を見ると、「玉尺八」（北倉二〇）は大理石製、「尺八」（北倉二一）・「樺巻尺八」（北倉二二）・「刻彫尺八」（北倉二三）はマダケ製である。このうち「玉尺八」は中国製であろうが、その他の尺八は中国製か日本製か決め手を欠く。

三、国—3「赤漆欟木厨子」

『国家珍宝帳』によると、先の国—2「赤漆文欟木御厨子」とは別に、百済の義慈王から日本の内大臣に贈られたという国—3「赤漆欟木厨子」がみえる。

赤漆欟木の厨子一口

右は、百済国王義慈（ぎじ）が内大臣に進める義慈王は、百済三十一代の王で、王位に就いたのは六四一年で、六六〇年に百済は新羅と唐の連合軍に滅ぼされたと伝えられているから、この間に、日本の内大臣にこの厨子が贈られたことになる。当時、日本では内大臣の制度はないが、六六九年に内臣中臣鎌子が臨終の際に皇太弟大海人皇子が見舞いに訪れた時に、鎌子が初めて内大臣に補され、藤原姓を賜い、鎌子を改めて鎌足となっている。中臣鎌子、後の藤原鎌足には義慈王から「赤漆欟木厨子」を贈られ、藤原氏はそれを皇室に献上したのであろう。

しかしこの厨子は現存していないから厨子の様子は分からないが、国―2「赤漆文欟木御厨子」を参照すると、欅に赤漆をかけて木目の美しさを際立たせた美麗なものではなかったかと思われる。なお先の厨子を北厨子、本厨子を南厨子と呼んでいるから、室内の南北に分かれて配置されていたのかも知れない。

国―3「赤漆欟木厨子」に収納の宝物としてまず「犀角一具、白犀角一枚、犀角一枚、斑犀角一枚」の犀角関係品が収納されていたと記しているが、大同元（八〇六）年九月五日の太政官符によって七日に宮中に進上されており、(32)いまこれらは現存していない。したがってそれぞれの犀角関係品がどのように細工されていたのか、素材に近い状態のままであったのか分からないが、いずれにしても、これらの犀角が国産品ではあり得ない。

また国―3「赤漆欟木厨子」に収納の宝物に、「白石鎮子十六箇」、「銀平脱合子四合」がある。まず「白石鎮子」は平安時代前期の弘仁五（八一四）年六月十七日に宝庫から流出したが、(33)返却されなかったから、実体は分からない。ところが同じ名称の鎮子が宝庫に八箇（北倉二四）伝わっている。しかし以下に述べるように、お互いに関係はないと思われるが、名称が共通することから、「赤漆欟木厨子」の鎮子と宝庫に伝わる鎮子をそれぞれ検討しておこう。

宝庫に伝わっている鎮子の表面に、青龍と朱雀（図7）、白虎と玄武がそれぞれ絡み合っている姿が彫られている。さらに子と丑、寅と卯、辰と巳、午と未、申と酉、戌と亥の組み合わせのものも彫られている。つまり四神と十二支の組み合わせで八箇の鎮子が伝わっているのである。一方、「赤漆欟木厨子」の鎮子十六箇の文様は、それ自体が現存しないから不明であるが、『国家珍宝帳』は十六箇について「師子形八、牛形六、菟形二」と記している。

したがって、名称こそ共通するが、「赤漆欄木厨子」の鎮子十六箇と宝庫に現存する白石鎮子八箇は数字の違いだけでなく、文様の違いも明らかである。ただ両者に共通するのは、形状から想像できるように、鎮子の用途と思われるが、そもそも、これが何に用いられたのか不明である。几帳の裾を押さえるものとして使われていたか、もしかすると壁の下方に装飾として用いられていたのではないかとも考えられる。

国—3「赤漆欄木厨子」の鎮子と宝庫に現存する鎮子は直接関係がないといいながら取り上げたのは、宝庫の鎮子に注目すべきものがあるからである。

改めて宝庫に現存する四神と十二支の鎮子をみると、八箇の鎮子の裏に墨書がある。

青龍と朱雀の鎮子の裏に「須彼大馬」と墨書がある。

白虎と玄武の鎮子の裏に「阿須大无沙」の墨書がある。

子と丑の鎮子の裏に「須彼大馬□□□」の墨書がある。

寅と卯の鎮子の裏に(墨痕らしきものがみえる)。

辰と巳の鎮子の裏に「秦司」の墨書がある。

図7　白石鎮子　青龍・朱雀（北倉二四）

午と未の鎮子の裏に「山伐□鳥」の墨書がある。
申と酉の鎮子の裏に（墨痕らしきものがみえる）。
戌と亥の鎮子の裏に「山伐山伐」の墨書がある。

この墨書が日本語か中国語か、あるいはペルシャ語の発音を聞きとって日本語で表記したのか、今後の研究課題である。

次に国―3「赤漆欟木厨子」にみえる「銀平脱合子四合」には、注記して「各納棊子」とある。棊子の内容は明らかでないが、今も宝庫に「銀平脱合子四合　各納碁子」（北倉二五）とあり、さらにその内訳として、「紅牙撥鏤碁子百参拾弐枚　紺牙撥鏤碁子百弐拾枚　白碁子百四拾五枚　黒碁子百壱拾九枚」とある。

紅牙と紺牙は象牙をそれぞれ紅と紺色に染めたもので、その彩色は色あせることなく、いまなおその色彩を保っている。ただ色彩の異なる碁子は必ずしも一定の数字を示していないが、これらのなかには、宝物の点検などの際に、二つ三つと持ち出されたことがあったようである。それぞれの碁子とあることから、碁局と共に伝わるべきものであろう。碁局については国―5遊戯具で後述する。

四、国―4楽器

正倉院には十八種七十五点の楽器が伝えられている。この内、『国家珍宝帳』に所載の楽器は二十一点ある。さらに四点は国―2「赤漆文欟木御厨子」に収められていた尺八であるから、すでに紹介済みであるので、ここでは『国家珍宝帳』にみえる国―4楽器の十七点について検討する。

まず絃楽器であるが、『国家珍宝帳』に、「檜木倭琴二張、銀平文琴一張、漆琴一張」と琴が四点記されているが、いずれも現存していない。そもそも「檜木倭琴」はいつ、宝庫から流出したのか、もしかすると流出しないで、破損のまま宝庫の隅に残闕として保存されているかも知れない。それというのも「檜和琴残闕弐張」（北倉一八一）の一号は献物帳所載のものではないかと考えられているからである。

倭琴は弥生時代の遺跡からも出土しているように、日本古来の楽器で、「やまとごと」の名称からも国産であることはいうまでもない。ところがその他の楽器、「銀平文琴」は、「漆琴」とともに平安時代前期の弘仁五（八一四）年十月十九日に宝庫から出蔵しており、それから三年後の弘仁八（八一七）年五月二十七日「銀平文琴」の代納品として「金銀平文琴」（北倉二六）は漆琴と共に宝庫に収められている。(34)今、宝庫に伝わる「金銀平文琴」（口絵7）の細工のすばらしさや同琴に記された銘文に「開元二十三年」とあることから、唐で製作されたものであることが確認できる。

『国家珍宝帳』の楽器の中でも特に注目されるのは、「螺鈿紫檀琵琶、紫檀琵琶、螺鈿紫檀五絃琵琶、螺鈿紫檀阮咸」の各一面ずつの琵琶である。

琵琶は、四絃琵琶と五絃琵琶の二種類がある。二種類の琵琶は絃の数にもよるが、それぞれの起源の相違による。四絃の琵琶はペルシャを起源とし、シルクロードを経て中国に伝わったもの。五絃の琵琶はインドを起源とし、そこから北上してキジルに至り、シルクロードを経て中国に伝わったといわれている。それぞれのルートによる琵琶をみると、「螺鈿紫檀琵琶」（北倉二七）と「紫檀琵琶」が四絃琵琶、「螺鈿紫檀五絃琵琶」（北倉二九）（口絵8）は名称どおり五絃琵琶であるが、宝庫の五絃琵琶は国の内外を問わず現存する唯一の琵琶である。ただ中国の雲崗や敦煌の石窟に描かれている楽人たちの中に、五絃琵琶を演奏しているものが少なくないから、四世紀から六世紀にかけて、中国では五絃琵琶はかなり普及していたようであるが、七、八世紀に入ると石窟の彫像や絵画に五絃琵琶を演奏する人の姿は認められない。それだけに、五絃琵琶が宝庫に伝わっているのは貴重である。ただ興味深いのは、インド起源という五絃の琵琶の捍撥の箇所に、ラクダに乗ったペルシャ人らしき人が四絃の琵琶を弾いている姿を螺鈿をもって表している。つまりインドを発出した五絃琵琶の捍撥にペルシャ起源の四絃琵琶を持ち演奏していることは、単なる誤りではなく四絃と五絃の楽器を融合することで、琵琶の普遍性を表現しようとしたのかも知れない。

『国家珍宝帳』には「螺鈿紫檀阮咸一面」がある。阮咸は琵琶の一種であるが、例えば四、五絃の琵琶は果物のビワの形であるのに対し、阮咸の胴の形は円形で、西洋のバンジョウのような丸形である。阮咸とは中国の晋代に俗世間を離れて竹林に隠棲していた七賢人の一人阮咸が愛用していたのに因んで名付けられたと伝えられているから、古くから中国で流布していた楽器である。宝庫には「螺鈿紫檀阮咸一面」（北倉三〇）（図8、口絵9）と南倉の「雑楽九物」に「桑木阮咸一面」（南倉一二五①）が伝わっている。『国家珍宝帳』の阮咸の捍撥に「緑地画」とあり、北倉の阮咸の捍撥の箇所にも「緑地画」と記しているが、そこに描かれているものは、唐代の風俗や野生味あふれる絵画である。阮咸の起源は西域との説もあるが、現存の阮咸は唐で製作されたものであろう。このような阮咸をはじめ、四絃・五絃の琵琶などは七世紀末から八世紀に日本に伝えられたもので、『国家珍宝帳』に記載の琵琶はいずれもが中国からの輸入品である。

図8　螺鈿紫檀阮咸（表）（北倉三〇）

先にも指摘したように、宝庫には宝物の一部と思われるものが残闕と称して保存されている。残はその名のとおり原形を留めないが、将来何らかの調査の中で、本来の姿を確認できることがあるから、残闕と雖もいまも大切に保存している。そこで残闕の中に箏に関連するものがあるかどうかを検討しよう。(35)

『国家珍宝帳』に、

桐木箏　木画兼瑇瑁、納臈纈袋、緑裏、

がみえる。しかし平安時代に宝物の出入りを記録した『雑物出入帳』によると、弘仁十四（八二三）年二月十九日に宝庫から「箏琴一面桐木之絵」が出蔵したが、同年四月十四日に「箏一面」が納入されている。[36]しかし、その後、その箏一面が所在不明になっている。

ところが箏は多絃の楽器で、中国では絃の本数が十二、十六、二十一本などとあるが、日本では十三本がよく知られている。ところで残闕を調査していると、十三絃の楽器の一部と思われるものが伝わっている。しかもその残闕を熟視すると、そこには木画が施され、瑇瑁がはめ込まれており、『国家珍宝帳』の「桐木箏」の注記の箇所にみえた記述に通ずる。[37]

また『国家珍宝帳』の「桐木箏」の次に、

楸木瑟一張　木画兼瑇瑁、上足紫檀、下足黒柿、
納臈纈袋、緑裏

とみえるが、楸木瑟は完形品ではないが、それらしいものが伝わっている。瑟はもともと中国固有の楽器で、絃の本数は二十三から二十五本であるが、南倉の「楽器残闕」（南倉一七七）に瑟の竜尾板らしきものがあり、二十四の絃孔が確認できるから、瑟の残闕と考えられる。また模様が施されているとあるが、平安時代の斉衡三（八五六）年『雑財物実録』によると、残闕にも亀甲形と金薄押の痕跡が確認できるので、これは瑟の残闕で、中国伝来の楽器の一部と考えられる。[38]

『国家珍宝帳』に「金鏤新羅琴」と呼ばれる楽器が二張記されている。材質的にみると、まず一張には「枕尾並染木」とあり、もう一張には「枕尾並桐木」とあるから、材質に少し違いがある。また前者の一張に「緑地画月形」とあり、後者のもう一張には「緋地画月形」とある。前者は臈纈の袋に納めており、裏は緑、後者のもう一張は紫地の錦の袋に納めており、袋の裏は緋であると記している。これらから、この二張は対であることが分かる。しかし弘仁十四（八二三）年二月十九日に二張ともに宝庫から出蔵したが、同年四月十四日に、『国家珍宝帳』に記載の宝物と同じ名称の「金鏤新羅琴」が二張（北倉三五①②）、代納品として宝庫に納められて今日に至っている。[39] この二点の琴をみると、「金鏤新羅琴」とあるように、金鏤による繊細な細工が琴の表面に施されている。

二点の琴はそれぞれ通称で「金泥絵新羅琴」と「金薄押新羅琴」と称している。まず前者の「金泥絵新羅琴」について「金泥絵木形、背金薄遠山雲鳥形、日象画捍撥」の模様が施されており、後者の「金薄押新羅琴」には「金薄輪草形鳳形、背大草形、鳥草画捍撥」の模様がみえるが、ともに繊細で見事な細工を施している。もとよりこれらは『国家珍宝帳』に記載の「金鏤新羅琴」での細工ではなく、現存している代納品の細工の姿であるが、代納品である新羅琴の芸術性豊かな作品を考えると、『国家珍宝帳』に所載の「金鏤新羅琴」がどれほど素晴らしいものか、想像もできない。いずれにしろ、新羅に於いて製作されたものと考えられよう。

『国家珍宝帳』にみえる管楽器を検討しよう。管楽器とは「甘竹簫・呉竹笙・呉竹竽・雕石横笛・雕石尺八」で、各一口ずつで、計五口あった。このうち呉竹笙以下の四点は、現在に伝わっているが、「甘竹簫一口」については、平安時代の初期までは確認できたが、[40] 爾後、消息不明になっており、二十世紀初頭まで甘竹簫と呼ばれる楽器は存在しないと思われていた。

中国では古くから排簫と呼ばれる楽器がある。排簫とは長さの異なる竹の管を一列に並べて、管の一方の端に息を吹き込んで鳴らす楽器である。宝物の整理が明治時代に行われた時に、十二管と九管に分かれた宝物があったが、排簫の一部とは気付かず、当時、それらは別々に音律を調整する楽器とみなされ、甘竹律と名付けられていた（南倉一一二・一七七）。

ところが昭和二十年代に正倉院事務所で残材調査を行ったところ、二つのものは合体して一つのものであることが確認された。さらに昭和四十年の調査の際に、この二つを連結する部品、楸木帯（つなぎのおび）がみつかり、つなぎ合わせると、これが中国でいう排簫に当たるもので、『国家珍宝帳』の甘竹簫の姿を確認することができた。恐らくそれまでの日本では甘竹簫は流布せず、甘竹簫は中国から輸入されたが、演奏されなかったと思われる。

次に取り上げる「呉竹笙一口」以下の管楽器は前記のように今も宝庫に伝わっている。このうち呉竹笙（北倉三一）と呉竹竽（北倉三二）の材質の竹はともにハチクで、また両楽器とも木製黒漆塗りの漆膝壺と呼ばれるものがあり、その壺に施された文様をみると、表面には鳥・蝶・草花・雲など中国風の文様が彫られている。呉竹の笙と竽が対をなしていることは、以上の記述からも明らかであるが、また現存の彫石横笛（北倉三三）と彫石尺八（北倉三四）も対であることは、材質が共通するほか、横笛の七孔目と尺八の五孔目に同じ五弁花文が刻まれていることからも確認できる。

五、国―5遊戯具

『国家珍宝帳』には国―5遊戯具として「木画紫檀棊局」と「木画紫檀双六局」がある。これら二具の遊戯具は今も宝庫に納められているので、現宝物をみることで、原宝物の姿を確認できる。まず前者の「木画紫檀棊局」はいわゆる碁盤である（北倉三六）（図9）。碁盤の表面は紫檀貼で、各処に象牙、黄楊木、黒檀などを用いた木画が様々に施されている。天板に施されている象牙の界線は十九本あり、碁の世界ではこれを十九路という。盤上には五弁花で飾られたものを眼と呼ぶが、星目（聖目）ともいい、全体で十七個設けられている。また盤の四側面の各々には、さらに四区画を設けているから、全体で十六区画になるが、そこにはラクダのように実在の動物のほか、架空の動物も描かれている。

何より注目されるのは、盤の左手前と対角線上に環の付いた引き出しがある。『国家珍宝帳』の注記の箇所をみると、「局両辺着環、局内蔵納棊子亀形器」と記しており、実際に対角線上に作られた引き出しに環があるが、手前の引き出しを引っ張り開けると、対局や対角線上の亀形の器が同時に開くことになっている。長らくその原理は確認されなかったが、レントゲン写真を撮ったところ、梃子の原理によることが確認できた[41]。

この棊局は金銀の亀甲の龕に納められていたと『国家珍宝帳』にみえるが、現存の宝物を納める棊局の龕の表面には、金箔と銀箔で囲んだ亀甲文で飾り、その中に唐花文を墨書して、半透明の角質様のもの（牛か馬のヒズメを薄く削った物）で全面を覆っており、極めて特殊な材質と技法が用いられており国産とは考えられない。

次の「木画紫檀双六局」はその名のとおり、双六の盤である（北倉三七）。盤の表面は紫檀貼、木画が随所にあり、それらは象牙、鹿角、黄楊木、黒檀、紫檀、竹の組み合わせである。木画の材質として普通は象牙や黄楊木などを用

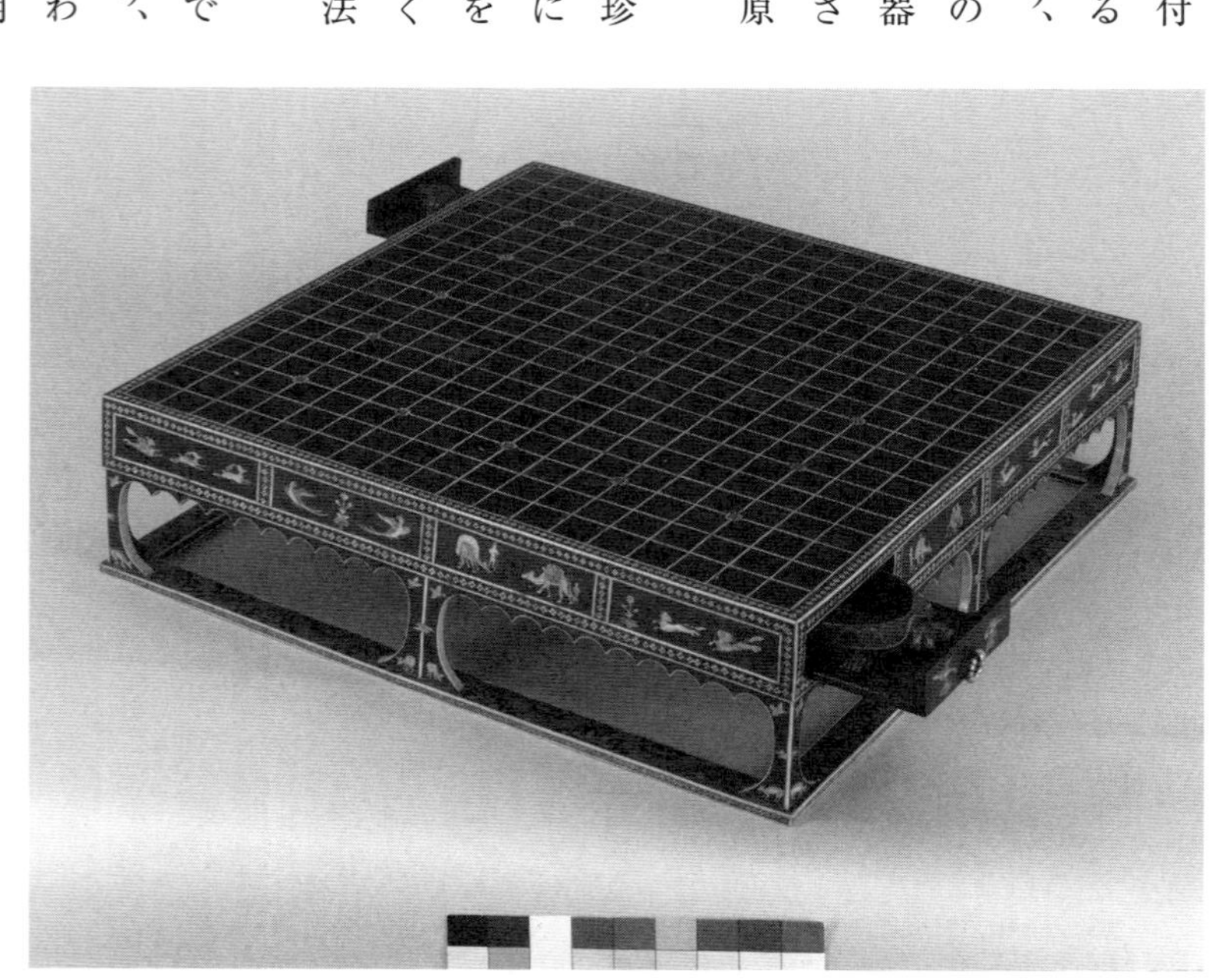

図９　木画紫檀棊局（北倉三六）

いているが、竹の断面を利用することで特殊な雰囲気を醸し出している。

ところで新疆ウイグル自治区トルファン・アスターナ古墳墓から出土の双六局は明器（副葬品）であるが、本双六局の形、模様などに共通するものがある。また双六局を収納する龕は籐の網代貼であるが、これもまた見事である。これらから判断すると、国―5遊戯具は国産とは考えられない。

六、国―6武器・武具

『国家珍宝帳』によると、実に大量の国―6武器・武具が収められている。武器・武具の冒頭に、後に「除物」として献物帳から除籍される陽宝剣一口と陰宝剣一口以下を含む「御大刀壱佰口」が記されているが、他に「御弓壱百参張」「御箭壱佰具」「御甲壱佰領」が記されている。いまこれらの内容を検討するが、便宜のために、前から順に、刀―1、弓―1、箭―1、甲―1の記号を付すことにした。

まず御大刀壱百口をみよう。

『国家珍宝帳』には様々な種類の大刀が記されている。これらの大刀を分類して、古来より伝来の大刀六十四口、唐大刀十三、唐様大刀六、高麗様大刀二、懸佩刀九、剣三、杖刀二と整理している。ところが古来の大刀のほか、唐大刀、唐様大刀、高麗様大刀とあり、生産国を表しているようであるが、その他の大刀の特色を見ると、生産国ではなく大刀の形式的特色を示している。その視点で整理すると、明らかに刀―11「金銀鈿荘唐大刀」のように末金鏤で装飾した舶載品がある。一方、古墳時代から用いられている環頭大刀は高麗様大刀といわれており、その他も殆どは国産の大刀である。唐や高麗の様式に倣って作られたらしい[42]。

ところで『国家珍宝帳』所載の大刀の中には、いくつかの特色のあるものがあるので、紹介しておこう。

すなわち壱百口の大刀のうち、まとまって記されているのは、刀―3～10「金銅荘唐大刀」で八口、刀―58～97「黒作大刀」は四十口、それ以外は、刀―29「銀銅作大刀」一口のように同じ名称の大刀がほかに二点、また刀―34と35は「銅金漆作大刀」が、刀―37から46までと48は「金漆銅作大刀」であるが、いずれも一口ずつ列記されている。名称が同じでもそれぞれの刀身の長さが相違することから、一口ずつ記載している。また注目されるのは、刀―1・2の「陽宝剣」と「陰宝剣」、また刀―49の「横刀」と刀―50「黒作懸佩刀」、刀―59～98「黒作大刀」、刀―99・100「杖刀」である。

刀―1・2は天平宝字三（七五九）年十二月二十六日に光明皇太后が献物帳から削除したもの(43)。『国家珍宝帳』によると、それぞれは「陽宝剣」・「陰宝剣」と呼ばれているが、どちらにも「除物」と記す小さな付箋が付されている。詳細は別稿で取り上げたので参照されたい(44)。

刀―49「横刀一口」は『国家珍宝帳』によると、次のようにみえる。

　右一口は、太政大臣の家に新室を設け宴の日、天皇親しく臨み、皇太子舞を奉って大臣を寿ぎ贈る。

こちらも詳しい考証は省略し結論だけを記すと、藤原不比等の邸宅で、新室を設けた日に元正天皇が行幸、皇太子首親王も行啓し、皇太子は祝賀の舞を舞ったことから、不比等はその礼として、皇太子にこの横刀を贈ったと記している。

また刀―50「黒作懸佩刀一口」も『国家珍宝帳』によると、

右は、日並皇子（ひなめしのみこ）常に佩持（はいじ）するところを、太政太（大）臣に賜う。大行（だいこう）天皇即位の時に、すなわち大行天皇に献ず。崩ずる時、また太（大）臣に賜う。太（大）臣薨ずる日、更に後の太上天皇に献ず。

とある。これは、草壁皇子が佩用していた大刀を藤原不比等に賜い、文武天皇が即位の時に不比等が天皇に献上、文武天皇が崩御した時にまた不比等に賜い、不比等が亡くなった日に聖武天皇に献じられたと記している。刀―49・50のどちらも聖武天皇のもとに納められた刀であるが、藤原不比等がこれらの刀の伝世に深く関わっており、当時の藤原氏の勢力拡大の姿を彷彿とさせる。

次に『国家珍宝帳』の弓をみよう。

弓はまず弓―1～84梓弓八十四張・弓―85～90槻弓六張・弓―91阿恵一張・弓―92～99檀八張・弓―100肥美一張と記されている。合わせて百張であるが、弓の中に弓―85・99大伴淡等（旅人、家持の父）、弓―90佐伯清麻呂、弓―93坂上犬養などの名をみることができる。彼らはもともと武器を執って天皇に近侍していた氏族出身である。常にこれらの武器を携行していたが、何らかの契機に天皇のもとに奉献し、東大寺に献上されたのであろう[45]。おそらくこれらを含め百張の御弓は国産と考えられる。また百張のほかに別色御弓三張がみえる。これらがなぜ別色か確かではないが、その中に、別式弓―2水牛純角御弓一張がある。水牛という特殊な材質に基づく御弓が国産かどうか、弓自体は国内で生産されたとしても、東南アジア製の材料を用いて製作したことから別色としたのではないかと考えられる。

弓に続いて箭百具とある。

『国家珍宝帳』によると、箭―1～4と100の靫は五具、箭―5～99胡簶は九十五具と記している（口絵11）。ただ靫と胡簶（実は簶）はともに矢を束ねて背負うものであるから両者の違いがよく分からないが、箭にはともに五十隻の矢を単位にしているのは律令の規定に沿っている。この中には、箭―4～7に阿蘇とあり、箭―8～11に播磨の地名がみえる。このほかほとんどの箭に阿蘇・播磨の地名がみえるが、箭―51～66筑紫とか、箭―70～99阿蘇の矢に上野などの地名らしきものを含むものもある。したがって、これらが国名か別の基準による地名なのか明確でない。したがって箭の生産地を特定するのは難しいが、国内で作られていたものであろう。『続日本紀』や、『正倉院文書』にみえる正税帳の中に、国内で箙や胡祿が作られている記事が多数確認できる。[46]

武器の最後に甲を取り上げよう。

『国家珍宝帳』によると、甲は甲―1～10の短甲十領と甲11～100の挂甲九十領が記されている。これらの甲については、大化前代から用いられている甲の延長上にあると考えられる。また甲についても、特に国外からの輸入品と考える必要はないと思う。[47]

七、国―7香

『国家珍宝帳』の中で、特異な記載のされかたをしている国―7香を検討しよう。

正倉院宝物の中で、代表的な香に蘭奢待があるが、蘭奢待は『国家珍宝帳』に記載されていない上に、いつ宝庫に収められたのかよく分からない。しかも現在、蘭奢待は黄熟香の名で中倉に納められており（中倉一三五）、『国家珍宝帳』とは無関係である。

正倉院には、もう一つ全浅香と呼ばれる香がある。紅沈とも紅塵香とも呼ばれる香で、蘭奢待と並んで「天下無双の名香」と称されている。この全浅香は蘭奢待とは異なり、『国家珍宝帳』に記載されているが、その記載の在り方をみると、東大寺に献上の宝物は、それぞれが一行ずつ同間隔で記載されているが、全浅香は武具の末尾と鏡の前の行間のわずかな隙間に記されている。恐らく武具に次いで鏡について記した後、全浅香が記入漏れであることに気付き、鏡の前に挿入したのであろうが、なぜその場所なのか不明である。なお全浅香を化学的に分析したところ東南アジア及びその周辺地域に分布するジンチョウゲ科に属する沈香の一種であることが確認されている。

八、国―8鏡

『国家珍宝帳』には二十面の国―8鏡が記されているが、一行目に次のようにある。

八角鏡一面　重大四十八斤八両　径二尺一寸七分
　　鳥獣花背　緋絁の帯　八角椙匣（すぎばこ）に盛る

二行目以降も類似の記述があるので、煩雑をさけて、形状と背面の文様のみを取り上げることにして、改めて二十面の鏡を整理して記すことにした。

1八角鏡　鳥獣花背　2円鏡　鳥花背　3八角鏡　鳥獣花背　4八角鏡　漫背　5円鏡　平螺鈿背
6円鏡　漆背金銀平脱　7八角鏡　平螺鈿背　8八角鏡　平螺鈿背　9円鏡　平螺鈿背　10円鏡　平螺鈿背
11円鏡　平螺鈿背　12八角鏡　漆背金銀平脱　13八角鏡　平螺鈿背　14八角鏡　花鳥背　15円鏡　花鳥背
16八角鏡　槃龍背　17八角鏡　花鳥背　18八角鏡　鳥獣花背　19円鏡　花「雲」鳥背　20円鏡　山水花虫背

このうち17番と18番の鏡は弘仁十三年（八二二）三月二十六日に宝庫から出蔵して以降、所在を確認できないが、[48] それ以外にも盗難に遭って破損した鏡があるが、[49] これは明治時代に修理されて、すでに宝庫に納められている。しかしここでは17・18番も含めて様々な角度から整理する。

円鏡は九面、八角鏡は十一面、このうち平螺鈿背は、5・9・10・11の円鏡が四面に、7・8・13の八角鏡が三面、合わせて七面ある。鳥獣花背鏡（花鳥背鏡・山水花虫背鏡などを含む）は、2・15・19・20の円鏡が四面、1・3・14・17・18の八角鏡が五面、合わせて九面あった。今は17と18の鏡が紛失している。特殊なものとしては、漆背金銀平脱鏡に6円鏡と12八角鏡が各一面ある（口絵10）。また八角鏡には4の漫背鏡が一面、16の槃龍背鏡が一面ある。

平螺鈿背鏡の螺鈿は、鏡に限らないが、奄美群島から東南アジアの沿岸部に生息している夜光貝を磨いたものを中心に、イラン産のトルコ石、アフガニスタン産のラピスラズリ、ミャンマー産の深紅の琥珀などが用いられている(50)。これらの特殊な材料を一箇所に集めて鏡を作ったとなると、生産工房と流通機構を備えた中国以外に考えられない。

また技術的方面からみると、6の円鏡や12八角鏡に使われている平脱の技法は中国伝来で、八世紀にはまだ国内の技術者が使いこなせてはいなかったようである。

さらに注目されるのは、殆どの鏡の成分分析によると、銅68～70％、錫24～25％、鉛5～7％であるが、この組成は中国の漢代から唐代の半ばごろまで一貫して行われているから、1から20の鏡は中国からもたらされたものであることが確かめられる。但し4の八角鏡は銅80％、錫20％とあるが、この鏡は文様のない漫背鏡である。中国鏡を踏み返したからではないかといわれている。なお国産の鏡にはヒ素が混入されているが、本鏡にはヒ素は入っていない。

以上から二十面の鏡はすべて中国製と考えられる。

九、国―9漆胡瓶

『国家珍宝帳』によると、国―9漆胡瓶について、次のように記している。

漆胡瓶一口　銀平脱　花鳥形　銀細鏁連繋鳥頭蓋
受三升半

本品はペルシャ風の水差しで、水差しの文様は銀平脱の技法を用いて花鳥文を表し、銀の細い鎖で鳥の頭と蓋をつないでおり、そこには三升半の水を入れることができるという。三升半は奈良時代の法量のことで、近年まで使われていた尺貫法によると一升五合二～三勺といわれている。

現在、漆胡瓶は宝庫に伝わっており（北倉四三）（図10）、『国家珍宝帳』の記載を裏付けている。

図10　漆胡瓶（北倉四三）

本水差しに類したものに鳳首瓶と呼ばれている陶器がある。中国で作られ、東南アジアにも分布していることはよく知られている。木村法光氏によると、宝庫の漆胡瓶は、幅の狭い薄板を巻き上げて形を整えたもので、巻胎と呼ぶ技法によっていると考えられており、陶器の鳳首瓶とは形が類似しているが、材質、技法は異なっている。漆胡瓶と同様の技法によるものに「銀平脱合子」（北倉二五）があるが、木村氏によるとほかにも宝庫に同じ技法による宝物は十点あるという。さらに日本国内や韓国の鴈鴨池、さらにドイツのリンデン博物館にも関連のものの存在が知られている。それらの国々に分布している状況からみると、この技法は中国を起点に広がったと考えられる。さらに漆胡瓶の表面に、鹿や羊が、また蝶や小鳥を表現しているが、それぞれの形をした薄板を器体に貼り付け、器体全体に漆をかけ、後に薄板の漆を剝ぎ取り薄板の動物などの文様を表すやり方は平脱の技法による。平脱の技法は[51]、中国唐で開発されたものである[52]。

十、国―10屛風

国―10屛風について検討する。『国家珍宝帳』によると、冒頭の箇所に、

御屏風壱佰畳（中略）
山水画屏風一具両畳十二扇（中略）
国図屏風六扇（中略）
大唐勤政楼前歓楽図屏風六扇（中略）
（以下略）

とあり、百畳の屏風が献上されたと記している。屏風は六扇または八扇で一畳というが、たまに四扇で一畳ということもあり、二畳で一具（一双）を単位とすることもある。なお一扇は一画面を示している。

ところで冒頭の「御屏風壱佰畳」に続く文言を本稿では（中略）としたが、（中略）の箇所に次のように記している。

畵（画）屏風廿一畳、鳥毛屏風三畳、鳥書屏風一畳、夾纈六十五畳、臈纈十畳

百畳の屏風を『国家珍宝帳』は五種に分類している。順次番号を付すと、冒頭の①「画屏風廿一畳」の画題は中国の山水や宮殿など様々な風景を描いている。②「鳥毛屏風」は「鳥毛立女屏風」（口絵12）など、鳥毛で装飾した屏風である。③「鳥書屏風一畳」は鳥を描いた屏風であるが、「飛帛一帖」ともいわれている。④「夾纈六十五畳」は夾纈染の技法で作った屏風。⑤「臈纈十畳」は臈纈染の屏風である。

これらの屏風のうち、現存しているのは②「鳥毛屏風三畳」と④「夾纈屏風十八扇」、⑤「臈纈屏風四扇」であるが、他にも屏風の骨が多数伝えられている。

まず①「画屏風廿一畳」は平安時代の弘仁五（八一四）年九月十七日に宝庫から出蔵、その後、返却された形跡はな

い。[53] 宝庫から出蔵した①「画屏風廿一畳」にはそれぞれタイトルが付されているが、絵の内容は正確には分からない。しかし画屏風の絵には、中国唐代の山水画、唐国図、唐古様の宮殿の図、唐の女形などの図が描かれていた。また③「鳥書屏風一畳」（飛帛屏風ともいう）[54]や④「夾纈六十五畳」のうち十畳も弘仁五（八一四）年に出蔵している。

①の屏風の画題は中国唐の景色や宮殿を描いているが、屏風が出蔵している時代背景に思いを至すと、時は、嵯峨天皇の在世中で、日本文化が中国唐の影響を受け、漢詩が盛んに作られ、唐風の衣服を着用し、唐物を珍重するなどの唐風化があらゆるところで進められていた時代である。そのような中で、唐を画題とした屏風が宝庫から出蔵しているのである。

これまで宝物が出蔵した時、普通に考えると、同じものを返納することになるが、時に代納品が納められたこともある。その意味は明確でないが、出蔵を願った者が本品を手元に留めたために、代わりの物を返納としたのかも知れない。本屏風の場合、出蔵は売却が目的である。購入者が誰かは特定できないが、王族・貴族層の中には、購入したいと思う人々が少なからずいたのであろう。

現存していると述べた②「鳥毛屏風三畳」、④「夾纈屏風十八扇」、⑤「臈纈屏風四扇」は、いずれも国産の屏風である。例えば②の「鳥毛立女屏風」は明治時代と昭和から平成の時代に行われた修理の際に、日本固有のヤマドリの羽根を用いていること、屏風の裏打ち紙に天平勝宝四（七五二）年の反故紙が用いられていることが判明して日本で作られたことが知られている。[55]

かつて唐代に流行していた女性の化粧法が②の「鳥毛立女屏風」の女性にみえることから、屏風自体が中国からもたらされたと考えたこともある。[56] しかし平成八・九（一九九六・九七）年の鳥の調査の時にも日本固有のヤマドリの羽根を用いていることが確認された。かくして②の「鳥毛立女屏風」は国産であることが改めて証明されている。また⑤の「臈纈屏風四扇」に用いられている画布の中に天平勝宝三（七五一）年の年紀がみえる。当時の農民が調庸布として貢納したものが⑤に用いられていることが確認されている。[57]

恐らく①には中国唐を主題とする絵が描かれていたことから、唐風文化に憧憬している人々の羨望の的となって正倉院に屏風の売却を請うた。しかし国産の屏風は当時の人々には歓迎されなかったらしく、出蔵してもすぐに返却されている。そのお蔭で国産の屏風が今日まで伝存し、我々は天平文化に触れる機会を与えられたのである。

十一、国―11枕・御軾・御床

これまで『国家珍宝帳』に所載の宝物について、楽器や遊戯具のほか、屏風や武器・武具など、様々な用途のものを紹介してきたが、最後に、いわゆる調度品の中でも、特に天皇の身の回りに置かれていたものを取り上げる。

すなわち、国―11―1枕、国―11―2・3御軾、国―11―4紫檀木画挟軾、国―11―5・6御床と整理したが、少し丁寧にいえば、枕とは「白練綾大枕」といわれているもの（北倉四六）、御軾は二枚（北倉四七①②）で、軾を包む裂から「紫地鳳形錦御軾」と呼ばれているもの（北倉四七①）と、「長班錦御軾」というもの（北倉四七②）とである。ともに錦の織物が用いられている。また御軾に類した「紫檀木画挟軾」（北倉四八）も一枚ある。「御床」は二張（北倉四九①②）と記している。これらはいずれも『国家珍宝帳』に記載どおり、今も宝庫に伝わっている。

「白練綾大枕」について、私などは枕とあるものの、高さ二八・五センチからみても枕では高すぎて相応しくないと考え、ひじ掛けかもたれ掛かるものかと考えているが、さらに弘仁二（八一一）年の「勘物使解」によると、「白練綾大枕」を「白帛綾大軾」と記している箇所があるから、枕というよりも、次に取り上げる御軾との関連が考えられる。

御軾について、かつて具体的な用途は明らかではなかったが、文字に車へんが付いていることから、車の中で用いるものだと考え、中国では皇帝が車中でもたれたり、身をかがめて車外の臣下から受ける礼拝に答礼する際に寄りかかるものかとされた。

しかし中国から輸入したものが、日本と中国と同じ使用法であったかどうか、使い方が違うが形状が似ている場合、中国と同じ名称を用いることもあるのではないか。もしそうなら御軾の文字使いから直ちに車を用いていたと考えなければならないわけではない。

「紫檀木画挟軾」の挟軾とはどのようなものか。先の御軾はマコモという植物を芯にしたものを錦の裂で包んだものである。しかし現存の挟軾は、両脚の上に縦一三・七センチ、横一一一・五センチの板を乗せ、本体の高さは三三・五センチであった。平安時代後期の『類聚雑要抄』に「紫檀木画挟軾」と同じ形式の脇息が記されている。

中国では早くから皇帝が車を使用していたことは秦の始皇帝陵などから発掘された馬車などの例から確かめられるが、日本ではまだ天皇の車がどのようなものか必ずしも明らかでない。また車への文字だからといって、車を使わなくてはならないとは限らないのではないか。

御床について見てみよう。御床は二張あるが、同じ場所に二床が並べて置かれていたのではないだろうか。『国家珍宝帳』では御床の覆いとして、その長さは九尺四寸と記していた。この覆いは一床の御床にかけられたものではなく、二床にわたって掛けられたものと思われる。

最後に、枕等の宝物を包んでいる裂についてみておこう。例えば御軾の紫地鳳形錦は当時の日本の織物としてはなかなかに素晴らしいものである。これに類したものが、かつて新疆ウイグル自治区のトルファンで発見され、フランスのペリオが国に持ち帰り、現在、ギメ美術館に伝えられている裂と共通するものがあるといわれているが、その裂と、紫地鳳形錦を比較すると、紫地鳳形錦はギメの錦に劣るという。(58) またこの錦は御軾以外にもいくつかの宝物に用いられており、また色違いの生地として用いられている。そのことだけでも、恐らく国産の錦であったと考えられる。(59) したがってトルファンで発見された錦と日本で見られる錦は、もとは中国のどこかで作られ、一つはそのまま西域に伝えられ、もう一つは日本に輸出された。その後、日本では鳳の文様に注目し、皇室にゆかりのものとして日本国内で模作された。しかしまだ技術的にトルファンで発見の錦（中国で製作された錦）に及ばなかったようであるが、日本では、中国製作の錦が伝えられると、その錦に学びながら国産の錦の製作に向けての努力が行われたのであろう。そのような視点から日本織物の技術水準は確実に上昇していったのであろう。

結びにかえて

本稿は前半で『東大寺献物帳』の二番目から五番目の文書を取り上げ、後半では最初の『国家珍宝帳』を対象に、そこに記載の宝物類の故郷がどこにあるかを考えてきた。改めて整理しよう。

まず国—1「御袈裟」は織組織や弘法大師や伝教大師由来の袈裟などと比較すると、『国家珍宝帳』所載の袈裟はすべて国産とは考えられない。国—2「赤漆文欟木御厨子」は国産であるが、そこに収納されていた宝物は中国の書聖王羲之の書はもとより、御帯や刀子、笏や尺、遊戯具、尺八など中国に由来する。しかし中には羲之の書を参考に書写した天皇・皇后の書が知られている。

国—3「赤漆欟木厨子」は百済王より藤原鎌足に寄贈されたもので、朝鮮半島に由来の物は貴重である。ただし同厨子に収納の宝物中に犀角関係品があったといわれているが現存していない。もとよりこれらは国産でない。また同厨子に収納の鎮子十六箇も現存しないが、同じ名称の鎮子八箇が宝庫に伝わっている。しかし鎮子八箇と十六箇の鎮子との関係は不明である。またこれらの故郷も不明であるが、現存の鎮子に記している墨書が手掛かりになるかも知れない。

国—4楽器の一部に日本古来の「倭琴」という伝統楽器や「金鏤新羅琴」という新羅製の楽器が伝わっているが、殆どの絃楽器や管楽器の材質・技法からみても中国由来である。

国—5遊戯具の「木画紫檀棊局」や「同双六局」も材質・技法や全体に施されている文様など、中国由来のものである。しかも今に宝庫に残る遊戯具によると、明器ではあるが、中国周辺の新疆ウイグル自治区トルファンにも類したものが出土しているから、中国を起点に東西に伝わったのであろう。

国―6の武器・武具は刀・弓・箭・甲で四〇三点ある。『国家珍宝帳』に所載の宝物三分の二を占めている。このうち明らかに船載のものといえば、「金銀鈿荘唐大刀」のみで、その他の唐様大刀や高麗様大刀などは唐や高麗の大刀の技法や装飾に類似するものがあるが、いずれも国内で生産されたものである。しかし「金銀鈿荘唐大刀」は唐製のものかもしれない。

国―7「香」は蘭奢待と並ぶ「全浅香」で、東南アジアで採取されるジンチョウゲ科に属する沈香の一種である。

国―8の鏡二十面のうち現存する「鏡十八面」の成分分析によると、漢代から唐代に至る鏡の成分分析に一致しており、すべて中国鏡である。

国―9「漆胡瓶」は形態と巻胎技法及び平脱の技術は、中国由来のものである。

国―10屏風は一括して納入の百畳のうち、二十一畳は中国の景色や宮殿などの様子を描いたもので、百済の宮殿を描いた一点を除くと、いずれも中国製であろう。平安時代初期に唐風文化に憧憬した人々に売却されたが、その他の屏風は日本の材料を用いて日本で作られた。

国―11の枕や軾などは天皇の日常生活の中で用いられた備品で、脇息に当たる。また御床は文字どおりベッドである。これらは国産の裂を用いている。

以上は『国家珍宝帳』所載の宝物を対象に検討したが、引き続き『種々薬帳』以下について述べる。

『種々薬帳』に所載の宝物は六十種であるが、それらの故国は広範囲に及んでいる。中国産もあれば中国で加工したものが伝えられたものもある。例えば西はペルシャから北は中国吉林省や黒龍江省、朝鮮の山岳部、南はインドや東南アジアで、時には製品として輸入されたものもあるが、多くはまだ加工されないままに原料として輸入されている。それだけに現在でもこの中にはそれなりに薬の効能を維持しているものがあるという。

『屛風花氈等帳』には様々な宝物が献上されているが、中国からもたらされた書家の王羲之や欧陽詢関連の屛風や中央アジア製の花柄の毛氈、中国製の女性用の履物という繡線鞋、衣服に香を薫き染める銀薫炉、銀平脱梳箱など中国の技術を用いて作られた品々である。

『大小王真跡帳』には王羲之親子の書「大小王真跡書」が納められていたし、『藤原公真跡屛風帳』には藤原不比等の書を屛風に仕立てたものが伝えられていた。いずれも現存しない。

五通の『東大寺献物帳』を取り上げ、北倉に収納の宝物がどこから伝えられたかを検討した。正倉院宝物中、国産品の割合が、九五％も占めているとの考えが提示された。宝物全体数か、品目数を指すのか、その根拠を確かめることは容易ではないが、従来の研究の中に、正倉院宝物はシルクロードを経て伝えられたといわれており、その通説ともいわれるものにも疑問があるかのような考えも生じてきた。

そこで正倉院宝物がどこから伝わってきたか、そもそもどこで生産されたのか、少なくとも三倉の一つ、北倉に収納の宝物について検討することにした。それは結果的に『東大寺献物帳』に記載の宝物を検討することになった。したがって、『国家珍宝帳』に所載の宝物六百数十点のほか『種々薬帳』『屛風花氈等帳』所載の宝物など合わせて八百点ばかりの宝物を検討した。『種々薬帳』の薬のように六十種の殆どが外国に由来するとみなされているが、『国家珍宝帳』所載の武器・武具のように四〇三点中確実に舶載のものは一点で、後は国内で生産されたものであるようであるから、『国家珍宝帳』に所載の宝物の半数以上は国産となる。ただ中国産・国産の別は個々の宝物が同じ基準で比較した時に評価できるが、それぞれの宝物の規模や構造が異なっているものを機械的に比較・分類することはできない。したがって宝物の国勢調査よりも、宝物のもつ国際性を考え、それらが日本の文化に、社会の発展にどのような役割を担っているかを考えるべきであろう。つまり別の表現をするなら、諸外国から伝来の文化をどのように受容し展開したのかを考えるのが次の課題であろう。

註

1 正倉院宝物の成立は、天平勝宝八歳六月二十一日である。この年五月二日に聖武天皇が崩御しているが、時に崩御された天皇の身位は太上天皇である。したがって、聖武天皇の崩御に関する記述にあたっては太上天皇と記すが、それ以外で天皇のことを表記する場合には聖武天皇と記すことにした。

2 例えば、林良一『シルクロードと正倉院』（日本の美術 六、平凡社、一九六六）はタイトルのように、シルクロードと正倉院の関係をいち早くに指摘し、その後の研究に多大の影響を与えた。

3 成瀬正和「正倉院宝物を考える――舶載品と国産品の視点から――」（奈良国立博物館編『正倉院宝物に学ぶ』二 思文閣出版、二〇一二）

4 米田雄介『正倉院宝物の故郷』（大蔵省印刷局、一九九九）

5 米田雄介『正倉院宝物と東大寺献物帳』（吉川弘文館、二〇一八）

6 五通の『東大寺献物帳』を紹介する際は原文を引用すると、漢字は現時通用の文字を使用した。

7 『東大寺献物帳』のうち『国家珍宝帳』の分析は、前後を入れ替えて、第二章に譲ることにした。

8 正倉院薬物についての総合調査は一九四九年から準備に入り、朝比奈泰彦編『正倉院薬物』（植物文献刊行会、一九五五）を刊行、ひとまず完了したとみなされていた（第一次調査による成果という）。しかし当時の日本を取り巻く国際情勢はまだ開放的ではなく、海外調査を行うことは困難であった。その後、国際環境の変化から海外調査が可能になると、宮内庁は、海外の薬物調査を進めていた研究者を中心に、前回の調査で未確認の事柄を確認することが可能になったと認識し、改めて一九九四・一九九五年に薬物について調査を依頼した。その成果は柴田承二監修、宮内庁正倉院事務所編『図説 正倉院薬物』（中央公論新社、二〇〇〇）で公刊した（第二次調査による成果という）。なお本論における薬物の理解は、第一次・第二次調査の成果による文献に依拠した。また宮内庁蔵版正倉院事務所編『正倉院宝物』二 北倉Ⅱ（毎日新聞社刊、一九九六）も参照した。なお薬物のうち、石薬については、益富寿之助『正倉院薬物を中心とする古代石薬の研究』

（日本礦物趣味の会、一九五八）に依拠した。

9　天平三（七三一）年に藤原宇合が皇室に麝香三両を進上した。そのものかどうかの確認はできないが、天平十九（七四七）年の『法隆寺伽藍縁起并流記資財帳』によると、天平六（七三四）年二月に光明皇后は麝香一両を法隆寺に献納したと記している。その後、大仏開眼供養の前日、天平勝宝四（七五二）年四月八日に射香（麝香）一管が大仏に奉献された。これらが『種々薬帳』に記されているかどうかの確認はできない。

10　米田雄介「『種々薬帳』について」（註8の『図説　正倉院薬物』に収載）

11　花—1屛風は天平宝字六（七六二）年十二月十四日に出蔵し道鏡に貸し与え、道鏡は天平宝字八（七六四）年七月二十七日に返却している。この間、道鏡は欧陽詢の書に学んでいたのではなかろうか。

12　『屛風花氈等帳』によると、花柄の毛氈は六十床であるが、現在、正倉院の北倉に花氈が三十一枚、中倉に六枚、合わせて三十七枚、色氈は北倉に十四枚、中倉に十九枚が伝わっている。数字に問題があるが、北倉の花氈の大小を調べると、『屛風花氈等帳』にみえる花氈の大小と、現存の花氈の大きさ、縦横を調べると、『屛風花氈等帳』にみえる大小と一致していることなどから、『屛風花氈等帳』の花氈は紛失したものもあるが、かなりのものが現存していると考えられる。詳細は尾形充彦「正倉院の花氈と文様」（『正倉院染織品の研究』思文閣出版、二〇一三）を参照されたい。

13　『正倉院紀要』（第四二号、二〇二〇）に二〇一五年に宝物模造事前調査に際して行った成果を、調査員が報告している。まず、本出ますみ「正倉院の花氈に関する報告——素材——」は正倉院所蔵の花氈を調査するために、現代の羊毛との相違を確認し、将来、花氈の復元を行うときの羊毛は何を用いるべきかの提言を行っている。ついでジョリー・ジョンソン「正倉院の花氈に関する報告——製作技法——」は二〇〇九年から二〇一二年の特別調査及び二〇一五年の模造事前調査を踏まえた報告であるが、実際に中央アジアや中国でどのように花氈が作られているかを実見した成果を踏まえた報告である。「百聞は一見に如かず」で、報告内容は写真と一体となっており理解しやすい。

14　米田雄介「正倉院の敷物——花氈と色氈を中心に——」（『国史学』一八一号　二〇〇三）。本稿は国学院大学の国史学大会での記念報告を基にした。一部に註12の尾形論文に依拠したところがある。かつてトルコに旅行した時、花氈の工房を案内してもらい、フェルト様の花氈を作るところを見学した。爾来、花氈・色氈の方法について、自身の経験と、先学の実見報告を基に紹介していた。米田雄介『正倉院宝物の故郷』（大蔵省印刷局、一九九九）。同『奇蹟の正倉院宝物』（角川選書、二〇一〇）。これらは啓蒙書であることから、結論のみを記していたが、今般、註13の報告がもっとも包括的であるので、今後、花氈・色氈などについては註13の報告を参照する。

15 註8の『図説　正倉院薬物』参照。

16 正倉院蔵『雑物出入帳』（北倉一七二）によると、弘仁十一（八二〇）年十月三日に繍線鞋が売却されているが、同時に「男錦鞋壱両」「紫糸鞋壱両」も売却されている。

17 田中陽子「繡線鞋に関する一考察」（『正倉院紀要』第三二号、二〇一〇）

18 註17参照。

19 正倉院蔵『弘仁二（八一一）年勘物使解』（北倉一六四）

20 正倉院蔵『雑物出入帳』（北倉一七二）に弘仁十一（八二〇）年十月三日下とある。

21 銅製の薫炉（中倉六七）

22 銀平脱合子（北倉一五四）

23 光明皇后書『楽毅論』（北倉三）

24 拙稿「累代の御物について――皇位継承に関連して――」（『広島女子大国文』一五号、一九九八年）

25 「赤漆文欟木御厨子」の伝領について、私自身もこれまで何度か検討してきたが、近年では「正倉院宝物の成立前史」（前編、奈良県立大学ユーラシア研究センター「EURO-NARASIAQ」一七号、二〇二一年）で整理した。参照されたい。

26 西川明彦「赤漆文欟木御厨子と《赤漆欟木厨子》」（『正倉院紀要』第三四号、後に『正倉院宝物の構造と技法』に所収、中央公論美術出版、二〇一九年）。

27 註26参照。

28 東京国立博物館編『書聖　王羲之』展（同展目録、二〇一三年）参照。そこでは王羲之の書法二十巻の一部と思われる三紙が展示された。すなわち宮内庁三の丸尚蔵館蔵「喪乱帖」、前田育徳会蔵「孔侍中帖」、個人蔵「妹至帖」と称される三紙が展示された。後に「妹至帖」は九州国立博物館の所蔵となっている。

また当時、羲之の尺牘「大報帖」といわれるものが発見されたと報じられ、世間の関心を集めた。

29 『続日本紀』養老三（七一九）年二月壬戌（三日）。初令天下百姓右襟。職事主典已上把笏。其五位以上牙笏、散位亦聴把笏。六位已下木笏。

これより前、大宝元年正月乙亥朔（一日）。天皇御大極殿受朝。其儀、於正門樹烏形幢、左日像・青龍・朱雀幡。右月像・玄武・白虎幡。蛮夷使者、陳列左右。文物之儀、於是備矣、とある。

30　正倉院蔵『雑物出入帳』（北倉一七二）。

31　三宅久雄「百索鏤軸」（米田雄介・杉本一樹編『正倉院美術館』講談社、二〇〇九年）。

32　正倉院蔵『雑物出入継文』（北倉一六七）。また正倉院蔵『弘仁二年勘物使解』によると、「白犀角一枚、依去大同元年九月五日官符、進内裏、使巨勢野足朝臣」とある。

33　正倉院蔵『雑物出入帳』（北倉一七二）によると、

　　一長二尺　一長七寸　合　両数各角付

　　右、依太政官六月十五日牒旨、進上如件

とあり、これが弘仁二年九月二十四日付け文書の注記の箇所にみえることから、弘仁二年の文書の注記であることが確認できる。しかも本文書は冒頭が汚損のため読み難いが、しばらく眺めていると、「犀角一枚」などの文言がみえる。

34　正倉院蔵『雑物出入帳』（北倉一七二）所載の弘仁五（八一四）年十月十六日の太政官符によって十九日に出蔵した銀平文琴は、弘仁八（八一七）年五月二十七日に返納された金銀平文琴と呼ばれているが、もとより代納品である。

35　阿部弘『正倉院の楽器』（『日本の美術』一一七、至文堂、一九七六年）に、宝庫の残闕の様子について、具体的に説明されている。

36　正倉院蔵『雑物出入帳』（北倉一七二）所載の弘仁十四（八二三）年四月十四日付け返納注文によると、去る二月十九日に出蔵の新羅琴の代納品が収められている。

37　等残闕第三号。註35参照。

38　正倉院蔵『斉衡三年雑財物実録』（北倉一六五）によると、「楸木瑟一張　木画兼瑇瑁」。註35参照。

39　正倉院蔵『雑物出入帳』（北倉一七二）によると、弘仁十四（八二三）年四月十四日付け返納注文に、去る二月十九日所出の新羅琴などの代納品として同名の新羅琴二面が返納されている。

40　『斉衡三年雑財物実録』（北倉一六五）に、「甘竹簫一口　楸木帯、納紫綾袋、緋綾裏」とあるが、爾後、甘竹簫のことは記録にみえない。後に発見の楸木帯が二つに分割していた甘竹簫を結びつけることになる。

41　木村法光「木工芸の謎」（米田雄介・木村法光編『正倉院の謎を解く』毎日新聞社、二〇〇一年）、木村『正倉院宝物と古代の技』第四部第四章「奈良時代の平脱・平文」（思文閣出版、二〇一五年）。また西川明彦も「木画紫檀碁局について」で詳論している（『正倉院宝物の構造と技法』、中央公論美術出版、二〇一九年）。

42　『国家珍宝帳』にみえる大刀のほとんどは国産と考えられるが、「金銀鈿荘唐大刀」は舶載品と考えられている。註41に掲出の西川明彦の著書を参照。

43　正倉院蔵『出蔵帳』（北倉一六九）によると、天平宝字三

（七五九）年十二月二十六日に金鏤宝剣弐口、陽宝剣・陰宝剣各一口、銀荘御大刀一口が出蔵している。陽宝剣・陰宝剣は刀―1・2に該当するが、銀荘御大刀がどれに当たるかの確認ができない。また金鏤宝剣弐口は刀―49横刀・刀―50黒作懸佩刀に相当する。ところで信幣の物（信頼の絆となる物）といわれているもののほかにも刀―1・2や刀―49・50に「除物」の付箋が付されている。出蔵を命じたのは光明皇后といわれている。

44 拙稿「『国家珍宝帳』の付箋について」（『正倉院文書研究』一一、二〇〇九年、後に『正倉院宝物と東大寺献物帳』第二部第六章に要約、吉川弘文館、二〇一八年）

45 後藤四郎『正倉院の歴史』（『日本の美術』一四〇、至文堂、一九七八年）、拙著『正倉院宝物と東大寺献物帳』第二部第六章第三節を参照、吉川弘文館、二〇一八年）

46 関根真隆『天平美術への招待』第六章「正倉院刀剣史料考」参照（吉川弘文館、一九八九年）。

47 応神天皇陵の陪冢といわれているアリ山古墳の発掘の手伝いをしたことがあるが、短甲などの発掘に立会い、感銘を受けた。その時の印象は、五世紀代に大量の短甲の発掘などから、その後、日本国内でも多くの武器・武具が生産されてゆくであろうことを教えられた。

48 正倉院蔵『雑物出入帳』（北倉一七二）によると、弘仁十三（八二二）年三月二十六日に、鏡五面が出蔵している。鏡の整理番号に従えば、鏡15・17・18・19・20番の五面であるが、15・19・20番の鏡は現存している。しかし17・18番の鏡は弘仁十三年以降、行方不明である。

49 和田軍一『正倉院案内』（吉川弘文館、一九九六年、もと『正倉院夜話』日本経済新聞社、日経新書、一九六七年）が正倉院宝物の鏡の盗難について、具体的に紹介した最初の論考であろう。

50 成瀬正和『正倉院の宝飾鏡』（『日本の美術』五二二、ぎょうせい、二〇〇九年）は赤い琥珀はミャンマー産の可能性もあるが、なお検証を必要とすると保留された。米田該典『正倉院の香薬』（思文閣出版、二〇一五年）はラオス北部の古墳墓から、赤い琥珀が出土しているところを実見したと述べている。

51 平脱は、漆の面に金銀の薄板を文様に切って貼り付けて改めて漆をかけ、後にその漆を剝ぎ取って文様を表す。中国から八世紀の半ばには奈良に伝わったと考えられている。

52 註41の木村法光の著書を参照。

53 正倉院蔵『雑物出入帳』（北倉一七二）によると、画屏風は弘仁五（八一四）年に出蔵したが、返却の形跡はない。

54 正倉院蔵『雑物出入帳』（北倉一七二）によると、松嶋順正は「鳥書屏風」は「飛帛屏風」に相当するとされた。（松嶋

55　「正倉院の屏風」『書陵部紀要』二八、一九七七年。後に『正倉院よもやま話』学生社、一九八九年)。

56　鳥毛の屏風に使用の羽根について、昭和二十八から三十(一九五三から五五)年に正倉院宝物の材質調査が行われ、大賀一郎氏を代表にして『書陵部紀要』八、一九五七年に報告された。当時、鳥に関する調査は山階鳥類研究所の協力を得て行われ、ヤマドリの羽根が用いられていることを確認していたが、平成八・九(一九九六・九七)年にも山階鳥類研究所等の研究者の協力を得て調査を行い、鳥毛屏風に使用している鳥の羽根がヤマドリや日本産のキジという日本固有の鳥の羽根が用いられていることを改めて確認し、国産の屏風であることが確定された(柿澤亮三ほか「正倉院宝物特別調査鳥の羽毛と文様」『正倉院紀要』二二、二〇〇〇年)。また昭和六十三(一九八八)年から平成元・二(一九八九・一九九〇)年に「鳥毛立女屏風」の修理の際に、屏風の裏打ち紙に天平勝宝四(七五二)年の年号を記した文書が用いられていることが確認され、「鳥毛立女屏風」の作成年次及び、製作地がほぼ確定できた。

57　「鳥毛立女屏風」の女性の眉間に花鈿(かでん)があり、頬の口端に靨鈿(ようでん)というものがある。唐代に流行している化粧法で、「鳥毛立女屏風」にみえることから、その屏風が唐よりの輸入品と見なされたが、しかし註55からも明らかなごとく、国産の屏風である。

58　「羊木臈纈屏風」の絵柄は、中央の樹木の下に大きな巻角を持った羊が立ち、下方に山岳が描かれている。いわゆるササン朝ペルシャ風の構図という。その屏風の画面の下方に「天平勝宝三年十月」の墨書がみえる。この年月の墨書は調の銘文と見なされる。

59　ギメ美術館には紫地鳳形錦ほか、トルファンから持ち帰った染織品が少なからず保管されている。

　　紫地鳳形錦と同じ錦が、聖武天皇の一周忌斎会に際して灌頂幡の各坪裂の中央や天蓋の周縁の部分に用いられている(『改訂　正倉院宝物　染織　下』個別解説　五二赤地鳳唐草華丸文錦、朝日新聞社、二〇〇〇年)。

図版出典

図1　『国家珍宝帳』(北一五八)
図2　『種々薬帳』(巻首)(北一五八)
図3　『屏風花氈等帳』(北一五九)
図4　『大小王真跡帳』(北一六〇)
図5　『藤原公真跡屏風帳』(北一六一)
図6　赤漆文欟木御厨子(北倉二)
図7　白石鎮子　青龍・朱雀(北倉二四)
図8　螺鈿紫檀阮咸(表)(北倉三〇)

図9　木画紫檀棊局（北倉三六）
図10　漆胡瓶（北倉四三）
※本文図版提供…宮内庁正倉院事務所

関連年表

奈良県立大学ユーラシア研究センター発行情報誌『EURO-NARASIA Q』vol. 17、「正倉院宝物の成立前史（前編）」米田雄介（著）、八-九頁関連年表を基に著者が加筆し、作成。

付記

本稿は『東洋学術研究』五九-二および六〇-一に掲載された旧稿の改訂版である。

金銅仏の東漸
――中国から日本へ――

藤岡　穣

一　中国の金銅仏

一、中国における仏像の始まり

仏教東漸の主役は仏教の教義、そしてそれを説く経典に違いないが、偶像としての仏像の象徴的意義は決して小さくない。

仏教は、南海ルートにしろ、内陸ルートにしろ、東漸にしたがって次第に変質したが、仏教伝来以前から文明が発達していた中国においては、在来の思想を基盤として受容したために、劇的な変質をとげることとなった。『後漢紀』巻十にみえる仏教受容の次の記事はその意味でとても興味深い。「浮屠（ふと）とは仏なり。西域天竺に仏道あり。仏は漢に覚と言ふなり。まさに覚をもって群生を悟らすべきなり。その教へは修善、慈心をもって主となし、殺生せず、専ら清浄につとむ。その精なる者は、号して沙門となす。沙門は漢に息心と言ふなり。けだし息の意は欲を去りて無為に帰するなり。又思へらく、人死すとも精神滅せず、随ひてまた形を受く。生ける時の所行の善悪、皆報応あり。故に行善修道を貴ぶところ、精神を煉（きた）へるをもって已（おは）らず、無為に至るをもって仏となるを得るなり。仏の身長は一丈六尺、黄金色、項中に日月光をおび、変化無方にして、入らざる所なし。故に能く万仏に化通し、大いに群生を済ふ」すなわち、仏道修行の目的を「無為」と理解したり、輪廻応報を「魂魄」概念によって理解しようとしたり、中国の伝統的な思想によって仏教思想を解釈していたことがうかがえる。また、これに続いて、「帝は夢に金人を見るに、長大にして、項に日月光ありて、もって群臣に問ふ。或いは曰く、西方に神ありて、其の名は仏と曰ひ、其の形は長大なり。陛下夢みる所、是れ無きを得んや。ここにおいて天竺に使ひを遣はし、その道術を問ひ、遂に中国において其の形像を図しおわんぬ」と明帝による求法説話がみえるが、ここでは仏を西方の神と位置づけている。(1)

こうした受容態度を反映して、中国における初期の仏像は墓葬空間、すなわち神仙世界のなかに表されることとなった。初期の仏像は、現在知られる限り、江南、四川地域に集中している。(2)四川では後漢時代に、墓葬された揺銭樹の幹や台座に西王母に置き換わる形で仏像が表され、あるいは楽山麻浩崖墓においては墓室の門口上部に辟邪とともに仏像が表された。一方、江南では後漢から呉にかけて、やはり墓葬された神亭壺（死者の魂を込める壺）の上部や胴に型取りによる浅い浮き彫りの仏像が貼り付けられた。いずれも墓室において、死者の昇仙を護持する存在として表されたもので、仏教世界を体現するものではなかった。

二、初期金銅仏の登場

ところが、五胡十六国時代にいたると、礼拝像としての金銅仏が登場する。その最古の作例とみられてきたのは陝西省三原県出土と伝えられる藤井斉成会有鄰館の金銅菩薩立像（以下、有鄰館像）（図1-1）である。(3)頭髪が肩まで伸び、口ひげを生やし、上半身をあらわにして大衣を纏い、サンダルを履き、獣頭付きの胸飾を付ける姿はガンダーラの菩薩像に共通する。左手に水瓶をとることから弥勒であろうか。この有鄰館像については三世紀末頃の作と推定する説がある。(4)大谷探検隊が収集した、有鄰館像と同様にガンダーラの作例に近似するホータン出土の仏頭（東京国立博物館蔵）

1　中国の初期金銅仏

図1-3　仏坐像　河北・石家荘北宋村出土　河北博物院蔵

図1-2　仏坐像　後趙・建武4(338)年銘　サンフランシスコ・アジア美術館蔵

図1-1　菩薩立像　藤井斉成会有鄰館蔵

図1-6　仏立像　陝西省咸陽成任墓地出土

図1-5　仏坐像　ハーバード美術館蔵

図1-4　仏坐像　泰常5(420)年銘　隆化民族博物館蔵

が三～四世紀の作と推定されており、一方、後趙・建武四（三三八）年銘の仏坐像（サンフランシスコ・アジア美術館蔵）（図1-2）は中国化が顕著で、その両像との兼ね合いからの推定であろう。

中国ではその後、いわゆる古式金銅仏と称される小型の金銅仏が多く作られた。多くは仏像単体で伝わるが、脇侍像や天蓋、光背を伴う作例（図1-3）も知られ、河北のほか山東、甘粛でも発見されている。[5] 通肩の仏坐像で、腹前で定印を結ぶ点はガンダーラ仏と共通し、台座両端に二獅子を表す獅子座とし、光背の上部に飛天を表すのはむしろマトゥラー仏に通じるが、左右相称の衣文構成や両手を前後に重ね、拱手のごとくに定印を結ぶ点、天蓋を傘蓋のように表す点には著しい中国化のあとがうかがえる。

近年の研究において、古式金銅仏は四世紀末～五世紀初期の制作であることが指摘されるが、それとともに実は建武四年銘像の銘文に疑義が呈されている。[6] その年代観については泰常五（四二〇）年銘の作例（隆化民族博物館蔵）（図1-4）が見いだされたことからも頷けるところであり、[7] さらに建武四年銘像の銘文に疑義があるとすれば、有鄰館像の制作時期の下限についても再検討の余地が生じる。ガンダーラ様式を受容した作例としてもう一体著名なのがハーバード美術館の仏坐像（図1-5）である。肉髻頂におそらくは舎利を納めるための方形の孔があり、ホータン出土像と同様に肉髻基部に紐が巻かれ、口ひげを生やし、両肩に焔肩が表された通肩の仏坐像で、確かにガンダーラ仏に通じる点が多い。ただし、その台座前面に表された、たてがみで体部前面や前脚まで覆われる獅子の姿はむしろ北魏時代の作例に近い。[8] その点に鑑みると、ハーバード美術館像の制作は五世紀に降る可能性も否定できないように思われる。このことからも有鄰館像の制作時期については改めて検討を要するだろう。二〇二一年に陝西省咸陽の東（後）漢墓から金銅仏（図1-6）が発見され、二世紀に遡る最古の作例ではないかと注目された。[9] ただし、その量感豊かな肉付きや通肩で左袖前縁に波形の折りたたみが表される像容にはグプタ彫刻の影響が認められ、五世紀頃の作とみるのが穏当であろう。

中国における仏教石窟寺院の造営に目をやると、敦煌莫高窟の場合でも、第三三二窟で見つかった『李君重修莫高窟仏龕碑』により前秦・建元二（三六六）年の草創とされる。また、中国における初期仏像として知られる北涼の石塔もおよそ五世紀初期のものである。こうした事例を踏まえるならば、中国において礼拝像としての金銅仏が制作されたのは、少なくとも敦煌以東においては四世紀後半以降であった可能性が高いと思われる。

なお、これらの金銅仏は、いずれも基本的には前後に分割する土型（以下、分割型）で鋳造されたとみられる。[10] 像内が空洞の場合は、さらにその開口部分（多くは底部）と空洞部分（中型）とが一体となった型があればよい。この中型部分については、銅厚の薄さから考えて外型の原型の表面を削り取る「削り中型」であったかと思われる。

三、北魏・南朝の金銅仏

北朝を統一した北魏が仏教を重視し、雲岡石窟をはじめ仏教美術が花開いたのは周知のことである。金銅仏の造立も活発に行われたが、遺存状況は地域によって異なり、河北省に優れた作例が最も多く伝わり、その他では山東省、陝西省を中心とした西北に独自色をしめす作例が知られ、そして数は少ないながら南朝の作例も知られている。以下、地域別に概観してみたい。

（一）河北

太平真君四（四四三）年銘の弥勒仏立像（九州国立博物館蔵）（図2-1）は、北魏の太武帝が同七年に勅した廃仏以前に遡る唯一の北魏の金銅仏と知られるが、その願主は河北出身であり、当地での制作とみられている。[11] 説法相、通肩の仏立像で、四脚座上の反花座に両足を開いて立つ。頭髪を縄目状とし、肉髻と地髪の正面に渦巻きを作る。通肩の着衣が身体に纏わる点や大きな手はグプタ朝の仏像に由来し、隆起する二本線の衣文の様態はクチャのクムトラ石窟ＧＫ二〇窟にかつてあった仏坐像のそれに近い。一方、朗らかで柔和な相貌は雲岡開鑿初期の作例にも通じる。

2　河北の北魏金銅仏

図2-4　弥勒仏立像　太和22(498)年銘　泉屋博古館蔵

図2-2　釈迦仏坐像　太和元(477)年銘　国立故宮博物院蔵

図2-1　弥勒仏立像　太平真君4(443)年銘　九州国立博物館蔵

図2-6　弥勒仏祭壇像　正光5(524)年　メトロポリタン美術館蔵

図2-5　釈迦・多宝仏並坐像　熙平3(518)年銘　ギメ美術館蔵

図2-3　釈迦・多宝仏並坐像　太和13(489)年銘　根津美術館蔵

復仏後には、雲岡石窟が開鑿された和平元（四六〇）年以降、太和年間（四七七～四九九）をピークとして、河北で制作されたとみられる金銅仏が多く伝わる。[12]『魏書釈老志』は、興光元（四五四）年に平城（大同）の五級大寺に太祖以下五帝のために丈六の釈迦立像五体を鋳造し、銅二十五万斤を用いたと記す。平城のみならず、その他の地域でも金銅仏は盛んに制作されたと想像されるが、古式金銅仏も含め、現在に伝わる作例は河北に集中する。それは、円仁が『入唐求法巡礼行記』に記すとおり、会昌の廃仏において河北の節度使が勅に従わなかったことが大きな要因なのかも知れない。[13]

河北の金銅仏は、厚手に施された鍍金が鮮やかに残り、かつ紀年と願主の出身地名を伴う在銘像が多い。そして、立像の場合は反花座の下に四脚座（各脚は断面で鈎形を呈する）を重ね、坐像の場合は四脚付きの宣字座に坐すのが特徴である。掌に収まる一〇センチ前後のものから五〇センチを超えるものまであり、大型の像では像背面に枘を作りだし、光背を別製とするが、多くは光背も含めて一鋳とする。少なくとも五世紀中は古式金銅仏と同様に分割型による鋳造とみられ、頭髪の毛筋や衣文、光背や台座の文様も概ね鋳造によって造形されていると思われる。

復仏後の紀年銘像としては和平五（四六四）年の仏坐像が最も古く、代表的な作例としては、太和元（四七七）年釈迦仏坐像（国立故宮博物院蔵）（図2-2）、太和十三（四八九）年釈迦・多宝仏並坐像（根津美術館蔵）（図2-3）、太和二十二（四九八）年弥勒仏立像（泉屋博古館蔵）（図2-4）などがある。[14]故宮博物院像は、頭髪の形式は太平真君四年銘像、着衣の形式は雲岡石窟の仏坐像を踏襲するが、全体に整理が進み、やや細身となっている。光背は別製で、その正面周縁部にたちのぼる光焔や台座のパルメット唐草文は雲岡のものに近く、光背背面には中央に初転法輪の場面、下部に釈迦誕生のシークエンス、上部中央に釈迦・多宝が並ぶ多宝塔、その左右に文殊・維摩が浮き彫りで表される。根津美術館像は、正面にやや高肉に釈迦・多宝の仏龕、背面に説法相の釈迦仏坐像と脇侍菩薩の三尊像を浅く浮き彫りで表す。正面の二仏は『法華経』「見宝塔品」に基づくもので、偏袒右肩で右手を挙げて説法するのが釈迦、通肩で定印を結ぶのが多宝とされる。頭髪は縄状から波状となり、衣文は線刻が主体となる。四脚座の正面には香炉と香入れ、追善される父母と思しき花を捧げる男女が線刻で表される。泉屋博古館像は、肉取りが引き締まりつつ単純化され、頭髪や衣文、光焔もほぼ線刻で占められ、大腿部に刻まれた房状の衣文が装飾性を高めている。四脚座と光背背面にはやや稚拙に胡服の供養者や鳥、化仏などを線刻し、銘文は光背背面に罫線を施して刻むが、字体もやはり稚拙である。

さて、北魏時代に仏像が中国化したことはよく知られている。河北の金銅仏も例外ではなく、六世紀に入り熙平年間（五一六～五一八）を迎えると、いわゆる「秀骨清像」スタイルへと明確に変化する。熙平三（五一八）年銘の釈迦・多宝仏並坐像（ギメ美術館蔵）（図2-5）や正光五（五二四）年弥勒仏祭壇像（メトロポリタン美術館蔵）（図2-6）が代表的な作例である。[15]ギメ美術館像の二仏はともに説法相で、それぞれ外側の足を踏み下げて方座に坐すが、痩身で極端な撫で肩に表され、着衣は双領下垂式で胸前に結紐を表し、両手にかかる大衣や台座に垂れる裙の末端が勢いよく鰭状に張り出している。ただし、釈迦は粒状の螺髪、多宝は波状髪として対照させ、台座には力士ないし夜叉形が支える香炉と獅子を半肉に、座具に坐す供養比丘を薄肉に表している。メトロポリタン美術館像は、中尊仏立像と反花座および二段の四脚座を一鋳とし、四脚座には各所に枘孔を開け、龍がくわえる蓮花上に立つ脇侍菩薩、半跏思惟像、羅漢、捧鉢の四天王、力士、獅子、力士形が支える香炉の各枘を挿し、中尊の背面の枘を用いて光背をとりつける。光背は唐草や光焔を透かし彫りとし、周囲に十一体の舞踊および奏楽の天人がめぐる。[16]様式だけでなく、内容の豊富さ、構成の複雑さにおいて大きな変化が認められる。

さて、これら河北の北魏金銅仏は、やはり概ね分割型による鋳造とみられる。根津美術館像、泉屋博古館像は前後および底部の分割型で鋳造が可能である。一方、台北故宮像は台座左右に前脚を伸ばして蹲踞する獅子を立体的に表しており、この点に鑑みると本体は失蠟法（蠟で原型を作り、それを鋳物土で覆い固め、加熱して蠟を溶かしだし、できた空洞に溶かした青銅を流し込む技法）による鋳造の可能性も否定できないが、部分的に寄せ型や別製してかしめ留めるなどの方法を用いれば、分割型での鋳造も不可能ではないだろう。ギメ美術館像も、二仏の光背は別製としながら、二仏本体と台座は一鋳とするが、両手先や足先に工夫をほどこせば分割型による鋳造は可能とみられる。メトロポリタン美術館像も、多くのパーツは分割型での鋳造が可能である。ただし、半跏思惟像の思惟手と体部の隙間がごく僅かである点、力士像や光背周囲の天人の取り付き方や質感からは、失蠟法による鋳造の可能性が高いと思われる。古来の青銅器以来の分割型の鋳造技法の伝統を保持しながら、部分的に新たに失蠟法を用いているのは大きな革新と言えるだろう。(17)そして、こうした河北金銅仏に代表される様式と技法は、山東や河南、山西、陝西、甘粛と広く北朝の版図において展開したとみられる。

(二) 西北

北魏のなかでも陝西や甘粛、寧夏回族自治区には、河北の作例とやや趣きの異なる作例が散見する。河北の金銅仏との明確な相違点は、台座に四脚ではなく下駄歯状の脚を左右に設ける点で、西安市、天水市、慶陽市鎮原などで出土した作例がある(18)(図3-1)。同様の作例が他にも知られ、時に光背の上部にあたかもクッションを載せたかのような天蓋(花蓋)をあしらったり、支柱を伸ばして鳥や化仏を表したり(図3-2)、さらに背面には宮殿や二仏並坐像龕を浅い浮き彫りで表す点にも特徴が認められる。(19)このうち天蓋の表し方はクチャのキジル石窟やクムトラ石窟に類例があることから西域由来とみられ、鳥や化仏を表すのは西晋の神亭壺や後漢~蜀の揺銭樹を想起させ、あるいは南朝由来かと思われる。なお、現存遺品に徴する限り、河北の作例に比べて粗雑な作りになり、鍍金も認められない。(20)これらは、かつてオルドス地域での制作を想定して「北辺の青銅仏」と分類されたことがあるが、(21)むしろ陝西およびその西北部での制作とみなすべきであろう。

なお、「北辺の青銅仏」として分類された作例の一つに方形の仏板がある。和平元(四六〇)年銘仏板(サンフランシ

3　西北の北魏金銅仏

図3-3　仏板　延興4(474)年銘
大阪市立美術館蔵

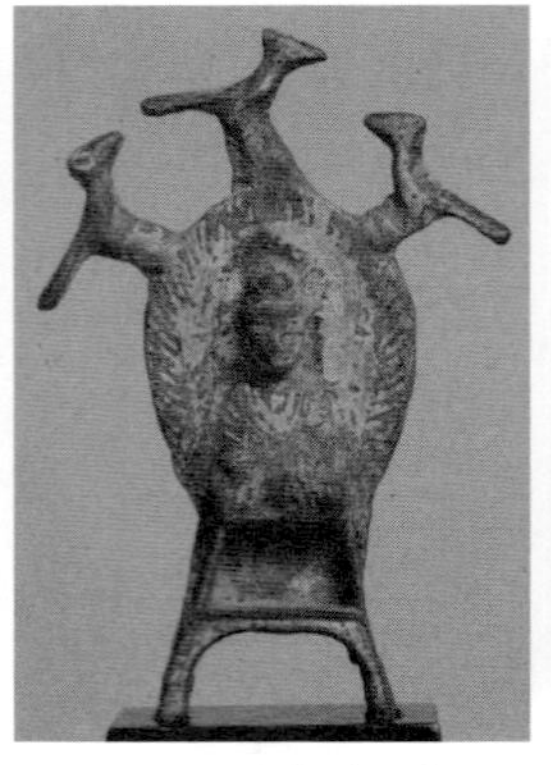

図3-2　仏坐像　個人蔵

図3-1　仏坐像　西安市蓮湖
区出土　西安博物院蔵

図3-4　仏坐像　長安県黄良公
社石仏寺出土　西安博物院蔵

スコ・アジア美術館蔵）や延興四（四七四）年銘仏板（大阪市立美術館蔵）（図3-3）などが知られるが、西安でも太和七（四八三）年銘の類例が出土しており[22]、これも西安ないしその周辺の作とみられる。このうち大阪市立美術館仏板は蛍光X線分析の結果、鍍金はなく、銅、鉛、錫に加えて銀が二五パーセント検出され、むしろ銅鍍銀の可能性がある[23]。

この他にも西安では、古式金銅仏の形式を襲いながら、西北インドと中央アジアで用いられたカローシュティー文字の銘文を刻む作例が発見されている（西安博物院蔵）（図3-4）[24]。定印は両手を上下に重ね、衣文も立体感があり、目尻のつり上がった相貌にもハーバード美術館のガンダーラ風の仏坐像に通じるところがあるが、台座を幾何学的な文様で装飾するのは独自である。銘文は四世紀末の書体を示すとされており、この像の位置づけを明らかにすることで、五胡十六国から北魏にいたる金銅仏への理解が進展することが期待される。

(三) 南朝

南朝の金銅仏としては、古くから宋・元嘉十四（四三七）年銘仏坐像（永青文庫蔵）（図4-1）および元嘉二十八（四五一）年銘仏坐像（フリア・ギャラリー蔵）（図4-2）の存在が注目されてきた。両像ともに通肩で衣文を左右相称に刻むのは古式金銅仏に共通するが、上半身がより伸びやかに表されている。また、四脚付きの宣字座を伴うが、それは河北の金銅仏と共通する。光背を別製とするが、永青文庫像の光背は他からの転用とみられる[25]。一方、フリア像の光背は中心に花文を刻む円形頭光があり、通肩で光背を伴う化仏三体を表し、周囲に光焔を線刻し、空隙を屈輪（ぐり）文風のC字形の文様で充填するが、屈輪文風の文様を別にすれば、その様態はやはり河北の皇興五（四七一）年銘仏立像（図4-3）などの光背に近い。

この両像は山東の作例に類似することも注目される。太和二（四七八）年銘仏坐像（山東省博物館蔵）（図4-4）は、より細身であり、衣文が線状に刻まれることを除けば、肉髻頂に旋転文を作る点も含めてよく似ている。山東は、五

4　南朝の初期金銅仏

図4-3 仏立像 皇興5(471)年銘 個人蔵

図4-2 仏坐像 元嘉28(451)年銘 フリア・ギャラリー蔵

図4-1 仏坐像 元嘉14(437)年銘 永青文庫蔵

図4-6 仏坐像 太平真君5(444)年銘 蔚県博物館蔵

図4-5 仏坐像 元嘉25(448)年銘 故宮博物院蔵 ※頭部は後補

図4-4 仏坐像 太和2(478)年銘 山東省博物館蔵

胡十六国時代には前趙（三一〇〜）、後趙（三二九〜）に支配された後、南朝の東晋が一時的に支配し（三五一〜）、前燕（三六七〜）、前秦（三七〇〜）、後燕（三八六〜）、南燕（三九八〜）の支配を経て再び東晋の支配下に入り（四一〇〜）、その支配は続く劉宋（四二〇〜）にも継続したが、四六九年には北魏が領有するところとなった。[26]このようにめまぐるしく帰属が変化したが、四一〇〜六九年に南朝が統治していたことは重要である。山東の北魏金銅仏と類似する劉宋の金銅仏の制作地が山東であった可能性も想定できるからである。

なお、石仏ながら元嘉二十五（四四八）年銘仏坐像（故宮博物院蔵）（図4-5）も古式金銅仏を踏襲する通肩の着衣になる。[27]故宮博物院像は台座右側面の銘記の「始康郡晋豊県」の地名から四川・成都市付近の作例とみられるが、[28]台座上縁に複弁の列弁文を刻む点に太平真君五（四四四）年銘仏坐像（河北・蔚県博物館蔵）（図4-6）との共通性が認められ、台座正面の獅子は天安元（四六六）年銘仏坐像（大阪市立美術館蔵）や同年銘の仏塔（台北市歴史博物館蔵）基壇のそれに近い。蔚県博物館像の着衣は偏袒右肩で、故宮博物院像はなお守旧的ではあるものの、そもそも南北両朝の造像は懸隔ばかりを強調すべきではないのかも知れない。相貌に注目すると、永青文庫像は蔚県博物館像に、フリア像は山東省博物館像に案外似ているようにも思われる。

続く斉・梁・陳については、以前はほとんど金銅仏の作例が知られなかった。ところが、二〇〇八年に南京市新街口（徳基広場）の開発工事中に十七件の金銅仏（光背等の断片を含む）が発見された。そのうち一体に大通元（五二七）年の紀年銘があり、これらが梁の金銅仏であることは紛れもない（図5-1）。[29]これまで南京市博物館において三点、六朝博物館において五点が公開されているが、そのうち六点は高さ一〇センチほどの小さな作例で、仏ないし菩薩の立像と脇侍菩薩からなる一光三尊の形式をとり、光背、台座とも一鋳になる。残る二体は光背または台座を別製とする仏立像である（図5-2）。また、南京博物院には仏立像を中尊とし、両脇侍菩薩、大光背とその周囲にとりつく多宝塔と六体の奏楽飛天、反花座とその左右にとりつく龍とをそれぞれ別製とする大型の作例が近年収蔵され、これも梁代金銅仏とみ

5　南朝の金銅仏（1）

図5-3 仏三尊像 南京博物院蔵

図5-2 仏立像 南京市新街口出土 六朝博物館蔵

図5-1 仏三尊像 南京市新街口出土 大通元(527)年銘 南京市博物館蔵

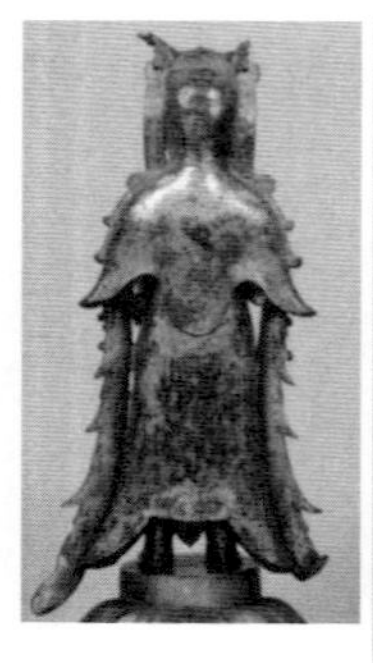

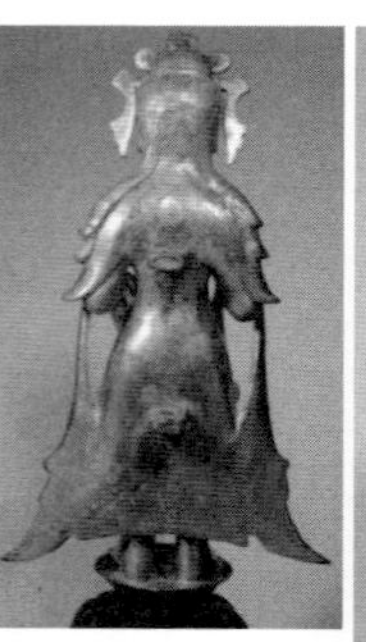

図5-5 菩薩立像 東京藝術大学蔵

図5-4 菩薩立像 金華万仏塔出土 浙江省博物館蔵

られる（図5-3）。[30] いずれも建康（南京）における金銅仏の基準となるものとして貴重である。なお、これらに類似する作例として、天監十八（五一九）年銘の菩薩三尊像（濰坊市寒亭区文物保管所蔵）が山東・濰県において見出されている。[31]

浙江・金華万仏塔の地宮から発見された金銅仏群のうち高三九センチ（像高二一・九センチ）を測る大型の菩薩立像（図5-4）は梁代の作と考えられる。[32] 三つの正面向きの花飾りをあしらう頭飾（以下、三花冠と称す）は山東、西安、百済の作例にもみられるが、その源流が南朝にあることを示している。一方、左右に張り出してから下に折れて先端を半パルメット状に表す冠繒、首まわりを一段高く作り、中央部が下にとがり、その先に鈴飾りがつく胸飾、連珠と紡錘形の飾りを交互に連ね、X字にかける瓔珞は龍門古陽洞の脇侍菩薩に類似する。また、裙を二枚はき、そのうち下裙にフリル状の裾が付く点は、やや四角張った顔立ちとともに龍門賓陽中洞本尊と共通する。また、その側面観や背面観が西魏～北周の作とみられる東京藝術大学の菩薩立像（図5-5）に近似することも注目される。

これらとともに南朝金銅仏として注目されるのはインドシナ半島南部で発見された金銅仏である。一九四四年にフランス極東学院のルイ・マルレによって発掘されたメコン川下流のオケオ遺跡は、一～七世紀頃にインドシナ半島南部からマレー半島北部に築かれた王国扶南の外港都市跡とみられ、聖地とされたバテ山の周辺から仏像四点やヴィシュヌ神像が発見された（いずれもホーチミン歴史博物館蔵）。ヴィシュヌ神像が扶南様式をしめすのに対して、それとは異なる様式をしめす仏像は、扶南が中国南朝の冊封体制下にあったことを踏まえれば、南朝製との想定が可能である。このうち仏頭はガンダーラ風の仏立像（京都国立博物館蔵）との類似が認められ、仏三尊像も古式金銅仏の類品とみられるもので、初期金銅仏が南朝にも分布していた可能性をしめしている。一方、仏立像（図5-6）、菩薩立像、そして一九七五年にオケオ遺跡で新たに発見された仏立像（アンザン省博物館蔵）（図5-7）や二〇〇六年にカンボジアのコンポンチャム州で発見された金剛力士像（図5-8）は四川・成都市出土の梁代の石仏との類似が認められる。これによ

5　南朝の金銅仏（2）

図5-6　仏立像　オケオ遺跡出土　ホーチミン歴史博物館蔵

図5-7　仏立像　オケオ遺跡出土　アンザン省博物館蔵

図5-8　金剛力士立像　コンポンチャム州出土　プノンペン国立博物館蔵

図5-9　仏立像　上海博物館蔵

図5-10　菩薩立像　太建元(569)年銘　東京藝術大学蔵

図5-11　観音菩薩立像　大英博物館蔵

図5-12　易長観音菩薩立像　大阪市立美術館蔵

図5-13　仏三尊像　西安市未央区六村堡大劉荘出土　陝西歴史博物館蔵

り逆に成都市出土の石仏が建康様式と密接に関係することが確かめられたことの意義は大きい。なお、上海博物館にもアンザン省博物館像によく似た仏立像（図5-9）があり、これも梁代金銅仏の一つとみてよい。

なお、この他に陳の唯一の在銘像として太建元（五六九）年銘の菩薩立像（東京藝術大学蔵）（図5-10）が知られている。[33] 右手に楊柳、左手に水瓶をとり、隋唐に流行する楊柳観音に先駆ける作例として注目される。円形頭光を負い、その上に翼を広げる金烏を刻む太陽、さらにこれらの周囲に蓮華座に坐し合掌する五体の化仏を表し、髻頂には宝珠を戴くように見える。頭上に五仏を表し、髻頂に宝珠を戴く作例としては、隋の観音菩薩立像（大英博物館蔵）（図5-11）や大理国張勝温『梵像巻』中の易長観音菩薩を立体化した作例（大阪市立美術館蔵ほか）（図5-12）があり、江南において図像が継承されていった可能性がある。また、台座の前面に盤を伴う博山炉を浮き彫りで表す点も特徴的である。

さて、このように南朝の金銅仏を捉えると、その影響が山東ならびに西安、さらには朝鮮半島に及んでいることが理解される。次に述べるように山東の金銅仏とは密接な関係が指摘できる。また、陝西省歴史博物館の西安市で出土した仏三尊像（図5-13）は、中尊について言えば縄目状の頭髪は河北金銅仏に近いが、衣褶構成はアンザン省博物館像に近く、右脇侍菩薩の頭飾に金華万仏塔地宮出土像と同様の三花冠がみられる点や、反花座の左右に透かし彫りの降龍を取り付けるのが南京博物院に収蔵された三尊像と共通することが注目される。この三花冠は山東、西安のみならず朝鮮半島にも展開していることを踏まえれば、南朝を起点に展開した形式である可能性が高いだろう。加えて、太建元年銘像のように反花座の下方に博山炉を表すのも類例が山東、西安に見いだせ、これも南朝由来の形式と言えるのではないだろうか。

（四）山東

山東は、四六九年に北魏が領有した後も南朝との結びつきが強く、南朝の金銅仏の影響を受けた作例が多い。泰安で

6　山東の金銅仏

図6-4 仏三尊像 曲阜市勝果寺址出土 天保7(556)年銘 山東省博物館蔵

図6-3 仏立像 博興県龍華寺址出土 博興県博物館蔵

図6-1 光背 泰安市興華村出土 太和18(494)年 泰安市博物館蔵

図6-2 台座 泰安市衞駕荘出土 泰安市博物館蔵

図6-6 菩薩三尊像 諸城市林家村鎮青雲村出土 諸城市博物館蔵

図6-5 仏坐像 諸城市出土 天保3(552)年銘 諸城市博物館蔵

発見された太和十八（四九四）年銘の光背（泰安市博物館蔵）（図6-1）[34]は河北の太和造像にはみられない一光三尊の形式をとり、表された化仏も河北の太和造像とは異なり、いち早く「秀骨清像」の相貌をしめし、服制も双領下垂式で、僅かに懸裳が表されている。泰安では、この他に右脇侍とみられる菩薩像、台座が見つかっているが、台座（図6-2）の前面には陳・太建元年銘の観音菩薩像と同様の博山炉が表されている。

山東では、博興県の高昌寺址で五件、龍華寺址で九十四件の金銅仏が出土し、曲阜市や諸城市でも優れた北朝期の作例が見つかっている。博興県の金銅仏は北魏から隋にいたるもので、紀年銘作例が少なくない[35]。また、その多くは光背や台座も含めて一鋳とし、素朴な作風をみせるものであるが、そのなかにあって別製の光背裏面に造像銘がある味妙造仏立像（図6-3）は像容が南京新街口出土の金銅仏のうち光背・台座を別製とする像の一体に近似し、肉髻が前寄りに表され、体奥がやや浅いなどの相違点はむしろアンザン省博物館像に近いと言える。南京出土像やアンザン省博物館像とは背面の光背用の枘が一本か二本かの違いがあるものの、南朝製もしくはそれを直模した作例として注目される。

曲阜市の勝果寺址出土の仏三尊像（山東省博物館蔵）（図6-4）は、天保七（五五六）年銘の北斉造像と知られるが、蓮華座上に上半身のみを表す合掌の化仏の様態や「秀骨清像」の相貌、台座正面に博山炉を表す点などに南朝の金銅仏との共通点が認められる。山東においても、この時期には諸城市出土の天保三（五五二）年銘仏坐像（諸城市博物館蔵）（図6-5）[36]のように、河北を中心に展開した北斉様式が顕著な作例も知られる。金銅仏には保守的な様式が保たれたか、あるいは笵（鋳型）の継承があったのかも知れないが、いずれにしろ山東と南朝との密接な関係をしめす作例と言えよう。諸城市林家村鎮出土の仏三尊像や菩薩三尊像（図6-6）も南朝の伝統を継承する一光三尊像で、後述するようにこれらは朝鮮三国時代の仏像、ひいては日本の飛鳥時代の作例と密接な関係を有している。

二　日本の金銅仏

中国の金銅仏に続いて、日本の金銅仏をとりあげたい。本来であれば先に朝鮮半島の状況を論じるべきだが、以下に述べるように、日本には優れた朝鮮半島からの渡来金銅仏が多く伝来し、朝鮮半島の状況についてはそれらを踏まえて論じる方が適切と考えるためである。

一、日本への仏教伝来と渡来仏

日本への仏教公伝は、『日本書紀』（以下、『書紀』）によれば欽明天皇十三（五五二）年、『元興寺伽藍縁起幷流記資財帳』（以下、『元興寺縁起』）や『上宮聖徳法王帝説』（以下、『帝説』）によれば欽明戊午（五三八）年とされる。いずれも百済の聖明王が仏像や経典を伝えたとするが、仏像について『書紀』は「釈迦仏金銅像一軀」、『元興寺縁起』は「太子像幷灌仏之器一具」、『帝説』は単に「仏像」とする。「太子像幷灌仏之器」とは誕生仏と灌仏盤のこととみられ、だとすれば金銅仏だったに違いない。伝えられた仏像が灌仏盤を伴う金銅の誕生釈迦仏だったとすれば、それぞれの記述に齟齬はない。

ただし、私的な仏教伝来はこれより遡り、仏像も伝えられていたに違いない。対馬には、北魏・興安二（四五三）年の紀年銘をもつ仏坐像（図7-1）が伝来してきた。[37] その造像様式は、先に山東で制作された可能性を指摘した劉宋・元嘉十四（四三七）年銘仏坐像（永青文庫蔵）（図4-1）や山東省博興県で発見された北魏の金銅仏に類似する。すなわち、興安二年銘像は現存する最古の渡来仏として注目されるが、それは山東製である可能性が高く、朝鮮半島経由で日本にもたらされたと想像される。

7　日本の渡来金銅仏（1）

図7-4 救世観音像 法隆寺夢殿

図7-3 菩薩立像 蠟石製 上:扶余旧衙里出土 下:扶余東南里天王寺址出土 国立扶余博物館蔵

図7-2 菩薩立像 新潟・関山神社

図7-1 仏坐像 対馬伝来 興安2(453)年 個人蔵

図7-8 半跏思惟像 兵庫・慶雲寺

図7-7 仏立像 青州市龍興寺址出土 青州市博物館蔵

図7-6 半跏思惟像 長野・観松院

図7-5 仏三尊像 上海博物館蔵

従来の研究においては、四、五世紀頃の古墳から出土する鏡に仏、菩薩像が表されているとされてきた。[38]しかし、魏の制作とみられる三角縁仏獣鏡で仏坐像とされる像は冠をいただき、呉の制作になる仏獣䕫鳳鏡で仏坐像とされる像は西王母のように龍虎をしたがえ、半跏思惟のようなシルエットの像もこれを仏伝中の思惟する太子像とみなす特段の表象はない。晋から劉宋の制作とみられる画文帯仏獣鏡の仏像とされる像も双髻ないし冠をいただいている。確かに、頭光や通肩の着衣、蓮華座などに仏、菩薩像と共通する特徴は認められるものの、それは神仙に仏像特有の表現が混淆されたものとみるべきであろう。仮にそれを仏像的なものと認めるとしても、中国における初期仏像と同様にあくまで神仙世界がベースであって、礼拝像としての仏像とみなすことはできない。

仏教公伝以降、『書紀』には仏像伝来ないし請来の記事が散見する。敏達天皇八（五七九）年には新羅から仏像が伝えられた。同十三（五八四）年には鹿深（甲賀）臣が百済から弥勒石像一軀、佐伯連が仏像一軀を請来し、蘇我馬子がその二軀を求めたとされ、これを契機に蘇我氏による仏教興隆が本格化していく。さらに推古天皇二十四（六一六）年、同三十一（六二三）年には再び新羅から仏像が伝えられている。特に後者は仏像一具とともに舎利を納めた金色の塔、灌頂幡が伝えられ、仏像は葛野秦寺に、他は四天王寺に安置されたという。現在広隆寺に伝わる弥勒菩薩像（宝冠弥勒）こそこの仏像にあたる可能性が高い。[39]

一方、史料に記されなかった、あるいは史料が残らなかった渡来仏も多くあったに違いない。実際、日本各地に飛鳥時代において渡来した可能性のある金銅仏が二十点ほど伝わっている。それらの多くは朝鮮半島製とみられるが、一部は中国・南北朝期の作である可能性も残される。以下に列挙してみよう。[40]

①宮城・船形山神社　菩薩立像　百済または梁
②山形・大日坊　仏立像　百済
③長野・観松院　半跏思惟像　百済

④新潟・関山神社　菩薩立像　百済
⑤滋賀・延暦寺　半跏思惟像　新羅
⑥滋賀・石山寺　仏立像　百済　※本尊胎内仏
⑦京都・妙傳寺　半跏思惟像　百済または新羅
⑧奈良・神野寺　半跏思惟像　新羅または百済
⑨法一四三号　仏立像　梁または百済
⑩法一四三号　脇侍菩薩立像　飛鳥または三国
⑪法一五八号　半跏思惟像　高句麗または新羅
⑫法一九六号　光背　百済・甲寅（五九四）年
⑬和歌山・那智経塚　半跏思惟像　百済　※東京国立博物館蔵
⑭和歌山・那智経塚　光背断片　百済　※東京国立博物館蔵
⑮兵庫・慶雲寺　半跏思惟像　百済または新羅
⑯香川・六萬寺　仏立像　梁または百済
⑰香川・六萬寺　仏立像　百済または新羅
⑱香川・与田寺　誕生仏　百済または新羅
⑲熊本・鞠智城　観音菩薩立像　百済
⑳長崎・日本二十六聖人記念館　半跏思惟像　新羅
㉑長崎・浄林寺　半跏思惟像　百済

以上の作例は、近代に商業目的で輸入されたものではないと思われるが、いつ日本に伝来したのかは不明である。しかしながら、後述するように④関山神社像は法隆寺夢殿救世観音像との類似が指摘され、⑧神野寺像については和歌山・極楽寺半跏思惟像との類似が認められ、飛鳥時代にこれらを手本、「様」として造像が行われた可能性がある。少なくともこれらは飛鳥時代に伝来していたとみてよいだろう。また、⑨～⑫の法隆寺献納宝物中の金銅仏は、法隆寺蔵『金堂日記』によって承暦二（一〇七八）年の時点で金堂に安置されていたことが知られる小金銅仏に含まれていた可能性が高く、⑥石山寺像は同寺本尊の像内に納入されていた寛元三（一二四五）年銘の厨子より発見されたもので、厨子銘によれば承暦二（一〇七八）年の本堂火災後に修復された本尊像の像内にあったものという。[41]⑬⑭は平安時代から室町時代にかけての埋納が知られる那智経塚から発見されたものである。さらに言えば、⑮慶雲寺像は元和年間（一六一五～二四）に寄進されたとの寺伝があり、④は元禄年間（一六八八～一七〇四）の箱に納められ、⑳日本二十六聖人記念館像は隠れキリシタンが守り伝えた像とされる。これらについては、いずれもそれより以前に日本に伝来していたと考えることができる。

日本の仏像は、こうした渡来仏の受容に始まり、次いでそれらを手本とした造仏から始まった。以下にその様相を具体的に見ていこう。

（一）関山神社菩薩立像と観松院半跏思惟像

関山神社像（図7-2）は、火中し、宝冠や両手首以下、両足首以下、天衣の末端等が溶解し、嵌金が浮き上がって尊容を損ね、鍍金もほぼ失われているものの、痩身で上昇感のある身体表現、脚前で交叉する天衣の柔らかさ、内衣に施された細緻な文様は、日本製の金銅仏とは一線を画す質の高さを誇っている。かつて鉛同位体比の分析が行われ、忠清道南部、すなわち百済の故地産出の鉛が使用されている可能性が指摘されており、[42]像容のうえでも扶余の舊衙里および東南里から出土した蠟石製の菩薩立像断片（図7-3）に近似し、制作は百済泗沘期（五三八～六六〇）、おそらくは六世紀後半に遡ると考えられる。なお、蛍光X線分析の結果、錫と鉛をそれぞれ一割程度含む銅合金であることから、日本製の可能性はほぼないと判断される。(43)

関山神社像は、これを初めて紹介した久野健が指摘したように、法隆寺救世観音像（図7-4）に最も近似する像として注目される。痩身長軀のプロポーション、蕨手状の垂髪、中央が下にとがる胸飾、内衣の着用、膝前でX字形に交叉し、左右の垂下部が鰭状に張り出す天衣、股間に帯紐が垂れ、膝上で蝶結びを作る点、胸を引き、下腹部をせりだし、衣の裾を後方に引く側面観などに共通点が認められる。ただし、救世観音は正面観では直立し、左右相称性が強く意識されるのに対して、関山神社像は腰を右にひねり、顔を僅かに左に向け、本来は右脇侍菩薩であった可能性が高い。また、救世観音は腹前に両手で宝珠を捧げ持つが、関山神社像の場合、腰前に腰帯の結び輪が突出するため、失われた両手を救世観音のように宝珠をとる姿として復元することはできず、両手は腹脇で施無畏や与願などの印を結んだか、もしくはそうした手に何らかの持物をとる姿であったとみられる。(44)もっとも、救世観音のように腹前や腰前において両手で持物をとる手印は、百済や中国南朝の菩薩像に散見する。(45)百済においては三尊像の脇侍菩薩と独尊像の例があり、いずれも球状の持物を両手で上下からはさむように捧げ持つ。南朝では三尊像、五尊像、背屏式多尊像の脇侍菩薩の一軀ないし両軀にみられ、やはり両手で上下からはさむように持物をとるが、持物には水平に線刻があって合子（容器）とみるべきことが指摘される。(46)なお、南朝の三尊像の場合、両脇侍のうち一軀が両手で球状の持物をはさみ持ち、もう一軀が両手とも腰脇で印を結ぶ作例（図7-5）があることに鑑みると、先に想定したとおり関山神社像が右脇侍菩薩であったとすれば、これと一対の左脇侍菩薩が両手で球状の持物をとる印相であった可能性もあるだろう。いずれにしろ、関山神社像と救世観音との関係は、飛鳥時代における仏像受容のあり方を具体的にしめすものとして貴重である。

飛鳥時代、とりわけその前期には両手で球状の持物を上下にはさみ持つ菩薩像が多く伝わる。これらが南朝、百済の系譜に連なる作例であることは言を俟たない。また、これとは別に、法隆寺金堂釈迦三尊像の脇侍菩薩や法起寺菩薩立像のように両手にそれぞれ小珠をとる作例があるが、これについてもたとえば隋・開皇四（五八四）年の阿弥陀如来を主尊とする祭壇像（西安博物院蔵）の左脇侍菩薩が左手に小珠、右手に光焔を発するやや大きな珠をとるのを類例として挙げることができ、百済では右手を挙げて小珠をとる扶余窺巌面出土の観音菩薩像（国立扶余博物館蔵、国宝旧一九五号）の存在が想起される。[47] すなわち、これらの球状の持物は、基本的には朝鮮半島や中国の作例にならっているとみられる。そして、南朝作例の合子については舎利容器との解釈があり、球状持物については宝珠とみるのが一般的で、そこに菩薩行が象徴されているとの解釈が提示されている。[48] 現時点において、朝鮮半島の作例が持つ球状持物が宝珠であるとの確証はないが、救世観音の場合は蓮台があり、瑠璃玉を伴う光焔を発することからやはり宝珠とみなすことができ、少なくとも日本の後続の作例については、球状の持物は宝珠と認識されていた可能性が高い。それとともに、救世観音の持物が、単なる球状の持物から昇華され、すぐれた造形美をそなえた宝珠とされていることに改めて注目したい。

さて、関山神社像とよく似た様式をしめすのが観松院半跏思惟像（図7-6）である。角張った双髻、水平に毛筋を刻む額上の地髪、宝冠や胸飾の意匠、細身の体軀など多くの類似点を指摘できる。ただし、厳密に比べると、観松院像は目鼻立ちが大ぶりで目尻が切れ上がり、衣縁の唐草文様がより複雑な構成になるといった違いも認められ、観松院像の顔立ちはむしろ上海博物館の梁代の仏立像（図5-9）や山東の青州市龍興寺址出土の北魏の作例（図7-7）に通じる。また、百済の泗沘期の都であった扶余の扶蘇山出土の蠟石製の半跏思惟像断片やこれに類似する長崎・対馬の浄林寺に伝来する半跏思惟像断片に比べると、とりわけ側面観においてはるかに有機的な造形をしめしている。しかしながら、青銅の組成に注目すると、観松院像は錫を一割程度含むものの、鉛はほとんど含まない点からはやはり朝鮮半島製である可能性が高く、[49] 関山神社像との類似を踏まえれば、やはり百済の作例とみてよいだろう。

観松院像の右手は、現状では施無畏印を結ぶが、右手首先は後補で、右手首を僅かに内に傾けていることから、もとは思惟手だったかと思われる。半跏思惟像は、朝鮮半島においても日本においても、六～八世紀に多くの作例が知られる。その尊格や起源をめぐって様々な見解が提示されているが、なお不明な点が多い。中国においては、雲岡石窟第六窟の明窓脇にある菩薩形の半跏思惟像の足下に馬がかしづく、仏伝中のシッダールタ太子と愛馬との別れの場面を表した作例をはじめとして、ガンダーラ以来の樹下観耕から出家へといたる思惟する太子像の図像伝統に基づく作例が知られるほか、河北では「太子」や「思惟」の銘記を伴って樹下半跏思惟像が造立された。また、道宣『集神州三宝感通録』巻二の「東晋徐州呉寺太子思惟像」の所伝によれば、その淵源が南朝にあった可能性がある。[50] 一方、雲岡や敦煌莫高窟、数々の単独像において、兜率天の弥勒菩薩交脚像の脇侍として半跏思惟像が表され、これを世俗と解脱とを結ぶ媒介者、言わば人々を弥勒が住む兜率天に導く媒介者とみる解釈[51]、あるいは兜率天にのぼるために瞑想（修行）する姿との説[52]がある。ただし、隋時代とされる敦煌莫高窟第四二三窟人字披西側の兜率天弥勒浄土図は、兜率天宮に説法する交脚の弥勒菩薩像を中央に描き、さらにその右方に摩頂・授記する菩薩倚坐像、左方に供養を受ける半跏思惟像を描くが、もしこれらを弥勒とみなすことができるならば[53]、弥勒の脇侍としての半跏思惟像についても遡及して弥勒とみなすことができるのかも知れない。このように中国において半跏思惟像が弥勒と深い関わりをもつことは確かである。しかしながら、半跏思惟像を弥勒と銘記する作例は存在せず、現状においてはなお弥勒と確言することはできない。

朝鮮半島では、新羅の花郎信仰と弥勒の結びつきを前提に、半跏思惟像を弥勒とみる見解があるものの必ずしも説得的ではない[54]。少なくとも百済の半跏思惟像については別のコンテクストを想定する必要がある。そうしたなかで注目されるのは、世宗市蓮花寺に伝わる戊寅（六七八）年銘仏碑像の正面に阿弥陀浄土、背面に半跏思惟像が浮き彫りされていることについて、『大無量寿経』に同経を弥勒に付嘱することが説かれていることに着目した図像解釈と[55]、兵庫・慶雲寺半跏思惟像（図7–8）の榻座に浮き彫りで表された山岳文を須弥山とみなし、須弥山上の兜率天に居る弥勒を表しているとする解釈である。[56] それが認められるとすれば朝鮮三国時代の半跏思惟像は弥勒と認識されていたと考えることができ、[57] ひいては日本古代において半跏思惟像が弥勒として造像されていたことが朝鮮半島由来であったことの証左となる。

(二) 神野寺半跏思惟像

神野寺（こうのじ）は大和高原の北部中央にそびえる神野山（標高六一八メートル）の南麓に位置する。天平十二（七四〇）年、行基を開山として創建されたという一心院に始まり、平安時代に入り神野寺と号するようになったといい、江戸時代には興福寺に属し、多くの堂宇・末寺を有していた。その神野寺に伝わった半跏思惟像（図7-9）は、頭部前面をヘルメット状に覆うとともに、釣鐘形の垂飾を中心に棕櫚の葉を広げたような意匠の宝冠、幅広の臂釧・腕釧、腹部を三山形に覆う衣や右肘下に算盤玉形の繋ぎを設ける点、右膝下の板状の裙の翻りが独特で、そうした諸点ならびに大きさが和歌山・極楽寺に伝わる半跏思惟像（図7-10）に酷似することが指摘される。[58] 両像ともに火中による表面の荒れや損傷があり、極楽寺像は宝冠の上部が失われるが、細身の体軀、細長い腕、衣襞が浅く整えられ、右下肢の衣文が陰刻で表される点など、総じて非写実的ないし幾何学的な像容についても共通している。

ただし、青銅組成については、神野寺像が鉛を一割程度含み、[59] 日本製とは考えられないのに対して、極楽寺像は錫四パーセント、鉛一パーセント程度を含み、日本古代の金銅仏とみても問題はない。また、両像の形を改めて比べると、腹部を三山形に覆う衣は、神野寺像は腰回りから鳩尾（みぞおち）にかけてを覆い、合理的に理解できるのに対して、極楽寺像は鳩尾辺をめぐる不可解な衣で、写し崩れとみられる。また、両像の榻座背面には、ほぼ同形同大の型持ないし嵌金（はめがね）が施されるが、神野寺像が鋳銅製の銅型持（かたもち）とみられるのに対して、極楽寺像は土型持の痕をうめる嵌金とみられる。[60] すなわち、極楽寺像は神野寺像を本様とする模像であって、技法までも見よう見まねで写そうとしたのではないかと思われ

7　日本の渡来金銅仏（2）

図7-14　半跏思惟像（法158号）

図7-11　菩薩立像　慶尚南道居昌出土　澗松美術館蔵

図7-10　半跏思惟像　和歌山・極楽寺

図7-9　半跏思惟像　奈良・神野寺

図7-13　仏立像香川・六萬寺

図7-12　仏三尊像（法143号）

る。冠縉については、神野寺像が帯状であるのに対して、極楽寺像は折りたたみのあるリボン状で、より古様な形式を採用しているのであろう。

なお、神野寺像は、その相貌が慶尚南道居昌出土と伝えられる澗松美術館蔵の菩薩立像（図7-11）に近く、幾何学的な像容という点でも両者には共通性が認められる。澗松美術館像は新羅の作とされるが、[61]神野寺像の細身の体軀や宝冠の釣鐘形の垂飾は百済の制作とみられる観松院像に通じる。居昌は新羅と百済の境界にあり、神野寺像の帰属については新羅と百済の両方の可能性を残しておきたい。

いずれにしろ、神野寺像と極楽寺像とは、飛鳥時代、おそらくはその後期における渡来仏の受容のあり方を具体的にしめす遺例として貴重である。

(三) 法一四三号　一光三尊像

法隆寺献納宝物一四三号（図7-12）は、仏立像と脇侍菩薩像からなる三尊像で、中尊が負う大光背に脇侍菩薩が包まれている。こうした形式を一光三尊と称し、中国南北朝、朝鮮三国、日本の飛鳥時代に広く流布したことが知られている。そうしたなかで法一四三号の一光三尊像は、実はもとより三尊像だったわけではなく、おそらく日本において組み合わせられ、三尊とされたものとみられる。

中尊は頭の鉢が張り、豊頰で愛らしい表情を浮かべるのに対して、脇侍菩薩の顔は卵形で、目と口が小さく表される。体部も、中尊は肩が張り、腹部や腕の肉付きがしっかり表されているのに対して、脇侍は撫で肩で、抑揚も控えめで、造形は違いが著しい。中尊の渦巻く頭髪は蠟型段階で造形したものとみられるのに対して、脇侍の宝冠や装身具、衣縁の連珠文や唐草文は鋳造後に鐫(せん)刻したものと思われ、細部の仕上げ方法も異なっている。加えて、蛍光X線分析の結果、中尊は錫を一〇パーセント、鉛を五パーセントほど含むのに対して、脇侍は錫一パーセント余り、鉛や砒素、鉄はごく微量で、ほぼ純銅に近いことが判明している。[62]そもそも本像の光背は、脇侍によって隠れてしまう部分にも火焔文を刻み、最下段の化仏が脇侍によって完全に隠れてしまう点が不審であり、横幅も独尊像にふさわしく、脇侍の枘を受ける枘孔が不整形であることからも、脇侍菩薩は後に付加されたものとみて間違いない。

光背は、ややふくらみのある縦長の身光に八葉蓮華を中心とする円形の頭光が重なり、頭光上部に火焔宝珠を表し、そこから半パルメットを伴う蓮華唐草が光背の縁に絡みつきながら展開し、枝分かれした茎の先端に蓮華座に坐す化仏七体を生じ、焔形に広がる周縁部には火焔文が刻まれている。このうち光背の縁に唐草が絡みながら展開し、化仏を生じる表現は、南京博物院の一光三尊像（図5-3）にもみられるもので、[63]この光背が南朝の系統に属することを明確にしている。また、この光背の制作地を考えるうえで注目すべきは化仏の表現で、化生のように蓮華座から上体のみを表し、通肩で、合掌手が大きく顎下にとどく点が特徴的だが、これは南京出土の一光三尊像の光背の化仏に類似するとともに、鉛同位体比から忠清北道産と比定される鉛を含む那智経塚出土の光背断片[64]の化仏に酷似している。ただし、本像の光背と那智経塚出土の光背断片とを比べると、本像は唐草を立体的に表すのに対して、那智経塚出土のそれは線刻であり、火焔文も本像の方が流麗であることは注意を要する。[65]

中尊は、足下の蓮肉までを一鋳とするが、体軀は中空で、両足首を裙裾前面の内側につくる点が特徴的である。類例としてハーバード美術館蔵の隋の仏立像、南京出土の金銅仏の一体（図5-2）によく似た香川・六萬寺の仏立像（図7-13）、東京藝術大学の菩薩立像（図5-5）などを挙げることができる。六萬寺像と東京藝術大学像はともに像底を塞いでいるが、六萬寺像には像底に隙間があって内部が中空であることがわかり、東京藝術大学像は像底を鋳かけているらしく、内部は中空か、もしくは中型土が残存していると思われる。また、蓮肉も中空としながら、中央に枘を作りだし、その枘を支えるべく底部に十字の桟を渡すが、大英博物館の隋の観音菩薩立像（図5-11）が蓮華座を中空とし、中央に方形の筒を作りだしているのが類例と言えるだろうか。このように中尊の作り方はきわめて特異で、その類例が主に中国作例であることは本像の制作地を考えるうえで示唆的である。仮に中尊が中国の作例だとすれば、光背についてもその可能性が高いと考えるべきであろう。

一方、脇侍菩薩は、卵形の顔立ちや単純な肉取りは、たとえば同じ法隆寺献納宝物一五八号半跏思惟像（図7-14）や京畿道楊平郡出土の仏立像など三国時代、後述するように私見では高句麗とみられる作例に類似するが、垂髪や冠繒、天衣の表現は合理性を欠き、鋳造後の鏨刻を多用する点、そして地金の組成からはむしろ日本製の可能性が高いと思われる。だとすれば、南朝もしくは百済製の挙身光を伴う仏立像に、日本で両脇侍を付け加えて一光三尊としたものと考えられる。

飛鳥時代後期に多く制作された塼仏や押出仏は、型の一部を改変し、あるいは複数の型を組み合わせて様々なバリーションが作り出されたことが知られている[66]。本像も、そうしたアレンジによって形成された作例と言えるだろう。

二、飛鳥時代の金銅仏

次に、現存作例によりながら、飛鳥時代の金銅仏を概観することにしたい。以下、日本で制作された最古の金銅仏とみられる安居院釈迦如来像（以下、飛鳥大仏）、法隆寺金堂釈迦三尊像をはじめとする止利派の金銅仏、難波・河内の金銅仏、童顔童形の金銅仏、初唐様式の金銅仏といった項目を立てて論じていくこととする。

（一）飛鳥大仏

飛鳥大仏（図8-1）は、蘇我氏によって創建された日本で初めての本格的寺院、飛鳥寺（法興寺）の本尊として今日に伝来した。『日本書紀』と『元興寺伽藍縁起幷流記資財帳』所引「丈六光銘」を勘案し、推古天皇十七（六〇九）年に止利仏師によって制作されたとするのが通説となっている。また、建久七（一一九六）年に火災に見舞われ、その後

8　飛鳥時代の金銅仏（飛鳥大仏・止利派・河内の金銅仏）

図8-3　背屏式仏五尊像
成都市商業街出土　成都
市博物館蔵

図8-2　奈良文化財研究所による飛
鳥寺釈迦三尊像想像復元図

図8-1　釈迦如来像　奈良・飛鳥寺
（安居院）

図8-6　薬師如来像
法隆寺金堂

図8-5　釈迦三尊像　戊子(628)年
法隆寺

図8-4　釈迦三尊像　推古31(623)
年　止利仏師作　法隆寺金堂

図8-8　弥勒菩薩半跏像
丙寅(666)年銘　大阪・野中寺

図8-7　観音菩薩像　戊午
(658)年銘　大阪・観心寺

再興されたものの、当初部分は面部の額から鼻にかけて、右手の第二～四指のみとされてきた。

ところが、青銅の組成分析を含む調査の結果、頭部は肉髻の大部分、地髪正面下部から面部の大半、右手は掌の上部や第一・二指間の縵網相、第五指付け根も当初とみられることが明らかとなり、しかも、頭部と右手では組成が異なるため（鉛の含有率が頭部では一パーセント弱であるのに対して、右手は平均で四・三パーセント、錫の含有率も手の方が僅かに高い）、それぞれを別製と考えざるを得ない、あるいは二体の丈六金銅仏が存在したと想定すべきことが判明した。[67]

飛鳥寺は、『日本書紀』によれば推古四（五九六）年に造営がいったん完成しながら、その後推古十三（六〇五）年に「鞍作鳥」、すなわち止利仏師に命じて銅・繡の丈六仏を造らせたという。一方、発掘調査によって一塔・三金堂式の伽藍であったこと、かつ中金堂と塔、東西塔では基壇の造成方法が異なっていることが知られた。[68] こうした事情を踏まえ、かつて毛利久は中金堂の位置に坐す飛鳥大仏を推古四年に完成した中金堂本尊とみなし、止利による銅・繡の二体の丈六仏は東西金堂の本尊とされたとの仮説を提示した。[69] この仮説はきわめて魅力的で、毛利の指摘のとおり飛鳥大仏は中金堂本尊を継承したものであり、ただし右手は止利による銅の丈六仏のものが転用されていると考えれば、すべて辻褄が合う。もしそうだとすれば、飛鳥大仏の顔は百済からの渡来工人の手になるもので、右手は止利仏師の作ということになる。なお、止利派の金銅仏は鉛と錫をともに四～五パーセント程度含むことが知られており、[70] 飛鳥大仏の右手の組成がそれに近いことも付言しておきたい。

飛鳥大仏についてはもう一点、検討すべき問題がある。飛鳥大仏は現在、中金堂旧土壇上に据えられた流紋岩質溶結凝灰岩（竜山石）の基壇上、二〇センチほどの盛り土上に安置されている。盛り土の左右に接して直径・深さ各三〇センチほどの孔があり、これを脇侍菩薩に関わるものとみて、かつ法隆寺金堂釈迦三尊像を参照して、これまで復元案（図8-2）が提示されてきた。しかしながら、坐像であればおそらくは須弥座（しゅみざ）（宣字座（せんのじざ））を伴い、懸裳を表していたと考えられるが、通常は須弥座の下框（したがまち）の幅は脚部の張り出しよりも広いため、脇侍に関わるとされてきた孔は塞がれてしまう可能性が高い。復元案では脇侍の立つ蓮華座の茎が屈曲しているが、これでは重量に堪えられないのではないだろうか。こうした点に鑑みると、実は立像の三尊であった可能性を想定するのが妥当ではないかと思われる。[71] 梁代や朝鮮三国時代には立像の三尊像の作例（図8-3）も多く知られており、決して荒唐無稽な想定ではない。

(二) 止利派の仏像

法隆寺金堂釈迦三尊像（図8-4）は光背裏面の銘記より、推古天皇三十一（六二三）年に聖徳太子追善のために制作されたこと、そしてこれを「司馬鞍首止利仏師」に造らせたことが知られる。止利仏師は、飛鳥寺の丈六仏を造った「鞍作鳥」と同一人物とみられ、しかも『日本書紀』は「時に仏像は金堂の戸より高く、もって堂に納(い)ることを得ず。ここにおいて諸の工人等議(はか)りて曰く、堂の戸を破(こは)してこれを納れむ。然るに鞍作鳥之秀工、戸を壊(こは)さず堂に入ることを得たり」と完成した丈六仏を堂内に納めるのに機転を利かせたエピソードを載せて、止利を秀工と賞賛している。その秀工ぶりは釈迦三尊像をみれば一目瞭然である。

止利仏師による作例は、前項で述べたように飛鳥大仏の右手がそうであるかも知れないが、これを除くとその他には知られない。[72] しかしながら、金堂釈迦三尊像に類似した形式、作風をしめす作例が法隆寺を中心に伝来し、これら一群の金銅仏を止利派の仏像と称している。[73] 今も法隆寺に伝わる戊子（六二八）年銘の釈迦三尊像（左脇侍亡失）（図8-5）、菩薩立像、法隆寺献納宝物のうち法一四三号仏坐像、法一四九号仏立像、法一五〇号仏立像、法一五五号菩薩半跏像、愛知・正眼寺の釈迦誕生仏がそれで、法隆寺金堂薬師如来像（図8-6）も止利派の作例に加えてもよいと思われる。[74] 薬師像は、用明天皇の遺志を継いで推古天皇と聖徳太子が推古十五（六〇七）年に法隆寺を創建した旨の銘記が頭光裏面に刻まれているものの、銘記の成立年代が天武朝末年（六八〇年頃）以降とする説があること、[75] 像自体も釈迦三尊像を写しつつ、より丸みがあって様式の進展がうかがえることなどから、天智天皇九（六七〇）年の法隆寺火災以降の作例との見方が強い[76]。しかし、その様式は他の止利派の仏像と比べて最も釈迦三尊像に近く、仮に銘記の成立年代は降るとしても、像自体は釈迦三尊像からそう遠くない時期に制作されたと考えたい[77]。

止利派の作例は、いずれも面長な相貌で、衣の末端を左右に張り出すなど左右相称性が強く、如来像は双領下垂式か胸前を広く開ける通肩で、菩薩像は大きな三山冠をいただく。しかし、これらの作例を一流派とみなす最大の理由は、ことに如来像に関して、正面観では大衣の末端を左前膊にかけているように見せながら、背面観では左肩にはねかけているように見える不合理な着衣形式が共通している点にある[78]。なお、こうした不合理な着衣形式は、斑鳩地域において飛鳥時代を通して継承されたようで、七世紀末頃の法輪寺薬師如来像や八世紀初期の制作とみられる法隆寺伝橘夫人念持仏の中尊阿弥陀如来像にも認められることは興味深い。

(三) 難波・河内の金銅仏

飛鳥時代の金銅仏の優品の多くは、法隆寺献納宝物を含め法隆寺伝来のものである。ただし、法隆寺伝来の金銅仏は、『金堂仏像等目録』所載の承暦二（一〇七八）年「法隆寺政所定注三箇条」によると、当時の金堂にはもとより法隆寺に伝来した小金銅仏が七十余軀とともに、橘寺から迎えた小金銅仏が四十四軀安置されていたといい[79]、これらは斑鳩と飛鳥に伝来した金銅仏であった。そのうち日本製で七世紀前半に遡るのは止利派の作例のみで、その他は七世紀後半以降の作例とみられ、かつその作風は多様である。

飛鳥時代は朝鮮三国との交渉が盛んであった。『日本書紀』によれば、百済からは仏教を伝えた後も敏達天皇十三（五八四）年に鹿深臣が弥勒石像を請来し、推古天皇十（六〇二）年には観勒が来朝し、天文や暦本等を伝えたことが知られる。高句麗からは推古天皇三（五九五）年に恵慈が来朝し、新羅からは敏達天皇八（五七九）年、推古天皇二十四（六一六）年、同三十一（六二三）年にそれぞれ仏像が献じられている。一方、推古天皇十五（六〇七）年に小野妹子を大使とする使節をはじめとして三度の遣隋使が送られ、唐代に入ってからも舒明天皇二（六三〇）年を初度として、その後白雉四（六五三）年から天智天皇八（六六九）年までの十八年間には六度も遣唐使が送られている。また、天智称制二（六六三）年の白村江の戦いの敗戦を機に、百済から技術者を含む多くの遺民を受け入れることとなり、新羅が文武王八（六六八）年に朝鮮半島を統一すると、遣唐使にかわって遣新羅使が活発化した。そして、天武・持統朝期に途絶えていた遣唐使が大宝二（七〇二）年に再開する。こうした対外交渉を通じて、仏像に関しても新旧様々な情報が同時並行で伝えられたことが想像され、それが多様な作風を生む背景となったと考えられる。

ただし、そうした状況のなかでも、メルクマールを設定することでその展開を整理することができるかも知れない。天智天皇九（六七〇）年の法隆寺火災というエポックメーキングな事象とともに、乙巳の変後、大化元（六四五）年から白雉五（六五四）年までの難波宮遷都、天智称制六（六六七）年から天武天皇元（六七二）年までの近江大津宮遷都も重要な指標となるだろう。

本項で注目したいのは、そのうち難波宮遷都である。難波宮は難波津をはじめとする港湾施設の存在を背景としていたと考えられ、また難波宮から大和へと通じる大道、すなわち難波大道、竹内街道、横大路が通じ、沿道には寺院を含む拠点が形成されたと考えられる。難波宮遷都の期間は短かったものの、天武天皇十二（六八三）年には複都制の詔により再び都と位置づけられ、朱鳥元（六八六）年に焼失するまではその機能を果たした。聖徳太子創建と伝えられる四天王寺において、天智天皇の時代に弥勒菩薩像（後の本尊救世観音）や四天王像が安置されたことが知られる。[80]また、河内飛鳥周辺には、斉明天皇四（六五八）年に相当する戊午年の作とみられる観心寺観音菩薩像（図8-7）[81]、天智称制五（六六六）年に相当する丙寅年銘を有する野中寺弥勒菩薩半跏像（図8-8）[82]といった作例が伝わる。こうした事例や作例の背景に、難波宮の存在を想定することも可能であろう。

金銅仏について言えば、銘記はないものの四天王寺には二体の半跏思惟像が伝わり、金剛寺菩薩立像、観心寺菩薩半跏像の存在も知られる。このうち金剛寺像については法一八〇号観音菩薩像との類似が指摘されており、[83]飛鳥ないし斑鳩地域との交渉がうかがえるが、一方で難波宮を中心に河内を一文化圏として捉えることもできるように思われる。

(四) 童顔童形の金銅仏

法隆寺伝来の金銅仏には、法一五三号仏立像（図8-9）や法一七九号（図8-10）、法一八八号菩薩立像などを典型として、童顔童形と形容される一群の金銅仏が伝来している。面長で、体軀に比べて頭が大きく、頰が長く、柔らかくふくらみ、小振りな目鼻口が頭部の下半に集まるなど乳幼児の顔の特徴をそなえ、体軀が寸胴で、しばしば腹部を突き出して立つなど体型も幼児に通じる特徴をしめす。六観音と通称される法隆寺の菩薩立像六軀、三重・見徳寺伝薬師如来像（図8-11）、奈良・金龍寺菩薩立像など、木彫像にも類似した作例があり、法隆寺金堂の中の間、西の間の天蓋に付属する奏楽天人（図8-12）も同類で、白鳳時代の仏像の一典型ともみられている。また、金銅仏の作例では、魚々子（ななこ）鏨や複連点文など特殊鏨の使用が認められる点も特筆される。

童顔童形の様式については、ことに中国北周の天和年間（五六六～七二）にずんぐりとした童形の体軀をもつ作例が散見し、これらを源流とすることが指摘されている。[84]また、ふっくらと腹をふくらませた姿は北斉・天保年間（五五〇-五九）頃の作例にも通じる。しかし、白鳳時代の童顔童形像はこれらを直模したものではない。見徳寺像については言えば、山東・青州市龍興寺址出土の隋代の作とみられる白大理石製の仏坐像（図8-13）に類似し、法隆寺金堂天蓋の奏楽天人の像容は統一新羅初期の作例とみられる慶州市月池出土の仏坐像（図8-14）に近似している。眉が大きく弧を描き、人中と頰が長い顔立ちも青州市龍興寺址出土の隋代とみられる像（図8-15）によく似ている。菩薩像に多くみられる毛束を複雑に重ね、毛筋を刻む頭髪の表現は新羅末期の慶尚北道亀尾高牙邑出土の観音菩薩像（国立大邱博物館蔵、国宝旧一八三号）（図8-16）や貞観八（六三四）年の紀年銘のある四川・梓潼臥龍山千仏岩の西面「阿弥

8　飛鳥時代の金銅仏（童顔童形像）

図8-12　奏楽天人像
法隆寺金堂天蓋付属

図8-11　伝薬師如来像
三重・見徳寺

図8-10　観音菩薩立像（法179号）

図8-9　仏立像
（法153号）

図8-16　観音菩薩像　慶尚北道亀尾市高牙邑出土　国立大邱博物館蔵

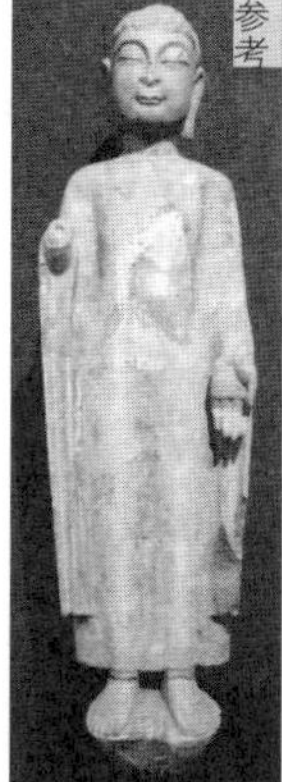

図8-15　仏立像
青州市龍興寺址出土　青州市博物館蔵

図8-14　仏坐像　慶州市月池出土　国立慶州博物館蔵

図8-13　仏坐像　青州市龍興寺址出土　青州市博物館蔵

陀三尊五十菩薩像」の菩薩像など中国初唐期の作例にみられるものである。すなわち、童顔童形像は斉周様式よりもむしろ隋～初唐様式に淵源があり、直接には新羅からの影響をもとに成立した可能性が高い。

童顔童形像の作例は蓮華座の蓮弁が複弁で、その子葉が平らに表されるのが特徴的である。こうした特徴は天智天皇九（六七〇）年の火災以降とみられる法隆寺西院伽藍造営において使用された軒丸瓦の様式と共通する。その年代観は新羅との交流が活発化した時期とも重なり、新羅の影響によるとみた像本体の様式観に符合する。加えて言えば、法隆寺金堂の童顔童形の奏楽天を伴う天蓋がおそらくは六七〇年代末頃には具えつけられていたことも基準となるだろう。[85]なお、特殊鏨、とりわけ複連点文による加飾技法については、日本では天武・持統朝に多用され、八世紀以降には限られた使用であったこと、その源流が百済、新羅に求められることが指摘されている。[86]

（五）初唐様式の金銅仏

飛鳥時代末期を迎えると、遣唐使の再開によるものか、あるいはそれ以前における新羅経由によるものか、さらには天智朝までの遣唐使によってもたらされた情報の流布によるものか、その要因の判断は難しいが、新たに初唐様式を反映した作例が多く作られた。

法隆寺の伝橘夫人念持仏とされる阿弥陀三尊像（図8-17）は、厨子の須弥座に「越前」の習書が残され、そうした二字国名が使用されるのは大宝四（七〇四）年以降との指摘がある。[87]本像では、阿弥陀三尊が蓮池から咲き誇る蓮華上に表されているが、こうした表現形式は初唐の敦煌壁画にみられる。また、後屏は三尊を取り囲む帳をかたどったもので（連弧の各頂点から下方に襞が認められる）、そこに阿弥陀三尊を供養する五軀の菩薩像や七軀の化仏が表される。そのうち供養菩薩が坐す蓮華の茎には蛸足状の水草が絡みつくが、こうした表現は初唐の作例に基づく表現である。なお、供養菩薩はその姿態からも本来は阿弥陀三尊の前方にあるべき存在で、化仏も中空にあってよく、いずれも帳の図様と

8　飛鳥時代の金銅仏（初唐様式）

図8-19　脇侍菩薩立像　四川・綿陽壁水寺第19龕

図8-18　菩薩立像（法187号）

図8-17　阿弥陀三尊像（伝橘夫人念持仏）　法隆寺

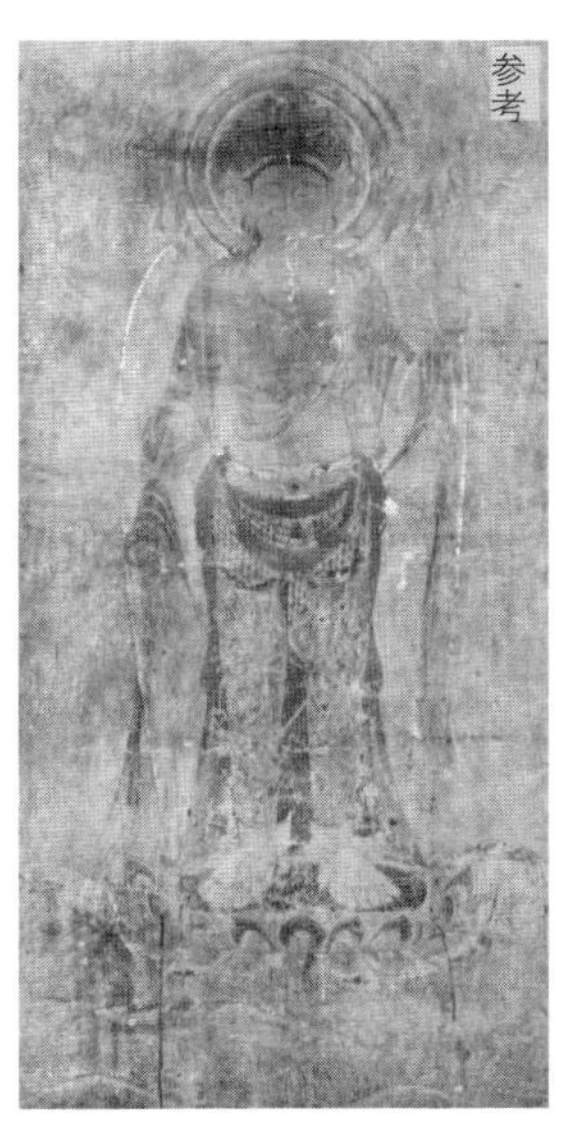

図8-22　十一面観音菩薩像　法隆寺金堂壁画12号壁

図8-21　聖観音菩薩像　薬師寺東院堂

図8-20　仏倚像　奈良・正暦寺

いうより、むしろそこに投影された存在と見るべきであろう。阿弥陀如来は薄く身体に密着する衣の表現とともに、大衣を偏袒右肩に着けながら、僧祇支（そうぎし）（もしくは覆肩衣（ふげんね））を通肩に着ける点に初唐風が認められる。童顔童形の様式を継承するとともに、右脚を上に半跏趺坐し、大衣の末端を左前膊にかける点は飛鳥前期の止利派の形式を継承し、右前膊にかかる僧祇支の末端を袋状に表すのは百済様式を取り入れた法輪寺薬師如来像(88)にならうなど古様な点もみられるが、初唐様式に基づく新しい要素が認められるのも確かである。

法隆寺献納宝物の金銅仏のなかに、インド風と呼ばれてきた作例がある。たとえば法一八六号、法一八七号菩薩立像（図8-18）は、チャッカ式のドーティのように裙を着け、頭髪はまるでターバンを巻いたかのように髪束を重ね、頭飾もターバン飾りのごとくである。裙の様態は四川・綿陽壁水寺第一九龕（図8-19）、頭髪の様態は先述した四川・梓潼臥龍山千仏岩西面のそれぞれ「阿弥陀三尊五十菩薩像」の脇侍菩薩と共通する。同図像の祖型は長安にあったと想定され、すなわちインド風を志向した長安の初唐様式を源流とするとみられる(89)。

奈良・正暦寺の仏倚像（図8-20）や法一四八号仏倚像、さらには「山田殿像」の銘記をもつ法一四四号阿弥陀三尊像の中尊についても、倚像で裙裾を左膝まで引き上げる姿は初唐に洛陽周辺で流行した優塡王像の図像にならうものである(90)。法一六四号半跏思惟像や法隆寺の伝金堂阿弥陀如来脇侍像のような連眉（れんび）の作例についても、初唐様式の影響を認めることができるだろう。

最後に、薬師寺東院堂聖観音菩薩像（図8-21）をとりあげて日本への金銅仏の伝播の問題を締めくくりたい。同像は法隆寺金堂壁画のうち十一面観音菩薩像（一二号壁）（図8-22）の図像を援用した可能性が高い(91)。東院堂聖観音菩薩像の像高は一八八・九センチ、高さ三一五センチの一二号壁に描かれた十一面観音の高さ（頭上面頂~足先）は約二一七センチと東院堂像の方が一回り小さく、もとより尊格が異なっている。しかしながら、正面向きの姿勢と手勢が一致し(92)、肩や腰骨が張り、腰が引き締まった体軀の輪郭が近似する。加えて、条帛の末端を左肩から左腹脇へと垂らす形、裙の上端を腿の中程まで折り返し、折り返しの末端（折りたたまれて衣縁がS字を描く）が股間に膝の高さまで垂れる形、腰帯の下層から引き出した衣を折り返して腰前に尾鰭状に垂下し、腰前に宝飾をあしらう形、両肩から垂れて下腹部と膝辺を上下二段にわたり、両前膊にかかって体側に垂下する天衣とは別に、腰前をU字に上下二段にわたり、両腰脇で結んで体側に垂下する帯状の衣を着ける点、それぞれの衣に平行する衣文を刻み、脛部にU字形の衣文を重ねる形など、衣褶表現が酷似している。詳細に見ると、東院堂像は衣縁の連続性にやや難があり、写し崩れがあると思われるが、東院堂像が一二号壁ないしその元となった絵様に基づいていることは認めてよいだろう。ただし、東院堂像は、側面観では十分な奥行があり、その充実した肉づきは薬師寺金堂薬師三尊像のそれを上回るほどである。そこには自ずと同年代の彫刻様式が反映しているのであろう。

法隆寺金堂壁画のうち六号壁は、初唐に流行した阿弥陀三尊五十菩薩図をトリミングしているとみられる(93)。一二号壁十一面観音菩薩像を含む他の壁画も、遣唐使によって長安からもたらされた絵様に基づくとみられる。金銅仏は渡来金銅仏を写す場合もあったが、このように絵様をもとに制作される場合もあったことが注目される。なお、東院堂像は髻の結い方や装飾、胸飾の意匠は金堂壁画とは異なり、他に何らかの図像を参照している可能性もある。東院堂像も、参照し得た図様を自在に組み合わせて新たな図様を創出するという手法が採用された事例の一つと言うことができるだろう。

三　朝鮮半島の金銅仏

最後に朝鮮半島への金銅仏の伝播について述べることとする。仏教が、日本よりも先に、中国とは陸続きの朝鮮半島にもたらされたことは言うまでもない。朝鮮半島には、日本にはない、中国の古式金銅仏を模した作例（国立中央博物館蔵）（図9-1）が伝わっている。ただし、中国の作例が内部を中空とするのに対して、朝鮮半島のそれはムクであり、外形だけを型取りして制作されたとみられる。前章で触れた、対馬に伝来した北魏・興安二（四五三）年の紀年銘をもつ仏坐像（図7-1）も、もとは朝鮮半島に伝来した可能性が高く、やはり早くから中国の金銅仏が伝播していたことが知られる。

しかしながら、その後の三国時代の韓国の仏像の展開については、基準的作例が少ないために、また可搬性のある金銅仏が現存作例の多くを占めることもあって、時代、地域ともに不明な点が多い。以下、高句麗、百済、新羅の順に、制作地の推定可能な作例を中心に論じることとする。

一、高句麗の金銅仏

延嘉七（己未）年銘の仏立像（国立中央博物館蔵、国宝旧一一九号）（図9-2）は、韓国の仏像史において常に劈頭に挙げられる作例である。一九六三年に慶尚南道宜寧で発見されたものながら、銘記により「高麗国楽良東寺」出身の僧が発願したものと知られ、高句麗の像とみられている。光背、反花座、丸框と一体の鋳造になり、右手施無畏印、左手刀印を結び、大衣は双領下垂式で末端を左前膊にかけている。頭光、身光の意匠が特異で、特にS字形を対向させる頭光の表現は強いて言えば北魏の西安周辺にみられる道仏混淆像の交龍を想起させる。己未年は一般に五三九年に比定される。

景四（辛卯）年銘[94]の仏三尊像（LEEUM美術館蔵）（図9-3）は、一九三〇年に北朝鮮の黄海北道谷山郡で発見されたものである。延嘉七年銘像とは異なり、本体（蓮華座の蓮肉を含む）と光背（脇侍菩薩を含む）、台座を別鋳とする。仏立像の大衣は双領下垂式ながら末端を左肩にかけ、像容も丸みを帯びている。やや稚拙な表現ではあるものの、頭光と身光の圏帯には波状の唐草文が施され、頭光頂部には宝珠も表されている。発見地から高句麗の作として異説はなく、

9　高句麗の金銅仏

図9-3　仏三尊像　景4(571)年銘　LEEUM美術館蔵

図9-2　仏立像　延嘉7(539)年銘　国立中央博物館蔵

図9-1　仏坐像　ソウル纛島出土　国立中央博物館蔵

図9-4　光背　永康7(551)年銘　平壌平川区域平川洞　出土　中央歴史博物館蔵

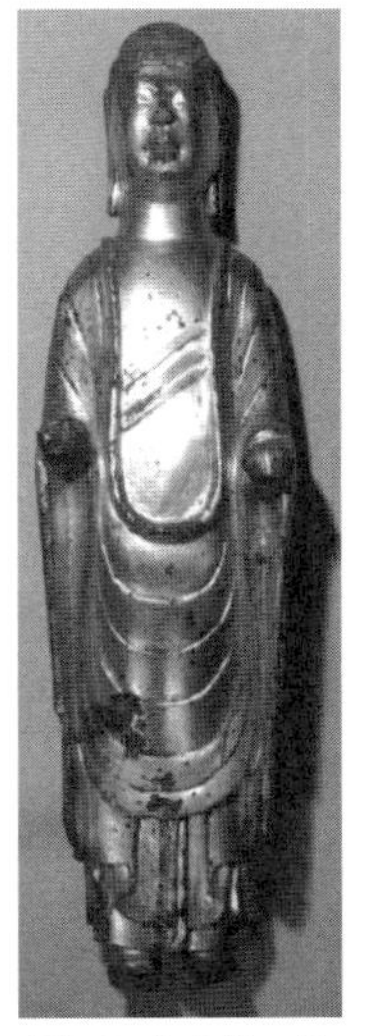

図9-7　仏立像　京畿道楊平出土　国立中央博物館蔵

図9-6　仏三尊像　癸未(563)年銘　澗松美術館蔵

図9-5　光背　建興5(536)年銘　忠清北道忠州老隠面　出土　国立清州博物館蔵

五七一年に比定するのが一般的である。[95]

この他、一九四四年に平壌市において永康七（辛）年銘の光背（中央歴史博物館蔵）（図9-4）が発見されている。挙身光で、銘記に「弥勒」の尊名があるが、身光中央に像背面に作り出した角柄をさすための枘孔があり、おそらく仏坐像の光背であったとみられる。[96] 光背の形式は景四年銘像と共通するが、より緻密で洗練されている。おそらくは景四年銘像に先行する作例と思われる。建興五（丙辰）年銘の光背（国立清州博物館蔵）（図9-5）は、景四年銘像の光背と同じく脇侍を伴うが、縦横の比率から中尊は仏坐像であったとみられる。頭光、身光の圏帯に唐草や宝珠は表されないが、周縁の火焔は細緻で、永康七年銘の光背に近く、化仏に頭光がつくことが注目される。一九一五年に忠清北道忠州老隠面で発見されたもので、同地域は六世紀前半には高句麗、後半には新羅の支配下におかれていた。丙辰が五三六年であれば高句麗、五九六年であれば新羅の作となるが、前者とするのが一般的である。ただし、先の延嘉七年とは年号のうえで齟齬をきたすため、それぞれの年代比定についてはなお検討を要するところである。[97]

澗松美術館蔵の癸未年銘の仏三尊像（国宝旧七二号）（図9-6）もこれらと同系統とされることが多い。ただし、この像は光背と台座に魚々子鏨による連珠文が施される点に独自性がある。また、概形が円筒形で、各弁を立体的に表す反花座の形式が南京郊外の棲霞寺石窟第二二窟の菩薩像や山東・博興県龍華寺址出土の味妙造仏立像（図6-3）などに近いことからも、むしろ百済製とみるのが妥当ではないだろうか。

なお、京畿道楊平郡江上面寺址から出土した仏立像（国立中央博物館蔵、国宝旧一八六号）（図9-7）やソウル三陽洞出土の菩薩立像（国立中央博物館蔵、国宝旧一二七号）など、河北の北斉～隋造像に類似する緩やかな曲線、曲面を連ねる抽象的な作例を、これらに続く高句麗の金銅仏として位置づけることができるように思われる。

二、百済の金銅仏

百済の金銅仏については、残念ながら熊津期（四七五～五三八）に遡るとみられる作例はなく、現存するのは泗沘期（五三八～六六〇）の作例からである。まず、扶余ないしその周辺から出土した作例を見てみたい。忠清南道瑞山普願寺址出土の仏立像（図10-1）は、腐食によって両足首以下を欠損し、両手先にも腐食が及ぶが、鍍金が鮮やかに残っている。内衣を通常とは逆に左下がりに着けるが、衣褶表現にはやや硬直した印象があり、山東の作例に通じるように思われる。一九三六年に蠟石製の仏坐像（国立中央博物館蔵、宝物旧三二九号）とともに発見された同扶余軍守里寺址出土の菩薩立像（宝物旧三三〇号）（図10-2）は、三花冠（頂上の一つは欠損）をいただき、下裙を着ける点に南朝作例との類似が指摘できる。同扶蘇山城出土の鄭智遠造仏三尊像（国立扶余博物館蔵、宝物旧一九六号）（図10-3）は、南京出土の一光三尊像の形式を踏襲するものだが、面長な相貌には隋代の作例に通じるところがある。一九〇七年に同扶余窺巌面で出土した観音菩薩像（国立扶余博物館蔵、国宝二九三号）（図10-4）は、痩身長軀で三面頭飾をいただき、化仏龕を連珠文で縁取るなど、隋様式の影響が色濃く、制作は七世紀以降、百済末期とみられる。百済は、武王（在六〇〇～四一）の時代には遣隋使や遣唐使を送り、朝貢外交を進めたが、それを通じて隋、初唐様式が流入したと考えられる。また、武王は益山を副都とし、弥勒寺が建立されたが、窺巌面出土の観音菩薩像の顔立ちが弥勒寺出土の菩薩像頭部に類似していることにも注目しておきたい。

扶余周辺からは金銅仏のほかに蠟石製像や塑像が出土している。それらを見ると南朝梁代の様式の受容が明らかである。とりわけ蠟石製像に精緻な作例が多く、そしてそれらは現在日本に伝わる関山神社像や大日坊像、石山寺像などに類似している。現在、韓国に所在する扶余郡周辺で出土した金銅仏は必ずしも精緻とは言えず、百済の金銅仏の水準はむしろ日本に伝わる金銅仏にしめされている。

京都・妙傳寺の半跏思惟像（図10-5）は、江戸時代より同寺本尊として伝来したものである。文化財としては長ら

10　百済の金銅仏

図10-4　観音菩薩像　扶余窺巌面出土　国立扶余博物館蔵

図10-3　仏三尊像　鄭智遠造銘　扶余扶蘇山城出土　国立扶余博物館蔵

図10-2　菩薩立像　扶余軍守里寺址出土　国立扶余博物館蔵

図10-1　仏立像　瑞山普願寺址出土　国立扶余博物館蔵

図10-8　半跏思惟像　国立中央博物館蔵

図10-7　観音菩薩像　扶余伝来　個人蔵

図10-6　観音菩薩像　慶尚北道亀尾高牙邑出土　国立大邱博物館蔵

図10-5　半跏思惟像　京都・妙傳寺

く等閑視されてきたが、近年行われた蛍光X線分析等の調査の結果、百済ないし新羅の作である可能性が高いことが明らかとなった[98]。制作地域に関しては、地髪部に水平に毛筋を刻む形式が百済製とみられる関山神社菩薩立像や観松院半跏思惟像と同じであること、瓔珞の中心に千葉・金鈴塚古墳出土の百済からの舶載とみられる旋回式単龍鐶頭大刀の鐶頭飾りに類似した龍文が表されることから百済である可能性が高いと考えられる。しかし、豪華で立体的な瓔珞(ようらく)は、新羅末期の作とみられる慶尚北道亀尾高牙邑出土の観音菩薩像（国宝旧一八四号）（図10-6）に趣きが近い。加えて、妙傳寺像は、左肩から帯で吊る内衣を着ける点も特徴的である。中国では隋に流行した形式だが、朝鮮半島では亀尾高牙邑出土のもう一体の観音菩薩像（国宝旧一八三号）にみられることから、かつて筆者は新羅的要素と捉えたことがある[99]。ところが、扶余で発見されたと伝えられる観音菩薩像（図10-7）も同様の内衣を着けていることが確認され[100]、総合的に考えると百済製の可能性がより高いだろう。妙傳寺像は面長な顔立ち、榻座にかかる衣の前面と側面を平板に表す点や衣褶構成、宝冠両端にパルメット飾りを施す点、右手のポーズなど国宝旧七八号の半跏思惟像（国立中央博物館蔵）（図10-8）と類似する点が多くある。だとすれば、国宝旧七八号像も百済製と考えるのが妥当であろう。

三、新羅の金銅仏

新羅は、六世紀に大きく版図を広げたため、金銅仏についても地域性をどのように解釈するかが難しい。そこで、まずは都が置かれた慶州出土の作例から見ていきたい。

慶州市の皇龍寺址からは、偏袒右肩で三曲法の姿勢をとり、右手に球状の持物をとる仏立像（国立慶州博物館蔵）（図11-1）が出土し、童顔で丈の低い三山冠をいただく半跏思惟像の頭部（国立慶州博物館蔵）（図11-2）が出土したと伝えられる。ともに山東の北斉の仏像に類例があり、後者は宝冠の形式から国宝旧八三号の半跏思惟像（国立中央博物館蔵）（図11-3）、さらには太秦広隆寺の宝冠弥勒像と同系統とみられ、これらがいずれも新羅の作であることを証して

11　新羅の金銅仏

図11-4 仏立像 伝慶州皇龍寺址出土 東国大学校博物館蔵

図11-3 半跏思惟像 国立中央博物館蔵

図11-2 半跏思惟像頭部 伝慶州皇龍寺址出土 国立慶州博物館蔵

図11-1 仏立像 慶州皇龍寺址出土 国立慶州博物館蔵

図11-7 仏立像 慶尚北道栄州宿水寺址出土 国立大邱博物館蔵

図11-6 仏立像 慶尚北道亀尾高牙邑出土 国立大邱博物館蔵

図11-5 仏立像 慶州皇福寺址三層石塔舎利函納入品 国立中央博物館蔵

いる。

皇龍寺址出土と伝えられる作例に、この他に南朝や南朝様式を受けた山東の作例に近い様式をしめす仏立像（東国大学校博物館蔵）（図11-4）がある。腐食が進み、頭部、両手を欠損するものの、着衣の形は明瞭である。両足間を貫通させないのは山東省博物館の天保七（五五六）年銘仏三尊像（図6-4）と同工ながら、その衣褶の鋭さや柔らかさは上海博物館仏立像（図5-9）に迫るものがある。中国製の可能性もあるが、仮に新羅の作だとすれば、新羅にも南朝様式が及んでいたことになる。それに関わり注目したいのは、統一新羅の孝昭王元（六九二）年建立の慶州皇福寺址三層石塔の舎利函から発見された二体の金仏（国立中央博物館蔵）のうち仏立像（図11-5）である。通肩で左手に衣の一端を握るのは北魏の作例に散見する形式ながら、面長で、眼を杏仁形とし、口角をあげる顔立ち、撫で肩の体軀、裾が左右に張り、襞を階段状に刻む着衣の表現はむしろ南朝の作例に通じるように思われる。何より、頭光の意匠が法一九三-一三号など飛鳥時代のそれと近似し、複弁の反花座も古様で、初唐様式を反映したもう一体の仏坐像とは明らかに様式を異にしている。純金による鋳造で、胸部と脚部の中央に前後にわたる笄が施されているようだが、こうした技法は統一新羅の作例にもみられることを勘案すると、新羅における制作と考えることも可能であろう。

新羅の金銅仏としては、亀尾市高牙邑出土の仏立像（国宝旧一八二号、国立大邱博物館蔵）（図11-6）、すでに比較作例としてとりあげた二体の観音菩薩像（国宝旧一八三号・旧一八四号）（図8-16・10-6）が洗練された作例として重要である。旧一八三号像は豊頬の童顔で、頭髪をターバン風に重ね、左肩から帯で吊る内衣を着けるなど七世紀前半の隋～初唐様式の影響が顕著である。痩身、撫で肩で、側面観でゆるくS字を描くように立つたおやかな姿が美しい。右手には未敷蓮華を捧げる。対して一八四号像は、肩が張り、力強い肉取りをみせ、初唐でも七世紀後半の様式にならっており、檀像（インド原産の白檀で作る仏像）のような精緻で豪華な瓔珞を身につける。出土地の周辺からは三国時代（新羅）の遺物が発見されており、それぞれほとんどタイムラグなく中国の様式を受容したものと思われる。一八二号仏立像は、統一新羅に入ってからの作とされるが、側面観はむしろ一八三号像に近く、統一前の作である可能性もあるだろう。

この他、慶尚北道栄州宿水寺址から二十五体の金銅仏が発見されている。(101) 尊格、様式、出来映えの精粗は様々で一様に論じることはできないが、なかでも南朝風の菩薩立像、偏袒右肩で右手に球状持物をとる慶州皇龍寺址出土像に類似した仏立像（図11-7）の存在が注目される。前者はおそらく六世紀半ば頃、後者は六世紀末～七世紀前半頃の制作と思われるが、六世紀から七世紀にかけて新羅の北辺において造像が継続し、中国の彫刻様式が正統的に受容されていることが理解される。新羅の仏像については、「土俗性、矛盾の共存、鈍重さ」などと低い評価がなされることがあったが、(102) 再評価が求められよう。

四　結びにかえて

中国については南北朝以前、日本については飛鳥時代以前、朝鮮半島については三国時代以前の金銅仏をめぐって、「東漸」を意識しつつも、むしろ諸問題を綴ってきた。実は大阪大学における中国彫刻史と日本彫刻史のそれぞれの講義の内容をもとにしており、そのため東アジアの三国の初期の金銅仏を概観することが目的となってしまった感があるとともに、記述には精粗が入り交じり、未消化な部分も少なくないと自覚している。ただ、なるべく最新情報を盛り込みながら、論じた次第である。

中国の金銅仏については、松原三郎氏の大著とともに、本文で何度も参照した浙江省博物館編『一帯一路仏教文化特芸術特展　仏影霊奇　十六国至五代仏教金銅造像』の成果なくしては論じることができなかった。展覧会の企画者であり、観覧に際してもご高配くださった浙江省博物館の黎毓馨氏の学恩に感謝しなければならない。

日本の金銅仏については、久野健氏『金銅仏』が研究の基礎となり、東京国立博物館の研究成果である『金銅仏――中国・朝鮮・日本――』ならびに『法隆寺献納宝物　金銅仏Ⅰ』の成果を常に参照しつつ、筆者が研究代表者を務めた科研の研究成果に負うところが多い。延べ八年間にわたる研究であったが、この間に調査をお許しいただいたご所蔵者各位に感謝申し上げたい。また、この科研は韓国国立中央博物館との共同研究として実施したもので、その協力なくしては遂行できなかった。記して感謝申し上げたい。

朝鮮半島の金銅仏については、韓国文献をほとんど参照できておらず、まったく試論の域を出ない。大いに叱責を乞う次第である。

註

1　中国における初期仏像の受容の意義については、金子典正「四川地域出土の揺銭樹にみられる初期仏像――後漢時代の仏像の意義」（奈良文化研究所編『仏教美術からみた四川地域』雄山閣、二〇〇七年）が多角的に論じている。

2　南京博物院・龍谷大学『仏教初伝南方之路文物図録』（文物出版社、一九九三年）。阮栄春『仏教伝来の道――南方ルート』（雄渾社、一九九六年）。

3　有鄰館像については、後述するハーバード美術館像とともに西域での制作とする意見がある。矢代幸雄「健駄羅式の金銅仏」（『美術研究』一一七、一九四一年）。和泉市久保惣記念美術館『中国古式金銅仏と中央・東南アジアの金銅仏』（一九八八年）も有鄰館像の鋳色、地金の様態や色などが中国製のものとは異なるとして、中央アジアでの制作と推定している。しかし、ハーバード美術館像は、蛍光X線分析の結果、地金が見える部分では銅六五・七パーセント、鉛二二・九パーセント、錫九・八パーセントの平均値が得られており、鉛の含有量の多さが目立つが、必ずしも中国製の範疇を超えるものではない。有鄰館像の制作地については、ガンダーラ菩薩像に通有の聖紐を付けず、着衣形式も不合理であること、故宮博物院に所蔵される類例の存在も顧慮して判断するべきだろう。

4　松原三郎「北朝金銅仏概論」（『中国仏教彫刻史論』所収、吉川弘文館、一九九五年）。以下、同書を「松原」と略称し、

5　同書の図版を「松原No.〇〇」と記す。

6　古式金銅仏の多くは日本や欧米に流出しているが、以前より知られる河北・石家荘市出土像（河北博物院蔵）、甘粛・涇川県出土像（涇川県博物館蔵）、山東・博興県出土像（博興県博物館蔵）のほか、河北を中心に河南、甘粛、山東での出土作品の存在が紹介されている。浙江省博物館編『一帯一路仏教文化芸術特展 仏影霊奇 十六国至五代仏教金銅造像』（文物出版社、二〇一八年）。以下、同図録を「仏影霊奇」と略称し、同図録の図版を「仏影霊奇No.△△」と記す。

7　外山潔「出光美術館蔵金銅五尊像と五胡十六国金銅坐仏について」（『佛教藝術』三四一、二〇一五年）。外山は主に建武四年銘像といわゆる古式金銅仏との様式の類似から銘文に疑義を呈したが、銘文の書体や鏨刻自体についても疑問があると思われる。

8　宣鼎文「十六国至唐代仏教金銅造像概術」（仏影霊奇所収）。

9　類例としては北魏・五世紀後半の作と推定される弥勒菩薩像龕（大阪市立美術館蔵、松原No.四九）の獅子がある。また、獅子の楽しげな表情は弥勒菩薩像（個人蔵、松原No.四八）にも近い。

冉万里・李明・趙占鋭「咸陽成任墓地出土東漢金銅仏像研究」（『考古与文物』二〇二一-一）。標題の墓地の東漢家族墓のうちM三〇一五墓から仏立像一体と五体の仏坐像を表した仏板が発見された。近接するM三〇一九墓から延熹元（一五八）年朱書銘のある陶罐が出土し、墓葬年代が推定されている。ただし、M三〇一五墓には盗掘の跡があり、仏像が後世に混入した可能性を排除できない。

10　Donna Strahan. "Piece-Mold Casting: A Chinese Tradition for Fourth and Fifth Century Bronze Buddha Images." *The Metropolitan Museum Studies of Art*, Yale University Press, 2010. ただし、有鄰館像は失蠟法による鋳造とみられ、毛筋や装身具の細部は鏨によって刻まれていることが注目される。

11　太平真君四年銘像の銘記にみえる願主の出身地「高陽蠡吾」は河北省博野県にあたる。

12　松原三郎「北魏太和時代の金銅仏――その成立と進展――」松原所収。

13　松浦典弘「唐代河北地域の藩鎮と仏教――幽州（盧龍軍）節度使の事例から――」（『大手前大学論集』一〇、二〇〇九年）。

14　台北故宮像の願主の出身地「安憙」は河北・定州市、根津美術館像の「九門県」は河北・石家荘市藁城区、泉屋博古館像の「肥如県」は河北・秦皇島市盧竜県にあたる。

15　ギメ美術館像の銘記にある「蒲吾」は河北・石家荘市平山県、メトロポリタン美術館像の銘記にある「新市県」は河北・石家荘市正定県にあたる。

16 ただし、力士と獅子は枘孔が合わず、獅子については他と組成が異なることから、転用の可能性が指摘される。Lawrence Becker, Technical Study of Two Northern Wei Altarpieces Dedicated to the Buddha Maitreya, *Wisdom Embodied: Chinese Buddhist and Daoist Sculpture in The Metropolitan Museum of Art*, 2010.

17 前掲註10。

18 仏影霊奇№三四～三八・六一。『西安文物精華 仏教造像』（以下、同書を「西安文物精華」と略称し、同書図版を「西安文物精華№□□」と記す）№四。

19 松原№五五～五九・八四。

20 松原№五九a・bは、蛍光X線分析でも鍍金は認められず、青銅の成分はおよそ銅六九パーセント、鉛一五パーセント、錫一四パーセントであった。

21 前掲註3久保惣記念美術館図録。

22 西安文物精華№七。

23 組成は銅五二・二パーセント、錫一三・四パーセント、鉛六・九パーセント、銀二五・五パーセント、砒素・鉄・アンチモン各一パーセント弱であった。

24 西安文物精華№一、仏影霊奇№五。

25 藤岡穣「中国南朝造像に関する覚書——善光寺本尊像の源流を求めて——」（『佛敎藝術』三〇七、二〇〇九年）。

26 以上の山東の領有については、三崎良章『五胡十六国、中国史上の民族大移動』（東方書店、二〇〇二年）、川本芳昭『中華の崩壊と拡大 魏晋南北朝』（講談社、二〇〇五年）、窪添慶文『北魏史』（東方書店、二〇二〇年）を参照した。

27 故宮博物院像の銘記は大村西崖『支那美術史彫塑篇』（仏書刊行会図像部、一九一五年）に採録され、京都大学人文科学研究所所蔵石刻拓本資料として拓本画像が公開されている。http://kanji.zinbun.kyoto-u.ac.jp/db-machine/imgsrv/takuhon/type_b/html/nan0013x.html

28 石松日奈子「三国・晋・南北朝前期の仏教美術」（『世界美術大全集 東洋編 第三巻』所収、小学館、二〇〇〇年）。

29 費泳『六朝仏教造像対朝鮮半島及日本的影響』（中華書局、二〇二一年）に概要が紹介される。また、このうち光背、台座など十四件については、蛍光X線分析の結果が報告されており、それぞれ錫、鉛をともに一〇パーセント前後（ばらつきが多い）含むとのこと。賀雲翺・翟忠華・夏根林・岡村秀典・廣川守・向井佑介「三至六世紀東西文化交流的見証：南朝銅器的科技考古研究」（『南方文物』二〇一三―一）。

30 前掲註7論文の図七。

31 仏影霊奇№二一。

32 本体は宝冠から裙裾まで、両足首から蓮肉底部の丸枘までを別に鋳造し、両者をかしめ留めている。体部背面に上下に二本の枘を作りだし、別製の光背を固定する。頭部から裙裾までの中央部には鉄心を通し、中型を設けているとみられ、本体、光背ともに鬆が多いようで、各所に長方形の嵌金が認められる。

33 『東京藝術大学蔵品図録 彫刻』（第一法規、一九八一年）。

34 国立中央博物館『중국산둥성금동불상조사보고：불교미술의 교차로，산둥의금동불（中国山東省金銅仏像調査報告——仏教美術の交差点、山東の金銅仏——）』（国立中央博物館、二〇一七年）。

35 張淑敏等『仏教美術全集一四 山東博興銅仏像芸術』（芸術家出版社、二〇〇五年）。

36 松原三郎「山東省諸城出土の石仏像について（二）」（『古美術』一〇二、一九九二年）挿図七。

37 上原和『人間の美術三　仏教の幻惑』（学習研究社、一九八九年）。大西修也「飛鳥前期の小金銅仏と朝鮮三国期の造像」（東京国立博物館編『法隆寺献納宝物 金銅仏Ⅰ』大塚巧藝社、一九九六年）。

38 鏡に表された仏像については、次の論文を参照した。近藤喬一「京都寺戸大塚出土の三角縁仏獣鏡——道仏混糅の痕跡を追う——」（『アジアの歴史と文化』一七、二〇一三年）。

39 松田誠一郎「広隆寺の歴史と彫塑」（『週刊朝日百科 日本の国宝一五 京都／広隆寺』一九九七年）。

40 各作例の制作地や制作年代については、①②③⑯㉑は藤岡穣「中国南朝造像とその伝播」（『美術資料』八九、韓国国立中央博物館、二〇一六年。同『東アジア仏像史論』再録、中央公論美術出版、二〇二一年）、⑦⑯は藤岡穣「京都・某寺と兵庫・慶雲寺の半跏思惟像」（『美術フォーラム21』三二、二〇一五年。「京都・妙傳寺と兵庫・慶雲寺の半跏思惟像」と解題して同『東アジア仏像史論』再録）、③⑤⑦⑧⑪⑬⑮⑳㉑は『日韓金銅半跏思惟像：科学的調査に基づく研究報告』（国立中央博物館、二〇一七年）の各解説、⑨⑩は藤岡穣「中国南朝造像に関する覚書——善光寺本尊像の源流を求めて——」（『佛教藝術』三〇七、二〇〇九年）を参照されたい。なお、従来、法一五一号仏立像は百済からの渡来仏とされてきたが、蛍光X線分析の結果、錫、鉛、砒素とも一パーセント未満の銅合金による鋳造であることが判明した。藤岡穣「金銅仏の蛍光X線分析、そしてそれから分かること」（二〇一三～二〇一六年度科学研究費補助金基盤研究（A）研究成果報告書『金銅仏きらきらし：いにしえの技にせまる』大阪大学大学院文学研究科、二〇一五年）、関丙賛・権江美「韓国と日本における金銅半跏思惟像の特徴——成分分析の結果を中心に——」・朴鶴洙「金銅半跏思惟像の成分分析結果」（前掲『日韓金銅半跏思惟像：科学的調査に基づく研究報告』）の指摘にしたがえば、その成分の値は日本製である可能性が高いことをしめしている。プロポーションや面貌が法隆寺百済観音像に類似することからも法一五一号像は飛鳥時代の作例とみるべきである。

41 岩田茂樹「新発見の銅造仏像（四軀）と納入厨子銘文」（『石山寺本尊如意輪観音像内納入品』奈良国立博物館、二〇〇二年）。

42 金子啓明「57 菩薩立像 一軀 新潟 関山神社」（東京国立博物館『特別展図録 金銅仏――中国・朝鮮・日本――』作品解説、大塚巧藝社、一九八八年）。

43 藤岡穣「関山神社蔵　銅造菩薩立像」（『国華』一四二〇、二〇一四年）。

44 水野敬三郎「一　銅造菩薩立像」（関山神社周辺文化財調査報告書第二集『関山神社の仏像』新潟県妙高市教育委員会、二〇一〇年）

45 金理那「宝珠捧持菩薩の系譜」（『日本美術全集第二巻 法隆寺から薬師寺へ 飛鳥・奈良の建築・彫刻』講談社、一九九〇年）。

46 八木春生「「中国南北朝時代における摩尼宝珠の表現の諸相」再論」（『佛教藝術』二〇三、一九九二年、同『雲岡石窟文様論』再録、法藏館、二〇〇〇年）。

47 ただし、窺厳面出土像が右手にとるのは未敷蓮華の可能性があり、左手には天衣をとる。

48 浅井和春「初期金銅仏にみられる日韓交流覚書」（『アジア仏教美術論集 東アジアⅦ アジアの中の日本』所収、中央公論美術出版、二〇二三年）。

49 フリア・ギャラリーにおいて、同館所蔵の中国製（北魏～清）とみられる金銅製品一六六点を対象に蛍光X線分析が行われている。それによれば、青銅には鉛が含まれるのが原則で、時代が降ると鉛の含有量が増加する傾向があるという。Paul Jett and Janet G. Douglas, Chinese Buddhist Bronzes in the Freer Gallery of Art: Physical Features and Elemental Composition, *Material Research Society Symposium Proceedings*, Vol. 267, 1992.

50 李玉珉「「半跏思惟像」再探」（『故宮博物季刊』三―三、一九八六年）。

51 宮治昭『涅槃と弥勒の図像学――インドから中央アジアへ――』第Ⅱ部第三章・第四章（吉川弘文館、一九九二年）。

52 浅井和春「菩薩半跏像　観松院」（『国華』一一一六、一九八八年）。

53 齋藤理恵子「敦煌莫高窟の弥勒経変相図の研究」（『鹿島美術研究』年報一五別冊、一九九八年）。

54 田村圓澄「半跏思惟像と聖徳太子信仰」（同『日本佛教史』四、法藏館、一九八三年）。

55 岩佐光晴「伝橘夫人念持仏の造像背景」（『ＭＵＳＥＵＭ』五

六五、二〇〇〇年)。

56 前掲註40「京都・某寺と兵庫・慶雲寺の半跏思惟像」。

57 なお、朝鮮三国時代の磨崖像等の群像表現のなかの半跏思惟像をめぐって、図像解釈によってそれを弥勒菩薩である可能性をさぐる研究がある。鏡山智子「半跏思惟像と弥勒信仰に関する研究――朝鮮三国時代の磨崖像を中心に――」(『鹿島美術研究』年報三四別冊、二〇一七年)。

58 松浦正昭「仏像と海流の道」(『日本の美術四五五　飛鳥白鳳の仏像　古代仏教のかたち』至文堂、二〇〇四年)。

59 定量分析の平均値は銅七六・九パーセント、鉛二〇・六パーセントで、錫、砒素、銀、鉄などを微量に含む。ただし、火中のためか、鉛の割合は部位によって七・九～二八・四パーセントとばらつきがある。榻座基部の正面から右側の別製部は鉛の割合が平均で一〇・一パーセント、背面右より下端の別製部は鉛の割合が八パーセント強と本体の平均値よりやや低いが、こちらが本来の割合に近い可能性がある。

60 藤岡穣「日本伝来の三国時代の半跏思惟像――京都・妙傳寺像と兵庫・慶雲寺像を中心に――」(前掲註40『日韓金銅半跏思惟像：科学的調査に基づく研究報告』所収)。

61 国立中央博物館『三国時代仏教彫刻』展総目録、図版・解説「56　金銅菩薩立像」(一九九〇年)。

62 浅井和春・岩佐光晴「1　如来及び両脇侍像(法一四三号)三軀」(前掲註37『法隆寺献納宝物　金銅仏Ⅰ』)。

63 ただし、南京博物院像の場合、頭光上部の宝珠からではなく下部から展開する。

64 前掲註62。

65 光背は全体に鍍金が厚く、地金の組成は把握が困難であるが、錫の割合が高く、鉛も多少含まれており、中尊と同傾向とみられる。

66 久野健『日本の美術一一八　押出仏と塼仏』(至文堂、一九七六年)他。

67 藤岡穣他「飛鳥寺本尊　銅造釈迦如来坐像(重要文化財)調査報告」(『鹿園雑集』一九、二〇一七年)。

68 奈良国立文化財研究所学報第五冊『飛鳥寺　発掘調査報告』(一九五八年)。

69 毛利久「飛鳥大仏の周辺」(『佛敎藝術』六七、一九六八年)。

70 前掲註40藤岡穣「金銅仏の蛍光X線分析、そしてそれから分かること」。

71 藤岡穣「古代寺院の仏像」(吉川真司編『シリーズ古代史をひらく古代寺院』岩波書店、二〇一九年)。

72 浅井和春「謎に包まれた「止利仏師」」(『週刊朝日百科　日本の国宝一　奈良・法隆寺一』一九九七年)は、「止利」を固有名詞ではなく「頭領」の意に解す可能性を提起している。

73 水野敬三郎「法隆寺金堂釈迦三尊と止利仏師」(『奈良の寺

三 金堂釈迦三尊 法隆寺』岩波書店、一九七四年。同『日本彫刻史研究』再録、中央公論美術出版、一九九六年）。前掲註72。

74 大西修也「再建法隆寺と金堂薬師如来坐像」（『新編名宝日本の美術一 法隆寺』小学館、一九九〇年）。前掲註71。

75 東野治之「天皇号の成立年代について」（『続日本紀研究』一四四・一四五合併号、一九六九年）他。

76 浅井和春「薬師如来像」（前掲註72『週刊朝日百科 日本の国宝一 奈良・法隆寺一』）。

77 前掲註71。

78 前掲註73。

79 西川新次「法隆寺献納金銅仏の伝来」（前掲註37『法隆寺献納宝物 金銅仏Ⅰ』）。

80 藤岡穣「四天王寺金堂本尊の姿をもとめて——史料と模刻像の再検討——」（和宗総本山四天王寺編・石川知彦監『聖徳太子と四天王寺』法藏館、二〇二一年）。

81 藤岡穣「根津美術館蔵「金銅鎚鍱五尊仏坐像」再考 附根津美術館蔵金銅仏の蛍光X線分析の結果と所見」（『此君』一四、二〇二二年）。

82 藤岡穣「野中寺弥勒菩薩像について——蛍光X線分析調査を踏まえて——」（『MUSEUM』六四九、二〇一四年。前掲註40同『東アジア仏像史論』再録）。なお、その後も東野治之「野中寺弥勒菩薩半跏像銘文論」（『橿原考古学研究所論集』一八、二〇二三年）、松木裕美「野中寺弥勒菩薩半跏思惟像台座銘文と野中寺」（『国史学』二四一、二〇二四年）、奥健夫「[表紙解説]弥勒菩薩像（大阪府羽曳野市・野中寺）」（『仏教芸術』一三、二〇二四年）が上梓されている。

83 浅井和春「149◎観音菩薩立像 一軀 大阪 金剛寺」（前掲註42『特別展図録 金銅仏——中国・朝鮮・日本——』作品解説）。

84 松原三郎「飛鳥白鳳仏源流考（三）」（『國華』九三三、一九七一年）。

85 鈴木嘉吉「白鳳時代の建築は遺存するのか」（『仏教芸術』八、二〇二二年）。法隆寺金堂の天蓋は中の間、西の間のものが飛鳥時代、東の間のものが鎌倉時代の天福元（一二三三）年の模古作である。鈴木は、法隆寺金堂の完成を六七〇年代末頃と推定するとともに、『法隆寺伽藍縁起幷流記資財帳』にみえる持統七（六九三）年仁王会にあたり施入された「紫天蓋」を東の間の天井に残る吊り金具を用いて設置した布製の天蓋であったと推定し、吊り金具の座金跡の様態から中の間、西の間の木製天蓋はこれより遡る時期に設置されたとみる。

86 加島勝「複連点文技法と法隆寺再建期の美術」（同『日中古代仏教工芸史研究』所収、雄山閣、二〇一六年）。

87 東野治之「橘夫人厨子と橘三千代の浄土信仰」（『MUSEU

M』五六五、二〇〇〇年)。

88 鏡山智子「法輪寺薬師如来像・伝虚空蔵菩薩像をめぐって」(『美術史』一七八、二〇一五年)。

89 藤岡穣「初唐期における長安造像の復元的考察」(肥田路美編『アジア仏教美術論集東アジアⅡ(隋唐)』中央公論美術出版、二〇一九年。前掲註40同『東アジア仏像史論』再録)。

90 稲本泰生「隋唐期東アジアの「優塡王像」受容に関する覚書」(『東方学報』八八、二〇一三年)。

91 岩佐光晴「186 聖観音菩薩立像 国宝 薬師寺 東院堂 奈良」(『日本美術全集第二巻 飛鳥・奈良時代Ⅰ 法隆寺と奈良の寺院』図版解説、小学館、二〇一二年)。藤岡穣「「白鳳の美仏」はこうしてつくられた」(『もっと知りたい薬師寺の歴史』東京美術、二〇二〇年)。

92 ただし、金堂壁画の十一面が左手に蓮茎をとる点は異なる。

93 藤岡穣「[表紙解説] 法隆寺金堂壁画 六号壁 阿弥陀浄土図」(『仏教芸術』創刊号、二〇一八年)。

94 「景」一文字の年号は特異で、これを「白亘」とする説もある。孫永鍾「金石文にみえる三国時期のいくつかの年号に対して」(『歴史科学』一九六六-四)。

95 景四年銘像は、仏立像が光背に比してやや大きい点、光背を取り付けた際、像背面の枘の枘孔の半分が隠れてしまう点が不審である。銘記は光背裏面にあるが、仏立像との一具性は慎重に検討する必要がある。

96 周縁部は火焰が下縁にまでおよび、枘孔もないことから脇侍を伴わなかったと判断され、また光背の縦横の比率から立像より坐像の可能性が高いと考えられる。

97 高句麗の金銅仏については、田中俊明「高句麗小金銅仏光背銘の検討」(五〜九世紀東アジア金銅仏に関する日韓共同研究第三回公開セミナー、二〇一四年八月九日、大阪大学)配付資料を参照。

98 前掲註40藤岡穣「京都・妙傳寺と兵庫・慶雲寺の半跏思惟像」。

99 前掲註98。

100 湖巌美術館特別展「진흙에 물들지 않는 연꽃처럼」(二〇〇四年三月二十七日〜六月十六日)において九十五年ぶりに公開された。

101 金載元「宿水寺址出土の仏像について」(『美術研究』二〇〇、一九五九年)。

102 姜友邦「石窟庵完成までの古代仏教彫刻」(『世界美術大全集東洋編第十巻 高句麗・百済・新羅・高麗』小学館、一九九八年)。

図版出典

図1-1 『世界美術大全集 東洋編 第三巻 三国・南北朝』(小学

館、二〇〇〇年）図二五四。
図2-6　松原三郎『中国仏教彫刻史論　図版編一　魏晋南北朝前期』（吉川弘文館、一九九五年）図一七一。
図4-2　『季刊永青文庫』一〇五（二〇一九年）図三三。
図4-3　ＭＩＨＯ　ＭＵＳＥＵＭ『開館一〇周年記念特別展　中国・山東省の仏像――飛鳥仏の面影――』（二〇〇七年）図二。
図7-1　上原和『人間の美術三　仏教の幻惑』（学習研究社、一九八九年）図六。
図7-3　国立中央博物館『三国時代仏教彫刻』（一九九〇年）図二八・二九。
図8-2　花谷浩「飛鳥寺釈迦三尊像の想像復元」（『奈良文化財研究所紀要』二〇〇三）図一二。
図8-4～6・11・12　奈良国立博物館・東京国立博物館他『聖徳太子１４００年遠忌記念特別展 聖徳太子と法隆寺』（読売新聞社・ＮＨＫ、ＮＨＫプロモーション、二〇二一年）第五章扉・図二五・図一七〇-一・図一八八・図一七九。
図8-17　『ＭＵＳＥＵＭ』五六五（東京国立博物館、二〇〇〇年）原色図版一。
図8-22　法隆寺金堂壁画写真ガラス原板デジタルビューア(https://horyuji-kondohekiga.jp/)。
図9-4　田中俊明氏提供。
図9-5・6・8・11-4　国立中央博物館『三国時代仏教彫刻』（一九九〇年）図八・六・一七・五五。
右記以外は筆者撮影。

仏教の日本伝来と『法華経』

前川健一

はじめに

仏教の日本公伝に関しては、資料が限定されているだけではなく、それらの評価をめぐって様々な問題がある。本稿では、仏教公伝そのものについては扱わず、それにまつわる文献資料のいくつかの問題をとりあげ、シルクロードの終点としての日本における仏教受容の在り方について、いささか考察をしてみたい（以下、『日本書紀』『続日本紀』の本文は『新訂増補国史大系』に準拠するが、句読点については意味上の分節にもとづき、適宜改めた）。

一　『日本書紀』仏教公伝記事の典拠

『日本書紀』欽明天皇十三年の仏教公伝記事に後世の潤色があることは、よく知られている。[1] 潤色するにあたって参照されたのが、義浄訳『金光明最勝王経（以下、最勝王経）』であることも周知のことであるが、ここで、仏教公伝記事と『最勝王経』の対応箇所を対照すると、以下のようになる（『最勝王経』を典拠にしている箇所を①～④、その前後を

Ⅰ・Ⅱとした)。

Ⅰ（欽明天皇十三年）冬十月、百済聖明王〈更名聖王〉、遣西部姫氏達率怒唎斯致契等、献釈迦仏金銅像一軀・幡蓋若干・経論若干巻。別表、讃流通礼拝功徳云、

「①是法、於諸法中最為殊勝、難解難入、周公・孔子尚不能知。此法、能生無量無辺福徳果報、乃至成辨無上菩提。

②譬如人懐随意宝。逐所須用尽依情。此妙法宝亦復然。祈願依情無所乏。

③且夫遠自天竺爰洎三韓、依教奉持無不尊敬。由是、百済王・臣明、謹遣陪臣怒唎斯致契、奉伝帝国流通畿内。果仏所記我法東流」。

④是日、天皇聞已、歓喜踊躍、詔使者云「朕従昔来、未曾得聞如是微妙之法。然朕不自決」。乃歴問群臣曰「西蕃献仏、相貌端厳。全未曾有、可礼以不」。

Ⅱ蘇我大臣稲目宿禰奏曰「西蕃諸国一皆礼之、豊秋日本豈独背也」。

物部大連尾輿・中臣連鎌子同奏曰「我国家之王天下者、恒以天地社稷百八十神、春夏秋冬祭拝為事。方今改拝蕃神、恐致国神之怒」。

天皇曰「宜付情願人稲目宿禰試令礼拝」。

大臣跪受而忻悦。安置小墾田家、懃修出世業為因。浄捨向原家、為寺。

於後、国行疫気、民致夭残、久而愈多、不能治療。物部大連尾輿・中臣連鎌子同奏曰「昔日不須臣計、致斯病死。今不遠而復、必当有慶。宜早投棄、懃求後福」。

天皇曰「依奏」。有司乃以仏像、流棄難波堀江。復縦火於伽藍、焼燼更無餘。於是、天無風雲、忽炎大殿。

『最勝王経』巻一「如来寿量品」第二

「是金光明最勝王經。於諸経中最為殊勝。難解難入。声聞独覚所不能知。此経能生無量無辺福徳果報。乃至成辦無上菩提」（大正蔵一六巻四〇六上一七～二〇）

巻六「四天王護国品」第十二

「若人聴受此経王　欲求尊貴及財利　国土豊楽無違諍　随心所願悉皆従（中略）

如人室有妙宝篋　随所受用悉従心　最勝経王亦復然　福徳随心無所乏

汝等天主及天衆　応当供養此経王　若能依教奉持経　智慧威神皆具足」（大正蔵一六巻四三二中四～一五）

同上

「令諸有情無不尊敬」（大正蔵一六巻四二七下一六）

同上

「爾時四天王聞是頌已。歓喜踊躍。白仏言。世尊。我従昔来未曾得聞如是甚深微妙之6法」（大正蔵一六巻四三二中二四～二六）※6法＝音〈三〉〈宮〉

なお、従来特に指摘がないが、「依教奉持無不尊敬」の部分も『最勝王経』「四天王護国品」を踏まえている。「依教奉持」は②の部分の典拠である「如人～所乏」の偈の直後の偈にあるので、参照した可能性が高い。また、「無不尊敬」は珍しい語法で、『最勝王経』を除けば、漢訳仏典では竺法護訳『生経』にしか見られないので、これも『最勝王経』に拠ると考えられる。

このように、『最勝王経』に依拠しているのは明白であるが、これはあくまで現存の文献による限りであることは注意が必要である。義浄訳『最勝王経』（七〇三年訳）より前に、『金光明経』には、曇無讖訳四巻本、耶舎崛多訳五巻本、真諦訳七巻本という三本があった。また、曇無讖訳をもとにそこに欠けた品を真諦訳から補い、さらに闍那崛多による補訳を合わせたものが宝貴合『合部金光明経』八巻である。このうち現存するのは、曇無讖訳四巻本と『合部金光明経』のみであるが、真諦訳はかなり流布したようなので、仮に真諦訳の該当箇所が現行の『最勝王経』と類似していたとすれば、『最勝王経』到来以前に、上記の潤色は可能であることになる。真諦訳の全体が失われている以上、確認のしようはないが、可能性があることだけは指摘しておきたい。

ここで注目したいのは、聖明王の上表文の中の偈の部分（②）である。これが、『金光明最勝王経』を下敷きにしていることは明白であるが、他の部分に比べると、改変の仕方が微妙に違っているように思われる。①の部分は、ほとんど『最勝王経』の原文そのままで軽微な改変にとどまるが、②の方は、単純な言い換えにとどまらない改変を行っていることが分かる。このうち、第四句の「福徳」を「祈願」に変更したのは、おそらく、『最勝王経』で、この句の少し前にある「随心所願悉皆従」を参照したものと思われる。また、「祈願」の語は、『最勝王経』「分別三身品」第三にも「一切天人有情類　殷重至誠祈願者　得聞金鼓妙音声　能令所求皆満足」（大正蔵一六巻四一一中二八〜二九）というかたちで出る。ところが、第一句の「妙宝篋」を「随意宝」に、第三句の「最勝王経」を「此妙法宝」に変更したのは、そのような単純な置き換えではない。

この部分について、藤井顕孝（註1前掲論文）は、『最勝王経』の「如人〜所乏」に対応する曇無讖訳『金光明経』「四天王品」第六の「譬如珍宝　異物篋器　悉在于手　随意所用　是金光明　亦復如是　随意能与　諸王法宝」（大正蔵一六巻三四四中二八〜下二）を参照して改変したとしている。

一方、石井公成は、「随意宝」が仏駄跋陀羅訳『大方広仏華厳経（六十華厳）』や竺仏念訳『菩薩従兜術天降神母胎説広普経』にあることを指摘している。[2] なお、「妙法宝」の方も様々な経典に見られ、『最勝王経』「最浄地陀羅尼品」第六にも「是波羅蜜義。能現種種珍妙法宝」（大正蔵一六巻四一九上二四）という形で見える。ただし、これは「珍妙法宝（珍妙なる法宝）」であって、「妙法宝」という三字句ではない。(3) 特に注目されるのは、これらの語が『六十華厳』にも見えることである。

巻四十八「入法界品」第三十四之五
「以無量功徳熏修其心。如随意宝。満足一切衆生願故」（大正蔵九巻七〇五下一八〜一九）
巻五十三「入法界品」第三十四之十
「此法門者如随意宝王。出生無量自在力故」（大正蔵九巻七三六上六〜七）
巻五十九「入法界品」第三十四之十六
「得菩提心随意宝珠。除滅一切邪命貧苦」（大正蔵九巻七七七中二九〜下一）

巻二十二「金剛幢菩薩十迴向品」第二十一之九
「出無量阿僧祇浄宝言音。常説無量浄妙法宝」（大正蔵九巻五三八中一四〜一五）
巻二十六「十地品」第二十二之四
「能於一念中　得見無量仏　聞已浄梵音　演説妙法宝」（大正蔵九巻五七〇下二〜三）
巻五十八「入法界品」第三十四之十五
「善財智海依　直心金剛地　菩薩行漸深　出生妙法宝」（大正蔵九巻七七四下三〜四）

この「随意宝」という語の選択が興味深いのは、『六十華厳』の中には同じ意味の「如意宝」や「如意珠」という語もあり、これらの語の方は他の仏典でも頻繁に使われているのに、敢えて他に例の少ない「随意宝」を選んでいることである。これは、この部分の潤色を行った者が、『六十華厳』を熟知していることを示している。「妙法宝」の語も、『六十華厳』以外にもあるとは言うものの、このように潤色者の個性を推定するなら、同じ『六十華厳』から採られた可能性が高いと思われる。

藤井論文が想定するように、曇無讖訳の対応箇所から「随意宝」などの語を造語した可能性もあるが、仮に仏典の知識のある者が潤色したとしたなら、「随意宝」などという語を知っていて使用したという方が蓋然性が高いのではなかろうか。

なお、「懐随意宝」は、「懐其宝而迷其邦、可謂仁乎」（『論語』「陽貨」十七）という言葉もあるので、誤用ではないが、『日本書紀』に限定すると、「懐」は動詞としては、感情や思念を「いだく」という用法が多いので、「随意宝」という具体的な物体を目的語とする、ここでの用法は異例である。(4)

次に第二句の「逐所須用」について検討したい。これは「随所受用」の言い換えであるが、この「所須用」の語は、一般的な漢籍には見えず、『日本書紀』成立（七二〇年）時点で参照可能な仏教典籍では以下のものに見られる。

（後秦）鳩摩羅什訳『善臂菩薩経』巻一（『大宝積経』巻九十三「善臂菩薩会」第二十六之一）
「譬如四大。一切衆生於中自在随所須用」（大正蔵一一巻五三二中二九～下一）
（北涼）法盛訳『仏説菩薩投身飴餓虎起塔因縁経』
「爾時父王与諸大臣語太子曰。従今已往国蔵珍宝。随所須用莫自疑難」（大正蔵三巻四二六上二六～二七）
（劉宋）仏陀什・竺道生等訳『弥沙塞部和醯五分律』巻二十六
「随所須用。諸比丘便食其果」（大正蔵二二巻一七〇下二六）

（北魏）吉迦夜・曇曜『雑宝蔵経』巻九
「諸婆羅門言。所須用者。王所珍愛。我若説者。王必不能」（大正蔵四巻四九〇中九～一〇）
訳者不明『未来星宿劫千仏名経』
「南無金剛所須用仏」（大正蔵一四巻三八九中二六）
（北魏）瞿曇般若流支訳『正法念処経』巻三
「彼生色金。調柔真浄。光色明好。随所須用」（大正蔵一七巻一四中二一～二三）
（唐）玄奘訳『阿毘達磨順正理論』巻三十三
「毒刺等物。応非業生。以非有情所須用故。此難非理。現不現見。麁細有情所須用故。又所須用。種種不同。謂令有情衆同分等。生5位増長。皆名須用」（大正蔵二九巻五二九下四～七）※5位＝住〈三〉〈宮〉
（唐）道世編『法苑珠林』巻三十三
「諸婆羅門言。所須用者王所珍愛。我若説者王必不能」（大正蔵五三巻五三四上二一～二二）※既引『雑宝蔵経』の引用。
（唐）義浄訳『根本薩婆多部律摂』巻八
「煎薬所須用銅鉄釜」（大正蔵二四巻五七一中三）
（唐）義浄訳『根本説一切有部苾芻尼毘奈耶』巻二
「従今已去任汝自活。所須用物随意而取」（大正蔵二三巻九一六上二七～二八）

ちなみに、「所」がない「須用」の方は多くの用例があり、そこから「所須用」という句を作ることは容易であると推定されるので、決定的なことは言えないが、義浄訳の律文献二点に用例が見られることは、『最勝王経』が義浄訳であることと符節を合していると言えるかもしれない。一方、玄奘訳『阿毘達磨順正理論』では、短い文章の中に「所須用」が三例もあり、さらに「須用」の意味の説明もなされている点が注目される。また、「逐所須用」という表現に類似しているのは、「随所須用」である。この表現が見られるもののうち、鳩摩羅什訳『善臂菩薩経』や法盛訳『仏説菩薩投身飴餓虎起塔因縁経』はそれほど有名な経典ではないので、『弥沙塞部和醯五分律（五分律）』の影響かもしれないが、断定はできない。

次に、③の部分について見ると、先に指摘したように「依教奉持無不尊敬」という句は、『最勝王経』に由来するものと思われるが、その前の「且夫遠自天竺爰洎三韓」の部分はどうであろうか。ここについては「遠自」という表現について石井公成の指摘があるが[5]、表現全体としてみた場合、以下のものとの類似が指摘できる。

宝亮等『大般涅槃経集解』巻一（智秀の序）
「肇自天竺。在我大梁」（大正蔵三七巻三七九上一四）
道宣『大唐内典録』巻一
「始自後漢爰洎15巨唐」（大正蔵五五巻二一九中一九）※15巨＝維〈三〉
道宣『続大唐内典録』巻一
「始自後漢爰洎惟唐」（大正蔵五五巻三四二下二〇）

特に「爰洎」という句は用例が少なく、しかも「自○○爰洎××」という構成のものは、道宣のもの以外に見当たらないので、これを参照した可能性は高いと思われる。『大唐内典録』は経典目録であり、引用した箇所は序文部分にあたるものなので、参照することは容易である。ただし、注目すべきは、道宣の「始自後漢爰洎惟唐」は「後漢から唐まで」という時間軸上の範囲を示すものであるのに対して、『日本書紀』の「遠自天竺爰泊三韓」は「天竺から三韓まで」という空間上の範囲を示すものであるという点である。「泊」の用例を見てみると、時間軸上の「いたる。およぶ」を示す場合が一般的であり、『日本書紀』の用法は転用ないしは誤用に相当するものと言える。

最後の「果仏所記我法東流」については、思想内容に関して吉田一彦の考察があるが[6]、ここでは「仏所記」という表現に注目したい。この表現自体は、仏教文献の中に多数あるが、「如仏所記」や「為仏所記」といった表現が一般的で、「果仏所記」のように、「仏所記」を動詞の目的語とする表現は極めて稀である。しかも、興味深いのは、それらが法相宗関係文献に集中していることである。

玄奘訳『瑜伽師地論』巻八十八
「謂臨終時諸根澄2浄蒙仏所記」（大正蔵三〇巻七九六上一一）※2浄＝静〈三〉〈宮〉〈聖〉
遁倫『瑜伽論記』第二十二之下
「於中先明二相。一諸根除障。二蒙仏所記」（大正蔵四二巻八三一上二二〜二三）
窺基『妙法蓮華経玄賛』巻第十本
「仏出舌示彼。方信仏所記不虚」（大正蔵三四巻八四一下二一）

最後の例は、「『仏の記する所、虚しからざる』を信ず」であって、厳密に言えば、「仏所記」のみを目的語としているわけではないが、「仏所記」の前に（「為」以外の）動詞が置かれる例が極めて少ないので、参考として掲げておく。

なお、Ｉの部分の末尾にある「讃流通礼拝功徳」については、「流通礼拝」という熟語は仏典にはないが、「礼拝功徳」については、以下の用例がある。

『六十華厳』巻四十五「入法界品」第三十四之二
「我等以此礼拝功徳。知法実相」（大正蔵九巻六八七中一～二）
菩提流支訳『仏説仏名経』巻八
「如此布施福徳。比前至心礼拝功徳。百分不及一」（大正蔵一四巻一五九下二七～二八）
同上同巻
「日日布施満一百歳。比聞此仏名礼拝功徳。百分不及一」（大正蔵一四巻一六〇中二〇～二一）
同上巻十九
「如此布施福徳比前至心礼拝功徳。百分不及一」（大正蔵一四巻二六一中六～七）
同上同巻
「日日布施満一百歳。比聞此仏名礼拝功徳。百分不及一」（大正蔵一四巻二六一下二〇～二二）
道世編『法苑珠林』巻八十六　※『冥祥記』「慧達」伝からの引用。
「礼拝功徳随即尽矣」（大正蔵五三巻九二〇上九）

これらは、『大正新脩大蔵経』印度撰述部・中国撰述部の全用例であり、かなり稀な語句であることが分かる。ここでも、『六十華厳』に用例が見られることは注目される。

二 『日本書紀』仏教伝来記事の潤色者

従来、『日本書紀』における仏教関係記事の潤色者としては、道慈〈天平一六〈七四四〉年没、七十数歳〉が想定されてきた。[7] これは、七〇三年に訳出された『最勝王経』をもたらした者として養老二（七一八）年に唐から帰国した道慈がふさわしいと考えられたからである。また、天平九（七三七）年に大極殿で『最勝王経』の講経が行われた時、講師に選ばれたのが道慈であり、道慈と『最勝王経』の間には直接的な関係が見いだされる。吉田一彦は、道慈の記した文章を検討し、様々な典拠を駆使していることから、その蓋然性が高いという結論を導いている。[8] しかし、これらの検討では、石井公成が指摘したような和習（日本独自の漢文表現）の問題が考慮されていない。特に、②の部分に見える「依情」は、一般的な漢文文献に見えない表現であり、仏教文献としても奇妙な用法である。[9] 先に指摘したように「爰泊」の用法や、「果仏所記」という表現なども、仏教文献を含めて考えても、異例のものである。また、上表文の部分ではないが、物部尾輿・中臣鎌子の発する「昔日不須臣計、致斯病死」という言葉も変格である。「不須臣計」は「臣の考えを採用しなかったので」と解されるが、「須」は「必要とする」の意味なので、このような用法は不適切である。[10]

道慈は、大宝二（七〇二）年に唐に入り、養老二（七一八）年に帰国するまで、十六年にわたって唐で過ごし、『懐風藻』所載の伝記によれば、唐の宮中で『仁王般若経』を講じたという。『懐風藻』に収められた道慈の詩文も整ったもので、目立った和習は見られない。このような道慈の経歴や遺文を考えれば、和習の目立つ『日本書紀』の仏教伝来記事が道慈の手になるものとは考えにくい。

『日本書紀』の仏教関連記事については、道慈以外では、山田御方を想定する皆川完一説があるが、[11] ここでは、道慈と並び称された神叡[12]が関与した可能性を指摘しておきたい。養老三（七一九）年十一月朔日の詔（『続日本紀』）では、神叡と道慈を並べて賞賛しているが、道慈については「遠渉蒼波。覈異聞於絶境。遐遊赤県。研妙機於秘記。参跡象竜。振英秦漢」とあり、唐に渡って学んだことを賞賛するのに対し、神叡については「不践安遠之講肆。学達三空。未漱澄什之言河。智周二諦」とあって、むしろ独学で仏教に通達したことを述べている。持統七（六九三）年三月十六日の記事（『日本書紀』）によると、神叡は、直広肆息長真人老を正使とする遣新羅使の中の学問僧の一人として挙げられているが、この遣新羅使が新羅に出発したという記事も、帰国したという記事もない。もちろん、出発や帰国が常に記録されているわけではないので、書き洩らしの可能性もあるが、二年後の持統九（六九五）年七月二十六日の遣新羅使の場合、その後、九月六日の記事で新羅に向かったことが記されているので、それと対照すると、いささか気になるところである。神叡とともに遣新羅の学問僧となった弁通は、持統十（六九六）年十一月十日に大官大寺の僧として食封三十戸を下賜されているので、この時期に新羅から帰国したのかもしれないが、学問僧として留学したにしては、帰国までの期間が短すぎるので、新羅には結局行けなかったのではなかろうか。『扶桑略記』巻六の天平二年十月十七日条に引用された思託撰『延暦僧録』逸文には、以下のようにある。

沙門神叡、唐学生也。因患制亭、便入芳野、依現光寺、結廬立志、披閲三蔵、秉燭披翫、夙夜忘疲、逾二十年、妙通奥旨、智海淵冲、義雲山積、盖法門之龍象也。俗時伝云、「芳野僧都、得自然智」。（『新訂増補国史大系』一二巻九〇）。

この記述によると、神叡は新羅には行かなかったと思われる。「唐学生」というのは、遣新羅の学問僧に選ばれたことを言うのであって、実際に唐で学んだという意味ではなかろう。神叡が再び記録に現れるのは、養老元（七一七）年七月二十三日に律師に任命されたという記事（『続日本紀』）であり、『延暦僧録』逸文の「逾二十年」の文と符合する。

また、この記事の内容は、先に引いた詔の中の「不践安遠之講肆。学達三空。未漱澄什之言河。智周二諦」の文と同様、神叡が独学で仏教の奥義に通達したことを示している。また、後世の記述であり、典拠は不明ながら、『本朝高僧伝』巻四の「和州元興寺沙門神睿伝」では「博究法相。兼善華厳三論」（大日本仏教全書（旧版）一〇二巻九一上一四）とある。神叡の時期には、まだ華厳宗は日本に伝来していないので、この「華厳」は『華厳経（六十華厳）』のことと考えられる。

これらの記述を総合するなら、神叡は国外に出ることなく、「披閲三蔵」によって、独学で仏教を学んだのであり、さらに『華厳経』をよく読んでいたということになる。これらからすると、和習が見られ、『華厳経』に由来する「随意宝」「妙法宝」といった字句を用いて仏教伝来記事を潤色した人物として、神叡は適合的である。決定的ではないものの、法相宗文献との関係がうかがえることも、三論宗の道慈よりも、法相宗の神叡が潤色した蓋然性を高めるように思われる。神叡の『日本書紀』への関与に関しては、神叡が住していた吉野寺の記事が『日本書紀』に見られること[13]が、従来から指摘されているが[14]、この点に関して、『日本書紀』では法相宗の伝来のみが特筆されていることを付け加えておきたい[15]。このような個別宗派の教義内容に立ち入った記事は、他に見られず、執筆者が法相宗に強い関心を持っていることを示している。この点も神叡の関与を想定するのに適合的であろう。

もっとも、これは道慈の関与を否定するのではない。七〇三年に訳出された『最勝王経』を利用しえたことには、七一八年に唐から帰国した道慈の関与を想定するのは自然であるが、それを資料として利用し、最終的に文章を確定したのは、神叡ではないかと考えたい。

三　古代日本の仏教世界認識

先に引用した仏教伝来記事の③の部分には、すでに取り上げたように、「遠自天竺爰洎三韓、依教奉持無不尊敬」とあって、仏教が天竺に由来することが記されている。しかし、これは『日本書紀』作成時の潤色であるので、仏教伝来当時の日本人がどのように受け止めたのかは分からない。その後の記述では、推古天皇三十二（六二四）年四月三日条に百済僧・観勒の上表として「夫仏法自西国至于漢経三百歳」とあり、天竺という具体的な地域名ではなく、漠然とした「西国」という表現になっている。仏典には当然のように天竺が出てくるが、それを具体的にイメージするのは困難であり、「西国」という漠然とした表現の方が、当時の実情を示しているのではなかろうか。

この点で注目されるのが、推古天皇二十（六一二）年の「是歳」条の記事である。

是歳、自百済国有化来者、其面身皆斑白、若有白癩者乎。悪其異於人、欲棄海中嶋、然其人曰「若悪臣之斑皮者、白斑牛馬不可畜於国中。亦臣有小才、能構山岳之形。其留臣而用則為国有利、何空之棄海嶋耶」。於是、聴其辞以不棄、仍令構須弥山形及呉橋於南庭。時人号其人曰路子工、亦名芝耆摩呂。

これによれば、異常な外見の百済人が帰化し、彼の技術によって「須弥山形（須弥山の模型）」が作られたという。この「須弥山形」が具体的にどのようなものかは分からないが、仏典に見える須弥山をもとにしたものであることは間違いなく、仏典に見える世界観を可視化したものと言える。[16]

この「須弥山」に関して注目されるのは、斉明天皇時代の以下の記述（『日本書紀』）である。

（斉明三〈六五七〉年）七月三日「覩貨邏国男二人女四人漂泊于筑紫、言「臣等初漂泊于海見嶋」。乃以駅召」

七月十五日「作須弥山像於飛鳥寺西、且設盂蘭瓮会、暮饗覩貨邏人〈或本云、堕羅人〉」

（斉明五年）三月十七日「甘檮丘東之川上、造須弥山而饗陸奥与越蝦夷」

（斉明六年）五月「又阿倍引田臣〈闕名〉献夷五十余。又於石上池辺作須弥山。高如廟塔。以饗粛慎卌七人」


これらによれば、「覩貨邏人」「陸奥与越蝦夷」「粛慎」といった一種の異民族を遇するときに、須弥山が用いられている。この儀礼の意味については様々な解釈があるが[17]、これらの異民族を包摂する上で、仏教的な世界観を利用しているということはできるのではないか。つまり、この時点で、仏教的世界観は現実の地理空間に重ね合わされ、中国・韓半島・日本という範囲を越えた領域が認識されるようになったのではないかと考えられる。

四　古代日本と『法華経』

古代日本において仏教の受容が本格化するのは、推古天皇の時代である。推古天皇十四（六〇六）年七月には『勝鬘経』が皇太子（廏戸皇子）によって講義され、同じ年に『法華経』も同じく皇太子によって講義されている（『日本書記』）。しかし、正史の上では、『法華経』の名が再び登場するのは、聖武天皇の神亀三（七二六）年八月八日の「奉為太上天皇（＝元正天皇）。造写釈迦像幷『法華経』訖。仍於薬師寺設斎焉」の記事（『続日本紀』）であり、その間、百二十年を経ている。これだけで判断するのは早計であるが、『法華経』は直ちに広く受容されたわけではない。その間、どのような経典が受容されたのかを、正史の記述により列挙すると、以下のようになる。

舒明天皇・十二（六四〇）年五月五日「大設斎。因以請恵隠僧、令説『無量寿経』」
皇極天皇・元（六四二）年七月二十七日「於大寺南庭、厳仏菩薩像与四天王像、屈請衆僧、読『大雲経』等。于時、蘇我大臣手執香鑪、焼香発願」
孝徳天皇・白雉二（六五一）年十二月晦「於味経宮請二千一百余僧尼、使読一切経。是夕、燃二千七百余灯於朝庭内、使読『安宅』・『土側』等経。於是、天皇従於大郡遷、居新宮。号曰難波長柄豊碕宮」
孝徳天皇・白雉三（六五二）年四月十五日「請沙門恵隠於内裏、使講『無量寿経』。以沙門恵資為論議者。以沙門一千為作聴衆」
斉明天皇・三（六五七）年七月十五日「作須弥山像於飛鳥寺西。且設盂蘭瓮会。暮饗覩貨邏人〈或本云、堕羅人〉」
斉明天皇・五（六五九）年七月十五日「詔群臣。於京内諸寺勧講『盂蘭盆経』。使報七世父母」
斉明天皇・六（六六〇）年五月「是月、有司奉勅、造一百高座・一百衲袈裟、設『仁王般若』之会」
天武天皇・五（六七六）年十一月二十日「遣使於四方国。説『金光明経』『仁王経』」
天武天皇・九（六八〇）年五月朔「勅、絁綿絲布以施于京内廿四寺各有差。是日、始説『金光明経』于宮中及諸寺」
天武天皇・十四（六八五）年十月十七日「是日、説『金剛般若経』於宮中」
天武天皇・十五（六八六）年五月二十四日「天皇体不安。因以於川原寺説『薬師経』。安居于宮中」
天武天皇・十五（六八六）年七月八日「請一百僧、読『金光明経』於宮中」
天武天皇・十五（六八六）年七月「是月、諸王臣等為天皇造観世音像、則読『観世音経』於大官大寺」

天武天皇・朱鳥元（六八六）年八月二日「度僧尼幷一百。因以坐百菩薩於宮中、読『観世音経』二百巻」

持統天皇・六（六九二）年閏五月三日「大水。遣使、循行郡国、稟貸災害不能自存者。令得漁採山林池沢。詔、令京師及四畿内、講説『金光明経』」

持統天皇・七（六九三）年十月二十三日「始講『仁王経』於百国。四日而畢」

持統天皇・八（六九四）年五月十一日「以『金光明経』一百部送置諸国。必取毎年正月上玄読之。其布施以当国官物充之」

持統天皇・十（六九六）年十二月朔「勅旨、縁読『金光明経』。毎年十二月晦日。度浄行者一十人」（以上、『日本書紀』）

文武天皇・大宝二（七〇二）年十二月十三日「太上天皇不予。大赦天下。度一百人出家。令四畿内講『金光明経』」（以下、『続日本紀』）

文武天皇・大宝三（七〇三）年三月十日「詔四大寺、読『大般若経』。度一百人」

文武天皇・大宝三（七〇三）年七月十三日「令四大寺読『金光明経』」

元正天皇・養老四（七二〇）年八月二日「令都下卌八寺一日一夜読『薬師経』。免官戸十一人為良。除奴婢一十人従官戸。為救右大臣（＝藤原不比等）病也」

元正天皇・養老六（七二二）年十一月十九日「詔曰、（中略）故奉為太上天皇（＝元明天皇）、敬写『華厳経』八十巻、『大集経』六十巻、『涅槃経』卌巻、『大菩薩蔵経』廿巻、『観世音経』二百巻、造灌頂幡八首・道場幡一千首・着牙漆几卅六・銅鋺器一百六十八・柳箱八十二。即従十二月七日、於京幷畿内諸寺、便屈請僧尼二千六百卅八人、設斎供也」※「華厳経八十巻」は実叉難陀訳『大方広仏華厳経（八十華厳）』。唐・聖暦二（六九九）年訳出完了。

聖武天皇・神亀二（七二五）年閏正月十七日「請僧六百人於宮中、読誦『大般若経』。為除災異也」

聖武天皇・神亀二（七二五）年七月十七日「詔七道諸国。除寃祈祥、必憑幽冥。敬神尊仏、清浄為先。（中略）又諸寺院限、勤加掃浄。仍令僧尼読『金光明経』。若無此経者、便転『最勝王経』、令国家平安也」

このように見てくると、『金光明経』が圧倒的に読まれていることが分かる（傍線部）。これは、護国経典としての性格からすれば当然であるが、同じような性格の『仁王般若経（仁王経）』をも凌いでいる。一方、『法華経』との関連では、『観世音経』が読まれていることが注目される（二重傍線部）。これは、『妙法蓮華経』の「観世音菩薩普門品」のことであり、この時期の『法華経』信仰は観音信仰に限定されていたと言えるかもしれない。

これが、神亀三（七二六）年以後になると、大きく変わっていく。『観世音経』も含めて『法華経』に関連する記事を列挙すると以下のようになる（すべて『続日本紀』。経典名に傍線）。

①聖武天皇・神亀五（七二八）年八月二十一日「勅。皇太子（＝前年生まれた皇子）寝病。経日不愈。自非三宝威力、何能解脱患苦。因茲、敬造観世音菩薩像一百七十七軀幷『経（＝観世音経）』一百七十七巻。礼仏転経、一日行道。縁此功徳、欲得平復。又勅。可大赦天下、以救所患。其犯八虐及官人枉法受財、監臨主守自盗、盗所監臨、強盗・窃盗得財、常赦所不免者、並不在赦限」

②聖武天皇・天平六（七三四）年十一月二十一日「太政官奏。仏教流伝、必在僧尼。度人才行、実簡所司。比来出家、不審学業。多由嘱請。甚乖法意。自今以後。不論道俗。所挙度人、唯取闇誦『法華経』一部、或『最勝王経』一部、兼解礼仏、浄行三年以上者、令得度者、学問弥長。嘱請自休。其取僧尼児、詐作男女、令得出家者、准法科罪。所司知而不正者、与同罪。得度者還俗。奏可之」

③聖武天皇・天平十二（七四〇）年六月十九日「令天下諸国、毎国写『法華経』十部。幷建七重塔焉」

④聖武天皇・天平十二（七四〇）年九月十五日「勅四畿内七道諸国曰、比来、縁筑紫境有不軌之臣。命軍討伐。願依聖祐欲安百姓。故今国別造観世音菩薩像壱軀、高七尺、幷写『観世音経』一十巻」

⑤聖武天皇・天平十三（七四一）年三月二十四日「詔曰。朕以薄徳、忝承重任。未弘政化。寤寐多慚。古之明主、皆能先業。国泰人楽。災除福至。修何政化、能臻此道。頃者、年穀不豊。疫癘頻至。慙懼交集。唯労罪己。是以、広為蒼生、遍求景福。故前年、馳駅増飾天下神宮。去歳、普令天下造釈迦牟尼仏尊像、高一丈六尺者、各一鋪。幷写『大般若経』各一部。自今春已来、至于秋稼、風雨順序、五穀豊穰。此乃、徴誠啓願。霊貺如答。載惶載懼、無以自寧。案経云「若有国土講宣読誦、恭敬供養、流通此経王者、我等四王、常来擁護。一切災障、皆使消殄。憂愁疾疫、亦令除差。所願遂心、恒生歓喜」者。宜令天下諸国各令敬造七重塔一区、幷写『金光明最勝王経』『妙法蓮華経』各一部。朕、又別擬、写金字『金光明最勝王経』。毎塔各令置一部。所冀、聖法之盛、与天地而永流。擁護之恩、被幽明而恒満。其造塔之寺、兼為国華。必択好処。実可長久。近人則不欲薫臭所及。遠人則不欲労衆帰集。国司等、各宜務存厳飾。兼尽潔清。近感諸天、庶幾臨護。布告遐邇、令知朕意。又毎国僧寺、施封五十戸、水田十町。尼寺水田十町。僧寺必令有廿僧。其寺名、為金光明四天王護国之寺。尼寺一十尼。其寺名為法華滅罪之寺。両寺相共、宜受教戒。若有闕者、即須補満。其僧尼、毎月八日、必応転読『最勝王経』。毎至月半、誦戒羯磨。毎月六斎日、公私不得漁猟殺生。国司等宜恒加検校」

⑥聖武天皇・天平十三（七四一）年閏三月二十四日「奉八幡神宮秘錦冠一頭、金字『最勝王経』・『法華経』各一部、度者十人、封戸、馬五疋。又令造三重塔一区。賽宿禱也」

⑦聖武天皇・天平十九（七四七）年十一月七日「詔曰、朕、以去天平十三年二月十四日、至心発願。欲使国家永固、聖法恒修。遍詔天下諸国、国別令造金光明寺・法華寺。其金光明寺各造七重塔一区、幷写金字『金光明経』一部、安置塔裏。而諸国司等怠緩不行。或処寺不便。或猶未開基。以為、天地災異、一二顕来、蓋由茲乎。朕之股肱

豈合如此。是以差従四位下石川朝臣年足・従五位下阿倍朝臣小嶋・布勢朝臣宅主等、分道発遣。検定寺地、幷察作状。国司宜与使及国師、簡定勝地、勤加営繕。又任郡司勇幹堪済諸事。専令主当。限来三年以前、造塔・金堂・僧坊、悉皆令了。若能契勅、如理修造之、子孫無絶、任郡領司。其僧寺・尼寺水田者、除前入数已外、更加田地。僧寺九十町。尼寺四十町。便仰所司墾開応施。普告国郡、知朕意焉」

⑧聖武天皇・天平二十（七四八）年七月十八日「従五位下大倭御手代連麻呂女賜宿禰姓、奉為太上天皇（＝元正天皇）、奉写『法華経』一千部」

②では出家を許可する条件として『法華経』または『最勝王経』を暗誦できることを挙げ、⑤では国ごとに『法華経』『最勝王経』を書写し、国ごとの尼寺を「法華滅罪之寺」と名付けることを布令している。③で、国ごとに『法華経』十部を書写させ、七重塔を建立させているのは、この政策の先駆と見ることができよう。

しかし、ここで注目すべきは、『法華経』と『最勝王経』とは同格ではないことである。⑤は、国分寺・国分尼寺設置を命じた有名な詔であるが、この政策の根拠として引用されている「若有国土講宣読誦……恒生歓喜」の文は、『最勝王経』巻三「滅業障品」第五の文（大正蔵一六巻四一七中一二～一六）である。また、国ごとに塔を建て、『最勝王経』と『法華経』を一部ずつ安置するとしているが、それとは別に金字の『最勝王経』を安置することを命じている。また、国分寺・国分尼寺の僧尼に毎月八日に『最勝王経』を転読することを命じているが、『法華経』については言及がない。⑦は、冒頭部分で⑤の詔を回顧しているが、そこでは金字『金光明経（最勝王経）』を安置することのみが言及され、『法華経』については触れられていない。つまり、『法華経』と『最勝王経』は同列ではなく、あくまで『最勝王経』の方が主であると言える。このような両経の関係からすると、尼寺が「法華滅罪之寺」と名付けられたのも、『法華経』に特に滅罪の機能があるというのではなく、『最勝王経』に含まれる滅罪の機能を尼寺に分担させたのではないかと考えられる。この政策の根拠になった『最勝王経』の「滅業障品」という品題に示される滅罪の思想にもとづいて、尼寺の名前が決められたのではなかろうか。(18)

③は、『続日本紀』の中で、国家的な祈禱として『法華経』書写がなされた唯一の例である。これに対して、「観音経」は①と④の二回、用いられている。⑧は個人的な作善であり、この記事を最後に『続日本紀』の中で『法華経』が言及されることはなくなる。

あくまでも正史の記述の範囲内ではあるが、聖武天皇のもとで、『法華経』は国家的な経典に位置付けられたものの、その内実は観音信仰であり、「観音経」を含む経典として『法華経』は重視されたにすぎないと言えるのではなかろうか。このような観点から考えれば、『法華経』を一切衆生成仏を説く経典として位置付けた最澄の活動は画期的なものであったということになるであろう。(19)

おわりに

本稿では、正史（『日本書紀』『続日本紀』）の記述を通じて、古代日本における仏教受容に関する幾つかの問題を検討してきた。正史はあくまで当時の国家の側からの見方を示すものに過ぎず、仏教受容の全体像を描くには、当然、他の史資料（たとえば『日本霊異記』や正倉院文書）も検討する必要があることは当然である。しかし、国家の側からの見方というのも、真実の一面を示すことも事実であるし、他の史資料から導かれる歴史像との落差自体が、重要な検討課題たりうるであろう。本稿では、このような問題関心から、正史における仏教史記述を検討した。ここで取り上げたような種々の記述が、他の史資料と比較して、どのような「歪み」を有しているのかは今後の課題としたい。

註

1　古くは河村秀根・益根『書紀集解』巻十九が、「能生無量無辺」が『最勝王経』「蓮華喩讃品」の「持此呪者。能生無量無辺福徳之聚」（大正蔵一六巻四二三下二八～二九）に拠ると指摘したのに対し、敷田年治『日本紀標註』巻之十六が「是法～無上菩提」の全体が上記のように『最勝王経』「寿量品」によることを指摘し、この説は飯田武郷（文政一〇〈一八二七〉年～明治三三〈一九〇〇〉年）の『日本書紀通釈』巻之五十に採用された。その後、藤井顕孝「欽明紀の仏教伝来の記事について」（『史学雑誌』三六篇八号、一九二五）は、「譬如～所乏」の部分が上記のように「四天王護国品」の文に拠ることを指摘している。皆川完一『正倉院文書と古代中世史料の研究』（吉川弘文館、二〇一二）「道慈と『日本書紀』（初出、『中央大学文学部紀要』一九一号、二〇〇二）一六七～一六八頁参照。『最勝王経』以外の典拠については、吉田一彦『仏教伝来の研究』（吉川弘文館、二〇一二年）「『日本書紀』仏教伝来記事と末法思想」（初出、『人間文化研究』七・九・一〇・一一・一三、二〇〇七～二〇一〇）二三～三七頁、石井公成「『日本書紀』における仏教漢文の表現と変格語法（上）」（『駒澤大學佛教學部研究紀要』七三、二〇一五）参照。

2　註1石井前掲論文、二一四頁参照。

3　なお、この句は曇無讖訳『金光明経』に真諦訳で新たに訳出された部分を合した『合部金光明経』「陀羅尼最浄地品」第六（真諦訳の部分）にも見える（大正蔵一六巻三七四上四～五）。

4　同じように、具体物を目的語とする例は、巻六「皇后令懐抱皇子」、巻九「命武内宿禰懐皇子」、同上「唯懐幼王従君王者也」があり、巻九に集中する。註1吉田前掲書、三八～四〇頁は、巻九（神功皇后紀）と仏教伝来記事との内的関連を指摘しており、興味深い。

5　註1石井前掲論文、二一四頁参照。

6　註1吉田前掲書、二七頁参照。

7　井上薫『日本古代の政治と宗教』（吉川弘文館、一九六一）「日本書紀仏教伝来記載考」（初出、『歴史地理』八一巻二号・四号、一九四三）参照。道慈の伝記としては、曾根正人『道慈』（吉川弘文館、二〇二二）参照。

8　註1吉田前掲書、「道慈の文章」（初出、大山誠一編『聖徳太子の真実』平凡社、二〇〇三）参照。

9　註1石井前掲論文、二一三頁参照。

10　『日本書紀』巻一で「いなしこめきたし」の訳として出る「不須也凶目汚穢」（三例）や巻二の「不須也頗傾凶目杵之国歟」を除くと、『日本書紀』中の「不須」はすべて「必要としない」の意で、「不須臣計」の用法は異例である。巻一

「汝是悪神。不須相見」、巻二「疑、汝二神、非是吾処来者。故不須許也」、巻二十五「其還郷日、不須更報」、同上「其伐之状、不須挙力」。

11 註1皆川前掲論文参照。

12 註7曾根前掲書では神叡についても詳細な記述がある。

13 巻十九「（欽明天皇十四〈五五三〉年）夏五月戊辰朔。河内国言、泉郡茅渟海中、有梵音。震響若雷声。光彩晃曜如日色。天皇心異之。遣溝辺直〈此但曰直、不書名字。蓋是伝写誤失矣〉、入海求訪。是月。溝辺直入海、果見樟木浮海玲瓏。遂取而献。天皇命画工、造仏像二軀。今吉野寺放光樟像也」。

14 竹居明男『日本古代仏教の文化史』（吉川弘文館、一九九八）「吉野寺と『日本書紀』」（初出、横田健一編『日本書紀研究』一一、一九七九）、註1吉田前掲書、八一～八三頁参照。

15 巻二十六「（斉明天皇四〈六五八〉年七月）是月。沙門智通・智達、奉勅乗新羅船往大唐国、受無性衆生義於玄弉法師所」。

16 なお、奈良県高市郡飛鳥村字石神から出土した「須弥山石」と呼ばれるものがある（国立東京博物館所蔵）。外村中「飛鳥の須彌山石」（『日本庭園学会誌』二一、二〇〇九）では、この「須弥山石」が仏教の須弥山を具象化したものと見ることに疑問を呈している。

17 註16外村前掲論文二～六頁に諸説が紹介されている。

18 「法華滅罪之寺」については、曾根正人『古代仏教界と王朝社会』（吉川弘文館、二〇〇〇）「「法華滅罪之寺」と提婆品信仰」（初出、『史正』一二、一九八二）、勝浦令子『日本古代の僧尼と社会』（吉川弘文館、二〇〇〇）「法華滅罪之寺と洛陽安国寺法華道場」（初出、『史論』四六、一九九三）参照。両者とも、「法華滅罪之寺」が「提婆達多品」に由来するものではないことを確認し、勝浦論文では尼寺が『法華経』と関連づけられたことについて唐の安国寺法華道場の影響を指摘し、滅罪に関しては法華三昧の影響を推定している。もっとも、滅罪につながる懺悔の要素は、法華三昧に限らず、様々な行法に含まれるものなので、『法華経』と「滅罪」を結びつける根拠としては弱いように思われる。なお、『法華経』や観音信仰を滅罪と結びつける可能性があるものとして、闍那崛多訳『種種雑呪経』の存在を挙げておきたい。本経は、二三首の陀羅尼を含むが、最初の六首は『法華経』からの引用であり、その後、「旋塔滅罪陀羅尼」「礼拝滅罪命終諸仏来迎呪」「観世音懺悔呪」など滅罪を説く陀羅尼が挙げられる他、本経中の「観世音随心呪」四首のうち最初のものは「滅罪清浄呪」と名付けられている。このように『種種雑呪経』は『法華経』・観音信仰・滅罪を結びつけており、しかも正倉院文書によれば奈良時代に写経されている形跡があるので、本経を媒介として「法華滅罪」という成句ができた可能性もあろう。

19　田村圓澄『法華経と古代国家』（吉川弘文館、二〇〇五）「序」も、『法華経』による「律令国家」との訣別という点で、最澄を高く評価する。

※本稿作成にあたり、国会図書館デジタルコレクション、SAT（大正新脩大藏經テキストデータベース）、CBETA（中華電子佛典協會）の他、「日本書紀全文検索」（seisaku.bz/shoki_index.html）、「菊池眞一研究室」（kikuchi2.com/\index.html）の「六国史」データ（荒山慶一氏入力）より、多大の裨益を受けた。記して感謝申し上げたい（令和六年三月二十八日閲覧）。

仏教建築の東と西

加藤直子

はじめに

日本の歴史的な建物というと古都の寺院建築を思い浮かべる人も多いかもしれない。このように仏教建築は、日本の伝統建築のひとつのカテゴリーとして認識されている。しかし仏教とは日本から遠く離れたインドの地で釈迦が説いた思想、哲学が信仰となったもので、仏教という宗教とともに仏教建築というものが成立したわけではなく、原初の仏教建築という形態があるわけでもない。仏教建築とはあくまで信仰活動もしくはその活動を行う人々のための建物であり、おそらく古代インドという土地に根差した土着の建築文化をもとにして生まれ、そして発展してきた。今日、日本で私たちが目にする仏教建築は、インドから仏教が伝わる過程で様々な土地の建築文化と融合しながら変容し、形式化したものが仏教とともにいわば「輸入」され、さらにわが国独自の発展をとげた姿である。

本稿は、仏教東漸の道における東と西の初期仏教建築をとりあげる。東は仏教がたどりついた東端の日本、西は日本に伝わった仏教のひとつの通過点であり、ある意味では西の拠点となったガンダーラについてである。インド北部で生まれた仏教はガンダーラで東西の文化が融合して発展をとげ、中央アジア、中国、朝鮮半島をへて日本に伝わった。本稿では日本における最初期の仏教建築がうけた中国および朝鮮半島からの影響、ガンダーラの仏教建築が及ぼした影響についてもふれる。

一　日本における仏教公伝と本格仏教寺院の造営

一、仏教の公伝と寺院の造営

わが国への仏教公伝時期には戊午説（五三八年）と壬申説（五五二年）のふたつがあり、また欽明天皇の代（五三九～五七一）には密接な外交関係にあった百済聖明王から仏像と経典等が送られたとされる。仏教の受け入れには蘇我氏と物部氏との権力争いが絡みあい困難がともなったが、五八七（用明二）年に争いにようやく終止符が打たれ、仏教興隆がはじまった。

記録にみる日本最初の仏教に関する建築は、百済から送られた仏像が蘇我稲目に下賜され、甘樫丘の北西麓に位置する向原の家を浄めて祀られた向原寺（豊浦寺）や、蘇我馬子が自宅の東に建てた仏殿、大野丘の北に建てられ五八五（敏達十四）年二月に舎利を柱頭におさめたという仏塔がある。ただ向原寺は既存の邸宅、すなわち住宅建築を転用したもので、蘇我馬子の建てた塔もわずか一か月後に物部守屋によって切り倒されたとされ、どのような形式、形態であったのか、そもそも建築物として完成していたのかも含め詳しいことはわからない。いずれにせよこれらは単体の仏教建築で、わが国における本格的な仏教寺院、いわゆる仏寺伽藍の出現は五八八（崇峻元）年に蘇我馬子が発願した飛鳥寺が最初であったとみられる。『日本書紀』によると、五八八年に百済から僧とともに寺工（じこう）二名、露盤博士一名、瓦博士四名、画工一名といった技術者が来朝した。露盤とは仏塔の頂部の相輪と呼ばれる部分の古称で、金属でできていることから露盤博士は金属鋳造等の技術者と考えられる。それ以前の五七七（敏達六）年にも百済から造仏工や造寺工を奉じられたという記録があり、寺院の造営には各専門工事の技術者が必要とされたといえる。また『元興寺伽藍縁起幷流記資財帳』によると、技術者とともに「金堂の本様（模型または設計図）」も奉上された。このように日本における最初の本格的な仏教寺院の建設は百済の技術者集団によって行われ、わが国の仏教建築の歴史がはじまった。そしてこのことは日本の建築史における一大分岐点となった。

二、飛鳥寺の創建

飛鳥寺は五九〇（崇峻三）年に木材を入手するために山に入る杣入りが行われ、二年後に仏殿や歩廊を起工、その翌年の五九三（崇峻六）年に塔の心礎（心柱の礎石）に仏舎利を安置したとされる。五九六（崇峻九）年にひとまず造営が完了し、蘇我馬子の息子善徳が寺司となり、高句麗僧の慧慈や百済僧の慧聡が住みはじめたが、その後も伽藍の整備は継続していたと考えられている。

創建当初の建築は現存しないためそれらの形式や形態の詳細は不明であるが、発掘調査によって伽藍配置や塔の心礎、心柱等について明らかになっている。伽藍は南を正面とし、塔を中

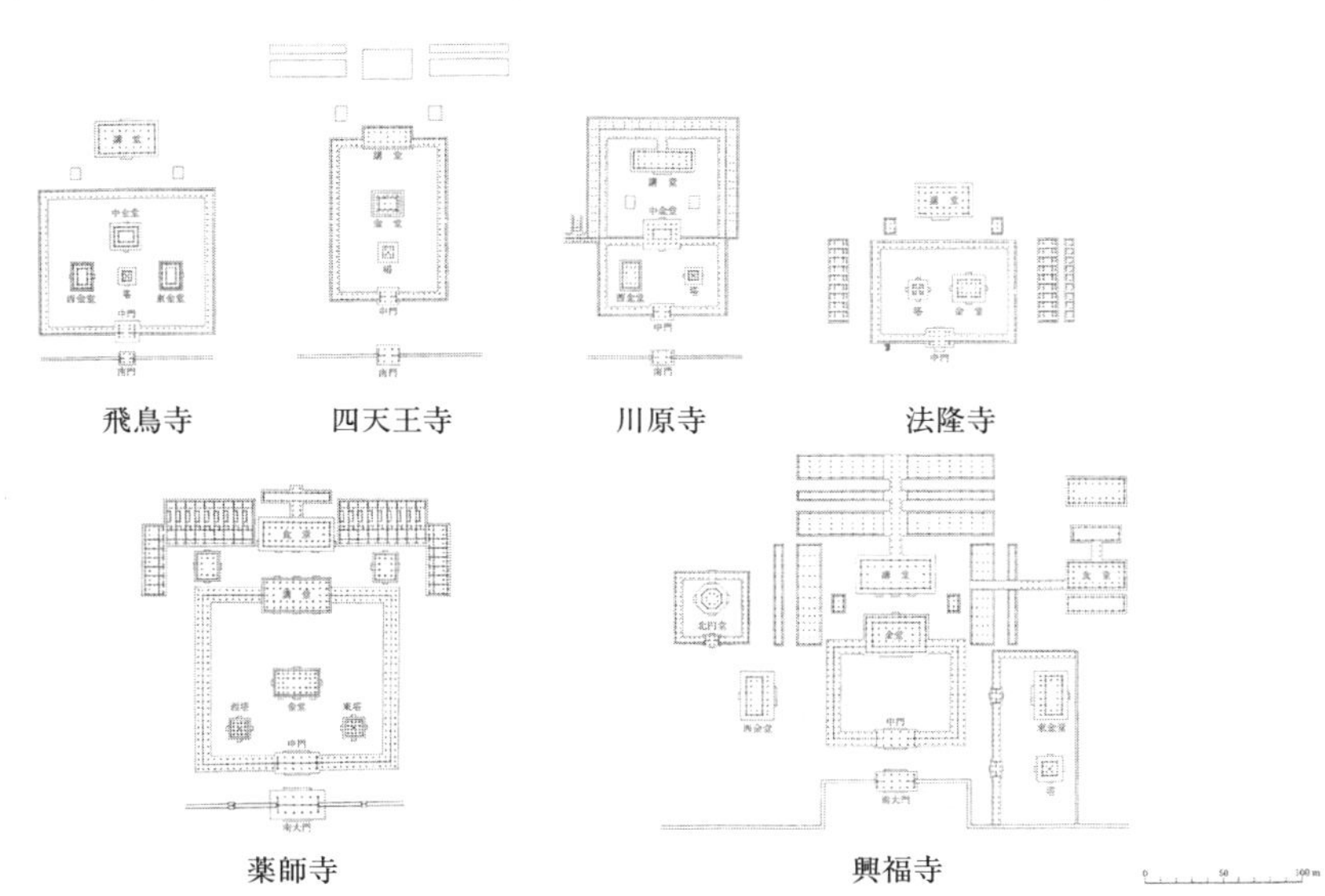

図１　日本における古代寺院の伽藍配置

心としてその後方と両側に塔に面して金堂が配され、南門の北に設けられた中門の両脇から回廊を回して塔と金堂を囲む。回廊の北には講堂、そして西側にも門が設けられていた（図1）。なお僧房の位置や規模等は未掘のため不明であるが、塔の心礎は地中に据えられていたこと、出土した舎利容器は後年に再埋納されたものであること、金堂の基壇は二重基壇とするが中金堂は切石積み、東・西金堂は乱石積みであり仕様が異なっていたこと、多くの軒丸瓦の文様が素弁十弁軒丸瓦であること等が明らかになっている。

三、現存する飛鳥時代の建築　法隆寺西院伽藍

法隆寺の西院伽藍の建物はさまざまな条件や幸運が重なった結果、現代に生きる我々が目にすることができる唯一の飛鳥時代の建築である。ここでは仏教伝来直後に創建され、飛鳥時代の建築が現存する法隆寺の概要をまとめる。

（一）創建の経緯

法隆寺は、五八七（用明二）年に天皇が自らの病気平癒を祈って発願したものの果たさずに崩じ、その遺願を継いで推古天皇と厩戸皇子（聖徳太子）が造営を進め、本尊の薬師如来が六〇七（推古十五）年に完成したと伝えられる。『日本書紀』によると六七〇（天智九）年に焼失したとの記述があり、明治時代から現存する法隆寺伽藍についての再建・非再建論争が展開された。その後一九三九（昭和十四）年に発掘調査で、現在の西院伽藍の南東で若草伽藍とよばれる遺構が確認され、この伽藍が焼失した創建法隆寺とみられること、現存の金堂における壁画の様式、昭和の解体修理で確認された天井板の落書き等により、現存建物の建築年代が火災の起こった六七〇年をさかのぼりえないと考えられることから、現在の伽藍は焼失後の再建であるとみられ、一応の決着となった。しかし再建法隆寺は、なぜ若草伽藍から位置や方角、伽藍配置を変更したのか、再建が七世紀末～八世紀頃とされるのにもかかわらず建築意匠や細部に当時の

最先端ではなく古い形態を採用したのか、さらには年輪年代法（年輪のパターンによって部材の伐採時期を判定する方法）により五重塔の心柱は五九四年の伐採であることが明らかになり建築年代と百年ほどの差が生じていること等、さまざまな未解決の問題が残されている。

現在の法隆寺は聖徳太子ゆかりの寺院として知られ、飛鳥時代は東に金堂、西に五重塔を配し、南を正面とした中門と回廊で囲む伽藍配置としていた西院伽藍（図1）、聖徳太子の住まいであった斑鳩宮の跡地が奈良時代に寺院にされたという夢殿を中心とした東院伽藍、それらを結ぶ街路沿いの塔頭等の建築群からなる。世界最古とされる木造建築である金堂や五重塔をはじめ、奈良時代の夢殿や伝法堂、平安時代の大講堂や綱封蔵、鎌倉時代の聖霊院、室町時代の南大門等、各時代の建築が現存する。さらには食堂、三経院および西室、東室および妻室等、現在はほとんど失われた古代寺院を構成していた建築が残っていることからも法隆寺は歴史的な木造建築の宝庫であり、建築史のみならず文化史、仏教史上、非常に重要であることが認められ、法起寺三重塔等とともに一九九三（平成五）年に「法隆寺地域の仏教建造物」としてわが国最初のユネスコ世界文化遺産のひとつとして登録された。

（二）法隆寺における飛鳥時代の建築

ここでは法隆寺に現存する飛鳥時代の建築の特徴について紹介する。（口絵14）

①金堂　桁行五間、梁間四間の重層入母屋造で上層は下層より一間ずつ小さく、上下層の軒の出が大きい（図2）。重層とはいうものの、上層に床は張られていない。平面形態は奈良時代の金堂よりも正方形に近い比例であり、二重基壇の上に建つ構造部材は非常に太く、柱には中央部に膨らみをもつ胴張りがみられる。構造上の大きな特徴は柱の上に設けられた雲形組物で、隅柱から斜め方向に出されている。この雲形組物には、五重塔、中門では省略もしくは設けられていない波紋状の筋彫りがみられる。また上層の腰組の人字形割束や高欄の卍崩しの組子等、飛鳥時代の特徴とされる

細部の意匠となっている。なお、初層の四周をめぐる裳階は後年付加されたもので、板葺、角柱としている。なお、金堂は中世、近世を通じて修理が行われ、元禄時代に付加された軒支柱には龍の彫刻がほどこされている（図3）。

②五重塔　金堂の西側に配され、逓減が大きい。金堂と同様上層には床は設けられておらず、第二層以上にのぼることはできない。初層から第四層までは柱間を三間とし、最上層は二間として一辺の長さは初層の半分である。細部の形式は金堂とほぼ同じであるが、雲形組物や内部の組入天井の文様等細部から、建築年代は金堂よりも少し遅れた時期とされる。

③中門　間口四間、奥行三間の二重門である。通常、門は中央を通行するため正面の柱間は奇数とすることが多いが、この門の柱間は偶数で中央の二間を通行し両脇に仁王像を置く。この形式はわが国では珍しく、これまで様々な推測がなされてきた。金堂や五重塔と同様、下層に対する上層の逓減が大きく、下層の柱間の中間に上層の柱が置かれる。組物も他と同様雲形とし、隅柱から斜めに出る形である（図4）。

④回廊　当初は矩形に閉じており、経蔵、鐘楼、大講堂は回廊の外側であったが、現状ではつながって凸形平面となっている。この改築は十世紀末の講堂と鐘楼の再建時とされ、当初部分と構造の細部が異なる。

図2　法隆寺金堂、五重塔

図3　法隆寺金堂　軒細部

⑤玉虫厨子（たまむしのずし）　法隆寺に伝わる飛鳥時代の厨子で、高い台座の上におかれ、中に千体仏を祀る宮殿（くうでん）である。最大の特徴は屋根の錣葺（しころぶき）で屋根面に段差をつけたいわば切妻屋根の四方に庇をつけた形をしており、瓦も行基葺という古い形を模している。七〜八世紀初頭の建築の特徴をよく表した貴重な資料であり、国宝に指定されている。

四、飛鳥時代の寺院建築

もともと法興寺という蘇我氏の氏寺として創建された飛鳥寺の創建後、難波（なにわ）の四天王寺や斑鳩の法隆寺等、つぎつぎと仏教寺院が建てられた。飛鳥寺や渡来系氏族による坂田寺等の氏寺の他、天皇による勅願寺も創建され、舒明天皇による百済大寺（六三九年）は九重塔を擁し、より大規模な寺院建築が官営工事によってつくられた最初の例となった。また斉明天皇の宮殿跡には川原寺（七世紀半ば）、天武天皇が皇后の病気平癒のために発願した薬師寺、福岡の大宰府には天智天皇により観世音寺が建てられた。『日本書紀』によると六二四（推古三二）年には寺四六所、僧八一六人、尼五六九人を数えたという。

法隆寺西院伽藍が飛鳥時代の唯一の現存建築であったことから、日本における七世紀の仏教建築史研究は法隆寺の建築を中心に進められ、その初期には法隆寺西院伽藍が仏教建築の飛鳥様式を代表するものととらえられていたといっても過言ではない。建築物の形態や特徴を検討する際、軸部の構造や屋根の架構といった上部構造をはじめとして現存建物から得られる情報は非常に多く、一般的に現存しない建築の発掘調査では伽藍配置や基礎等を除いてその建築の詳細を把握することはむずかしい。しかし古代仏教寺院の発掘調査で、法隆寺とは異なる特徴をもつ建築遺構が確認され、

図４　法隆寺中門

飛鳥時代に様々な形態の仏教建築が存在していたことが明らかになってきた。

聖徳太子発願の四天王寺では講堂跡の垂木が出土し、一軒の丸垂木を用い、放射状に垂木を配する扇垂木であったことが明らかになった（図5）。また蘇我氏の一族であった石川麻呂の発願により紆余曲折を経て六四九年に建てられた山田寺では、金堂の柱配置が特異であること、そして丸垂木の木口に打つ瓦が出土したことから、一軒の丸垂木を用い、隅部を扇垂木としたと推定される他、東回廊の一部がそのまま倒れた状態で出土し、法隆寺とは異なる特徴をもっていたことが明らかになった。

扇垂木という垂木の配置は、鎌倉時代に禅宗の伝来にともなって日本に導入された禅宗様とよばれる建築様式の特徴であり、古代では垂木を平行に配置する平行垂木としていたと考えられていた。しかし扇垂木は古代にも存在したが主流とはならず、隔世する形で中世に再び日本へ伝わったことになる（図6）。また伝統的な木造建築では、「身舎（もや）」とよばれる建物の主構造となる本屋部分の周りに「庇」が取りつき、身舎と庇の柱筋はそろえて配置される。しかし山田寺の金堂は、身舎と庇の柱間数を同じとして軒桁をほぼ等間隔で支え、法隆寺の玉虫厨子のように柱上部に設ける組物を放射状に配置したと考えられる（図7）。また山田寺では柱の胴張り等、法隆寺との共通点もみられるが、雲形組物ではなく奈良時代に一般的となる平三斗（ひらみつど）とよばれる組物（図8）、回廊の大斗が頭貫を切り欠く手法、連子窓上方に長押を用いずに頭貫に枘差しとする等、法隆寺とは異なる技術が存在していたことが明らかになった。

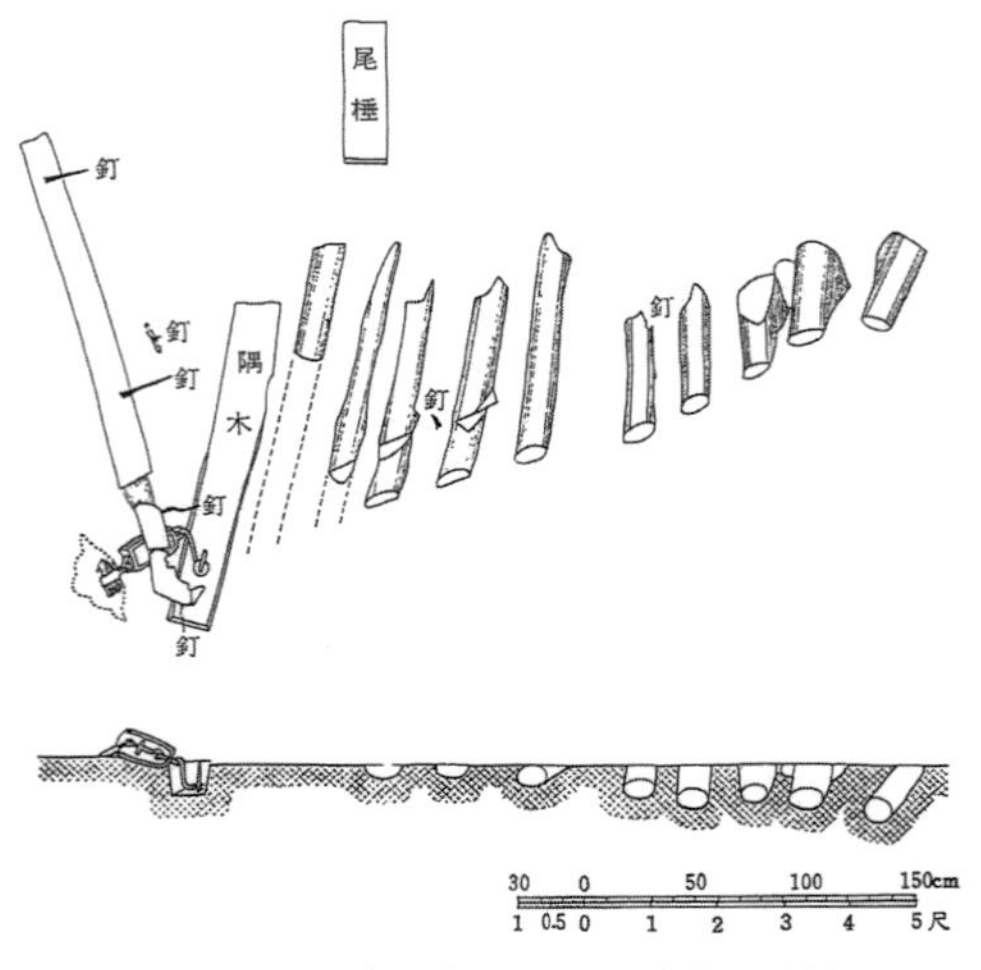

図５　四天王寺で出土した扇垂木の遺構

五、平城遷都とその後の寺院建築

飛鳥時代は建築技術のみならず政治体制や社会システムも未発達で、寺院建築の技術者も少なく、技術者や寺院の造営の国による管理は行われていなかった。したがって、氏族による氏寺、天皇による勅願寺、官寺等、寺院ごとに様々な建築技術や意匠が個別的、もしくは断片的に採用されていたといえる。奈良時代は、遷都により都城建設という短期間に多くの工事や事業が必要になったことや、律令体制が確立されて仏教もその中に組み込まれ、いわば仏教寺院は官

図6　正福寺地蔵堂（1407年築）

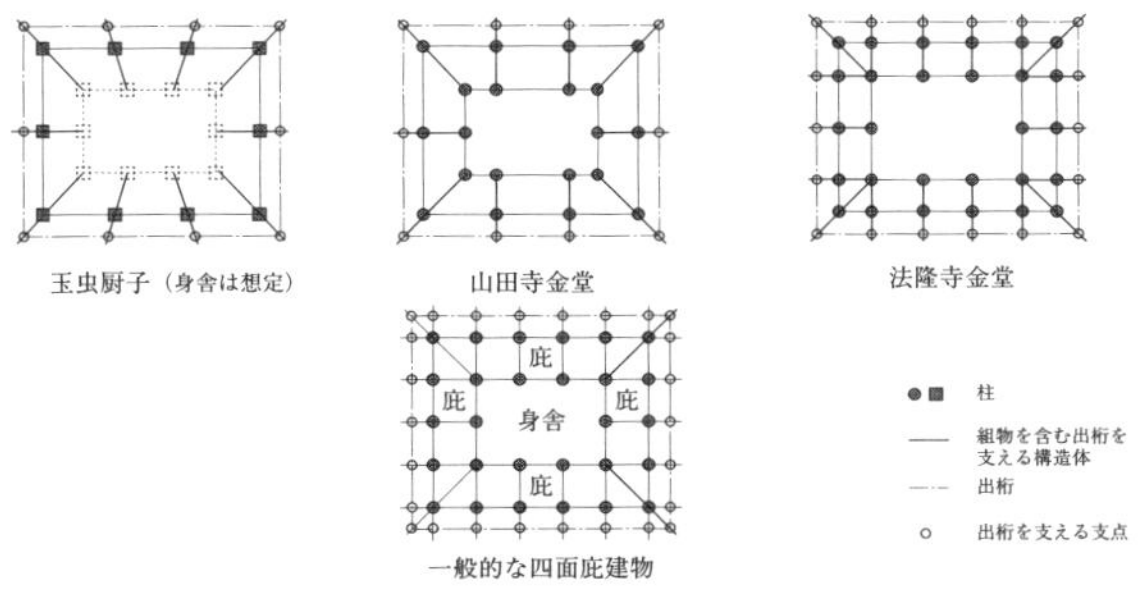

図7　各寺院建築の柱配置

図8　平三斗（法隆寺夢殿）

僚的な組織ともいえる位置づけとなり、その造営は木工寮をはじめとした官の組織によって進められた。天平文化の隆盛もあり数多くの寺院が創建される一方で、遷都にともない飛鳥・藤原京の大きな寺院がいくつか平城京内へ移転されたが、飛鳥寺と薬師寺は飛鳥・藤原の地にも伽藍を残し、斉明天皇ゆかりの川原寺は移転しなかった。なお飛鳥寺、大官大寺、薬師寺が、平城京ではそれぞれ元興寺、大安寺、薬師寺となり、藤原の薬師寺は本薬師寺と呼ばれるようになった。

奈良時代前期、都城の建設にともない建立された元興寺、大安寺、薬師寺等は大寺院として条坊の区画にしたがって寺地が形成された。これらは移転にともない寺地が広くなり最新の技術や意匠が取り入れられ、金堂等の規模が大きくなった。飛鳥時代には金堂と塔を回廊で囲む形態が一般的であったものが、奈良時代には金堂のみを回廊で囲んで儀式のための空間を確保し、塔を回廊の外に配する形式をとるようになっていった。奈良時代の建物は多く現存するが、この時代の特徴を表すものとして、聖徳太子を祀る法隆寺夢殿や藤原仲麻呂が父武智麻呂を弔うために建立した栄山寺八角堂等、廟の性格を持つ建物や、収蔵施設として建てられた高床式校倉造による東大寺正倉院や唐招提寺宝蔵と経蔵等の他、また僧房の唯一の遺構として法隆寺東室と妻室があげられる。

薬師寺は移転後も同じ伽藍配置を採用し、発掘調査で現在の薬師寺東塔と本薬師寺の東塔・西塔ともに柱の位置や柱間寸法がほぼ同じであったことも確認されている。それゆえ、薬師寺東塔について、藤原京からの移築かどうかの論争が明治期以来続いたが、二〇〇九年からはじまった解体修理で年輪年代法による部材調査等により七三〇（天平二）年の建築であることがほぼ確実となった。

奈良時代の寺院建築にとっての大きな出来事のひとつは七四一（天平十三）年、聖武天皇の国分寺・国分尼寺建立の詔である。全国各地に国分寺・国分尼寺が建立されることになり、平城京には総国分寺と総国分尼寺として東大寺と法華寺が建立された。しかし詔における建築に関する具体的な内容は七重塔を建立することの他はそれにふさわしい寺地を選ぶことに触れられるのみである。国分寺という施設の性格から標準設計等の存在が想定されるが現状では不明であり、実際各地の発掘調査で確認された国分寺跡の建築の規模や配置等に明確な統一性はみられない。

六、日本における初期寺院の伽藍配置

仏教寺院における堂宇の構成やその形態を伽藍配置というが、日本における仏教寺院の伽藍配置は、古代の初期寺院を対象とした発掘調査の成果等をもとに考古学、建築史学の研究者らによって、塔と金堂の棟数および主要施設の位置関係を中心に、いわば礼拝空間に着目して類型化された。それらは飛鳥寺式、四天王寺式、法隆寺式のように代表的な寺院の名称でよばれるのとともに、それぞれ一塔三金堂型、一塔一金堂直列型、一塔一金堂並列型のように表現される場合もある（図1）。

日本で最初の本格寺院である飛鳥寺の伽藍配置は、塔を中心に三棟の金堂が設けられる形式で、日本には他に例がない。飛鳥寺の発掘調査によって、それまでに想定されていた初期仏教寺院が一塔一金堂を原則とするものではないことが明らかになった。飛鳥寺につづく四天王寺の伽藍配置は、中門、塔、金堂、講堂を南北の中軸線上に並べたもので、焼失したとされる創建法隆寺（若草伽藍）、山田寺、中宮寺もこの形式で、飛鳥時代の主流であったとも考えられる。七世紀中期の寺院としては川原寺が西に金堂、東に塔、それらの後方中心に金堂を配する二棟の金堂をもつ形式であった。川原寺の建立に前後して法隆寺西院伽藍が建立されたが、その配置は西に塔、東に金堂という一塔一金堂の形式である。このように日本における本格的な仏教寺院の草創期の伽藍配置は、一塔三金堂から一塔二金堂をへて一塔一金堂となり、七世紀後半に塔と金堂を東西に並べる形式が多数となったと考えられている。六八〇年代に建立された薬師寺はこれらとは異なり金堂前面の東西に塔を配する。この双塔形式は後の奈良時代の基本となったがその後は、東大寺や大安寺のように塔が回廊の外に配される形式となり、金堂院と塔院が分かれて塔の象徴性が高まりその位置も自由度が

増していった。また全国各地に建てられた国分寺も一塔一金堂の形式が多い。

伽藍配置の分類は寺院の重要な構成要素のひとつである僧房（僧地）を含めた検討の必要性が指摘されているものの、実際は発掘調査が金堂や塔を中心に実施され僧房等は未掘で寺院全体の構成が現状では不明な場合もある。また寺院の構成建物の表現として「七堂伽藍」という言葉があるが、古代寺院では仏舎利を祀る塔、本尊を安置する金堂、説教や講義等を行う講堂、経典等を納める経蔵、梵鐘をつるす鐘楼、僧尼が止宿する僧房、僧侶が斎食する食堂の七種となる。しかし仏教で七堂伽藍の「七」とは完全なものの意であるとされ、実際時代が下ると宗派によって含まれる建物や呼称は異なる。古代寺院の伽藍配置の類型に大きな流れはみられるものの、時代が下るにつれてほかにも様々な類型がみられ、発展過程やその解釈等も諸説あり、定説と呼べるまでには至っていない。

二　日本の初期寺院建築が受けた中国および朝鮮半島の影響

日本へ仏教を伝えたのは公式には百済であり、最初の本格的な伽藍をそなえた飛鳥寺の造営にあたったのは百済の技術者集団であったが、朝鮮半島の仏教建築は中国から大きな影響を受けたことは明らかで、日本の建築文化も仏教伝来以前より大陸からの影響を受け、また遣隋使や遣唐使等によって中国からも直接的に様々なものを受け入れていた。したがって日本に伝わった仏教建築の祖形は中国の初期仏教建築にみることができるともいえる。ただ建築の特徴を考察するにあたり、たとえ後世に手が加えられたとしても現存建物から得られる情報はとても多いが、中国および朝鮮半島において日本の初期仏教建築の源泉をたどることができる木造の現存建築は極めて少なく、平面形態や架構までを考察できる発掘調査例も限られる。

中国では仏教が紀元後一世紀頃には伝わったが、確認されている伝統的な木造の仏教建築は五棟のみで最古が仏教文化の最盛期とされる唐代の南禅寺大殿（山西五台、七八二年）が最古である。朝鮮半島でも仏教は四世紀後半には伝わったがもっとも繁栄した統一新羅時代および高麗時代前半の木造建築は現存していない。そして中国や朝鮮半島では仏教建築として石窟寺院や石造の建造物が一般的にみられ、例えば慶州感恩寺にみられるように朝鮮半島における塔は木造から石造に変わっていったという。これに対し日本では一部の石塔等を除き木造が一般的となった。

日本で初期仏教建築が建てられた時代、すなわち六世紀末~七世紀頃の東アジアでは様々な勢力的な動きがあった。朝鮮半島では高句麗、百済、新羅が台頭していたが七世紀後半には百済と高句麗は相次いで滅亡し、中国では隋が滅んで唐が国内を統一した。このような背景から日本の初期仏教建築が受けた影響を詳細にもしくは具体的に把握することはなかなかむずかしい。そこでここでは、朝鮮半島および中国の影響を考古資料および文献や絵画資料、また古代の木造建築を模したとされる石造の遺構等から日本の初期仏教建築が受けた影響を事例的にみていくこととする。

まず伽藍配置についてみてみると、中国の南北朝から隋の時代、そして朝鮮半島・百済では伽藍配置がおおむね一塔一金堂の形式であったと考えられている（図9）。しかし飛鳥寺は一塔三金堂という国内ではほかに例がなく、清岩里廃寺（金剛寺）や定陵寺といった高句麗の寺院に類似する。塔の後方に金堂を置いて門とともに中軸線上に並べるいわゆる四天王寺式は、百済の王興寺や軍守里廃寺、中国で名高い北魏の洛陽永寧寺と同じ形式で直接的には百済の影響がうかがえる。六八〇年創建の薬師寺は双塔式の伽藍配置で、これは百済や高句麗ではみられず、新羅慶州の四天王寺、感恩寺でみられ、七世紀後半に新羅と交流して当時の最新の伽藍配置を採用したと考えられている。奈良時代に造営された大安寺は、長安の西明寺が手本とされたことが醍醐寺本『諸寺縁起集』等で確認でき、その西明寺に留学した道慈が造営に参画したといわれている。

次に現存する法隆寺建築に特徴的な諸要素をみてみる。七世紀後半に再建されたその様式をみると、中国に源流が求められるがそれぞれの要素は、中国の同時代のものよりはるかに古いものまでを含むという。例えば金堂の屋根は入母

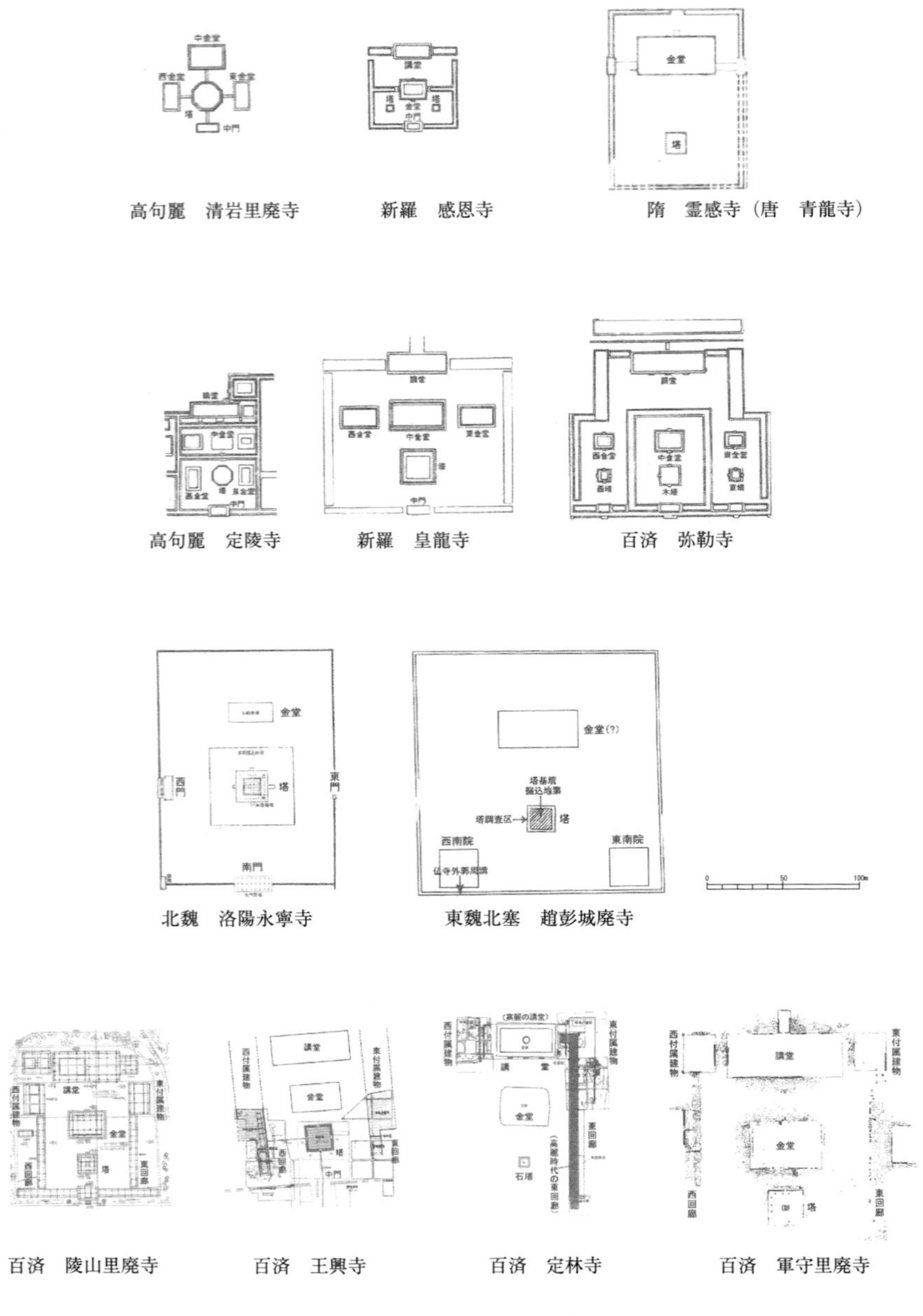

図９　中国および朝鮮半島における古代寺院の伽藍配置
（陵山里廃寺、王興寺、定林寺、軍守里廃寺は縮尺不同）

屋造りで屋根の屈曲が著しいがこれは河南省博物館所蔵の隋代のものとされる陶蔵と類似する。また屋根を支える軒は平行垂木とする一軒角垂木であるが、この形態は日本でも神社建築等を除き本格的な建築では用いられない（口絵14）。その後日本の本格的な仏教建築において一般的となる地円飛方（じえんひほう）（丸形の地垂木と方形の飛檐（ひえん）垂木とする上下二段の二軒）の平行垂木（図10）は、すでに中国の初唐の壁画墓や慈恩寺大雁塔門楣石（じおんじだいがんとうもんまぐさいし）の仏殿図に描かれていることからも、屋根形態とともにきわめて古い系統をひいているといえる。また雲形組物は、その形態からみて肘木の両端に斗を置く双斗の形式が源流であり、双斗は中国の斗栱（柱上の組物）におけるもっとも原始的な形式であるという。そして細部の装飾で金堂上層の卍崩し高欄と人字形割束については雲岡石窟にその表現がみられる（口絵15）。また中門の間口を偶数とするのは日本では稀であるが、先秦時代の礼制を記した『経書』で中柱の右より入り左より出ることを常規とするという内容があり、これは中国の古代建築における正統な形式であるという。その他、金堂基壇の表面の仕上げ等、全体的に中国の古い形式が多くみられる。

飛鳥時代の建築にみられたその他の要素をみてみる。法隆寺や山田寺でもみられる柱の胴張りは、創建時期は不明であるが百済滅亡時にはすでに存在していた定林寺石塔に、中国では後漢時代から類例があり、六世紀の石柱でもみられるという。扇垂木については中国や朝鮮半島で直結するような類例が知られないが、中国の初唐建築の主流は平行垂木であったものの雲岡石窟の柱塔でもみられる（口絵15）。四天王寺、山田寺、飛鳥寺も扇垂木であった可能性も指摘され、飛鳥時代の仏教建築では扇垂木が一般的であった可能性もある。軒瓦の文様については飛鳥寺および創建法隆寺の出土瓦は素弁蓮華文、山田寺は百

図10　地円飛方の垂木（唐招提寺金堂）

済扶余の山廃寺に類似する単弁蓮華文でいずれも百済系の様式である。そして山田寺の回廊で大斗をおさめるための頭貫を切り欠く手法はのちの李朝建築に共通する手法であるといい、上部構造で長い肘木を用いること等も含め、南方系の技術が採用された可能性が指摘されている。このように飛鳥時代の仏教建築は多彩な要素、技術をあわせもち造られていた。

奈良時代は中国との交流が盛んになり、国内では仏教が国の組織に組みこまれ、制度やシステムにおける中国の直接的な影響が大きい。具体的には、都城建設の他、国分寺・国分尼寺の建立の詔は唐の一州一寺制をモデルにしたものであり、仏教寺院のみならず都城内の建築に朱塗、礎石、瓦葺等の「唐風」が推奨された。

このように日本における初期仏教建築は一端を垣間見ただけでも、中国に源流を置き各時代に発展をみせながら朝鮮半島に伝わって醸成された様式や技術が日本に伝わったものと考えられる。しかし山田寺にみられるように中国、朝鮮半島ルートでは説明がむずかしく、他の地域からの影響を受けた可能性もあり、この時代の日本の他国との交流の広さがうかがえる。いずれにせよ仏教の伝来をきっかけにしたいわゆる大陸の建築技術や文化の導入は、日本の建築史にとって大きな転機になったことは確かである。

三　古代インドの初期仏教建築とその影響

次は日本に伝わった仏教建築の源流となった西の初期仏教建築、ガンダーラおよび中央アジア周辺をみてみることとする（図11）。

一、インド北部における最初期の仏教建築

古代インドの初期仏教では、修行僧はあらゆる欲を捨てて世俗からも離れて悟りを開くことを求め、遺骨崇拝といった物質的なものには一切かかわってはいけないことになっており、衣食住は功徳を積みたい世俗の人々により与えられていた。その一方で世俗信者により礼拝対象としてストゥーパ（仏塔、以下、塔という）が築造されるようになった。このように古代インドの初期仏教建築は大きく二種類からなり、ひとつは修行僧のための建築、もうひとつは在俗信者のための礼拝空間を構成する建築である。前者はいわゆる僧院で「伽藍」の語源となった梵語のSangharama（僧伽藍、僧伽藍摩）、すなわち僧が修行する清浄な場所であり中国で「衆園」、「僧園」、「精舎」等と訳された。律蔵では「会堂」や「食堂」等の語がみられ、いくつか建物があったことがうかがえる。後者は釈尊を記念して祀り、崇拝する塔が主であり、最初期は在俗信者によって僧院の外に築造された。しかし釈迦入滅後の早い時期に塔の寄進者に出家者の名がみられたことも明らかになっており、早い段階から両者の建築が関係を持ちながら寺院建築が形成されたと考えられる。

僧院建築は僧の生活空間であり、世俗信者による寄進であったことから、その土地で生まれ発達してきた世俗建築の延長線上にあったと考えるのが自然である。そして塔は釈迦の遺骨を祀った塚であり、釈迦入滅後に八つに分骨、さらにアショーカ王によって分骨されてマウリヤ帝国全体に伝わった。古代インド世界では総じて文書資料が乏しいことや考古資料による建築の情報が限られること、経典等の文書資料と考古資料との照合もあまり進んでいないこと等から、最初期の具体的な建築形態を推測することはむずかしい。インドではアジャンタやエローラをはじめとした石窟寺院が数多くみられ、特に仏教寺院が大半を占める紀元前二世紀から紀元後三世紀頃に開鑿された石窟では、木造建築を忠実に模したとされる建築装飾等がみられ、当時の建築形態の一端がうかがえる。

二、ガンダーラにおける古代仏教寺院建築

北西インドでは紀元後二〜三世紀にいわゆるガンダーラ仏教文化が最盛期をむかえた。ガンダーラは釈迦の活動地ではなく、紀元前三世紀頃のアショーカ王塔の建立を契機に仏教が伝わった。ガンダーラおよびその周辺では木造建築を模したとされる石窟寺院がほとんどみられず、最初期の仏教建築はアショーカ王塔と伝わるダルマラージカ主塔やブトカラI大塔における創建当初の遺構等ごく一部を除いてほとんど確認されていない。すなわち、初期仏教建築の形態を考察できる現存遺構はおおむね紀元前後頃からクシャーナ期に創建されたとされる寺院遺跡が中心となる。ここでは、ガンダーラにおける古代仏教寺院建築について、まず二十世紀初頭に集中的に行われた英領インドの考古調査局ジョン・マーシャルによるタキシラにおける発掘調査の成果、そしてそれをもとにした桑山正進による石積み法の年代および仏寺の伽藍構成に関する研究等を紹介しながら、現在のペシャーワル周辺、タキシラ、スワー

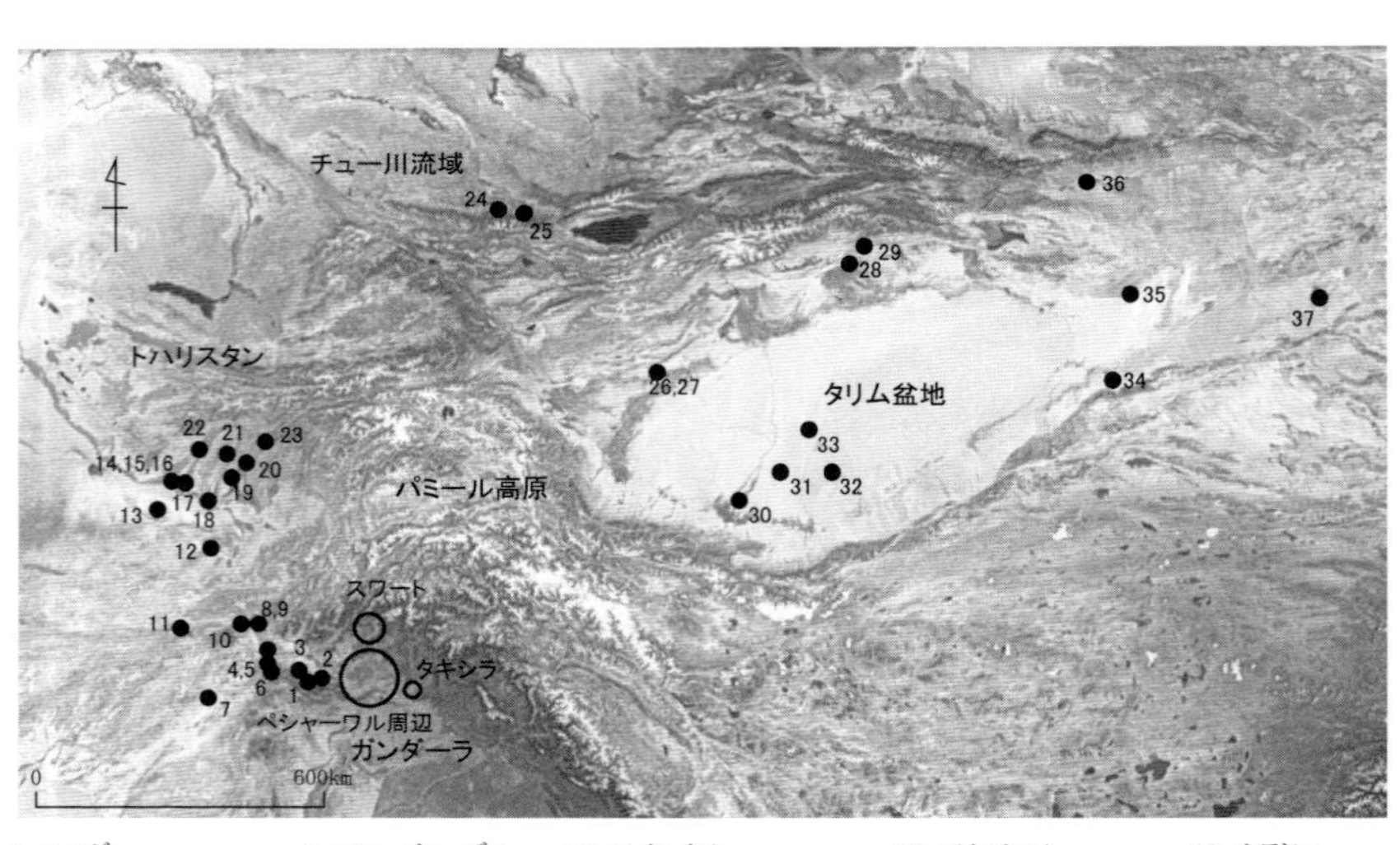

1. ハッダ
2. バサーワル
3. フィール＝ハーナー
4. テペ・マランジャーン
5. タッペ・ナーレンジ
6. グル・ダラ
7. タパ・サルダール
8. ショトラク
9. コレ・ナーデル
10. フォンドキスタン
11. バーミヤン
12. ハイバク
13. トーペ・ルスタム
14. カラ・テパ
15. ファヤズ・テパ
16. ズルマラ
17. アイルタム
18. ウシュトゥル・ムッロ
19. カフィル・カラ
20. アジナ・テパ
21. カライ・カフィルニガン
22. ダルヴェルジン・テパ
23. ヒシュト・テパ
24. クラスナヤ・レーチカ
25. アクベシム
26. トックズ・サライ
27. トゥムシュク・ダーク
28. ドゥルドゥル・アクル
29. スバシ
30. ラワク
31. ダンダン・ウィリク
32. ニヤ
33. カラドン
34. ミーラン
35. ローラン
36. トルファン
37. 敦煌莫高窟

図11　ガンダーラ・中央アジア周辺の関連遺跡位置図

トを中心に、ガンダーラにおける寺院建築の特徴について概観する。なお、ガンダーラ研究では近年様々な視点から検討が行われてきているが、現在でも年代と編年は大きな課題であり、本稿での年代はあくまで目安として参考にされたい。また本稿では便宜的に広義のガンダーラを「ガンダーラ」、狭義のガンダーラを「ペシャーワル周辺」とよぶこととする。

（一）タキシラにおける寺院建築の形態と変遷

タキシラは古代よりガンジス川中流域と中央アジアや西アジアを結ぶ交通の要衝として発展し、仏教経典には一大学術都市タクシャシラーとして記され、現在も多くの仏教遺跡や都市遺跡が残る。マーシャルは、タキシラの第三都市シルカップの発掘調査で明らかになった層位等とそれに対応する石積み法の変化、そしてそれらの年代を考察した。それによるとタキシラでみられる石積み法は断絶なく連続し、野石積みから地文様積み、セミアシュラーへと変化し、細かくは六種に分けられる。桑山の研究によるとマーシャルが示した六種の石積み法がほぼ六時期（Ⅰ～Ⅵ）に呼応し、寺院の各時期の特徴を、塔東僧西（第Ⅰ期）、方形僧房出現（第Ⅱ期）、四面僧房確立（第Ⅲ期）、造寺停滞（第Ⅳ期）、旧寺改修（第Ⅴ期）、十字形仏塔（第Ⅵ期）と考察している。そして次に示す伽藍配置の五つの形式や建築的特徴がみられる（図12）。

①単独の塔を中心に垣壁で囲まれた塔院の西または北にかけて僧房が接する
②中庭をもつ方形僧房の中央に塔を設ける
③垣壁に囲まれた塔院に接して方形僧房が配される
④塔院と僧院が対面する
⑤塔院と僧院は対面せず、塔の正面と僧房の入口が一定しない

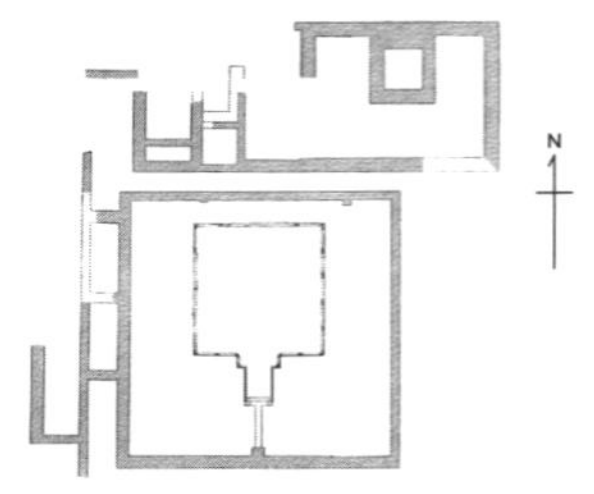

①単独の塔を中心に垣壁で囲まれた塔院の西または北にかけて僧房が接する
（ジャンディアールB）

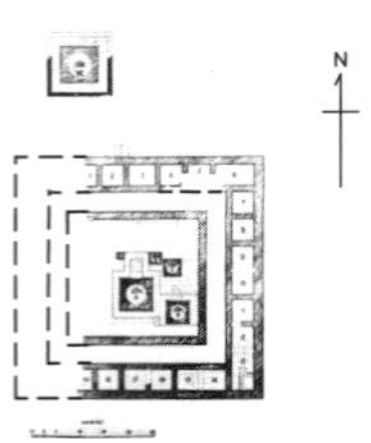

②中庭をもつ方形僧房の中央に塔を設ける
（ピッパラ創建時）

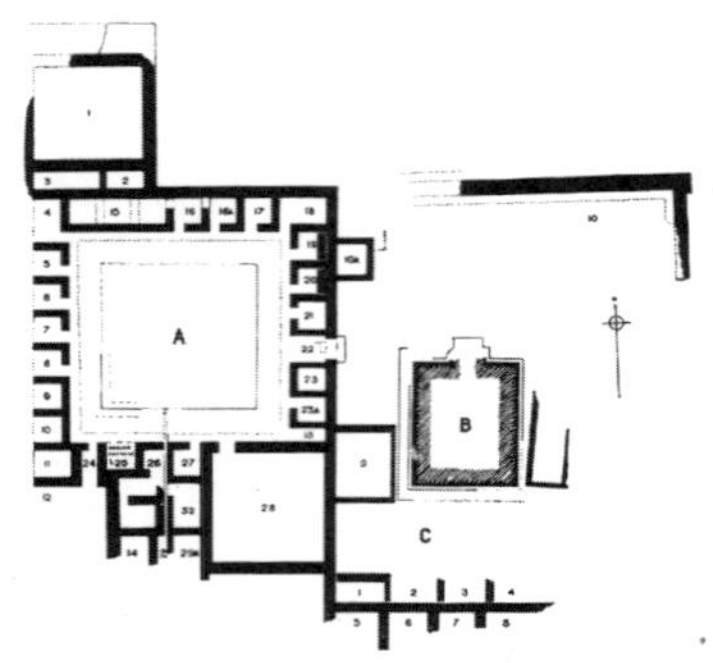

③垣壁に囲まれた塔院に接して方形僧房が配される
（チル＝トープD1）

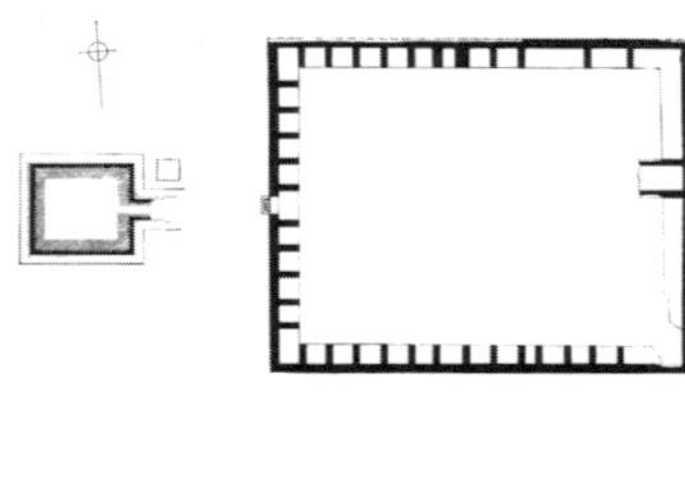

④塔院と僧院が対面する
（チル＝トープC）

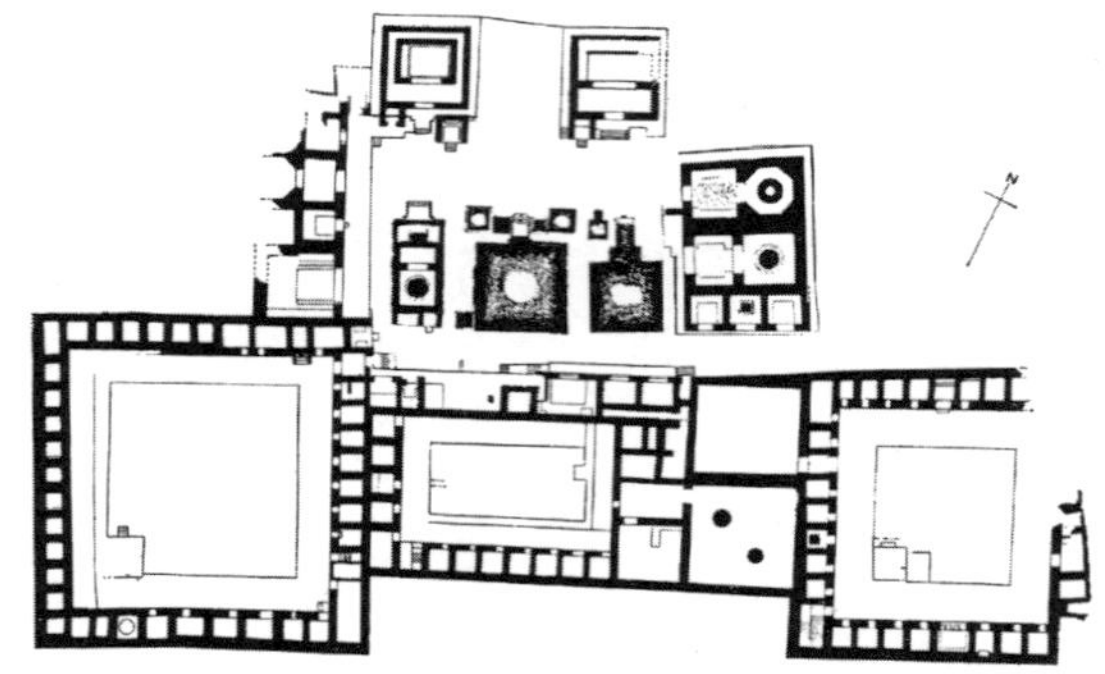

⑤塔院と僧院は対面せず、塔の正面と僧房の入口が一定しない
（カーラワーン）

0　10　20　30　40　50m

図12　タキシラにおける伽藍配置

これらの時期的な特徴をみると、①は野石積みの時期（紀元後一世紀頃まで）、②は古くは地文様積み初期（紀元後一世紀半ば）にみられ、五世紀以降のダルマラージカM6にもみられる。③は②と同様に地文様積み初期に建立され、大きな改築はないまま四～五世紀頃まで存続し、④は地文様積み初期からみられる比較的古い形式である。⑤は地文様積み初期以降、各時期を通じて多くの例がある。この五形式の他に、六世紀以降創建のバーマーラがあり、大塔は十字形平面とし、早い時期に絶えた塔院を画す垣壁が部分的に出土し、塔院と僧院のそれぞれに門が設けられている（図13）。

その他の特徴として⑤に分類されるカーラワーンでは、塔院の中心にほぼ同規模の二基の塔と一棟の複数室の祠堂を並べ、単室、前室と主室をもつ複数室、回字形といった様々な平面形態をもつ祠堂が配された。また一段高い平地に設けられたカーラワーンHでは通常の方形僧房の中庭部分を室とし、外壁に面する房室の一部を通路として外壁に開口を設ける形態がみられた。主塔の周囲に小塔が群として築造され、繞道を確保する形で祠堂列が形成される構成のジョーリアンは、一般的なガンダーラ仏教寺院伽藍のひとつとしてよく紹介されるがタキシラにおける典型とはいえず、様々な伽藍配置がみられる。

次に僧房、僧院の変遷をみると、初期は房室が並ぶだけの簡素な僧房であるが、地文様積み初期には中庭をもつ方形僧房が出現し、一部垣壁だったものが四辺すべてに室が設けられる四面僧房となる。その後、中庭に面して四辺すべ

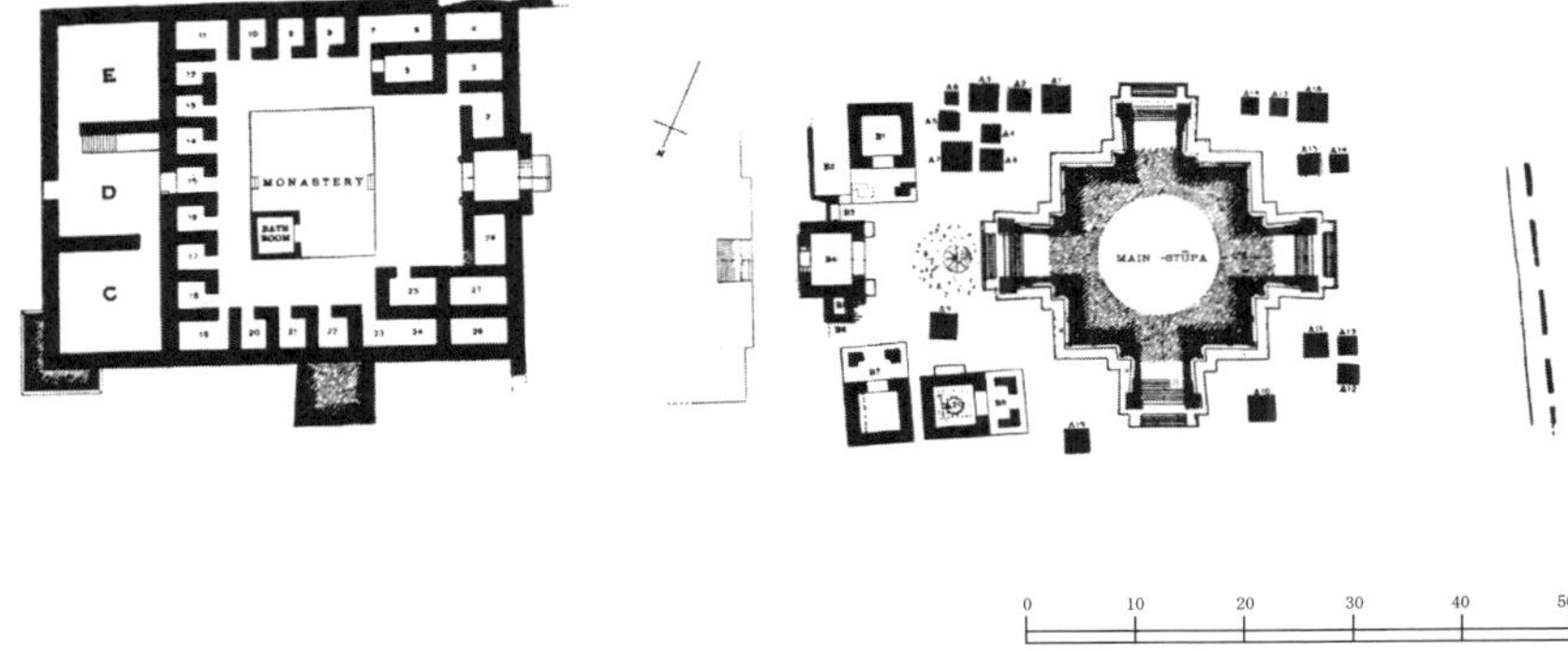

図13　十字形平面の塔をもつ寺院（バーマーラ）

てに房室を配したものが、一部に大きな広間をとるようになる。その後は四辺に房室を配して広間は独立させ、規模も大きく複数となる。この変化について桑山は、方形僧房の出現は、初期には僧の活動が個別的であったが後に集団的な性格を持ちはじめ、広間の発達はその性格がさらに強まったと解釈できると指摘している。

塔については『シルクロード研究論集　第一巻』に詳述したが、タキシラの特徴として屋内に設けられた塔、グリハストゥーパがいくつかみられた。塔をおさめる建物は単室および前室をもつ複数室のものがみられる。なお方形僧房の房室に設けられた例について、マーシャルはその房室に起居していた高僧を記念した塔である可能性を指摘している。

このようにタキシラでは、大規模な方形僧房の発達と定形化、そして地文様積み後期のみ（早ければ一世紀後半頃）にみられる主室に塔を設ける複数室の祠堂の他、単室、回字形等様々な平面形態の祠堂の存在等が特徴としてあげられる。

(二) ガンダーラにおける仏教建築の特徴

ここではタキシラとそれ以外の地域を比べながらガンダーラにおける仏教建築の特徴をみていく。

ペシャーワル周辺やスワートでは、これまで分布調査等で平地の寺院が確認されているものの、遺構がよく残り発掘調査や保存事業が行われている仏教遺跡は丘陵や谷の入口付近に立地するものが多い。またアフガニスタンでは僧院のみを石窟とするハッダのラルマやタパ・ショトール、ハイバク、バーミヤン等のいくつかの石窟寺院がみられるが、ペシャーワル周辺では一部洞窟を利用したカシミール・スマストのみである。ガンダーラでは二十世紀初めのインド考古調査局によるタフティ＝バヒやアショーカ王塔のひとつと伝わるシャー・ジー・キー・デリ、日本の京大隊によるタレリやメハサンダ、イタリア隊によるスワート一帯、フランス隊によるハッダ等、多くの発掘調査が行われたが、調査範囲は寺域の一部（多くは塔院が中心）である場合や調査内容や精度が異なることから、建築遺構の年代や編年、寺院の全容等はタキシラほど明らかになっていない。

ガンダーラ仏教寺院建築は現在のパキスタン領内の遺跡をみる限り石材による組積造で、基本的には近隣で入手が容易な石材を用いる。アフガニスタンでは基礎を石造とし、上部は日干しレンガとする例が多い。上部構造まで現存する祠堂等の遺構数は非常に少ないものの屋根や天井をヴォールトやドームとし、上方に行くにつれて石材を少しずつずらして積むいわゆるせり出し積みによって築造しており、頂部を要石で固定するいわゆるアーチ構造はみられない（図14）。

図14　せり出し積みによるドーム構造（タレリ）

伽藍の多くは塔院と僧院からなり、塔院は塔を中心に小塔や祠堂が配され、僧房は房室や広間等から構成される。その配置をみてみると、タキシラのジョーリアンのように大塔を小塔群が囲み繞道を確保して祠堂列で閉じられる形態の塔院がいくつかみられる。さらにペシャーワル周辺のタフティ＝バヒの主塔院・多塔院・三塔の院、ラニガトにおける東・西・西南地区、タレリのC地区・D地区、ジャマルガリ、スワートのパンルの上・下テラス等、ひとつの寺院で複数の塔院をもつ例がいくつかみられるが、タキシラのジョーリアンでは三つの塔院が祠堂の壁を共有するのに対し、その他の地域では塔院相互で高低差や距離を置いて少し離れて設けられていた。また多くの寺院では塔院の中心に設けられるのは他より大きな塔が一基であるが、タキシラのカーラワーンのように中心となる塔がひとつではなく、複数の塔（またはグリハストゥーパや祠堂）を並列して設ける例がスワートのニモグラムでみられる。さらに塔の規模に大きな差がなく中心となる塔の特定がむずかしいスワートのブトカラⅢやチャットパットのような例もみられる。円形平面の大塔の周りに繞道と等間隔に祠堂を配置するダルマラージカの構成は、スワートにおけるブトカラI、ペシャーワル周辺のジャマルガリと類似する。なお、タキシラ以外では方形僧房の中心に塔が設けられる形式はみられない。

ペシャーワル周辺およびスワートの僧房、僧院は、タキシラにおいて古いとされる一列に房室が並ぶ形式はみられず、方形僧房はペシャーワル周辺のタフティ＝バヒ、スワートのサイドゥ・シャリフI、カーブル周辺のグル・ダラ、コレ・ナーデル等で比較的大型のものがみられるが典型とまではいいがたい。比較的小規模な方形僧房もしくはそれに近い形態の僧房はラニガト西南地区、サリバロールA、タレリC99、ニモグラム、トーカル・ダラ等いくつか確認できる。タキシラのように中庭を設けた方形僧房として定形化、大型化した遺構はあまりみられず、塔院の周囲の傾斜地に数室の房室をもつ小規模な僧房が散在する事例が多い。平地の寺院で一般的であった可能性はあるが、ペシャーワル周辺やスワートでは傾斜地が多く、方形僧院を設けられる平坦な敷地が確保できず地形や立地環境に応じて僧房を築造したと考えられる。

祠堂については、タキシラでは多様な平面形態がみられるのに対し、その他の地域では単室の祠堂が大多数を占める。またタキシラのダルマラージカHおよびスワートのブトカラIにおけるGreat Buildingはとりわけ規模が大きく、平面構成ははっきりしないものの複数の室をもつと考えられる建物があり、いずれもアショーカ王塔とされる円形平面の主塔の北側に位置し、創建当初から存在したこと等の類似点がみられる。祠堂かどうかという用途も含めて不明な点も多いが、複数室をもつ大規模な建築が円形平面の大塔とともに設けられていたことは伽藍の構成という点においても注目される。

祠堂は仏像等の礼拝対象を安置するという単体の用途とともに、いくつかの祠堂が並んで設けられることによって祠堂列を形成して塔院や参道を画するという役割ももつ。塔院全体が一時期に築造されたタフティ＝バヒの主塔院があまりにも有名であるために同規模の祠堂が整然と並ぶ印象があるが、タフティ＝バヒの多塔院等、その他の祠堂列をみると、それらを形成する各祠堂は時期差や規模に差がみられる場合がほとんどである。すなわちガンダーラの仏教寺院でみられる祠堂列は、個別に築造された祠堂が結果的に祠堂列を形成したのであり、中心の塔を囲む、もしくは参拝経路にそって築造するといった配置にともなう意図は感じられるものの塔院全体の計画性はあまり感じられない（図15）。

塔についてはアショーカ王塔とされるダルマラージカやブトカラIの主塔は円形基壇で築造され増広を繰り返しながら円形を保持した。その一方で早ければ紀元前一世紀頃にインド北部にはみられないガンダーラ独自の方形基壇をもつ塔が出現し、時期が下るにつれて基壇はより高く装飾的になっていく。また五～八世紀頃には主にタキシラとペシャーワル周辺で十字形平面の塔が築造されるようになり、カシミール地方との関連が指摘されるが、ガンダーラが衰退をはじめた時期との関連か事例数は多くはな

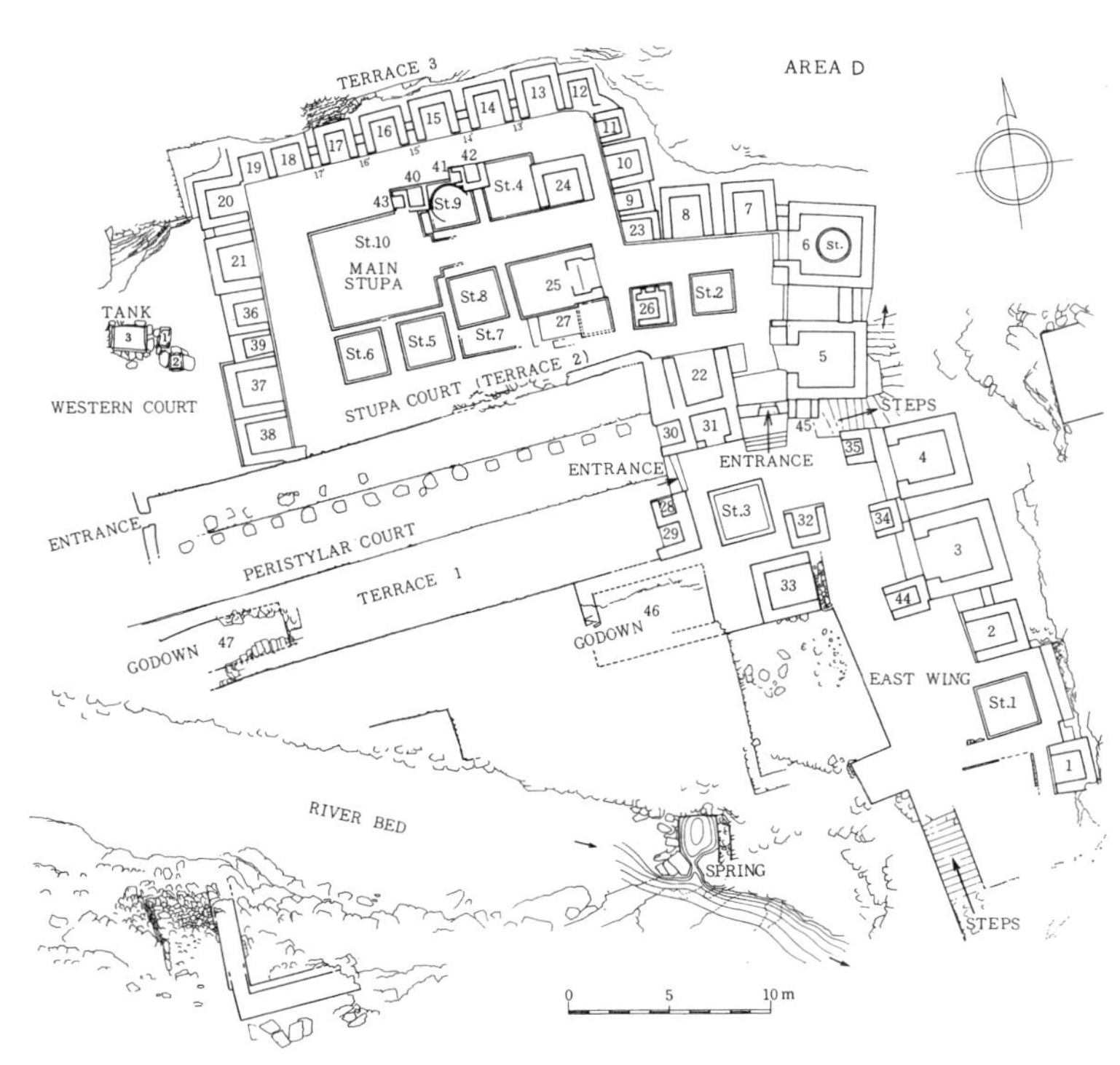

図15　タレリＤ地区平面配置図

い。なお塔の形態や変遷の詳細は前巻の拙稿を参照いただきたい。

三、ガンダーラ仏教寺院建築がおよぼした影響　中央アジア・西域の寺院建築

ガンダーラで独自の発展をした仏教はおそくとも紀元後一世紀には中央アジアおよびその周辺（中央アジア五か国に加えアフガニスタン北部や中国西部等を含め以下、中央アジアという）に伝わったとされ、ヒンドゥークシュ山脈を越えたトハリスタン、パミール高原から北東のタリム盆地周縁の西域南道・北道の沿道、現在のキルギス共和国チュー川流域では六〜九世紀の遺構とされる仏教寺院の遺跡が確認されている（図11）。中央アジアの仏教は四世紀半ばに一度衰退し、五〜六世紀頃に再興したことが指摘されているが、仏教寺院の遺構は古いものがトハリスタンのカラ・テパ（図16）やファヤズ・テパのクシャーナ期、次いで西域南道のニヤ、ローランやミーランのいくつかの遺構が三〜四世紀とされる。中央アジアでは全面的な調査が行われた仏教遺跡が少なく、ガンダーラと同様に盗掘や破壊、発掘調査後に保存事業が行われず荒廃が進んでいること、またガンダーラとは異なり日干しレンガおよびパフサと呼ばれる泥パネルが一般的に用いられること等から、初期仏教寺院の伽藍やその変遷、建築形態に関する情報は

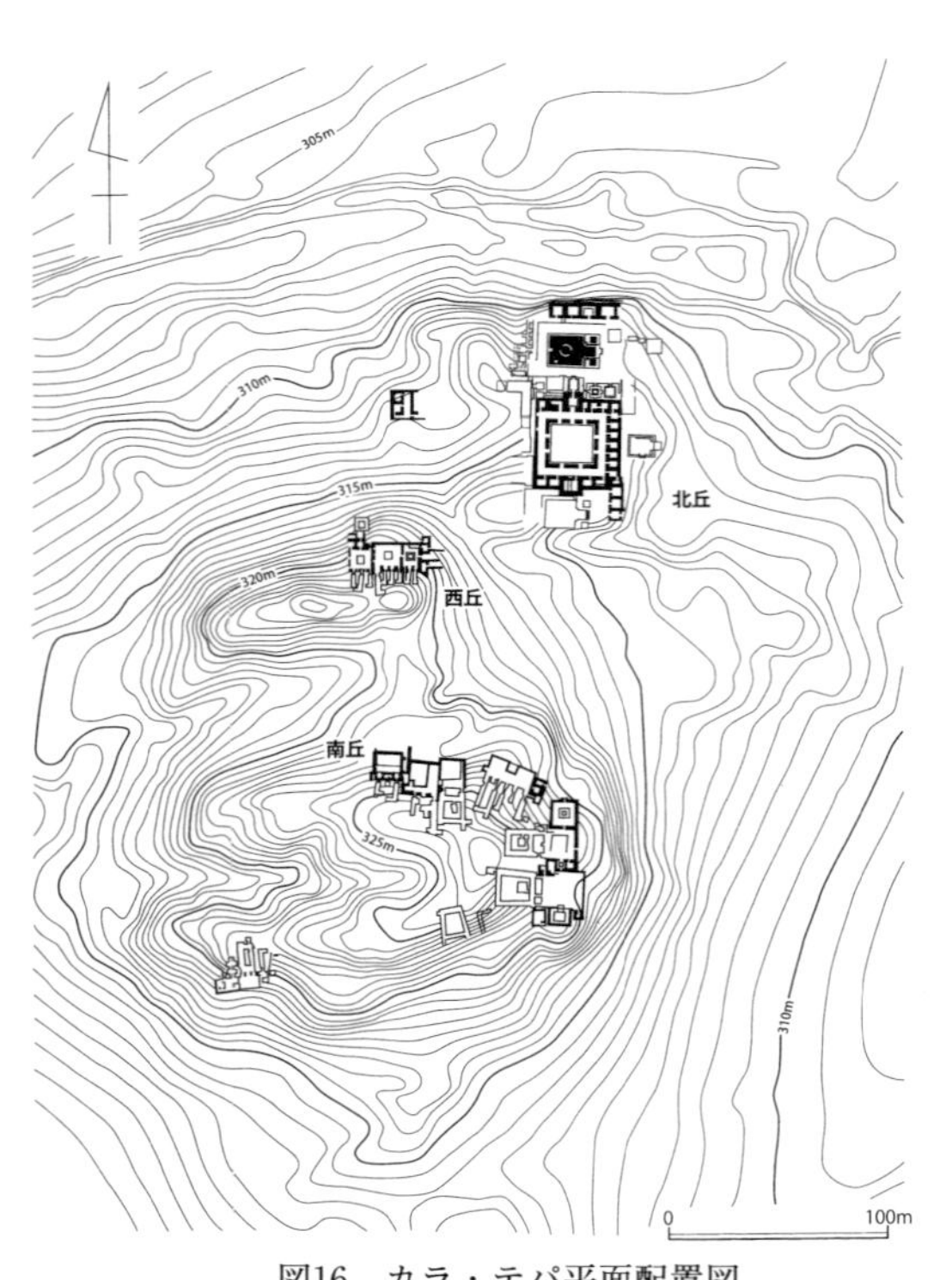

図16　カラ・テパ平面配置図

限定的である。ここでは、これまでの考古学調査等の成果を中心に地上寺院の平面形態を中心に検討した岩井俊平による研究等をふまえ、中央アジアにおけるガンダーラ仏教建築の影響について概観する。

古代インドの仏教寺院では塔が主要な建築物のひとつであり、ガンダーラでは方形基壇をもち、伏鉢の下に円筒状の胴部が出現して砲弾型になるという独自の形態となった。紀元後一世紀後半頃までにはガンダーラで仏像が製作されるようになり寺院の空間構成に少なからず影響を与えたと考えられるが、その後も寺院の中心は塔であった。塔を主要な建築物とする伝統は、クシャーナ期には存在していたとされるトハリスタンのカラ・テパ北丘やファヤズ・テパ、タリム盆地等の多数の仏教寺院跡でみられ、中央アジアでは七〜八世紀までは存続していたという。カラ・テパやファヤズ・テパ等、トハリスタンでは方形僧房を隣接して設けることにもガンダーラの影響がうかがえる。またタリム盆地において確認された塔の多くは大型で、その周囲に僧房や祠堂と考えられる建造物がいくつかの群を構成して散在していたという。これはペシャーワル周辺のタフティ＝バヒやラニガト、スワートのアバ・サヒーブ・シナ等で多くみられる祠堂や僧房等が散在する形態や、礼拝対象は不明であるが祠堂を含む建築物群をひとつの院と考えればペシャーワル周辺の複数の塔院を配する形態の影響といえるかもしれない。ただガンダーラでみられる主塔の周りに小塔群が築造される例は中央アジアではほとんどみられず、塔を祠堂列で囲む例もカラ・テパ北丘、アジナ・テパ、タリム盆地のトックズ・サライ等、少数であったという。なお西域南道ではミーランやホータンのラワクで周壁に塑像を並べており、これは祠堂列の簡略化であることも指摘されている。

中央アジアにおける初期仏教建築の特徴のひとつは大型の祠堂であり、その平面は回字形である例が多い（図17）。ガンダーラにおける回字形平面の祠堂は、タキシラのカーラワーン、ジャンディアールB等ごく少数で、ジャンディアールBは仏教寺院ではない可能性が指摘されており主流ではない。回字形平面の建築はアケメネス朝の拝火教神殿にみられ、中央アジアの祠堂等との類似性、そしてインドからガンダーラにおける右繞のための空間（繞道）が継承されたことから回字形平面の積極的な採用に至ったことが以前より指摘されている。その他に西域北道のトルファンで奥行の長い矩形平面の建築遺構が確認され、その構成は入口付近に小室をいくつか設けて塑像を置き、広い中庭の奥に祠堂を設けて礼拝対象を安置し、祠堂は回字形平面としていた。それと同様の建築遺構がチュー川流域のアクベシム等でも確認され、その影響がうかがえる（図18）。

なおチュー川流域では現在まで塔遺構が確認されておらず、トルファンの矩形平面の寺院に類似する遺構や回字形平面の祠堂がいくつか確認されている。また七世紀末に仏教寺院建立の記録が知られるアクベシムでは、近年の発掘で中国の様式の瓦が大量に出土し、版築遺構の出土もあわせて、ガンダーラの直接的な影響ではなく、タリム盆地および唐からの影響が大きいことがうかがえる。

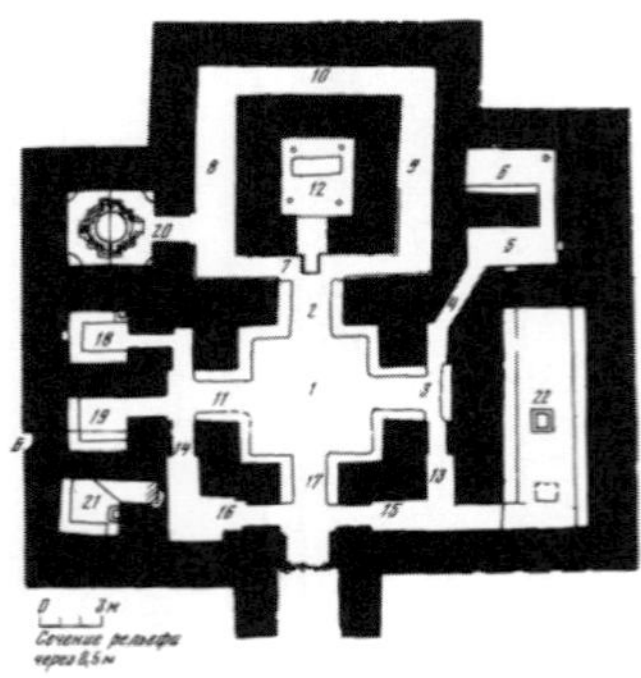

図17　回字形祠堂を含む仏教寺院平面図（ヒシュト・テパ）

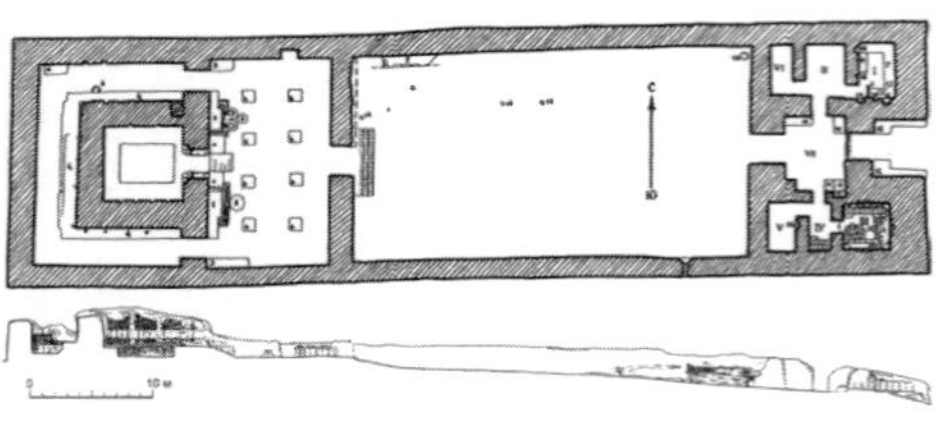

図18　アクベシム第一仏教寺院址平面図　断面図

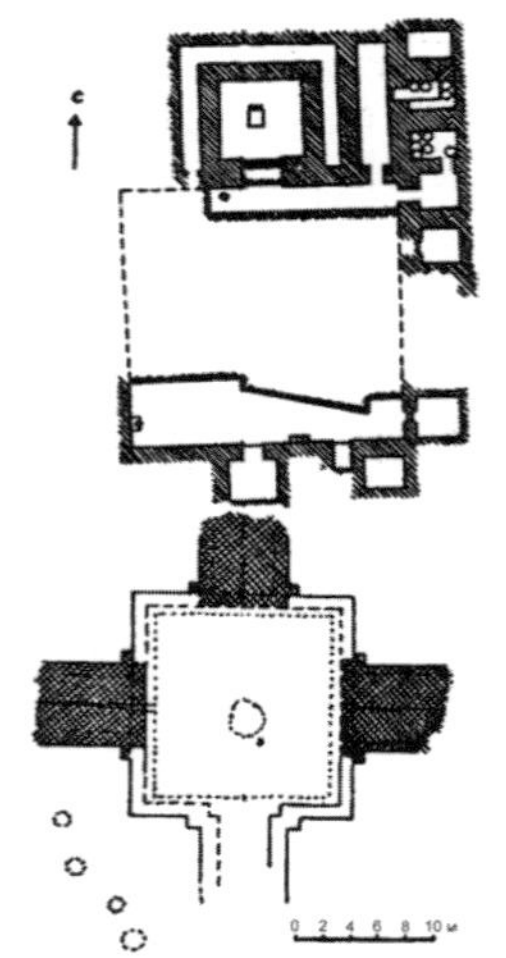

図19　塔を十字形平面に改築した例（ウシュトゥル・ムッロ）

中央アジアでは仏教衰退前の四世紀頃までは塔を中心に祠堂および僧房を配するガンダーラの伝統を取り入れたが、再興時の五世紀以降には寺院の中心の建築物を塔とする場合とそうでない場合があった。塔を採用する場合は十字形平面とし、ウシュトゥル・ムッロ等では既存の塔を十字形に改築する例もみられる（図19）。その一方で、塔は採用せずに大型の単独祠堂を建てる場合はすでに一般的になっていた回字形平面として仏像を安置していた。このように中央アジア周辺ではガンダーラからの伝統を持ち続けながらも寺院の中心となる建築が塔から祠堂へ変化し、西アジア等、他の地域の影響を受けた独自の建築文化が形成されていったと思われる。

おわりに

こうしてみると仏教建築は、インド北部からガンダーラに伝わり、中央アジアも含めて東西の文化を融合させて発達し、建築形態としてはガンダーラの影響が中央アジアまではある程度伝わったが、中国では伝統的な木造建築を基礎として独自の発展を遂げたものが朝鮮半島および日本に伝わったといえる。

中国では最初期の仏教寺院として後漢末の徐州に建立された「浮屠祠」の記録が残り、それによると仏塔を楼閣建築としその周囲に閣廊をめぐらせていたという。これは当時の土着的な信仰や思想を反映しつつ仏塔にふさわしい形態として既存の高層の楼閣建築を採用し、それを回廊で囲む形式で寺院を造営したのであり、結果としてインドで生まれたストゥーパの形態は塔の頂部に残されるのみとなった。その一方で、中国の石窟寺院では塔が方形状に形を変えながらも、インドの石窟寺院でみられるチャイティヤ窟と同様、右繞のための空間を構成したことが明らかになっており、インドやガンダーラの伝統的な空間構成が伝わったといえる。

また中央アジアでみられる回字形平面の祠堂は、アケメネス朝時代の拝火教神殿の建築形態の影響を受けたとされるが、ガンダーラの仏教文化もヘレニズムやローマ、西アジア等から大きな影響を受けて発展した。またガンダーラで一般的となった方形基壇をもち胴部が砲弾型の塔がインド西部の石窟寺院でも確認され、仏教の伝播とは別のガンダーラを起点とした建築文化の影響もうかがえる。

仏教がその土地の原始信仰や思想と融合して伝わるのと同様、建築もその土地の環境や文化と融合し、入手可能な建材を用い、最新の技術が取り入れられて発達し、独自の形態や技術が生まれていく。さらには伝播経路もひとつではなく、様々な方向へ伝わり、時には用途や空間の意味も変化しながら受け入れられていく。かくして建築文化の伝播は非常に複雑である。仏教建築がインド北部から西に伝わりガンダーラをへて東漸し日本までたどり着くまでどのような道のりであったのか、その様相はいまだ詳らかになっていない部分が少なからず存在する。仏教建築の東漸の道を明らかにするには、仏教建築のみならずあらゆる建築の考察が必要になる。これらが現在も各地で行われている調査研究や遺跡の保存によって、少しずつ明らかになっていくことを期待し、筆者も微力ながらも貢献できれば幸いである。

参考文献

日本建築学会編『日本建築史図集　新訂第三版』彰国社、二〇一一年。

海野聡『日本建築史講義　木造建築がひもとく技術と社会』学芸出版社、二〇二二年。

佐川正敏「王興寺と飛鳥寺の伽藍配置・木塔心礎設置・舎利奉安形式の系譜」、鈴木靖民編『古代東アジアの仏教と王権　王興寺から飛鳥寺へ』勉誠出版、二〇一六年。

田中淡「大陸系建築様式の出現」『日本の古寺　第十巻　法隆寺と斑鳩・生駒の古寺』、集英社、一九八四年、八一-九二頁。

濱島正士「塔の建築」『日本の古寺　第十四巻　飛鳥・南大和の古寺』、集英社、一九八四年、七八-九三頁。

宮本長二郎「古代寺院の伽藍配置」『日本の古寺　第十四巻　飛鳥・南大和の古寺』、集英社、一九八四年、九四-一〇四頁。

向井佑介『中国初期仏塔の研究』臨川書店、二〇二〇年。

濱田瑞美責任編集『アジア仏教美術論集　東アジアⅠ　後漢・三国・南北朝』中央公論美術出版、二〇一九年。

肥田路美責任編集『アジア仏教美術論集　東アジアⅡ　隋・唐』

中央公論美術出版、二〇一九年。

井手誠之輔・朴亨國責任編集『アジア仏教美術論集　東アジアⅥ　朝鮮半島』中央公論美術出版、二〇一九年。

宮治昭責任編集『アジア仏教美術論集　中央アジアⅠ　ガンダーラ～東西トルキスタン』中央公論美術出版、二〇一九年。

山崎元一・小西正捷編『世界歴史大系　南アジア史Ⅰ　先史・古代』山川出版社、二〇〇七年。

野々垣篤「連載　インドの建築　第一回　古代インドの仏教建築」『ARCHITECT』公益社団法人日本建築家協会東海支部機関誌、二〇〇六年十一月号。

杉本卓洲『インド仏塔の研究　仏塔崇拝の生成と基盤』平楽寺書店、一九八九年。

John Marshall, *Taxila An Illustrated Account of Archaeological Excavation*, 3vols. Archaeological Survey of India, 1951.

桑山正進『カーピシー＝ガンダーラ史研究』、京都大學人文科學研究所、一九九〇年。

桑山正進「タキシラ佛寺の伽藍構成」『東方学報　京都』第四六冊、一九七四年、三二七-三五四頁。

桑山正進「仏像出現ごろのタキシラ：層位と編年」『東方學』一〇六、二〇〇三年。

京都大学人文科学研究所編『シルクロード発掘70年　雲岡石窟からガンダーラまで』臨川書店、二〇〇八年。

水野清一・樋口隆康編『京都大学イラン・アフガニスタン・パキスタン学術調査報告書　タレリ　ガンダーラ仏教寺院址の発掘報告1963～1967』同朋舎、一九七八年。

西川幸治編『ラニガト　京都大学学術調査隊調査報告書　ガンダーラ仏教遺跡の総合調査』京都大学学術出版会、本文篇（増補改訂版）、図版篇（新装版）二〇一一年。

Kurt A. Behrendt, *The Buddhist Architecture of Gandhara*, Brill, 2004

加藤直子「ガンダーラ仏教建築におけるストゥーパの形態に関する研究」奈良女子大学博士学位論文、二〇一一年。

加藤直子・矢谷早・増井正哉「中央ガンダーラ・タキシラ・スワートにおける仏塔基壇の編年的考察　ガンダーラ仏教寺院における仏塔に関する研究　その4」日本建築学会計画系論文集、第八二巻、第七四一号、二〇一七年十一月、二九七九-二九八七頁。

D. Faccenna, *Butkara I(Swat, Pakistan) 1956-1962*, IsMEO,Roma, 1981.

D. Faccenna, *Saidu Sharif I (Swat, Pakistan)*, IsMEO, Roma, 1995.

岩井俊平「アフガニスタンおよび周辺地域の仏教寺院の変遷」『佛教藝術』二八九、一〇〇-一一二頁。

岩井俊平「中央アジアにおける仏教寺院の伽藍配置の変遷」『帝京大学文化財研究所研究報告　第一八集』二〇一九年。

中村優花・岡崎甚幸「中央アジア仏教寺院における祠堂建築の空

間構成の類型　礼拝対象物の配置に着目して」、日本建築学会計画系論文集、第八三巻、第七五四号、二〇一八年十二月、二四四一-二四五一頁。

図版出典

図1　日本建築学会編、『日本建築史図集　新訂第三版』彰国社、二〇一一年、14-1~6をもとに筆者作成

図2-4、6、8、10　筆者撮影

図5　文化財保護委員会『四天王寺』埋蔵文化財発掘調査報告書6、一九六七年、一九四頁より抜粋

図7　『山田寺発掘調査報告書』奈良文化財研究所学報六三　本文編、四五五頁（海野聡『日本建築史講義　木造建築がひもとく技術と社会』二〇二二年、学芸出版社、九六頁を基に筆者によるトレース・レイアウト）

図9　佐川正敏「王興寺と飛鳥寺の伽藍配置・木塔心礎設置・舎利奉安形式の系譜」、鈴木靖民編『古代東アジアの仏教と王権　王興寺から飛鳥寺へ』勉誠出版、二〇一六年、一八四-一八五頁

図11　筆者作成

図12　John Marshall, *Taxila An Illustrated Account of Archaeological Excavation*, vol.3. Archaeological Survey of India, 1951 をもとに筆者作成

図13　Marshall, *op. cit.*, 1951, vol.3, plate114を一部加筆修正

図14　ASI写真、撮影年不明、住友財団助成プロジェクトによりラホール城所蔵ガラス乾板からデジタル化

図15　水野清一・樋口隆康編『京都大学イラン・アフガニスタン・パキスタン学術調査報告書　タレリ　ガンダーラ仏教寺院址の発掘報告1963～1967』同朋舎、一九七八年、Fig. 14.

図16　立正大学ウズベキスタン学術調査隊編『カラ・テペ　テルメズの仏教遺跡』（立正大学ウズベキスタン学術交流プロジェクトシリーズ2）六一書房、二〇二〇年、三六頁、Fig. 24.

図17　*Religii Tsentral'noy Azii i Azerbaydzhana. Tom III. Buddizm*, Samarkand: MITsAI, 2019, p. 220, ill. 55.

図18　*Religii Tsentral'noy Azii i Azerbaydzhana*, p. 188, ill. 9.

図19　*Religii Tsentral'noy Azii i Azerbaydzhana*, p. 194, ill. 24.

ユーラシアシルクロードの文明交流と東アジア

朴天秀

はじめに

シルクロードは古代よりユーラシア文明をつないできた東西の交通路であり、北の〝草原の道〟、中央の〝砂漠の道〟、南の〝海の道〟に分けられる。

中国の学界ではシルクロードの東端は中国が終点として認識されており、韓半島は文明の交通路であるシルクロードとつながらない辺境として扱っている。これは、韓半島が中国文明の従属的な位置にあったという認識に基づいており、シルクロードが古代と中世に黄河流域と長江流域を起点として、インド、中央アジア、西アジアを通って北アフリカとヨーロッパをつなぐ絹貿易を媒介とする文化交流の道であったという認識からもよく分かる。(1)

一方、日本の学界は、砂漠の道は西安から博多、海の道は寧波から博多につながる、つまり日本こそがシルクロード幹線の東端であると主張している。これは、日本の文明化は中国を通じて成し遂げられたものであり、韓半島は単なる通り道に過ぎないことを意味する。

本稿では、特にユーラシアシルクロード遺跡の出土遺物の移入経路とその歴史的背景を通じて東西文明の交流史にアプローチする。さらに、ユーラシアシルクロードの草原の道、砂漠の道、海の道の全域を貫く東西文明交流史を視野に入れながら、東アジアとの関係について考えていきたい。

遺物はユーラシア全域に流通したフェニキア、ローマ、ササン朝ペルシア、イスラム産のガラス器とガラス玉、青金石（ラピスラズリ）、紅玉髄、貨幣を中心に分析する。中でもガラス器は絹と共にユーラシアを往来した主要交易品であり、絹はその素材の性質上、ほとんどが腐食して消滅したが、ガラス器は良好に残存している。

そのため、ガラス器は時期ごとにローマ、ペルシア、イスラム世界で生産され、馬、ラクダ、船に積まれて草原の道、砂漠の道、海の道を通じてユーラシア東部にもたらされた。ユーラシア東部では、ガラス器の製作技術があったにもかかわらず、継続的にこれを輸入し、金工品を上回る貴重品とみなした。

年代の画期は道ごとに異なるが、文物流入の画期と王朝の交代を考慮して設定した。

一　前三十～前九世紀ユーラシアの文明交流

パミール（Pamir）高原の西方には青金石の道があった。アフガニスタンからイラン、メソポタミア、エジプト、シリア、アナトリアなどへとつながる青金石の交易路である。[2]

古代の青金石の産地は、アフガニスタン北東部のヒンドゥークシュ（Hindu Kush）山脈の北に位置するバダフシャーン（Badakhshan）地方の南、アムダリヤ（Amu Darya）の支流であるコクチャ（Kokcha）川上流域のサーレサン（Sar-i Sang）渓谷の鉱山である。

青金石はアフガニスタンで採掘され、紀元前七〇〇〇年代からアフガニスタンとインダス渓谷の間の古代貿易路を通って地中海世界と南アジアに輸出された。ユーラシア西部で青金石が出土した古代文明形成期の遺跡は七十カ所以上にのぼり、バクトリア・マルギアナ複合、インダス文明、エラム文明、メソポタミア文明、エジプト文明、エーゲ文明などが挙げられる。特にメソポタミア文明圏では三万五千点以上が出土し、最も多くの青金石が搬入されたことが分かる。(3)

青金石製品は、北部メソポタミアの紀元前四〇〇〇年代の遺跡やイラン南東部の青銅器時代のシャール・エ・スクテ（Shahr-e Sukhteh）遺跡でも多数発見された。前二三五〇～二二五〇年と推定されるシリアのエブラ（Ebla, Tell Mardikh）宮殿遺跡からは二二キログラム以上の原石が出土した。この原石は遺跡から三五〇キロメートル離れた、アフガニスタンとメソポタミアの間にあるマリ（Mari）から持ち込まれたと考えられている。(4)

紀元前三〇〇〇年代からシュメールの都市国家ウル（Ur）では、装飾品や王墓の副葬品に青金石が使われた。中でも注目されるのは、王墓の一つである、紀元前二五五〇年頃に死亡したパビルサグ（Pabilsag）王に関連するPG779号墓出土のモザイク装飾箱である。発掘者によって「ウルのスタンダード（Standard of Ur／ウルの軍旗・ウルの旗章）」と名付けられたこの箱は幅二一・五九センチメートル、長さ四九・五三センチメートルの台形で、中空の木箱の側面全体に貝殻と赤い石灰岩で人物と動物を描き、その背景に青金石を飾っている。長側面にはそれぞれ戦争と日常生活、短側面には動物が描かれている（図1）。

王墓であるPG789号墓から出土したリラ（Lyre, 竪琴）は、シュメール神話の太陽神であり正義の神であるウトゥ（Utu）を象徴する雄牛の頭部が飾られ、角、毛、目、ヒゲの一部に青金石が使われている。その他、側板文様の背景にも使用されている。(5)

PG1237号墓から出土した雄羊は、貝殻、赤色石灰岩、青金石モザイクで装飾された長方形の板の上に後ろ足で立ち、樹木に寄りかかるすがたを表現している。樹木と羊の足、顔、生殖器は金で作られ、腹部と下半身には銀、貝殻、赤色石灰岩が使われている。目、角、ヒゲ、毛は青金石で飾られている。

1. Egypt Thebae Tutankhamen Tomb　2. Egypt Hierakonpolis (Nekhen)　3. Syria Ebla　4. Syria Tuba (Umm El Marra)　5. Syria Mari　6. Syria Tell Brak　7ab. Iraq Ur　8. Saudi Arabia Tarut Island　9. Iran Persepolis　10. Iran Tepe Hissar　11. Turkmenistan Gonur Depe　12. Afghanistan Tepe Fullol　13. Afghanistan Ai Khanoum　14. Afghanistan Shortugai　⚒. Afghanistan Sar-i Sang Mine

図１　前30～前５世紀アフガニスタン・サーレサン（Sar-i Sang）鉱山の位置と青金石工芸品の分布（朴天秀・裵魯燦作成）

PG800号墓出土のプアビ（Puabi）女王の頭飾、頸飾は金、銀、青金石、紅玉髄で構成された豪華なものである。青金石は、古代メソポタミアでも印章や宝石としても使用されていた。

古代エジプトでは、青金石は護符や装飾品に好んで使われた。先王朝時代のナカダ（Naqada）遺跡（前三三〇〇～前三一〇〇）では、青金石製の女神像などが出土している。

また、十八王朝のファラオ、ツタンカーメン（Tutankhamen、在位前一三三二～前一三二三）の黄金のマスクにも使われており、着色ガラス、水晶、黒曜石、紅玉髄、トルコ石などと共に青金石で目の周りが飾られている。

ギリシャでは紀元前一七〇〇年頃、クレタ島マリア（Malia）のクリソラックコス（Chrysolakkos）古墳群から金製装身具とセットで頸飾が出土した。ここには紅玉髄製管玉、環珠と共に青金石製環珠が使用されていた。

カスピ海南東に位置するイランのテペ・ヒッサール（Tepe Hissar）遺跡は、中央アジアと西アジアを結ぶ交通路上に位置している。この遺跡では紀元前四〇〇〇年頃から青金石製品が出現し、紀元前二〇〇〇年頃の頸飾は金、紅玉髄、縞瑪瑙と共に青金石製環珠で構成されていた。この遺跡は、青金石の流入経路が分かる点で重要である。

トルクメニスタンのゴヌール・デペ（Gonur Depe）遺跡では、青金石と紅玉髄の環珠で構成された頸飾が多数出土した。メルブ（Merv）から北へ約六〇キロメートル離れたこの遺跡は、紀元前二四〇〇年頃に成立したバクトリア・マルギアナ複合（Bactria-Margiana、BMAC）の中心地である（図1）。

注目されるのは、アフガニスタンで青金石貿易に関連するテペ・フロール（Tepe Fullol）遺跡がサーレサン鉱山周辺で確認されている点である。この遺跡では金銀器と共に青金石片が出土しており、特に金銀器に刻まれたヒゲのある雄牛文様が、前述のウル PG789号王墓出土のリラの雄牛文様と類似しており、両地域間の交流がうかがえる。(6)

サーレサン鉱山は、フロールから北東に延びる交通路の約二〇〇キロメートル先に位置する。この青金石貿易の移動路、つまりサーレサン鉱山から他の地域へ青金石を運搬する際に利用した道は、西側にある狭い道以外は高い山々に囲まれて移動が容易でなく、その西側にすぐテペ・フロール遺跡が位置している。(7)

テペ・フロール遺跡は、西は標高約一〇〇〇メートル、東は約三〇〇〇メートルを超える山々に挟まれた平地に位置している。平地には耕作地が広がり、周辺の険しい山々の間を他地域へと向かう交通路が谷のように長く伸びており、サーレサン鉱山の青金石を採掘・搬出するのに十分な条件を備えていた。

先に見たように、青金石と共に運んだのは紅玉髄である。紅玉髄は瑪瑙のうち赤色から橙色を呈するものを指すが、人工的に真紅に加工しているのが特徴である。瑪瑙は半透明の白・灰・赤・黄・茶・黒など豊かな色彩を帯び、単色だけでなく複数の色で天然の縞模様を持つものが多い。

紅玉髄の産地はインダス文明最南部のインド西部グジャラート（Gujarat）地方で、そこのカンバート（Khambhat）では今も採掘と工芸品製作が行われている。紅玉髄の加工は加熱処理と腐食処理の二段階がある。加熱処理は、紅玉髄を自然状態の黄橙色から深紅色に変えるもので、直接高温を加えると急激な温度変化によって破裂するため、土器やおがくず、灰などで原石を覆い、間接的に数回にわたって長時間熱を加える。これは現在も行われている加工法である。腐食処理は、アルカリ性物質の腐食作用を利用して玉の表面に文様を描くもので、特定の植物灰を混ぜた溶液で文様を描いた後、加熱して定着させる。(8) 中国ではこれを蝕花肉紅石髄珠（Etched Carnelian Beads）と呼び、ここでは蝕花肉紅玉髄珠と称する。

メソポタミア地方でもインダス文明の印章が発掘されており、彼らがメソポタミアに居住していたことが分かる。ペルシア湾沿岸でも同じ印章が発見されたことから、紀元前三〇〇〇年頃にはすでにインダス川河口からペルシア湾を経てメソポタミアに至る航路が開拓されていたようだ。インダス人は木綿と宝石をメソポタミアとエジプトに輸出し、そのルートは陸路だけでなく、アラビア海と紅海を航行する海路もあった。(9)

前述したように、ウルの王陵のうちPG800号墓出土のプアビ女王の頭飾と頸飾は、金、銀、青金石と共に紅玉髄珠で作られた豪華なものである。エジプトのツタンカーメン王の黄金のマスクにも着色ガラス、青金石、水晶、黒曜石、トルコ石と共に紅玉髄珠が装飾として使われた。ギリシャでは紀元前一七〇〇年頃、クレタ島マリアのクリソラックコス古墳群から出土した金製装身具とセットの頸飾に青金石と紅玉髄製管珠と環珠が使用されていた。イランのテペ・ヒッサール遺跡出土の紀元前二〇〇〇年頃の頸飾には、金、青金石製環珠と共に紅玉髄製環珠、縞瑪瑙が使われている。トルクメニスタンのゴヌール・デペ遺跡では、紅玉髄と青金石で構成された頸飾が多数出土した。ここは古代のマルギアナで、紀元前約三〇〇〇年以降に形成された都市であり、西南にパルティア（Parthia）、南にアリア（Aria）、東にバクトリア（Bactria）、北にソグディアナ（Sogdiana）と境界を接する砂漠の道の要衝である。

さらに紀元前二〇〇〇年頃、インダス文明の最盛期にアフガニスタンのショルトゥガイ（Shortugai）遺跡が出現する。ショルトゥガイ遺跡は、青金石鉱山が位置するアムダリヤ流域に形成された都市遺跡であるハラッパー（Harappa）の最

図２　前30～前９世紀インド・グジャラート鉱山の位置と紅玉髄の分布（朴天秀・裵魯燦作成）

北端の貿易植民地で、青金石のような資源を獲得・管理する衛星都市だった。この遺跡では、青金石、紅玉髄、青銅製品、テラコッタの人物像と共に、サイのような動物文様と線刻の施された四角い印章、ハラッパー意匠の土器が出土し、インダス文明に属する遺跡であることが確認された。

このように青金石と紅玉髄は、サーレサン～テペ・フロール～ゴヌール・デペ～テペ・ヒッサール～ウルへとつながる砂漠の道を通って主に運ばれた。これと並行してショルトゥガイ遺跡の存在から、インダス川流域に搬入され、海路または陸路を通じて西アジアに入ったことが分かる（図２）。

青金石と紅玉髄は、後世の記録や次のような記録から見ると、王権によって支配統制された戦略的な物資であったようだ。アッシリアの王ティグラト・ピレセル三世（Tiglath-Pileser III）（在位前七四五～前七二七）は管轄するメディヤ東部地域に九トンを超える青金石を貢物として課し、アケメネス朝ペルシアのダリウス一世（Darius I、在位前五二二～前四八六）のスーサ（Susa）王宮造成碑文にもソグディアナから青金石と紅玉髄を運んだという記録が見られる。

二　前八～前三世紀ユーラシアの文明交流

パミール高原の東にはタリム盆地の和田（ホータン）から青海を経て中国北部に至る玉の道があった。軟玉製品は古くから王者の象徴であり、殷墟婦好墓の玉器は新疆の和田産である。

古代中国では玉を禺氏の玉と呼んだ。この禺氏を、秦漢時代に甘粛から天山南路までの門戸を掌握した月氏と見た。月氏から軟玉を購入した相手が中国人であり、その対価として月氏に支払った代表的な中国の特産品が絹織物である。先秦時代、すでに西方では中国産の絹織物が珍重されており、絹織物貿易では東西交通の要衝を占めていた月氏が初めて西方との仲介者、つまり転売者として活躍した(10)。

これに関連して注目されるのは、この時期から中国にもたらされるインド西部産の紅玉髄である。紅玉髄はパミール高原を越え、北方草原地帯とタクラマカン（Takla Makan）砂漠へと続く砂漠の道を通って中国に持ち込まれた。

紅玉髄の搬入経路が確認できる重要な遺跡は、新疆カシュガル（喀什）地区のタシュクルガン（塔什庫爾干）・タジク自治県にあるジルザンカル共同墓地（Jirzankal Cemetery、吉爾賛喀勒古墳群）である。この古墳群は、タシュクルガン河西岸の標高約三〇〇〇メートルの台地上に位置する円形の積石封土墓で構成されている。年代は前七～前五世紀で、ゾロアスター教による埋葬儀式が行われたと考えられている。この中の、M11・14・16・23・24・32号墳から蝕花肉紅玉髄珠と瑪瑙珠が五十一点出土した。M48号墳からは地中海産人面文象嵌琉璃珠が出土した。

この古墳群は、新疆とアフガニスタン、パキスタンを結ぶタシュクルガン地域に位置すること、パキスタンのタキシラ（Taxila）遺跡出土品と文様・形態が類似していること、ゾロアスター教による埋葬儀式が行われていること、紅玉髄が埋葬されていることから、パミール高原を越えて紅玉髄が持ち込まれたことが分かる。これは、隣接する和田地区・宇田県の円沙土城からも蝕花肉紅玉髄珠が出土していることからも分かる。

注目されるのは、アルタイ山脈を越えて草原の道上のアルジャン（Arzhan）古墳群に蝕花肉紅玉髄珠が出土されたことである。[11]この古墳群は、ロシア・トゥーバ共和国のウユク（Uyuk）川付近の標高一〇〇〇メートルの高原地帯に位置する初期スキタイの大型墳で構成されている。2号墳の13A号墓では蝕花肉紅玉髄珠十点、1号墳の埋葬主体部からトルコ石で装飾された金製耳飾が出土した。

さらに、この古墳群に隣接するチンギ・テイ（Chinge-Tey）I-9クルガンではガラス器が出土しているのだが、これは、ニムルード（Nimrud）遺跡出土の青銅器と類似した形の鋳造後切子でロータス（Lotus）文様を施文したアッシリア（Assyria）のガラス器である点で非常に注目される。[12]なぜなら、これは文献に見られるスキタイと西アジアとの交流を証明するものであり、同時に草原におけるガラスの道が前七世紀にすでに形成されていたことを示唆しているからである。

また、アルタイ（Altai）のノヴォトロイツク（Novotroitsk）古墳群でも蝕花肉紅玉髄珠の副葬品が確認されている。前七～前六世紀のカザフスタンのタスモラ（Tasmola）6号墳からも蝕花肉紅玉髄珠三点が出土した。

中国アルタイ地方の戦国時代並行期の呉爾布拉特村古墳からは、蝕花肉紅玉髄珠八点と十七点のガラス玉が出土している。中国天山山麓の東塔勒徳古墳群は、紀元前八世紀から前漢にかけて六十一基の古墳が発掘され、そのうち2011HDIIM3号墳からは紅玉髄玉とトルコ石珠が組み合わされた頸飾や多数の金製動物文飾りが出土した。

以上のことから、草原の道上のアルジャン2号墳出土品をはじめとする紅玉髄玉は、インダス川流域からパミール高原を越えてタシュクルガン地方に持ち込まれた後、天山とアルタイ一帯に北上して搬入されたと推定される。紅玉髄珠の分布を通じて、インダス川河口の海路とタクラマカンの砂漠の道と、アルタイ山地の草原の道がつながったことを確

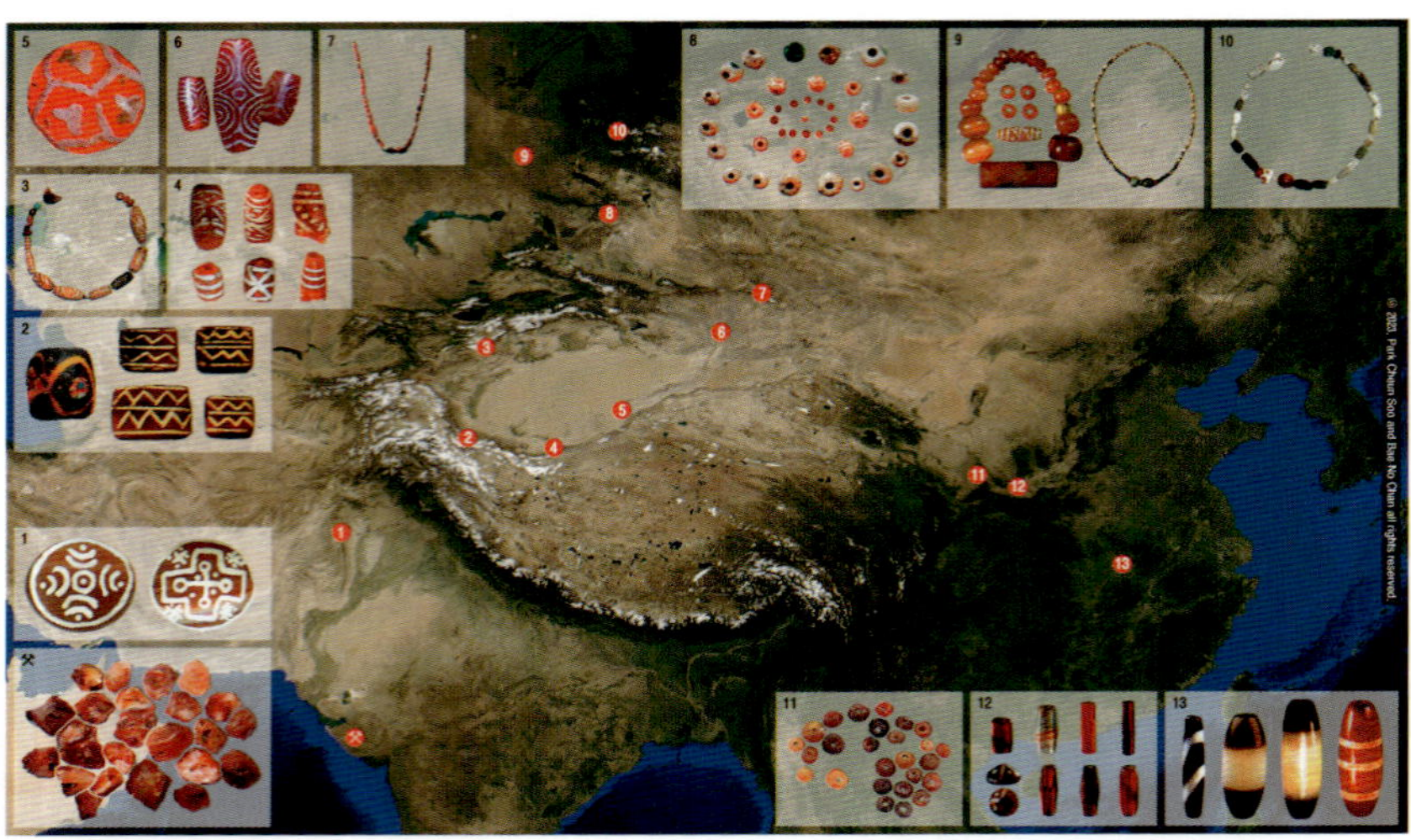

⚒. [India] Gujarat Province　1. [Pakistan] Taxila　2. [China] Quman Tombs　3. Baozidong Tombs　4. Yuansha　5. Le'illik　6. Chawuhugou Tombs
7. Shirenzigou　8. Kuerbulake Village Tombs　9. [Russia] Altai Novotroisk 2 Tombs　10. Tuva Arzhan No.2 Tombs　11. [China] Qinghai Majiayuan Tombs M13
12. [China] Shanxi Baoji Tomb　13. Seocheon Shitaji Tombs

図３　前８～前３世紀インド・グジャラート（Gujarat）鉱山の位置と紅玉髄の分布（朴天秀・裵魯燦作成）

認できる（図３）。

紅玉髄珠は西域南道に沿って分布し、陝西省宝鶏市の益門２号墓では蝕花肉紅玉髄製玉一点と共に四点の紅玉髄管珠、多数の環珠が出土した。この古墳では多数の金製品、トルコ石象嵌金柄鉄剣とトルコ石珠、玉器が副葬され、その被葬者は春秋時代の秦の王族と見られている。

山西省曲沃県の晋侯墓群92号墓をはじめとする多数の古墳から玉器、青銅器などと共に紅玉髄珠が出土した。この古墳群は十九基の平面形が「中」字や「亞」字型の大型墓が南北三列に配置され、墓の構造と副葬品から被葬者は九人の晋侯とその夫人であることが判明した。

さらに河南省安陽市殷墟の婦好墓からも紅玉髄管珠一点と大量の環珠が出土している。この墓には彝器・楽器・武器をはじめ、「婦好」・「司母辛」などの銘文が刻まれた青銅器・玉器などが副葬され、その被葬者は商の第二十三代王である武丁の妻であることが判明した。この婦好墓出土の玉器には新疆の和田産が含まれていると考えられており、紅玉髄珠は玉と共に西域南道を経由して持ち込まれたと考えられる。春秋時代の楚にあたる河南省の淅川下寺春秋楚墓（下寺古墳群）などでも同様の状況が確認されている。

この時期にユーラシア東部に搬入された紅玉髄製頸飾は、スキタイ王墓、商王墓、秦王族墓、晋王墓などに使われた威信財であり、インダス川河口の海域とアルタイ山地、中原が有機的なネットワークですでにつながっていたことを示している。

前五～前三世紀のフェニキアをはじめとする東地中海で製作されたガラス珠は二重の円を施した形で、トンボ玉または重圏円文珠、帖眼珠などと呼ばれている。本稿では、この形式のガラス珠を後述するペルシア産円文珠と区別するため、文様が突出した特徴に基づき、突出帖眼文琉璃珠と呼ぶ。最近、突出帖眼文琉璃珠については、東地中海から草原の道を通じてユーラシア東部にもたらされたと考えられている。(13)

フェニキア産の突出帖眼文ガラス珠は、人面文珠と共に地中海一帯に広く分布している。チュニジアのカルタゴ（Carthago）遺跡、イタリアのサルデーニャ島（Sardigna）のタロス（Tharrus）古墳、スペインのイビサ（Ibiza）島などで出土している。黒海沿岸では、ウクライナのメリトポリ（Melitopol）古墳、グルジアのヴァニ（Vani）古墳、カザフスタンのコソボ（Kosova）古墳、ロシアのチュルトゥコフ・ロク（Chulutukov Log）古墳などで出土した。モンゴルではこの時期の資料は確認されていないが、漢代の匈奴墓であるゴル・モドⅡ9号墓にローマ製円文ガラス珠が出土しており、それ以前の時期に搬入された可能性が高い。

中国では遼寧省建昌県の東大杖子墓地、新疆・和田地区の円沙土城、且末県のザグンルク（扎滚魯克）古墳、拝城県のキジルトゥール（克孜爾吐爾）古墳群、青海省の馬家塬古墳群、山西省太原市の晋国趙卿墓、山東省臨淄市の郎家庄1号墓、河南省固始県の侯古堆1号墓、河南省淅川市の徐家嶺M10号墓、湖南省随県の曾侯乙墓などから突出帖眼文琉璃珠が出土した。

ここで筆者が注目するのは突出帖眼文琉璃珠の搬入経路である。まず、遼寧省の東大杖子古墳群出土品から見ると、

図４　前5～前4世紀の突出帖眼文琉璃珠の分布（朴天秀・裵魯燦作成）

これらは黒海からカザフスタン、モンゴルを通る草原の道を通じてユーラシア東部にもたらされたと思われる。一方、カシュガル地区のタシュクルガン・タジク自治県（塔什庫爾干塔吉克自治県）のジルザンカル共同墓地のＭ48号墳からは地中海産人面文象嵌琉璃珠が出土し、これに隣接する和田地区の円沙土城で突出帖眼文琉璃珠が確認されていることから、インダス川流域からパミール高原を越える経路も考慮すべきだろう。さらに、カスピ海南岸のイラン・シャレクチ（Chalekuti）古墳、西域南道の且末県ザグンルク古墳や河西回廊の青海省馬家塬古墳群でも確認されていることから、砂漠の道を経由した可能性も高い（図4）。

そして、前四世紀前後の草原の道上の遼寧省東大杖子古墳群では、フェニキア産の突出帖眼文琉璃珠が出土している点も注目される。突出帖眼文琉璃珠は黒海沿岸の前四世紀スキタイのトルスタヤ・モギーラ（Tolstaya mogila）とメリトポルスキー（Melitopolskyi）古墳群などで集中的に出土しており、同じ時期、アルタイ山麓のチュルトゥコフ・ロク（Chultukov Log）古墳でも確認され、地中海沿岸で製作された突出帖眼文琉璃珠が黒海を経てアルタイ山脈を越え、中国東北地方に到達したことが分かる。(14) さらに、M45号墳からは中原の青銅鼎と琵琶形銅剣、銅戈が出土している。この古墳群の築造勢力を古朝鮮と関連した集団と見る見解があり、この時期にすでに草原の道が韓半島とつながっていたと推測することができる。

三 前二~後三世紀ユーラシアシルクロードの文明交流

古代ローマの博物学者プリニウス（Plinius）（二九~七九）の『博物誌（Naturalis Historia）』（七七年）によると、東地中海沿岸でフェニキア人が炭酸ソーダを海岸の砂と混ぜた後、溶かしてガラスを作ったと伝えている。前一世紀後半には吹きガラス技法が発達。その後、ローマ帝国各地にガラス生産の拠点が移り、ガラスはローマの重要な交易品として定着する。

この時期に書かれた『エリュトラ海案内記（Periplus of the Erythraean Sea）』には、紅海とペルシア湾、インド洋を中心に行われた東方海上貿易の航路や港、輸送、貨物などが詳細に記されている。

ローマの東方貿易はエジプトからガラス器や瑪瑙製品を購入し（6節）、インダス川河口のバルバリコン港（Barbarikon、現パキスタンのカラチ）とインドのバリュガザ（Barygaza）港に運び、そこで中国の絹織物・宝石・胡椒を購入する（39、49節）。バリュガザ港では葡萄酒・衣服・ガラス塊・金銀貨、バルバリコン港では衣服・ガラス器・銀器などを荷揚げした。(15)

ローマの交易港である紅海西岸のベレニケ（Berenike）遺跡からは縦稜文盌、彩色ガラス器、人面文ガラス珠が出土し、さらに最近、ここの古代神殿（Isis temple）でクシャン王朝様式の大理石製釈迦像とブラフミー／サンスクリット-ギリシア（Brahmi/Sanskrit-Greek）語が併記された（二四八、二四九）銘文が見つかり注目される。これはクシャン王朝の交易者がローマの港に居住したことをあらわすためである。

また、ローマのポンペイ遺跡ではアフガニスタンのベグラム（Begram）遺跡の出土品と類似する象牙製の女神像が出土した。これも紅海を経由したローマとクシャン王朝の交易を示す事例である[16]（図5）。

インド南部にあるケーララ州のパッタナム（Pattanam）は西海岸の港湾都市遺跡で、ローマ貿易の最大拠点であるムジリスと推定されている。ここでは、船に積み込む貯蔵容器であるローマ産アンフォラと共に、ガラス器、インド製の琉璃珠、瑪瑙珠、紅玉髄、鏤金小環連接球体珠が出土した。この遺跡出土のローマガラス器はアフガニスタンのベグラム遺跡出土品と同じ縦稜文盌、モザイクガラス器、彩色ガラス器などの最高級品に該当する。

インド南部タミル・ナードゥ州ポンディシェリーのアリカメドゥ（Arikamedu）遺跡では、ローマ産のアンフォラ、ガラス器、陶器製ランプ、インド産のガラス珠、金製品などが出土し、ローマとの交易港としてインド東海岸最大といえる。

扶南国の港があったベトナムのオケオ（Óc-Eo）遺跡では、インド、ローマをはじめとする様々な地域の文物が出土しており、ローマのガラス器片は、植民地時代はもちろん、最近の発掘でも少数確認されている。中国の広西省チワン族自治区の漢代に相当する合浦遺跡からローマガラス器が多数出土するのとは対照的である。これは遺跡の性格の違いに起因するもので、今後、オケオ遺跡での調査が期待される。

前三世紀、中国を統一した秦の始皇帝は広州を占領し、郡県を設置した後、南海貿易を行った。この地域の秦の官僚だった趙佗は前二〇三年に南越国を建国したが、南越国の領域は広東省から海南島、ベトナム北部に及んだ。南越王陵出土の銀盒は文様から見てパルティア産であり、合浦寮尾M13b号墳出土の緑釉把手附壺は緑色の鉛釉と取っ手から見てイラク南部またはイラン西南部で製作されたパルティア様式であることが判明した[17]。

前一一一年、漢の武帝は南越国を滅ぼした後、九郡を設置した。合浦はその一つで南海貿易の拠点港である。合浦の

図5　紅海を媒介としたローマとクシャン王朝の交易

漢墓からは、鋳造後に研磨して製作した前期ローマガラス器が二十点以上出土した。これと共に琉璃珠、インド産紅玉髄と瑪瑙珠、鏤金小環連接球体珠も副葬されていた。同じ時期、江蘇省邗江区の広陵王劉荊墓では、ローマガラス器である縦稜文盌が副葬された。この縦稜文盌と河南省洛陽市東郊の後漢墓から出土したローマガラスの縞文瓶も合浦を経由して搬入されたものと思われる（図6）。

前一〇九年、漢の武帝は古朝鮮を滅ぼし、楽浪郡をはじめ真番・臨屯・玄菟郡を設置した。漢が朝鮮を攻略したのは、海上貿易を独占していた南越を征服したのと同じ理由で、古朝鮮が独占していた三韓、穢、倭との貿易を直接支配するためと考えられる。

楽浪の古墳である平壌の貞柏洞3号墳と37号墳では獅子型垂飾が出土しており、これについて海路で韓半島が東南アジアの世界とつながったとする見方がある。[18] これを反映するように、貞柏洞138号墳ではインドのパッタナム遺跡、ベトナムのオケオ遺跡、中国合浦の古墳群の副葬品と同じ組み合わせの紅玉髄製多面玉、縞瑪瑙製管玉、鏤金小環連接球体珠が出土し、インド、ベトナム、中国、韓半島を結ぶ海上シルクロードの交易ネットワークが形成されていたことが分かる。また、インド・東南アジア産の紅玉髄珠は完州の上雲里古墳群、金海の良洞里古墳群などから出土し、楽浪を通じて韓半島中部と南部が海上シルクロードでつながっていた事実をよく示している。[19]

さらに二世紀後半の日本列島の首長墓である福岡県平原墳丘墓と岡山県楯築墳丘墓から紅玉髄珠が出土しており、韓半島南部を通じて日本列島がつながっていたことが分かる。同時期の京都府大風呂南墳丘墓出土の東南アジア産ガラス製釧も完州葛洞出土品などから韓半島を経由して持ち込まれたと推定される。

カニシュカ王（Kanishka）統治時代の二世紀、アフガニスタンのベグラムはカブール北部のクシャン王朝の夏の首都として繁栄した。アレクサンドリアで船積みされたガラス製品やエジプト、ローマの物資が紅海（エリュトラ海）を通ってインドのバルバリコン港やバリュガザに運ばれ、カブールを経由してベグラムに持ち込まれた。この遺跡からは

図6　前1−後3世紀ローマガラス器の分布（朴天秀・張柱偉作成）

ギリシャ、ローマの彫像や石膏片、エジプトの石製容器、インドの象牙細工、アレクサンドリア産のガラス器などが出土した。ここで出土したガラス器及びその断片は二七八点に達し、その意匠や製作技法は非常に精巧で優れている。

ベグラム出土の彩色ガラス器には、ギリシャ神話のアキレウスとヘクトルの戦い、ディオニュソス、エルメス、セレーネ、ローマ兵の戦いなど、ギリシャ・ローマ神話をテーマにした絵が描かれている。ローマガラスの中でも最高級の技術を駆使して作られたディアトレタ杯（diatreta）には、世界の七不思議と呼ばれるアレクサンドリアのパロス島にあった灯台が高浮彫で刻まれている。つまり、アレクサンドリアのガラス職人がパロスの灯台を彫ったと見ることができる。[20]

新疆のタリム盆地南部の和田地区のニヤ（尼雅）遺跡では、クシャン朝のカローシュティー文字で書かれた文書が七百点以上出土した。また、ニヤ遺跡N８遺構出土の鴨形角杯（ryton）は、ベグラム出土品との関連性が認められることから、アフガニスタンからパミールを越えて搬入された可能性が高い。

黒海に面したウクライナのクリミア半島のウスト=アルマ（Ust-Alma）古墳群はサルマタイ（Sarmatai）の貴族墓群で、ここではローマガラス器と共に漢の漆箱が出土した。ここで出土した漆器は匈奴とサルマタイの交易でモンゴル、カザフスタンの草原を経て搬入されたと推定される。これにより、草原の道を通ってもたらされる漢の物品と地中海からもたらされるローマの物品が黒海沿岸で交易されたことが分かる。

モンゴルのゴル・モドⅡ古墳群は匈奴の王墓域で、ローマガラス器が1号墳から二点、1号墳30号墓の陪葬墓から一点出土した。三点とも練理文で装飾され、そのうち二点は縦稜文盌である。同じ形式の盌は、ロシアのクラスノダール（Krasnodar）地方のゴルギッピア（Gorgippia）遺跡などでも出土している。この時期、ユーラシア東部にはガラスの道がモンゴルまでつながっていたことを示している。

ところで、前述したように、前一～後三世紀のローマガラス器の道が海路と草原路に形成されたことは注目される。

これはローマと中国の間にパルティアがあったためである。漢の武帝は安息国、すなわちパルティアに使者を送り、その後、パルティアも漢に使者を派遣した。九七年、西域都護の班超が甘英をローマに派遣したが、パルティアからその先へは行けずに帰ってきたことからも分かるように、ローマと漢は中間に位置するパルティアに妨げられ砂漠の道では直接の交易ができなかった。(21)

前一世紀~後三世紀のローマガラス器の分布は、ローマと漢、ローマと匈奴がパルティアによって海の道と草原の道を通じて交易せざるを得なかった歴史的事実を明確に示している。

ところが三世紀以降、アクスム（Aksum）王国が紅海を渡ってアラビア半島に侵攻しており、ササン朝ペルシアがインド洋に進出したことでローマは制海権を失う。(22)

これを反映するように、この時期以降、中国海路の関門である広西チワン族自治区合浦にはローマガラス器が持ち込まれていない。また、紅海沿岸のローマの港湾都市であるミオス・ホルモス（Myos Hormos）とベレニケの衰退も情況の変化を反映したものである。

四　四~六世紀ユーラシアシルクロードの文明交流

四世紀、ユーラシアの民族大移動をもたらすことになるフン族が突然黒海沿岸に出現する。『後漢書』西域伝には一二三年頃、北匈奴の呼衍王が蒲類海、すなわちバルクル湖と秦海、つまり黒海の間を転々としながら西域の国々を制圧し略奪したという記録が見られる。フン族は北匈奴を起源とし、三七五年頃からアラン族とゴート族を追い出し始め、五世紀にはアッティラ（Attila）の指揮下で東ローマはもちろん、西ローマ帝国までも大きく脅かした。(23)つまり、北匈奴が中部ユーラシアを経て徐々に西進し、西部ユーラシアではフン族と呼ばれたのである。

ところで、四～五世紀にユーラシアの東端に位置する新羅にローマガラス器がもたらされるのは、フン族が黒海沿岸の東西地域を掌握した時期に当たる。この時期、新羅では草原を起源とする積石木槨墳が出現し、五世紀には華やかな金冠をはじめとする黄金の装身具が多数埋葬される。

筆者は新羅の積石木槨墳の出現について、三一三年の楽浪郡滅亡後、高句麗を通じてユーラシアの騎馬民族文化に接した新羅の選択的な受容の結果だと考える。黄金製品とローマガラス器もこれと共に受容したものと考える。同じ時期に南朝と交流した百済とは異なる選択の結果である。

新羅の陵墓域である大陵苑古墳群では金冠が六点出土した。新羅の金冠は樹枝形と鹿角形の立飾が特徴である。このうち、校洞68番地出土の金冠は奈勿王陵と推定される119号墳の陪塚から出土したもので、三つの立飾りは樹枝形である。新羅の金冠には、その後、樹枝形が出の字形に変わり、鹿角形が加わる。また、冠帽を飾る鳥翼形冠飾は鳥が飛び立つすがたを表している。

鳥翼形冠飾は、その原型が伝集安出土品にあり、唐の李賢墓の壁画のうち、礼賓図に鳥羽冠をかぶった高句麗人が見られることから、高句麗に起源を持つことが分かる。

特に注目されるのは西鳳凰台古墳に隣接する王族墓である西鳳塚の金冠で、冠の中央に十字形の台座を取り付け、その上に立てた木の枝に三羽の鳥が止まっている。

前五世紀前後に築造されたカザフスタンの天山山麓に位置するイシク（Issyk）・クルガンは積石木棺墓で、金で飾られた礼服と先の尖った帽子を着用した人骨が出土した。角帽はイランのペルセポリス（Persepolis）宮殿の壁画やビストゥン（Bisotun）碑文に見られるもので、これを築造した勢力は天山山麓を中心に居住していたサカ（Saka）族である。ところで、この帽子の側面に付けられた金の装飾が山、木、鳥で、鳥が山の木の上に止まっている意匠をしている点が注目される。西鳳塚出土の金冠の鳥が止まっている装飾と似ているからだ。

ロシアのドン川河口にあるノボチェルカスク（Novocherkassk）のホフラチ（Khokhlach）古墳の一世紀のサルマタイ・クルガン出土の宝石象嵌金製冠は、聖樹を中心に鹿が向かい合う意匠の立飾りがある。この冠は中央の女神像の上に高い聖樹を立て、これを中心に同じ高さの聖樹を六本配置している。冠の正面には向かい合う四頭の鹿を飾り、左右には山羊二頭、鳥四羽を配置する。

鹿の角は、春になると落ち、再び生えてくる生命の木のような超自然的な存在として崇拝され、草原地帯ではスキタイ以来、装飾に使われた。

アフガニスタンのティリヤ・テペ（Tilla Tepe）遺跡は、前一世紀から後一世紀にかけて造営されたクシャン朝の王陵級古墳群である。そのうち6号墓の金冠は、頭部に巻く冠帯と五本の樹枝形立飾、円形の歩揺で飾られている。冠帯には六葉のロゼット（rosette）形装飾が二十個付いている。ロゼット形装飾の中央にはトルコ石をはめ込み、縁には鏤金を施している。木の幹は左右対称に二本の枝が伸び、中央には先端につぼみのついた立飾一本が飾られている。左右の立飾は同じ構図で、下部には小型のつぼみ、上部には大型のつぼみが付き、中央には透かし彫りで三日月形模様の境界として上下に心葉形、上部のつぼみの左右には翼を広げた二羽の鳥を向かい合わせた同形の立飾四点が配置されている。

中国内蒙古包頭市にある西河子出土の慕容鮮卑の金製歩揺は鹿とその角を形象化したもので、鹿角と歩揺は新羅の金冠に影響を与えたと思われる。

中国遼寧省朝陽の甜草溝2号墓出土の金製歩揺冠飾二点は、北票の房身村2号墓、喇嘛洞古墳群、馮素弗墓出土の金製歩揺冠飾と類似しており、三世紀末から五世紀前葉まで大陵河流域一帯で金製歩揺冠飾が盛行したことを推測できる。また、この地域の金製歩揺冠飾は、黒海北部のホフラチ古墳のサルマタイの金冠やアフガニスタンのティリヤ・テペ6号墳の金冠にその系統を求められている。

図７　新羅の黄金文化の系統（構成：朴天秀・裵魯燦作成）

五世紀初頭の阿羅加耶の王陵である咸安郡末伊山45号墳出土の金銅冠は、鳳凰が向かい合った立飾りを持つ帯冠である。この冠の文様は房身村2号墳と三日月形金製頸飾と朝陽十二台88M1号墳出土の金銅製透彫鞍の前輪に見られる鳳凰文と似ている。ところで、平安北道雲山龍湖洞出土の鳳凰文の立飾から見ると、高句麗で製作された可能性が高い。五世紀前葉の阿羅加耶の王陵である末伊山45号墳出土の金銅冠は新羅産の装身具や馬具が副葬されることから、新羅を経由して流入したと思われる（図7）。

以上のことから、新羅の金冠の聖樹、聖獣、聖鳥は草原騎馬民族の文化と関連していることが分かる。さらに、新羅の金製冠をはじめ、頸飾、帯飾、腕飾、飾履など身体を黄金で飾るのは、中原ではなく、カザフスタンのサカ族のイシク・クルガンなどで見られる草原騎馬民族の伝統的な葬法である。

新羅は四世紀前葉の楽浪滅亡後、高句麗と直接交流し、高句麗にもたらされた草原騎馬民族の文化を選択的に受容したと思われる。

これと関連して興味深いのは、文武王碑で新羅王家が匈奴の王子である金日磾の子孫と自称していることである。これは、新羅王室が王家を神聖化するために騎馬民族の後裔であるとしているもので、四世紀に導入されたその文化の導入背景を理解することができる。

慶州の皇南大塚南墳や瑞鳳塚から出土した網目文ガラス杯は、同形式のガラス器がドイツのケルン（Köln）、カザフスタンのカラ＝アガチ（Kara Agachi）古墳、キルギスのジャル＝アリク（Djal-Aryk）古墳、中国河北省景県の祖氏墓で見られる。黒海沿岸のクリミア半島のケルチ（Kerch）地域では斑点文盌、鳳首瓶などが集中的に出土している。

筆者は、一世紀前後の時期から黒海沿岸にローマガラス器が集中的に搬入され、サルマタイと匈奴の交流によりローマガラス器がモンゴルに流入したことを勘案して、四～五世紀の新羅古墳のローマガラス器もやはり黒海沿岸を経由したと考える。

後述するカザフスタンのカラ＝アガチ古墳でも、ローマガラス器と共に慶州市鶏林路14号墓出土の黄金宝剣と同一の石榴石嵌入及び鏤金技法で製作した銀製頸輪装飾が出土している点が非常に注目される。鶏林路14号墓出土の黄金宝剣は、金、銀細工の区画内に様々な色彩の宝石、色ガラスを埋め込んだ多彩装飾様式の工芸品である。(24) この宝剣の製作技法は黒海沿岸のギリシャ系工人が製作した前四世紀以後のスキタイの金製品に見られるもので、鶏林路14号墓の黄金宝剣は四～五世紀に黒海沿岸に進出したフン族が両者を組み合わせて製作したものである。こうした金製品は、西はハンガリー、ルーマニアをはじめとする黒海沿岸に集中的に分布し、東は天山山脈一帯を経て新羅に流入した（図８）。

ここで注目するのは、鶏林路14号墓は埋葬主体部が長さ三・五メートルの小規模な積石木槨墳であるにもかかわらず、王と王族級の副葬品である黄金の宝剣が副葬されていたことである。同様の事例として日本の奈良県新沢千塚126号墳を挙げることができる。同古墳は一辺二二メートルの小型の方墳であるにもかかわらず、ローマガラス器二点と新羅産の金製装身具が副葬されている点から、この墓主を新羅からの移住者と見ている。被葬者が新羅人であるのに方墳に割竹形木棺が使用されているのは、移住者が地元の墓制を採用したからである。このような観点から鶏林路14号墳を見る

図８　５世紀前後の草原の道上のフン族の金工品とローマガラス器の分布（朴天秀・丁真作成）

と、墓主は移住者である可能性が高い。具体的にはフン族の子孫または中国キジル石窟の供養者像に見られるこの形式の宝剣を着装したソグド人と推定されるが、慶州月城で五世紀のソグド人を表した土偶が出土していることから、後者である可能性が高いと思う。これはユーラシアの東端である新羅にもソグド人が居住し、新羅に流入した文物がソグド人を媒介した事実を示している。

　ところが最近、新羅古墳出土品のうち、地中海周辺で製作されたとされてきた皇南大塚南墳出土の鳳首瓶が中央アジア産であるという見解が示された。これは大陵苑古墳群出土品二十一点の化学組成分析によって導き出されたもので、すべてシリカ（けい砂）、炭酸ナトリウム（ソーダ灰）、炭酸カルシウム（石灰石）を主成分とするソーダ石灰ガラス（soda-lime glass）であることが確認された。また、ガラス製作に必要な融剤の組成分析により、ナトロンを用いたナトロン系（natron glass）が六点、ソーダ灰を用いた植物灰系（plant ash glass）が十五点で、前者は地中海産、後者は中央アジア産という結果によるものである。[25] ナトロン系は天馬塚出土の亀甲文杯や皇南大塚北墳出土の切子亀甲文杯、植物灰系は皇南大塚南墳出土の単把手付鳳首瓶、網目文杯、藍色杯、月城路カ-13号墳出土の波状文杯、金冠塚出土の波状文杯などである。

しかし、筆者は新羅古墳出土のローマガラス器のほとんどは地中海沿岸で製作されたと考える。その根拠とする遺物がカザフスタンのカラ＝アガチ古墳出土の網目文杯である。この網目文杯は、台脚が取り付けられていること以外は皇南大塚南墳出土の網目文杯と形態と意匠がほぼ同じで、台脚は天馬塚、金冠塚出土品と形が同じである。したがって、カラ＝アガチ古墳の網目文杯は、皇南大塚南墳出土品と同じ工房で製作されたと判断される。ところで、成分分析の結果、中央アジア産とされた皇南大塚南墳出土の鳳首瓶は、口縁に紺色のガラス帯を付けている点が注目される。なぜなら、この紺色のガラス帯は、共伴した網目文杯にも見られるからである。したがって、三者は前述の通り、カラ＝アガチ出土品と同様に地中海沿岸で製作されたと見ることができる（図9）。

図9　5世紀草原の道を通ってきた新羅のローマガラス器、左：韓国の皇南大塚南墳 右：カザフスタンのカラ＝アガチ（Kara Agachi）フン族墓（朴天秀・申鉉宇作成）

また、五世紀の皇南大塚南墳出土品と同じ形式の鳳首瓶が中央アジアで出土した例はないが、この形式の鳳首瓶はローマとその属州、そして黒海のケルチ地域では多数出土している。慶州月城路13号墓出土の波状文杯二点も口縁に紺色のガラス帯が付いた点から見て、やはり同じ地域で製作されたと考えられる。そして、これは前述したように黒海ケルチ地域で斑点文盌、鳳首瓶が多数出土することも証左とする。

これらの点を総合すると、中央アジアで製作されたガラス器が西北に向かって運ばれ、黒海に隣接するカザフスタン北部の草原地帯に流入したとは考えにくい。むしろ、地中海で製作されたガラス器が黒海と隣接するカザフスタン北部の草原地帯を経て搬入されたと見るのが合理的である。カラ＝アガチ古墳の北方に位置するボロヴォエ（Borovoe）湖周辺から鶏林路14号墓の黄金宝剣と同じガーネット嵌入及び樓金技法が使われた宝剣が出土しているという点は、黒海沿岸で製作されたフン族の宝剣と同様にローマガラス器がこれを経由して搬入されたことを裏付けている。

なお、ヒッパルス（Hippalus）の『エリュトラ海案内書』には、ローマの輸出品の中にガラスの原料となるガラス塊が含まれていたと書かれている。これは多数の沈没船からガラス塊が見つかっていることからも裏付けられる。つまりガラス器の素材が移動したことから、成分分析結果の解釈に注意が必要である。

この時期、中原の皇帝陵と貴族墓では複数のガラス器が副葬された事例はないが、遼寧省の馮素弗墓で五点副葬されているのは新羅古墳の副葬の様相と酷似している。したがって、新羅古墳のガラス器副葬は積石木槨墳、金製装身具のように騎馬民族の習俗に従ったものと見ることができ、東アジアの他の地域では類例が見当たらない。

これらの、新羅のローマガラス器は燕・高句麗を通ってもたらされたと考える。これは金海大成洞91号墓でローマガラス器に前燕の馬具と青銅容器が共伴していることからも分かる。特に四世紀後半に築造された月城路カ-13号墓に二点のローマガラス器が副葬されていることは、四世紀にすでにガラス器が新羅に搬入されていたことを示唆している。

さらに最近、四世紀後半に築造された慶州チョクセム地区L17号木槨墓から金銅製晋式帯装飾具が出土した。そのため、これまで金官加耶の独自の交易結果と考えられていた、大成洞88号墓出土の晋式帯装飾具も新羅を経由した可能性が高い。金官加耶と中国の交渉を示す文献史料は皆無だが、新羅は三七七年と三八二年に高句麗と共に前秦に使者を派遣している。新羅は三一三年の楽浪滅亡後、高句麗と国境を接するようになり、楽浪の代わりに高句麗を通じて中国と北方文物を受け入れた。

東アジアへのローマガラス器の流入経路を考えるにあたっては、北燕の王族である遼寧省の馮素弗墓が注目される。

北燕を建国した馮跋は柔然と通婚し、契丹、庫莫奚を服属させて交易した。[26]柔然はモンゴルを中心に西は焉耆、東は高句麗、北はバイカル、南は陰山山脈北麓にまたがる騎馬民族国家である。

燕と高句麗は和戦両面的な関係だったが、三三六年安岳3号墳の墓主である前燕の佟寿が高句麗に亡命したことから分かるように、人的・物的交流が活発だった。また、『魏書』契丹伝に四七九年高句麗と柔然が連合した記事が見られる。

したがって、新羅のローマガラス器の搬入経路は、モンゴルのゴル・モドⅡ匈奴墓の出土品からすでに一世紀には草原の道が形成されている点、新羅の古墳と馮素弗墓と副葬品が類似している点、馮素弗墓の出土品が柔然を経由した点から見て、天山北路よりモンゴルを経由する草原の道がより妥当と思われる。つまり、新羅のローマガラス器はフン～柔然～燕～高句麗を通って搬入されたのである（図10）。

次に日本出土のローマガラス器の移入経路と歴史的背景について見てみよう。

五世紀中葉に造営された奈良県新沢千塚126号墳からは切子文盌と紺色皿が金製装身具と共に出土した。金製冠飾、垂飾付耳飾、指輪は同じ形式のものが慶州の皇南大塚で出土している。当時、日本の小型墓からこのように華やかな文物が副葬された例は見当たらず、ガラス器二点を副葬している点から126号墳の墓主は新羅の王族クラスの移住民であったと考えられる。

同時期、日本最大規模の王陵である大阪府大仙古墳（伝仁徳陵）の前方部の埋葬施設から金装甲冑と共に白色皿、紺色壺が出土しており、これらガラス器は新羅を経由したものと推定される。

さらに注目されるのは、ガラス器が出土した前方部は、後円部の被葬者と関わりのある陪塚であるという点で、後円部にはさらに多くのガラス器が埋葬された可能性が高い。同様の事例として、大陵苑古墳群の王陵である皇南大塚南墳は八点、陪塚の天馬塚は二点が副葬された例が挙げられる。

図10　4－5世紀のローマガラス器の分布（朴天秀・張柱倬作成）

五世紀前半、倭が最も必要とした金製品、鉄素材とローマガラス器を含む西域文物を保有していた最も近い国は新羅だった（図11）。『日本書紀』允恭紀には加耶、百済との交渉記事が全く見られず、新羅との交渉記事だけが見られるという点で、五世紀前半には新羅と倭が非常に密接な関係であったことが分かる。大阪府大仙古墳の墓主は、五世紀中葉という築造年代と新羅を経由したローマガラス器が副葬されている点、文献史料などから、仁徳と見ることはできず、允恭と推定される。日本の王陵である大仙古墳から新羅経由のガラス器が出土しているのは、新羅と倭王権間の直接的な政治交渉を象徴するものである。

ところが、五世紀後葉に築造された慶州の皇南大塚北墳では突如、ローマガラスに代わってササン朝ペルシアガラス器が副葬される。この切子文盌は、口縁部を磨いて平らにし、器面と底面全体に円文を切削して施している点から、ササン朝ペルシア産と判断される。このササン朝ペルシアガラス器は、柔然を経由するローマガラス器とは異なり、北魏を通じて搬入されたと考えられる。高句麗長寿王は北魏と極めて密接な関係だった。さらに、首都の大同からササン朝ペルシアガラス器が多数出土していることから、高句麗を経由してペルシアガラス器が新羅に搬入され、皇南大塚北墳に副葬されたと考えられる。

これは、新羅に搬入されたガラス器の産地と経路に変化があったことを示している。皇南大塚北墳出土の切子文盌は、五世紀中葉のユーラシア情勢を反映していると考えられる。筆者はこの時期を前後して、新羅に搬入されるガラス器がローマガラスからペルシアガラスに変わったと考える。にもかかわらず、五世紀末～六世紀初めにも大陵苑古墳群にはローマガラス器が継続的に副葬されている。結論から言えば、筆者はこの時期に副葬されるローマガラス器は、伝世されたと考える。その理由は次の通りである。

五世紀中葉に築造された多羅国の王陵である陜川玉田M１号墳出土の斑点文ガラス器は、五世紀末に編年される慶州金鈴塚出土の二点と同じ形式である。

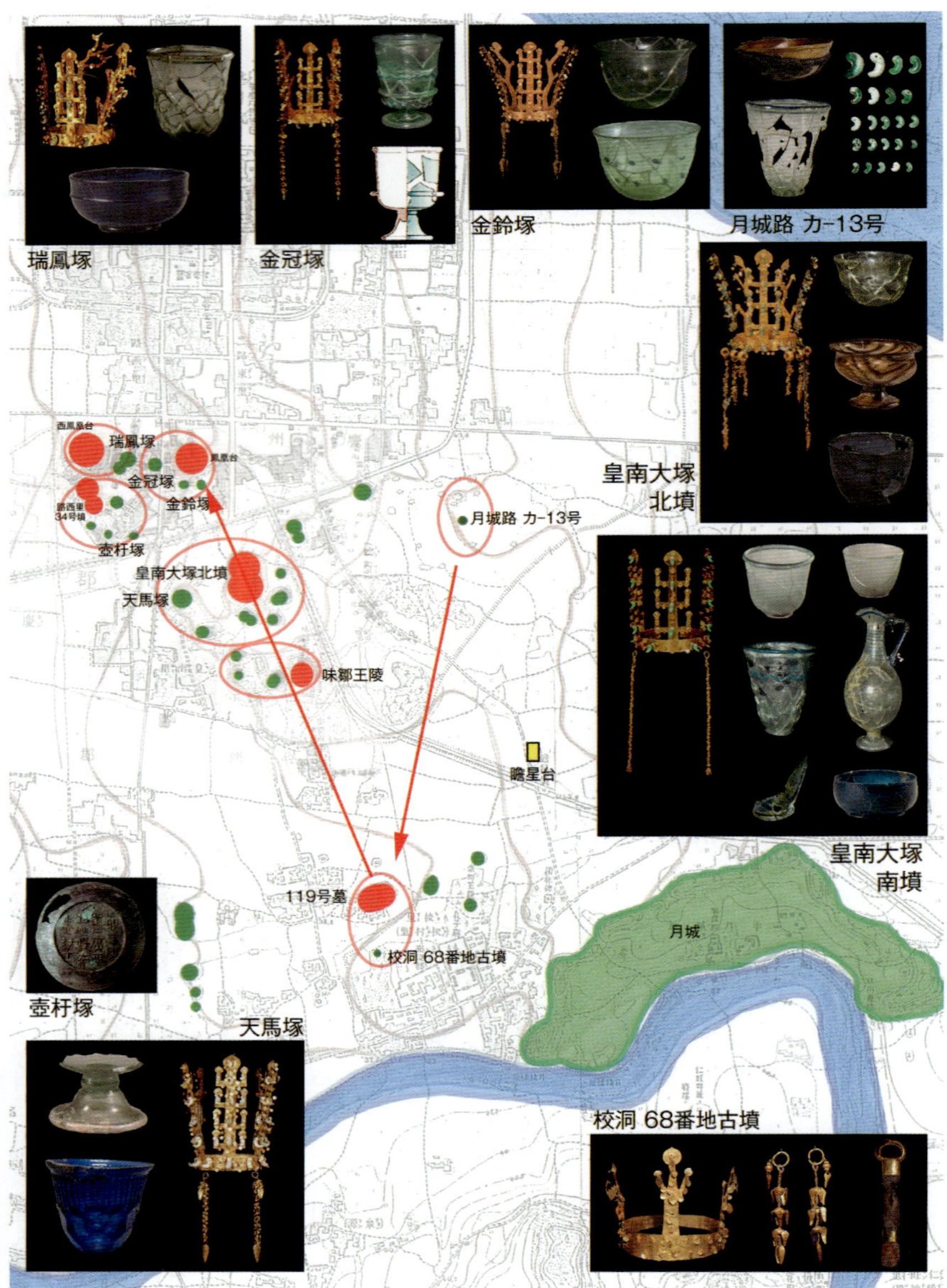

図11　4-5世紀のローマガラス器の分布（朴天秀・張柱偉作成）

斑点文ガラス器はユーラシアで数百点が確認されているが、それぞれ器形、文様の形態が異なる。これは宙吹き技法で製作されたため、同一のものを製作するのが難しいためと思われる。

それでも両者は形態が同じという点で、同じ工房で製作され、同じ時期に新羅に搬入されたと考えられる。陜川玉田M1号墳の墓主がこれを新羅から入手した五世紀前葉には、斑点文ガラス器がすでに新羅に搬入され、その後五世紀末まで伝世されたことが分かる。

したがって、新羅にローマガラス器が集中的に搬入されたのは五世紀前半であり、その後、ササン朝ペルシアガラス器がもたらされ、五世紀後半と六世紀前葉に副葬されたローマガラス器は五世紀前葉に搬入され、伝世されたと判断する。

このように五世紀後半、突如としてローマガラス器の搬入が途絶え、ササン朝ペルシアガラス器が代わりにもたらされる。これはフン帝国の崩壊と関係があると考えられる。四五三年、フン帝国の王アッティラの突然死により帝国が急速に崩壊し、東ローマとの交易網も衰退する（図12）。このようにフン帝国の崩壊後、ユーラシア東部には砂漠の道と海の道を通じてササン朝ペルシアの文物が中国にもたらされる。新羅はこの時、北魏と交流していた高句麗を通じてササン朝ペルシア文物を受け入れた。

すなわち、四世紀〜五世紀前半、新羅はユーラシア草原の道を通じて騎馬民族文化を受容し、五世紀後半には砂漠の道を通じてササン朝ペルシア文化を受容した。これはユーラシアの文明交流が単線的ではなく、多元的であることを示している。

二二六年に建国されたササン朝ペルシアは、中国南朝の梁の武帝中大通二（五三〇）年と大同元（五三五）年に使節を梁の首都・建康に派遣し、仏牙などを伝え、梁に入朝した外国使節を描いた梁職貢図にもササン朝ペルシアの使者である波斯国使が描かれている。当時のペルシアの活発な活動を示すのはその銀貨である。ペルシア銀貨は、砂漠の道沿いの中央アジア全域と新疆ウイグル自治区ウルグチャト県窖蔵、トルファン高昌古城、陝西省何家村窖蔵、寧夏回族自

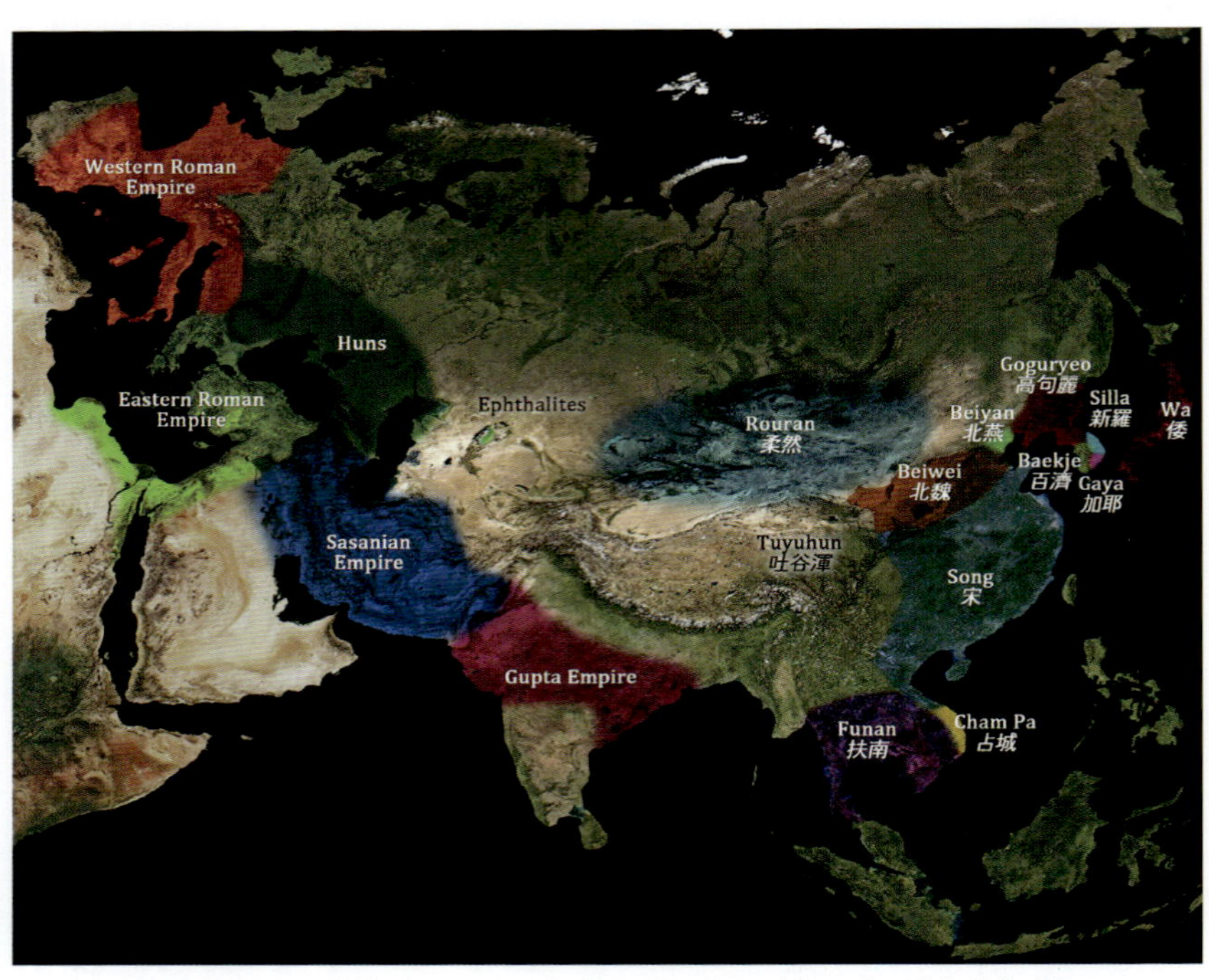

図12　５世紀前後のフン（Hun）族と周辺諸国（朴天秀・張柱倬作成）

治区の隋史射勿墓、河北省定県塔基舎利函などから出土している。

海路では、スリランカのアヌラーダプラ（Anuradhapura）をはじめ、タイのナコーンシータンマラート（Nakhon Si Thammarat）で五世紀後半のペーローズ一世（Peroz I、在位四五九～四八四）のペルシア銀貨が確認され、広東省では遂渓県南朝窖蔵から二十点、英徳県浛洸南朝墓から四点、曲江県南華寺南朝墓から六点以上が出土した[27]。遂渓県南朝窖蔵の銀盌とペルシア銀貨二十点から、すでに漢末の交趾郡に定住したソグド人が嶺南地域でペルシアと南朝の交易に従事したことが分かる。

ササン朝ペルシアでは、溶融したガラスを冷却した後、石のような状態で加工して器を製作する。特に表面に均一な円文様を切り出したり突出させたりする装飾ガラスを盛んに生産した。ササン朝ペルシアのガラスは海の道と砂漠の道を通じた遠隔地交易でユーラシア各地に伝わった（図

13)。

五世紀前半まで北魏の首都であった山西省の大同南郊北魏M107号墓では、ガラス器や鍍金人物文銀器などが出土した。ガラス器は切子技法や器形から見て典型的なササン朝ペルシア産であり、これによりこの時期の砂漠の道を通じたササン朝ペルシア文物の輸入の主体が北魏であることが分かる。

ところが、六世紀前半の新羅古墳では伝世のローマガラス器が副葬され、この時期に中国に盛んにもたらされるササン朝ペルシアガラス器が見当たらない。筆者はその理由を、この時期、王墓を含む王族墓が発掘されていないことに起因すると考える。

こうした中、慶州市飾履塚二点、金冠塚一点、仁王洞C1号墳一点、大陵苑チョクセム41号墳一点など、新羅古墳でモザイクで装飾された二重円文ガラス玉が出土している点が注目される。このガラス玉は、断面が同心円のモザイク模様である色調の異なるガラス棒を切り取り、系地に貼り付けたもので、イラン北部カスピ海沿岸出土品に見られるササン朝ペルシアの系統である(28)。

このタイプのガラス玉は、新疆ニヤ（尼雅）遺跡1号墓地3号墓の漆製化粧箪笥の装飾として使用された。そして最近では山西省大同市東信家居広場2期北魏墓から二点が出土した。したがって、六世紀の新羅古墳から出土する二重円文ガラス珠は、砂漠の道を通じて北魏に搬入された後、高句麗を経て新羅にもたらされたことが分かる。さらに、このガラス珠は新羅を経由して日本列島に持ち込まれ、香川県盛土山古墳、同安造田3号墳、宮城県追戸横穴墓からも出土した（図14）。

その後も新疆営盤墓地M9号墓、寧夏回族自治区固原県李賢墓出土品などから見ると、ササン朝ペルシアガラス器が砂漠の道を経由して北朝に搬入されたことが分かる。北周天和四（五六九）年に没した原州刺史李賢墓からは銀鍍金胡瓶、青金石象嵌指輪、ガラス器などのペルシア文物が出土したが、このうち銀鍍金胡瓶はトロイア戦争の発端となっ

図13　4–6世紀のササン朝ペルシアガラス器と銀貨の分布（朴天秀・丁真作成）

図14　4-6世紀のササン朝ペルシアガラス珠の分布（朴天秀・李宰淵作成）

たギリシャ神話の三つのシーンが描かれており、エフタル（Ephtalite）製と見られている。(29) ガラス器は円文が浮き出るように切り出されたもので、カット技法や器形から見て典型的なササン朝ペルシアのガラス器である。

一方、江蘇省南京市象山7号墳、句容市春城宋墓出土のササン朝ペルシア産切子文盌は、海の道上のササン朝銀貨をはじめとする文物の事例から、海の道を通じて南朝に搬入されたと考えられる。また、この時期、南京の南朝陵墓出土のローマガラス器も、ササン朝ペルシアを介してもたらされたと思われる。

六世紀後半の福岡県沖ノ島7-8号祭祀遺構からは、金銅製の新羅産馬具、玉虫象嵌透彫帯金具、金製指輪が出土した。特に8号遺構では、ササン朝ペルシアガラス器が確認された。これまで日本の研究者はこのガラス器が中国との直接交渉によって持ち込まれたと考えてきた。しかし、このガラス器は北周李賢墓出土品と類似しており、この時期、倭は中国に遣使できなかったものの、新羅は北朝に使節を派遣していたことから、その地を経由してもたらされたと判断する。同じ時期の奈良県藤ノ木古墳の金銅製鞍は、その構造的特徴と共伴の馬具から見て新羅産である。この鞍は亀甲文の中に象、鳳凰、龍などの文様が配置されており、杏葉は連珠文内に双鳥が配置されている。このような文様は飾履塚出土の飾履の文様と類似しており、その起源はペルシアと見ることができる。

図15　半跏思惟像の東伝（朴天秀・裵魯燦作成）

また、前述のように五世紀後半の皇南大塚北墳からすでにササン朝ペルシアの切子文盌が副葬されている。これらの点を総合すると、新羅ではまだ六世紀前半のササン朝ペルシアガラス器は確認されていないが、今後出土するものと期待される。

このように六世紀後半に日本列島で新羅産、または新羅を経由した文物が増加する歴史的背景には、五五三年に新羅が漢江下流域を支配下に置いたことで対外交渉上有利な立場に立ったことと、かつての加耶地域に相当する南海沿岸の東部を確保したことで、百済と倭の交通が困難になった事実を挙げることができる。

京都府上賀茂神社出土のササン朝ペルシアガラス器は七世紀前半に秦氏による新羅との交渉を通じて搬入され、その後賀茂氏に伝わったと推定される。[30] 秦氏の氏寺である京都府広隆寺の半跏思惟像と奉化郡北枝里仏、国宝83号仏は様式から、いずれも山東省青州市龍興寺址出土の北斉仏と同じ様式である。[31] このことから、ササン朝ペルシアガラス器が北斉から新羅に搬入され、仏像と共に日本に伝わったことが分かる（図15）。

七世紀後半、漆谷郡松林寺の五層塼塔舎利容器の中からペルシアの円環文ガラス杯が出土した（本書カバー写真を参照）。この円環文は陝西省何家村窖蔵出土品や奈良県正倉院所蔵品に見られる。このような円環文杯と関係のあるガラス器は、新疆庫木吐拉石窟の壁画に描かれており、隣接する森木賽姆石窟から出土している。したがって、ササン朝ペルシア産の円環文杯は砂漠の道を通じて長安に搬入された後、新羅を経由して日本にもたらされたことが分かる。

隋の開皇九（五八九）年に建立された陝西省西安市清禅寺塔地宮からは、突出切子文ガラス瓶一点、ガラス・瑪瑙製双六駒各十三点などが出土した。ガラス瓶は製作技法や文様から見て典型的なペルシアの切子文ガラス器である。さらに、共伴したガラス・瑪瑙製双六駒も円錐形であり、その類例がペルシアで確認されており、ガラス器と共に搬入されたと推定される。

陝西省清禅寺塔地宮出土の双六駒は、ペルシアの物質文化と共に遊戯文化がもたらされたことを示している。清禅寺塔地宮出土品と類似する双六駒は伝イラン出土品にあり、白色と栗色縞瑪瑙製の各十五点で構成されている。さらにアーサー・M・サックラー・ギャラリー（Arthur M. Sackler Gallery）の銀器には、盤を挟んで双六を興じる姿が見られる。タジキスタン北西部の古代ソグド（Sogd）人の都市であるペンジケント（Pendzhikent）遺跡の壁画には、四人が盤を挟んで双六をする姿が描かれ、これはソグド人が双六を東アジアに伝えたことを示している（図16）。

五　七〜九世紀ユーラシアシルクロードの文明交流

東アジアでは六一八年に唐が建国する一方、西アジアでは六五一年にササン朝ペルシアが滅亡し、六六一年にウマイヤ（Umayya）朝が成立してイスラム世界が形成される。このように七世紀以降、地中海沿岸、中近東地域でイスラム勢

図16　ササン朝ペルシア双六の東伝（朴天秀・裵魯燦作成）
１イラン出土ガラス製双六駒　２イラン出土瑪瑙製双六駒　３イラン出土銀器の双六場面　４タジキスタンのペンジケント（Pendzhikent）遺跡の壁画双六場面　５陝西省清禅寺塔地宮出土瑪瑙とガラス製双六駒　６新疆阿斯塔那古墳群出土双六盤　７、８奈良県正倉院双六盤と駒

力が台頭する中、イスラムガラス器がユーラシア全域に流通する。インドネシア・ジャワ（Java）海域で発見され「黒石号（Belitung Shipwreck）」と命名された九世紀のアラブ貿易に使われた沈没船からは、大量の中国の長沙窯磁器、金銀器、イスラム陶器と共にイスラムガラス器が出土した。

この時期、陝西省法門寺地宮では、唐の皇室が奉納した舎利容器をはじめ、金銀器、ガラス器、青磁、絹織物など九百点余りが出土した。イスラムガラス器は二十点出土し、切子幾何学文とラスター彩ザクロ文皿、貼附文瓶など高級品が含まれている点が注目される。ところで、中国西北地域の陝西省に位置する法門寺から出土したガラス瓶の文様と類似する貼附文瓶の破片が、チャンパ王国の港であるベトナムのクーラオチャム島（Cu lao Cham）遺跡からラスター彩ガラス器、イスラム陶器、中国陶磁器と共に出土した。これらの点を総合すると、法門寺出土のガラス瓶も海上のシルクロードを経由して搬入されたと思われる[32]（図17）。

法門寺が位置する中国西北地域は砂漠の道の要衝であるが、ここで出土したイスラムガラス瓶が海路を通じて搬入された理由は、安史の乱などが関係していると思われる。安史の乱以降、砂漠の道による交易が困難になり、代わりに海路を通じてイスラムのガラス瓶が中国華北地域までもたらされたのだ。

中国の海の関門である広州市南漢皇帝墓の康陵では、盗掘されたにもかかわらず二十点以上のイスラムガラス器が出土しており、かなりの数が海路で運ばれたことが分かる。

慶州雁鴨池ではイスラムガラス器の淡緑色杯一点が出土した。雁鴨池で完形に近いものが一点だけ出土したのは、イスラムガラス器に対する認識が不足していた発掘当時の事情に起因すると思われる。イスラムガラス器は無色透明なものが多く、近現代のガラス器との区別が難しいからである。このほか、慶州四天王寺址の金堂址から瓶の肩部や把手などに付けられた装飾と推定される藍色把手片などが出土し、陜川伯巖里寺址から瓶の肩部または把手などに付けられた装飾と推定される藍色把手片と頸部が短い藍色瓶片が出土した。最近慶州王京遺跡で鋳型で成形された黄色円文イス

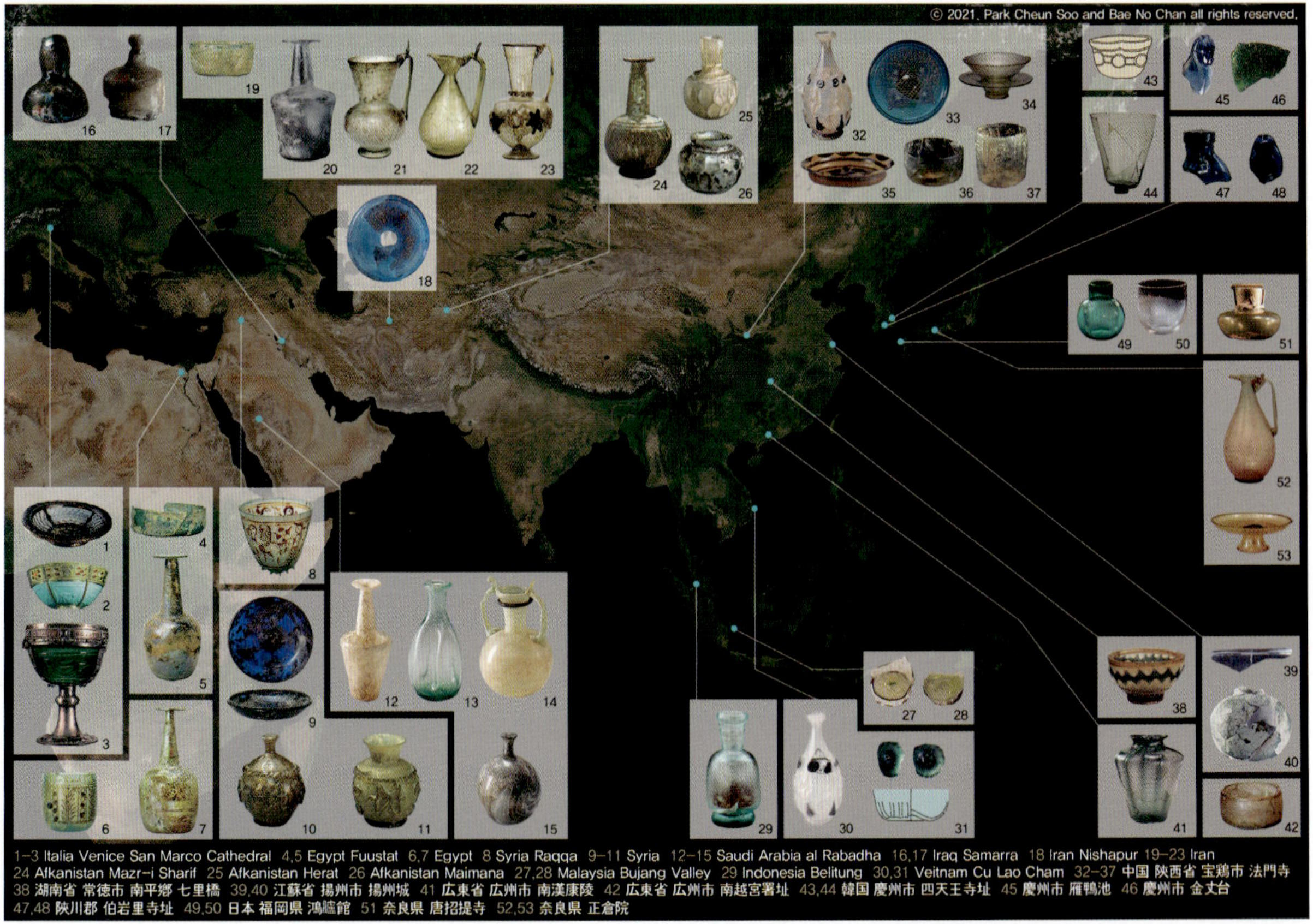
© 2021, Park Cheun Soo and Bae No Chan all rights reserved.
1–3 Italia Venice San Marco Cathedral 4,5 Egypt Fuustat 6,7 Egypt 8 Syria Raqqa 9–11 Syria 12–15 Saudi Arabia al Rabadha 16,17 Iraq Samarra 18 Iran Nishapur 19–23 Iran
24 Afkanistan Mazr–i Sharif 25 Afkanistan Herat 26 Afkanistan Maimana 27,28 Malaysia Bujang Valley 29 Indonesia Belitung 30,31 Veitnam Cu Lao Cham 32–37 中国 陝西省 宝鶏市 法門寺
38 湖南省 常徳市 南平郷 七里橋 39,40 江蘇省 揚州市 揚州城 41 広東省 広州市 南漢康陵 42 広東省 広州市 南越宮署址 43,44 韓国 慶州市 四天王寺址 45 慶州市 雁鴨池 46 慶州市 金丈台
47,48 陜川郡 伯岩里寺址 49,50 日本 福岡県 鴻臚館 51 奈良県 唐招提寺 52,53 奈良県 正倉院

図17　8−9世紀のイスラムガラス器の分布（朴天秀・裵魯燦作成）

ラムガラス器が出土され、これからの発見が期待される。

福岡県鴻臚館遺跡では、イスラムガラス器である青緑色瓶と白色盌がイスラム陶器、中国陶磁器、新羅印花文土器と共に出土した。福岡県多々良込田遺跡では、青緑色盌片と推定されるものがイスラム陶器、新羅印花文土器と共に出土した。奈良県正倉院所蔵の淡黄色高杯、鳳首瓶、青色十二曲長杯もイスラムガラス器である。

このように八～九世紀の日本列島出土のイスラムガラス器が新羅印花文土器と共に出土している点や、正倉院の新羅産墨、琴、佐波理、帳籍、華厳経などから見ると、この時期の日本列島のイスラムガラス器も新羅を経由して搬入されたと判断される。

九世紀に清海鎮に拠点を形成した張保皐は、指揮下の買物使を唐に派遣して新羅から持ち込んだ物品を販売する一方、現地の在唐新羅商人の貿易網を利用してアラビア、東南アジア産の希少な贅沢品や中国産の文物を購入し、これを新羅と日本に販売する仲介貿易を行った。

円仁の『入唐求法巡礼行記』には、多くの在唐新羅人の居住地が記録されている。在唐新羅人の居住地「新羅坊」が登州から泉州に至る広範囲でネットワークを形成したのは、海上シルクロードを通じた貿易活動によるものであり、彼らの貿易活動が新羅だけでなく、背後の日本市場も対象としていたからである。

ロシア沿海州の渤海遺跡であるクラスキーノ（Kraskino）城では、二〇一二年、第48区域からフタコブラクダの第一肢骨が出土した。沿海州の気候条件ではラクダの飼育が困難であるため、内陸地域からもたらされたと考えられる。また、二〇一五年には第47区域から青銅製のフタコブラクダ像が出土した[33]。

ラクダは、アルセニエフスカ川流域で発見されたソグド銀貨、ニコラエフカ（Nikolaevka）城から出土したササン系青銅鏡から判断すると、ソグド人との毛皮交易の過程で運ばれたのであろう。さらに、日本との交易港であるクラスキーノ城でラクダが確認されたことは、毛皮交易路である貂皮路が日本とつながっていたことを示している。ところで、クラスキーノ城で出土した渤海の四耳偏壺と同じ形式の渤海産土器が、鬱陵島天府洞1号石室墓から出土している。これは渤海と日本を結ぶ道に鬱陵島を経由する航路があったことを示唆する。

六　十〜十三世紀ユーラシアシルクロードの文明交流

十世紀後半、遼と宋が建国され、イスラム世界との交渉が一層活発化した。特に宋は遼と金の脅威によって南遷したことで、新たな収益源を必要とし、その結果、海外貿易を重視するようになった。一方、イスラム世界は十字軍遠征などでさらに東方に目を向けるようになった。(34)

十世紀インドネシアのチルボン（Cirebon）沈没船はオーストロネシア人（Austronesian）の船で、中国の長沙窯・越州窯の陶磁器と共に多数の装飾イスラムガラス器が積載されていた。イスラムガラス器は、切子文が施された注子、瓶、小瓶などで構成されていた。

インドネシアのインタン（Intan）沈没船はスリウィジャヤ国の船で、イスラム産ガラス器、陶器、インドまたはインドネシア産の金製頸飾、金、ルビー、サファイア、エメラルドの指輪、頸飾、銅鏡、中国産銀塊、銅鏡などが水中から出水された。このうち、イスラムガラス器は、切子文が施された瓶、小瓶などで構成されていた。これらはチルボン沈没船の出土品と類似しており、十世紀後半に沈没したと推定される。

チルボン沈没船とインタン沈没船出水品の形態から見る限り、唐と五代十国時代以降、イスラムガラスはインドネシアのスマトラを中継して中国に搬入され、その後、宋と遼にも継続的に入ってきたと思われる（図18）。

トルコ南部エーゲ海のセルチェ・リマヌ（Serçe Limanı）沈没船は一〇二五年前後のビザンチン（Byzantine）船で、多数のイスラムガラス器と合計三トン前後のガラス片などを積んでいた。(35) このことから、イスラム世界からビザンチンへガラス器と共にガラスの材料も輸出されていたことが分かる。

北宋真宗大中祥符四（一〇一一）年に奉献された南京市大報恩寺塔基地宮では、イスラムガラス器である切子文瓶二点、八曲長杯一点、仏舎利、七宝阿育王塔と共に乳香、檀香、沈香、丁香、絹織物が出土し、宋とイスラム世界の交易内容を知ることができる。

この時期、砂漠の道は西夏が支配しており、内蒙古を中心に興隆した草原騎馬民族国家である遼は草原の道を利用した。十一世紀のアラビアの記録には、遼のキャラバンが中国の物資を持ってきたと伝えている。(36)

ところで興味深いのは、遼では内蒙古自治区蕭貴妃墓四点、通遼市陳国公主墓五点、遼寧省阜新県平原公主墓出土品のようにイスラムガラス器を副葬品として使用したのに対し、宋では主に寺院の仏具として使用した点である。遼で副葬品としてイスラムガラス器を主に使用したのは、匈奴以来の長年の遊牧民族の趣向に起因すると考えられる（図18）。

高麗では、東京国立博物館の旧小倉コレクションにある伝黄海道延白郡寺址出土の注子と斑点文盌、崇実大学校博物館所蔵の斑点文盌、国立中央博物館所蔵の伝開城出土の注子と斑点文盌などが確認される。一〇七〇～一〇八五年に建立された原州市法泉寺址の智光国師玄妙塔には円形突出切子文と波状文が施されたガラス盌が彫刻された。

また、高麗青磁にはイスラムガラス器の影響が見られるが、青磁瓶のうち、水平口縁に筒型の頸部と胴部を持つ形式はイスラムガラス器と器形が似ている。イスラムの影響を受けた宋の青磁からの二次的な影響の可能性もあるが、当時高麗でイスラムガラス器が流行していたことから、直接影響を受けた可能性が高い。

高麗憲宗十五（一〇八）年に大食国の悦羅慈らが来て特産物を献上し、靖定六（一〇四〇）年には大食国の商人である保那盍などが水銀、龍歯、占城香、没薬、大蘇木を献上したので金と絹を下賜したという。このうち占城香は東南アジアのチャンパで生産されたものと見られている。(37) これは高麗が直接アラブ商人を通じてガラス器を入手したことを示しており、金と絹で交易したことが分かる。

図18　10～13世紀のイスラムガラス器の分布（朴天秀・裵魯燦作成）

おわりに

ユーラシアの壮大な文明交流が本格化したのは紀元前三〇〇〇年頃である。この時期、アフガニスタンのサーレサン鉱山で採掘された青金石とインダス川流域産の紅玉髄が砂漠の道と海の道を通じてメソポタミアに持ち込まれ、ウル王墓の装身具に使われた。一方、サーレサン鉱山に隣接する青金石交易と関わりのあるテペ・フロール遺跡では、古代メソポタミアの角のついた牛の文様が刻まれた金銀器が確認され、両者の交流があったことが分かる。

紀元前八~七世紀の草原の道上にあるアルジャン古墳群出土品をはじめとする紅玉髄珠は、インダス川河口の海域からパミール高原を越えてタシュクルガン地方に搬入された後、天山とアルタイ一帯まで北上したと推定される。これにより、インダス川河口の海域の海の道とタクラマカンの砂漠の道、アルタイ山地の草原の道が縦横につながったことが分かる。

さらに、インドからユーラシア東部に搬入された紅玉髄製頸飾は、スキタイ王墓、秦の王族墓、晋の王墓などに威信財として使用され、インダス川流域とアルタイ山地、中原が有機的なネットワークですでにつながっていたことを象徴している。

前五~前四世紀のフェニキアをはじめとする東地中海で製作された中層円文ガラス玉は草原の道を通じてもたらされた。この時期、遼寧省東大杖子古墳群ではフェニキア産の突出帖眼文琉璃珠が琵琶形銅剣と共に出土しており、草原の道が古朝鮮とつながったと推定することができる。

前一~後二世紀、ローマとインドの最大貿易拠点であるムジリスに比定される西海岸の港湾遺跡であるパッタナムとインド東海岸の最大交易港であるアリカメドゥ遺跡は、ローマとの交易を通じて繁栄したと考えられてきた。

ところが、同時期の東南アジアのオケオ遺跡、南中国の合浦遺跡から見ると、両交易港はインド南部の東西海岸から地中海、紅海、アラビア海、ベンガル湾、南シナ海を結ぶ海上のシルクロードの最大中継地として繁栄したことが分かる。

さらに、この時期の楽浪古墳の出土品を見ると、インド、タイ、ベトナム、中国と韓半島が海路でつながっていたことが分かる。これにより、韓半島の南海岸と日本列島の中国産貨幣出土遺跡から類推されるネットワークが、従来考えられていたような中国との交易網にとどまらず、ユーラシアの海のシルクロードとつながっていたことが分かる。

四～六世紀はササン朝ペルシアの銀貨とガラス器が砂漠の道と海の道を通じて持ち込まれる。つまり、ササン朝ペルシアが西アジアとインド洋の覇権を握り、ユーラシアのシルクロードは砂漠の道と海の道が中心となる。

四世紀前半に出現する新羅の積石木槨墳は、ユーラシアの騎馬民族の墓制を起源とするものである。五世紀の新羅の積石木槨墳には豪華な金冠をはじめとする黄金の装飾品が埋葬される。

新羅の金冠の聖樹、聖獣、聖鳥は草原の騎馬民族の王権神授思想と関係がある。さらに金冠をはじめ、頸飾、帯飾、腕飾、飾履など遺体を黄金で飾る葬制は、中原ではなくカザフスタンのサカ族のイシク・クルガンなどで見られる。身体を黄金で飾るのは草原の騎馬民族の伝統的な習慣なのだ。

新羅の積石木槨墳には中原の皇帝墓を凌駕する量のローマガラス器が副葬されるが、これは騎馬民族の習俗と類似している。ローマガラス器はフン～柔然～高句麗を通ってもたらされたと考えられる。

ところが、五世紀後半には突如ローマガラス器の輸入が途絶え、ササン朝ペルシアのガラス器が搬入されるが、これはフン帝国が崩壊したことを反映する。

新羅はユーラシアの東端に位置しながらも、時期ごとに草原の道、砂漠の道、海の道を通じて西方から文物を取り入れ、これを日本に伝えた。

東アジアでは六一八年に唐が建国され、西アジアでは六六一年にササン朝ペルシアを征服したウマイヤ朝が成立し、イスラム世界が形成される。この時期のユーラシアの交流を象徴するのが、エジプトまで流通した中国陶磁器と日本まで持ち込まれたイスラムガラス器である。

十世紀後半、遼と宋が誕生し、イスラム世界との交流はさらに活発になる。宋は南遷しながら海路を通じた新たな収益源を求め、遼は草原の道を通じてイスラム世界と交易した。イスラム世界は十字軍の遠征などでさらに東方に目を向けるようになった。

新羅の貿易活動を引き継いだ高麗の状況はよく分かっていないが、その首都である開城の外港である碧瀾渡の調査を通じて、高麗と海上シルクロードの交流内容がさらに明らかになるだろう。

前述したように中国の学界ではシルクロードの東端は中国と考え、韓半島は文明の交通路であるシルクロードとつながらない辺境であり、中国文明の付随物的位置にあると認識されている。

しかし、古朝鮮以来、韓半島は中原を通すことなくユーラシアとつながっていた。つまり、新羅と渤海はそれぞれ海の道と草原の道を通じて中原を経由せずにユーラシア世界と直接交流していた。

さらに、漢の武帝の古朝鮮攻略の背景から分かるように、東北アジアはユーラシアシルクロードで東南アジアに匹敵する地域だった。東北アジアは中国シルクロード成立の大きな背景として機能したと言っても過言ではない。つまり、唐から見れば、新羅、渤海、日本はその背後にある巨大な市場であり、主要な供給源でもあったのだ。

そして日本の学界の認識、すなわち砂漠の道が西安から博多、海の道は寧波から博多に直接つながり、日本は中国を通じて文明化を実現したという主張も事実ではない。むしろ新羅と渤海を経由しない日本の文明化は不可能だった。日本が独自にシルクロードとつながったのは、航海術の発達によって独自の船団を送ることができるようになった宋代になってからである。

一国中心主義に基づくシルクロード史観は歴史的歪曲に過ぎず、地球規模の新シルクロード時代に不適切な概念である。シルクロードは特定の国家が意図して作り上げたものでなく、人類共有の文化遺産なのだ（図19）。

私たちにとってシルクロードは何だったのかを考えてみよう。シルクロードは精神的・物質的な交流の場であった。シルクロードは平和を前提としており、戦乱の地を通ることはできなかった。また、互いの慣習を尊重する相互対話を前提としている。[38]

韓半島の分断と中央アジアの絢爛たる文明の交差点であったアフガニスタンの戦乱、現在のウクライナ侵攻は、私たちにシルクロード研究の歴史的意味を教えてくれる。つまり、シルクロード研究は人類の歴史を知り、その本質を考える上で最も重要な分野なのだ。私たちがシルクロードに注目するのは、人類が進むべき方向性がそこにあるからである。

註

1　林梅春（著）、張敏（チャンミン）・琴知雅（クムジア）・鄭皓云（チョンホウン）（譯）『실크로드 고고학 강의』（シルクロード考古学講義）소명출판（ソミョン出版）、二〇二〇年、一五頁。

2　加藤九祚『続・ユーラシア文明の旅』私家版、一九九一年。

3　朴成鎭「ラピスラズリロード：シルクロード以前のシルクロード」『古代文明の交易と交流』第五〇回国際学術会議檀国大学校東洋学研究院、二〇二〇年、一二六頁。

4　Joan Aruz, *Art of the First Cities: The Third Millennium B.C. from the Mediterranean to the Indus*. Metropolitan Museum of Art Series, New York: Metropolitan Museum of Art, 2003, P178.

5　Cf. Aruz, op. cit., 2003, p. 105.

6　川又正智『漢代以前のシルクロード——運ばれた馬とラピスラズリ』ユーラシア考古学選書、雄山閣、二〇〇六年、四八-四九頁。

7　国立中央博物館『アフガニスタンの黄金文化』二〇一六年、二六頁。

8　遠藤仁「インダス文明のカーネリアン・ロード―古代西南アジアの交易ネットワーク―」『ビーズでたどるホモ・サピエンス史　美の起源に迫る』池谷和信（編）昭和堂、二〇二〇年、一〇四頁。

9　長澤和俊編『シルクロードを知る事典』東京堂出版、

二〇〇二年、一四三頁。

10 江上波夫編『中央アジア史』山川出版社、一九八七年、二一一頁。

11 中村大介「青銅器時代から匈奴時代における遊牧社会の長距離交易」『社会変化とユーラシアの東西交易—考古学と分析科学からのアプローチ—』科学研究費補助金基盤研究（B）二〇一八-二〇二〇年度、二〇一九年、五頁。

12 コンスタンチン・チュグノフ著／イ・ウソプ訳「トゥーバ王の渓谷 チンギティI 埋葬儀礼複合体の新たな発見たち」『考古学から見る権力と空間』（第47回韓国考古学全国大会発表集）、二〇二三年、四六九頁。

13 古寺智津子「蜻蛉（トンボ）珠からみた中国とユーラシア草原地帯の交流」『ユーラシアの大草原を掘る 草原考古学への道標』草原考古学研究会（編）勉誠出版、二〇一九年、二三八-二三九頁。

14 註13古寺前掲論文、二三八-二三九頁。

15 由水常雄（編）『世界ガラス美術全集 第4巻 中国・朝鮮』求龍堂、一九九二年、一三四頁。蔀勇造（訳）『エリュトゥラー海案内記』2、平凡社、二〇一六年、二七九-二八一頁。

16 Steven E. Sidebotham et al, Results of the Winter 2022 Excavation Season at Berenike (Red Sea Coast), Egypt (Taf. XIII-XXIX), *Mannheimer Beiträge zur Archäologie und Geschichte der antiken Mittelmeerkulturen*, Band 27. Wiesbaden, Harrassowitz Verlag, 2023, pp.13-28.

17 黄珊・熊昭明・趙春燕「広西合浦県寮尾東漢墓出土青緑油陶壺研究」『考古』八、考古雑誌社、二〇一三年、九〇頁。

18 李松蘭「樂浪 貞柏洞3호분과37 호분의 南方系獅子形 垂飾과 商人의 활동」（楽浪 貞柏洞3号墳と37号墳の南方系獅子形垂飾と商人の活動）『美術史學研究』二四五、韓國美術史學會、二〇〇五年。

19 許眞雅「마한 원거리 위세품 교역과 사회정치적 의미 —석제 카넬리안 구슬을 중심으로—」（馬韓の遠距離威勢品交易と社会政治的意味—石製カーネリアン玉を中心に—）『호서고고학』（湖西考古学）四一 호서고고학회、二〇一八年。

20 由水常雄編『世界ガラス美術全集 第1巻 古代・中世』求龍堂、一九九二年、一七四-一七六頁。

21 李熙秀『인류 본사：오리엔트-중동의 눈으로 본 1만 2,000년 인류사』（人類本史：オリエント——中東の目から見た一万二〇〇〇年の人類史）휴머니스트（ヒューマニスト出版グループ）、二〇二二年、二三四-二三五頁。

22 蔀勇造『物語 アラビアの歴史—知られざる３０００年の興亡—』（中公新書2496）中央公論社、二〇一八年、八五頁。井上文則『シルクロードとローマ帝国の興亡』（文春新書1326）文藝春秋、二〇二一年、一五五頁。

23　金浩東『아틀라스 중앙유라시아사』(アトラス　中央ユーラシア史) 사계절(四季節)、二〇一六年一五九頁。

24　尹相悳「鶏林路の宝剣の製作地と製作集団」『慶州 鶏林路14号墓』国立慶州博物館、二〇一〇年。

25　阿部善也・村串まどか「新羅墳墓出土の古代ガラス製品はどこで作られたのか?—目に見えないX線で起源を探る—」『五色玲瓏　韓国古代ガラスと新羅』国立慶州博物館、二〇一〇年、三〇六-三一二頁。

26　堀敏一『東アジア世界の歴史』講談社、二〇〇八年、一九四頁。

27　辛島昇『海のシルクロード』集英社、二〇〇〇年、二四頁。

28　道明三保子「モザイク玉」『ペルシアの琉璃玉』淡交社、一九八六年、一八三-一八四頁。

29　李松蘭「南北朝時代 北朝 고분 출토 西方系、瑠璃器」(南北朝時代の北朝古墳出土の西方系ガラス器)『한국고대사탐구』(韓国古代史探究) 二二　한국고대사탐구학회 (古代史探求学会)、二〇一六年、三一八-三一九頁。

30　朴天秀『古代韓日交流史』慶北大学校出版部、二〇二三年。

31　大西修也『日韓古代彫刻史論』中国書店、二〇〇二年、一三七-一五四頁。

32　真道洋子『イスラーム・ガラス』名古屋大学出版会、二〇二〇年、二八六-二八七頁。

33　鄭碩培「遺物から見た渤海と中部—中央アジア地域間の文化交流について」『高句麗渤海研究』五七、高句麗渤海学会、二〇一七年、六九-七〇頁。

34　註1林梅前掲書、四〇二頁。

35　George F. Bass, Robert H. Brill, Berta Lledo, Sheila D. Matthews. Serce Limani, *Vol 2: The Glass of an Eleventh-Century Shipwreck,* Texas A&M University Press, 2009.

36　杭侃著/表野和江訳/劉煒編/稲畑耕一郎監修『図説　中国文明史8　遼西夏金元　草原の文明』創元社、二〇〇六年、二二九-二三〇頁。

37　權五榮『海上 실크로드와 東아시아 古代國家』(海上のシルクロードと東アジアの古代国家) 세창출판사 (セチャン出版社)、二〇一九年、八五頁。

38　註2加藤前掲書。

図版出典

図版は全て筆者提供。

あとがき

本論集の発刊の経緯については、一巻の「あとがき」にも記した通り、インドの仏教がシルクロードを経由して各地に伝播していく過程で、各地域、諸民族によってどのように受容され変容していったのかを、最新の研究成果を踏まえて考察していくことを主たるテーマとして各専門家に論文の執筆を依頼したのが始まりであった。もう一つの切っ掛けは、一九九〇年代以降に西北インドや中央アジア、新疆ウイグル自治区等において、考古学的・文献学的発見が相次いだことである。例えば、クシャン朝の王家が残した碑文の発見により、父子直系の国王系統が明らかとなり、それまでの定説を根本から覆す研究成果が発信されるようになった。周知の通り、クシャン朝はローマとの海上交易によって莫大な富を得て絢爛たるガンダーラ仏教文化の礎を築いた国家であり、カニシュカ王をはじめとした諸王と仏教との関係の考察は、仏教研究にとって必須の課題である。ところが、これら一時資料の発見は、ユーラシア大陸における出来事であり、必然的に旧ソ連圏の諸国や西欧、中国等の研究者による研究書や論文が多くを占め、非専門家がこれにアクセスし読み解くことは容易ではない状況があった。このような学界の状況を鑑みて、二〇一九年から二〇二〇年にかけて、『東洋学術研究』において「シルクロード――仏教東漸の道」と題する特集を三回に亘り連載し、一九本の論文を掲載するに至った。その後、この特集を発展させて「シルクロード研究論集」を企画し、可能な限り諸外国の研究成果も踏まえ、専門性と一般性を兼ねた内容とすることに重きを置いた。執筆者をはじめ諸機関の協力を得て、二〇二三年三月に「シルクロード研究論集」第一巻として『仏教東漸の道　インド・中央アジア篇』を刊行することができた。

第一巻は、第Ⅰ部インド篇と第Ⅱ部中央アジア篇を立て、一四本の論文と二本のコラムから構成した。研究領域としては、写本研究、仏教学、美術史、考古学、建築学、言語学に及んだ。また刊行に際して、インドのロケッシュ・チャンドラ博士が序文を寄せ、「仏教が中央アジアにおいて幾世紀という長い期間に「いかなる」発展を遂げたのか、また『法華経(*Saddharmapuṇḍarīka-sūtra*)』が展開する壮大な内的世界(ヴィジョン)の中の「何をもって」生命に意味を与えるのか――本書は、そのような課題への弛みなき探求が生み出した成果である」と本論集の意義を明示して下さった。

第一巻の刊行後、続巻の準備に取りかかり、一年半の編集作業を経て、このたび漸く第二巻の校了に辿り着き、刊行する運びとなった。第二巻は『仏教東漸の道　西域・中国・極東篇』と題し、第Ⅲ部西域篇、第Ⅳ部中国篇、第Ⅴ部極東篇を立て、一五本の論文と一本のコラムから構成した。研究領域は歴史学、文献学、美術史、仏教学、建築学、考古学であり、テーマは多岐に亘り、取り扱う地域も時代も広範囲に及ぶ。また国内はもとより海外の専門家の方々に論文執筆を依頼した。何れの執筆者も「仏教東漸の道をテーマに最新の研究成果を踏まえて専門性と一般性を兼ねた内容を」との編集小子の要請に真正面から取り組まれ、珠玉の論攷を寄稿して下さり、感謝に堪えない限りである。

第二巻の刊行にあたっては、本務でご多忙の中、論文・コラムを寄稿いただいたロケッシュ・チャンドラ、榮新江、檜山智美、小山満、山田勝久、張元林、満田剛、関尾史郎、松森秀幸、エレナ・レペホワ、田辺勝美、米田雄介、藤岡穣、前川健一、加藤直子、朴天秀の諸先生方、そして翻訳に協力くださった田衛衛、東家友子両先生には、本書刊行まで時間を要したことに寛大なご理解とご協力を賜りました。編集部一同、厚く御礼と感謝を申し上げる次第であります。

本書のカバーには、クムトラ石窟の菩薩群像を描いた天井画の写真とキジル石窟遠景の写真、韓国・漆谷郡松林寺出土のペルシア産円環文ガラス杯付舎利容器の写真を使用させていただいた。これら写真を撮影し提供下さった大村次郷様と朴天秀様をはじめ、本書に掲載の写真を提供いただいた執筆者並びに関係各位・機関に感謝申し上げます。

第一巻に続き、第二巻の装丁と地図制作に際し、株式会社Ａ５（エイファイブ）の林森三様、樋口昇平様はじめデザイナーの方々に大変お世話になりました。厚く御礼申し上げます。

編集に際しては、適確な指摘をいただいた校正者の西村宏子様に御礼を申し上げます。また、長期間に亘り組版作業と印刷・製本の手配をいただいた、株式会社清水工房の山﨑領太郎様はじめ関係者の皆様に深く感謝申し上げます。

最後になりますが、一九六一年にインド・ブッダガヤにおいて当研究所の設立を構想し、「仏教東漸の道・東西文化交流の道」であるシルクロード研究の重要性を語り、その研究構想を提唱され、最期まで当研究所の出版活動を見守り続けて下さった故・池田大作先生に本書刊行を報告させて頂きます。

二〇二四年十月十日

東洋哲学研究所出版事業部

執筆者・訳者紹介

チャンドラ・ロケッシュ（Lokesh CHANDRA）
一九二七年生。インド文化国際アカデミー理事長。オランダ・ユトレヒト大学で博士号取得。仏教、ヴェーダ経典、インド美術の分野における著名な学者。サンスクリットやパーリ語を含む二十以上の言語を学んだほか、これまで博士が発刊に従事した書籍や編著はおよそ六一五冊に及ぶ。なかでも博士が編纂を手掛けた『シャタピタカ（百の法蔵）』シリーズはアジア仏教の芸術・文学・歴史に関する数多くの文献を収める。

榮新江（えいしんこう　RONG Xinjiang）
一九六〇年生。北京大学博雅講席教授、中国敦煌吐魯番学会会長、イギリス学術院(The British Academy)通訊院士(Corresponding Fellow)。主たる研究は中外関係史、シルクロード、隋・唐史、西域・中央アジア史、敦煌・トルファン研究など。著書に『归义军史研究』（上海古籍出版社）、『中古中国与外来文明』『中古中国与粟特文明』（以上、生活・讀書・新知三联书店）、『丝绸之路与东西文化交流』（北京大学出版社）、『从張騫到马可・波罗：丝绸之路十八讲』（江西人民出版社）等。

檜山智美（ひやま　さとみ　Satomi HIYAMA）
一九八五年生。ベルリン自由大学美術史研究所博士課程修了。Ph.D（美術史）。マックスプランク美術史研究所（研究員）、ミュンヘン大学（研究員／非常勤講師）、龍谷大学（日本学術振興会特別研究員SPD）、京都大学（白眉センター／人文科学研究所特定助教）を経て、国際仏教学大学院大学特任研究員（日本学術振興会特別研究員RPD）。ライプツィヒ大学「クチャの壁画研究センター」客員研究員。著著に Giuseppe Vignato & Satomi Hiyama, with Appendices by Petra Kieffer-Pülz & Yoko Taniguchi, *Traces of the Sarvāstivādins in the Buddhist monasteries of Kucha* (Leipzig Kucha Studies 3, New Delhi: DEV Publisher, 2022)、論文に「敦煌莫高窟第二八五窟西壁壁画に見られる星宿図像と石窟全体の構想について」（『仏教芸術』第五号、二〇二〇年、第三十三回「國華賞」受賞）など。

小山　満（こやま　みつる　Mitsuru KOYAMA）
一九四五年生。早稲田大学大学院文学研究科芸術学（美術史）博士課程単位取得。博士（文学）。創価大学名誉教授、富士美術館（静岡）元館長。著書に『仏教図像の研究―図像と経典の関係―』（向陽書房）『シルクロードと法華経』（創通）、編著に『ダルヴェルジンテパDT25』（ウズベキスタン共和国ハムザ記念芸術学研究所・創価大学）『ダルヴェルジンテパ仏教寺院址』（ウズベキスタン共和国科学アカデミー芸術学研究所・創価大学シルクロード研究センター）。論文「三角縁神獣鏡の相当年代」（『東洋哲学研究所紀要』第三五号）ほか。

山田勝久（やまだ　かつひさ　Katsuhisa YAMADA）

一九四三年生。大阪教育大学名誉教授。早稲田大学国語国文学専攻科修了。二松学舎大学大学院博士課程中国学専攻単位取得満期退学。著書に『唐代散文選』、『唐代文学の研究』、『唐詩の光彩』、『シルクロードの光彩』、『シルクロード悠久の天地』（以上、笠間書院）。『パルミラの光彩』（雄山閣）。『敦煌の美と心』、『シルクロードのロマンと文明の興亡』、『悠久なるシルクロードから平城京へ』『ユーラシア文明とシルクロード』、『未来の遺産・シルクロードのドラマとロマン』（以上、共編著、雄山閣）、論文に「亀茲国アアイ（阿艾）石窟の壁画についての一考察」（『東洋哲学研究所紀要』第一九号）など。

張元林（ちょうげんりん　ZHANG Yuanlin）

一九六六年生。敦煌研究院副院長、中國敦煌吐魯番學會副會長。蘭州大学博士課程修了。PhD（歴史学）。主たる研究は、仏教美術及び敦煌図像学。著書に、『北朝—隋時期敦煌法華図像研究』（甘粛教育出版社）、『中国美术分类全集・敦煌壁画２—西魏巻』（天津人民美術出版社）、『莫高窟第二五四・二六〇窟』（文化出版局）。論文に、《焚身与燃臂——敦煌《法华经变・药王菩萨本事品》及其反映的供佛观》、『莫高窟第二八五窟「法華經」』の角度から解読する」、《粟特人与莫高窟第２８５窟的营建—粟特人及其艺术对敦煌石窟的贡献》、《〝太阳崇拜〟图像传统的延续——莫高窟第２４９、２８５窟〝天人守护莲华摩尼宝珠〟图像及其源流》等。

満田　剛（みつだ　たかし　Takashi MITSUDA）

一九七三年生。創価大学大学院文学研究科博士課程単位取得退学。博士（人文学）。東洋哲学研究所委嘱研究員。著書に『三国志　正史と小説の狭間』『三国志　赤壁伝説』（以上、白帝社）、『図解三国志群雄勢力マップ　三国志を時系列でビジュアル解説！』（インフォレスト）、論文に「「五丈原の戦い」前後の司馬懿像に関する史料批判的研究　『晉書』巻一宣帝紀と『三國志』及び裴松之注を中心として」（『東洋哲学研究所紀要』第三八号）、「『三國志』撰述における西方非漢族関係の記載に関する一考察」（『東洋学術研究』第五八巻第二号）など。

関尾史郎（せきお　しろう　Shiro SEKIO）

一九五〇年生。一九八〇年上智大学大学院文学研究科史学専攻博士課程単位取得退学、文学修士。新潟大学名誉教授、東洋文庫研究員。著書に『西域文書からみた中国史』（山川出版社）、『もう一つの敦煌』（高志書院）、『三国志の考古学』、『周縁の三国志』（以上、東方書店）、『塼画墓・壁画墓と河西地域社会』（汲古書院）、論文に「簡帛と紙石の世紀」（歴史学研究）「《後秦白雀元年九月某人随葬衣物疏》補説」（『西域考古・史地・語言研究新視野』）など多数。

松森秀幸（まつもり　ひでゆき　Hideyuki MATSUMORI）
一九七八年生。中国人民大学哲学院学位取得・哲学博士、創価大学大学院文学研究科人文学専攻学位取得・博士（人文学）。創価大学大学院文学研究科教授、東洋哲学研究所研究員。著書に『唐代天台法華思想の研究』（法藏館）、共訳に『現代語訳　法華玄義釈籤』（全四冊、東洋哲学研究所）、論文に、「『学天台宗法門大意』にみる湛然説の継承」（『印度學佛教學研究』第七一巻第一号）、「敦煌写本『法花行儀』と唐代法華思想」（『東洋学術研究』第五八巻第二号）など。

レペホワ・エレナ（Elena LEPEKHOVA）
一九七八年生。ロシア科学アカデミー東洋学研究所大学院課程修了。六-九世紀日本の宗教政治の起源をテーマに学位論文を提出。哲学博士。六-十二世紀の南・東アジアにおける宗教事情の形成要因を主な専門分野・研究対象とする。東洋学研究所教授を経て、ロシア科学アカデミー中国現代アジア研究所 アジアにおける国家と宗教センター上級研究員。著書に Buddhist Sangha in Japan in VI-IX cc. (Vostochnaya literatura, 2009), *The World of Buddhist Ideas and Monastics in Classical Japanese Literature* (S. Lepekhov 共著 , T.L. Sokolova-Delyushina 編 [Ulan-Ude, 2013]), *Empresses and Buddhism in China and Japan in VI-VIII cc.* (Institute of Oriental Studies, 2019) など。

田辺勝美（たなべ　かつみ　Katsumi TANABE）
一九四一年生。一九六五年東京大学大学院美術史博士課程中途退学、文学博士。古代オリエント博物館主任研究員、研究部長、金沢大学教授、中央大学教授を歴任。著書に『ガンダーラから正倉院へ』（同朋舎出版）、『毘沙門天像の誕生 シルクロードの東西文化交流』（吉川弘文館）、『毘沙門天像の起源』（山喜房佛書林）、論文に「ガンダーラの微笑む仏陀像再考―いわゆる古拙微笑からの決別―」（『ヘレニズム～イスラーム考古学研究』）「仏教植物図像学（1）インド仏教美術のマンゴー」（古代オリエント博物館紀要　三九）など多数。

米田雄介（よねだ　ゆうすけ　Yusuke YONEDA）
一九三六～二〇二四年。一九六四年大阪大学文学研究科博士課程修了、文学博士。宮内庁書陵部編修課長、正倉院事務所長を歴任。県立広島女子大学・神戸女子大学名誉教授。著書に『郡司の研究』（法政大学出版局）、『正倉院と日本文化』（吉川弘文館）、『正倉院宝物と平安時代』（淡交社）、『すぐわかる正倉院の美術　見方と歴史』（東京美術）、『奇跡の正倉院宝物』（角川学芸出版）、監修に『正倉院宝物と東大寺献物帳』（吉川弘文館）、『天皇史年表』（井筒清次編著、河出書房新社）など著書多数。

藤岡　穣（ふじおか　ゆたか　Yutaka FUJIOKA）

一九六二年生。大阪大学大学院人文学研究科教授。東京藝術大学大学院美術研究科修了、京都大学博士（文学）。『東アジア仏像史論』（中央公論美術出版）、『日韓金銅半跏思惟像―科学的調査に基づく研究報告―』（韓国国立中央博物館）、「小浜・正法寺半跏思惟像について」（『待兼山論叢』五七号芸術篇）、「［資料紹介］眞光寺観音菩薩像と新出の個人蔵勢至菩薩像」（『仏教芸術』一一号）、「根津美術館所蔵「金銅鎚鍱五尊仏坐像」再考　附 根津美術館所蔵金銅仏の蛍光X線分析の結果と所見」（『此君』一四号）、「龍角寺薬師如来坐像の蛍光X線分析の結果について」（『早稲田大学會津八一記念博物館研究紀要』二四号）。

前川健一（まえがわ　けんいち　Ken'ichi MAEGAWA）

一九六八年生。東京大学大学院修了、博士（文学）。創価大学文学部大学院文学研究科教授、公益財団法人東洋哲学研究所研究員。著書に『明恵の思想史的研究：思想構造と諸実践の展開』（法藏館）、『明恵上人夢記訳注』（共編、勉誠出版）、『現代語訳顕戒論』（東洋哲学研究所）、論文に「『明恵上人行状』の中の明恵像」（『東アジア仏教思想史の構築：凝然・明恵と華厳思想』法藏館）、「仏教は日本で何に出会ったのか――仏教伝来の再検討――」（『仏教と日本Ⅱ』法藏館）、『生まれてこないものの尊厳――仏教と反出生主義』（『問いとしての尊厳概念』法政大学出版局）など。

加藤直子（かとう　なおこ　Naoko KATO）

一九七二年生。一級建築士。国士舘大学アジア21世紀学部特別研究員。株式会社文化財保存計画協会に勤務し、歴史的建造物や伝統的町並み等の文化財保存に関する業務を経験後、二〇一一年奈良女子大学大学院博士後期課程修了。大学院在学中からユネスコの日本信託基金による文化遺産保存支援事業におけるガンダーラ仏教遺跡保存プロジェクトに参加。二〇一五～一七年日本学術振興会特別研究員。博士（学術）。主要論文「中央ガンダーラ・タキシラ・スワートにおける仏塔基壇の編年的考察」共著（『日本建築学会計画系論文集』第八二巻）、「ガンダーラ仏教建築における仏塔の形態」（『シルクロード研究論集　第1巻』）など。

朴天秀（パクチョンス　PARK Cheun Soo）

一九六三年生。慶北大学校大学院考古人類学科修了後、大阪大学大学院博士課程留学、博士（考古学）。専門は、ユーラシア文明交流史。現在、慶北大学校教授、慶北大学校博物館長。著書に『加耶と倭』（講談社）、『新羅と日本』『シルクロードの文明交流史 序説』（以上、眞仁眞）、『古代韓日交流史』（慶北大学校出版部）、『概説　韓国考古学』（分担執筆、同成社）、論文に「ユーラシア東部への瑠璃器の移入と仏教」（『東洋学術研究』第五十九巻第二号）など多数。

田衛衛（でんえいえい　TIAN Weiwei）
一九八二年生。北京大学歴史学博士、北京外国語大学中華文化国際伝播研究院教授。論文に「朝臣備―「李訓墓誌」所見遣唐使の名前の表記問題―」（『文献』二〇二〇年三期）、「唐長安書文化の日本流布―王羲之書跡を中心に―」（『文史』二〇二〇年二期）、「ロシア藏敦煌文獻Дх.10740に見られる『重脩開元寺行廊功德碑幷序』習字斷片について」（白石将人訳、『シルクロードと近代日本の邂逅：西域古代資料と日本近代仏教』、勉誠出版社）、「大谷探検隊将来唐戸令残巻に関する一考察」（『東京大学日本史学研究室紀要』第22号）など。

東家友子（とうや　ともこ　Tomoko TOYA）
一九七二年生。横浜国立大学大学院教育研究科修了、修士。東京大学総合文化研究科地域文化研究専攻博士課程単位取得満期退学。通訳、語学講師を経て、現在神奈川大学大学院外国語学研究科博士課程在籍、津田塾大学非常勤講師。主な論文：「劉海粟と石井柏亭『日本新美術的新印象』と「滬上日誌」をめぐって」（『民国期美術へのまなざし　辛亥革命百年の眺望』、勉誠出版社）、「カールメッフェルトの生涯」（『美術運動史研究会ニュース』一六七号）、「魯迅とケーテ・コルヴィッツ　日本プロレタリア美術運動との関わりを中心に」（『近代中国美術の辺界』、勉誠出版社）、訳文にオリボバ・ルツィエ著「チェコのコレクターと近代中国絵画」（英日、『近代中国美術の辺界』、勉誠出版社）など。

山岸伸夫（やまぎし　のぶお　Nobuo YAMAGISHI）
一九八二年生。京都大学アジア・アフリカ地域研究研究科博士課程修了、博士（地域研究）。公益財団法人東洋哲学研究所出版事業部所属、同研究所委嘱研究員。論文に、『現代インドにおける食と宗教―クリシュナ意識国際協会の奉仕を通じた味わいの共同性―』（博士論文）、「「喜び」という情動経験の比較研究」（『東洋哲学研究所紀要』三九号）など。訳稿にニーラカンタ ラダクリシュナン著「公正な不戦世界を目指して：ガンジーにみる非暴力と不殺生のグローバルな変革」（『東洋学術研究』第六二巻第二号）など。

川崎建三（かわさき けんぞう Kenzo KAWASAKI）
一九六九年生。ウズベキスタン共和国芸術学研究所大学院課程修了。PhD（芸術学）。公益財団法人東洋哲学研究所出版事業部所属、同研究所委嘱研究員。共編著に『ダルヴェルジンテパ仏教寺院址』（創価大学シルクロード研究センター・ウズベキスタン共和国科学アカデミー芸術学研究所）、『アイハヌム　2022　加藤九祚一人雑誌　追悼号』（平凡社）、論文に「北バクトリアにおける仏教の伝播と様相」（『仏教東漸の道　インド・中央アジア篇』）、「ノイン・ウラ古墳出土刺繍毛織考」（『佛教藝術』三四〇号）、「ダルヴェルジンテパ出土黄金遺宝再考」（『東洋哲学研究所紀要』三七号）など。

カバー写真・口絵・付録地図出典

カバー写真

クムトラ（庫木吐拉）石窟第二十一窟（新二窟）天井菩薩像（一九九八年八月二十一日、大村次郷氏撮影）
松林寺磚塔納置舎利容器（国立大邱博物館所蔵、朴天秀氏撮影）
キジル石窟（一九九七年二月十九日、大村次郷氏撮影）

口絵一覧

1 キジル第一七一窟主室天井　第二インド・イラン様式（一九九八年八月二十三日、大村次郷氏撮影）
2 ショルチュクA3a寺院の「弥勒堂」（オルデンブルク探検隊撮影、The State Hermitage Museum, St. Petersburg 提供）
3 「胡人舞踏図」四川省中江県塔梁子三号墓出土画像石刻（四川省文物考古研究院・徳陽市文物考古研究所・中江県文物保護管理所編『中江塔梁子崖墓』文物出版社、二〇〇八年、図版六一）
4 死者の審判図　納骨器　ユマラカテパ出土　七世紀　シャフリサブズ保護博物館所蔵（Nabi Khushvakov 氏提供）
5 閻魔大王　十王図（陸信忠筆）十三世紀　永源寺蔵　滋賀県（中野照男『閻魔・十王像』日本の美術六　第三一三号、至文堂、一九九二年、第2図）
6 紅牙撥鏤尺　甲（上より表・裏）（北倉一三）、紅牙撥鏤尺　乙（上より表・裏）（北倉一三）正倉院宝物
7 金銀平文琴（右より表・裏）（北倉二六）正倉院宝物
8 螺鈿紫檀五絃琵琶 表（北倉二九）正倉院宝物
9 螺鈿紫檀阮咸（裏）（北倉三〇）正倉院宝物
10 八角鏡 漆背金銀平脱（背）（北倉四二⑫）正倉院宝物
11 赤漆葛胡籙（北倉）正倉院宝物
12 鳥毛立女屛風　第一扇（北倉四四）正倉院宝物
13 七条褐色紬袈裟（北倉一②）正倉院宝物
14 法隆寺金堂（加藤直子氏撮影）
15 雲岡石窟塔柱167_雲岡2窟柱塔．IRHu MIXED 2018/2/S1/002/0181, 〃田中淡建築庭園写真，1967–2003.〃 京都大学（資料所蔵：京都大学人文科学研究所、データ提供：京都大学研究資源アーカイブ）

カバー写真・口絵・付録地図出典

付録地図（別掲）

シルクロード遺跡地図は、「シルクロード・サテライトマップ」（画像処理：東海大学情報技術センター©ＮＯＡＡ ＳＡＡ）を参考に株式会社Ａ５（エイファイブ）にて新たに作図したものである。地名・遺跡名・海上ルートに関しては、松田寿男・森鹿三編『アジア歴史地図』（平凡社、一九六六年）、蔀勇造訳注『エリュトゥラー海案内記』（全二巻、平凡社、二〇一六年）、Edvard V. Rtveladze, *The Great Indian Road. From the History of the Most Important Trade Routes of Eurasia* (Nestor-Historia, 2012) も参照した。

カバー、表紙、扉、シルクロード遺跡地図
株式会社 A5（エイファイブ）
林 森三　畑中 猛　樋口昇平　いまえだ たつひろ

組　版
株式会社清水工房
桑原健次　正木美和　山﨑領太郎

編集協力
西村宏子　加藤直子

SILK ROAD RESEARCH STUDIES Volume II

THE EASTWARD TRANSMISSION OF BUDDHISM: WESTERN REGIONS, CHINA AND FAR EAST

Contents

Edited and Published by The Institute of Oriental Philosophy

シルクロード研究論集　第２巻
仏教東漸の道　西域・中国・極東篇

2024年12月20日　初版第１刷発行

編　者　公益財団法人東洋哲学研究所
発行者　田中亮平
発行所　公益財団法人東洋哲学研究所
〒192-0003 東京都八王子市丹木町1-236
TEL（042）691-6591　FAX（042）691-6588

組　版　株式会社 清水工房／揺籃社
装　丁　株式会社Ａ５（エイファイブ）
印　刷　株式会社 TOP 印刷
製　本　有限会社カナメブックス

ISBN 978-4-88596-085-7 C3322